U0448478

普|隐|文|库

重现经典智慧
彰显传统价值
升华文明对话
涵养生命阅读

普|隐|文|库

普隐心语　　　　佛学通识

普隐人文　　　　佛学研究

普隐译丛　　　　经典阐释

佛学通识 | 赖永海　圣凯　主编

学术支持：清华大学道德与宗教研究院

普隐文库

中国佛教文化历程

洪修平 著

商务印书馆
The Commercial Press

总　序

　　《周易》云："观乎天文,以察时变;观乎人文,以化成天下。"人立于天地之间,既要体验自身的生老病死、上下沉浮、心念生灭,更要审视、谛观自身变化与天地流转、世事更替、人际往来等的关系。先哲体验种种变化,反思变化规律,提出因应之道,并教化和帮助他人,致力于实现更为善良、有序、可持续的世界,故有文明的开显。因此,人类文明皆是变化之道、观察之道和教化之道。

　　变化之道作为普遍性规律,隐藏于变化的万象与纷纭的人事之后,体现出超越变化的不变性。天地变化,无非是时间的绵延与断裂;人际往来,无非是关系的独立与相依。绵延与独立为一,断裂与相依为二,所以佛陀提倡"不二";"不二"即是面对、接纳和谛观一而二、二而一的世界和人生,成就变异多元、和谐相成的变化之道。提倡"普隐",是希望有缘阅读者明了变化之道。

　　观察之道是主体依不变性而审视、谛观宇宙人生,从而将普遍性规律纳入主体之心。公元前五六世纪的"轴心时代",先哲纷纷将"天地之心"纳入己之心性境界与生命经验,将自身的观察之道演化为教化之道,诠释宇宙人生的现象，揭示规律和发明定理。东方、西方思想体系之不同，就在于观察之道与教化之道的不同。提倡"普隐"，是希望有缘阅读者学习先哲的境界与经验，融摄时代思潮与日常生活，具备降伏烦恼、安顿生命的功夫与境界。

现时代的每个人，皆是几千年变化之道、观察之道和教化之道的继承者，理应追索自身承载的历史底蕴，呈现由之而绵延至今的文化传统，并将当前体贴出来的心灵经验融入其中。换言之，今人既承负着薪火相传、代代守护的文化使命，亦应与时俱进、推陈出新，创造出跨时空、越国界和体现时代价值的当代文化。

"普隐心语"呈现的是自身的经验与境界，以观察之道契入变化之道，融情感体验、生活反思、知识积累、理性思辨、智慧体悟为一体。"佛学通识"旨在将专业、系统的佛学研究转化为清晰、简洁的佛学知识，让社会大众通过现代汉语有缘进入佛学文化传统，呈现当代教化之道，让佛学文化成为当代中国社会文化的重要组成部分。"经典阐释"旨在将古圣贤的原创性智慧转化为时代性理论，将古代汉语解释爬梳为流畅、优美的现代汉语，让现代读者能够实现机教相应的阅读，可视为借古代的教化之道契入变化之道。东西、古今的教化之道都各有偏重与不同，所以需要交流互鉴，编辑"普隐人文""普隐译丛"系列，以实现各美其美。

于百年未有之变局中，当代中国正经历着广泛而深刻的社会变革，东西相遇，古今融汇，为新的观察之道、教化之道的出现提供了广阔空间。愿不负历史所托，立足东西、古今之变，为变化之道、观察之道和教化之道的传承、创造性转化、创新性发展而发新声，是为祈，以为序。

圣凯

2021 年 7 月于清华园

目 录

自序 1

第一章　中国佛教文化的印度之源 8
第一节　释迦牟尼与佛教的创立 8
一、由王子到教主 9
二、佛教创立的社会文化背景 12
三、原始佛教的主要特点 14
第二节　佛教的分化与发展 18
一、部派佛教 19
二、大乘佛教 25
三、密教的兴起与印度佛教的衰亡 35
第三节　印度佛教的向外传播 37
一、佛教在帝王的支持下走向世界 38
二、南北二传与世界性宗教 40

第二章　中国佛教文化的开端（汉代） 43
第一节　佛教的初传 44
一、佛教传入前后的中国社会与文化 44
二、传入的路线与年代 46
三、汉代佛教发展的基本概况 49

第二节　中印文化的最初碰撞与反应 …… 52
一、佛教对黄老神仙方术的依附 …… 53
二、传统文化对佛教的容受 …… 56
三、佛典之翻译与格义之肇始 …… 60

第三节　汉代译介的佛学两大系统 …… 65
一、安世高所传的小乘禅学 …… 65
二、支谶所传的大乘般若学 …… 68

第三章　中国佛教文化的初具规模（魏晋）…… 71

第一节　佛教在三国时的展开 …… 71
一、魏地佛教：戒律始传与西行求法 …… 72
二、吴地佛教：译风新丽与江南建寺 …… 74
三、支谦与康僧会对佛教中国化的推进 …… 78
四、三教一致论的最早提出 …… 82

第二节　两晋佛教与玄佛合流 …… 84
一、佛教在玄风下的进一步发展 …… 85
二、佛图澄与北方佛教 …… 89
三、玄佛合流与六家七宗 …… 91

第三节　中国佛教学者的崛起 …… 98
一、弥天释道安 …… 98
二、庐山释慧远 …… 105
三、兼有名僧名士双重风采的支遁 …… 111

第四节　鸠摩罗什及其门下 …… 117
一、鸠摩罗什及其译经 …… 117
二、僧肇与佛教的中国化 …… 120

三、僧叡与中国佛教发展的趋势 …………………………… 126

第四章 中国佛教文化的趋于繁兴(南北朝) 132

第一节 南北朝的分裂与佛教的隆盛 …………………………… 132
一、帝王崇佛与南朝佛教 …………………………… 133
二、兴佛灭佛与北朝佛教 …………………………… 139
三、南北佛教的不同特点与僧祐、慧皎的著述 …………… 142

第二节 僧官制度、寺院经济与世俗的佛教信仰 …………… 148
一、僧官制度的形成 …………………………… 149
二、寺院经济的发展 …………………………… 152
三、世俗的佛教信仰 …………………………… 157

第三节 讲习经论的盛行与佛教学派的林立 …………… 160
一、毗昙学派和俱舍宗 …………………………… 161
二、涅槃学派 …………………………… 163
三、摄论学派 …………………………… 165
四、成实学派 …………………………… 166
五、地论学派 …………………………… 167
六、其他诸学派 …………………………… 169

第四节 竺道生对中国佛教文化的贡献 …………… 172
一、慧解为本,妙有新说 …………………………… 172
二、众生皆有佛性,顿悟即得成佛 …………………………… 173
三、标揭新理,开创新风 …………………………… 176

第五节 儒佛道相融相争与二武灭佛 …………… 178
一、三教相融与相争 …………………………… 178
二、北魏太武帝灭佛 …………………………… 184

三、北周武帝灭佛 ………………………………………… 187
　第六节　佛教艺术 …………………………………………… 190
　　一、石窟寺艺术 …………………………………………… 190
　　二、寺塔建筑和佛教绘画、音乐 ………………………… 192

第五章　中国佛教文化的鼎盛(隋唐) …………………… 196
　第一节　隋唐帝王与佛教 …………………………………… 196
　　一、帝王的三教政策对佛教的影响 ……………………… 197
　　二、佛教在帝王的支持下走向鼎盛 ……………………… 199
　第二节　佛教文化的空前繁荣 ……………………………… 202
　　一、译经与著述 …………………………………………… 203
　　二、寺院经济与僧官制度 ………………………………… 206
　　三、佛教宗派的创立 ……………………………………… 208
　第三节　天台宗 ……………………………………………… 211
　　一、传法世系与智𫖮创宗 ………………………………… 212
　　二、调和与圆融的特点 …………………………………… 216
　　三、性具实相与无情有性 ………………………………… 218
　第四节　三论宗 ……………………………………………… 220
　　一、传法世系与吉藏创宗 ………………………………… 220
　　二、二藏三轮与中道实相 ………………………………… 223
　第五节　法相唯识宗 ………………………………………… 226
　　一、印度渊源与学术传承 ………………………………… 226
　　二、玄奘西行求法与译经创宗 …………………………… 229
　　三、唯识说与因明学 ……………………………………… 234
　第六节　华严宗 ……………………………………………… 237

一、传法世系与法藏创宗 ………………………………………… 237
　　二、一真法界与无尽缘起 ………………………………………… 241
　　三、"立破无碍""会通本末"的判教理论 ……………………… 244
第七节　禅宗 ……………………………………………………………… 246
　　一、东土五祖 ……………………………………………………… 246
　　二、南能北秀与南北禅宗 ………………………………………… 252
　　三、曹溪门徒与五家七宗 ………………………………………… 256
　　四、禅学思想与禅修方便 ………………………………………… 262
第八节　净土宗 …………………………………………………………… 266
　　一、历代祖师与宗派的创立 ……………………………………… 266
　　二、净土经典与信仰 ……………………………………………… 268
第九节　其他各宗 ………………………………………………………… 270
　　一、三阶教 ………………………………………………………… 271
　　二、律宗 …………………………………………………………… 274
　　三、密宗 …………………………………………………………… 277
第十节　佛教文学艺术与社会性活动的发展 …………………………… 279
　　一、佛教的社会性活动 …………………………………………… 280
　　二、佛教文学 ……………………………………………………… 282
　　三、佛教艺术 ……………………………………………………… 289
第十一节　儒佛道三教关系的新发展 …………………………………… 292
　　一、儒佛道三教融合的总趋势 …………………………………… 293
　　二、三教之争与唐武宗灭佛 ……………………………………… 295
　　三、五代十国政权的崇道抑佛与周世宗灭佛 …………………… 299

第六章　中国佛教的由盛而衰及其新特点(宋辽金元) …… 301
第一节　佛教在衰微趋势中的持续发展 …… 301
一、宋王朝与佛教 …… 302
二、辽金元佛教 …… 304
三、度牒、帝师与僧官制度 …… 307
四、僧制与清规 …… 313
五、译经、刻经与佛教史学的发展 …… 314

第二节　佛教各宗派的演变 …… 318
一、禅宗 …… 318
二、净土宗 …… 321
三、天台宗 …… 323
四、华严宗 …… 324
五、律宗 …… 325
六、唯识宗 …… 326

第三节　佛教的内外融合 …… 327
一、禅净教的融合 …… 327
二、儒佛道的合流 …… 329

第四节　佛教向社会文化各领域的渗透 …… 334
一、佛教与中国哲学 …… 334
二、佛教与中国政治和伦理 …… 337
三、佛教与中国文学艺术 …… 342

第七章　中国佛教的衰落与世俗化(明清) …… 347
第一节　佛教与政治 …… 347
一、明王朝与佛教 …… 348

二、清政府与汉藏佛教 ································· 349
　　三、专制集权与僧官制度的强化 ······················· 351
第二节　经藏的刻印与佛教著述 ···························· 353
　　一、经藏的刻印 ······································· 353
　　二、佛教著述 ··· 355
第三节　衰落中的佛教诸宗 ································ 355
　　一、禅宗 ··· 355
　　二、净土宗 ··· 359
　　三、天台宗 ··· 360
　　四、华严宗 ··· 361
　　五、律宗 ··· 362
　　六、唯识宗 ··· 363
第四节　三教合一与明代四大高僧 ·························· 363
　　一、三教合一的思潮在继续 ··························· 363
　　二、云栖袾宏 ··· 365
　　三、紫柏真可 ··· 368
　　四、憨山德清 ··· 370
　　五、蕅益智旭 ··· 374
第五节　佛教的世俗化发展 ································ 378
　　一、佛教与民间信仰 ································· 378
　　二、佛教节日与民俗 ································· 380
第六节　居士佛教的兴起 ·································· 384
　　一、居士与佛学 ····································· 384
　　二、杨文会与金陵刻经处 ····························· 386

第八章　中国佛教在衰落中的革新（近代） …… 390

第一节　近代佛教的衰落与佛教文化的复兴 …… 390
一、衰落与复兴的概况 …… 390
二、佛教团体与教学机构 …… 394
三、佛学研究的重要人物 …… 397

第二节　佛教的革新运动与人间佛教 …… 413
一、太虚与佛教革新运动 …… 413
二、人间佛教的提倡及其历史影响 …… 418

第九章　佛教在少数民族地区的传播 …… 423

第一节　藏传佛教的形成 …… 423
一、佛教文化的传入 …… 424
二、在冲突中的发展与中衰 …… 425
三、藏传佛教的形成 …… 431

第二节　藏传佛教的主要教派 …… 433
一、具有浓厚本教色彩的宁玛派 …… 434
二、阿底峡传下的噶当派 …… 438
三、八思巴与萨迦派 …… 440
四、口授传承的噶举派 …… 442
五、宗喀巴的宗教改革与格鲁派的崛起 …… 446

第三节　藏传佛教的特色及其流传 …… 449
一、藏传佛教的特点 …… 450
二、绚丽多彩的藏传佛教文化 …… 454
三、藏传佛教在其他少数民族地区的传播 …… 459

第四节　少数民族地区的上座部佛教 …… 465

一、发展完备的傣族上座部佛教 …………………………… 466
　　二、布朗族人的普遍信仰 …………………………………… 469
　第五节　大乘佛教在少数民族地区 …………………………… 471
　　一、云南"佛国"——大理 ………………………………… 471
　　二、拉祜族与壮族地区 ……………………………………… 473
　第六节　少数民族地区佛教的特点 …………………………… 474
第十章　中国佛教文化的对外交流 ………………………………… 477
　第一节　佛教东渐与西行求法 ………………………………… 477
　　一、东土敞怀迎西僧 ………………………………………… 478
　　二、万里求法第一人 ………………………………………… 480
　　三、舍生忘死求真经 ………………………………………… 482
　　四、中印交流谱新篇 ………………………………………… 487
　　五、踏平坎坷成大道 ………………………………………… 489
　　六、佛法东渐的文化效应与启示 …………………………… 497
　第二节　佛教中心与向外传播 ………………………………… 501
　　一、八方学僧汇聚长安 ……………………………………… 502
　　二、中国佛教远播海外 ……………………………………… 508
　　三、持久交往与共存互补 …………………………………… 521
　　四、中国佛教文化的世界性贡献 …………………………… 531
第十一章　中印佛教思想的理论基础 ……………………………… 536
　第一节　缘起与无我 …………………………………………… 536
　　一、缘起论 …………………………………………………… 537
　　二、无我说 …………………………………………………… 546
　第二节　缘起论的展开 ………………………………………… 552

一、四谛 552
　　二、五蕴 563
　　三、十二因缘 568
第三节　法印说与修行论 574
　　一、三法印 574
　　二、八正道 577
　　三、三学 581
　　四、六度 590
第十二章　中国佛教主要宗派的理论 596
第一节　性具实相说 596
　　一、五时八教与止观并重 596
　　二、三谛圆融与一念三千 604
　　三、性具善恶与无情有性 619
　　四、别理随缘与理具事造 627
第二节　法相唯识学 635
　　一、三性三无性 635
　　二、唯识转依说 637
　　三、五重唯识观与五种姓说 648
　　四、五位百法与因明学说 651
第三节　法界缘起论 658
　　一、法界缘起与四法界说 659
　　二、六相圆融与十玄门 668
　　三、五教十宗与禅教一致 678
第四节　修心见性论 685

一、神秀北宗的息妄修心论 …………………… 686
二、惠能南宗的顿悟心性论 …………………… 695

人名索引 …………………………………………… 720
主题索引 …………………………………………… 731
文献索引 …………………………………………… 753
后记 ………………………………………………… 767
增订版后记 ………………………………………… 770
新版(第三版)后记 ………………………………… 773

自 序

本书是计划撰写的《中国佛教文化》的上部,主要从佛教中国化的角度探讨并论述中国佛教文化的历程。《中国佛教文化》的下部则将主要探讨中国佛教文化的底蕴,以及中国佛教文化与传统思想的关系。撰写《中国佛教文化》,一方面是借此机会总结一下自己十多年来学佛研佛的心得体会,另一方面也想为相关专业的大学生和研究生提供一部较为系统而又简明扼要的中国佛教教学参考书。

一

中国佛教文化是整个中华文化的有机组成部分,灿烂的中国佛教文化为我们留下了许多宝贵的精神财富。弘扬传统优秀文化,建设适应时代发展的民族新文化,理应对中国佛教文化中有价值的东西认真地加以发掘、继承和发扬光大。本书希望在这方面尽一点责任,作一点努力。

中国佛教文化的涵盖面几乎涉及中国的政治、经济、哲学、宗教、伦理、文学、史学、艺术、教育乃至民风、民俗等社会文化的一切领域,其内容丰富,形式多样,对中华民族的发展及民族心理、民族精神的铸就,都产生了并持续产生着广泛而深刻的影响。这一方面为本书的写作提供了极为丰富的材料,另一方面也使本书的写作具有一定的难度。为了不致铺展得过于分散,也为了结合个人的研究特长,本书准备以中国佛教文化自身的发展为经,以其与别种文化形态的关系为纬,突出佛教作为宗教的特点与文化精神。

即使这样,我们仍然面临一个基本的方法问题。有一种看法认为:研究佛教就只能把精力集中在佛教,若杂以对其他学说的研究,就有大而化之、不务实或好高骛远之嫌。记得前两年我准备从事儒、佛、道三教关系的研究时,就有人觉得:"穷一生精力研究佛教还很难说能研透佛教,年轻人竟想搞三教?"很不以为然。似乎研究佛教就只能读佛书,只有那种就佛研佛式的研究才算研佛。但我并不这样认为。很多师长也都给予我鼓励,使我当时申报的课题"儒佛道三教关系史"获得了国家社会科学基金的资助。

在我看来,佛教文化是一种相对独立的文化形态,但它又是与其他文化形态和社会现象相联系而存在的,不能把它孤立起来加以研究,特别是研究中国佛教,更是如此。中国佛教之所以叫"中国"佛教,就在于它既是佛教,又是在中国这块土地上生长起来的中国化的佛教。所以,要了解中国佛教,就必须了解中国的社会和传统的儒、道等思想文化。而要了解汉以降的中国社会和儒、道等传统思想,也必须了解中国佛教文化。通过各种文化现象的比较研究,有时更容易发现佛教的特点,也更能挖掘佛教的现代意义与价值。事实上,儒、佛、道等作为中国文化的有机组成部分,相互影响,相互渗透,常常是你中有我,我中有你,怎么能割裂开来呢? 有时我甚至认为,即使研究先秦的儒、墨、道、法,了解一点佛教也是有益的。因为人类文明都有某种共性,都是在探讨人类自我生存问题的过程中形成并为人类自身的生存而服务的,虽然它们的表现形态常常不一样,表达的具体内容和观点也往往不同。了解其他的思想学说,对深入了解儒、道等文化精神,有时会有意想不到的启发作用。"他山之石,可以攻玉。"岂能让一叶障目,人为地狭窄自己的眼界呢? 现代佛学专家汤用彤先生精魏晋玄学,通宋明理学,不仅没有影响他成为佛学大家,反而使他的佛学研究独树一帜。我愿以他为榜样。

二

中国佛教文化已经有了两千年的历史。在汉代,佛教初传,就与华夏传统文化和社会习俗发生了碰撞冲突,并在依附当时黄老神仙方术的过程中,通过"格义"等途径开始了其漫长的中国化进程。

魏晋时期,中国佛教文化初具规模,并正式登上了中国学术思想的舞台。佛教特有的戒律传授、寺院建筑、净土信仰等也都于此时行于中国。在玄学的刺激下,中国佛教学者的崛起和中国化佛教理论的初步形成,成为这个时期引人注目的社会现象。西行求法促进了中外文化的交流,三教一致论的提出则为佛教文化融入中华文化提供了理论依据。

南北朝时期,中国佛教文化趋于繁兴。佛教经论的讲习,促成了佛教学派的林立;僧官制度的形成与寺院经济的发展,标示出中国佛教的特色;佛教音乐、绘画与石窟寺艺术等的成就,则从一个侧面反映了中国佛教文化的丰富灿烂。当时南北的分裂与不同的社会文化条件,三教的相融与相争,帝王的兴佛或灭佛,都对中国佛教文化的特点与演变发展产生了直接的影响。但中国佛教文化也在演进中表现出一定的发展规律。

到了隋唐时期,中国佛教在帝王的支持下走向鼎盛,佛教文化空前繁荣。天台、华严和禅宗等中国化佛教宗派的创立,标志着印度佛教中国化的完成。佛教文学艺术与社会性活动的发展反映了外来佛教成为民族宗教后获得的新的生命力,以及佛教与中国社会文化的密切关系。在西藏等中国少数民族地区传播的佛教,呈现出了许多不同于汉传佛教的特点。这个时期儒、佛、道三教关系的新发展以及唐武宗灭佛,为我们全面了解中国社会和儒、佛、道三教的特点,了解中国文化的基本精神以及社会政治、经济与文化的关系都提供了许多重要的启示。中国佛教的向外传播,不仅促进了中外经济文化的广泛交流,而且增进了中国与周边国家人民的友谊。中国佛教文化的世界性贡献值得充分肯定。

入宋以后,相对独立的中国佛教文化趋于衰微,但其社会生活与文化各领域的渗透却进一步加深。佛学对儒学的影响,促成了宋明理学的出现。佛教与政治的结合,构成了蒙藏地区社会的重要特点。在衰微趋势中持续发展的中国佛教文化,表现出了许多不同于以往的新特点,佛教内部禅、净、教的融合,儒、佛、道三教的合流,以及佛教的世俗化的倾向,构成了此后数百年中国佛教发展的基本画面。佛教译经、刻经、著述与佛教史学的发展则继续为中国文化宝库增添着珍品。

近代以来,鉴于佛教的衰落,一批有识之士大声疾呼改革佛教,并为中国佛教文化的复兴作出了不懈的努力。"人间佛教"的提倡,开创了中国佛教发展的新时代。

三

在世纪之交的当代社会,我们研究中国佛教文化有什么意义?如何使我们的研究有助于现实的社会人生和中华新文化的建设?这是我在写作本书时经常考虑的问题。我认为,一种文化现象的长期存在,自有其深刻的必然性。文化的内在精神和社会人生的需求是其依存的最重要条件。从中国佛教文化来看,其之所以绵延数千年而至今不绝,千百年来不仅对人们的思想和社会生活产生广泛而深刻的影响,而且在满足人们的精神需要方面也起过重要的作用,就在于它包含着一定的积极因素,对现实的社会人生具有一定的积极意义与价值。因此,结合现代社会和人生来研究中国佛教文化的基本精神,发掘其中的精华,使之更好地为现代社会和人生服务,这既是我们传承发展中华优秀传统文化、建设中华新文化的重要内容,也是现实的需要和我们作为中国佛教文化研究者应有的责任。

这里,我想就佛教与现代社会人生的关系谈两点看法。

第一,佛教作为一种本质上追求出世的宗教,是否与现实的社会人生完全无关?佛教的出世理论对于一般社会大众来说是否毫无意义?我个人认为,答案是否定的。首先,从佛陀创教的人生情怀来看,佛教的一些基本理论,例如"缘起""无我"等等,都与佛陀倡导的"种姓平等"有关,都是佛陀针对古印度种姓制度的神学基础而提出来的。这充分体现了佛陀关怀现实人生的情怀。虽然佛教主要是从解脱论的角度提出问题的,强调的是在解脱面前的人人平等,但其中所体现的人人平等的基本精神,无论是在古代还是在现代,都是有积极意义的。其次,从佛教解脱论的重要理论基点因果报应论来看,佛教的因果报应论有两大重要特点:一是强调"业感"而否定有鬼神等外在的赏善罚恶的主宰或执行者;二是强调业报的"自作自受",否定他人(例如子孙或其他家族成员等)代为受报的可能性。这种业报轮回说把人的遭遇和命运的主动权交到了人们自己的手中,从而把人们引向了"诸恶莫作,众善奉行"的人生道德实践。佛教的出世解脱理想虽然是基于"人生皆苦"的价值判断,但却表达了对永超苦海之极乐世界的向往,透露出了一种对人生永恒幸福的追求。这种强调通过自身努力来实现美好人生的理论,其中蕴含着劝人向善、积极进取的精神,这对现实的社会人生显然也是有意义的。再次,佛教把无明与贪欲视为人生痛苦的总根源,提倡于万物不要起贪著之心,要保持人的自然清净的本性,不要被物欲所污染和蒙蔽,要保持心态的平和与宁静,这种理论对于克服当代社会中物欲横流的现象也是有一定意义的。因为人的欲望是无止境的,正当合理的欲望固然应该肯定,但过分的贪欲却往往是既害人又害己。经常用佛教的"不执著"来调控心境、超然处世,是有益于社会和人生的。最后,佛教的出世从根本上说,追求的是一种精神的超越与升华,它并不绝对地排斥入世。特别是大乘佛教的"生死与涅槃不二""世间与出世间不二"等基本精神,实际上沟通了佛教的理想与现实人生的联系,既为佛法常住人间、化导世间提供了契机,也为建立人间佛教、人间佛国、人间净土提供了依据。中国佛教正是继承并发展了这种人生佛教的精神,走上的正是人间佛教的道路。因此,结合现代社会人生来研究佛教文化,既是必要的,也是可能的。就中国佛教文化而言,更是如此,因为中国文化的基本特点和精神之一就是重现世现生。

第二,如何认识中国佛教文化的主要特点和基本精神,这是一个仁者见仁、智者见智的问题。我个人认为,中国佛教既继承了佛陀创教的基本精神,同时又在传统文化的氛围中形成了它鲜明的不同于印度佛教的特色,其突出的表现之一就是把印度佛教中蕴含着的对人或人生的关注及肯定作了充分的发挥与发展,形成了它特有的重现实社会和人生的特点。中国佛教文化之所以能与传统的儒、道并列,成为传统思想文化最基本、最重要的组成部分,这一方面与佛教本身的特点有关,它能在一定程度上弥补中国固有的传统思想文化的某些缺憾或某些不足,另一方面与佛教在同儒、道等的冲突与互融中日益走向现实的社会人生,日益铸就现实性的品格也是分不开的。佛教所蕴含的对人生永恒幸福的追求在重视现实社会人生的中国这块土地上获得了新的生命力,得到了充分的发扬光大。中国化的佛教正是通过对佛教人文主义精神的继承与发展,日益面向现实的社会和人生。立足于"众生"(人及一切有情识的生物)的解脱而强调永超人生苦海的佛教,在中国则更突出了"人"的问题和人生问题。最有代表性的中国佛教宗派禅宗,在充分肯定每个人的真实生命所透露出的生命底蕴与意义的基础上，融解脱理想于当下的现实人生之中，化修道求佛于平常的穿衣吃饭之间，强调随缘任运，即心即佛，认为"全心即佛，全佛即人，人佛无异"①。近现代复兴的佛教，也在新的历史条件下对唐宋以来中国佛教的入世化、人生化倾向进一步加以继承发展。从太虚法师大力提倡"人间佛教""人间净土"，到20世纪60年代以来在台、港兴起以面向现代社会和人生为主要特征的新型佛教团体和佛教文化事业，乃至中国大陆当前也在提倡人间佛教思想以期自利利他，实现人间净土，无不体现出中国佛教重现世现生的基本精神。绵延2000年之久的中国佛教也由此而走上了新的发展道路，开始了新的进程。已故前中国佛教协会会长赵朴初居士在题为《中国佛教协会三十年》的报告中说："我们提倡人间佛教的思想，就是要奉行五戒、十善以净化自己，广修四摄、六度以利益人群，就会自觉地以实现人间净土为己任，为社会主义现代化建设这一庄严国土、利乐有情的崇高事业贡献自己的光和热。"②我们期待着中国佛教文化的基本精神在现代社会和人生中发挥更大的作用。作为中国佛教文化的研究者，我愿为此而作出自己的努力。

---

① 《五灯会元》卷三《盘山宝积禅师》。
② 《法音》1983年第6期。

第一章 中国佛教文化的印度之源

中国佛教文化之源在印度。佛教作为世界三大宗教之一,产生于古代印度,却兴盛在中国。佛教在两汉之际经西域传到中国内地以后,即经历了一个不断中国化的过程。在中国社会历史条件的影响和制约下,在同传统思想文化的相互冲突与相互交融中,佛教逐渐发展成为中国的民族宗教,形成了富有特色的中国佛教文化。中国佛教文化作为传统文化的重要组成部分,千百年来对中国社会的政治、经济、道德、宗教、哲学乃至科学、文学、艺术,以及各族人民的思想观念和社会生活,都产生了极其广泛而深刻的影响。为了把握中国佛教文化的形成、发展及其内涵和特点,有必要先追溯一下佛教的印度之源。

第一节 释迦牟尼与佛教的创立

佛教的创始人释迦牟尼,姓乔答摩,名悉达多。释迦,是种族名;牟尼,是明珠,喻圣人。释迦牟尼是佛教徒对他的尊称,意为释迦族的圣人。释迦牟尼成道后,又被称为佛陀,或简称为佛。佛陀,是梵文 Buddha 的音译,也译为浮屠、浮图、佛驮等,意译为觉或觉者。觉有三义:自觉、觉他、觉行圆满。三项俱全者方名为佛。在佛教创立的最初阶段,"佛"仅限于对释迦牟尼的尊称,后来则除了指释迦牟尼之外,也泛指一切觉悟成道、觉行圆满者。

一、由王子到教主

关于释迦牟尼,佛教有许多传说,佛教研究者对释迦牟尼是神话人物还是历史人物也有过争论。但根据现有的资料,基本可以确认释迦牟尼是一个历史人物,后来被佛教徒逐渐神化。

释迦牟尼的生卒年月,在南传佛教与北传佛教中有各种不同的说法,现已不可详考。一般据汉译《善见律毗婆沙》"出律记"记载的"众圣点纪"法,推算为公元前565~前486年,与中国的孔子差不多同时。

据传,释迦牟尼是古印度北部迦毗罗卫国①净饭王的儿子。其母摩耶夫人在临产前按当时的风俗回娘家分娩,路过蓝毗尼花园休息时生下了他,故蓝毗尼成为印度佛教的四大圣地之一。释迦牟尼生于农历四月八日,故这一天被佛教定为"佛诞节"。传说释迦牟尼诞生时有9条龙口吐香水洗浴佛身,据此,佛教徒每逢佛诞日都要以各种名香浸水灌洗佛像,举行"浴佛"活动,以纪念释迦牟尼的诞生,故"佛诞节"世称"浴佛节"。

释迦牟尼出生后7天,生母摩耶夫人就去世了,由姨母摩诃波阇婆提夫人抚养。他天资聪颖,相貌端庄,自幼在宫廷里接受传统的婆罗门教育,还兼习兵法与武艺,是一个文武双全、智勇兼备的王子。净饭王对他的期望很大,立他为太子,希望他能继承王位,成为一个统一天下的"转轮王"②。但释迦牟尼本人却有感于社会现实和人世的无常,并不想继承父业,做一个政治上的统治者。他关心并致力于探讨人生痛苦的原因以及摆脱痛苦获得解脱的途径与方法等一系列问题。据说他14岁那年曾驾车郊游,出东、南、西三门,分别见到了生老病死等人生的各种痛苦现象,后

---

① 今尼泊尔南部,是当时恒河流域16个以城市为中心建立起来的大国之外的一个小国,时时受到被攻伐兼并的威胁。

② 转轮王是古印度神话中的"圣王",转"轮宝"而降伏四方。

来出北门遇见一位出家修道的沙门,听到了出家修道可以从生老病死的痛苦中解脱出来的道理,于是便萌发了出家修道的想法。为了阻止释迦牟尼出家,净饭王为他提供了各种各样的享乐条件,专门为他建造了豪华舒适的"寒、暑、温"三时宫殿,并在他16岁的时候为他娶了邻国公主、表妹耶输陀罗为妻。二人后生下一子名罗睺罗。但释迦牟尼并未因此而动摇出家的决心,在29岁时的一个夜晚,他毅然抛弃了宫廷的舒适生活,离开妻儿,一个人来到森林中,剃去须发,披上袈裟,走上了出家修行之路。

最初,释迦牟尼在摩揭陀一带寻师访道,修习禅定,后又在尼连禅河畔的树林中独修苦行,希望通过对自己身体的折磨而达到精神的解脱,坚持了6年,仍无所得,没有找到解脱之道。于是,他知道苦行无益,便放弃了苦行,到尼连禅河中去洗净了6年的积垢,并接受了一个牧女供养的乳糜,从而使身体得到了恢复。他走到附近的荜钵罗树下向东结跏趺坐,发下誓言,若不证得无上菩提(觉悟),绝不起座,终于在一天夜里大彻大悟,洞察了宇宙人生的真正本质,获得了解脱,成了佛陀(觉悟者),是年35岁。悟道之日据说是农历十二月八日,因而佛教定这一天为"成道节"。释迦牟尼成佛的地方,后来被称为佛陀伽耶或菩提伽耶,也是印度佛教的四大圣地之一;荜钵罗树则被称为菩提树。

释迦牟尼悟道成佛后,即开始向大众宣说自己证悟的真理,主要是四谛、八正道等法。最初听讲的有憍陈如等5人,他们成为释迦牟尼的最早弟子,初成僧团,地点在鹿野苑。这次说法,佛教史上称之为"初转法轮"。"法轮"是对佛法的喻称,一是比喻佛法能摧破众生烦恼邪恶,如印度古代神话中的转轮王转动手中所持的"轮宝"摧破山岳岩石一样;另外也是比喻佛之说法,如车轮旋转不停。佛的"初转法轮",在佛教史上意义重大,因为构成佛教的三个重要因素,即佛教的所谓佛、法、僧"三宝",此时皆已具备,这标志着佛教的初创。而释迦牟尼也由世俗的王子变成了宗教的教主。此后不久,释迦牟尼便到各地传教,先后收了舍利弗、目犍连和摩诃迦叶等人为弟子,并把他们上千的徒众也吸收到僧团中来。随着佛教影响力的扩大,信徒越来越多。在王舍城,他受到摩揭陀国频婆娑罗王及其子阿阇世王的皈依;在舍卫城,又受到拘萨罗国波斯匿王的皈依。当他回到故乡迦毗罗卫国时,他的同族兄弟阿难陀、阿那律以及他的儿子罗睺罗、姨母摩诃波阇婆提等都出家皈依了佛教。

作为佛教创始人的释迦牟尼一生传道说法45年,足迹遍布恒河两岸。于所到之处,他很少参与政治和世俗生活,一心讲道。他的弟子中间有国王与豪商,也有乞丐与妓女,人数众多,成员复杂。因此,释迦牟尼在世的时候就十分重视组织僧团,制定僧规。云游乞食、雨季安居、犯过忏悔和不杀、不盗、不邪淫、不妄语、不饮酒等,成为原始佛教的基本制度与戒律。释迦牟尼在80岁那年,不幸身染恶疾,在末罗国的拘尸那加城外的娑罗双树林间逝世。临终前,他还为婆罗门学者须跋陀罗说法,收他为最后一个弟子,可谓为佛教事业奋斗到了生命的最后一刻。释迦牟尼去世是在农历二月十五日,这一天后来被佛教徒尊为"涅槃节"。释迦牟尼初转法轮的鹿野苑和涅槃地拘尸那加也都成为印度佛教的四大圣地之一。

相传,释迦牟尼遗体火化后的遗骨(即"舍利")被分为8份,由8个国家里的国王和长者带回,分别建塔安奉。公元前3世纪,摩揭陀国的阿育王在全印度建84000座佛舍利塔。后来,伴随着佛教东传,佛之舍利也被带至中土。供奉佛舍利,是佛教活动的重要内容,是人们宗教信仰与宗教情感的一种折射,在佛教的传播发展中,它虽不同于译经著论等弘法活动,却起着与之相类似的重要作用。中国陕西扶风县法门寺奉藏的佛指舍利在隋唐时曾多次被帝王大规模地迎奉,引起极大的轰动,造成巨大的影响。这从一个侧面说明,佛教作为一种宗教文化,并不仅仅是一种思想学说,它同时还可以表现为诸如寺院、佛塔、神像等物质形态,也可以凝聚积淀在社会习俗和人们的心理中,表现为宗教情感和社会活动等。这给予我们一个重要的启示,即必须把佛教作为一种文化现象,作多层次、多角度的广泛研究,只有这样,才能更好地从总体上把握佛教的特点及其发展规律。

二、佛教创立的社会文化背景

原始佛教的基本思想和特点与佛教创立的社会文化背景密切相关。了解释迦牟尼创立佛教时印度的社会和思想状况,对于把握整个印度佛教的特点是十分重要的。

释迦牟尼生活的年代,正值印度社会大动荡之时,阶级矛盾和民族矛盾十分尖锐。由中亚地区侵入的雅利安人长期压迫着被征服的土著民族,而雅利安人内部随着社会分工的发展也分化出不同的等级。当时印度普遍实行着种姓制度,将人分为四等:第一种姓为婆罗门,即掌握神权、主持祭祀的僧侣,他们自称是创造宇宙的主宰"梵天"的代表,以"人间之神"自居,地位最高,是当时一切知识的垄断者。第二种姓为刹帝利,即掌握军政大权的国王和武士,是世俗的统治者。这两种种姓构成了当时的统治阶级。第三种姓为吠舍,即农民、手工业者和商人等。第四种姓为首陀罗,即奴隶和从事"卑微"劳动的杂役,他们没有任何权利,地位最为低下。前三种姓均为雅利安人,首陀罗则是土著人。不同的种姓之间界限分明,不能通婚、交往,甚至不能共食、并坐,他们的社会地位、权利、义务和生活方式等都各不相同,而且种姓世代相袭。后来,还出现了许多被排斥在种姓之外的所谓贱民,他们的地位更为卑贱,他们的人身和用过的东西都被认为是"龌龊"的,他们不得同其他种姓的人接触,因而又被称为"不可接触者"。随着国家机器作用的加强,刹帝利对婆罗门的特权和至上地位日益不满。居于第三等级的吠舍由于商业和手工业的发展,经济力量不断扩大,也要求提高自己的社会地位,并产生了参与政治的要求,因而既与刹帝利产生矛盾,又支持刹帝利削弱婆罗门的世袭特权。而生活在社会最下层的奴隶同奴隶主统治阶级的矛盾更是十分尖锐。

错综复杂的社会斗争必然反映到思想领域。佛陀时代,印度思想界十分活跃,有人称之为"百家争鸣"的时代。从总体上看,各种不同的观点基本上可以分为两大思潮,即正统的婆罗门思潮和新兴的反婆罗门思潮,后者一般通称为沙门思潮。

正统的婆罗门教源于公元前2000年印度古代的吠陀教,正式形成于公元前7世纪。它以《吠陀》为天书,主张吠陀天启、祭祀万能和婆罗门至上的三大纲领。它信仰多神,特别奉梵天、毗湿奴和湿婆为三大主神,认为他们是三相神(三神一体),分别代表宇宙的创造、护持和毁灭;同时又以"梵"为宇宙万物的最高主宰,认为"梵"从口里生出婆罗门,从肩部生出刹帝利,从腹部生出吠舍,从脚下生出首陀罗,因而四种姓的高下贵贱之区分是神圣不可改变的。它宣扬善恶报应、生死轮回等观念,认为人有不死的灵魂,可以根据现世的行为,即根据是否信奉婆罗门教并严格执行教法规定,而于来世转变为不同的形态,或变为神,或转生为不同种姓的人,或转生为畜生乃至下地狱。它还主张祭祀祈福、修行以求解脱,认为人的灵魂本质上即是"梵",亲证"梵我同一",即可获得解脱。婆罗门教的信仰和教义从正反两方面对原始佛教特点的形成产生了深刻的影响。

当时的沙门思潮流派众多,佛经上有"九十六种外道"之说。比较有代表性的有六家,他们是:(1)阿耆多,顺世论的先驱之一,主张人与世界皆由地、水、火、风等"四大"构成,反对梵天的存在,否认灵魂不死和因果报应,追求现世的享乐。(2)尼乾子,耆那教的始祖,主张业报轮回,提倡通过极端的苦行来使灵魂得到解脱。(3)婆浮陀,主张七元素(地、水、火、风、苦、乐、命)说,认为元素既不由他物创生,也不创生任何他物,元素是独立自存、永恒不灭的。(4)富兰那,主张"无因无缘论",认为世界上一切事物的产生和发展都是偶然的。从偶然论出发,怀疑并否定社会上的一切宗教道德,认为善恶并无一定的标准,不承认因果报应说,主张纵欲。(5)末伽黎,主张"命定论",认为人是命运的盲目工具,一切事物都受命运支配,人生亦不例外,因而否定道德的意义和业报的存在。(6)散惹夷,宣扬一种怀疑论或不可知论,对一切问题都不作决定说,持相对主义的态度。例如对有无来世、因果、善恶等,认为说有即有,说无即无,也可说亦有亦无或非有非无,因而有人称之为难以捉摸的泥鳅学说。以上六家学说,观点虽然各不相同,但他们在反对《吠陀》的权威和婆罗门教的政治、思想统治方面则是一致的。佛教最初也是反婆罗门教的沙门思潮之一,后为了表示与其他学说的不同,而将佛教之外的学说称为"外道",有代表性的六家,则称之为"六师外道"或"外道六师"。

佛教作为当时沙门思潮的一种,是以反对婆罗门教的姿态登上历史舞台的,因而它的许多基本理论和主张都是与婆罗门教针锋相对的。佛教对婆罗门教的各种主张都采取了批判的态度,对六师学说也表示反对。正是在与婆罗门教和其他各种学说的斗争中(同时也吸取了它们的某些思想成分),佛教创立了自己的思想学说,形成了自己的基本特点。

三、原始佛教的主要特点

原始佛教指的是佛陀及其弟子们所传的佛教,它的显著特点之一是将"缘起"和"无我"作为其全部思想学说的理论基础,以反对婆罗门教关于有万能的造物主(大梵天)和不死的灵魂(神我)的教说。佛教的缘起论认为,一切事物或现象的生起,都是因缘(条件)的和合,"缘合则起,缘散则离",没有独立自存的实体或主宰者。所谓"无我"的"我",指的就是起主宰作用的精神主体或灵魂。原始佛教以缘起论来反驳婆罗门教的神创论，并把坚持无我视为它区别于各种"外道"的主要标志之一。为此，关于佛教（特别是原始佛教）是有神论还是无神论的问题，在中外学者中曾有过争论。有人认为佛教不以信仰神灵为特征，故不能称之为宗教，有人则称它为"理智的宗教""无神的宗教"或"哲学的宗教"。我们认为，相对于婆罗门教而言，佛教在创立之初确实具有某种无神论的倾向，但这种无神论倾向是不彻底的，因为佛教虽然反对神创说，却并不否定神的存在，而且，由于"无我说"与佛教所坚持的"业报轮回"在理论表达上存在着张力，佛教在以后的发展中很快就提出了种种变相的"我"而实际上走向了"有我说"。不过需要指出的是，由于"无我说"的影响，后来种种关于"我"的理论在印度佛教中始终被说成是"不了义"或"方便说"而不占主导地位，但在中国却呈现出了完全不同的气象，这种理论由于与中国自古以来盛行的"灵魂不死"的观念有相通之处，故在中土得到了广泛的传播与发展。因此，了解原始佛教"无我说"的特点，对于把握整个印度佛教发展的走向和中印佛教文化的区别与联系都是十分重要的。

原始佛教的另一个重要特点是重视对人生问题的探讨，重视对人的解脱的实际追求，而不重视对抽象哲理的研究。佛教的创立虽然与当时的社会历史有密切的关系，但其直接的动因却是释迦牟尼对人生问题的思考。释迦牟尼有感于现实人生的种种痛苦而致力于追求永超苦海的极乐。他在菩提树下证悟的宇宙人生真谛，就是用缘起论来分析生老病死等人生现象，说明人生无常，一切皆苦，揭示了人生痛苦的原因以及摆脱痛苦的途径、方法和境界，强调了通过宗教实践获得人生解脱的重要性与迫切性。对于有关世界的本体等抽象的哲学问题，释迦牟尼一般都采取回避的态度，认为应该把这些问题悬置起来，先解决最迫切的摆脱现实痛苦的人生问题。著名的"十四无记"和"箭喻"等，都反映了原始佛教的这一基本特点。"十四无记"就是释迦牟尼对外道提出的世间常抑或无常、世间有边抑或无边等14个问题皆"不为记说"或回答"无记"(即不置可否、不作明确的肯定或否定的回答)。"箭喻"则是释迦牟尼说的一个譬喻,他把生活在现实痛苦中的人与中毒箭者相比拟。他认为,一个中了毒箭的人如果不是抓紧时间拔箭治伤,而是先要去探讨箭的颜色、质料和制箭者的姓名、籍贯、长相等等,那么,不待他弄清这些问题,他也许早就命终了。现实苦难中的人如果执著于先去探讨世间的有常无常等形而上的问题而不勤修佛道以求超脱人生苦海,那也就像不抓紧拔箭治伤的中毒箭者一样愚蠢了。原始佛教这种重人生问题和人的解脱的基本精神,到部派佛教乃至大乘佛教时虽然有进一步的发展,但更多是从思辨哲理方面被抽象地加以发挥了。而这种精神在重视现实人生问题的中国传统文化的氛围中却获得了新的生命力,得到了长足的发展。

原始佛教重人的解脱,突出智慧的作用,最终又把人的解脱归结为心的解脱,这是它的又一个重要特点。佛教作为一种宗教,解脱问题一直是其理论中最根本、最核心的问题。佛教的解脱论十分强调一种无上智慧(菩提)的获得,追求一种大彻大悟的理想境界。释迦牟尼就是在菩提树下证得了无上智慧,彻悟了宇宙人生的一切真谛,从而获得根本解脱的。成佛,意思就是成为"觉者"。这种对"慧解脱"的强调,与基督教和伊斯兰教等宣扬依靠神力而获得拯救和解脱有明显的不同,这也就决定了佛教更多具有一种宁静平和的超脱精神,在与不同的文化发生碰撞时往往会通过比较温和的方式逐渐达到共处与相互渗透,而不至于发生尖锐激烈的暴力对抗或宗教战争。在原始佛教时期,佛陀只是被视为一个觉悟者,他仍然是人而不是神,他与常人的不同只在于他品格伟大,智慧超人。对佛陀的神化是从部派佛教开始,而在大乘佛教中进一步得以发展的。由于原始佛教的全部理论就在于为解脱的必要性与可能性作论证,其解脱的重点又落实在无上菩提的获得,而这实际上是实现一种主观认识的转变,是一种内在精神上的解脱,古人又往往以"心"代指主观精神,因此,"心"便被视为解脱的主体,佛教的解脱最终也就归结到了"心"的解脱。原始佛教强调:"心恼故众生恼,心净故众生净。"①"若心不解脱,人非解脱相应。……若心解脱,人解脱相应。"②这时候的"心"一般并不具有精神实体的意义。到了部派佛教,特别是大乘佛教时期,人心才逐渐与法性、佛性联系在一起,被赋予了永恒绝对的精神实体的意义,被抬到了宇宙人生的本体的高度。③原始佛教把人的解脱归结为"心"的解脱的特点,与中国传统文化中的儒家重人的内在精神的提升和道家追求人的精神的逍遥自由有相契合之处,从而提供了印度佛教文化与中国传统文化相融互补的重要契机,中国化的佛教,特别是佛教禅宗,正是在这方面作出了富有成效的努力,为传统文化的丰富与发展作出了贡献。

原始佛教的基本特点还表现在它主张的"中道观"和"种姓平等观"上。这两种观点都是佛教在同婆罗门教和各种"外道"的斗争中提出来的。"中道"最初是就解脱的方法而言的。在如何实现解脱的问题上,当时印度社会中主要流行着纵欲享乐和极端苦行两种修道主张。释迦牟尼根据自己修道的实际经历,在初转法轮时明确提出,享乐和苦行是两种过分的极端行为,既不足学,也不足行,若依此二法修行,根本不可能实现解脱的目标,只有"离此二边取中道",即采用不偏不倚的合乎"中道"的宗教修行方法,才能达到涅槃的解脱圣境。原始佛教的"中道"立场成为其主要教义和修行方法的基本出发点,并因此而增强了它的社会适应性,使佛教易于为各种不同的人所接受,这也是佛教创立以后很快得到广泛传播的重要原因之一。在解脱的可能性上,按照婆罗门教的种姓说,人区分为

---

① 《杂阿含经》卷十,《大正藏》第2册,第69页下。
② 《舍利弗阿毗昙论》卷二十七,《大正藏》第28册,第698页中。
③ 请参见拙著《禅宗思想的形成与发展》第一章,第三节,江苏人民出版社2011年版。

四种种姓是神的意志,因而是不可改变的。四种姓中只有婆罗门、刹帝利和吠舍这三个种姓才有资格信奉宗教,礼拜神灵,通过修行而获得解脱,由于这三大种姓除父母所生的第一次生命之外还能从宗教方面获得第二次生命,故又称"再生族";而第四首陀罗种姓则无权拜神和礼诵《吠陀》,他们永无再生的希望,不可能得到解脱,故又称"一生族"。佛教创立以后,反对并驳斥了婆罗门教的神创理论,认为种姓的区分不是先天的而是后天的,应该以人的德行而不应以人的出身来划分种姓。他们说:"不应问生处,宜问其所行;微木能生火,卑贱生贤达。"[1]原始佛教主张种姓之间的平等,特别强调各个种姓在信奉佛教追求宗教解脱中的平等。佛陀曾说:"今我弟子,种姓不同,所出各异,于我法中出家修道。若有人问:汝谁种姓?当答彼言:我是沙门释种。"[2]在当时的印度社会中,佛教打出"种姓平等"的旗号,得到了除婆罗门之外大多数人的支持,这是它很快兴盛发展起来的又一重要原因。

第二节 佛教的分化与发展

释迦牟尼逝世后的100年间,佛教教团比较统一,佛教教义与佛教徒的修行生活也没有出现重大的分歧与差异,大致都与释迦牟尼在世时差不多。由于释迦牟尼在世时只是口头说法,并无文字记载,弟子们所闻所记,难免各有差异。为了纯洁教义,维护教团组织和戒律的统一,据说在释迦牟尼逝世的当年,大弟子迦叶曾召集500名比丘在王舍城附近的七叶岩毕波罗窟集会,共同忆诵佛说。这就是佛教史上的"第一次结集",又称"五百结集"或

---

[1] 《别译杂阿含经》卷五,《大正藏》第2册,第409页上。
[2] 《长阿含经》卷六,《大正藏》第1册,第37页上~中。

"王舍城结集"。在会上,大弟子阿难和优婆离分别根据记忆诵出经、律二藏,得到了大家的认可,确定了现存《阿含经》的基本内容,主要是关于四谛、五蕴、八正道、十二因缘等原始佛教基本教义的论述。这部分内容至部派佛教形成前后被系统整理,约在公元前1世纪左右写成文字,行文乃以"如是我闻"为开卷语,此格式为以后一切佛经所沿用。

佛教第一次结集以后,长老们分别率领徒众到各地行化,师徒相传,逐渐形成了不同的系统。随着时间的推移,因社会条件、地理环境等的不同,各系所传的教理与遵奉的戒律也出现了差异。最后,终于导致了佛教的分裂。

印度佛教继原始佛教以后,又相继经历了部派佛教、大乘佛教和密教三个时期。13世纪,由于伊斯兰诸王的入侵等多方面的原因,佛教在印度本土趋于灭绝。直到19世纪末,佛教才重新由斯里兰卡传入,但它与印度原来的佛教已有很大的不同。

一、部派佛教

公元前4世纪到公元前1世纪,即释迦牟尼去世后100年到400年间,佛教教团出现了分裂。最初分为上座部和大众部两大派,史称佛教的"根本分裂"。上座部代表一些长老的主张,比较保守,强调维持现状,属于正统派;大众部代表众多僧侣的主张,思想倾向自由进步,比较强调改革和发展。这两大派后来又继续发生多次分裂,史称"枝末分裂",形成的派别有十八部(南传说)或二十部(北传说)之多。这个时期的佛教,统称部派佛教。

佛教分裂的时间和原因,有许多不同的说法。一般认为,在第一次结集中,佛陀的弟子们就曾对戒律有过小的争论,但公开分裂是从释迦牟尼逝世后的100年左右的"第二次结集"开始的。这次结集有700人参加,地点在印度东部的毗舍离。分裂的原因,南传佛教认为主要是对戒律的看法有分歧,北传佛教则认为主要是对教理有不同的看法。

据南传佛教《岛史》《大史》等记载,当时以毗舍离城为中心的印度东部跋耆族的比丘,对戒律采取了比较自由的态度,认为某些传统的戒律已经不再适用,应该改变。他们提出了关于戒律的"十事",即10条新的主张:(1)角盐净,谓食盐可储存在角器中供日后食用;(2)二指净,谓太阳的影子过正午二指时仍可进食(佛教原来规定过午不食);(3)他聚落净,谓饭后到其他乡村聚落还能再食;(4)住处净,谓在一处居住的比丘可以分别举行布萨会(即检讨忏悔会,原来规定要全体集中);(5)赞同净,谓遇事一部分比丘可先做出决定,然后征求他人同意(原来规定有事要大家一起商量决定);(6)所习净,谓出家前所学习的东西出家后仍可按照惯例学习行事;(7)不搅乱净,谓未搅动的牛乳也允许喝;(8)饮阇楼伽酒净,谓因病可喝一些未发酵的棕榈酒;(9)无缘坐具净,谓坐具可以随意大小;(10)受蓄金银钱净,谓可以受蓄金银钱财。这些新的主张遭到了印度西部摩偷罗一带以耶舍为首的长老们的反对,他们专门为此召集了700比丘举行结集,宣布这"十事"不合戒律,是非法的。东部的大多数比丘并不接受这种裁定,他们依然坚持实行"十事",据说他们曾另外召集了一次有万人参加的"大结集"。统一的佛教教团由此发生了分裂。

据北传佛教《异部宗轮论》等记载,佛教的分裂主要是由于对佛教修行果位"阿罗汉"的看法不同。"阿罗汉"是小乘佛教修行的最高果位,其义有三:(1)杀贼,意谓杀尽一切烦恼之贼;(2)应供,意谓应受天人的供养;(3)不生,即不再在生死中轮回。当时有一个名叫大天的比丘对原始佛教的修行理论不满,提出了对阿罗汉的五条新见解("五事"),即认为只有佛才是究竟位,阿罗汉则并非完美无缺而是仍然有着五种局限:(1)仍有生理欲望;(2)仍有"无知";(3)对教理和戒律还有疑惑;(4)还需要得到佛的指示;(5)若不发出"苦"的叹声,仍有无常、痛苦的感受。这种新见解遭到了长老们的反对,却得到了众多比丘的附和,于是佛教发生了分裂,形成了以长老为主的上座部和非正统的大众部。

从实际情况来看,佛教的分裂,除了因为佛陀口传的教理戒律经弟子辗转相传必然出现差异之外,与佛教本身为了适应社会条件的变化而作出某些变革以求生存和发展也有很大的关系。例如,当时的印度东部地区经济比较发达,私有财产已被视为神圣不可侵犯,佛教徒中也出现了剥削现象,有些佛教徒公开放债收息等,在这种情况下,佛教变革诸如不蓄金银钱财、僧团财产共有等戒条,正是为了求得在这些地区的广泛传播与发展。再如,佛教贬低阿罗汉而抬高佛陀,创造出许多有关佛陀的神话,也正是为了更好地适应广大民众的心理需要以求吸引更多的信徒。

由上座部和大众部进一步分化出众多的部派,对于其名称、时间、地点和原因等,南北传佛教也有种种不同的说法。根据北传佛教的说法,部派的名称与传承可列表如下:

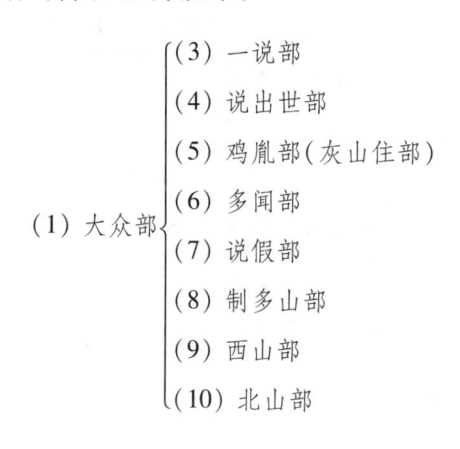

(1) 大众部
- (3) 一说部
- (4) 说出世部
- (5) 鸡胤部(灰山住部)
- (6) 多闻部
- (7) 说假部
- (8) 制多山部
- (9) 西山部
- (10) 北山部

```
                                    ┌ (13) 法上部
                                    │ (14) 贤胄部
                    ┌ (12) 犊子部 ──┤
                    │               │ (15) 正量部
                    │               └ (16) 密林山部
       ┌ (11) 说一切有部 ─ (17) 化地部 ── (18) 法藏部
(2) 上座部             │ (19) 饮光部
       │               └ (20) 经量部（说转部）
       └ 雪山部（即原上座部）
```

南传佛教的说法与北传稍有不同，也可列表如下：

```
                    ┌ (3) 鸡胤部（牛家部）┌ (6) 多闻部
(1) 大众部 ─────────┤                    └ (7) 说假部
                    │ (4) 一说部
                    └ (5) 制多山部

                    ┌ (8) 化地部 ┌ (14) 说一切有部 ── (16) 饮光部
                    │            ├ (17) 说转部 ── (18) 经量部
                    │            └ (15) 法藏部
(2) 上座部 ─────────┤
                    │            ┌ (10) 法上部
                    │            │ (11) 贤胄部
                    └ (9) 犊子部┤
                                 │ (12) 六城部（密林山部）
                                 └ (13) 正量部
```

以上诸部的名称，有的是根据部主的名字命名的，如犊子部、法上部等；有的是根据部派流传的地点命名的，如西山部、北山部等；还有的是根据部派学说的性质或特征来命名的，如说假部、说一切有部等。

部派佛教虽然对"四谛""五蕴""八正道"和"十二因缘"等原始佛教的根本教义一般都是坚持的,但在许多宗教问题的理解上却有很大分歧,从这种分歧中可以看到佛教的发展与变化。部派佛教与原始佛教的区别,除了表现在上述由于对某些戒律的看法不同而导致了宗教实践方面的差异之外,还突出地表现在对佛陀的不同看法,以及对业报轮回的主体与宇宙万物的实有、假有等问题的争论上。

关于佛陀,上座部一般坚持原始佛教的看法,即认为他是一个历史人物而不是神,他之所以伟大,主要在于他思想的正确、智慧的精湛、人格的崇高。而大众部则开始出现把佛陀神化的倾向,认为佛陀具有无限量的寿命和无边的法力,具有"三十二相""八十种好"等特殊的相状,是神通广大、超自然的神,历史上的佛陀并不是佛的真身,而是为了在世间教化众生方便所显的肉身。大众部的这些说法,在大乘佛教中有进一步的发展。

原始佛教为了反对婆罗门教关于万能的造物主(大梵天)和不死的灵魂(神我),从自己的基本理论"缘起说"出发,特别强调了"无我说"。但是,"无我说"与佛教所坚持的业报轮回说之间如何取得一致?正如《成唯识论》卷一中所说的:"若无实我,谁能造业?谁受果耶?……我若实无,谁于生死轮回诸趣,谁复厌苦求趣涅槃?"[1]部派佛教围绕着这个问题曾展开过激烈的争论。除了少数还坚持业感缘起的理论之外,大多数部派都通过种种途径提出了变相的"我"或灵魂来试图解决原始佛教理论表达上的矛盾。例如犊子部立"补特伽罗"("我"的别称)为轮回与解脱的主体,认为"补特伽罗非即蕴、离蕴,依蕴处界假施设名……诸法若离补特伽罗,无从前世转至后世,依补特伽罗可说有移转"[2]。由于补特伽罗与五蕴

---

[1] 《大正藏》第31册,第2页中。
[2] 《异部宗轮论》,《大正藏》第49册,第16页下。

(指人身)是"不即不离""不一不异"的关系,因而又被称为"不可说的补特伽罗"。这个不可说的补特伽罗虽然很玄妙,实质上就是"我"的异名,是一种实体性的灵魂。犊子部的这种理论显然已经超出了原始佛教的"无我说"。此外,经量部的"胜义补特伽罗"、正量部的"果报识"、化地部的"穷生死蕴"等,名称虽然各异,本质上也都是一回事。

关于心性及其解脱问题,部派佛教也曾有过许多争论。佛教的根本目的在于求得解脱,原始佛教虽然已有把众生的解脱归结为"心"的解脱的倾向,但尚未从理论上作专门的发挥,部派佛教则围绕着心的解脱,对心性的净染提出了许多不同的观点。大众部一般都主张"心性本净,客尘所染",认为只要去除所染,恢复本净的心性,即为解脱。但由于大众部是主张"过去未来非有实体"的,因此他们所说的"净心"解脱不能是"过去"的净心,而只能是未来解脱了的净心,也就是说,他们实际上是指染心未来可以实现的一种可能性。上座部的观点比较复杂,说一切有部是坚决反对"心性本净"的,他们把心分为净心与染心两种,所谓解脱,就是以净心取代染心。然而,上座部中的化地部、法藏部等的观点又与说一切有部不同,他们都主张"心性本净",持与大众部相近的观点,但他们强调染心、净心是同一个心,这个心由染到净,体性始终不变,犹如洗衣、磨镜,去掉污垢,即显清净,这与大众部的"心性本净"说显然又是有很大差别的。部派佛教对心性解脱问题的争论直接影响到了大乘心性学说的形成与发展,对中国佛教文化的影响也是巨大而深刻的。

关于宇宙万物的实有假有问题,也是部派佛教争论得比较激烈的问题。原始佛教比较注重对人生现象的分析,通过对"五蕴""十二因缘"等的分析来说明人生无常、一切皆苦,以强调解脱的必要性。而对于那些有关世界的本体等哲学问题,一般都采取了回避的态度。部派佛教的理论则逐渐由侧重人生哲学而扩大到了整个宇宙观。一般说来,上座部的各派比较侧重于说"有",即肯定心法与色法(精神现象和物质现象)都是实在的,例如说一切有部主张"三世实有",认为一切法不仅现在实有,而且过去、未来也是实有的。不过,说一切有部主张的是"法有我无",即认为万法皆因缘而有,没有常恒的主宰(我)。犊子部则进一步主张"我法俱有",即认为万法及其主宰(我)都是实在的。这些观点与原始佛教的无常说和无我说都是相对立的。而大众部的各派一般都比较偏重于说"空",对现实世界持否定的态度。例如一说部主张"诸法俱名论",认为世间法、出世间法全是假名,一切法都无有实体,都是不真实的。

部派佛教争论的问题及其提出的观点,对大乘佛教的兴起与发展产生了深刻的影响。从哲学理论上看,大众部的理论对大乘空宗的影响较大,而上座部的理论则更多为大乘有宗所继承。

二、大乘佛教

大乘佛教的正式形成一般认为是在 1 世纪左右。这个时期正是次大陆历史上的所谓南北朝时期,即贵霜王朝和案达罗王朝分立的时期。印度的奴隶制逐渐向封建制过渡,商品经济有了进一步发展,随着阶级关系的重新组合,新的阶级矛盾开始出现并日益尖锐化。大乘佛教就是在这样的历史条件下产生并发展起来的。一般认为,大乘佛教的发展经历了以龙树、提婆所创立的中观学派为代表的初期大乘(1~5 世纪)和以无著、世亲所创立的瑜伽行派为代表的中期大乘(5~6 世纪)以及密教流行的后期大乘(7~12 世纪)三个阶段。

"乘",梵文 yāna 的意译,音译为"衍那",原意为"乘载"或"车辆",也有"道路"的意思。大乘佛教兴起后,自称能运载无量众生从生死轮回之此岸到达涅槃解脱之彼岸,故称大乘,而把原始佛教和部派佛教贬为小乘,认为那是佛陀为小根器的人所说的教法。原有的佛教则并不承认自己是什么小乘,他们不但认为自己是佛教的正统,而且指责大乘非佛说,认为大乘佛教教义是杜撰的。

大乘和小乘的区别表现在教义理论和宗教实践等许多方面,概括起来主要有如下几个方面:

1. 佛陀观:小乘佛教虽然已有将佛陀神化的倾向,但一般仍保留了对佛陀的历史看法,把他视为人间的尊者,是一位教祖或传教师,主张佛在僧数;而大乘佛教却把佛陀无限神化,把他视为超人的存在,把他描绘成神通广大、全知全能的神。小乘佛教一般认为佛只有一个,即释迦牟尼;大乘佛教却认为三世十方有无数的佛。小乘佛教一般厌恶人体,不塑造神像;大乘佛教却使佛教的神有形化,雕塑并供奉各种各样的佛像。小乘佛教开始出现的神化佛陀生身的倾向只是用三十二相、八十种好来描绘佛身之特异;大乘佛教则进一步提出佛有二身、三身乃至十身的说法,认为佛陀的生身只是变化身之一。

2. 修行的目标:小乘偏重于个人的解脱;大乘则致力于普度众生。小乘以证得阿罗汉果为最高目标;大乘则以修持成佛、建立佛国净土为最终目的。另外,大乘佛教还提出了菩萨作为理想人格,认为如果一下子不能达到佛的境地,至少可先做佛的候补者,而小乘一般是不承认菩萨的。

3. 修持的内容与方法:小乘一般主张修"三学"(戒、定、慧)、"八正道"(正见、正思、正语、正业、正命、正精进、正念、正定);大乘则提倡兼修"六度"(布施、持戒、忍辱、精进、禅定、智慧)和"四摄"(布施摄、爱语摄、利行摄、同事摄)。小乘认为要实现自己的理想,一定要出家过禁欲生活;大乘,特别是初期大乘,则很重视在家,并不强调出家。

4. 在理论学说方面:小乘一般比较拘泥于佛说,大都主张"人空法有",即只承认"人无我"而不否定宇宙万法的实在性;大乘佛教则比较注重对佛说加以自由的解释与发挥,一般都主张"人法两空",即认为人法皆无我,一切皆空。

大乘佛教的出现,是印度佛教史上的一件大事,是继部派佛教之后佛教内部的又一次大分化,也是印度佛教最大的一次分裂。在大乘佛教正式形成之前,就已有大乘思想存在。一般认为,大乘佛教是伴随着大乘经典的出现而产生的。大乘经典卷帙浩繁,种类也很多。最早出现的是《般若》类经典,宣说万法性空的道理。接着又有《宝积》《华严》等丛书性质的经典出现。《宝积》提出的"中道正观"发展了《般若》的空观,《华严》的"十方成佛""三界唯心"则成为大乘佛学的重要内容。此外,还出现了《法华》与《维摩》等经,它们依据《般若》,采用中道正观的方法,发挥了"诸法实相"的思想,并对小乘佛学加以评说,认为小乘虽出于佛说,但只是佛的权宜方便之说而非究竟之谈。另外还有一些关于信仰与修持的经典,例如宣扬东方净土的《阿閦佛国经》与宣扬西方净土的《阿弥陀经》,论述大乘禅法的《般若三昧经》与《首楞严三昧经》等。

初期大乘经典出现并流行了一个时期以后,就有学者出来对众多的经典加以整理和研究,并据以组织学说思想体系。在这方面做得最出色、最有影响的是龙树及其弟子提婆,他们创立了印度大乘佛教的两大基本派别之一——中观学派。

中观学派因其在理论上坚持不着有、无二边的"中道"而得名。由于该学派的基本思想是"一切皆空",因而又被称为"大乘空宗"。创始人龙树(约150~250年)是南印度人,属婆罗门种姓,自幼聪颖,不仅通晓婆罗门教的经典,而且对天文、地理、各种道术等也很有研究。皈依佛教后,先习小乘,精通三藏,后受《般若》与《华严》的影响而又转向大乘。据说他曾在北印度雪山地区遇一老比丘授以大乘经典,从此周游各地,进一步搜求大乘经典,大力传播大乘思想,足迹遍及全印度,而以南印度为主。他的学说很快在印度各地盛行。龙树的著作很多,有"千部论主"之称。他的弟子提婆(约170~270年)也是南印度人,传为锡兰王之子,以博学雄辩而闻名于世,从龙树出家为僧,发挥龙树的中观学,常与外道辩论。他的著作也很多,但流传下来的甚少。据说龙树是自杀而死的(也有说是被幽禁而死的),提婆也被一婆罗门杀害。师徒两人皆死于非命,这从一个侧面反映了当时印度思想斗争的激烈。提婆的后继者有罗睺罗跋陀罗,罗睺罗系传至清辨及佛护时,由于对中观的理论解释不同而分裂为两个派系,清辨一系(称"自意立宗派",也称"自续派"或"自立量派")的重要传人相继有寂护、莲花戒与狮子贤等,佛护一系(称"必过空性派",也称"应成派"或"随应破派")则有月称,月称传护法与伽耶提婆,伽耶提婆以下相继又有寂天、萨婆那密多罗等。

中观学派主要阐发《般若》类经典的思想,以《大品般若经》与龙树的《中论》《十二门论》《大智度论》以及提婆的《百论》等经论为其基本的理论经典,提出了"三是偈""八不说"和"实相涅槃"等说法,在理论上把性空与方便统一起来,在认识上和方法上把名言与实相、俗谛与真谛统一起来,在宗教实践上把世间与出世间、烦恼与涅槃统一起来,始终坚持"假有性空"、不着有无的"中道"立场。

"空"是中观学派的一个基本范畴,概括了他们的基本思想。中观学派所说的"空"并不是指空无所有,万法不存在,而是指万法无自性,不是真实的存在。他们认为,万法皆因缘和合而生,没有永恒不变或独立自存的自性或实体,因而都是虚幻不实的。然而,虚幻不实并非"虚无"不存在,若否定因缘和合的假有,那就是"恶取空"。《中论·观四谛品》中有这样一个偈颂:"众因缘生法,我说即是空,亦为是假名,亦是中道义。"这就是有名的"三是偈",被认为是中观学派对中道空观的经典性概括。意思是说,对于缘起法,既要看到它无自性(空),又要看到它作为假名有(假有、假施设)还是存在的,如此观空,才符合中道义。以空、假、中三谛来谈空,对后来的大乘佛学乃至中国佛学,影响都很大。

为了进一步说明万法性空的道理,中观学派还提出了"八不缘起"说。《中论·观因缘品》中说:"不生亦不灭,不常亦不断,不一亦不异,不来亦不出(去)。能说是因缘,善灭诸戏论。我稽首礼佛,诸说中第一。"他们认为,生灭、常断、一异、来去这四对范畴是概括一切存在的基本范畴,也是我们认识之所以成立的根据。在这些范畴前冠之以"不"字加以否定,那就能"总破一切法",即否定我们主观上的一切认识和客观上的一切存在,从而显示万法无自性、一切皆空的真理。在他们看来,真正的缘起说应该是对生灭、常断、一异、来去等八个方面都无所执著。例如万法由因缘聚散而有生灭,实则无生无灭,不能误解为有实在的生灭,只有通过否定生灭才能显示出缘起说的真正本意。由否定生灭,进而否定常断、一异和来去,即克服八种偏见,离开八个极端,就是八不缘起,亦称八不中道。应该承认,"八不说"从正反两个方面的双否定(遮)来达到肯定(表)的方法,亦即所谓"破邪显正"的方法,包含了一定的辩证法思想,它肯定一切事物和现象都是相对的、刹那变化的,并从普遍的相对性中看到了否定的作用。但"八不说"只讲否定,不讲肯定,反对用概念来说明世界的真实性,这些都反映了中观学派宣扬一切皆空的基本立场。

中观学派"万法皆空""八不缘起"等理论与人们的常识观念显然是相悖的,为了给这种理论提供认识论和方法论的依据,他们又提出了"二谛说"。"二谛"就是二种真实或实在的道理,包括俗谛和真谛。俗谛指一般常人所理解的道理,又称世谛或世俗谛;真谛指佛教所谓的真理,又称"胜义谛"或"第一义谛"。真谛本来是无法用名言概念来表达的,因为凡由世俗的名言概念所获得的认识,都属俗谛。然"言虽不能言"而"非言无以传"(僧肇《般若无知论》中语),为了使人把握真谛,就必须"依俗谛而说真谛"或者"为真谛而说俗谛",佛就是依此二谛来为众生说法的:"诸佛依二谛,为众生说法。一以世俗谛,二第一义谛。"①众生也应该以俗谛为阶梯,由俗入真,去证得真谛。因此,真俗二谛既是根本对立的,又是统一的、缺一不可的,所谓"若不依俗谛,不得第一义"②。例如,从俗谛来说,万法是有;从真谛来看,万法是空。但世俗有即是毕竟空,毕竟空即存在于世俗有之中。只有既看到假有,又看到性空,有无相即,真俗不二,这才是中道。由此所观察到的诸法实相③与佛教的所谓"涅槃"是不一不异的,这就是"实相涅槃"。《中论·观涅槃品》中说:

  分别推求诸法,有亦无,无亦无,有无亦无,非有非无亦无,是名诸法实相,亦名如法性实际涅槃。④

既然世间诸法之实相就是性空,也就是无生无灭、涅槃寂静,因此,世间与出世间就没有什么分别,也不必脱离世间去追求超世间的涅槃,关键只在于掌握中道的立场破除各种执著。这种理论为大乘佛教深入世俗社会进行宗教活动提供了重要的根据。

  龙树、提婆以后,继续有大乘经典出现,其中最流行的就是《大般涅槃经》,主要内容是说佛身常在和一切众生皆有佛性、皆可成佛。一般认为,该经的前后两分,并非一时所出,而且也是分别流行的,因而在思想上也有一定的差异。经的前分在肯定一切众生皆可成佛的同时,强调"一阐

---

① 《中论·观四谛品》,《大正藏》第30册,第32页下。
② 《中论·观四谛品》,《大正藏》第30册,第33页上。
③ 实相,佛教所谓摆脱一切世俗认识而显示的诸法真实的相状,与真如、法性、性空等义同。
④ 《大正藏》第30册,第36页中。

提"(即断了善根的人)应当除外,实际上否定了这类人有佛性。经的后分在解释佛性时有了新的说法,例如把"佛性"说成"法性",把能了解空性的智慧也包括在佛性之中,甚至以非有非无的空来说佛性,认为"佛性者,名第一义空,第一义空名为智慧……中道者名为佛性","是故佛性非有非无亦有亦无",①同时经中还肯定了"一阐提"也可以成佛。《涅槃经》还与当时其他一些经典如《如来藏经》《大法鼓经》等一样,提出了"如来藏"的概念。如来藏的"藏"是胎藏的意思,如来藏,即如来在胎藏中,它作为佛性的别名,更突出了"如来即在众生身内"②,是一切众生成佛的根据。同时,它也有"我"的含义,《大般涅槃经》卷七中明确提出"我者,即是如来藏义"③。随之出现的《胜鬘经》《不增不减经》等,又进一步把"如来藏"与真如法性或自性清净心联系起来,使佛性—如来藏更具有精神实体的意义,而趋向于与外道的"神我"合流。这些思想显然都是与早期佛教的"无我说"存在差异的。因此,大乘佛性—如来藏思想在印度并没有得到广泛流传或产生很大的影响,相反,它很快就被无著、世亲的唯识学所代替。然而,这种思想传到中国后却受到了中土人士的欢迎,经晋宋时著名佛教思想家竺道生等人的倡导,这种思想经过不断改造与发挥而成为中国化佛学的主流,这是由中印两种不同的社会文化背景所决定的。

与上述经典同时,还出现了一些对以前及当时的大乘说法进行全面而系统地组织、发挥的重要经论。例如《菩萨藏经》,它以"四无量"④、"六

---

① 《大正藏》第12册,第523页中、第572页中。
② 《佛说无上依经》卷上,《大正藏》第16册,第470页上。
③ 《大正藏》第12册,第407页中。
④ 四无量,全称四无量心,即慈无量心、悲无量心、喜无量心、舍无量心,被认为是佛菩萨为普度无量众生而应具有的四种精神。

度"、"四摄"①为纲,其中又以"六度"为中心,把大乘菩萨道的重要法门统摄起来,包罗了大乘佛学各方面的内容。还有《菩萨藏摩呾理迦》,即后来收入《瑜伽师地论》作为本地分十七地之一的《菩萨地》,它以"持""相""分"等十法来总括大乘道果,其中提出的大乘律仪戒47条,标志着大乘佛教在戒律上也摆脱了对小乘的依附,获得了完全的独立。还有一部纯属论藏性质的大乘经《大乘阿毗达磨经》也很重要,该经以"十殊胜语"(即"十法句")概括大乘所有的方面,并提出以"阿赖耶识"为一切法的总依据,以"遍计所执""依他起"和"圆成实"为一切法的"三自性",这些新的说法对瑜伽行派的思想影响很大。另外,《解深密经》也是一部具有议论性质的经典。该经对大乘经中凡属深奥隐秘的义理都加以解释,特别是对阿赖耶识作了许多补充与发挥,提出了一个"阿陀那识"的新概念,并避免使用"我",显示了与《涅槃经》等的区别。而随之出现的《楞伽经》与《密严经》等则对如来藏说与阿赖耶识说两者又作了某种程度的调和。以上这些大乘经论为瑜伽行派的创立奠定了理论基础。

瑜伽行派与中观学派并称为印度大乘佛教的两大派别,它的创始人无著(约395~470年)与世亲(约400~480年)是组织中期大乘学说的主要代表人物。

瑜伽,意为"相应",指一种观悟"真理"的修行方法。在佛教创立以前,古印度就有瑜伽派,他们的方法为佛教所吸收。大乘瑜伽行派因强调瑜伽的修行方法而得名,又因其理论上主张"万法唯识""识有境无"而被称为"大乘有宗"。该派尊弥勒菩萨为始祖,相传无著曾上天受弥勒口授,回来后诵出了《瑜伽师地论》作为创立学派的理论根据。关于弥勒,佛典

---

① 四摄,指菩萨为摄受众生使生亲爱之心、皈依佛道而应做的四件事,即布施摄、爱语摄、利行摄、同事摄。

中有许多神话,例如说他住在兜率天宫,曾从佛受记将继承释迦佛位为未来佛等。据一些学者考证,历史上确有其人。但一般认为,瑜伽行派的实际创始人是无著、世亲兄弟俩。他们生于北印度犍陀罗国婆罗门家族,两人都从小乘说一切有部出家。无著先是修习小乘空观,感到不满。传说后来经弥勒指点而改信了大乘。世亲原来对有部的阿毗达磨很有研究,曾著《俱舍论》,对小乘学说十分自信,反对大乘,后经无著的帮助而改宗大乘。兄弟俩共同弘扬弥勒的学说。

世亲的继承者有亲胜和火辨两家。亲胜一系有德慧、安慧等人,史称前期瑜伽行派或唯识古学,又因其否认"相分"的真实性,并认为"见分"也无其行相,故亦称无相唯识派。我国南北朝时的菩提流支和真谛所传的主要就是这一系的思想。火辨一系有陈那、护法等人,这一系比较重视因明的研究,被称为后期瑜伽行派或唯识今学,又因主张"相分"真实有体,"见分"取"相分"为境时,"见分"上会生起"相分"之行相,故亦称有相唯识派。唐代玄奘传入并据以创立唯识宗的主要是这一系的思想。

瑜伽行派的主要经典是《解深密经》和《瑜伽师地论》。无著的《摄大乘论》,世亲的《唯识二十论》《唯识三十颂》《大乘百法明门论》等,在创立学派中起了极大的作用。这一派的主要理论是"万法唯识"。他们反对中观学派一切皆空的观点,认为那会导致否定佛教本身的存在,对佛教是十分不利的。他们提出了境无识有的观点,认为世界上一切现象都是由众生的"识"变现出来的,"内识生时,似外境现"①,离识无境。能够变现万法的"识"有八种,即眼识、耳识、鼻识、舌识、身识、意识、末那识、阿赖耶识,它们分别有能缘与所缘两个方面,即能见的"见分"与所见的"相分",认识活动就是"见分"取"相分",实际上也就是"识"自己认识自己,由此

---

① 《唯识二十论》,《大正藏》第31册,第74页中。

证明了"实无外境,唯有内识"①。八识中,阿赖耶识是最根本的,它是万法的总根源。

为了说明"万法唯识",瑜伽行派提出了"种子说",认为阿赖耶识中含藏着产生世界万法的各种种子。种子是产生万法的潜能,种子发生作用,显现万法,叫作"现行"。这就是说,所谓的万法只不过是阿赖耶识中的种子的外现,因此,万法的存在离不开阿赖耶识。瑜伽行派还通过种子与现行的互熏来说明众生由"识"的转变而实现解脱的途径,即把佛教修习的全部目的归结为阿赖耶识种子的转依。

瑜伽行派还根据万法唯识的道理,用"遍计所执性""依他起性"和"圆成实性",即所谓的"三自性",来解释一切认识现象的有无和真假,认为只有在"依他起性"上远离"遍计所执性"的谬误,体认到一切现象既无"人我"又无"法我",唯有识性,才能获得对一切现象最完备、最真实的认识,这种对三性的认识也就是对诸法实相的认识,这种认识是无偏见的认识,也称为"中道观"。

在论证万法唯识、离识无境的基础上,瑜伽行派对识所变现的宇宙万法进行了分类,提出了"五位百法",即五类一百种法,进一步完成了佛教的名相分析系统。在方法论上,瑜伽行派也有一个特点,即运用了佛教逻辑"因明"并加以发展。因明是一种推理证明的学问,起源于古印度正统婆罗门哲学派别关于祭祀的辩论,其中正理派曾以此作为他们学说的中心。大乘佛教中观学派的龙树全盘否定正理派的逻辑学说,瑜伽行派则出于辩论的需要而逐渐吸取并发展了古因明,使之成为驳斥外道、宣传教义的重要工具。

大乘佛教发展到7世纪时,瑜伽行派与中观学派都还有所发展,但随

---

① 《成唯识论》卷一,《大正藏》第 31 册,第 1 页中。

着密教的兴起,大乘各派开始接近且趋于融合,出现了所谓的瑜伽中观派,并逐渐向密教化方向发展。10世纪以后,大乘佛教名存实亡,完全融合于密教之中,成为密教的附庸。

三、密教的兴起与印度佛教的衰亡

印度佛教发展的最后一个阶段是密教流行时期。一般认为,密教开始于6~7世纪。当时印度在政治上处于分裂状态,出现了许多封建小国。曾经一度衰落的印度婆罗门教在4世纪前后吸收了大量的民间信仰,融合了佛教、耆那教,甚至希腊、罗马宗教的思想内容,而演化成新婆罗门教即印度教,在印度广大地区取得了统治地位。佛教在印度教的影响下逐渐出现了密教派别。印度教的许多宗教仪式与方式都为密教所吸收。8世纪以后,密教在印度佛教中取得了主导地位。密教主要盛行于德干高原、西南印度、南印度等地,恒河南岸的超行寺(又称"超戒寺")是密教的学术中心。密教在唐代时传入我国,成为中国佛教宗派之一,并由中国传至日本,称"真言宗"。密教也由印度直接传到了我国的西藏地区,形成了所谓的"藏密"。

8世纪初,伊斯兰国家在波斯、阿富汗一带的统治就已经根深蒂固,10世纪以后,开始向东扩展势力。大约从10世纪末至11世纪初的几十年内,建于阿富汗一带的伊斯兰国家对印度进行了10多次周期性的侵略,这种侵略并不以夺取城池为目的,而是进行大肆掠夺和破坏。当时的伊斯兰教是绝对排斥异端的,特别反对偶像崇拜,因此,佛教与印度教都是它打击的对象。佛教的许多圣地遭到严重的破坏。这促使佛教进一步与印度教联合起来,共同对敌,密教也就越来越同化于印度教。13世纪初,印度仅存的佛教超行寺被入侵者烧毁,这标志着佛教在印度本土的绝迹。直到600多年以后的19世纪,佛教才由斯里兰卡重新传入印度。

密教是大乘佛教、印度教和民间信仰相结合的产物,它以高度组织化的咒术、仪礼、民俗信仰为特征。它的主要经典有"六经三论"之称,而最主要的是《大日经》与《金刚顶经》。

印度的咒术密法源远流长,可以追溯到吠陀时代。佛陀在创立佛教时对这种民间信仰采取了排斥的态度,弟子若实行咒术密法,则被认为是违反戒律。但在原始佛教、部派佛教和大乘佛教中,都仍然可以见到咒术密法的采用,不过它们只是一种附属品,与根本教义尚无直接的关联。组织化、系统化的密教思想与实践开始出现于《大日经》。我国一般将《大日经》与《金刚顶经》的出现作为"纯密"独立的标志,在此之前的称之为"杂密"。《大日经》约产生于7世纪上半叶的西南印度,经中崇奉大日如来,视其为一切智慧中的智慧,并建立了一套繁琐的密修仪规、行法。7世纪下半叶,我国唐代高僧义净赴印求法,曾于那烂陀寺见有密教道场,坛场中供养着所信仰的诸神,已知有密教在独立活动。7世纪末,在东南印度又出现了《金刚顶经》,该经以大日如来为受用身,渲染人们在心作观想时依次出现的"五相"可以成正觉,由"金刚三昧"生种种智慧,破一切烦恼。它是以瑜伽秘仪为中心的一大体系。以《大日经》为主的思想和实践常常被称为"右道密教",而《金刚顶经》的实践中由于吸收了印度教的性力崇拜等思想,因而被称为"左道密教",它们为"纯密"的两大支柱。[①]

密教认为,世界万物,佛与众生,都是由地、水、火、风、空、识"六大"所造,佛与众生体性不二,众生如果依法修"三密加持",即手结印契("身密",特定的手势)、口诵真言咒语("语密")、心观佛尊("意密"),就能使

---

① 参见黄心川主编的《世界十大宗教》(东方出版社1988年版)第八章。也有学者明确把密教的发展分为早期杂密、中期纯密(以《大日经》为主,又称右道密教)和晚期左道密教(包括金刚乘、时轮教等)三个阶段。若依西藏所传的密教,则分为事部、行部、瑜伽部和无上瑜伽部等"四部"。

自己身、口、意"三业"清净，与佛的身、口、意相应，从而"即身成佛"。密教的仪规行法极为复杂，对设坛、供养、诵咒、灌顶（入教或传法仪式）等，都有严格的规定，需经导师（阿阇梨）秘密传授。

约在8世纪后半叶，密教开始分化并俗化，以《金刚顶经》为中心形成的以实修为主的金刚乘，因与印度教结合而大为发展。后来，从金刚乘中又分化出一个支派，称俱生乘或易行乘，这一派以超行寺为活动中心，进一步与印度教性力派结合，提倡以男女性行为为解脱，行女性崇拜，宣扬纵欲，其末流趋于淫秽不堪。伊斯兰教入侵后，佛教徒与印度教徒为了抵抗共同的敌人而创立了时轮教，佛教实际上完全融汇于印度教之中。

佛教在印度流行了1500多年，从10世纪开始急剧衰落，至13世纪初而在印度绝迹。印度佛教的衰亡，其原因是多方面的。从佛教本身来看，大乘佛教发展到后来已不能适应四分五裂的印度社会的需要，而继之兴起的密教，不但理论上十分薄弱，而且实践上也相当粗俗，特别是其末流所趋的左道密教，甚至发展到对鬼神、生殖器形象的崇拜，以所谓"五甘露"（屎、尿、骨髓、男精、女阴）、"五肉"（狗、牛、马、象、人肉）为供养，把实行男女交媾美称为"密灌顶"或"慧灌顶"等等，这样的宗教当然会遭到民众的唾弃。日益发展的新婆罗门教即印度教对佛教采取攻击、压迫和同化等多种策略，这也是造成佛教衰亡的重要外在原因，而中亚伊斯兰诸王入侵印度，对佛教的寺院、财富和文物进行毁灭性的掠夺与破坏，并大量残杀佛教徒，则是佛教在印度绝迹的最直接原因。

第三节　印度佛教的向外传播

释迦牟尼在世时，佛教主要在恒河中上游一带传播。释迦牟尼去世后，他的弟子逐渐把佛教传到了东部的恒河下游、南部的高达维利河畔、西部的阿拉伯海岸、北部的泰义尸罗地区。印度佛教由南亚次大陆向其他国家和地区传播,大约是从公元前3世纪孔雀王朝的阿育王统治时期开始的,在1~2世纪贵霜王朝时期,佛教进一步走向世界,成为名副其实的世界性宗教。

一、佛教在帝王的支持下走向世界

佛教的走向世界最初是与阿育王的名字联系在一起的。阿育王为印度摩揭陀国孔雀王朝创始人旃陀罗笈多之孙,是佛教史上有名的保护佛教的国王,被佛教徒尊为"法阿育王"。相传他杀兄修斯摩后即位,兴师征服了羯陵伽国,除半岛南端之外,统一了全印度,建立了印度历史上第一个幅员广大的统一帝国。他起初并不信佛,在征服羯陵伽后,因对战争的大屠杀感到痛悔而皈依了佛教,并立佛教为国教。显然,阿育王的信佛还具有借用宗教来维系世俗统治的意图,他在征战中已经意识到,光靠武力的征服是远远不够的,只有"正法"的征服才是真正的征服。为此,他在战后不久便开始推行"正法"统治。他对"正法"的解释是:为善去恶,节制欲望,慈悲施舍,戒除杀生,服从并维护社会等级制度。为了实现"正法"统治,巩固统一成果,阿育王经常派"正法大官"到各地去巡视,并在全印境内广建寺塔,推行佛教。据传他在位期间(前273~前232年)曾建立了84000座佛舍利塔。他在全国颁布敕令和教谕,刻制于摩崖和石柱,名为"法敕"。他还亲自朝拜佛教圣地,到处立柱纪念。现已有不少雕制精美的阿育王时代的遗存被发现。

据有关记载,为了统一信仰和教规并清除混入佛教僧团的异教徒,阿育王曾在即位后的第17年邀请目犍连子帝须为上座,在华氏城召集主持了佛教的第三次结集,有上千比丘参加,在这次会上,重新会诵并整理了《阿含经》,使这部古老的佛经最后定型。这次结集以后,阿育王派出大批比丘到各地去传教,足迹所至,不仅遍及全印,而且东至缅甸、南及斯里兰卡,西到叙利亚、埃及、希腊等地。佛教逐渐发展成为世界性的宗教。

佛教在贵霜王朝兴起以后得到了进一步的传播与发展,特别是在第三代国王迦腻色迦王(约78~120年,一说144~170年,或说129~152年)的大力推动下,佛教不仅传到了伊朗和中亚各地,而且经丝绸之路传到了我国内地,后又由我国传至朝鲜、日本等国。贵霜王朝是由外族大月氏人在印度建立起来的,至迦腻色迦王时代达到了它的顶峰,疆域西起咸海,东连葱岭(帕米尔高原),北有康居,南包印度河和恒河流域。大月氏人大约在公元前1世纪时已信奉佛教,公元前2年有大月氏王使伊存口授浮屠经给我国的博士弟子,是为中国内地传入佛教的最早记载。迦腻色迦王是与阿育王齐名的佛教护法名王,据说本来也并不信佛,可能是出于缓和与印度民族的矛盾等原因而皈依了当地的宗教佛教。曾修建白沙瓦大塔,并在塔的四方建造四大伽蓝,供养30000名大、小乘比丘。据《大唐西域记》等记载,由于当时佛教分裂,歧说纷纭,迦腻色迦王曾召集500比丘于迦湿弥罗(今克什米尔)举行了佛教的第四次结集,由世友为上座,对经、律、论三藏进行注释,共作论释30万颂960万言,迦腻色迦王以赤铜为鍱,镂写论文,用石函缄封,建塔藏于其中。迦腻色迦王还效法阿育王,不仅在国内各地建立了许多寺院佛塔,而且鼓励佛教向外发展,促进了佛教在世界各地的传播。2世纪下半叶,西域一些译经师陆续来到中国,译出大量佛典,推动了佛教在中国的传播与发展。我国最早翻译佛教大乘经典的支谶,就来自月氏国。

从印度佛教向外传播的历史来看,佛教之所以能走向世界,与帝王的支持是分不开的,与帝王政治、经济和文化上的向外扩张也经常是联系在一起的。而印度佛教的走向世界,之所以不像后来产生的基督教、伊斯兰教那样往往通过宗教战争等激烈对抗的方式,而是通过比较平和的方式,最终成为一种世界性的宗教,则与佛教本身的特点以及不同的社会和民众对它的需要有密切的关系。佛教强调的"人生皆苦",可谓超出了印度的国界,反映了一切"被压迫生灵的叹息",而佛教提出的"普度众生",无疑又给祈求永超苦海而在现实中又找不到出路的人们以某种希望;佛教的轮回报应说,既可以为统治者的现实特权作论证,又能给予现实苦难中的芸芸众生以来世幸福的精神寄托与安慰;佛教的"慈悲仁和"以及"善权方便",则为它主动与各种不同的文化传统和宗教信仰相协调、相融合打开了方便之门。因此,佛教相对平和地走向世界,并不是偶然的。

二、南北二传与世界性宗教

印度佛教的向外传播,一般认为大致有南北两条路线。其中北传又可分为两条途径:一条是从印度北部的犍陀罗开始,越过阿富汗中部的兴都库什山和帕米尔高原,进入我国新疆地区,并进而传至我国内地,再经由中国传入朝鲜、日本和越南等国;另一条是由中印度直接向北传入尼泊尔,越过喜马拉雅山而进入我国的西藏地区,形成了藏传佛教,再由西藏传入我国内地和蒙古、俄罗斯西伯利亚等地区。南传则首先传入斯里兰卡,再由斯里兰卡传入缅甸、泰国、柬埔寨、老挝、马来西亚、印度尼西亚等国,以及我国云南的傣族、德昂族、布朗族等少数民族地区。

南北二传佛教在经典、教义和修行活动等方面都有不同的特色。北传佛教以大乘为主,其经典大多是从中亚诸民族的文字和印度的梵文陆续翻译为汉文和藏文的。近年来,日本又把部分汉译佛典译成了日文。南传佛教主要是上座部佛教,因此又称"南传上座部"。其教义比较接近原始佛教,经典用巴利文编成。近代以来,巴利文三藏曾以罗马字刊出,介绍到西方社会,其中一部分又被译为英文,引起了欧美学者的重视。另外,南北二传的佛典现在都有部分被先后译成了英文、法文和德文等。一般来说,南传佛教比较注重原始佛教的精神或教义,对佛典的解释比较强调文字依据,突出对四谛、五蕴、十二因缘的阐发,以说明万法无常、人生皆苦的道理。在宗教信仰方面,崇拜佛牙、佛塔和菩提树等。在宗教修持上,主修"三学"和"八正道",特别注重禅定,并保持了早期佛教的某些戒律,如托钵化缘、过午不食、雨季安居等。北传佛教则比较偏重对佛法大义的领悟和发挥,注意与传播地区不同的思想文化相结合,例如在中国,印度佛教教义与传统思想文化相结合,形成了天台宗、华严宗和禅宗等具有中国特色的佛教宗派的思想学说。在信仰方面,则主要供奉佛与菩萨等。在宗教修持上,大都主张修大乘"六度",特别强调普度众生,自性解脱。在戒律上,适应不同的社会需要,有许多不同的具体规定,例如中国佛教的丛林清规等。

佛教走出亚洲,在全世界范围内传播并产生广泛影响,是从19世纪中叶开始的。虽然早在公元前3世纪,阿育王就曾派出传教师远至希腊属地传教,但佛教在相当长的时期内主要流传在亚洲的范围以内,直到近代随着西方殖民主义在亚洲的活动才开始引起西方世界的重视。佛教在欧美地区的传播是近一个多世纪以来的事。首先是在英国、法国等西欧国家,接着是在美国,并由美国北向加拿大、南向巴西和阿根廷等地传播。目前,在英、法、德、美等国都有全国性的佛教组织和佛学研究机构。特别是第二次世界大战以来,禅宗和密宗在欧美得到广泛的传播,并蔚为世界性的信仰和研究热潮。近年来,意大利、瑞士、瑞典、捷克和斯洛伐克、匈牙利等国对佛教的研究也很活跃,建立了不少佛教研究所和佛学研究中心,出版了一系列佛教研究著作和期刊,但在这些国家里,正式的佛教信徒却为数很少。佛教一向与基督教、伊斯兰教并称为世界三大宗教,现在名副其实地传遍了全世界,不过,佛教徒的现有实际人数已少于印度教而居于第四位。据1982年牛津出版的《世界基督教百科全书》统计,全世界现有佛教徒29500多万人，其中欧洲有佛教徒21万余人，北美约近19万人，南美有50万余人。欧美佛教徒中大部分是亚洲移民的后裔或侨民，分属南传上座部和北传大乘佛教的许多派别。随着时代的变迁和社会的发展，传入欧美的佛教无论是在形式上还是在内容上都有了很大的变化，有的已经与世俗生活联系在一起，很难再把它们归入大小乘佛教的哪一派或哪一宗了。

第二章 中国佛教文化的开端(汉代)

佛教文化的传入,是中国文化发展史上的一件大事。自此以后,源远流长的中国传统思想文化又融入了新的内容与养料,从而变得更加丰富和灿烂。

佛教传入中国以后,一方面为了适应中国社会与文化的需要而不断改变着自己,亦即经过了一个不断中国化的过程;另一方面,它又以其独特的形式与内容为中国传统思想文化注入了新的活力,并在与中国传统思想文化的相互冲突中不断地相互融合、相互渗透,最终与传统儒、道并驾齐驱,不但跻身于中国传统思想文化之中,而且成为其三大基本组成部分之一。

中国传统思想文化对外来的佛教一方面采取了一种本能的拒斥态度,另一方面又敞开它博大的胸怀有选择地吸收容纳了佛教中有价值的东西或先秦以来传统文化中所欠缺的东西,例如佛教的思辨哲学和对生死问题的关注。相对的封闭与对外来文化的拒斥,使传统文化保持了独特的魅力和稳定的发展;相对的开放与对外来文化的吸收,又使传统文化充满朝气和活力,不断地实现着自我更新和完善。传统文化对历史上外来文化的第一次大规模传入所表现出的双重性格和进行的成功的交融,至今仍对我们的文化建设具有重要的启迪意义。

第一节　佛教的初传

关于佛教初传中国,历来有汉明感梦、永平传法的传说,现在学界则大都认为佛教于两汉之际传至我国。需要指出的是,这里所说的初传,是指佛教传入我国内地中原一带。实际上,印度佛教至少在公元前1世纪左右就向北经大夏、大月氏等国,再东逾葱岭而传到了我国西北部的龟兹(今新疆库车)、于阗(今新疆和田)等地区,并由这些地区进一步向中国内地传播。

印度佛教传入我国内地,并很快得到广泛传播,有其深刻的社会文化背景。

一、佛教传入前后的中国社会与文化

佛教传入前后,中国历史的发展为佛教的传入和流行提供了一定的社会条件。

首先是中西方交通的开拓。秦末农民大起义推翻了专制残暴的秦王朝,继之而起的西汉王朝一方面承袭秦制,进一步强化了中央集权的封建统治,另一方面也吸取秦亡的教训,采取了对农民适当让步的措施来恢复生产,医治战争创伤,以巩固自己的政权。汉初统治者在政治上崇尚黄老道家的思想,实行所谓的"无为而治",经济上则轻徭薄赋,与民休息,使社会经济得到了较快的发展,出现了史家所称的"文景之治"。到汉武帝时,西汉的国力达到了鼎盛。建元二年(公元前139年),出于抗击匈奴的需要,汉武帝派张骞等人首次出使西域,客观上开拓了中西方的交通,沟通了中西的联系。自此以后,汉与西域的政治往来和经济文化交流通过举世闻名的丝绸之路不断发展,为佛教的东进创造了条件。

其次是社会的动乱与黑暗。西汉末年,随着土地兼并的加剧和统治阶级内部的倾轧,各种社会阶级矛盾日益激化,导致了又一场大规模的农民起义的爆发。靠篡夺农民起义的成果而当上皇帝的刘秀所建立的东汉王朝,代表的是豪强大地主阶级的利益。自汉和帝以后,外戚、宦官交互专权,东汉王朝日趋腐朽,同时也进一步加强了对人民的压迫与掠夺,"遂至熬天下之脂膏,斫生人之骨髓"①,致使"兆民呼嗟于昊天,贫穷转死于沟壑"②。终于官逼民反,爆发了黄巾大起义。虽起义被镇压,但东汉王朝从此也名存实亡。自董卓废少帝、袁绍讨董卓以后,中原地带陷入了群雄割据、连年混战的局面,"白骨露于野,千里无鸡鸣"③,一片荒凉。动乱、黑暗的社会既给黎民百姓带来了深重的灾难,也为宗教的传播与发展提供了良好的土壤。

再从思想文化方面来看。自汉武帝"罢黜百家,独尊儒术"以后,真正在两汉思想界占统治地位的官方儒学是和阴阳五行说合流而后又不断谶纬迷信化的"今文经学",这种日趋繁琐粗俗的理论到东汉后期逐渐失却了维系统治的作用,其正统地位发生了动摇。因此,东汉末年在思想文化领域内一度出现了比较活跃的情况,先秦诸子学说纷纷再兴,特别是名法和道家思想日益受到人们的重视,玄学处于酝酿之中。这样的学术思想背景显然也是有利于佛教的传播与发展的。

两汉时期社会上盛行的各种方术迷信与东汉时产生的道教等,也都为佛教的传入与流行开辟了道路。中国的方术迷信可谓源远流长。至两汉时,天帝、鬼神、祖先的崇拜和祭祀、卜筮、占星、望气、风角等种种方术,在社会上都极为流行,特别是在统治者的直接倡导下,求长生不死的神仙

---

① 仲长统:《昌言·理乱篇》。
② 仲长统:《昌言·损益篇》。
③ 曹操:《蒿里行》。

方术更是盛极一时。据《汉书·艺文志》载,当时有"方技三十六家"(书"八百六十八卷")、"数术百九十家"(书"二千五百二十八卷")之多。不少方术之士还入朝为官,从县令、太守而至司徒、司空,可谓显赫一时,这必然促使方术之风更加盛行。到东汉末年,随着先秦道家思想的活跃,崇尚黄老之学、奉老子为教主、熔阴阳五行与鬼神方术于一炉的道教逐渐形成。早期道教的教义学说比较简单,仪轨戒条也很不完备,像佛教这样各方面都比较成熟的宗教的传入,对道教的进一步发展是有借鉴意义的,所以,道教最初往往将佛教引为同道。正因如此,佛教在初传之时往往被理解为道术的一种而在社会上流传。

印度佛教就是在上述时代背景下,经西域传至中国内地并广泛流传发展的。

二、传入的路线与年代

佛教传入中国内地的路线有海、陆二路。陆路即由西域各地经著名的"丝绸之路"而传入,它又分为南北两道。南道是指自敦煌西出玉门、阳关,沿昆仑山北麓,经于阗而至莎车。北道是指从敦煌北上到伊吾(今新疆哈密),然后西行,沿天山南麓,经龟兹而至疏勒(今新疆喀什)。以上两道都在天山南侧,因而又统称天山南路。东汉时著名的译经大师安世高和支娄迦谶就是经天山南路二道来到中国内地传播佛教的。海路的开辟一般认为比陆路晚些,因而直到南北朝时才有译经大师经海路来到中国的记载。海路是指经由斯里兰卡、爪哇、马来半岛、越南而至广州,再进一步传到内地。

关于佛教传入我国内地的确切年代,历来传说纷纭。其中有不少是后来佛教徒的穿凿附会,不足为信。尤其是魏晋以后,佛教与道教为了争优劣高下,各自都编造了许多假说以争先后。西晋道士王符曾伪造《老子化胡经》,利用东汉以来流传的"老子化胡说"抬高道教,贬低并排斥佛教,说老子西涉流沙,入天竺为佛,化导胡人,释迦牟尼是其弟子,佛教的地位当然低于道教。佛教徒也不甘示弱,针锋相对地提出许多说法,强调佛教创立在先,佛教传入甚早。例如有的说,秦始皇之时,就曾有"外国沙门释利防等一十八贤者赍持佛经来化始皇"①。还有的说,早在春秋末年,孔子已"闻西方有圣者焉",并称佛为"不治而不乱,不言而自信,不化而自行"的大圣人,超过了中国历史上著名的三皇五帝和夏商周三代的开国君主。② 有的还说,春秋末年中国已有印度阿育王"役诸鬼神"所造的阿育王寺塔,从而证明齐晋之地有佛事久矣。③ 有的甚至荒唐地将时间推到了佛教实际创立之前,认为远在三代以前,中国就已经知道了佛教④,而在公元前10世纪的周穆王之时,佛教便传入了中国⑤。这些说法的不可信是显而易见的。

另外还有一些说法,虽然掺杂了不少虚夸的成分,但有一定的历史参考价值。例如《魏书·释老志》说,汉武帝时,张骞出使大夏,已知"其旁有身毒国,一名天竺,始闻浮屠之教"。霍去病讨匈奴,带回了休屠王的金人神像,汉武帝将其"列于甘泉宫","不祭祀,但烧香礼拜而已。此则佛道流通之渐也"。从当时中西交通的开拓以及汉与西域的交往来看,说中国已有人知道佛教,这并非不可能。但印度佛教此时还处于部派佛教阶段,尚未开始制造佛像,因此,说汉武帝已礼拜佛像等,就不太可信了。

在中国历史上,影响最大的是东汉明帝永平(58~75年)年间"感梦求

---

① 法琳:《广弘明集》卷十一《对傅奕废佛僧事》。
② 道宣:《广弘明集》卷一《归正篇》引《列子·仲尼篇》。
③ 魏收《魏书》卷一一四《释老志》与宗炳《明佛论》等。
④ 宗炳《明佛论》与道宣《归正篇》引《山海经》。
⑤ 僧祐《弘明集后序》等。

法"的说法,此说几成定论,也为史家长期认可。关于这一传说,历来有许多不同的记载,最早的见于《四十二章经序》和牟子《理惑论》。《理惑论》中说:

> 昔孝明皇帝梦见神人,身有日光,飞在殿前,欣然悦之。明日,博问群臣,此为何神。有通人傅毅曰:"臣闻天竺有得道者,号之曰佛,飞行虚空,身有日光,殆将其神也。"于是上悟,遣使者张骞、羽林郎中秦景、博士弟子王遵等十二人,于大月氏写佛经四十二章,藏在兰台石室第十四间。时于洛阳城西雍门外起佛寺,于其壁画千乘万骑,绕塔三匝。又于南宫清凉台及开阳城门上作佛像。

这段记载,没有标明年月。后来才逐渐有了永平三年(60年)、永平七年(64年)等不同的记载,通行的说法是,永平七年感梦遣使,十年(67年)使还。关于这次求法,后来在内容和情节上也不断有所充实和发展。例如说当时随汉使者来华的有西域沙门迦叶摩腾和竺法兰①,并用白马驮来了经书佛像,译出了第一部佛典《四十二章经》,洛阳的白马寺也因此而得名等。这些说法虽有夸张的成分,有的甚至富有神话色彩,但其中所反映的汉明帝遣使求法的基本情节则是可能存在的事实。不过,这并不能说是佛教传入之始。它只说明佛教在中国有进一步的传播。对此,我们可以证之以光武帝之子楚王刘英奉佛的事实。据《后汉书·楚王英传》中记载:

> 英少时好游侠,交通宾客,晚节更喜黄老,学为浮屠,斋戒祭祀。

---

① 《高僧传》卷一说他们都是中天竺人。

(永平)八年,诏令天下死罪皆入缣赎。英遣郎中令奉黄缣、白纨三十四诣国相曰:"托在蕃辅,过恶累积,欢喜大恩,奉送缣帛,以赎愆罪。"国相以闻。诏报曰:"楚王诵黄老之微言,尚浮屠之仁祠,洁斋三月,与神为誓,何嫌何疑,当有悔吝?其还赎,以助伊蒲塞、桑门①之盛馔。"因以班示诸国中傅。

这里,楚王刘英在他的领地与沙门、居士一起奉佛,还"洁斋三月,与神为誓",人们却并未感到有什么特别的惊奇之处,汉明帝还对此加以褒奖,这说明,佛教至少在永平八年(65年)时已有了一定的流传,并在上层社会产生了一定的影响,显然,佛教的传入已经有了一段时间。

另外,裴松之在《三国志·魏志·东夷传》的注中引曹魏鱼豢撰的《魏略·西戎传》说:"昔汉哀帝元寿元年,博士弟子景庐②受大月氏王使伊存口授浮屠经。"从当时佛教的传播和中西之间的交往等历史情况来看,这一记载是比较可信的,但目前由于缺乏其他资料而无从确考。

总之,根据现有的材料,虽不能断定佛教传入中国内地的确切时间,但把佛教的初传定在两汉之际还是有根据的,也是比较恰当的。

三、汉代佛教发展的基本概况

佛教自两汉时传至中国内地后,在相当长一个时期内,发展极其缓慢。最初,它只是被当作黄老神仙方术的一种而在皇室及贵族上层中间流传,一般百姓很少接触,基本没有汉人出家为僧,建少量的佛寺主要是为了满足来华的西域僧人居住和过宗教生活的需要。后赵时的王度在上

---

① 伊蒲塞,即"优婆塞",指男居士;桑门,即沙门,指佛教僧侣。
② 景庐,《魏书》卷一一四《释老志》作"秦景宪"。

石虎的奏议中曾说:"汉明感梦,初传其道,唯听西域人得立寺都邑,以奉其神。其汉人皆不得出家。"①到东汉末年,佛教开始在社会上有进一步的流传。随着西域来华僧人的增多,译经事业日趋兴盛,大小乘佛教都于此时传到中国,流传下来的佛教史料也逐渐丰富起来。

据现有的资料看,东汉时的佛事活动以译经为主,译者大多为外来僧人。佛教主要流行于中原与齐楚江淮之间,而洛阳始终为佛教重镇,汉代的译经基本上都集中在洛阳。译经大师安世高、安玄、支谶、竺朔佛都于汉末桓、灵之际来到洛阳,译出了大量佛教经典。稍后,在汉灵帝、献帝之间,又有支曜、康巨、康孟祥等来洛阳从事佛经的翻译。最初的翻译并没有什么选择性和系统性,传来什么就译出什么。在众多的传译中,以安世高译介的小乘禅学和支谶译介的大乘般若学在中土影响最大。

佛经在中土的译出,从一开始就得到了中国封建地主阶级的资助和文人学士的配合,汉译经典都是中外人士合作的产物。不过在早期主要是通过民间的形式,译经事业还没有得到政府的直接支持。当时的风气是,译经的同时即行宣讲。据载,安世高出经时,听者云集,"安侯世高者……宣敷三宝,光于京师。于是俊人云集,遂致滋盛,明哲之士,靡不羡甘"②。这里虽不免有夸大之辞,然有不少人前往听讲,当是事实。这种译介佛经的方式对扩大佛教在社会上的传播与影响是有积极作用的。虽然按照当时的规定,汉人不得出家,但也有例外。据说在汉灵帝时,洛阳已有人出家,传为汉人出家之始的严佛调,即在此时出家修道,并与安玄合作译出了《法镜经》。这些都说明东汉末年佛教在社会上已有了一定的影响。

当时的佛经翻译家为了迎合中土的需要,在译经时往往吸收了传统

---

① 《高僧传》卷九《佛图澄传》。
② 《阴持入经注序》,《大正藏》第33册,第9页中。

的宗教观念并采用一些道家神仙家的名词术语。例如用道家的"守一"来翻译佛教的"禅定",把通过禅定达到的境界描绘为犹如中国的所谓成仙得道;或者把传统的灵魂不死观念与佛教的轮回报应说结合在一起,认为人死以后"魂神"会根据人生前的善恶而升天或下地狱;等等。这样的译经方式,必然会影响到人们对佛教的看法,当时许多中国人就是用传统的宗教观念去理解并接受佛教的,把佛教视为神仙方术的一种,认为佛陀能分身散体,飞行变化,通过祭祀能向佛陀祈求福祥。

据史籍记载,佛教在汉代始终未以它那一套繁琐的思辨理论取胜,而是依附于种种方术得以流传的,它融合吸收了传统宗教观念的佛教轮回转生说,以其对人的生死问题的独特关怀与见解而拓展了传统文化的人生哲学,并在当时产生了较大的影响。"精灵起灭,因报相寻"①等曾成为汉代佛教最重要的信条。袁宏的《后汉纪》卷十中说:

> 又以人死精神不灭,随复受形,生时所行善恶,皆有报应,故所贵行善修道,以炼精神而不已,以至无为,而得为佛也……世俗之人以为虚诞,然归于玄微深远,难得而测。故王公大人观死生报应之际,莫不矍然自失。

当时在社会上影响比较大的佛教教义就是这种轮回报应的理论。

随着佛教的不断输入与发展,洛阳、徐州、豫州等地区先后兴建了一些佛教寺塔,并开始塑造佛像。史籍中关于笮融祠佛的记载,最早记述了东汉时建寺造像和民间奉佛的有关情况。据《三国志·吴书·刘繇传》中说:

---

① 《后汉书》卷八十八《西域传》。

笮融者,丹阳人。初,聚众数百,往依徐州牧陶谦。谦使督广陵、彭城运漕,遂放纵擅杀,坐断三郡委输以自入。乃大起浮屠祠,以铜为人,黄金涂身,衣以锦采,垂铜盘九重,下为重楼阁道,可容三千余人,悉课读佛经,令界内及旁郡人有好佛者听受道,复其他役以招致之,由此远近前后至者五千余人户。每浴佛,多设酒饭,布席于路,经数十里,民人来观及就食且万人,费以巨亿计。

从这段记载中可以看到,佛教在东汉末年已从宫廷贵族上层逐渐走向了民间,影响和传播的范围都有所扩大,建寺造像的规模也已相当宏大。特别值得注意的是,这里已经不再把黄老与浮屠并祠,而是突出了"课读佛经"和"浴佛"等佛教仪式,反映出当时人们对佛教已有进一步的了解,透露出了被视为黄老神仙方术之一种的汉代佛教向登上中国思想学说舞台的魏晋佛教过渡的消息。

第二节　中印文化的最初碰撞与反应

佛教作为一种外来的宗教,本质上以追求出世解脱为最终目的。围绕着解脱这一根本问题,佛教形成了它特有的宗教信仰、哲学理论以及组织形式、修持方式等,不仅与中国传统的儒道等思想学说不同,而且与传统的宗教和迷信也有很大的差异。佛教初传中国,中印两种不同的文化便发生了碰撞。其最初的反应是:佛教为了在中土站稳脚跟并生根发展,主动迎合了中国社会的需要,特别是积极依附当时中国社会上流行的黄老神仙方术,并通过译经等方式融会吸收传统的哲学、伦理和宗教观念,最终以其超越现实人生的独特魅力吸引了中土人士,开始跻身于华夏文化之中,为魏晋时期正式登上中国思想学说的舞台准备了充分的条件;传统思想文化则在以正统自居的同时，以相对开放的心态容受了佛教这一外来文化，为以后对佛教的进一步改造和吸收提供了可能。中印文化的最初碰撞以及各自的反应，拉开了佛教与传统思想文化在冲突中交融、在交融中发展的序幕。

一、佛教对黄老神仙方术的依附

佛教传入中国后，先后经历了依附（东汉）、发展（魏晋南北朝）、鼎盛（隋唐）和衰微（宋元以降）等不同的时期，在这些不同的时期内，中国佛教呈现出了许多不同的特点。东汉时期，初传的佛教突出的特点是依附当时社会上流行的黄老方术而逐渐在中土扎下根来。

佛教的解脱理想以及实现解脱的途径与方法等，都与传统的宗教观念和神仙方术有很大的不同，但佛教传入中国以后，就不断地吸收并依附传统的宗教观念，从而逐渐发展成为中国的民族宗教。在佛教来华之时，正值中土神仙方术盛行之际，人们把佛教理解为黄老神仙方术的一种，往往把黄老与浮屠并提，这一方面是由于人们对佛教缺乏了解，难免以自己固有的眼光去看待一种外来的文化现象，另一方面也与佛教有意迎合并依附黄老方术有关。例如，早期佛教宣传的许多内容就为这种依附大开了方便之门。被认为是中国第一部汉译佛典的《四十二章经》中就反复要求出家修佛道者要"解无为法""悟无为法"，并有如下一段问答：

沙门问佛："何者为善？何者最大？"佛言："行道守真者善，志与道合者大。"

这里，无为、守真、与道相合云云，都与黄老道家的思想和用语十分相似。由于西汉初年的黄老尚与老庄道家的清静无为相近，而东汉时的黄老则已与社会上流行的道术和谶纬迷信合流,成了神仙方术的代称,因此,早期佛教对黄老的依附,更直接地表现为对神仙方术的迎合。《四十二章经》中曾对小乘佛教的四种修行果位作了如下渲染:

> 阿罗汉者,能飞行变化,旷劫寿命,住动天地。次为阿那含……寿终灵神上十九天,证阿罗汉。次为斯陀含……一上一还,即得阿罗汉。次为须陀洹……七死七生,便证阿罗汉。

所谓阿罗汉,是小乘佛教修行的最高果位,意指断除烦恼,不再生死轮回而进入了涅槃,在这里却被描绘为寿命长久、能飞行变化者,岂不与中国传统所说的"神仙"完全一样了吗?阿那含,又意译为"不还",指达到此果位者不再生还欲界,在这里被描绘为上了"天";斯陀含,又意译为"一来",指达到此果位者仍需一次生天上,一次生人间,然后才可最后解脱;须陀洹,又意译为"预流",即预入圣流,谓达到此果位便进入了无漏的圣道之流,此为小乘佛教修行的最初果位。小乘修行的果位被描绘成类似神仙之流,那么大乘的修行最高果位"佛"又是怎样的呢?《四十二章经·序》中把佛描绘成为"身体有金色,项有日光""轻举能飞"的"神人"。这些说法自然容易使人把佛教理解为与当时社会上流行的神仙方术相通,而忘记它是外来的宗教,从而日益受到人们的重视,并受到那些一心想追求长生不老、羽化成仙的统治者的欢迎。当时"宫中立黄老浮屠之祠",把黄老与浮屠并行祭祀,向佛陀祈求福祥,这也就毫不奇怪了。

为了迎合社会上流行的神仙方术,早期来华传教的僧人也往往借助于一些道术医方来拉拢信徒,扩大影响。据说最早来华的译经大师安世高就是"外国典籍,莫不该贯,七曜五行之象,风角云物之占,推步盈缩,悉穷其变。兼洞晓医术,妙善针脉,睹色知病,投药必济。乃至鸟兽鸣呼,闻声知心"①。这样一位精于各种方技者,恐怕连中土的方士也要自叹弗如。其他如康僧会"天文图纬,多所综涉"②,昙柯迦罗"善学四韦陀论,风云星宿,图谶运变,莫不该综"③等等,甚至到东晋十六国时,名僧佛图澄、鸠摩罗什等,也仍然借术弘法,争取信徒。

在依附黄老神仙方术的同时,早期佛教也十分注意对传统宗教观念的吸收。例如,传为安世高所译的《阿含正行经》,就吸取了中国传统的人死灵魂不灭说来发挥佛教的轮回转生理论。印度佛教本来强调的是"无我说",并不认为人死后有不灭的灵魂,而中国却自古以来就盛行着人死为鬼、灵魂不灭的思想与观念。《阿含正行经》把佛教的轮回说与中土的灵魂说结合起来,认为人如果行恶,死后"魂神"就会"入泥犁、饿鬼、畜生、鬼神中",如果行善,则会"或生天上,或生人中"。④ 三国时的康僧会在译出的《察微王经》中更是直接使用了"魂灵"一词,认为"魂灵与元气相合,终而复始,轮转无际,信有生死殃福所趣"⑤。因此,佛教的"无我"(同时否定肉身之我与精神之我)在汉魏译经中被译成了"非身"(仅否定肉身之我)。这样的译经,必然会影响到人们对佛教的看法,例如当时中土人士认为,"佛道言人死当复更生","魂神固不灭矣,但身自朽烂耳"。⑥ 这种看法对后世的影响很大,经东晋释慧远、梁武帝萧衍等人的论证发挥,曾成为在中土流传最广泛的佛教信条。

外来佛教对黄老神仙方术的依附,对中国传统宗教观念的融合,为佛

---

① 《出三藏记集》卷十三《安世高传》。
② 《高僧传》卷一。
③ 《高僧传》卷一。
④ 《大正藏》第 2 册,第 883 页下。
⑤ 《大正藏》第 3 册,第 51 页下。
⑥ 牟子:《弘明集》卷一《理惑论》。

教在中土的广泛传播铺平了道路。

二、传统文化对佛教的容受

源远流长的传统文化是在多种文化成分不断融会整合中而蔚为大观的。成功地对外来佛教文化的融合吸收是传统文化发展史上光辉的一页,但这种融合吸收是以传统文化为中心、以华夏文化为正统而实现的。在佛教传入之始,传统文化就将它纳入了华夏文化的大体系中,把它当作当时社会上流行的神仙方术之一种而予以接受。

在中国,自古以来就流传着种种方术迷信。到两汉时,在帝王的直接倡导和支持下,吞药服气、炼丹求仙的神仙方术更是盛极一时。《后汉书·方术列传》序中说:

> 汉自武帝颇好方术,天下怀协道艺之士,莫不负策抵掌,顺风而届焉。后王莽矫用符命,及光武尤信谶言,士之赴趣时宜者,皆骋驰穿凿,争谈之也。

上有所好,下必从之。例如胶东方士栾大夸下能炼金求仙的海口而受到汉武帝的加封行赏,数月间,"佩六印,贵振天下",一时"海上燕齐之间,莫不扼腕而自言有禁方、能神仙矣!"在两汉神仙方术盛行的风气之下,初传的佛教为了在中土扎根,又有意识地依附神仙方术,因而佛教在当时被视为神仙方术的一种也就不奇怪了。这样的情况一直延续到东汉末年。成书于汉末三国时的牟子《理惑论》,在有人非难佛教时就提出,道有96种,而"佛为最尊"。论中对佛的描绘是:

> 佛者……恍惚变化,分身散体,或存或亡,能小能大,能圆能方,

能老能少,能隐能障。蹈火不烧,履刃不伤,在污不染,在祸无殃。欲行则飞,坐则扬光,故号为佛也。

这里所说的佛,与神仙道术之士所讲的"神人""真人"十分相似。这反映了当时人们对佛教的看法。

在东汉时,人们还往往将佛教与黄老并举。楚王刘英"诵黄老之微言,尚浮屠之仁祠","晚节更喜黄老,学为浮屠,斋戒祭祀",①便是这种情况的最早记载。黄老之学起于战国而盛于西汉。西汉初的统治者在推行轻徭薄赋、与民休息的政策时,在政治上曾崇尚黄老道家的思想,实行所谓的"无为而治"。黄帝乃是传说中的人物,后被方士、道士尊奉为神,将神仙思想与之相附。而道家思想中除了"清静无为"之外,也始终存在着神仙家思想,例如《庄子》中描绘姑射山的神人"不食五谷,吸风饮露,乘云气,御飞龙,而游乎四海之外"②,又说"古之真人……入水不濡,入火不热"③,等等。这些都为以后的神仙家所吸收。到东汉时,与道家清静无为相近的黄老之学已演变成为与神仙方术相合流的黄老道术。因此,把黄老与浮屠并行祭祀,既反映了东汉时期的黄老已流于神仙方术而有别于西汉初的黄老之学,也说明佛陀在东汉时仍被认为是一种能庇佑人的神祇,通过祭祀可以向佛陀求福。直到东汉末年,虽然佛教在社会上的影响有所扩大,但人们仍然没有把佛教和黄老方术明确区别开来。史载,汉桓帝并祠浮屠与黄老,大臣襄楷于延熹九年(166年)上书反对说:

又闻宫中立黄老浮屠之祠。此道清虚,贵尚无为,好生恶杀,省

---

① 《后汉书·楚王英传》。
② 《庄子·逍遥游》。
③ 《庄子·大宗师》。

欲去奢。今陛下嗜欲不去，杀罚过理，既乖其道，岂获其祚哉？或言老子入夷狄为浮屠。浮屠不三宿桑下，不欲久生恩爱，精之至也。天神遗以好女，浮屠曰："此但革囊盛血。"遂不眄之。其守一如此，乃能成道。今陛下淫女艳妇，极天下之丽，甘肥饮美，单天下之味，奈何欲如黄老乎？

襄楷在奏议中已经引用了《四十二章经》中的一段话，说明他已经接触到了佛经，但他在这里仍然把黄老和浮屠相提并论，并认为清虚无为、省欲恶杀是佛教和黄老共同的主张。在他看来，桓帝"既乖其道"，便不可能从佛那儿获得福佑。这表明，在襄楷的心目中，佛仍然是一种能福佑人的神，佛教也还是黄老方术的一种。

在东汉时，人们把佛教视为黄老神仙方术之一种，这同时意味着人们是把佛教视为传统文化之一支而加以容受的。正是在这样的背景下，出现了所谓的"老子化胡说"。"老子化胡说"后来在佛道之争中被道教徒利用来攻击、贬低佛教，特别是西晋王浮造《老子化胡经》以后，此说一直被道教徒渲染着。但它最早被提出时，却具有调和佛道的意向。

据现有记载，"老子化胡说"在东汉末年已在社会上流传，襄楷在延熹九年（166年）上桓帝疏中就有"或言老子入夷狄为浮屠"的说法。此说一向被认为是佛道之争的产物，其实，它最初的提出包含着这样一层意思，即认为佛道本质上是一致的。老子化为浮屠，浮屠出于老子，那么，佛道殊途同归，本出于一源，印度的佛教与华夏的老子道家（道教）实际上就被纳入了同一个文化系统，成为统一的华夏文化中的一个流派，佛教当然也就不在华夏文化之外。关于这一点，我们从襄楷疏中所说的当时把黄老浮屠并祠，把老子的无为与佛教的涅槃相比附，以及当时中土人士视佛教为黄老方术之一种等，都可以得到证明。通过"老子化胡说"把佛教融入统一的华夏文化之中,这与华夏民族历史地形成的自我中心论和大一统观有很大的关系,但这种说法对于初传中土的佛教来说,显然是有利的。牟子《理惑论》中有"佛与老子,无为志也",表明汉末三国时佛教也是努力引老子道家为同道,积极向老子靠拢的。也许正因为此,所以佛教在最初的一段时间里对"老子化胡说"是予以默认的,史籍中未见有任何对此有异议的记载。由此日本学者甚至认为"老子变成释迦和老子教化释迦,也许都是为使中国社会接受佛教才提出的权宜之说,或者说,最初是佛教方面提出来的"[①]。我们虽不能肯定这种说法,但我们认为把"老子化胡说"与《老子化胡经》区别开来还是有意义的。《老子化胡经》是佛道斗争的产物,"老子化胡说"却反映了传统文化对外来佛教容受的一个基本态度。

"老子化胡说"的最早提出,很可能与华夏文化的正统论有关。从上古开始,我国华夏族就将自己所居住的地区视为居天下之中而称之为"中国",而四方则往往称之为夷蛮,反映在文化上,也有一种正统的优越感。随着先秦百家争鸣的结束和封建统一国家的建立,在华夏文化内部,各种学说也有是否被确立为统治思想的正统与非正统之分。但非正统并不一定就被视为是邪说,官方认可的思想在大多数情况下一般并不排斥其他学说,而是以居高临下之势对其他学说加以包容和统摄。即使是汉武帝"罢黜百家,独尊儒术",道家等学说也并没有被扼杀,这是华夏文化正统论的一大特色。反映在对外来文化的态度上,虽然强调夷夏之别,反对"舍华效夷",但同时却又在肯定华夏正统的基础上包容夷术,允许夷夏并存,南北朝时顾欢所作的《夷夏论》就是这方面的典型例证。因此,从传统文化的发展来看,"老子化胡说"可以认为是华夏文化正统论的产物。

---

① 鎌田茂雄:《简明中国佛教史》,上海译文出版社1986年版,第39页。

"老子化胡说"不仅有利于佛教最初在中土的传播,而且对奉老子为教主的道教来说显然也是有利的,因为这种说法本身还包含着另外一层意思,即认为老子是优越于佛陀的,从根本上说,老子的地位要比佛陀更高。这同时也就为道教日后贬低并排斥佛教提供了可能,一旦道教的力量发展壮大到足以自立,一旦佛教在中土的传播势力影响到道教的生存与发展,出于宗教领域中争夺地盘等原因,道教必然会利用"老子化胡"这种说法来排斥佛教。而佛教在初传之时就与道教存在着矛盾,在汉末三国时已经出现了引用《老子》之说来批评乃至攻击原始道教和神仙方术的言论[1],当佛教在中土站稳脚跟并得到较大发展以后,它也就不会甘心继续依附于老子道家,必然会对"老子化胡说"提出反驳。历史的发展正是如此。魏晋以后,围绕着"老子化胡说",佛道两家展开了长期而激烈的争论,这从一个侧面反映了传统文化与外来的佛教文化有冲突、有交融的错综复杂的关系。

三、佛典之翻译与格义之肇始

佛经翻译,是汉代佛教的重要内容。虽然汉代的译经与后世相比,不仅数量少,而且质量也稍微逊色,但从汉代译经中我们可以清楚地看到初传的佛教为适应中土的社会环境而作出的努力,从当时人们对佛经的理解中,我们也可以看到中土人士了解佛义所采取的态度和方法。

据《出三藏记集》卷二的记载,从汉桓帝到献帝之间的数十年中,共译出佛典54部74卷。当时的译经,很不系统,部头也比较小,许多是从梵文或中亚语的大本中节译出来的。从译文来看,许多佛教的名相概念译得都比较晦涩,例如译"正业"为"直治",译"十二因缘"为"十二种",译"苦"

---

[1] 参见牟子:《理惑论》。

"集""灭""道"四谛为"苦""习""尽""道",等等。特别值得注意的是,许多译文明显地表现出了对传统思想文化的迎合。例如把"释迦牟尼"译为"能仁",把"世尊"译为"众佑"。释迦牟尼者,印度释迦族的圣人也,其与众人不同者,在于智慧超群,译为"能仁",显系迎合了儒家的圣人观念。世尊者,"佛备众德,为世钦重,故号世尊"①。译为"众佑",释迦牟尼又成了福佑众生的神灵。

佛教产生于印度,由于文化传统和社会背景的不同,它在许多方面都与传统思想文化存在着巨大的差异。但佛教非常懂得"入乡随俗"的重要性,在传入中国以后,它就十分注意与传统的宗教观念、社会伦理和思辨哲学相适应,特别是努力调和与儒、道的关系,有时甚至不惜改变自己以迎合中国的社会与文化,这表现在佛经翻译中,就是借用传统的术语、概念来表达佛教思想,或者把传统的思想引入佛经之中,对佛教的观念作出某种修正。

以最早译出的《四十二章经》为例。这部经本是一部介绍小乘佛教基本教义的佛经,关于此经的译人、译时、译地,历来异说纷纭。一般认为,它是一种经抄,而不是一部独立的佛经,主要摘译自小乘佛教的基本经典《阿含经》。经的内容重点宣扬了佛教的人生无常和爱欲之蔽等思想,但同时却又夹杂着"行道守真"之类的道家思想和"以礼从人"之类的儒家语言,甚至还有"飞行变化"等神仙家的思想。就连此经的文体也模仿了儒家经典《孝经》。隋费长房《历代三宝记》曾引旧经录云:"本是外国经抄,元出大部,撮要引俗,似此《孝经》十八章。"继《四十二章经》之后出现的汉译佛经,也都不同程度地打上了传统思想的烙印。

最早来华的译经大师是安世高,他在译出的佛经中就广泛使用了中

---

① 《大乘义章》卷二十,《大正藏》第44册,第864页下。

国道家固有的"元气""无为"等概念,以至于在一定程度上改变了佛教的原义。例如,按照佛教的观点,"夫身,地、水、火、风矣"①,人身乃地、水、火、风"四大"组成,但在安世高所译的《安般守意经》中却有"身但气所作,气灭为空"的说法,不但用"气"替代了风,而且用气来概括"四大",代指人身。这虽然与佛义相左,却在相当长的时间内一直为佛经译注家所继承。安世高还以"无为"来解释佛教的安般守意,表示"涅槃"之义。安般守意,"安名为入息,般名为出息",原意为通过数出入息而守住心意,消除烦恼,领悟佛教真谛,最后达到涅槃解脱境界。这与道家的无为显然不是一回事,但《安般守意经》中却说:"安谓清,般为净,守为无,意名为,是清净无为也。"②经中还直接用"无为"来表示涅槃义:"安般守意,名为御意至得无为也。"③要求人们在数息时排除对外物的思虑,专心一志地按照佛经经义去修行,以追求"无为"的涅槃之境:"无者,谓不念万物;为者,随经行;指事称名,故言无为也。"④

《安般守意经》中还提出:"数息意常当念非常、苦、空、非身。"⑤这里的"非身",即是"无我"的异译。无我的"我"有主宰、独立自存的实体等义,"无我"本是对肉体之"我"和精神之"我"的双重否定,强调的是没有主体,译为"非身",却给承认"灵魂"的真实存在留下了可能。中国化的佛教正是以此为重要契机融入了传统的人死为鬼、灵魂不灭等宗教观念,从而发展了印度佛教原有的轮回转生的基本教义。

汉代译经还十分注意对中国传统社会伦理,特别是儒家名教的迎合。

---

① 《六度集经·布施度无极章》,《大正藏》第3册,第16页上。
② 《大正藏》第15册,第164页上。
③ 《大正藏》第15册,第163页下。
④ 《大正藏》第15册,第170页上。
⑤ 《大正藏》第15册,第164页下。

佛教作为一种追求出世的宗教，其宗教理论和修行方式都与中国传统的伦理道德有许多相违之处，例如佛教倡导的众生平等、出家修道就是与儒家君臣父子的纲常名教和修齐治平的道德修养、政治理想尖锐对立的。但儒家的伦理纲常是宗法封建制度的立国之本，佛教要在中国传播发展，必须与之调和妥协。因此，汉代译出的佛经就在许多方面为适应中国的伦理道德观念而作出了调整。例如安世高所译的《佛说尸迦罗越六方礼经》，或者将原文中与儒家孝道不相一致的内容删除不译，或者另外加进了子女应奉养父母的教训，而把原文中夫妻、主仆平等的关系又译为丈夫高于妻子、奴婢侍奉主人等等。汉代译经出现的迎合中国儒家伦理的倾向在以后的译经中仍有进一步的发展，乃至在唐代甚至出现了中国人编造的《父母恩重经》等专讲孝道的佛经。

  汉代译经对中国传统思想观念的依附和对传统固有的名词概念的借用，为汉魏间格义佛教的流行创造了条件。所谓"格义"，就是引用中国固有的思想或概念来比附解释佛教义理，以使人们更易理解并接受佛教。一般认为，这种方法始创于晋代的竺法雅。《高僧传·竺法雅传》中说："时依雅门徒，并世典有功，未善佛理。雅乃与康法朗等，以经中事数拟配外书，为生解之例，谓之格义。"其实，这里只提到竺法雅用格义的方法，并没有提及是他首创。从实际情况来看，早期译经用"无为"来译"涅槃"，把"释迦牟尼"译为"能仁"，以至于当时人们往往以传统的周孔之教和老庄之道来理解佛教，就可以视为是格义的最早运用。例如，牟子《理惑论》在解释佛道时说："道之言导也，导人致于无为。"即认为佛道是引导人们去追求"无为"的。这里的"无为"指的就是老子的那种"淡泊无为"："淡泊无为，莫尚于佛。"既然佛与老子都崇尚无为，所以说："佛与老子，无为志也。"袁宏在《后汉纪·孝明皇帝纪》中也把佛教的理论理解为与道家学说相似，他说：

> 浮屠者,佛也。西域天竺有佛道焉。佛者,汉言觉,其教以修慈心为主,不杀生,专务清净。其精者号为沙门。沙门者,汉言息心,盖息意去欲,而欲归于无为也。

牟子《理惑论》还进一步把佛教的出世之道和老子的自然之道统一到儒家修齐治平的理论上来,论中说:

> 天道法四时,人道法五常。《老子》曰:"有物混成,先天地生,可以为天下母,吾不知其名,强字之曰道。"道之为物,居家可以事亲,宰国可以治民,独立可以治身。履而行之,充乎天地,废而不用,消而不离。

这种将儒家五常之道和道家自然之道与佛道相比附的做法,显然就是一种"格义"。

"格义"的出现,既有其必然性,也有其必要性。由于佛教的思想和常用的名言概念等都与中国传统思想有差异,再加上早期译经的不完善和老庄化、儒学化的倾向,人们一下子很难把握佛理,因此,人们便自然而然地以自己熟悉的传统思想去比附理解佛教,"格义"的方法由此而产生,并很快就得到广泛流行,成为汉魏佛教的重要特点之一。"格义"既为佛教的中国化敲开了大门,也为佛教在中国的传播发展进一步开拓了道路。随着佛经的大量译出和人们对佛教的全面把握,魏晋以后,"格义"才逐渐被废弃不用。但也有一些比附配合仍被保留了下来,成为中国化佛教的一部分。例如在汉魏间的一些佛典译文和注释中常常出现的以儒家"五常"来比附佛教的"五戒",就几乎成为中国佛教的一种定论,宋代明教大师明确地说,佛教的五戒与儒家的五常仁义是"异号而一体"的:

"夫不杀,仁也;不盗,义也;不邪淫,礼也;不饮酒,智也;不妄言,信也。"①这充分反映了中国化佛教的特色。

第三节 汉代译介的佛学两大系统

汉末桓、灵之间,大批西域佛教学者纷纷来华,相继译出了分属大乘和小乘的阿毗昙学、禅学、般若学以及释迦牟尼传等多部佛教典籍,其中最主要的是安世高传译的小乘禅学和支娄迦谶传译的大乘般若学两大系统。

一、安世高所传的小乘禅学

安世高,名清,原为安息国王太子。据《出三藏记集·安世高传》说,他"幼怀淳孝,敬养竭诚,恻隐之仁,爱及蠢类,其动言立行,若践规矩焉。加以志业聪敏,刻意好学,外国典籍,莫不该贯。七曜五行之象,风角云物之占,推步盈缩,悉穷其变。兼洞晓医术,妙善针脉,睹色知病,投药必济。乃至鸟兽鸣呼,闻声知心。于是,俊异之名,被于西域,远近邻国,咸敬而伟之","后王薨,将嗣国位,乃深悟苦空,厌离名器,行服既毕,遂让国与叔,出家修道","既而游方弘化,遍历诸国。以汉桓帝之初,始到中夏"。来华不久即"通习华语",于是便开始了译经事业。

安世高于东汉桓帝建和二年(148年)来到洛阳,至灵帝建宁(168~172年)中,20余年间,共译出佛典数十部(《出三藏记集》卷二称"三十四部,凡四十卷",实际为35部41卷;同书卷十三本传中又说"其先后所出经,凡四十五部";《历代三宝记》和《开元释教录》则分别记为176部和95

---

① 契嵩:《镡津文集》卷一、卷三。

部。吕澂先生曾认为,"是非辨别,自然很难说。现在仍以道安目录所记载的为最可信"①。道安目录,即指《出三藏记集》所载,因为前者已不存,仅部分保留于后者之中)。在安世高译出的佛经中,主要的有《阴持入经》《安般守意经》《道地经》和《人本欲生经》等。安世高的译经"义理明析,文字允正,辩而不华,质而不野",很受后人好评,被誉为当时的"群译之首"②。吕澂先生认为,"安世高的汉译佛典,可算是种创作,在内容和形式方面都有它的特色。就内容说,他很纯粹地译述出他所专精的一切……至于译文形式,因为安世高通晓华语,能将原本意义比较正确地传达出来"③。当然,也如吕澂先生所说的,安世高的译经从总体上来说毕竟偏于直译,有些地方顺从原本结构,不免重复、颠倒,而术语的创作也有些意义不够清楚的地方,因而有时使人难以理解。

安世高所翻译介绍的主要是小乘佛教"说一切有部"的理论。说一切有部是从上座部中分化出来的,主要流行于古印度西北的克什米尔、犍陀罗一带。

关于安世高的思想特点及其所传,《出三藏记集·安世高传》中说他"博综经藏,尤精阿毗昙学,讽持禅经,略尽其妙"。道安也说他"博闻稽古,特respected阿毗昙学,其所出经,禅数最悉"④,"其所宣敷,专务禅观"⑤,"善开禅数"⑥。这都说明安世高所精的是禅经与阿毗昙学,所传的为"禅数"之学。

禅,即禅定、禅观。数,即数法,指阿毗昙。阿毗昙,也译为阿毗达磨

---

① 吕澂:《中国佛学源流略讲》,中华书局1979年版,第285页。
② 《出三藏记集》卷十三《安世高传》。
③ 吕澂:《中国佛学源流略讲》,第285页。
④ 道安:《出三藏记集》卷六《安般注序》。
⑤ 道安:《出三藏记集》卷六《阴持入经序》。
⑥ 道安:《出三藏记集》卷六《十二门经序》。

或毗昙,意译也可译为"论",是对小乘基本经典《阿含经》的论述。由于在解释佛经时,对佛之教法常以数分类,故又译为"数法"。安世高善于把上述两方面内容结合起来讲,所以说他"善开禅数"。也有人认为安世高"于阿毗昙中,特说禅定法数,故曰善开禅数也"①。

安世高的弟子,除严佛调之外,还有"南阳韩林,颍川文业,会稽陈慧"②等人,三国名僧康僧会曾受学于他们,并协助陈慧注解了《安般守意经》,对安世高之学有进一步的发挥。由于安世高所传的禅学比较注重禅定的修习,其中有些方法与当时社会上的道家方士所提倡的吐纳养气有相似之处,因而在汉末至两晋时曾一度流行。

代表安世高一系禅学思想的主要是《阴持入经》和《安般守意经》。这两部经在三国时都已有了注释。它们的内容都是提倡通过戒定慧来对治各种"惑业",通过禅定的修习而获得人生"非常、苦、非身、不净"的认识,从而离生死,得解脱。两者的不同之处在于,《阴持入经》偏重于对名相概念的分析与推演,它的思想理论是通过对四谛、五蕴、十二因缘、三十七道品等佛教基本概念的分析来表达的。《安般守意经》则比较注重对人的意识活动的控制,它通过对"安般守意"这一禅法的具体论述来发挥佛教思想。

安世高所传的小乘禅数之学不仅在当时得到了流传,而且在以后也是有所发展的,一些重要的思想特点,例如强调"止观双俱行",重视"持戒"等,都对后世的禅学乃至整个中国佛教发生了一定的影响。三国东吴名僧康僧会和东晋名僧释道安等都是此系学说的重要继承者和发挥者。东晋时期重要的佛学家释慧远和竺道生等也都深受其影响。

---

① 汤用彤:《汉魏两晋南北朝佛教史》,中华书局1983年版,第45页。
② 《高僧传》卷一《安清(安世高)传》。

二、支谶所传的大乘般若学

支娄迦谶,简称支谶,比安世高稍晚一点来到中国。据《出三藏记集·支谶传》记载,他本是月支国人。"操行淳深,性度开敏,禀持法戒,以精勤著称。讽诵群经,志存宣法。汉桓帝末,游于洛阳,以灵帝光和、中平之间,传译胡文。"后不知所终。

支谶在洛阳的10多年中,先后译出了佛经14部27卷,其中主要的有《道行般若经》《首楞严三昧经》和《般舟三昧经》等。支谶的译经,仍以质朴为主,后人对他的评价也颇高。晋支愍度在《合首楞严经记》中称支谶"博学渊妙,才思测微,凡所出经,类多深玄,贵尚实中,不存文饰",梁僧祐在《出三藏记集·支谶传》中也说支谶的译经"皆审得本旨,了不加饰,可谓善宣法要,弘道之士也"。

支谶翻译介绍的基本上都是大乘佛教的经典,他是中国佛教史上第一位把大乘般若学和大乘禅法传至汉地的僧人,他所传译的大乘般若学在魏晋时曾依附玄学而盛行一时,并对整个中国佛教的理论产生过巨大的影响。

般若类经典是大乘佛教经典中的一大类。支谶于汉末灵帝光和二年(179年)在洛阳译出的《道行般若经》属于《小品》,与唐代玄奘译的《大般若波罗蜜多经》第四会为同本异译。道安对它的评论是:"因本顺旨,转音如已,敬顺圣言,了不加饰。"[①]即比较尊重佛典原文,少加文饰。但从现存的经文来看,支谶翻译《道行般若经》,还是受到了中土老庄道家的深刻影响。例如他曾用"本无""自然"等概念来表示《般若经》"缘起性空"的基本思想,译"诸法性空"为"诸法本无",用"色之自然"来表达"色即是空",

---

① 道安:《出三藏记集》卷七《道行经序》。

这显然是受了道家"有""无""自然"等概念的影响。支谶译经的老庄化倾向不仅有利于般若思想在中土的传播，也加深了对中国传统思想发展的影响。魏正始（240~249年）以后，玄学盛行，玄风大畅。由于佛教般若学假有性空的理论与老庄玄学谈无说有的思想特点有相契合之处，因而随之繁兴，并与玄学合流，蔚为一代显学。玄学化的般若学派"六家七宗"一度成为学术思潮的主流。不同版本的《般若经》也一再译出，从一个侧面反映了般若学在当时的盛行。在谈到般若学得以繁兴的原因时，道安曾认为："以斯邦人庄老教行，与方等经兼忘相似，故因风易行也。"①这是有一定道理的。而支谶译经的老庄化倾向对推进般若学的传播和玄佛的合流所起的作用也是不能忽视的。

在支谶从事译经的时代，有一批月支的侨民数百人入了中国籍。其中有支亮（字纪明），"资学于谶"，发挥支谶的学说。后又有三国时的支谦受学于支亮，把般若学传到了江南吴地。支谶、支亮、支谦，号称"三支"，在当时曾被认为是最有学问的人。"世称天下博知，不出三支。"②月支人所保持的对佛学本来意义上的理解，对于中国佛教与黄老方术区分开来，恢复本来面目，曾起过一定的作用。支谶所传的般若学，主要是宣说"万法性空"道理的。般若，是梵文 prajñā 的音译，意译作"智慧"，但它是一种佛教特指的能观照万物性空的智慧。中国佛学家僧肇等人曾用"圣智"来表达它，以区别于世俗所说的智慧。般若是大乘"六度"之一，全称为 prajñāpāramitā，音译作"般若波罗蜜（多）"，意译为"智慧到彼岸"（或简称"智度"），意谓通过般若智慧，即可到达涅槃解脱之彼岸。般若的主要特点是观悟诸法实相，其基本理论是万法性空。《般若经》反复强调的就是，

---

① 道安：《鼻奈耶序》，《大正藏》第24册，第851页上。
② 《历代三宝记》卷五引，《大正藏》第49册，第58页下。

只有通过般若对世俗认识的否定,才能体悟佛教的真理,把握世界万法的性空实相,从而达到解脱。

般若学在中土的流传发展大致经历了三个阶段。从支谶译出《道行般若经》到支谦译出《大明度经》(系《道行般若经》的改译)为第一个阶段,这个阶段可以看作是佛经的初译与介绍阶段。在此期间,般若学主要受到了中国老庄道家思想的影响,而老庄化的译经和佛学对魏晋玄学的产生也起了一定的促进作用。第二个阶段是从玄学产生到般若学六家七宗的形成,这是般若学的繁兴阶段,也是玄佛合流的阶段。由于早期译经的不尽完善,系统解释发挥般若思想的《中论》《百论》和《十二门论》这"三论"又未译出,而人们用"格义"方法来解佛时又免不了用老庄玄学的思想来比附般若学,因而使般若学打上了玄学的烙印。玄学和般若学互相吸收,互相影响,从而形成了玄佛合流的一代学风。从鸠摩罗什重译大、小品《般若经》和新译"三论",到他的弟子僧肇等人对般若思想的系统阐发,可以看作是般若思想在中土的流传进入了第三个阶段。自此以后,般若思想逐渐为中土人士系统地了解和准确地把握,并成为影响中国佛教发展的最重要的理论学说之一。东晋著名佛学家僧肇借助于罗什译出的经论,比较完整而准确地阐发了般若性空学说,并在融会中外思想的基础上围绕般若空义构建了中国佛教史上第一个比较完整的中国化的佛教哲学体系,把般若学说在中土的发展推到了顶峰。隋唐时的吉藏又继承罗什、僧肇之学而创立了中国佛教宗派"三论宗"。与此同时,般若学也渗透到了隋唐时其他各个佛教宗派的思想学说中,与涅槃佛性论一起,成为中国佛教哲学的两大理论主干。

第三章　中国佛教文化的
初具规模（魏晋）

　　汉代佛教依附于黄老方术而得到了流传，并逐渐在中土扎下了根。到三国两晋时期，在统治者的直接倡导与支持下，佛教很快在社会上蔓延开来，在与中国固有的思想文化相互冲突、相互融合中得到了迅速的传播与发展，特别是社会的分裂与动荡不安，百姓的苦难与被拯救的渴望，为佛教的传播提供了良好的土壤，使佛教得以赶超中土原有的各种宗教信仰而与传统的儒、道并存并进，为形成三足鼎立之势奠定了基础。这个时期佛教文化的一个显著特点是，一批中国的佛教学者脱颖而出，他们在理解消化佛教思想、融会中外文化方面进行了不懈的努力，为把外来的佛教文化融入传统思想文化中而作出了巨大的贡献。

第一节　佛教在三国时的展开

　　在魏、吴、蜀三国鼎立时期，佛教在汉地有了进一步的发展。许多译经大师继续从天竺、安息与康居等国来华，大量的佛教经典被译成汉文。这个时期最著名的佛经翻译家是支谦和康僧会，他们都是祖籍西域而生于汉地，深受汉地文化的熏陶与影响，他们在译出佛典的同时还注经作序，用传统的思想和术语来发挥佛教教义，并积极向统治者宣化以扩大佛教的影响。戒律的传入与朱士行的西行求法，都是三国时期佛教的重大事件,并对后世佛教产生较大影响。从现存的资料看,三国佛教的中心,北为魏都洛阳,南为吴都建业(今江苏南京)。关于佛教在蜀地的流传情况,由于现存史籍无载而不可详考。旧录相传有蜀《首楞严经》和《普曜经》等,也因缺乏资料而无法确证。但根据有关的考古发现可以断定,四川在三国以前就已有佛教传入,并可能是由云南输入的。从出土的佛像等东汉三国的文物中还可以看出,中国传统的造型艺术已开始受到佛教的影响。①

一、魏地佛教:戒律始传与西行求法

曹魏之兴,始于曹操,而曹操是靠镇压黄巾农民起义起家的。鉴于起义农民对道教的利用,魏初统治者曾明令禁止方士道术活动,取缔民间的黄老神仙方术和鬼神祭祀,洛阳的佛事也由此一度消沉,然并未绝迹,只是"道风讹替"而已。据说魏明帝曹叡(227~239年在位)曾兴建佛寺,陈思王曹植也喜欢读佛经,并始制梵呗②。魏嘉平(249~254年)以后,昙柯迦罗、康僧铠、昙帝等僧人又先后来到洛阳,从事译经和传教活动。

最早来到魏国的外国僧人是昙柯迦罗。据《高僧传》卷一载,他本是中天竺人,家世大富,常修梵福。迦罗幼而才悟,质像过人,诗书一览,皆文义通畅。25岁接触佛典后,深悟因果,妙达三世,始知佛教宏旷,俗书所不能及。乃弃舍世荣,出家精苦。他博通大小乘佛典,常贵游化,不乐专守。"以魏嘉平中,来至洛阳。于时魏境虽有佛法,而道风讹替,亦有众僧未禀归戒,正以剪落殊俗耳。设复斋忏,事法祠祀。迦罗既至,大行佛法。时有诸僧,共请迦罗译出戒律。"迦罗乃根据中国当时佛教初传、尚未昌盛

---

① 参见任继愈主编的《中国佛教史》第一卷第三章,中国社会科学出版社1981年版。关于佛教传入四川的最新研究,可参阅段玉明等:《成都佛教史》,宗教文化出版社2017年版。

② 梵呗,一种以短偈形式赞唱佛、菩萨之颂歌,可有乐器伴奏。

的实际情况,译出了大众部戒律的节选本《僧祇戒心》,更请梵僧立羯磨法。"羯磨"是梵文 Karma 的音译,意译为业、作业、作法等,通常指有关戒律的活动。羯磨法即是关于授戒仪式的规定。从昙柯迦罗以后,中国便有了出家受戒的制度。正如郭朋先生曾指出的:"汉代禁止汉人出家,其后虽或间有出家者,但也只是'剪落殊俗'而已,并未能够按照佛教的戒律规定,为这些仅有的汉僧传授出家戒法。这种情况,直到曹魏时昙柯迦罗来华,才开始改变。"①昙柯迦罗所译的《僧祇戒心》早已佚失,但他在中土首创授戒度僧制度,对以后中国佛教的发展影响很大,他也因此而被后世的律宗奉为始祖。

康居沙门康僧铠也于魏嘉平末年来到洛阳,译出有关在家居士学出家之戒的《郁伽长者所问经》1卷、《无量寿经》2卷。当时又有安息国沙门昙帝,亦善律学,于魏正元(254~256年)年间来到洛阳,在白马寺译出《昙无德羯磨》1卷,此书原出于小乘上座系法藏部的《四分律》,因而对后来中国的律宗独尊《四分律》有很大的影响。稍后,又有龟兹沙门帛延在魏甘露(256~260年)年间来洛阳,译出《首楞严经》2卷、《须赖经》1卷、《除灾患经》1卷等。

东汉时洛阳一带已有佛教寺院存在。曹魏建国后,随着佛教的发展,魏地又先后兴建了一些佛塔佛寺,且具有一定的规模②,只是由于遗物不存,现已难言其详。

魏正始(240~249年)以后,玄学盛行,谈玄说虚也激起了人们对佛教般若学的兴趣,人们纷纷倾心于对般若空义的探究,并促成了中土僧人西行求法的开始。中土僧人朱士行,"少怀远悟,脱落尘俗,出家以后,便以

---

① 郭朋:《汉魏两晋南北朝佛教》,齐鲁书社1986年版,第217页。
② 见《魏书》卷一一四《释老志》等。

大法为己任",常于洛阳讲《小品》(即支谶所译的《道行般若经》)。由于支谶的译本"译人口传,或不领辄抄撮而过,故意义首尾,颇有格碍",其中的意义往往解说不通,朱士行"每叹此经,大乘之要,而译理不尽"。闻西域有更完备的大品《般若》,朱士行乃"誓志捐身,远迎《大品》",于魏甘露五年(260年)从雍州(治所在今陕西西安)出发,西涉流沙,到达于阗,"果写得正品梵书胡本九十章,六十余万言"①。西晋太康三年(282年),朱士行遣弟子弗如檀等10人将经送回洛阳,他自己后以80高龄卒于于阗。抄回的经本于西晋元康元年(291年)由竺叔兰、无罗叉等在陈留仓垣(今河南开封西北)水南寺译出,是为《放光般若经》20卷(此与竺法护于西晋太康七年即286年译出的《光赞般若》10卷为同本异译)。《放光般若经》的译出,曾对两晋般若学的兴盛起了极大的推动作用。犹如道安所说的,《放光般若经》"言少事约,删削重复,事事显炳,焕然易观",因此,"《放光》寻出,大行华京,息心居士,翕然传焉"②。从此以后,讲习《般若》,成为一代风气。朱士行是中国佛教史上第一个西行求法的汉僧,同时,他又被认为是中国佛教史上第一个依律受戒成为比丘的汉人,因此,他在中国佛教史上是有一定地位的。

二、吴地佛教:译风新丽与江南建寺

吴国占据着长江中下游的广大地区。由于地域的关系,吴地佛教是由南下和北上两路传入的。

东汉末年,楚王刘英在他的封地与沙门、居士一起奉佛,笮融在广陵、彭城一带祠佛以招徕民户,并建寺造像,这些都扩大了佛教的影响和传播

---

① 以上引文均见《出三藏记集》卷十三《朱士行传》。
② 道安:《出三藏记集》卷七《合放光光赞随略解序》。

范围,使佛教逐渐由中原向江南传播。汉末,关中、洛阳战乱不止,许多人为逃避战乱而南迁吴地。著名僧人支谦等佛教徒随避乱的人群南下,也把佛教带到了吴地。当时南海交通发达,佛教从海路经由林邑(今越南中南部)、扶南(今柬埔寨)等地也传到了广州、交州一带,名僧康僧会即是在交趾出家为僧后北上吴都建业的。南下和北上的佛教齐汇吴地,吴都建业遂发展为佛教重镇,成为江南佛教的中心。

吴地佛教的兴盛,与支谦和康僧会等人的译经传教活动是联系在一起的。支谦,一名越,字恭明,祖籍为大月支,其祖父法度在汉灵帝时率国人数百归化东汉,因而他生长于洛阳。据《出三藏记集·支谦传》载,支谦10岁学习中国典籍,13岁学胡书,备通六国语,后受业于支谶的弟子支亮,"博览经籍,莫不究练,世间艺术,多所综习",被时人称为"智囊"。由于支谦人长得细长黑瘦,眼多白而睛黄,因此当时流传着这样一个说法:"支郎眼中黄,形体虽细是智囊。"汉献帝末年,汉室大乱,支谦与乡人数十,共奔于吴。"后吴主孙权闻其博学有才慧,即召见之,因问经中深隐之义,应机释难,无疑不析。权大悦,拜为博士,使辅导东宫,甚加宠秩。"支谦感到佛教虽然在中土流行,但佛经仍多胡文,众人莫有解者,而自己既善华戎之语,便收集众本,译为汉言。从黄武元年(222年)至建兴(252~253年)中,译出了《维摩诘经》等27部佛典①,并为自己所译的《了本生死经》作注,这是中国佛经注释的最早之作。太子孙登去世后,他"遂隐于穹隆山,不交世务,从竺法兰道人,更练五戒。凡所游从,皆沙门而已。后卒于山中,春秋六十"。

支谦的译经与汉代支谶等重质朴的风格有所不同,颇重文丽简略以

———
① 《出三藏记集》卷二中却说支谦在此期间共译经36部,48卷;《高僧传》中则说他译经49部。

迎合时尚,支愍度在《合首楞严经记》中说:"越,才学深彻,内外备通,以季世尚文,时好简略,故其出经,颇从文丽,然其属辞析理,文而不越,约而义显,真可谓深入者也。"《出三藏记集·支谦传》中也称他的译经"曲得圣义,辞旨文雅"。显然,支谦的译经风格,既与他本人"才学深彻,内外备通"有关,也受到了社会上尚文好简的风气的影响。因此,他的译经既通畅易解,受到了时人的欢迎,推动了佛教在中土的普及与流行,也被认为是"理滞于文"而受到了一些佛学家的批评。例如道安就认为支谦的译文雕琢得很精巧,但这样也有可能影响到经典原义的准确表达,他说:"叉罗、支越斫凿之巧者也,巧则巧矣,惧窍成而混沌终矣。"① 僧肇也曾"恨"支谦的译经"理滞于文","常惧玄宗坠于译人"。② 其实,支谦的译经正好使我们能从一个侧面看到,外来的佛教是如何不断适应中土需要而变化发展,从而更对传统文化发生影响的。据有关记载,支谦很擅长文辞音律,曾依《无量寿经》和《中本起经》制《赞菩萨连句梵呗》三契,以民众喜闻乐见的形式来帮助传播佛教。所谓梵呗,是根据佛经所作的供歌咏之用的短偈,可伴之以管弦。《高僧传》卷十三云:"天竺方俗,凡是歌咏法言,皆称为呗,至于此土,咏经则称为转读,歌赞则号为梵呗。昔诸天赞呗,皆以韵入弦管。"支谦还首创了"合本"的方法。"合本",也称"会译",是把同一经典的不同译本合在一起,从文字的比较中来究明其义旨。支谦曾作有《合微密持经》,把自己所译与另外两个译本合为一本以进行比较。"合本"之法在两晋时曾被普遍使用,促进了佛教义理的研究。

与支谦齐名的康僧会,其先祖为康居人,世居天竺,其父因商贾移于交趾。10岁时,父母双亡,他孝事完毕后即出家。为人弘雅有识量,笃志

---

① 道安:《出三藏记集》卷八《摩诃钵罗若波罗蜜经钞序》。
② 僧肇:《出三藏记集》卷八《注维摩诘经序》。

好学,明解三藏,博览六经,天文图纬,多所综涉。吴赤乌十年(247年),康僧会从交趾来到建业,从事译经传教活动,译出《吴品》5卷、《六度集经》9卷等,注解了《安般守意》《法镜》和《道树》三经,并为之作序。康僧会对佛教在吴地的传播影响是最大的。在他以前,"吴地初染大法,风化未全";他到建业后,不仅译注佛经,而且重视对一般民众的传教。据说他曾营立茅茨,设立佛像,从事传教活动。当人们对此有怀疑时,康僧会应吴主孙权之要求,通过烧香祈祷,求得了佛舍利,孙权大加叹服,便为之建造佛寺,是为江南建寺之始,故号为建初寺,"由是江左大法遂兴"。康僧会自此以后也就一直以建初寺为中心从事译经和传教活动,直至太康元年(280年)去世为止。康僧会在传教时还特别注意用传统儒家的经典和善恶报应理论来扩大佛教的影响。据说孙皓即位后曾对佛教发生怀疑,并想毁坏佛寺,康僧会便引用《诗经》中"求福不回"和《易经》中"积善余庆"等说法来说明"虽儒典之格言,即佛教之明训",并进而提出佛教有"行恶则有地狱长苦,修善则有天宫永乐"的理论可以作为儒家名教的补充以助王化,从而解除了孙皓"若然则周孔已明,何用佛教"的疑虑,最终说服了孙皓,不仅使佛寺免于被毁,而且使佛教在吴地得到了进一步展开。①

除了支谦和康僧会之外,来吴地从事译经传教的还有维祇难、竺将炎和支疆梁接②等人。维祇难是天竺沙门,世奉异道,以火祀为上,后改信佛教,出家为僧,受学三藏,游化诸国,于吴黄武三年(224年)与同伴竺将炎(一作竺律炎)赍《法句经》梵本来至武昌。后竺将炎与支谦一起将《法句经》译为汉文。竺将炎又于黄龙二年(230年)在建业为孙权译出《三摩竭经》1卷,并与支谦合译了《佛医经》1卷。据说支疆梁接曾于吴五凤二年

---

① 以上引文均见《高僧传》卷一《康僧会传》。
② 汤用彤先生曾认为支疆梁接"恐与西晋在广州之疆梁娄至为一人",参见《汉魏两晋南北朝佛教史》,第88页。

(255年)在交州译出《法华三昧经》,即《正法华经》6卷(已佚),若然,则此为《法华经》在中土的初译。

三国时期的佛教思想,主要的仍是汉代传入的大乘般若学和小乘禅学这两大系统,支谦与康僧会分别为这两系学说的主要代表人物。从他们的译述中,我们可以清楚地看到佛教中国化在继续推进的轨迹,以及外来佛教与传统思想文化进一步相结合的趋势。

三、支谦与康僧会对佛教中国化的推进

三国时期的佛事活动,仍以译经为主。支谦与康僧会作为这个时期主要的两位译经家,有许多共同之处。他们都是祖籍西域而生于中土,深受中土文化的影响,他们的译述不但文辞典雅,而且善于用传统的名辞与理论来表达佛教思想,表现出佛教与中国固有文化相结合的趋势,也进一步推进了佛教的中国化。

不过,支谦与康僧会虽然同在建业,所传的却是汉代以来佛教的两个不同的系统。支谦受学于支谶的弟子支亮,主要发挥支谶系的大乘般若学;康僧会则受学于安世高的弟子南阳韩林、颍川皮业和会稽陈慧等人,发挥了安世高系的小乘禅学。从中国佛教的发展来看,安世高、康僧会之学主养生成神,与道教相近;支谶、支谦之学主神与道合,与玄学同流。两晋以后盛行的佛学主要是玄学化的般若学。有人认为康僧会继承了东汉的佛教传统,而支谦则开拓了两晋以后的玄学化佛教,这是有一定道理的。

支谦是三国时期译经最多的人。在他译出的经典中,首先值得一提的是《大明度无极经》,简称《明度经》或《大明度经》。该经是东汉支谶所译的《道行般若经》的改译,其品题与不少词句都与《道行般若经》略同,但也有差异。例如他译"般若"为"明",译"波罗蜜"为"度无极",将"须菩提""舍利弗"等人名译为"善业""秋露子"。两相对照,支谦更注重意译。他把音译减少到了最低程度。据说支谦曾对以前那些过分质朴以致隐晦义理的译本很不满意,他认为"质朴"和"文丽"应该调和,以便更好地畅达经意,使人易解。支谦的翻译和注释,都很讲究文丽简略,并特别注意与传统思想文化相调和。例如在《大明度经》中,他一方面比较准确地用"空"这个概念来表达般若的基本思想,强调"诸经法皆空"①,另一方面仍然沿用了《道行般若经》中老庄化的"本无"概念,强调"诸经法本无"②。在注释中,他还引用了庄子的"无有"这一概念来说明诸法性空如幻的道理:"色与菩萨,于是无有。"③并借用传统的"得意忘言"的思想与方法,提出"由言证已,当还本无",以此来注解"得法意,以为证"的经文。这些都表明,支谦对般若"不坏假名而说实相"的基本精神是掌握的,并且是自觉地运用中土人士所熟悉的传统思想乃至语言来表达佛教义理的。支谦所开创的翻译风格在中国佛教史上是有重要地位的,对佛教的中国化乃至中国传统思想文化的发展也是有一定意义的。由于支谦的译经实际上都是在正始玄风大畅之前④,因此,佛教般若学通过他的发挥而对玄学的兴起所可能发生的影响,是特别值得重视的。

在支谦的译经中,对中国佛教和中土社会影响较大的还有《佛说维摩诘经》2卷。这是一部从般若类经典的基础上发展起来的大乘经典,它通过有无双遣的中道"不二法门",强调世间和出世间不二,生死和涅槃不二,把佛教的出世移到了世俗世界,宣扬唯心净土说。经中说:"佛言:童子,蚑行、喘息、人物之土,则是菩萨佛国。""若人意清净者,便自见诸佛佛

---

① 《大明度经·累教品》,《大正藏》第8册,第503页上。
② 《大明度经·随品》,《大正藏》第8册,第503页中。
③ 《大明度经·行品》,《大正藏》第8册,第481页中。
④ 参见吕澂:《中国佛学源流略讲》,第32~33页。

国清净。"①就是说,只要净化自己的思想,佛国就在人间。因此,要达到解脱就不一定要出家,关键在于主观信仰,要修"菩萨行"。经中专门塑造了一个理想人物的典型——在家菩萨维摩诘。维摩诘是一个"资财无量"的居士,精通佛理,辩才无碍,神通广大。他的重要特征是"智度无极"和"善权方便"(罗什译为"善于智度,通达方便")。他那超人的般若智慧使佛的大弟子们一个个相形见绌,甚至不敢前往见他;他那灵活的善权方便更是令人惊叹不已。由于他能够净化自己的思想,具有佛一般的智慧和精神境界,因此,他居住在维耶离城,表面上出入酒肆、妓院、赌场等场所,不拘小节,实质上却是在教化超度众人,对于他本人来说,是"染净不二"的!他的所作所为都是大慈大悲的表现。这种出世不离入世、理想社会就在现实之中的理论既粉饰了魏晋门阀士族的腐朽生活,又给寻求理想境界和解脱之路的芸芸众生以精神安慰和麻醉:之所以还未能解脱只在于还没有完全净化自己的思想! 因此,这种理论在当时受到了社会的普遍欢迎就是可以理解的了。《维摩经》译出后,在中土十分流行。到东晋鸠摩罗什重译此经为止,社会上至少出现了四个译本和一个合本。僧叡、僧肇等一代高僧都是在《维摩经》的影响下皈依佛教的。《维摩经》的理论体系反映了三国两晋时期佛教理论在中国发展的主要倾向。不过,后来在中土最通行的本子是与支谦译本稍异的罗什译本。

关于康僧会的译述,汤用彤先生曾发表过这样的看法:"(康僧)会生于中国,深悉华文,其地位重要在撰述,而不在翻译。"②这是很有道理的。可惜康僧会的译注,大多佚失。现仅存有他撰写的两篇经序和编译的《六度集经》8卷。从这些材料来看,康僧会的佛学思想主要是继承发挥了安

---

① 《佛说维摩诘经·佛国品》,《大正藏》第14册,第520页上~下。
② 汤用彤:《汉魏两晋南北朝佛教史》,第96页。

世高系的小乘禅学。他在论述安般禅法时曾认为,"得安般行者,厥心即明,举明所观,无幽不睹,往无数劫,方来之事,人物所更,现在诸刹……无遐不见,无声不闻,恍惚仿佛,存亡自由"①。这表明康僧会受汉代佛教的影响,仍然是将禅定引发的神通作为追求的理想境界的。不过,康僧会对安世高系的禅法也是有发展的,这主要表现在他对"明心"的强调上。他在《法镜经序》中提出:"心者,众法之源,臧否之根,同出异名,祸福分流。"在他看来,心是本净的,本净的心若受到色、声、香、味、触、法等外境的迷惑,便会生出许多秽念,通过修持禅法,使净心复明,便能达到理想的境界。康僧会的这种思想对中土禅学的发展影响很大,对中国禅宗思想特点的形成,也有一定的影响。

康僧会虽然主要传安世高系的小乘禅学,但在许多方面也接受了大乘佛教的立场,并深受中国传统思想的影响,在译介佛经时融合吸收了不少儒家和道家的思想内容。他曾把安般禅法说为"诸佛之大乘"②,他所编译的《六度集经》也是按照大乘菩萨行"六度"的次序,辑录佛经和佛经段落91种,通过一系列佛的本生故事(佛过去世中行菩萨道、利生受苦的寓言故事)来宣传佛教救世度人的思想,并努力把佛教的思想与传统的儒、道思想调和在一起。在《六度集经·察微王经》中,康僧会不但用道家的"元气"来概括佛教的"四大"(地、水、火、风),还用传统的"魂灵"不死观念来阐发佛教轮回转生的基本教义:

> 深睹人原,始自"本无"生。元气强者为地,软者为水,暖者为火,动者为风。四者和焉,识神生焉。上明能觉,止欲空心,还神本无。③

---

① 康僧会:《安般守意经序》,《大正藏》第15册,第163页中。
② 康僧会:《安般守意经序》,《大正藏》第15册,第163页上。
③ 《大正藏》第3册,第51页中。

>　　魂灵与元气相合,终而复始,轮转无际,信有生死殃福所趣。①

康僧会还特别注意吸收传统儒家,尤其是孟子的思想来发挥佛教理论。仁义孝亲本是儒家伦理的核心,仁政德治则是儒家的社会政治思想,但《六度集经》却吸收容纳了大量这方面的内容。经中不仅大讲"恻隐心""仁义心"②,而且还极力主张"治国以仁"③,认为"为天牧民,当以仁道"④。除了这些治国牧民之道以外,经中还大力提倡"孝顺父母"④,歌颂"至孝之行"⑤。这些思想虽然打的仍然是佛教的旗号,但显然已不是印度佛教的原样,而是中国化的佛教了。"出世"的佛教在中国传统文化的影响下逐渐融入了重视现实人生的品格,而这与康僧会等人的努力是分不开的。

四、三教一致论的最早提出

儒家和道家是中国传统文化中的两大理论主干。印度佛教与传统的儒家、道家属于不同的思想体系,他们的宇宙观、社会观和人生观都有着很大的不同,他们的理想、目标以及实现的途径、方法也都存在着巨大的差异。但是,佛教不仅懂得"入乡随俗"的重要性,而且它本身也具有适应环境的内在机制,因此,在它传入中国以后,一方面十分注意依附统治阶级和传统的思想文化,另一方面也以"随机""方便"为理论依据,在努力调和与儒、道思想矛盾的同时,不断地援儒、道入佛,并极力论证佛教与儒、

---

① 《大正藏》第3册,第51页下。
② 《六度集经·忍辱度无极章》,《大正藏》第3册,第27页下。
③ 《六度集经·布施度无极章》,《大正藏》第3册,第6页上。
④ 《六度集经·明度无极章》,《大正藏》第3册,第47页上、第49页上。
⑤ 《六度集经·忍辱度无极章》,《大正藏》第3册,第25页上。

道在根本上的一致性,积极倡导三教一致论。

在中国思想史上最早提出佛、道、儒三教一致论的是成书于汉末三国时的牟子《理惑论》。该论除去序和跋,有正文37章,集中反映了佛教传入初期在中土引起的反响,是我们考察东汉三国时期佛教流传情况的极重要的历史资料。文章采用了问答形式,问者代表当时社会上大多数人对外来佛教所表示的怀疑与反对,牟子则站在佛教的立场上作答,他广泛引证老子、孔子等人的话来为佛教辩护,论证佛教与传统儒、道思想并无二致。问答主要集中在对佛、佛教教义和佛教出家的修行生活这三个问题的看法上。

关于释迦牟尼佛,按照牟子的说法,其实与中国的三皇五帝、道家的"至人""真人"并没有什么根本的不同。牟子一方面以儒家推崇的三皇五帝来比配佛陀,并以中国固有的"尧眉八彩、舜目重瞳"等有关"圣贤"有奇特相貌的神话传说来说明佛具三十二相、八十种好并不足怪;另一方面,他又以道家神仙家言来解释佛,认为"佛乃道德之元祖",能够"蹈火不烧,履刃不伤","欲行则飞,坐则扬光"。

对于佛教的教义,牟子同样以儒家和道家的思想来比附。他认为,"道之言导也,导人致于无为",即认为佛道是引导人们去追求无为的。而他所说的无为与老子的那种"淡泊无为"是一样的,因此他又说:"佛与老子,无为志也。"当有人指责这种虚无恍惚之道与孔子圣人之教有异时,牟子回答说:"天道法四时,人道法五常……道之为物,居家可以事亲,宰国可以治民,独立可以治身。履而行之,充乎天地,废而不用,消而不离。子不解之,何异之有乎?"这里,牟子为了论证佛教与传统思想无异,不仅改造了佛教的出世之道,而且也改造了老子的自然之道,把佛道、儒道和老子之道都统一到了儒家修齐治平这一套理论上来。在牟子看来,佛道与老子自然之道及儒家的五常之道虽然在形式上有所不同,但它们最终所起的社会作用却是相同的,因而佛教与儒、道一样,其存在和发展也是合理的,必要的。

至于佛教倡导的出家修行的生活与儒、道在形式上有何不同,牟子的回答是"苟有大德,莫拘于小",出家人的生活表面上不敬其亲,有违仁孝,实际上,一旦成就佛道,"父母兄弟皆得度世",这不是最大的孝么?可见,佛教的出家修行生活从根本上说是并不违礼悖德的。

牟子《理惑论》的佛、道、儒一致论,其基本立足点始终在于说明三家学说的社会作用相同,即外来的佛教与中国固有的儒、道一样,都有助于王道教化。这表明,佛教传入中国后,为了在中土扎根、传播、发展,最迫切的是通过同传统思想文化的调和与融合以争取统治者和民众的容受及支持。

值得一提的是,牟子《理惑论》在极力倡导佛、道、儒一致的同时,却引用了《老子》道家之说对原始道教和神仙之术进行了批判。这不但说明随着佛教在中土的传播,人们已逐渐能将佛教与神仙方术区别开来,表明佛教在汉末三国时已开始逐步摆脱黄老方术而趋向魏晋玄佛的合流,同时,这也反映了佛教与道教从一开始就存在着矛盾,这种矛盾最初被双方互相利用的需求所掩盖,但随着双方势力的增强就会日益突现出来,《理惑论》对道教的批判,可说是此后长期的佛道二教之争的开端。

从牟子《理惑论》所倡导的佛、道、儒一致论,我们可以看到外来佛教在传入初期与传统思想文化的关系以及这种关系发展演变的趋势。《理惑论》中的三教一致论不仅对佛教在中国的进一步发展,而且对整个中国思想文化的发展,影响都是巨大而深远的。

第二节　两晋佛教与玄佛合流

佛教传入后,在相当长的一个时期内都以译介印度典籍为主,很少有中国人的著述发挥。到两晋时,在佛经继续译出的同时,出现了一批从事佛教理论研究的中国佛教学者,中国佛教的发展逐渐结束了对外来思想生吞活剥、牵强附会的局面,开始尝试着对外来佛教的消化吸收和融会贯通。罗什的入关,道安、慧远、僧叡、僧肇等人的努力,对中国佛教走上相对独立的发展道路及其基本特色的形成起了重要的推动作用。玄学的刺激,统治者的支持与提倡,佛图澄等人的大力传教,是这个时期佛教得到广泛传播、势力日盛的重要原因。

一、佛教在玄风下的进一步发展

两晋时期,社会动荡不安。"八王之乱"、十六国的大混战,在给百姓带来深重灾难的同时,也为佛教的进一步传播提供了良好的土壤。在思想文化领域,老庄玄学的盛行,清谈玄风的大畅,为佛学的兴盛提供了契机。汉末支谶传入的大乘般若学,以假有本无(性空)来论证发挥"一切皆空"的思想,既适应了当时社会上人人朝不保夕,普遍关注个人的生死祸福等问题的精神需要,也与当时社会上流行的谈无说有的老庄玄学有相似之处,"故因风易行"(道安语),依附于玄学而得以大兴。特别是朱士行西行求法,送回的般若大品被译为《放光》,一时大行中土,人们纷纷倾心于对般若思想的研究,并在玄学的影响下逐渐形成了佛教般若学的"六家七宗"。

当时的佛教般若学者,往往同是清谈人物,他们兼通内外之学,尤其熟悉老庄玄学。僧人的立身行事、言谈风姿,皆酷似清谈之流。名僧名士,志趣相投,风好相同。西晋僧人支孝龙与当时的世族大家阮瞻、庾凯等交游甚厚,"并结知音之友,世人呼为'八达'"[1],东晋名士孙绰作《道贤

---

[1] 《高僧传》卷四《支孝龙传》。

论》，以佛教七道人比配"竹林七贤"，这些都反映了时代的风尚。东晋名僧慧远"博综六经，尤善老庄"①，僧肇自幼"历观经史，备尽坟籍""每以庄老为心要"②，对传统文化的熟悉为他们融会佛、道、儒三教，推进佛教的中国化奠定了坚实的基础。

两晋佛教发展的规模较之以前有了很大的发展。相传西晋时两京（洛阳、长安）共有寺院180所，僧尼3700余人。东晋时共有寺院1768所，僧尼24000余人（此据唐法琳《辩正论》卷三）。这虽是后世的记载，数字不一定很可靠，但两晋时佛教在社会上的流传已经相当普遍，却是事实。佛教的逐渐兴盛，对道教的传播发展也发生了较大影响。西晋道士王浮作《老子化胡经》，扬道抑佛，引起了佛道之间长期的争论，反映了西晋以后佛道势力的消长变化以及佛道关系发展的新动向。趋于独立的佛教不再甘于传统文化的附庸地位，不能再忍受"老子化胡"的说法，屈居道教之下；而依持本土文化优势的道教也不能再吃老本，为了自己的生存发展，除了积极进行自身的改革、不断向贵族化方向（神仙道教）演变之外，也必须主动出击以遏止佛教势力的膨胀，与佛教争夺宗教地盘。佛道之争在南北朝时甚至酿成了流血事件。佛道之间的争论也从反面促进了双方的进一步发展。

两晋时的佛教译经也比以前有了较大的发展，不仅内容广泛，包括了大小二乘、空有两宗、经律论三藏，还有禅经和密教经典等，而且数量也大增。据《出三藏记集》所载，这个时期共有译者近30人，译出佛典250多部，1300多卷。其中，小乘佛教的根本经典《阿含经》和对中土佛教影响极大的《华严经》（华严宗的宗经）、《法华经》（天台宗的宗经）都于此时系统

---

① 《高僧传》卷六《慧远传》。
② 《高僧传》卷六《僧肇传》。

译出,而般若大小品的再译和《中论》《百论》《十二门论》《大智度论》的译出,更是对整个中国佛教的发展起了巨大的推动作用。这个时期最重要的译经大师有竺法护和鸠摩罗什等。

译经仍是西晋时的主要佛事活动,著名的译师有竺法护、竺叔兰、无罗叉、帛远(一作"白远")等。他们的译经,都不同程度地得到了中土文人士大夫的帮助,并受到当时老庄玄学的影响。例如竺叔兰、无罗叉译出的《放光般若经》,不但由祝太玄、周玄明等人担任笔受,由仓垣诸贤者"劝助供养",而且在译文中也大量使用了"有""无""道""意"等魏晋玄学的习用语,难怪"《放光》寻出,大行华京,息心居士,翕然传焉"[1]。佛教的中国化与佛教对中国文化的影响是交织在一起的,佛经的翻译从一个侧面说明了这个问题。

在西晋十数名译师中最主要的人物是竺法护。法护的祖先为月支人,故也称"支法护",但他"世居敦煌郡,年八岁出家,事外国沙门竺高座为师",遂依当时习俗随师姓"竺"。据说他"诵经日万言,过目则解。天性纯懿,操行精苦,笃志好学,万里寻师。是以博览六经,涉猎百家之言"。曾随师游历西域诸国,通晓36种西域语。后搜集了大量佛经,还归中夏。"自敦煌至长安,沿路传译",先后译出了《法华经》《普曜经》和《光赞般若经》等150多部300余卷经典,大大推进了佛教在中国社会上的流传,史称"经法所以广流中华者,护之力也"[2]。孙绰的《道贤论》将竺法护比为竹林七贤中的山涛,认为"二公风德高远,足为流辈"[3],表明竺法护也是一个玄学化的僧人。

西晋的佛教活动以洛阳和长安为两大中心。到东晋十六国时期,长

---

[1] 道安:《出三藏记集》卷七《合放光光赞随略解序》。
[2] 以上引文均见《出三藏记集》卷十三《竺法护传》。
[3] 《高僧传》卷一《竺法护传》。

安仍是北方佛教的中心,道安和鸠摩罗什都先后在长安主持译经事业,弘传佛教,南方则有慧远主持的庐山东林寺和佛陀跋陀罗、法显等据以译经传教的建康(今江苏南京)道场寺两个佛教中心。

北方十六国的少数民族的统治者,大都利用佛教来为巩固自己的统治服务。在帝王的支持下,佛图澄和道安的弟子为佛教的广泛传播起了巨大的推动作用,鸠摩罗什及其弟子的弘法传教活动则对中国佛学的发展影响深远。

这个时期佛教徒的信仰和修持方面出现了一种祈求往生弥勒净土和弥陀净土的思潮。中土弥勒信仰的创始者是道安,弥陀信仰的创始者则是竺法旷。弥陀信仰经道安的高足慧远大加弘扬而在中土产生极大影响,慧远也被唐代净土宗尊奉为初祖。

随着印度和西域僧人的来华,中国佛教徒中也兴起了一个西行求法的热潮。两晋时西行僧人中以法显的成就为最大。法显(约337~422年),本姓龚,平阳武阳(今山西省境内)人。据说他3岁就出家做沙弥,20岁时受具足戒。他常感叹当时律藏的残缺,誓志寻求,遂于东晋隆安三年(399年)和慧景等4人出发,赴天竺"寻求戒律"。前后历时14年,游经30余国,后只剩下他一人,经师子国(今斯里兰卡),渡南海而于东晋义熙八年(412年)回到中国,带回多部律藏和《阿含经》等。后至东晋首都建康,与佛陀跋陀罗共同译出《大般泥洹经》等,对中国佛教思想界的影响很大。他又根据自己的旅行见闻撰写了《佛国记》,为研究古代中亚、南亚各国的历史、宗教和中外交通情况提供了宝贵的资料。

这个时期佛教的造像、建寺与绘画艺术等也有了一定的发展。道安曾铸造了丈六释迦金像。戴逵所制的佛像五尊与顾恺之在瓦官寺所作的维摩壁画以及当时师子国所献的玉佛像,同列于瓦官寺中,世称"三绝"。凿窟造像的石窟艺术也发轫于这个时期,举世闻名的敦煌莫高窟即始建于此时。

二、佛图澄与北方佛教

东晋政权偏安江南,与之形成对峙的是北方由匈奴、羯、鲜卑、氐、羌等少数民族贵族建立的诸多割据政权,史称"十六国"。入主中原的少数民族统治者为了给自己的统治寻找理论支柱,纷纷倡导佛教,促进了佛教在北方广大地区的传播,其中尤以后赵、前后秦和北凉的佛事活动为盛。

北方佛教的广泛传播与佛图澄在后赵时的努力是分不开的。佛图澄(232~348年),西域人,本姓帛(一说天竺人,本姓湿)。自幼出家,诵经数百万言,善解经义。西晋怀帝永嘉四年(310年)来到洛阳,后以道术神咒赢得了建立后赵政权的羯人石勒及其继承者石虎的崇信,经常参议军政大事,被尊奉为"大和上"。关于佛图澄的神异事迹,传说极多。据说他善诵神咒,能役使鬼物。以麻油混合胭脂涂于手掌,能彻见千里外之事;耳听铃音,能辨别吉凶。他常服气自养,能积日不食,还能敕龙致水降雨、喷洒兴云灭火等等。他初见石勒时,石勒问他:"佛道有何灵验?"他回答说:"至道虽远,亦可以近事为证。"随即作了一番表演。他取来一个钵子,盛满水,烧香念咒,须臾之间,钵中生出了光色耀目的青莲花,使石勒十分信服。从此,凡有重大的事情,石勒都要先来向他请教。石虎即位后,对他更加敬重,称之为"国之大宝",事事都要先征求他的意见然后才实行。佛图澄也尽量利用自己的渊博知识和众多弟子提供的消息来为石氏政权服务。他经常为石氏预卜吉凶,出谋划策,并利用佛教的教义和神奇的法术来增强石氏入主中原的信心和勇气。比如他说石虎虽是胡人,但由于前世曾举办法会供养过阿罗汉,积下了功德,因而今世当在晋地当皇帝。这种说法,对于博得石氏对佛教的好感与支持,显然是大有好处的。佛图澄还以佛教慈悲戒杀的教义来感化、谏劝残暴成性的石勒、石虎不要滥杀无辜。石虎当政时,经常向佛图澄请教什么是佛法,佛图澄便对他说"佛法不杀",并劝他"不为暴虐,不害无辜"。嗜血成性的石虎"虽不能尽从,而为益不少"。据说"凡应被诛余残,蒙其益者,十有八九"。佛教也由此而在民众中扩大了影响。

佛图澄充分利用后赵统治者石勒、石虎出身非汉族的特点及其对佛教的崇信,大力弘法传教,培养弟子,使佛教这一非汉族的宗教在统治者的支持与倡导下在北方得到了迅速传播。石勒、石虎是五胡十六国时期最残暴的统治者,他们这些据中原而称帝王的少数民族贵族,时时为"自古以来诚无戎人而为帝王者"①所困扰,因此十分需要利用佛教这样的外来宗教来为自己服务。当有人提出"佛出西域。外国之神,功不施民,非天子诸华所应祠奉"时,石虎十分不高兴,他明确地说:"朕生自边壤,忝当期运,君临诸夏,至于飨祀,应兼从本俗。佛是戎神,正所应奉。"②为此,石虎专门下诏书允许各族民众都可以出家为僧,从而打破了"往汉明感梦,初传其道,唯听西域人得立寺都邑,以奉其神,其汉人皆不得出家。魏承汉制,亦循前轨"③的旧例。一般认为,这是中国历史上第一次官方明令汉人可以出家。

在统治者的直接扶持和提倡下,佛图澄及其弟子先后建寺893所,达到了佛教传入以来的最高数字。佛图澄的弟子极多,身边常有数百人,前后累计达万人之多。弟子中许多人对以后中国佛教的传播和发展起过很大的推动作用,著名的道安、竺法雅、竺法汰、竺僧朗、法和等是其中的佼佼者。

继后赵之后,前秦苻坚十分好佛,他曾派兵攻打襄阳以迎请佛图澄的

---

① 《晋书》卷一〇四《石勒载记》。
② 《高僧传》卷九《佛图澄传》。
③ 《高僧传》卷九《佛图澄传》。

弟子道安去长安主持译事,并对道安十分尊崇,有一次甚至在出游时让道安与自己同车,当尚书左仆射权翼认为让"毁形贱士"陪乘很不恰当而加以劝谏时,苻坚竟说:"安公道冥至境,德为时尊,朕举天下之重,未足以易之。非公与辇之荣,此乃朕之显也。"①说完便命令权翼扶道安登上了自己的车。由此可见苻坚对道安的敬重。道安有句名言:"不依国主,则法事难立。"正是在帝王和权贵富豪的支持与资助下,道安讲经说法,译经传教,在襄阳和长安都有成百上千的弟子僧众,形成了当时我国最大的佛教僧团,影响所及,遍布大江南北。

后秦的佛教比前秦更盛。后秦主姚兴出兵凉州,迎罗什大师至长安,"待以国师之礼",并"使入西明阁及逍遥园,译出众经"②。姚兴身为国主,不仅提供译场,委派助手,而且还"亲帅群臣及沙门听罗什讲佛经"③,甚至亲执旧经,"以相考校"。由于统治者的扶持和提倡,"州郡化之,事佛者十室而九矣"④。罗什的译经和讲习都大大超过了前代。四方前来的义学沙门多达三五千人。罗什培养的一大批弟子对中国佛教发展的影响是巨大而深远的。

三、玄佛合流与六家七宗

两晋时期,汉末传入的大乘般若学在玄学的刺激下得以大兴,并与玄学合流而蔚为时代思潮。这里所说的"玄佛合流"主要是指玄学和佛教般若学的相互影响、相互渗透,并不是说玄学和佛学曾经失去各自的特点而融合为一。事实上,玄学和佛学既相互影响,又有着各自内在的发展逻

---

① 《晋书》卷一一四《苻坚载记》。
② 《晋书》卷九十五《罗什传》。
③ 《资治通鉴》卷一一四,东晋安帝义熙元年。
④ 《晋书》卷一一七《姚兴载记》。

辑。玄学化的佛教般若学派"六家七宗"的出现,可说是佛教在中国文化氛围下发展的必然。

如前所述,佛教传入中国后,最早在社会上发生影响的是它那一套轮回转生的宗教教义。随着译经的增多,人们开始转向对佛教义理的探讨,特别是魏晋玄学的盛行,促进了佛教般若学的兴起,而当玄学发展到它的极限,需要从佛学中吸取养料来充实发展自己的时候,人们的理论兴趣更是由玄学转向了般若学,纷纷倾心于对般若思想的研究,出现了支孝龙、康僧渊等众多的般若学者。但是,早期的译经很不完善,犹如梁僧祐在《出三藏记集·新集安公注经及杂经志录第四》中所指出的:"佛之著教,真人发起,大行于外国,有自来矣。延及此土,当汉之末世,晋之盛德也。然方言殊音,文质从异,译梵为晋,出非一人,或善梵而质晋,或善晋而未备梵。众经浩然,难以折中。"以早期《般若经》的各译本为例,"《道行经》,译人口传,或不领辄抄撮而过,故意义首尾颇有格碍"①,"古贤论之,往往有滞"②,"《光赞》……辞质胜文也,每至事首,辄多不便,诸反复相明又不显灼也"③;就连《放光》,道安也嫌它流于太简约,"而从约必有所遗,于天竺辞及腾④,每大简焉"⑤。这样的译经,必然给人们的理解带来困难。为了探究佛教义理,汉魏时出现的"格义"和"合本"等方法在两晋时得到了普遍使用。

首创于三国支谦的"合本"之法,在两晋时已成为解经的重要方法。

---

① 《出三藏记集》卷十三《朱士行传》。
② 道安:《出三藏记集》卷七《道行经序》。
③ 道安:《出三藏记集》卷七《合放光光赞随略解序》。
④ 据吕澂先生说,"及腾"可能是"反腾"之误,指文章说到后面又翻过来对前面已说的重复一遍。参见氏著:《中国佛学源流略讲》,第59页。
⑤ 道安:《出三藏记集》卷七《合放光光赞随略解序》。

例如支愍度把支谦、竺法护、竺叔兰的三个《维摩经》译本合为一部，"以明①所出为本，以兰②所出为子"③；又把支谶、竺法护、竺叔兰的三个《首楞严》本合为一部④，"以越⑤所定者为母，护所出为子，兰所译者系之"⑥。当时对《般若经》的研习尤为重视，故有名僧支道林作《大小品对比要钞》，把《道行》《放光》详加对比，"推考异同，验其虚实"⑦；道安合《放光》《光赞》，对这两个译本逐品比较，并随文为之略解，以图准确把握般若要义。但是，由于这些合本只能限于译理未尽的译本，因此人们仍然难以透彻地理解佛经原义。

"合本"是就佛经本身来相互比较，"格义"则是在内外思想之间进行比配。"格，量也。盖以中国思想比拟配合，以使人易于了解佛书之方法也。"⑧"格义是用原本中国的观念对比外来佛教的观念、让弟子们以熟悉的中国固有的概念去达到充分理解外来印度的学说的一种方法。"⑨这种方法始于汉魏而兴于两晋。僧叡的《喻疑论》中说："汉末魏初，广陵、彭城二相出家，并能任持大照，寻味之贤，始有讲次，而恢之以格义，迂之以配说，下至法祖、孟祥、法行、康会之徒。"到了晋代，竺法雅进一步发展了"格义"方法，他把儒道玄学之书与佛经中相类似的概念固定下来作为例子，在讲经中就用中国固有的概念来替换、解说相对应的佛教名相。也就是

---

① 支谦，字恭明。
② 汤用彤先生认为，"兰字上疑脱护字"，参见《汉魏两晋南北朝佛教史》，第151页。
③ 支愍度：《出三藏记集》卷八《合维摩经序》。
④ 支谶的译本由支谦改定。
⑤ 支谦，亦名越。
⑥ 支愍度：《出三藏记集》卷七《合首楞严经记》。
⑦ 支道林：《出三藏记集》卷八《大小品对比要钞序》。
⑧ 汤用彤：《汉魏两晋南北朝佛教史》，第168页。
⑨ 汤用彤：《理学·佛学·玄学》，北京大学出版社1991年版，第283页。

说,竺法雅的"格义"有一个经过刊定的统一格式①。这可说是汉魏以来"格义"方法的集大成。这种考文察句的功夫,虽然对初步了解佛教经义有一定的帮助,但往往也会因牵强附会而失之原义。道安在《道行经序》中曾批评说:"考文则异同每为辞,寻句则触类每为旨。为辞则丧其卒成之致,为旨则忽其始拟之义矣。"当然,"格义"的出现,有它的历史必然性,它既是早期佛教发展的需要,也反映了佛教传入初期中国学者力图理解佛学、融合中外思想所作出的努力。

由于早期《般若经》的各个译本都译理未尽,不很完备,而系统阐发般若性空思想的"三论"又未译出,因此,人们虽然广泛使用了汉魏以来"格义""合本"等方法来探究般若空义,但仍难以准确地把握般若思想的全貌。"格义"等方法的运用,却给佛教的中国化进一步敞开了大门,给了人们自由发挥的余地。当时社会上老庄玄学盛行,般若学者大都兼通内外之学,能够博综六经,尤精老庄玄学。这样,在"格义"时就免不了以老庄玄学来比附佛学,从而使般若学打上了玄学的烙印。玄学和般若学互相吸收,互相影响,形成了玄佛合流的一代学风。

受玄学的影响,当时对佛教般若思想的研究曾盛极一时,见之于经传的有名般若学者就有数十人之多。但他们对般若"空"义的理解,或者流于片面,或者用老庄玄学等思想去附会,从而围绕着般若空义,产生了众多的学派,主要的就是"六家七宗"。

僧叡最早提到了"六家"之说,他在论述罗什东来以前中土的般若学研究状况时说:"自慧风东扇,法言流咏以来,虽曰讲肆,格义迂而乖本,六家偏而不即。"②但他未作具体的说明。刘宋时的昙济则第一次对此作了

---

① 参见吕澂:《中国佛学源流略讲》,第45页。
② 僧叡:《出三藏记集》卷八《毗摩罗诘提经义疏序》。

解释,并提出了六家分为七宗的说法。唐元康的《肇论疏》引昙济《六家七宗论》说:"论有六家,分成七宗。第一本无宗,第二本无异宗,第三即色宗,第四识含宗,第五幻化宗,第六心无宗,第七缘会宗。本有六家,第一家分为二宗,故成七宗也。"关于六家七宗的主要思想和各自的代表人物,我们综合史籍中的有关记载略作介绍如下。

本无宗:代表人物是道安(314~385年)。吉藏的《中观论疏》记道安的本无义为:"无在万化之前,空为众形之始。夫人之所滞,滞在末有,若宅心本无,则异想便息……详此意,安公明本无者,一切诸法,本性空寂,故云本无。"《名僧传钞·昙济传》中则说:"本无立宗曰:如来兴世,以本无弘教。故《方等》深经,皆备明五阴本无。本无之论,由来尚矣。何者?夫冥造之前,廓然而已。至于元气陶化,则群象禀形。形虽资化,权化之本,则出于自然。自然自尔,岂有造之者哉?由此而言,无在元化之先,空为众形之始,故称本无。非谓虚豁之中能生万有也。夫人之所滞,滞在末有,苟宅心本无,则斯累豁矣。夫崇本可以息末者,盖此之谓也。"这里,道安借用了传统的元气论来说明"无"并不是绝对的空无,不是无中生有之无,而是在"元化之先""众形之始"的一种廓然无形、无变化的状态,本无并不是说"虚豁之中能生万有",而是说"一切诸法,本性空寂"。就此而言,道安的本无论虽然打上了传统思想的烙印,受到了老庄玄学,特别是郭象思想的影响,但对般若空义的理解还是比较符合佛教原义的,因而道安的本无论在当时被认为是般若学的正宗,也被称为"性空宗"。不过,道安所要求的"宅心本无",具有空万物、不空心识的倾向,这与般若空义仍然是有差异的。

本无异宗:代表人物有竺法深与竺法汰(320~387年)等。其观点,据吉藏的《中观论疏》记载是:"未有色法,先有于无,故从无出有,即无在有先,有在无后,故称本无。"安澄的《中论疏记》则引为:"夫无者何也?壑然无形,而万物由之而生者也。有虽可生,而无能生万物。"这种观点把有与无割裂开来,以有无之无来释空,主张无中生有,认为万物皆从无而生。这与般若所言的非有非无之空论显然相去甚远,它带有明显的宇宙生成论的色彩。

即色宗:代表人物是支道林(314~366年)。其主要观点是:"夫色之性也,不自有色。色不自有,虽色而空。故曰:色即为空,色复异空。"[①]意思是说,色并不是靠自性而成其为有,所以是空。僧肇在《不真空论》中认为,这种观点"直语色不自色,未领色之非色也",即这种观点只讲到了万法不能独立自存,并以此来否定色之存在,却不懂得色本身就是非色的道理,因而才有"色复异空"这种把色与空对立起来的说法。

识含宗:代表人物是于法开。其对般若空义的理解,据吉藏《中观论疏》的记载是:"三界为长夜之宅,心识为大梦之主。今之所见群有,皆于梦中所见。其于大梦既觉,长夜获晓,即倒惑识灭,三界都空。是时无所从生,而靡所不生。"认为世界万有虚假不实,犹如梦境,人们之所以执著为有,是由于心识的迷惑。也就是说,虚假的群有只存在于惑识之中,识含故空。就其把万法说成是虚幻如梦而言,是符合般若空义的。但它对"心识"的肯定,却是违背"一切皆空"思想的。它认为,群有属于梦境,离梦境,群有便不复存在,所以是空,这与《般若经》要求的即假有而观空也是不一致的。

幻化宗:代表人物是道壹。吉藏《中观论疏》记载该宗对"空"的理解是:"世谛之法,皆如幻化。"安澄《中论疏记》中则记为:"一切诸法,皆同幻化。同幻化故名为世谛。心神犹真不空,是第一义。若神复空,教何所施? 谁修道隔凡成圣? 故知神不空。"幻化故空,这本来也是符合般若空

[①] 《世说新语·文学篇》注引《妙观章》。

义的。但幻化宗的理解比较片面。般若的空应该是"一切法"空,即世谛法、真谛法皆如幻化。而幻化宗却只说"世谛法"如幻,并且肯定"心神犹真不空",这种空论显然"空"得还不够彻底。

心无宗:代表人物是支愍度、竺法蕴(一作竺法温)和道恒等人。该宗对般若空义的理解是:"色无者,但内止其心,不空外色。"①这种观点把佛教对客观世界的否定引向主观上的不起执心,认为"无心于万物,万物未尝无"②,无疑是对唯物主义作了让步,因而在当时曾被认为是"邪说"而遭到了其他般若学派的围攻。僧肇的《不真空论》批评这种观点是"得在于神静,失在于物虚",即只说到了心不为外物所动而没有认识到外物本身的虚假不实,无可执著。

缘会宗:代表人物是于道邃。吉藏《中观论疏》记载该宗对"空"的理解是:"明缘会故有,名为世谛;缘散故即无,称第一义谛。"缘会故空,这本是般若的基本思想,但它强调的是缘起法本身的虚假性而不是缘起法的不存在。认万法为有,是俗谛;知万法性空,是真谛。万法不待"缘散"才空。缘会宗理解的空却是缘散后的万法"非有",没能从缘起法的"非无"中来体认空。

从上述六家七宗的观点来看,各家虽然从不同的侧面对般若空义有所理解,却都未能准确而全面地加以把握。其较为普遍的倾向有二:一是割裂有和无,将有无对立起来,离开假有来谈空,不懂得从非有非无中来把握空义;二是在否定万法的同时保留了对"心识""心神"的肯定。这显然是受到了传统思想中老庄玄学谈无说有和灵魂不灭的宗教观念等思想和观念的影响。六家七宗在两晋时出现,既是传统思想,特别是玄学影响

---

① 安澄:《中论疏记》引《山门玄义》,《大正藏》第65册,第94页中。
② 僧肇:《不真空论》引,《大正藏》第45册,第152页上。

的结果，同时也反映了当时中国佛教徒对般若思想的探索和企图摆脱对玄学的依附而建立自己的思想体系的尝试。

第三节　中国佛教学者的崛起

佛教传入中国后，在与传统思想文化的冲突与交融中逐渐展开并不断发展，到魏晋时，其理论学说正式登上了中国学术思想的舞台，一批中国佛教学者的脱颖而出，标志着佛教在中国的发展进入了一个新的历史时期。一代高僧道安及其高足慧远是当时崛起的中国第一代佛教学者中的佼佼者，他们都是东晋时期著名的佛教学者，先后成为当时佛教界的领袖人物。他们一生从事的佛教活动以及他们的佛学思想，对中国佛教的发展产生了极其广泛而深远的影响。与他们同时的名僧支道林，则以其名僧、名士的双重风采而留名佛史，在他身上集中体现了两晋时期玄风弥漫、佛教盛行的时代文化风貌。

一、弥天释道安

道安（314～385年[1]），据《高僧传·道安传》载，俗姓卫，常山扶柳（今河北冀州西北）人，家世英儒，幼失父母，由外兄抚养。年7岁开始读儒家经书。他天资聪颖，再览能诵。12岁时出家为僧。最初由于"形貌甚陋"而不为师之所重，后以他的天才和勤奋获得了师父的器重。20岁受具足戒以后，道安便外出求学。当时的北方，由五胡之一的羯人石勒建立的后赵政权正趋于强盛。石勒死后，石虎废勒子弘而自立，并将都城迁往邺地（今河北临漳西南）。不久，约335年，道安游学至邺，在那里遇到了正为

---

[1]　一说312～385年。

后赵政权服务的著名高僧佛图澄。从此,他便师事佛图澄,"服膺终身",直至佛图澄去世。在这10多年的时间里,道安跟随佛图澄研习佛学,以小乘为主,兼学大乘般若学,在佛教理论方面打下了比较坚实的基础,并崭露头角。每逢佛图澄开讲,都由道安复述。众人提出种种疑难,道安"挫锐解纷,行有余力"。时人语曰:"漆道人,惊四邻。"

佛图澄去世后的第二年,即东晋永和五年(349年),石虎死。不久,石氏内乱,原后赵境内的各少数民族贵族纷纷拥兵自立,互相拼杀。为避战乱,道安离开了邺地,先后在河北、山西和河南一带弘法传教。在颠沛流离的10多年时间里,他修学不止,斋讲不断,并积极培养弟子,广传佛教。在探究佛理方面,道安通过自己的钻研,逐渐认识到了用"格义"方法解佛的局限性,认为"先旧格义,于理多违"①,表示了对"格义"的不满。虽然"格义"的出现与运用有一定的历史必然性,在佛教初传、人们对它比较生疏而佛教义理又十分艰深难解的情况下,用中国人熟悉的儒道俗书去比拟配合佛书就成为早期佛教发展的一种需要。因此,尽管道安本人主观上反对"格义",实际上他仍未能完全摆脱"格义",他还曾特别地允许他的高足慧远在讲解佛书时可以继续引用《庄子》等义来启发众人。但是,道安通过自己的悉心钻研而看到了"格义"的不足,力图按照佛教的本义去理解佛教,这对于佛教摆脱对传统思想文化的依附而走上相对独立发展的道路,起了很大的推动作用。这一时期道安由于主要活动于北方,因而深受北方佛教重视禅定的影响,对安世高系的小乘禅学特别用心,不但注经作序,对之推崇备至,而且身体力行,修习禅观,只是由于现在文献不足而对道安禅观方面的造诣已难以详考了。在研习禅学的同时,道安也开始留心大乘般若学,他由禅学而逐渐转向般若学的学术经历,奠定了他整

---

① 《高僧传》卷五《僧光传》。

个佛学思想的基本特点。

东晋兴宁三年（365年）前后，为避北方连年的战乱，道安率徒众南下，准备南投东晋统治下的襄阳。当时他已成为拥有数百徒众的佛教界领袖人物。行至新野（在今河南西南）时，他对众人说："今遭凶年，不依国主，则法事难立。又教化之体，宜令广布。"[①]为此，他决定分张徒众，派遣一部分弟子到各地去弘法传教。他叫竺法汰等40余人沿江东下，到扬州去。竺法汰后来在建业（今南京）讲经说法，不仅王侯公卿毕集，而且晋帝亲临法会，其弟子竺道生在建业大倡涅槃佛性义，更使江南佛法大盛。道安又叫法和等人到蜀地去，蜀地佛教的兴盛与道安弟子前往弘化，也有很大的关系。道安自己则带领慧远等四五百人，直抵襄阳。

道安在襄阳的15年时间，是他一生中从事佛教活动的最重要时期。他利用生活上的相对安定，在经典之整理、佛理之阐发、僧规之确立等方面为中国佛教的发展作出了重要的贡献。

襄阳属荆州，是东晋的重镇，地处南北交通之要冲，汇集了不少名流显要和文人学士。道安在襄阳讲经说法，受到了朝野僧俗的欢迎与支持。荆州刺史桓豁与镇守襄阳的朱序等权贵人物都与之交往频繁。"四方学士，竞往师之。"江东名士郗超，闻道安之名，专门遣使送米千斛，并修书累纸，深致殷勤。东晋孝武帝也派人前来问候，并下诏："俸给，一同王公。"当地的富豪也都从钱财上给予大力资助，为之建寺造塔铸佛像。甚至远在北方的前秦王苻坚也遣使送来了外国金箔倚佛像等物品，由此可以想见，道安在襄阳时的生活境况还是比较安定的。这为道安从事佛教活动提供了有利条件。当时襄阳有名士习凿齿，"锋辩天逸，笼罩当时"。在道安到襄阳之前，就久闻道安之名，致书通好，表达了自己及襄阳道俗对道

[①] 《高僧传》卷五《道安传》。

安的敬仰与期待心情。道安抵襄阳,习凿齿便前往访之,就座后即称言:"四海习凿齿。"道安应声答曰:"弥天释道安。"时人皆以此为名答。两人相谈甚投。不久以后,习凿齿便向当时的政治显贵谢安推荐道安,称赞道安"师徒数百,斋讲不倦,无变化技术可以惑常人之耳目,无重威大势可以整群小之参差,而师徒肃肃,自相尊敬"①,是自己从来没有见过的。从习凿齿的赞语中可以看到,道安与其师佛图澄以变化幻术来吸引徒众、传教弘法的做法是有所不同的,他既不靠幻术惑众,又不借权势压人,全凭自己的道德学问律己教人,把几百人的僧团管理得井然有序,表现出了与众不同的风范。

在佛学研究和阐发佛理方面,由于受南方佛教重义理的影响,以及为了迎合东晋朝野崇尚玄学的风气,道安这时期的思想重心开始由禅学转向般若学。在襄阳的15年中,他每年讲两遍《放光般若经》,并将努力收集到的不同般若译本认真地加以对比研究,并随文为之略解,曾作有《合放光光赞随略解》,惜已佚失,现仅存序文一篇,保留了他这方面的研究心得。他还创立了般若学派中影响最大的"本无宗",成为中国佛教史上最早创立学派者中的佼佼者。

在研讲般若思想的同时,道安还花大力气收集并整理佛教典籍,编撰佛典目录。佛教自汉代传入,到道安时,已有大量佛典译出,有的佛经还有多种译本,但其中不少已不知译者是谁和译出的年代,同时还出现了许多由中国人编撰的所谓"伪经"。在道安以前,已经有人对流传的各种佛典加以整理,编出目录,但都很不完备,有的是一代或一人所译的经录,有的只列经名,不注年代。道安在广泛收集、详加校阅当时流行的各种经典之基础上,第一次系统而全面地加以整理,"总集名目,表其时人",并严格

---

① 《高僧传》卷五《道安传》。

地辨别真伪,评定新旧。凡入录者,必定亲自过目,充分表现了他治学之勤劳与严谨。道安编的经录原本虽然早已佚失,但部分内容在梁僧祐编的《出三藏记集》(此为现存最古的经录)中得到了保留。

随着佛教的进一步发展,汉地僧尼越来越多,并逐渐形成了以某个译经师为核心,或以某个寺院为传法基地的僧人团体。这样,就有必要根据中国的实际情况制定出适合中国佛教发展的戒规来约束僧团,使僧尼活动进一步规范化。道安时,汉地虽有戒律,但很不完备,他时常感叹戒律传来之不全。他在襄阳时,有僧尼数百,为了使之行有节度,他参照当时已有的戒律,制定了僧尼轨范,在佛教界影响很大,当时"天下寺舍,遂则而从之"①。道安是中国佛教史上订立寺院规则的第一人。

在道安晚年,各种戒本纷纷传入。至鸠摩罗什来华,大出律藏,从此天下僧人仪范有所遵循而不必再实行道安所制。道安定立的僧尼轨范行至何时,史载不详,但他划一僧尼姓氏,千百年来却始终为汉地佛教所遵循。在道安以前,中土沙门皆依师为姓。师从天竺来而姓"竺",从月支来而姓"支",从安息来则姓"安",弟子便分而从之,因此,当时沙门所姓不一。道安以为,"大师之本,莫尊释迦,乃以释命氏"②。后来得到《增一阿含经》,经中果称"四河入海,无复河名,四姓为沙门,皆称释种"。于是,佛教徒以"释"为姓,便永成定式,至今不变。

道安在襄阳,还有一项重要的活动,就是经常与弟子法遇等人在弥勒像前立誓愿往生兜率天宫。一般认为,这是中国佛教史上弥勒信仰的最早提倡。道安倡导弥勒信仰,誓愿往生兜率天宫,这既反映了他作为一个佛教徒的宗教理想,也曲折地反映了当时社会动荡不安、生活在现实苦难

---

① 《高僧传》卷五《道安传》。
② 《高僧传》卷五《道安传》。

中的黎民百姓对美好生活的向往。东晋以后，往生兜率净土的弥勒信仰在中土得到迅速的传播。隋唐以后，一些农民起义常以"弥勒出世"为号召，都说明了这一点。值得一提的是，在中国佛教史上影响更大、吸引更多人誓愿往生的是远离世间的"西方净土"，而不是仍处于"三界"之内、"六道"之中的兜率净土。往生西方净土者都必须厌离世间的生死之苦，而往生兜率净土的却可以是"不厌生死，乐生天者"，这从一个侧面表明道安并不是一个极端的消极厌世者。另外，佛教关于弥勒受记于佛陀，留住为世间决疑的说法，可能也影响到了道安，由此则可见得道安弘法度人的宗教信念。

当时北方的前秦王苻坚素闻道安之名，经常说："襄阳有释道安，是神器，方欲致之，以辅朕躬。"①东晋太元三年（378年），他派遣苻丕率兵攻打襄阳。道安被镇守襄阳的朱序所拘，不能离去。于是，他继新野之后，又一次分张徒众，把他的弟子分散到各地去传播佛教。次年，苻丕攻下襄阳，将道安与习凿齿一起送往长安。苻坚得到了道安后曾对他人说："朕以十万之师取襄阳，唯得一人半。""安公一人，习凿齿半人也。"②道安在长安，被安排住在五重寺，有僧众数千人。他受到了苻坚和当地官僚及文人的推崇和厚遇。在苻坚的支持下，道安在长安组织中外僧人译出了大量佛经。其中以小乘说一切有部的经典为主，也包括部分大乘佛经。外国沙门僧伽提婆、昙摩难提和僧伽跋澄等都参与了译事。协助道安组织并直接参与译经的还有赵整、竺念佛、法和等人。道安还经常与法和一起对译经认真地诠定音字，详核文旨，从而保证了新出译经的质量。在主持译事的过程中，道安还对译经的经验和困难作了认真总结，提出了著名的

---

① 《高僧传》卷五《道安传》。
② 《高僧传》卷五《道安传》。

"五失本、三不易"的说法。"五失本"是指佛经翻译中有五种情况要改变原本经典的表达方式,这就是:一、要把原文中习用的倒装句译为符合中文的语法习惯;二、要对质朴的原文作适当的修饰以适合中国人好文的学风;三、要对繁琐重复的原文适当地加以删略;四、原本中有些带有总结性而又重复的颂文要删去;五、原本中复述前文的内容要全部删除。"三不易"是指三种不容易翻译的情况:一、不易使古代的东西译得适合于今时;二、不易使圣人之言译得使凡愚能够接受理解;三、现时平常一般的译者不易理解表达千年以前佛的深意。[①] 道安的经验总结对以后的佛经翻译有很大影响。由于他所主持的佛经翻译在一定程度上得到了国家的保护和支持,因而译经的规模和译经的质量都比以前有了进一步的发展。

道安作为一代宗师,在中国佛教史上有着极其重要的地位,影响十分深远。首先,他在组织翻译、整理和介绍佛教经典方面作出了重要的贡献。他晚年在长安主持译事,共译出佛典约14部183卷,百万余言。他还勤勉地注经作序,一生共有著作60多种,现存的20多种,内容涵括佛教大小乘理论、禅修、律仪等广泛领域。他编撰的佛经目录,不仅为研究中国佛教的译经史提供了第一部可信可据的译经史料书,而且为后人继续整理佛教典籍提供了有益的经验,带来了极大的方便。其次,他大力弘法传教,积极培养弟子,对中国佛教的传播与发展起了极大的推动作用。他在河北、襄阳和长安,都有成百上千的弟子,形成了当时中国佛教最大的僧团。弟子中著名的有慧远、昙翼、道立、法遇以及僧叡等。他曾先后两次分张徒众,派遣弟子到各地去传法,使佛教逐渐从黄河流域扩大到了长江流域,并进而在全国到处传播。他制定僧尼轨范、统一沙门姓氏等,也都对佛教的进一步发展起了一定的作用。最后,博学多识的道安在佛学上

---

① 详见道安《摩诃钵罗若波罗蜜经钞序》。

集汉魏以来小乘禅学和大乘般若学这两系思想之大成,并创立了般若学"六家七宗"中的本无宗,大大推进了佛教中国化的进程。道安以后,他的弟子慧远继之成为佛教界的领袖,进一步为中国佛教的发展付出了巨大的努力。

二、庐山释慧远

慧远(334～416 年),据《高僧传·慧远传》载,本姓贾,雁门楼烦(今山西宁武附近)人。"少为诸生,博综六经,尤善庄老。"后闻道安之名,遂往归之。一见面,慧远就对道安十分敬佩,"以为真吾师也"。听道安讲《般若经》后,豁然而悟,乃叹曰:"儒道九流,皆糠秕耳。"于是便出家为僧,随道安学佛。他"常欲总持纲维,以大法为己任,精思讽持,以夜续昼",对般若思想理解得很深刻,深得道安等人的赏识。道安常叹曰:"使道流东国,其在远乎!"年二十四,慧远即开讲《般若经》,有一次他引《庄子》义来解说佛教"实相"义,使"惑者晓然"。此后,曾明确表示过对"格义"不满的道安,却"特听慧远不废俗书",即特别允许慧远在讲解佛经时可以引用俗书来比附说明经义佛理。道安在襄阳分张徒众,慧远与弟子数十人南适荆州,后欲往罗浮山(今属广东),途经浔阳(今江西九江),见庐山清净,足以息心,便停留在此,始住龙泉精舍。后江州刺史桓伊为之建东林寺,慧远便久住于此,修道弘法,从事著述,直至去世。

慧远在庐山居住长达 30 多年,这是他一生中从事佛教活动的最重要时期。他聚徒讲学,培养弟子;撰写文章,阐发佛理;组织译经,弘律传禅;建斋立寺,倡导念佛。同时,他还广泛结交朝廷权贵,努力调和佛法与名教的关系,并与鸠摩罗什书信往来,促进了南北佛教的学术交流。

慧远在庐山上"率众行道,昏晓不绝",在他的言传身教下,"从者百余,皆端整有风序",形成了一个以他为首的与北方规模宏大的罗什僧团遥相呼应的庐山僧团。由于慧远"内通佛理，外善群书"，因而也受到了文人学士的欢迎。刺史殷仲堪上山与慧远谈《易》，赞叹慧远的学识"实难庶几！"名士谢灵运一向"负才傲俗"，见了慧远乃"肃然心服"。在庐山僧团周围，有一个以文人士大夫为主体的居士群，彭城刘遗民、豫章雷次宗、雁门周续之和南阳宗炳等人皆"弃世遗荣，依远游止"。东晋安帝元兴元年（402年），慧远曾与刘遗民、雷次宗等123人在无量寿佛像前建斋立誓，共同期望往生阿弥陀佛西方净土。由于弥陀信仰理论简单，修行方便，据说一切众生无论怎样罪大恶极，只要一心称念阿弥陀佛的名号，死后都会被接引到"无有众苦，但受诸乐"的阿弥陀佛国中去，因此，与道安所信奉的弥勒信仰相比，具有更大的吸引力，在社会上流行得也更为广泛。慧远发愿往生阿弥陀佛净土，故又奉行念佛三昧，认为"诸三昧，其名甚众，功高易进，念佛为先"①。

慧远在庐山定居后，常感叹江东一带佛经不完备，"禅法无闻，律藏残阙"。于是，便派遣弟子西行求法。弟子法净、法领等人奉师之命远寻众经，"逾越沙雪，旷岁方反"，在西域求得了大量梵本新经，使之得以传译。与此同时，慧远又积极组织西来僧人翻译佛经。道安在长安时曾请昙摩难提译出《阿毗昙心》，由于译者不善汉语，故"颇多疑滞"。晋孝武帝太元十六年（391年），"博识众典"的罽宾（今印度西北）沙门僧伽提婆来到庐山，慧远特请他重译《阿毗昙心》及《三法度论》。阿毗昙，可以意译为"论"，是对佛经的论释。《阿毗昙心》是阿毗昙的提纲之作，慧远对此十分看重，他在为新译本写的序中说："《阿毗昙心》者，三藏之要颂，咏歌之微言，管统众经，领其宗会，故作者以心为名焉。"②由于慧远的组织翻译和大

---

① 慧远:《广弘明集》卷三十《念佛三昧诗集序》。
② 慧远:《出三藏记集》卷十《阿毗昙心序》。

力提倡,毗昙学曾在中土盛行一时。

慧远对佛教戒律也十分重视。罽宾沙门弗洛多罗于后秦弘始六年(404年)在长安诵出梵本《十诵律》,并与罗什共译为汉文,但仅译出三分之二,弗洛多罗就去世了。后来慧远听说西域沙门昙摩流支入关,携此律本,特遣弟子昙邕致书,祈请诵出《十诵律》尚未译出的部分。昙摩流支后与罗什合作译全了此律。故《十诵》一部具足无阙,得以在汉地相传,并在南北朝时的南方形成了专门弘传《十诵律》的学派,此学派在齐梁时曾盛极一时。

慧远还曾为禅经的翻译出过大力。汉末以来,大小乘禅法虽然都已传入中国,但主要流行于北方,且"既不根悉,又无受法"[1],即既不系统,又无传授。慧远"每慨大教东流,禅数尤寡"[2]。时有印度禅师佛陀跋陀罗来华,先至长安,因所传之禅与鸠摩罗什所奉行的大乘禅法不合,不久即遭到罗什门人的摈斥。于是,佛陀跋陀罗便率弟子慧观等40余人南至庐山。慧远对"以禅律驰名"的佛陀跋陀罗的到来欣喜异常,他一方面派弟子昙邕致书后秦主姚兴和长安僧众,调解摈事,另一方面又请佛陀跋陀罗译出介绍达磨多罗和佛大先禅法的《达磨多罗禅经》2卷,并亲自为之作序,强调修持禅业的重要性。慧远认为:"三业之兴,以禅智为宗……禅非智无以穷其寂,智非禅无以深其照。则禅智之要,照寂之谓,其相济也。"[3]由于慧远的介绍和提倡,佛教禅法在江南得到了流传。慧远还在中国佛教史上第一次力图把大乘般若学与大乘禅法贯通起来[4],这对中国禅学思想的发展有很大影响。

---

[1] 僧叡:《出三藏记集》卷九《关中出禅经序》。
[2] 慧远:《出三藏记集》卷九《庐山出修行方便禅经统序》。
[3] 慧远:《出三藏记集》卷九《庐山出修行方便禅经统序》。
[4] 参见拙著《禅宗思想的形成与发展》第一章第二节。

慧远在积极组织译经的同时,还刻苦钻研佛理。他跟随道安多年,主要研究般若学。上庐山后,又从僧伽提婆学毗昙,从佛陀跋陀罗学禅法。"每逢西域一宾,辄恳恻咨访。"当时著名的佛学家鸠摩罗什入关至长安,慧远闻之,即主动遣书通好,并经常与之讨论佛学问题。慧远曾把自己的著作《法性论》送给罗什,罗什见论而叹曰:"边国人未有经,便暗与理合,岂不妙哉!"①罗什也把自己在长安新译的《大品般若经》送给慧远。在译出系统发挥般若经义的重要著作《大智度论》以后,又由后秦主姚兴代为恳请慧远作序。姚兴曾特别强调:"此既龙树所作,又是方等(泛指大乘经典——引者)旨归,宜为一序,以申作者之意。然此诸道士,咸相推谢,无敢动手,法师可为作序,以贻后之学者。"②慧远认真研读了《大智度论》,在写序的同时,又把自己的一些疑问提出来,请求罗什作答。后人将慧远与罗什的问答讨论辑为《大乘大义章》,成为重要的学术资料。慧远与罗什之间书信往来进行的学术讨论,不仅促进了南北两大佛教僧团之间的学术交流,推动了中国佛教的进一步发展,也对慧远的思想产生很大的影响。慧远在主持译经、开讲经论以及与罗什的学术交流中,结合自己的体会,写下了大量的佛教著作,其"所著论、序、铭、赞、诗、书,集为十卷,五十余篇,见重于世焉"③。现已佚失不少,在《弘明集》《广弘明集》和《出三藏记集》中保留了《沙门不敬王者论》《沙门袒服论》《三报论》《明报应论》等4篇重要的论文和其他一些经序、书信及铭赞等。

慧远在佛教理论上主要是发挥道安的"本无论"。他吸收了传统思想中灵魂不死的宗教观念,以"法性论"为核心,论证了形尽神不灭和三世报应的理论,从而形成了他富有特色的中国化的佛学思想。

---

① 《高僧传》卷六《慧远传》。
② 《高僧传》卷六《慧远传》。
③ 《高僧传》卷六《慧远传》。

慧远的"法性论"是针对当时社会上对佛教的不正确理解而提出来的。《高僧传·慧远传》中说:"先是中土未有泥洹常住之说,但言寿命长远而已。远乃叹曰:佛是至极则无变,无变之理,岂有穷耶? 因著《法性论》。"《法性论》已佚失,僧传上保留了其中两句纲领性的话:"至极以不变为性,得性以体极为宗。"由此可见,慧远把"法性"解释为宇宙万物真实的本性和本体,认为把握了不变的法性,就达到了涅槃。在他看来,宇宙本体与人的本性在本质上是相通的,通过"反本求宗"的修行,体悟法性,众生本性就与法性冥然合一,获得解脱。

从"法性论"出发,慧远又进一步论证了形尽神不灭。在中国传统文化中,一向存在着人死为鬼、精神不灭的宗教观念。佛教初传,人们也往往把"人死精神不灭,随复受形"理解为是佛教的主张。慧远继承了传统的说法,糅合中印思想,从两个方面对"形尽神不灭"作了论证发挥。首先,他"验之以理",从理论上将人的精神神秘化、永恒化。他认为,神也者,乃"极精而为灵者也",它能感应万物,支配形体,但由于它本身并不是物,故"物化而不灭"。其次,他又"验之以实",把人的形体比作薪,把人的精神比作火,认为薪燃尽后,火可以传异薪,因此,形体枯朽后,神也可以传异形。根据"神不灭"的理论,慧远又提出了他独具一格的"三报论",认为"业有三报,一曰现报,二曰生报,三曰后报"①。他特别强调善恶报应的自作自受,认为"本以情感而应自来,岂有幽司?"②这种糅合中外思想的神不灭和三报论"完善"了佛教的轮回报应说,在中国社会产生了持久而深远的影响。

慧远虽然高居庐山之上,史称"卜居庐阜三十余年,影不出山,迹不入

---

① 慧远:《弘明集》卷五《三报论》。
② 慧远:《弘明集》卷五《明报应论》。

俗,每送客游履,常以虎溪为界"①,但他实际上并没有绝离尘世,相反,他与上层社会始终保持着广泛而密切的联系,不仅结交了许多文人名士、朝廷权贵,而且与王公贵族乃至皇帝本人书信往来,关系甚密,同时,他充分利用自己的特殊身份和广博知识努力调和佛法与名教的关系,护法传教,推动了佛教的广泛传播。据载,慧远初上庐山,江州刺史桓伊即为之建东林寺。桓伊死后,继为江州刺史的王凝之曾与西阳太守任固之等赞助僧伽提婆为慧远译出《阿毗昙心》。此后,相继担任江州刺史的桓玄、何无忌等都与慧远有深交。司徒王谧、护军王默等人也曾钦慕慧远之风德而"遥致师敬"。晋安帝途经庐山,慧远"称疾"不肯下山来见,安帝非但不生气,反而遣使致书向慧远问候。就连当时北方后秦的统治者姚兴也"致书殷勤,信饷连接"②,不断向慧远赠送礼品,致书问候。慧远则尽量利用自己在上层人物中的声望和影响,以超脱世俗的姿态为佛教的生存与发展争取合法的地位。专断朝政的桓玄下令沙汰僧尼,但特别关照僚属:"唯庐山道德所居,不在搜简之列。"③随着佛教势力的逐渐增大,佛教与世俗地主阶级在经济和政治方面的矛盾也进一步尖锐化,这种矛盾在东晋时曾通过沙门袒服、沙门应不应敬王者的争论而表现出来。慧远专门作有《沙门袒服论》和《沙门不敬王者论》,为沙门袒服和沙门不敬王者进行辩解,强调佛法和名教在形式上虽然有所不同,但在协和王化等根本问题上却是完全一致的:"道法之与名教,如来之与尧孔,发致虽殊,潜相影响,出处诚异,终期则同。"④慧远对佛法与名教的调和,为佛教在中土的生存与传播提供了理论依据,促进了中国佛教的进一步发展。慧远以后,历代主张

---

① 《高僧传》卷六《慧远传》。
② 《高僧传》卷六《慧远传》。
③ 《高僧传》卷六《慧远传》。
④ 《弘明集》卷五《沙门不敬王者论》。

儒佛调和的观点,也都基本上没有超出慧远的理论。

慧远在中国佛教史上是十分重要的人物,他糅合中印思想所形成的独特的佛教理论和他弘法传教的各项活动在中国佛教史上产生了多方面的影响。他率众行道的庐山被誉作"道德所居"而成为当时南方佛教的中心,他自己则继道安而成为佛教界的领袖。他的弟子众多,在佛教史上享有高名的就有慧观、僧济、法安、道祖等近20人。由于他精通内外之学,因此吸引了一大批文人学士,大大扩大了佛教在社会上的影响。他与在长安的鸠摩罗什的学术讨论,促进了南北佛教的学术交流,使罗什弘传的般若三论之学得以在江南广传。同时,他一方面遣弟子西行求经,另一方面又组织西来僧人译经,在他的努力下,毗昙学、禅学和佛教戒律等经典也在江南得到了广泛流行。"葱外妙典,关中胜说,所以来集兹土者,远之力也!"[1]在佛教理论方面,慧远融合传统思想而发挥的法性论、神不灭论和三报论,使佛教天堂地狱、因果报应的理论在中国几乎家喻户晓,其影响远远超出了佛教徒的范围。慧远倡导弥陀信仰,奉行念佛三昧,推进了净土信仰在中土的流传,虽然他倡导的念佛是"观想念佛",与后世盛行的净土宗的"称名念佛"并不相同,但他仍被净土宗奉为初祖。慧远以出世的姿态,护法传教,调和佛法与名教的关系,为佛教赢得了统治者更多的支持。东晋以来佛教的兴盛与江南佛教的流行,与慧远的努力是分不开的。

三、兼有名僧名士双重风采的支遁

支遁(314~366年),字道林,以字行世,世称"支公""林公"或"林法师"。据《高僧传·支遁传》载,俗姓关,陈留(今河南开封)人,或说河东林虑(今河南林州)人。年幼时随家人迁居江南。他"幼有神理,聪明秀彻",

---

[1] 《高僧传》卷六《慧远传》。

后又勤奋好学,善于思考。在魏晋时代风尚的熏陶下,玄谈风姿,渐为时人所重。初游京师①,即受到名士王濛、殷融等人的赏识。王濛赞之曰:"造微之功,不减辅嗣。"即认为支遁的玄思精微,不在玄学的开山人物王弼之下。

由于家世事佛,支遁从小就深受佛教的影响,并对佛理有所悟解。他曾隐居余杭山,精研佛理,对东汉支谶所译的《道行般若经》和三国支谦译的《慧印三昧经》特有心得。25岁时,支遁出家为僧。从此,他更加勤于研习佛典,阐扬佛理。受玄学的学风影响,支遁对佛典的理解注重的是领宗得义而非执著文句,"每至讲肆,善标宗会,而章句或有所遗",虽"为守文者所陋",却得到了"得意忘言"、喜谈玄理的清谈家的高度赞赏。名士谢安曾赞曰:"此乃九方歅之相马也,略其玄黄而取其骏逸。"

支遁出家后,先在吴地(今属江苏苏州)立支山寺。后又赴剡(今属浙江绍兴)。至剡地后,支遁先在沃州小岭立寺行道。当时跟随他受学的徒众有百余人。他不仅自己勤于修学,而且对徒众的要求也十分严格,曾著《座右铭》以勉己励人,力戒懈怠。晚年,他又移住石城山,立栖光寺,"宴坐山门,游心禅苑,木食涧饮,浪志无生",乃注经作论,深契佛义。他曾开讲《维摩经》,由名士许询为都讲②。"遁通一义,众人咸谓询无以厝难;询每设一难,亦谓遁不复能通。如此至竟,两家不竭。"名僧名士共探经中大义,受到时人的欢迎。晋哀帝即位后(362年),曾多次遣使前往召请支遁,支遁乃赴京都建康,住东安寺,开讲《道行般若经》,"白黑钦崇,朝野悦服",轰动一时。在京城滞留了近3年后,支遁上书,获准回山,同时

---

① 一说此或在出家之后。
② 都讲,乃是讲经时负责问的人,一般由僧侣担任。魏晋南北朝时,佛教学者讲经往往采用一问一答的方式,由都讲发问,然后由讲经者详加讲解阐发。此种讲经方式当来自印度。

得到了晋哀帝大量的馈赠,一时名流,也都前来为之饯行。

支遁在佛学方面的造诣主要表现在般若学,他所代表的即色宗是魏晋"六家七宗"中比较有代表性的一个般若学派。支遁的即色论认为:"色之性也,不自有色,色不自有,虽色而空,故曰色即为空,色复异空。"①这种观点虽然还没有完全准确地把握"色即是空,空即是色"的般若性空之义,但已经试图把"假有"与"性空"结合起来认识。在《大小品对比要钞序》中,支遁还强调了"二迹无寄,无有冥尽",这更接触到了般若学从非有非无的双否定中显性空之理的思想。支遁对禅观也很重视。他曾以"即色义"来贯通禅法,强调通过不拘形式的禅修而濯除牵累,使心神处于寂然无为无著之境。这种不拘形式而重神悟的自心解脱思想,从一个侧面反映了支遁的思想特色和名僧风貌,并对中国禅学思想的发展产生巨大的影响。汉末以来比较偏重坐禅数息的禅学,正是通过道安、慧远和支遁等人以般若学来贯通才发生了根本性的变化。作为一个佛教徒,支遁也曾归心于西方佛国,对阿弥陀佛国净土的美妙庄严作了大量的描绘,并身体力行,奉佛颂佛,期望往生佛国。支遁的佛学造诣和佛事活动使他跻身于一代名僧之列。

作为名僧的支遁同时还是一个很善于清谈玄理的名士,他对当时清谈名士所崇奉的老庄之学尤有研究,所注《逍遥游》更是博得了当时名贤的一片喝彩。据《世说新语·文学篇》中说,当时研习《老》《庄》的名士们都特别崇尚庄子的《逍遥游》,但又觉得《逍遥游》最难讲说,尤其是玄学大师郭象与向秀注解了《庄子》以后,"诸名贤所可钻味,而不能拔理于郭、向之外"。独有支遁,能阐发郭象与向秀《庄子注》中的"未尽之理","卓然标新理于二家之表,立异义于众贤之外,皆是诸名贤寻味之所不得,后遂

---

① 《世说新语·文学篇》注引。

用支理"。可见,支遁对庄子《逍遥游》的解释与发挥,被认为超过了郭象、向秀的水平,说出了诸名贤探究多时而未曾得到的道理,遂被奉为"支理"而为众人所采用。

"支理"的主要特色在于引佛理以解庄,以般若"即色论"来发挥逍遥义,并据此而反对郭象"适性逍遥"的观点。支遁的"即色论"认为,色不自有,故虽色而空。那么,不自有的色是如何成为"有"的呢?支遁认为,色之为有,随心而起,如果不起计较执著之心,色也就是"空"了。举例来说,"青黄等相,非色自能,人名为青黄等。心若不计,青黄等皆空"[1]。据此,支遁认为,"夫至人也,览通群妙,凝神玄冥,灵虚响应,感通无方"[2],所谓逍遥,就是指至人的心神所达到的随顺万物而无所执著的境界,所以说,"夫逍遥者,明至人之心也"[3]。而玄学家郭象却从他的"独化论"出发,提出了"适性逍遥"的观点。他的"独化论"认为,"无"和"有"都不能生化万物,万物是"外不资于道,内不由于己,掘然自得而独化也"[4]。万物在无须任何内外条件的"玄冥之境"独自生化,互相没有任何联系。那么,万物存在的根据是什么呢?郭象认为关键在于它们各有自己不可改变的性分:"天性所受,各有本分,不可逃,亦不可加。"[5]万物"自足其性",凭借"自性"而存在。从这种观点出发,郭象把名教说成是人的本性,认为服从名教就是顺本性之自然,他说:"夫仁义者,人之性也"[6],"仁义自是人之性情,但当任之耳"[7]。在如此统一名教与自然的基础上,郭象强调人应该各

---

[1] 文才:《肇论新疏》,《大正藏》第 45 册,第 209 页上。
[2] 支遁:《出三藏记集》卷八《大小品对比要钞序》。
[3] 《世说新语·文学篇》注引。
[4] 郭象:《庄子·大宗师》注。
[5] 郭象:《庄子·养生主》注。
[6] 郭象:《庄子·天运》注。
[7] 郭象:《庄子·齐物论》注。

安本分,自足于各自的本性与地位,认为只要君臣上下"各安其分""自足其性","适性"就是逍遥。支遁不同意郭象的这种观点。他认为,众生本性各异,若以适性为逍遥,岂非善人为善,恶人为恶,同为逍遥?他说:"桀跖以残害为性,若适性为得者,彼亦逍遥矣。"①他引入佛教的精神解脱来发挥庄子的逍遥义,强调:

夫逍遥者,明至人之心也。庄生建言大道,而寄指鹏鷃。鹏以营生之路旷,故失适于体外;以在近而笑远,有矜伐于心内。至人乘天正而高兴,游无穷于放浪,物物而不物于物,则遥然不我得;玄感不为,不疾而速,则逍然靡不适。此所以为逍遥也。若夫有欲,当其所足,足于所足,快然有似天真,犹饥者一饱,渴者一盈,岂忘烝尝于糗粮,绝觞爵于醪醴哉?苟非至足,岂所以逍遥乎?②

支遁引佛理以解《庄》,标新理,立异义,独拢群儒,名噪一时。时为会稽内史的名士王羲之,素闻支遁高名而未之信,谓人曰:"一往之气,何足可言?"后支遁由吴地返剡,途经会稽,"王故往诣遁,观其风力。既至,王谓遁曰:《逍遥游》可得闻乎?遁乃作数千言,标揭新理,才藻惊绝。王遂披襟解带,留连不能已,仍请住灵嘉寺,意存相近"③。

支遁不仅好老庄,善清谈,在庄学方面很有造诣,而且在立身行事方面也颇具名士风采,有人甚至称他为"身披袈裟的名士"。在主要记载晋代士大夫和清谈家言行的《世说新语》中,关于支遁的记载就有40多条,其中记述了许多支遁与名士风趣相同的生平习好。据说支遁形貌丑异,

---

① 《高僧传》卷四《支遁传》。
② 《世说新语·文学篇》注引。
③ 《高僧传》卷四《支遁传》。

而玄谈妙美,擅长草隶,平日里喜游山水,好作诗文,曾与名士谢安、王羲之等交游,"出则渔弋山水,入则言咏属文"。他常通过诗文的形式来颂扬佛理,并在诗文中渗入老庄的旨趣。后人曾有"康乐(指晋宋时的著名诗人谢灵运——引者)总山水庄老之大成,开其先支道林"①的评说。支遁虽是出家人,却曾养马数匹。有人讥之曰:"道人畜马不韵。"他答曰:"贫道重其神骏!"有人赠送他两只鹤,他甚爱之。后又谓鹤曰:"尔乃冲天之物,有凌霄之姿,何肯为人耳目之玩?"遂将鹤放之②。超然洒脱的名士风度于此可见。

支遁的玄谈风姿深为当时的清谈名士所推崇。东晋名士孙绰的《道贤论》在以佛教七道人比配"竹林七贤"时,曾将支遁的风采与向秀相比,认为"支遁、向秀,雅尚《庄》《老》,二子异时,风好玄同矣"。一代名流,如王洽、刘恢、殷浩、许询、郗超、孙绰、桓彦表、王敬仁、何次道、王文度、谢长遐、袁彦伯等,均与支遁交厚,结为知音。郗超曾在与亲友书中称赞支遁:"林法师神理所通,玄拔独悟,数百年来,绍明大法,令真理不绝,一人而已。"③在佛教传入以后的整个汉魏间,很少有名士推重佛教,对佛教徒崇敬不已者就更少。而支遁却开其风气,得其殊荣,成为当时最受名士倾慕和欢迎的僧人。作为名僧的支遁之所以在当时的名士中间享有很高的声誉,受到极大的尊崇,名士争相与之交往,与他个人的品格及两晋的时代风尚都有密切的关系。当时佛法隆盛,般若学与老庄玄学在理论上可以相互比附发挥,名僧的言行风范也可以与名士相互映趣,相契共鸣。因此,佛教玄风,同畅华夏,名僧名士,共入一流。名僧支遁"理趣符老庄,风神类谈客"(汤用彤语),其美妙的玄谈、超绝的神采、冠世的文翰,领握玄

---

① 沈曾植:《与金潜庐太守论诗书》。
② 见《高僧传》卷四《支遁传》和《世说新语·言语篇》。
③ 《高僧传》卷四《支遁传》。

标,特领风骚,为世之名流所推重尊奉,也就不足为怪了。

支遁既是东晋时重要的佛教般若学者,也是当时玄学清谈人物中的佼佼者之一。他一生有论文、经序、经注等多种著作,据《高僧传·支遁传》载,"凡遁所著文翰集有十卷,盛行于世"。但他的著作绝大部分都佚失了,现仅存一些序、书、赞、铭,约30篇。从这些仅存的资料中,仍可看到支遁在佛学和庄学方面的造诣,并反映出他兼具名僧与名士的双重风采。支遁兼具名僧名士的双重风采,是时代的产物,是中印文化交融的人格化的体现。正是玄风弥漫、佛学盛行的时代氛围和外来佛教与传统老庄玄学的交融,造就了支遁名僧名士的双重风采。从这个意义上说,支遁名僧名士的双重风采也从一个侧面反映了中国传统文化的兼容性。

第四节　鸠摩罗什及其门下

如果说,佛图澄的以术传教,道安、慧远等人的弘法护教,都对魏晋以后佛教在中土的广泛传播起了巨大的推动作用,那么,鸠摩罗什及其弟子以译经和对佛理的阐发,则为中国佛学的发展及其特点的形成奠定了理论基础,使中国化的佛教理论逐渐摆脱对传统思想的依附,而开始自成体系、相对独立地发展。

一、鸠摩罗什及其译经

鸠摩罗什(344~413年),略称罗什,祖籍天竺。其父因不愿嗣"相国"位而"东度葱岭",来到西域龟兹国(今新疆库车一带)。龟兹王迎为"国师",并以妹妻之。罗什生于龟兹,7岁随母出家,两年后随母到罽宾,拜著名佛教学者槃头达多为师,从受《阿含经》。后至沙勒(今新疆西北的喀什一带),起先仍学小乘,后从须利耶苏摩学习大乘,并接触了《中论》《百论》《十二门论》等。回龟兹后,罗什广读大乘经论,并经常讲经说法,宣传大乘教义,"道震西域,声被东国"①,"每至讲说,诸王皆长跪座侧,令什践而登焉"②。

道安在长安,闻罗什之名,常劝苻坚西迎罗什。因此,前秦建元十八年(382年)九月,苻坚派遣骁骑将军吕光率兵7万西进,在为吕光饯行时③,苻坚特地关照说:"朕闻西国有鸠摩罗什,深解法相,善闲阴阳,为后学之宗。朕甚思之。贤哲者,国之大宝,若克龟兹,即驰驿送什。"④吕光破龟兹,获罗什,强以龟兹王之女妻之。归途中,闻苻坚被杀,吕光便留住凉州称王,罗什亦随之在当时中西交通的要塞凉州滞留达16年之久。在此期间,罗什虽然没有从事译经等佛事活动,但学习了汉语,熟悉了汉地文化。年轻的佛教学者僧肇从关中前来从罗什受学,同时也把内地的佛教情况向罗什作了介绍。这些都为罗什今后的译经弘法活动作了必要的准备。

后秦弘始三年(401年),后秦主姚兴迎罗什至长安,待以国师之礼,请入西明阁及逍遥园,译出众经,并使沙门800余人前往受学,协助译经。姚兴自己也曾亲临听讲,甚至参与译校佛经。在最高统治者的大力扶植下,佛教在后秦得到了相当的流行,"公卿以下莫不钦附","州郡化之,事佛者十室而九矣"⑤,以罗什为中心则形成了一个庞大的佛教僧团,沙门自远而至者多达三五千人。

罗什在长安的10多年时间里,共译出佛经30余部300余卷(关于罗什译经的数量,各种《僧传》和《经录》的说法不一,有说多达90多部400

---

① 《出三藏记集》卷十四《罗什传》。
② 《高僧传》卷二《罗什传》。
③ 据《晋书·苻坚载记(下)》及《资治通鉴》卷一百零五等载,吕光于晋太元八年(383年)从长安出发。
④ 《高僧传》卷二《罗什传》。
⑤ 《晋书》卷一一七《姚兴载记》。

多卷的,经近人刊定,不可信)。其中重要的有《法华经》、《维摩经》、《阿弥陀经》、《坐禅三昧经》、《十诵律》、《梵网经》、《金刚经》、大小品《般若经》和"四论"①等。这些经论的译出,对中国佛教产生了极其重大的影响,例如《法华经》《阿弥陀经》分别成为中国天台宗和净土宗的宗经,《维摩经》《金刚经》等都是中土流传最广的佛经之一,而罗什系统译介的中观般若思想,经他的弟子发扬光大,更是与涅槃佛性论一起成为中国佛教的基本理论主干。

罗什兼通梵汉,同时又有僧肇、僧叡等一批具有深厚传统文化功底的弟子协助,因此,他的译经文质兼备,达到了前所未有的新水平,得到了时人及后人的高度评价。僧肇在《注维摩诘经序》中谈到罗什所译的《维摩经》时说:"什以高世之量,冥心真境,既尽寰中,又善方言。时手执胡文,口自宣译,道俗虔虔,一言三复,陶冶精求,务存圣意。其文约而诣,其旨婉而彰,微远之言,于兹显然。"②梁代僧祐则在《胡汉译经音义同异记》中称颂罗什的译经"能表发挥翰,克明经奥,大乘微言,于是炳焕"③。吕澂先生也认为:"从翻译的质量言,不论技巧和内容的正确程度方面,都是中国翻译史上前所未有的,可以说开辟了中国译经史上的一个新纪元。"④当然,罗什的译经也有不足之处,例如由于"方言殊好,犹隔而未通"⑤而使译文有"意似未尽"⑥的地方,但这并不影响他成为杰出的译经大师。他的译经在佛教史上被称为"新译",以区别于他以前的旧译。罗什作为中国佛教史上的"四大译经家"(罗什、真谛、玄奘、不空,也有以"义净"替换

---

① 《中论》《百论》《十二门论》《大智度论》。
② 《出三藏记集》卷八。
③ 《出三藏记集》卷一。
④ 吕澂:《中国佛学源流略讲》,第88页。
⑤ 僧叡:《出三藏记集》卷十《大智释论序》。
⑥ 僧叡:《出三藏记集》卷八《思益经序》。

"不空"的)之一是名副其实、当之无愧的。

罗什译经虽多,但他所宗则为般若三论之学,即用"非有非无"的"毕竟空"来破斥一切执著。他在与慧远书信问答中曾专门发挥了这种思想,认为"一切法,从本以来,不生不灭,毕竟空,如泥洹相","断一切言语道,灭一切心行,名为诸法实相","诸法实相者,假为如、法性、真际,此中非非无尚不可得,何况有、无耶?"①不过,罗什基本上是一个"译而不作"的译师,他所译介的般若三论之学之所以能在中土发生广泛而深远的影响,全赖其众弟子的努力。罗什译经仍然承袭了汉魏以来的风气,在译经的同时便行开讲,因而他在译经过程中培养了一大批有影响的佛教学者,其中著名的有僧叡、僧肇、道生、道融(以上四人被称为"什门四圣"或"关中四子")、昙影、慧严、慧观、僧䂮(或以道凭或道恒替换僧䂮,以上八人被称为"八俊",其中,《高僧传·慧观传》认为,"通情则生、融上首,精难则观、肇第一")、道恒、道标(以上十人被称为"十哲")等。他们来自全国各地,又把罗什译介的思想传到全国去,对中国佛教思想体系的形成起了巨大的作用。在中国佛教思想史上占有特别重要地位的是僧叡、僧肇和道生。由于道生的主要思想及其影响都与南北朝佛教有关,故留待下章再作论述,下面先介绍一下僧肇和僧叡。

二、僧肇与佛教的中国化

僧肇(384~414年),据《高僧传》卷六《僧肇传》载,俗姓张,京兆长安(今陕西西安)人。由于家贫,以代人抄书为业。"遂因缮写,乃历观经史,备尽坟籍",熟悉了中国的传统文化,这为他日后融会中印思想,在佛教的中国化方面作出重要的理论贡献奠定了基础。当时社会上老庄玄学盛

---

① 《大乘大义章》,《大正藏》第45册,第137页上、第135页下。

行,僧肇对此也有特别的兴趣,他"志好玄微,每以庄老为心要"。但他读老子的《道德经》,又常有不满足之感,觉得"美则美矣,然期栖神冥累之方,犹未尽善"。后见三国时支谦译的《维摩经》,"欢喜顶受,披寻玩味,乃言始知所归矣,因此出家"。出家以后,又"学善方等,兼通三藏"。不到20岁,他便"名振关辅"。"时竞誉之徒,莫不猜其早达。或千里负粮,入关抗辩。肇既才思幽玄,又善谈说。承机挫锐,曾不流滞。时京兆宿儒,及关外英彦,莫不挹其锋辩,负气摧衄。"正当年轻的僧肇在佛学方面崭露头角之时,鸠摩罗什来到了中国,先停留在当时凉州的治所姑臧(今甘肃武威),僧肇仰慕其名,"自远从之"。僧肇在罗什门下,聪明好学,深得罗什的赞赏。

弘始三年(401年),罗什被姚兴迎到长安,僧肇也随之同至,被安排协助罗什译经并从之受学。在罗什众多的高足中,僧肇的佛学造诣是最出类拔萃的。他在协助罗什译经的同时,虚心从之学佛,认真听罗什讲解经义。有时还把罗什的讲解加以整理,作为译出经典的注释。例如他在罗什重译《维摩经》以后作有《维摩经注》,收集了罗什的讲说,也根据自己听讲后的理解和体会为经作了注。僧肇跟随罗什多年,时时咨禀,所悟甚多,对罗什所传的般若三论之学领会极深,并有独到的体会。他深感当时中国佛教界对般若学理解得不准确,有些佛教论著甚至"文义舛杂","时有乖谬",因而就著论发表自己的见解。他在批判总结当时玄学化的般若学各派学说的基础上,系统阐发从罗什那儿学来的中观般若思想,写下了一系列在中国佛教史乃至整个中国思想史上产生巨大影响的重要论文。由于僧肇思想深邃,文辞优美,在阐发佛理时大量融合吸收了传统思想特别是当时盛行的老庄玄学的思想与方法,因而受到了广泛的欢迎和高度的评价。

僧肇在协助罗什重新译出《大品般若经》之后,把自己在译经过程中听讲的体会写成《般若无知论》，约二千余言，呈送给罗什。"什读之，称善，乃谓肇曰：吾解不谢子，辞当相挹。"不久以后，与僧肇同在罗什门下受学的道生南下路过庐山时，将《般若无知论》带给了庐山隐士刘遗民，刘遗民对此论也大加赞赏，"乃叹曰：不意方袍，复有平叔"。把僧肇与玄学的开山人物之一何晏（字平叔）相提并论。刘遗民又把文章送给了慧远，"远乃抚几叹曰：未尝有也"。此后，刘遗民还专门与僧肇书信往来，共同探讨般若大义。刘遗民在给僧肇的信中称"《般若无知论》才运清俊，旨中沉允，推步圣文，婉然有归"，自己"披昧殷勤，不能释手"。同时，刘遗民又将自己读《论》所存有的疑问提出来向僧肇请教，这些疑问，僧肇在复信中认真地作了详细的解答。现存的《答刘遗民书》成为研究僧肇的重要思想资料。

不久，僧肇又先后写成《不真空论》和《物不迁论》等发挥般若性空之义的重要佛学论文，都得到了罗什的高度评价。东晋义熙九年（413年），罗什卒于长安。为纪念罗什，僧肇乃著《涅槃无名论》（有人疑其为后人伪作，论据似不充分）。论成之后，上表于后秦主姚兴。姚兴读《涅槃无名论》后，大加赞赏，"答旨殷勤，备加赞述。即敕令缮写，班诸子侄"。

僧肇是在罗什众多的弟子中年纪最轻、却对后世的影响最大也是最有才华的一个。他在中国佛教史上的影响与地位主要在于他对佛教理论的贡献。他的著作并不多，主要就是上面提到的几篇论文。后人将他的论文汇编成《肇论》一书流行于世。现存《肇论》为南朝梁陈时人所编，除了收有《不真空论》《物不迁论》《般若无知论》《涅槃无名论》等4篇阐发般若性空思想的论文外，还有《答刘遗民书》。卷首则为《宗本义》，近似全书的纲领，有人疑为后人的伪作。从总体上看，《肇论》是一个完整的哲学思想体系，它在回答当时玄学提出的一些主要理论问题，也是佛学中带有根本性问题时，系统地阐发了佛教的般若性空思想，具有极高的理论思辨水平,它的出现标志着中国佛教的发展进入了初创理论体系的新阶段。由于《肇论》文辞优美,思想深邃,哲理性强,是中国古代思想宝库中不多见的哲学专论,因而历来受到中外学者的重视。自南朝以来,几乎历代都有人为之注疏,现存者以陈代慧达的《肇论疏》为最早,唐代元康的《肇论疏》为最详。现在更有英译本《肇论》行世,研究《肇论》已成为一种专门的学问。除《肇论》之外,僧肇的著作还有《维摩经注》以及几篇佛教经论的序文,对《肇论》的思想有所发挥和补充,也是研究僧肇思想的重要参考资料。至于现行佛藏中收有的《宝藏论》,谓为僧肇作,一般认为是伪托。

僧肇的全部佛学思想都是围绕着解般若学的"空"这个主题展开的。在僧肇之前,人们受老庄玄学的影响,都从有和无的二分对立上来理解般若的性空之义,因而"有无殊论,纷然交竞",形成了老庄玄学化的"六家七宗"等般若学派。僧肇通过批判其中有代表性的本无、即色和心无这三家的观点而对当时割裂有和无、离开假有来谈空的普遍倾向作了综合性的批判。他认为,"本无者,情尚于无多",以至于把"无"也执著为实有了;即色者,"直语色不自色,未领色之非色也";心无者,"得在于神静,失在于物虚"。针对这些观点,僧肇提出了"不真空论"。他指出,所谓"空","非无物也,物非真物",不真故空,不真即空。"譬如幻化人,非无幻化人,幻化人非真人也。"[①]僧肇以"不真"来解释"万有",以虚假取代空无,把当时玄学和佛学的有无之争引向了真假之辨,从而克服了六家七宗时代般若学解空的局限性,推进了中国佛教和中国学术思想的发展。

"不真空"是贯穿僧肇全部思想的一个基本命题,以此来解说有和无,那就是"非有非无",有无皆空;以此来解说动和静,那就是"非动非静",动静皆空;以此来谈论人们的认识,那么世俗认识的主体和认识对象也都是

---

① 以上引文均见《肇论·不真空论》。

空；以此来描绘涅槃圣境，那么涅槃当然也就是"非有亦复非无，言语道断，心行处灭"，超越"有无之境，妄想之域"①。正是由于僧肇熟练地运用从罗什那儿学来的中观般若学"非……非……"的论证手法，对世俗的一切事物和现象都作了最彻底的否定，比较准确地领会并掌握了般若性空之义，因而赢得了罗什大师"秦人解空第一者，僧肇其人也"②的赞誉。

僧肇佛教思想体系的出现，有着深刻的社会和文化背景。首先，僧肇所传的龙树中观学，虽然高谈不落有、无二边，其实质仍然是一个"空"字，这种"一切皆空"的思想，正好适应了当时动荡黑暗的社会需要，成为人们的一种精神安慰剂，而统治者也想利用它来维系自己朝不保夕的统治。其次，这也是玄学和佛学的发展以及玄佛合流的需要。就佛学的发展而言，罗什的译经传教，为结束般若学各派的纷争提供了可能，僧肇正是顺应着依据佛教经典来统一佛教义理的时代需要，把中国佛教的发展推向了建立理论体系的新阶段。就玄学的发展而言，郭象"名教即自然"的出现，标志着玄学的发展已到了它的顶峰，也到了它的极限，玄学要有新的发展，就需要寻找新的出路，吸收新的养料，佛教般若学的高度思辨正好能满足玄学发展的需要。支道林以佛解庄被认为是超过了郭象的"新解"而得到当时玄学界的一致推崇和赞赏，就充分反映了这一点。僧肇的思想体系就是适应这种需要产生的。僧肇以佛教思辨来解答当时玄学提出的有无、动静等主要问题，用"绝名教而超自然"的佛理发展了玄学，并最终取代了玄学，把玄学的发展拉向了佛学。再从玄佛合流来看，当时也需要有人出来作出总结。由于"六家七宗"等玄学化的般若学并没有真正全面把握般若空义，因而未能完全包容和吸收玄学，玄学也没有能够借助于

---

① 《肇论·涅槃无名论》。
② 吉藏：《百论疏》，《大正藏》第42册，第232页上。

般若学而有重大突破。这时,需要有一种能同时容纳玄学和佛学的更为高超的理论,来把玄佛合流推向新的高度。僧肇的思想体系正是适应这种需要而产生的。从中国佛教和中国学术思想的发展中,我们可以清楚地看到僧肇及其思想的重要历史地位。

僧肇的佛教思想比较符合《般若经》和龙树中观学原意,但它并不是印度佛学的复制品。僧肇在阐发佛教思想时,十分注意从传统思想中吸取养料。他融会中外思想而创立的佛教思想体系,是佛教中国化的重要里程碑。在僧肇以前,人们对佛教思辨理论的了解,或者是用中国传统的老庄玄学等思想去加以比附,或者是只抓住佛教的某一点思想加以发挥而未能建立完整的思想体系。僧肇则在前人的基础上,借助于罗什译出的大小品《般若经》和"三论",既较为全面而准确地把握了印度佛学的要旨,又通过中国传统思想的概念、命题和结构形式来加以表达,创立了中国佛教史上第一个比较完整的中国化的佛教哲学思想体系,从而把佛教的中国化推向了一个新的阶段,为佛教结束对传统思想的依附而走上相对独立发展的道路作出了重要的理论贡献。

由于僧肇比较准确地掌握了中观般若思想,用佛教的理论思辨解决了玄学长期争论而一直没有解决的问题,在批判玄学化的般若学各家学说的同时,也间接地批判了玄学的各派,并站在佛教的立场上对玄佛合流作出了批判总结。因此,他的哲学思想体系既把玄佛合流推向了顶峰,也标志着玄佛合流的终结,并在客观上结束了玄学的发展。在此之后,玄学虽有余波,但已没有多大的发展,中国化的佛教哲学理论则开始了自成体系的发展。僧肇的佛教哲学思想是中国学术思想从魏晋玄学和玄佛合流的局面逐渐向南北朝及隋唐佛学大发展的局面过渡的重要环节。

僧肇在中国佛教史上乃至整个中国思想史上的重要地位,决定了他对后人的影响是多方面的。其中最主要的是对以后佛教学派和宗派的影响,特别是罗什译出的"三论",经僧肇等人的大力弘扬而在中土得以广传,为三论宗的创立奠定了思想理论基础。隋唐时的三论宗,影响所及,远至日本,其创始人吉藏就多次强调自己的思想学说渊源来自什、肇之学,并称僧肇为"玄宗之始",把僧肇奉为三论宗的始祖。僧肇所传的般若思想以及他初创中国化佛教思想体系的方法,对天台、华严和禅宗等中国佛教宗派的影响也是十分深刻的,罗什译介的般若性空之学经僧肇等人的弘扬,实际上成了整个中国佛学的理论主干之一。因此,佛教界对僧肇的推崇可谓历代不衰。另外,僧肇发挥的般若思想对道教理论体系也产生重大影响,在成玄英等隋唐一些重要道教思想家的理论体系中可以清楚地看到"非有非无""心境两空"的般若性空思想。另外,僧肇弘扬的佛教理论通过对隋唐佛教和道教的影响而间接地对宋明理学产生的影响也是值得重视的。

僧肇的一生虽然短促,但他对佛教的理论贡献却是巨大的。他上承魏晋以来玄佛合流的遗风,下开佛教哲学理论在中土相对独立发展的先河,在佛教中国化的进程中树起了一座里程碑,在中国思想史上留下了光辉的哲学篇章。他作为我国古代最重要的哲学理论家之一是当之无愧的。[①]

三、僧叡与中国佛教发展的趋势

僧叡,生卒年代不详,大致生于352~354年之间,卒于418~420年之间,终年六十七岁。据《高僧传·僧叡传》载,他是魏郡长乐(今河南安阳附近)人。年十八投僧贤法师出家。年二十二博通经论,"尝听僧朗法师讲《放光经》,屡有讥难"。至二十四岁,"游历名邦,处处讲说"。曾师事道

[①] 关于僧肇的佛学思想及其与玄佛合流的关系,请参阅拙著《论僧肇哲学——魏晋玄佛合流的终结和中国化佛教哲学体系的初创》,收入《中国佛教学术论典》(法藏文库)第19册,台湾佛光山文教基金会2001年版。

安,对道安在佛教方面的贡献给予很高的评价:"亡师安和上,凿荒涂以开辙,标玄指于性空,落乖踪而直达,殆不以谬文为阂也,亹亹之功,思过其半,迈之远矣。"①道安去世后,罗什入关,他又投罗什门下,成为罗什的上首弟子。他的风韵才识深得当时后秦主姚兴的赏识。时为后司徒的姚嵩曾把僧叡誉为"邺、卫之松柏"而推荐给姚兴,"兴敕见之,公卿皆集,欲观其才器。叡风韵洼隆,含吐彬蔚,兴大赏悦,即敕给俸恤、吏力、人舆。兴后谓嵩曰:乃四海之标领,何独邺、卫之松柏。于是美声遐布,远近归德"。

僧叡在罗什门下,成为罗什译经的最主要助手,担任笔受和参正者,曾在译文的推敲方面给予罗什很大的帮助,并为一些重要的译经撰写了经序,阐发经论之奥义。《高僧传·僧叡传》中记载说:"什所翻经,叡并参正。昔竺法护出《正法华经·受决品》云:天见人,人见天。什译经至此,乃言曰:此语与西域义同,但在言过质。叡曰:将非人天交接,两得相见?什喜曰:实然。其领悟标出,皆此类也。"由于僧叡既有悟性,又有文才,因而深得罗什赏识。译出《成实论》后,罗什便令僧叡宣讲,并对他说:"此净论中有七处文破《毗昙》,而在言小隐,若能不问而解,可谓英才。"僧叡"启发幽微,果不咨什而契然悬会"。罗什叹曰:"吾传译经论,得与子相值,真无所恨矣。"

僧叡是十分具有批判眼光的佛教学者,他不仅指出过罗什译经中仍然存在着的"意似未尽"或表达不准确的地方,而且对当时的佛教思潮乃至汉魏以来佛学发展的情况,特别是存在的问题,提出过批评。他在《喻疑》中曾回顾了佛教传入以后讲说佛理的开始及其特点,他说:

昔汉室中兴,孝明之世……当是像法之初。自尔以来,西域名

---

① 僧叡:《出三藏记集》卷八《大品经序》。

人,安侯之徒,相继而至。大化文言渐得渊照边俗,陶其鄙俗。汉末魏初,广陵、彭城二相出家,并能任持大照,寻味之贤,始有讲次。而恢之以格义,迂之以配说。

自汉末魏初开始的对佛理的宣讲,其特点是"格义"与"配说",即以儒、道等书去比配、附会佛理。这种解说佛理的方法在佛教初传之时对帮助人们理解佛学曾起过积极作用,但道安以后,随着佛理的昌明,人们逐渐对格义、配说表示不满,罗什译出大量经论以后,依据佛典来把握佛义成为可能,因而格义等方法遂被废弃。僧叡正是在这样的文化背景下最早把两晋时众多的玄学化的般若学派归纳为"六家",并批评它们未能全面准确地把握般若性空之义,同时提出了"格义迂而乖本"的观点。他在《毗摩罗诘提经义疏序》中指出:"自慧风东扇,法言流咏以来,虽曰讲肆,格义迂而乖本,六家偏而不即。"他认为,相比之下,道安的"性空宗"比较符合罗什译出的经义,但仍然未臻圆满,他说:"性空之宗,以今验之,最得其实。然炉冶之功,微恨不尽。"为何未能臻于圆满呢? 僧叡认为主要在于道安时代没有准确的译经可资参正。他说:"何以知之? 此土先出诸经,于识神性空明言处少,存神之文,其处甚多,《中》《百》二论,文未及此,又无通鉴,谁与正之?"[①]僧叡对汉魏以来的佛学发展以及当时的佛学思潮所作的批评、总结是基本符合实际情况的,并具有重大的历史意义,它在一定程度上标示着魏晋佛教般若学时代的结束和晋宋以后中国佛学发展新阶段的到来。从僧叡本人的佛学思想中,我们同样可以看到他对推进中国佛学的发展所作出的贡献,这主要表现在他既精通般若之空又关注涅槃之有,开了魏晋般若学向南北朝涅槃学过渡的先风,并为中国佛教形成会通

---

① 《出三藏记集》卷八《毗摩罗诘提经义疏序》。

空有的基本特点初步奠定了基础。

僧叡的佛学思想主要继承了罗什所传的般若三论系的学说。他在罗什门下多年,实际参与了《般若经》和"三论"的翻译与修订,因而对中观般若思想有比较全面而准确的认识,并结合自己对佛教"唯心"观点的理解而有自己独到的体悟。他认为,"般若波罗蜜经者,穷理尽性之格言,菩萨成佛之弘轨也……正觉之所以成,群异之所以一,何莫由斯道也"①,对般若思想推崇之至。在他看来,"滞惑生于倒见,三界以之而沦溺"②,外在的万法与内在的烦恼都是人们妄心邪思的结果,而般若则能去除虚妄倒见,观照万法性空之本,通过般若智慧的"照本静本",便能达到"非心""非待"的超脱之境,他说:"非心故以不住为宗,非待故以无照为本……启章玄门,以不住为始;妙归三慧,以无得为终。"③僧叡在这里把"非心""非待""无得""以不住为宗""以无照为本"等作为理想之境,是很值得重视的,这与后世禅宗的无念为宗、无住为本、自心解脱等思想似有着某种理论上的渊源关系。事实上,僧叡确实一直很重视禅法的"厝心"作用,认为禅法是"向道之初门,泥洹之津径"④。在罗什到来之前,他曾感叹"禅法未传,厝心无地";罗什入关,他即请罗什译出《禅法》3卷,并"日夜修习"⑤。他把修习禅法视为获得般若智慧的必要前提,认为"禅非智不照,照非禅不成",因而极力主张双修"禅智之业"⑥,从而表现出了与罗什重慧轻禅的不同倾向。僧叡不仅重禅,而且还向往西方净土,他在临终前曾对众

---

① 《出三藏记集》卷八《小品经序》。
② 《出三藏记集》卷十一《中论序》。
③ 《出三藏记集》卷八《大品经序》。
④ 《出三藏记集》卷九《关中出禅经序》。
⑤ 《高僧传》卷六《僧叡传》。
⑥ 《出三藏记集》卷九《关中出禅经序》。

人曰:"平生誓愿,愿生西方。"言毕乃"向西方合掌而卒"。①

僧叡对禅净的重视反映了当时的义学僧人对自身解脱的关注。正因为此,僧叡在推崇般若思想的同时,也十分关注佛教解脱的主体,亦即佛性问题。他曾多次向罗什请教"谁为不惑之本?……佛若虚妄,谁为真者?若是虚妄,积功累德,谁为其主?"②罗什是否定一切实体、坚持非有非无"毕竟空"的,但僧叡却并不满足于此,当他接触到了《法华经》的"开权显实"以后,就明确表示,般若诸经尽管"深无不极""大无不该","然其大略,皆以适化为大,应务之门,不得不以善权为用。权之为化,悟物虽弘,于实体不足",而"《法华经》者,诸佛之秘藏,众经之实体也……所该甚远,岂徒说实归本毕定殊途而已耶",对《法华经》中所说的"佛寿无量永劫"等大加赞赏③。而当他见到法显译出的《大般泥洹经》中"泥洹不灭,佛有真我,一切众生,皆有佛性"以后,更是"如白日朗其胸衿",欣乐之情,溢于言表④。联系不久以后道生等人的大倡涅槃佛性论,可以看出,当时中国佛学的发展,正孕育着从般若之空向涅槃之有的转化,而僧叡实为开此风气之先。

值得注意的是,僧叡在对"佛性"问题大感兴趣的同时,并没有否定般若在求解脱过程中的重要作用;他是把般若性空与涅槃妙有作为佛教理论不可缺少的组成部分来理解的。他曾说:"三藏祛其染滞,般若除其虚妄,法华开一究竟,泥洹阐其实化,此三津开照,照无遗也。但优劣存乎人,深浅在其悟,任分而行,无所臧否。"⑤僧叡这种把般若空观与涅槃佛性

---

① 《高僧传》卷六《僧叡传》。
② 《出三藏记集》卷五《喻疑》。
③ 《出三藏记集》卷八《妙法莲花经后序》。
④ 《出三藏记集》卷五《喻疑》。
⑤ 《出三藏记集》卷五《喻疑》。

结合起来理解的倾向,对中国佛学发展的趋势与佛学特点的形成都产生了很大的影响。僧叡以后,中国佛学的重心逐渐由般若性空过渡到了涅槃妙有,特别是经"涅槃圣"道生的倡导,南北朝时涅槃佛性论作为"显学"曾盛极一时,但涅槃佛性论的兴盛并不意味着般若性空学说的消沉乃至绝迹,因为晋宋以后中国佛学的一大特点就是对空有思想加以融会,般若学与佛性论逐渐作为中国佛学的两大理论主干,同时渗透到佛教各宗各派的学说中,而这与僧叡等人的努力是分不开的。

第四章　中国佛教文化的趋于繁兴(南北朝)

南北朝时期是佛教进一步流传发展的时代。在帝王的直接支持下，寺院和僧尼的数量激增，僧官制度得到了确立。寺院经济有了很大的发展，随着大量经论的进一步译出，对佛典的研究也日益深入，并逐渐形成了许多以弘传某一部经论为主的不同学派。这样，无论是在思想理论上，还是在经济上，都为隋唐佛教宗派的创立准备了充分的条件。这个时期，佛教的世俗化与民间信仰也有进一步的发展，僧尼参政的现象比以前有所增多，同时，还有沙门参加或领导了农民起义。由于南北的分裂，佛教也形成了南北不同的学风。随着佛教势力的兴盛，佛道儒三教之争，特别是佛道之争在这个时期突出了起来，出现了"三武一宗"灭法中的两次灭佛事件。以石窟造像为主要代表的中国佛教艺术也在这个时期有了较大的发展。

第一节　南北朝的分裂与佛教的隆盛

东晋以后，中国社会经历了100多年的南北朝分裂时期。南方先后有宋、齐、梁、陈四个朝代兴废更替，史称南朝。北方则先有拓跋氏的北魏政权，后分裂为东魏和西魏，继之则又有北齐代东魏，北周代西魏，这几个政权，史家统称北朝。最后，杨坚代北周称帝，建立隋朝，并于589

年灭掉了南方的陈朝,从而结束了南北的分裂,统一了全国。南北朝的长期分裂,社会动荡,战乱不止,政权交替频繁,百姓苦难深重,这些都为佛教的传播发展提供了良好的土壤,因而佛教在这个时期得到了迅速的发展。

一、帝王崇佛与南朝佛教

南朝宋、齐、梁、陈各代的皇帝,大都崇信并提倡佛教,其主要目的,乃是希望"神道助教","坐致太平",对此,宋文帝有过明确的表示,他曾对侍中何尚之说:

> 吾少不读经,比复无暇,三世因果,未辨致怀,而复不敢立异者,正以前达及卿辈时秀皆敬信故也……若使率土之滨,皆纯此化,则吾坐致太平,夫复何事?①

何尚之对佛教有助于王化又作了具体的发挥,他在《答宋文帝赞扬佛教事》中说:

> 百家之乡,十人持五戒,则十人淳谨矣;千室之邑,百人修十善,则百人和厚矣。传此风训,以遍宇内,编户千万,则仁人百万矣。此举戒善之全具者耳。若持一戒一善,悉计为数者,抑将十有二三矣。夫能行一善,则去一恶,一恶既去,则息一刑,一刑息于家,则万刑息于国……即陛下所谓坐致太平者也……神道助教,有自来矣。②

---

① 《弘明集》卷十一。
② 《弘明集》卷十一。

正是基于这样的看法,宋文帝不仅十分崇佛,而且还让僧人参政。当时有释慧琳,秦郡秦县(今江苏六合北)人,俗姓刘,少出家,住建业冶城寺。有才章,兼内外之学,曾著《均善论》(又名《白黑论》),主张佛、儒二教"殊途而同归",同为善。当时许多佛教徒"谓其贬黜释氏,欲加摈斥"。宋文帝见《论》赏之,并让慧琳参与朝廷政事。"元嘉中,遂参权要,朝廷大事,皆与议焉。宾客辐凑,门车常有数十辆,四方赠赂相系,势倾一时"①,乃至有"黑衣宰相"之称。宋代其他诸帝,也都或设斋供僧,或修建佛寺,对佛教给予了支持。孝武帝虽然曾因有僧人参与谋反而欲"沙汰"沙门,但最终由于"诸寺尼出入宫掖,交关妃、后,此制竟不能行"②。

萧齐帝室中,则以武帝和竟陵王萧子良最为崇佛。特别是萧子良(460~494年)对佛教"敬信尤笃",他任司徒后移居鸡笼山西邸,在"集学士抄五经、百家"的同时,还"招致名僧,讲语佛法,造经呗新声",史称"道俗之盛,江左未有也"。③ 他还多次在邸园设斋戒,"大集朝臣、众僧,至于赋食行水,或躬亲其事",乃至"世颇以为失宰相体"。④ 正是这位"精信释教"的萧子良,最早发动了对"盛称无佛"的范缜的围攻,召集众僧非难范缜的"神灭论",并威逼利诱要范缜放弃自己的观点,而不愿"卖论取官"的范缜则"退论其理",写下了《神灭论》这一光辉的篇章,尖锐地批评了佛教给社会带来的危害,系统阐述了自己的无神论思想,把反佛斗争推向了高潮。神灭与神不灭曾是南朝思想理论界的一次具有深远意义的大论战,对佛教的进一步发展也产生了很大的影响。自范缜对佛教神灭论予以沉重打击后,中国佛教理论逐渐转向了对心性本体论的阐发而不再停留在形神等

---

① 《南史》卷七十八。
② 《南史》卷七十八。
③ 《南齐书》卷四十。
④ 《南齐书》卷四十。

问题上。为了表示对佛教的崇奉,萧子良不仅招致名僧,讲经说法,围攻范缜,而且亲自撰文弘扬佛法,其平生所著宣扬佛教的文字曾集为16帙116卷。南朝佛教的兴盛,与萧子良的大力提倡护持实有莫大的关系。

南朝佛教发展至梁武帝时达到了全盛时期。梁武帝萧衍(464~549年),原来崇信老子和道教,后出入齐竟陵王萧子良的西邸与名僧交游而逐渐转向奉佛。他当上皇帝的第三年,即天监三年(504年),便专门下诏书,表示要"舍道归佛",诏文中说:"弟子经迟迷荒,耽事老子,历叶相承,染此邪法。习因善发,弃迷知反,今舍旧医,归凭正觉。愿使未来世中,童男出家,广弘经教,化度含识,同共成佛。"据说"于时,帝与道俗二万人,于重云殿重阁上手书此文,发菩提心"。同年四月,梁武帝又敕门下:"大经中说:道有九十六种,唯佛一道,是于正道,其余九十五种,名为邪道。朕舍邪外,以事正内……其公卿百官、侯王宗族,宜反伪就真,舍邪入正。"①当然,梁武帝在宗教信仰上宣布唯佛教为正道与他在政治上实行三教并用的政策是不矛盾的。就在他舍道归佛的第二年,他就又下诏设置五经博士,倡导儒学,并与著名道士陶弘景保持着密切的关系,国家有吉凶征讨大事,常遣使向陶弘景咨询,以至于陶弘景在当时有"山中宰相"之称。

梁武帝对佛教的提倡和支持表现在许多方面。他广建佛寺,盛造佛像,"皆穷工极巧,殚竭财力"②。他还大量布施财物,甚至四次舍身同泰寺,每次都是群臣以"钱一亿万奉赎"③,把他接回宫。为了表示自己对佛教的崇信,梁武帝还于天监十八年(519年)"发宏誓心,受菩萨戒"④,平时

---

① 以上引文均见《广弘明集》卷四。
② 《魏书》卷九十八《萧衍传》。
③ 《南史》卷七。
④ 《续高僧传》卷六《慧约传》。

"俭约自节,罗绮不缘,寝处虚闲,昼夜无怠。致有布被、莞席、草履、葛巾……日唯一食,永绝辛膻"①。为了严格戒律,使佛教区别于外道,使众僧尼"远离地狱",梁武帝还连续写了4篇《断酒肉文》,规定出家人不得饮酒吃肉,违者将以王法问治。从此,汉族佛教徒形成了吃素的传统。在弘扬佛教义学方面,梁武帝不仅重视译经,曾亲临译场担任笔受,并给予义学高僧以优厚的生活待遇,鼓励他们讲习经论,从事佛教著述,而且还常常亲自登台为僧俗讲经说法,并著书立说,发挥佛理,曾"制《涅槃》《大品》《净名》《三慧》诸经义记,复数百卷"②,他的"三教同源说"和"神明成佛论"在中国佛教思想史上都有一定的影响。为了推动佛教的传播发展,梁武帝还经常大办法会,动员数万人参加,并在中国佛教史上首创"忏法",大大扩大了佛教在社会民众中的影响。梁武帝还继齐萧子良之后又一次组织了更大规模的对范缜神灭论的围剿,他不仅发动了曹思文等王公朝贵64人撰文75篇围攻范缜,而且还亲自出马,认为"神灭之论,朕所未详","违经背亲,言语可息"③,企图利用政治的力量来压服范缜。由于梁武帝弘法护教,礼佛诵经,坚持素食,过戒律生活,因而有"皇帝菩萨"之称。在梁武帝的支持扶植下,南朝佛教在梁代达到了极盛,据《法苑珠林》卷一百记载,梁代有寺2846所,僧尼82700人。

陈代诸帝也大都步梁武帝的后尘而崇佛,他们或舍身佛寺,或讲经办法会,有的还大写忏文。由于陈代短促,又经乱世,佛寺遭到一定程度的破坏,故佛教不如梁代兴盛。但陈代帝王对佛教的支持曾直接给予隋唐佛教以重要影响。例如智顗到金陵,受到陈代朝廷权贵的欢迎与敬重,陈宣帝太建元年(569年),被朝廷迎请住进了瓦官寺,在那儿,他讲经说法,

---

① 《广弘明集》卷四。
② 《梁书》卷三。
③ 《弘明集》卷十《敕答臣下神灭论》。

标立宗义,判释经教,为创立天台宗打下了思想理论基础。后智𫖮离开金陵到会稽(今浙江绍兴)的天台山,前后居住了约10年。在此期间,陈王朝不断赐给智𫖮大量的钱物,特别是在太建九年(577年),陈宣帝专门下诏:"智𫖮禅师,佛法雄杰,时匠所宗,训兼道俗,国之望也。宜割始丰县调以充众费,蠲两户民,用供薪水。"①一次就把整个始丰县(今浙江天台)的"调"(赋税)拨给僧众日用,并另拨两户农民以供寺院役使,这既反映了陈宣帝对佛教的支持,也为智𫖮创立天台宗奠定了重要的经济基础。

在南朝,由于佛教势力的扩大而与世俗帝王的政治、经济利益及传统文化习俗等发生了矛盾与冲突,出现了沙汰僧尼、限制建寺造像和排佛的言论。例如宋"孝武大明二年,有昙标道人与羌人高阇谋反。上因是下诏:所在精加沙汰,后有违犯,严其诛坐。于是设诸条禁,自非戒行精苦,并使还俗"②。齐武帝临终时也曾留下遗诏:"自今公私皆不得出家为道,及起立塔寺,以宅为精舍,并严断之。唯年六十,必有道心,听朝贤选序。"③而排佛比较激烈的言论也不少,例如范缜认为"浮屠害政,桑门蠹俗"④,故大倡"神灭论"以反佛;郭祖深上奏梁武帝:"都下佛寺五百余所,穷极宏丽,僧尼十余万,资产丰沃。所在郡县,不可胜言。道人又有白徒,尼则皆畜养女,皆不贯人籍,天下户口几亡其半,而僧尼多非法,养女皆服罗纨,其蠹俗伤法,抑由于此。请精加检括,若无道行,四十已下,皆使还俗附农,罢白徒养女……不然,恐方来处处成寺,家家剃落,尺土一人,非复国有。"⑤不过,从总体上看,由于南朝帝王大都崇佛,而政权的力量对佛教的发展也还能

---

① 《国清百录》卷一,《大正藏》第46册,第799页上。
② 《南史》卷七十八。
③ 《南齐书》卷三。
④ 《梁书》卷四十八。
⑤ 《南史》卷七十《郭祖深传》。

加以控制,因此,南朝并未发生大规模的毁佛事件,沙汰僧尼的诏令往往未得实行,各种排佛论也没有能够阻止佛教的进一步发展。

南朝时继续译出了大量佛典。据《大唐内典录》的有关记载,南朝共有译者68人,译出佛经387部1963卷;而据《开元释教录》,则有译者40人,共译出佛经563部1084卷。这个时期最重要的译者有晋末宋初的佛陀跋陀罗及稍后的求那跋陀罗,还有梁代的真谛。佛陀跋陀罗(359~429年),意译作"觉贤",古印度迦毗罗卫国人,以禅律驰名。东晋义熙四年(408年)左右,应邀来到长安,不久因与罗什门下不和而率众南至庐山,译出《达摩多罗禅经》2卷。义熙十一年(415年)又南下至建康,住道场寺,与法业、法显等一起译出了大量佛经,其中对中国佛教影响特别大的有《大方广佛华严经》(60卷本)和《大般泥洹经》等。佛陀跋陀罗于宋元嘉六年(429年)卒于道场寺。继他之后,宋代的求那跋陀罗成为南朝最重要的译师之一。求那跋陀罗(394~468年),意译作"功德贤",中天竺人,对大乘佛学有很深的造诣,世称"摩诃衍"。宋文帝元嘉十二年(435年)经师子国来到广州,后至建康,在慧观、宝云等人的协助下,共译出佛典52部134卷(此据《开元释教录》)。他译的《胜鬘师子吼一乘大方便方广经》和《楞伽阿跋多罗宝经》(4卷本),对中国佛教有很大的影响。梁末陈初的真谛(499~569年),是中国四大译经家之一,也是南北朝时学识最渊博的外僧。本西天竺人,于梁中大同元年(546年)从扶南(今柬埔寨)来到我国南海(今广州),两年后至建康,受到梁武帝礼遇,但不久即因侯景之乱而颠沛流离于今苏、浙、赣、闽等地。他沿途译经,最后又至广州,专心从事译经事业。"始梁武之末,至陈宣初位,凡二十三载,所出经论记传六十四部,合二百七十八卷。"[①]真谛译出的经典对大乘瑜伽行派的思想在中

---

① 《续高僧传》卷一《真谛传》。

土的流传影响很大,特别是其中的《摄大乘论》,成为南朝摄论学派的主要理论依据。真谛的门下有法泰、慧恺等,都是"知名梁代,并义声高邈,宗匠当时"①的佛教学者,他们在弘传《摄论》方面都作出了重要的贡献。

二、兴佛灭佛与北朝佛教

北朝的统治者,多数也重视利用佛教,其中以北魏时佛教发展为最盛,但也出现了限制、打击佛教的事件。北魏道武帝建立政权后,就大力扶植佛教,曾下诏建寺造像,并设置僧官。据《魏书》卷一一四《释老志》载,道武帝在十六国末年转战河北,"平中山,经略燕赵,所经郡国佛寺,见诸沙门、道士,皆致精敬"。但由于"天下初定,戎车屡动,庶事草创",故"未建图宇,招延僧众",然"时时旁求",例如他曾遣使致书给佛图澄的弟子僧朗,并"以缯、素、旖罽、银钵为礼"。天兴元年(398年),道武帝下诏曰:"夫佛法之兴,其来远矣。济益之功,冥及存没,神踪遗轨,信可依凭。其敕有司,于京城建饰容范,修整宫舍,令信向之徒,有所居止。"就在这一年,"始作五级佛图、耆阇崛山及须弥山殿,加以缋饰。别构讲堂、禅堂及沙门座,莫不严具焉"。时有沙门法果,诫行精至,开演法籍,皇始(396~398年)中,道武帝闻其名,"诏以礼征赴京师。后以为道人统,绾摄僧徒"。明元帝继位以后,"遵太祖之业,亦好黄老,又崇佛法,京邑四方,建立图像,仍令沙门敷导民俗",对法果也"弥加崇敬",曾先后授以忠信侯、安成公之号,法果"皆固辞"。法果去世后,"帝三临其丧,追赠老寿将军、赵胡灵公",并诏令法果之子(法果年四十始为沙门,有子曰猛)"袭果所加爵"②。对僧人封侯加爵,北魏皇帝对佛教的支持于此可见一斑。太武帝

---

① 《续高僧传》卷一《法泰传》。
② 《魏书》卷一一四《释老志》。

开始也是信奉佛教的,《魏书·释老志》中说"世祖初即位,亦遵太祖、太宗之业,每引高德沙门,与共谈论",后由于经济、政治和思想多方面的原因,太武帝采取了大规模的灭佛行动,下令尽杀沙门,焚毁经像寺塔。这是中国佛教史上"三武一宗"灭佛事件中的第一次,也是对佛教打击比较沉重的一次。"土木宫塔,声教所及,莫不毕毁"①,"一境之内,无复沙门"②。但不久以后,文成帝即复兴佛教。他认为"释迦如来功济大千,惠流尘境,等生死者叹其达观,览文义者贵其妙明,助王政之禁律,益仁智之善性,排斥群邪,开演正觉"。因此,他专门下诏:"今制诸州郡县,于群居之所,各听建佛图一区,任其财用,不制会限。其好乐道法,欲为沙门,不问长幼,出于良家,性行素笃,无诸嫌秽,乡里所明者,听其出家。率大州五十,小州四十人,其郡遥远台者十人。"于是,"往时所毁图寺,乃还修矣。佛像经论,皆得复显"③。随之,献文帝和孝文帝也都好佛。献文帝对佛教"敦信尤深,览诸经论,好老庄,每引诸沙门及能谈玄之士,与论理要",并花巨金建寺造像。孝文帝则除了建寺设斋谈佛理之外,还亲自为出家者剃发,由于当时有比丘"游涉村落,交通奸猾",并存在着费竭财产以建寺、逃避赋税"假称入道"的情况,孝文帝也曾下诏,严令"自今一切断之",要求对无籍之僧"精加隐括",对行为不端的僧尼,"有籍无籍,悉罢归齐民",还订立了《僧制》47条以加强对僧尼的约束,但与此同时,他仍然建寺度僧不断,使佛教得到进一步发展。此后,宣武帝和孝明帝等也都建寺造像,大兴佛教。

总之,由于帝王的崇信和扶植,北魏(除太武帝时一度灭佛外)的佛教有很大的发展,相当兴盛。唐代的法琳称"洎永嘉南迁,迄于陈世,三百许

---

① 《魏书》卷一一四《释老志》。
② 《高僧传》卷十《昙始传》。
③ 《魏书》卷一一四《释老志》。

年,像教东兴,未之盛也"①。据《魏书·释老志》载,至北魏末,有寺院30000余所,僧尼达200万人。

北魏分裂以后,佛教在东西二魏统治者的支持下继续得到发展。北齐、北周时,皇室也多好佛者。例如北齐文宣帝高洋之世"大起寺塔,度僧尼,满于诸州……所度僧尼八千余人。十年之中,佛法大盛"②。在北齐之时,仅皇室立寺就有43所。北周时,虽然武帝又一次灭佛,下令焚毁经像,僧尼还俗,但继位的宣帝很快又下令恢复了佛教。

在北朝,佛教的迅速发展也招致了来自多方面的批评或攻击。例如儒家指责佛教有违纲常名教,不利安邦治国,道教则攻击佛教"入国而破国,入家而破家,入身而破身"③。而统治者从现实的政治需要出发,也往往下诏令对佛教的发展作出某些限制,甚至出现了两次灭佛事件。但从总体上看,佛教并没有因此而停滞,相反,它仍然保持着不断发展的趋势。

北朝时也译出了大量的佛典。据《大唐内典录》,北朝共有译者27人,译出了佛经127部395卷;据《开元释教录》,则有译者18人,共译佛经105部355卷。这个时期最重要的译者有北魏的"译经元匠"菩提流支和在北凉译出大本《涅槃经》的昙无谶。菩提流支,据《续高僧传》卷一载,原为北天竺人,"遍通三藏,妙入总持,志在弘法,广流视听,遂挟道宵征,远莅葱左",于北魏永平(508～512年)初来到洛阳,受到了魏玄武帝的礼遇,敕住永宁寺,并主持译经,至东魏天平(534～537年)年间,共译出佛典39部127卷。他的译经偏重于无著、世亲一系的学说,他与勒那摩提和佛陀扇多合译的《十地经论》,在北方开创了地论学派,他也被尊为地论师相州

---

① 《广弘明集》卷十一《破邪论》。
② 法琳:《辩正论》卷三,《大正藏》第52册,第507页下。
③ 见《弘明集》卷八中刘勰《灭惑论》与僧顺《析三破论》。

北派之祖。《十地经论》对北朝佛教乃至隋唐佛教的理论都有较大的影响。昙无谶(385~433年),据《高僧传》卷二载,原为中天竺人,自幼出家,初学小乘,后读《涅槃经》,遂专业大乘。至年二十,诵大小乘经200余万言。据称"明解咒术,所向皆验",故甚得国王优宠。后赍《大涅槃经》前分10卷等前往罽宾,又至龟兹,因这些地方多学小乘,不信《涅槃》,乃又到姑臧(今甘肃武威),为北凉王沮渠蒙逊所接纳,待之甚厚。学汉语3年,便在慧嵩、道朗等的协助下,共译出佛典11部104卷①。后北魏太武帝听说昙无谶有道术,特遣使迎请,并声称"若不遣谶,便即加兵",但沮渠蒙逊既不敢拒命,又怕昙无谶之术被北魏用来谋己,遂下密令把昙无谶杀害。在昙无谶译出的经典中,影响最大的是《大般涅槃经》40卷,此经的译出,大大推动了涅槃佛性论思想在中土的兴盛。

三、南北佛教的不同特点与僧祐、慧皎的著述

魏晋以来,北方战乱不止。随着晋王室的南迁,一大批文人学士和义学沙门也相继南渡,学术重心逐渐南移。南北朝时期,南北社会政治条件的不同,更促使南北佛教形成了不同的特点和学风。

南方佛教继承东晋以来玄学化佛教的传统,偏重玄远的清谈与义理的探讨,在帝王的直接倡导下,讲论佛法成为时尚。因此,围绕着涅槃佛性义、真俗二谛义、神灭与神不灭等,当时都展开过激烈的论争,般若三论等学说也仍然十分流行。这反映了南方佛教既摆脱了魏晋佛教对于玄学的依附,走上了相对独立的发展道路,却又仍然深受着魏晋以来清谈之风的影响。

北方佛教却呈现出了另一种景象。北方少数民族统治者虽然也利用佛教,但他们大都崇尚武功,没有玄学清谈的传统。他们比较重视修福、

---

① 此据《出三藏记集》。

修善等实际活动,例如建寺、度僧、凿石窟、造佛像等,而对空谈玄理不怎么感兴趣。与南方佛教崇尚玄理相比,北方佛教更偏重修习实践,因而禅学、律学和净土信仰比较盛行,尤其重视禅观。北魏扬衒之在其名著《洛阳伽蓝记》卷二中记载了这么一则故事,说当时有一比丘死而复活,称在阎罗王处见到了五个已死比丘的不同去处:"坐禅苦行"者"得升天堂",而"唯好讲经"者却被送往"似非好处"的"黑门"。北魏胡太后闻之,即请坐禅者100人常在殿内供养之。"自此以后,京邑比丘,悉皆禅诵,不复以讲经为意。"这里虽然记载的是一个传说,却从一个侧面反映了当时统治者对禅诵的倡导和社会上对"讲经"的不重视。因此,在北朝,义学高僧并不多见,却相继出现了许多著名的禅师,如北魏时佛陀跋陀罗的弟子玄高(402~444年),专精禅律,妙通禅法;北齐时传佛陀禅师禅法的僧稠(480~560年),被誉为"自葱岭以东,禅学之最"[1];北周时传勒那摩提的僧实(476~563年),名重一时。特别是南天竺僧人菩提达摩禅师来华,渡江北上至魏,广传"南天竺一乘宗",在北方逐渐形成规模,乃至"在世学流,归仰如市"[2],最终形成了中国的禅宗。天台宗的先驱慧文、慧思也都曾是北方著名的禅师。

由于南北政治文化背景的不同,佛教与王权以及佛教与儒道的关系在南方和北方的情况也有所不同。南方帝王崇佛,一般对儒道仍加以利用,儒佛道三教皆有助于王化的思想在南朝基本上占主导地位。即使出于现实政治的需要,帝王对过分发展的佛教采取某些限制措施,其手段一般也比较温和,儒道对佛教的批评攻击有时虽然很激烈,但也仅停留在理论的论争上。正因为如此,南方才有夷夏之辨、佛法与名教之辨,以

---

[1] 《续高僧传》卷十六《僧稠传》。
[2] 《续高僧传》卷二十一附《习禅篇论》。

及神灭与神不灭等理论上的大论战,也才会有释慧远为"沙门不敬王者"所作的辩解。在北方的情况却不太一样。由于与南朝相比,北朝的君权更为集中,因此,在北朝出现了帝王利用政治力量灭佛的流血事件。佛教与儒道之间的争论,特别是佛道之争,也与南方的理论争论不同,往往更多的是借助于帝王的势力来打击对方。北方两次较大规模的灭佛事件,其实都与佛道之争有关。正因为如此,所以在北方非但没有出现沙门该不该礼敬王者的争论,反而出现了拜天子即为礼佛的说法。据《魏书·释老志》载,北魏道武帝时曾为道人统的沙门法果就认为,"太祖明睿好道,即是当今如来,沙门宜应尽礼"。他不但自己"常致拜",而且还对人说:"我非拜天子,乃是礼佛耳。"南北佛教对帝王的不同态度从一个侧面反映了佛教的发展及其特点的形成受社会历史条件的影响。

南北佛教的不同特点与学风,给我们留下了不同特色的文化遗产。在北方,大量的石窟艺术珍品至今熠熠生辉,世界著名的云冈石窟和龙门石窟等,都始凿于北魏。在南方,则出现了大量在佛教史上产生很大影响的佛教著述,其中不少已经佚失,现存最值得重视的有梁代僧祐和慧皎的著作,现在此作些简单的介绍。

僧祐(445~518年),据《高僧传·僧祐传》载,本姓俞,其先彭城下邳人,父时居于建康。年数岁,入建初寺,师事僧范道人。年十四,为避婚事而投至钟山脚下定林寺,拜"戒德精严,为法门梁栋"的法达法师为师。二十岁受具足戒后,又跟从"一时名匠,为律学所宗"的法颖律师学习律学。"竭思钻求,无懈昏晓,遂大精律部,有迈先哲。"齐竟陵王萧子良常请他讲律,听众常达七八百人。齐永明(483~493年)年间,曾奉敕入吴(今江苏苏州)"试简五众",并宣讲《十诵律》,更申受戒之法。僧祐为性巧思,善于设计建寺造像,著名的光宅寺、摄山大像、剡县石佛等,均是他设计监造的。他的学识风范深受齐梁两代朝野僧俗的崇敬,僧俗弟子达11000余人,其中明彻、宝亮等,都是佛教史上的著名人物。僧祐受南方学风的影响,很重视佛教典籍的研究,曾广泛搜聚佛经卷帙,在中国佛教史上第一个作了建立经藏的工作。他的佛教著述也很多,现存最重要的有为"订正经译"而作的《出三藏记集》15卷和为"护持正化"而集的《弘明集》14卷,都具有极高的学术价值。

《出三藏记集》是我国现存最古的佛教经录。僧祐在此书的自序中说,自汉代以来,社会上流传的译经日益增多,由于"胡汉国音各殊,故文有同异;前后重来,故题有新旧。而后之学者,鲜克研核。遂乃书写继踵,而不知经出之岁;诵说比肩,而莫测传法之人。授之受道,亦已阙也"。僧祐高度赞赏了道安曾经做过的佛经整理工作,并把道安撰的《综理众经目录》的主要内容加以吸收,保留在自己编的《出三藏记集》中,同时,他又说:"《安录》诚佳,颇恨太简。"有鉴于道安以来又有大量佛典译出,时竞讲习,"而年代人名,莫有铨贯,岁月逾迈,本源将没,后生疑惑,奚所取明",僧祐乃仿效道安的做法,"校阅群经,广集同异,约以经律",终于编成《出三藏记集》15卷。僧祐编集此书的主要目的在于"沿波讨源",考定译经的译者、年代及其真伪,因而将全集分为四个部分:(1)《撰缘记》1卷,着重记述佛教经典的结集和译经的来源,使"原始之本克昭"。(2)《诠名录》4卷,基本上按照《安录》的撰述加以补订和扩充,即把东汉以来到南朝梁代为止400余年间译出或撰集的所有佛典,不管是否有译者或作者的姓氏,统统搜罗记载,归纳为14录,大致保存了《安录》的原貌,但内容增加了不少,共收经目2162部4328卷。① 此为全书的重点所在。(3)《总经序》7卷,不仅抄录了一些经律论的前序和后记,保存了许多有价值的资

---

① 此据《历代三宝记》卷十五。

料，而且还在序文之外备载篇目。这种体裁，犹似佛藏提要，后人根据篇目就可略知这些著述的内容，并可考知各译经的经过以及译经的地点和时间，此为全书的一大特色。(4)《述列传》3卷，叙述了32位中外译师和知名僧人的生平事迹，这是中国现存最早的僧传，其中许多史料为慧皎的《高僧传》和宝唱的《名僧传》所采用，其叙述方法也为后人编撰僧传所沿袭。僧祐的《出三藏记集》为促进佛教文化在中土的繁荣作出了重要的贡献。

《弘明集》是僧祐站在佛教的立场上，面对儒、道两教对佛教的攻击，为"护持正法"、驳斥异教而编集的。僧祐在《序》中说："道以人弘，教以文明；弘道明教，故谓之《弘明集》。"僧祐在《后序》中也谈到了自己编集此书的宗旨。他说："余所集《弘明》，为法御侮。通人雅论，胜士妙说，摧邪破惑之冲，弘道护法之堑，亦已备矣。"为了达到"弘道明教"、"为法御侮"的目的，僧祐把当时人们对佛教的怀疑和攻击归纳为"六疑"："一疑经说迂诞，大而无征；二疑人死神灭，无有三世；三疑莫见真佛，无益国治；四疑古无法教，近出汉世；五疑教在戎方，化非华俗；六疑汉魏法微，晋代始盛。"这六疑实际上也就是当时儒、道两家攻击佛教的主要问题。从佛教的立场上来看，这"六疑"都是异端邪说，理应破之。为此，僧祐乃广集经论，"撰古今之明篇，总道俗之雅论"，搜集了大量佛教徒护法弘教的重要著作，从不同的方面对上述"六疑"进行了辩驳，以反击时人对佛教的攻击。僧祐把这些文章分门别类，列为10卷（后又加以增补扩充，成为今本14卷）。僧祐对非佛言论的驳斥并不是简单地采取摒弃、诋毁或断章取义的手法，而是在收录"刻意翦邪，建言卫法"的佛家文章的同时，也引录反佛的文章，以期在比较、辩论之中彰显佛法，达到"弘道明教"的目的。因此，《弘明集》不仅搜集了大量颂佛护教之文，也保留了像范缜的《神灭论》等大量的反佛史料。现存的《弘明集》共收录各种文章120篇，作者百人左右，其中僧侣仅19人。文章收录的时间范围从东汉末年起到南朝梁代止,约300多年,以南朝的文章为最多。全书大体上是按照文章内容的类别来编排的,主要包括如下几个方面的内容:一是反映了佛法东传数百年间人们对佛教的理解;二是反映了佛教与儒、道两教的斗争,南北朝时期,这种斗争突出地表现在夷夏之争和神灭神不灭之争这两个问题上,有关斗争的第一手资料全靠《弘明集》才得以保存;三是反映了佛教与社会政治的关系,特别表现在论出家和在家、佛法和王法的关系上。上述内容,为我们了解南北朝时社会所关心和争论的各种有关佛教的问题提供了极大的方便。僧祐编集《弘明集》,主观上是为了弘扬佛教,客观上却为我们保存了大量珍贵的文献。许多重要的文章,若没有《弘明集》,也许早就失传了。《四库全书提要·释家类》中说:"梁以前名流著作,今无专集行世者,颇赖以存。"这在一定程度上说是符合实际的。我们今天如果想要了解佛教传入后数百年间的中国化历程,想要知道佛教如何在与传统文化的不断冲突与融合中最终成为传统文化的重要组成部分,《弘明集》是必不可少的参考书。

慧皎(497~554年),据《续高僧传》卷六载,会稽上虞人,"学通内外,博训经律。住嘉祥寺,春夏弘法,秋冬著述"。他的著述中最重要的即是《高僧传》,这是他不满意此前的各种僧传类著作而另开体例撰写而成的。关于书名,慧皎在《序》中特别作了个说明:

> 自前代所撰,多曰名僧。然名者,本实之宾也。若实行潜光,则高而不名;寡德适时,则名而不高。名而不高,本非所纪;高而不名,则备今录。故省"名"音,代以"高"字。

慧皎以《高僧传》为书名,表明了他的写传倾向。全书收录的范围,"始于汉明帝永平十年,终于梁天监十八年,凡四百五十三载,二百五十七人,又傍出附见者二百余人"①。在体例上,全书按十大类进行编排,称"十科":"一曰译经,二曰义解,三曰神异,四曰习禅,五曰明律,六曰遗身,七曰诵经,八曰兴福,九曰经师,十曰唱导。"②以上十科,每科之末皆有总论,类似于前序、后议,概要地标明该科的大意,评述重要的人物与事件,其中不乏精辟之论。

《高僧传》在中国佛教史上有着重要的地位和影响,它通过为僧人立传,为我们保留了大量可贵的佛教史料,是我们了解并研究汉魏六朝佛教传播发展情况不可多得的重要参考书,"今日治汉魏六朝佛教史者,于其时之僧家事迹必据此书也"③。《高僧传》的体例,也为以后的僧传编撰者所遵循,例如《续高僧传》和《宋高僧传》,所设"十科"都与《高僧传》大同而小异。唐代智昇曾这样来评价《高僧传》:"义例甄著,文词婉约,实可以传之不朽,永为龟镜矣。"④当然,此书也有不足之处,如陈垣先生所曾指出的:"惜为时地所限,详于江左诸僧,所谓'伪魏僧'仅得四人,此固有待于统一后之续作也。"⑤但这并不影响《高僧传》的重要学术价值及其对佛教史学的贡献。

第二节　僧官制度、寺院经济与世俗的佛教信仰

南北朝时期迅速发展的佛教,出现了与以往不同的一些新特点。东

---

① 《高僧传》序。
② 《高僧传》序。
③ 汤一介为中华书局标点本《高僧传》所撰"绪论",中华书局1992年版,第3页。
④ 《开元释教录》卷六,《大正藏》第55册,第539页上。
⑤ 陈垣:《中国佛教史籍概论》,中华书局1962年版,第24页。

晋末年始创的僧官制度在南北朝时得到了完善与发展,寺院经济的规模日益扩大,并在社会经济中占有越来越重要的地位,民间的佛教信仰也在这个时期空前活跃,促进了中国佛教文化的繁荣。

一、僧官制度的形成

佛教传入之初,僧尼一般都由朝廷的鸿胪寺兼管。随着佛教的广泛传播和僧尼人数的激增,国家便开始从僧人中选拔任命僧官以协助政府管理佛教僧尼事务。这是世俗统治者在新的形势下加强对佛教控制的重要措施与手段,这从一个侧面反映了中国封建社会世俗王权的至上性及其由此而形成的中国佛教文化的特点。

史书中一般以后秦姚兴时为中国设立僧官之始。据《高僧传·僧䂮传》载,"(姚)兴既崇信三宝,盛弘大化,建会设斋,烟盖重叠,使夫慕道舍俗者十室其半。自童寿(即罗什)入关,远僧复集,僧尼既多,或有愆漏。兴曰:凡夫学僧,未阶忍苦,安得无过?过而不劾,过遂多矣!宜立僧主,以清大望"。为此,他特下书曰:"大法东迁,于今为盛,僧尼已多,应须纲领,宜授远规,以济颓绪。僧䂮法师,学优早年,德芳暮齿,可为国内僧主。僧迁法师,禅慧双修,即为悦众。法钦、慧斌共掌僧录。"这就是说,罗什入关以后,关中佛法大兴,姚兴为了加强对僧尼的管理而设置了僧官,任命僧䂮为"僧主",僧迁为"悦众",法钦、慧斌共掌"僧录"。僧主亦称僧正,为全国最高的僧官,地位相当于侍中。悦众的地位次之,后也称"授事""知事""都维那"等,其职责为协助僧正管理僧尼庶务。僧录为掌管僧籍、处理日常事务的僧官。后秦的僧官职称基本为南朝所沿袭。

姚兴初设僧官的年代,志磐的《佛祖统记》卷三十六记为弘始三年(401年),从罗什在这一年才入关来看,显然不会比这更早了,《高僧传》

中说："僧正之兴,䂮之始也。"①赞宁在《大宋僧史略·僧寺纲纠》中更说："此土立僧官,秦䂮为始也。"其实,在此之前,就可能已有僧官的设立,例如东晋僧人道壹(卒于东晋隆安中)即以其"博通内外""律行清严"而被时人誉为"九州都维那",这里的"都维那"如果已是僧官的名称(尽管道壹本人实际并未担任此职),那就表明至少在东晋隆安(397～401年)年间已出现了僧官的设置。

北魏设置僧官的时间实际上也可能较后秦为早。据《魏书·释老志》载,北魏道武帝在皇始(396～397年)年间召沙门法果到京师,"后以为道人统,绾摄僧徒"。道人统或称沙门统,为最高的僧官。北魏统一北方后,从中央到地方,建立了比较完备的僧官制度,并为北朝所通用。

北魏在中央设的僧官机构是监福曹,这是道人统的办事衙门,后改为昭玄寺,道人统也随之改称昭玄统。关于昭玄寺的僧官设置,《隋书·百官志中》有这样的记载:

> 昭玄寺,掌诸佛教。置大统一人,统一人,都维那三人。亦置功曹、主簿员,以管诸州郡县沙门曹。

北魏时的情况与此大致相同,不过北魏时中央沙门统一般只有一人,并未分设大统和统。北魏继法果以后任道人统的有师贤。师贤逝世后,其弟子昙曜继之,改称沙门统或沙门都统。此后,孝文帝时僧显担任沙门都统,宣武帝时惠深担任昭玄统。东魏时,慧光任国统(即昭玄统),其弟子法上在北魏和北齐两代任国统40余年。北齐时曾设有十个国统,其中法上为大统,余九为通统,合称"昭玄十统"。西魏时,文帝曾任命道臻为魏

---

① 《高僧传》卷六《僧䂮传》。

国大统。北周时，则有昙延被授为国统。值得注意的是，西魏和北周出现了以"三藏"为名的僧官。例如西魏大统（535～551年）年间僧实任昭玄三藏，北周武帝敕命昙崇为周国三藏，同时又命僧玮为安州三藏等。"三藏"本为佛教的经、律、论，精通三藏者也被尊称为"三藏"，例如唐三藏玄奘。北朝末年的僧官被冠之以"三藏"之名而取代了原来的沙门统，表明僧官的行政职权在缩小，仅限于"佛教界内的礼法、道德和教学方面的监督人了"①。北朝时，在地方上也设立了许多僧官，例如在州有州统、州都，在郡有郡统、郡维那，在县也有县维那等，分别管理各级地方上的僧尼事务，其办事机构则为沙门曹。诸州郡县沙门曹由昭玄寺统管。这样，在北朝就形成了一个从上到下的比较完备的僧官体系。

南朝的僧官体系较之北朝要松散一些，在中央似乎并没有像北方监福曹或昭玄寺之类的僧官机构，但从一些僧传看，齐代有"僧局"之设②，梁代则有"僧省"之设③，僧局、僧省的情况，史籍记载不详，还有待进一步研究。在南朝，最高的僧官称僧正，因在京都，也称都邑僧正，有时还有比丘尼担任此职。例如宋时曾敕命比丘尼宝贤为都邑僧正；梁时以慧超为僧正，又敕法云为大僧正；陈文帝也敕宝琼为京邑大僧正。僧正有时也称僧主或天下僧主，如宋明帝命僧瑾为天下僧主；齐武帝敕玄畅、法献同为僧主，分管长江南北两岸的僧务。在僧正之下有都维那，称京邑都维那，有时也称大僧都或悦众，例如宋孝武帝时慧璩被敕为京邑都维那，僧璩被敕为僧正悦众，陈后主时的慧暅则担任过京邑大僧都。南朝在各级地方上设立的僧官也称僧正或僧主。"南朝的地方性僧官层次较多，有的按照世俗行政区划分别设立州、郡僧官，但也有的根据佛教传播的特点设立跨

---

① 鎌田茂雄：《简明中国佛教史》，上海译文出版社1986年版，第134页。
② 见《高僧传》卷八《道盛传》。
③ 见《续高僧传》卷六《明彻传》。

州、郡的区域性僧官。州级僧官设僧正一人，副职维那则或设或缺，随宜而定。郡一级的僧正称某郡僧正，副员为某郡维那或僧都，亦或设或缺。"①州郡的各级僧官大都由皇帝亲自任命，但也有少数例外。

佛教的基层组织是寺院，寺院一般都有一个主事僧，南北朝时称为寺主。后来，随着寺院经济的发展和寺院事务的扩大，原来作为寺院僧人中年长者之尊称的"上座"和寺院中一般执事僧的"维那"也逐渐被列入寺院僧官序列，与寺主共同统辖僧众，管理寺院事务。不过，南北朝时，寺院组织和寺院制度尚不很完备，比较严格的"三纲"（上座、寺主、维那）制度及其统一的名称大约到隋唐时才最终形成。

二、寺院经济的发展

寺院经济的极大发展是中国佛教的一大特点。在印度佛教中，虽然不允许僧尼个人蓄金银财物而并不禁止寺院僧团拥有土地财产，但出家修道的僧尼一般是不直接从事生产劳动和各种经济活动的。释迦牟尼曾告诫佛门弟子："不得贩卖贸易，安置田宅……一切种植及诸财宝，皆当远离，如避火坑。"②但佛教传入中国后，受自给自足的小农经济的封建社会影响，佛教寺院不仅占有田产，而且从事多种以营利为目的的经济活动。这种情况在东晋时就已较为普遍，并引起了时人的批评。东晋僧人道恒所著的《释驳论》中就有这样的记载：

> 至于营求孜孜，无暂宁息：或垦殖田圃，与农夫齐流；或商旅博易，与众人竞利；或矜恃医道，轻作寒暑；或机巧异端，以济生业；或占

---

① 谢重光、白文固：《中国僧官制度史》，青海人民出版社1990年版，第19页。
② 《佛遗教经》，《大正藏》第12册，第1110页下。

相孤虚,妄论吉凶;或诡道假权,要射时意;或聚畜委积,颐养有余。①

不过,在东晋时,还没有形成比较强大的寺院经济。到南北朝时,随着皇帝、贵族和地主布施的增多和寺院多种经济活动的扩大,寺院经济得到了极大的发展,相对独立的寺院经济在当时的社会经济中已占有很重要的地位。

在南朝,寺院的田地财产有很大一部分来自帝王和贵族们的布施。例如宋孝武帝一次就"赐钱五十万"给道温②,梁武帝更是一次就向寺院捐赠了价值1000多万的财物③,并强买良田80余顷赐给寺院④,他四次舍身同泰寺,竟使寺院每次都获得"钱一亿万"的赎金⑤。陈宣帝也曾很大方地一下就把一个县的赋税全部拨给智顗所在的寺院供僧众日用。

南朝的寺院还在帝王的支持下利用积聚的钱财经营"无尽藏"以获利。无尽藏又叫长生库,类似于当铺、钱庄之类,因其能使钱财如"子母滋生"般地"无尽"长生利息而得名⑥,无尽藏的钱财也因此而被称为无尽财或长生钱。据说梁武帝曾亲自造立"十种无尽藏"(一说造"十三种无尽藏")。无尽藏经营的范围很广,从黄金到各类物品,都可以送去典当。例如宋齐时官至尚书令的褚渊死后,他的弟弟褚澄曾"以钱万一千,就招提寺赎太祖所赐白貂坐褥、坏作裘及缨,又赎介帻、犀导及渊常所乘黄牛"⑦。可见,像褚渊这样的朝廷大官也会到寺院去典当物品,而黄牛之类的牲畜

---

① 《弘明集》卷六。
② 《高僧传》卷七《道温传》。
③ 《广弘明集》卷十九。
④ 《梁书》卷七。
⑤ 《南史》卷七。
⑥ 见《释氏要览》卷中,《大正藏》第54册,第289页上。
⑦ 《南史》卷二十三。

竟也在可典当之列。《南史·甄法崇传》附《甄彬传》中还有这样的记载：

（甄）彬有行业，乡党称赞，尝以一束苎就州长沙寺库质钱，后赎苎还，于苎束中得五两金，以手巾裹之，彬得，送往寺库。道人惊云："近有人以此金质钱，时有事不得举而失，檀越乃能见还。"辄以金半仰酬。往复十余，彬坚然不受。

由此可见，贵为黄金，贱如苎麻，都可以拿到寺院去典当。

经营无尽藏和占有大量土地，再加各种布施，使南朝的寺院经济实力大增，僧人中的豪富也为数不少。例如据《宋书·王僧达传》记载："吴廓西台寺多富沙门，僧达求须不称意，乃遣主簿顾旷率门义劫寺内沙门竺法瑶，得数百万！"而《南齐书·萧赤斧传》附《萧颖胄传》中更有这样的记载："长沙寺僧业富沃，铸黄金为龙，数千两，埋土中，历相传付，称为下方黄铁，莫有见者。（萧颖胄）乃取此龙以充军实。"寺僧的富有，由此可见一斑。

南朝寺院经济的极大发展，曾遭到来自各个方面的批评，寺院占有过多的田产以及农民为逃避沉重的租税徭役而纷纷遁入寺院①直接影响到世俗统治者利益，这也成为统治者下令沙汰僧尼（即整顿佛教，淘汰僧尼，强令部分僧尼还俗）的重要原因。例如东晋时专断朝政、窥视帝位的桓玄就在沙汰僧尼的命令中指出："佛所贵无为，殷勤在于绝欲，而比者陵迟，遂失斯道。京师竞其奢淫，荣观纷于朝市，天府以之倾匮，名器为之秽黩。避役钟于百里，遁逃盈于寺庙，乃至一县数千，猥成屯落，邑聚游食之群，

---

① 寺院的僧尼享有免除租税徭役的特权。

境积不羁之众。其所以伤治害政,尘淬佛教,固已彼此俱弊,实污风轨矣。"①

在北朝,寺院经济同样获得了很大的发展,各个寺院都拥有大量的土地财富,通过收租、经商、放高利贷等,形成了较为雄厚的相对独立的寺院经济,在当时的社会经济中占有重要的地位。与南朝佛教寺院经营"无尽藏"形成对照的是,北朝的寺院经济更多的是依靠地租的收入,特别是向僧曹(管理僧尼的机构)交纳"僧祇粟"的"僧祇户"和沦为寺院奴隶的"佛图户",成为北魏寺院经济的重要组成部分。

关于僧祇户和佛图户,据《魏书·释老志》载,北魏高宗文成帝和平(460~465年)年间继师贤为沙门统的昙曜曾上奏曰:

平齐户及诸民,有能岁输谷六十斛入僧曹者,即为"僧祇户",粟为"僧祇粟",至于俭岁,赈给饥民。又请民犯重罪及官奴以为"佛图户",以供诸寺扫洒,岁兼营田输粟。

据说,"高宗并许之。于是僧祇户、粟及寺户,遍于州镇矣"。奏中所称"平齐户"乃是北魏在献文帝皇兴(467~471年)年间在京都平城附近设平齐郡所安置的在对宋战争中俘掠的青齐民户,这些民户除一部分赐给百官为奴外,皆被强迫垦殖耕种,不得自由迁徙,地位类似农奴。既然在皇兴年间才有平齐户出现,故上文中的"高宗"似应为"献文帝"。按照规定,僧祇户并不属于某一个寺院,而是为僧曹所领,他们实际上是寺院团体的佃客,可以不向封建政府供输赋役,但每年要向州、郡僧曹交纳 60 斛粟以供各寺之用,这在当时也已是很重的经济负担,但他们实际承受的还不止于

---

① 《弘明集》卷十二《与僚属沙汰僧众教》。

此。《魏书·释老志》记载了尚书令高肇在北魏宣武帝永平四年(511年)的奏言，其中说：

> 故沙门统昙曜，昔于承明元年，奏凉州军户赵苟子等二百家为僧祇户，立课积粟，拟济饥年，不限道俗，皆以拯施。又依内律，僧祇户不得别属一寺。而都维那僧暹、僧频等，进违成旨，退乖内法，肆意任情，奏求逼召，致使吁嗟之怨，盈于行道，弃子伤生，自缢溺死，五十余人……遂令此等，行号巷哭，叫诉无所！

高肇认为这些残酷压榨僧祇户的僧人"违旨背律"，建议将僧暹等人交付昭玄寺，依僧律推处。但皇帝不但下诏曰"特可原之"，而且还在以后提拔了僧暹，任命他为沙门统。可见，僧祇户的处境在当时是很悲惨的，且呼救无门。那么佛图户的情况又怎样呢？佛图户的处境比僧祇户更差。佛图户也称"寺户"，主要由"民犯重罪及官奴"构成，归属个别的寺院以充作寺院的杂役，并"岁兼营田、输粟"，他们实际上已沦为寺院的奴隶，没有什么人身自由。

僧祇户交纳的"僧祇粟"，名义上是用于僧尼的各种宗教活动，在灾年则用作赈济灾民，但实际上却往往被上层僧侣（僧官）用作放高利贷等以剥削农民。在魏宣帝永平四年(511年)下的诏书中有这样的记载：

> 僧祇之粟，本期济施，俭年出贷，丰则收入。山林僧尼，随以给施；民有窘弊，亦即赈之。但主司冒利，规取赢息，及其征责，不计水旱，或偿利过本，或翻改券契，侵蠹贫下，莫知纪极。细民嗟毒，岁月滋深。非所以矜此穷乏，宗尚慈拯之本意也。

"偿利过本""翻改券契"等等,充分反映了剥削的残酷和手段的卑劣!皇帝的诏书中虽然提出要对这些过度的剥削和欺诈行为"依法治罪",但"侵夺细民,广占田宅"的现象仍然十分普遍,"非但京邑如此,天下州镇僧寺亦然"。乃至司空公、尚书令、任城王澄在孝明帝神龟元年(518年)的一道奏章中发出了"顷明诏屡下而造者更滋,严限骤施,而违犯不息"的感叹。①

寺院经济的发展给佛教的繁盛提供了坚实的基础,但寺院经济的过度膨胀,往往也成为世俗统治者排佛灭佛的重要原因之一。寺院经济曾给农民带来了沉重的负担,"凡厥良沃,悉为僧有,倾竭府藏,充佛福田"②,对社会的发展无疑起了消极的作用,但寺院经济也曾在一定的条件下为那些不堪忍受繁重的赋税徭役而逃生者提供了一种出路,其对社会经济的稳定似起过某种积极的调节作用,这也是值得研究的。

三、世俗的佛教信仰

南北朝时期,佛教信仰在民间也相当发达,出现了义邑、法社等民间组织,并举行设斋、礼忏等法事活动。随着佛教影响在民间的扩大,一些适应中国社会的需要而出现的"疑伪经"也在民间相当流行。

"义邑"最初是民间为共同修造佛像而建立起来的信仰团体,后逐渐发展,从事凿窟造像、举行斋会、写经、诵经等各类活动。义邑的成员称邑子,或称邑人、邑徒等,其首脑称邑主或邑长。另有邑师,是作为指导者和传教者的出家僧尼。"法社"与义邑类同,也是一种民间的佛教组织,不过主要由达官贵人、知识分子和一些僧尼组成。义邑和法社常通过举办斋

---

① 以上引文均见《魏书》卷一一四《释老志》。
② 《广弘明集》卷七。

会等方式进行传教。

所谓斋会,是指集中僧侣进行活动并施食的法会。梁武帝时曾举办水陆大斋、盂兰盆斋等,对以后中国佛教的法事活动影响很大。水陆大斋亦称"水陆道场",是佛教法会中时间较长、规模较大的一种,谓超度水陆一切鬼魂,普济六道四生,故得名,相传最早由梁武帝始创。据《佛祖统记》卷三十三载,梁武帝在梦中得到神僧的启示,醒后受宝志禅师的指教,乃"迎《大藏》,积日披览,创立仪文,三年而后成",于天监四年(505年)在金山寺依仪修设。参加这种法会的僧人往往多达数十乃至上百人,时间少者七天,多者七七四十九天。法会期间,诵经设斋,礼佛拜忏,追荐亡灵。拜忏亦称"礼忏",即依照忏法礼佛念经、忏悔罪业。忏法的最早制作者也是梁武帝。相传梁武帝曾集录佛经语句制成《慈悲道场忏法》十卷(简称梁皇忏),请僧人拜诵,为死者忏悔罪业,祈福超生。梁陈之际,忏法十分繁兴,流行的有涅槃忏、摩诃般若忏、金刚般若忏等等,推进了佛教在民间的传播。盂兰盆斋亦称"盂兰盆会",是每年夏历七月十五日佛教徒为追荐祖先而举行的一种佛教仪式。盂兰盆是梵文Ullambana的音译,意译为"救倒悬"。据《盂兰盆经》中说,佛弟子目连见其母亲死后在饿鬼道受苦,如处倒悬,便求佛救度。佛叫他在僧众夏季安居终了之日(即夏历七月十五日),备百味饮食,供养十方僧众,这样可使其母解脱。据说梁武帝时依此而始设"盂兰盆斋",后世仿行,遂相沿成习,并成为中国佛教的一个重要节日"中元节",或称"鬼节"。节日期间,除设斋供僧之外,还举行水陆法会等其他佛事活动。这些与民间习俗相结合的佛事活动加深了佛教对社会生活的渗透,扩大了佛教在民间的影响。

另外,由于大量宣扬弥勒佛、阿弥陀佛和观世音菩萨的佛典译出,民间对这些佛与菩萨的信仰也十分普遍,这是南北朝佛教的重要特点之一。当时社会的战乱与黑暗,百姓的苦难与无助,是这些佛教信仰迅速传播的重要社会条件。弥勒信仰与弥陀信仰所描绘的佛国净土成为现实社会苦难中的百姓向往的美妙去处，观世音的大慈大悲、救苦救难又成为人们摆脱当下灾难的精神寄托。这些佛教信仰的流行都与民间的灵魂不死等宗教观念和祭祖祈福等社会习俗结合在一起。这不但推进了佛教的民族化进度，也在一定程度上丰富了中华民族的精神生活和社会生活。当然，由此而产生的消极影响也是不能忽视的。

还值得一提的是，由于佛教民族化的不断发展，为适应社会需要而出现的"疑伪经"也在南北朝时有了进一步的增加。所谓"疑经"是指那些疑为"伪经"的佛教经典，"伪经"则是指中国人自己编撰而假托"佛说"并以汉文译经的形式出现的佛典。从印度和西域传入的佛经中虽然也有不少是佛灭度后数百年才由人假托佛说制造出来的，但中国佛教徒一向把这些经典都视之为"真经"。中国人开始制作疑伪经的时代难以确定，但在东晋时道安就提出："经至晋土，其年未远，而憙事者以沙标金，斌斌如也，而无括正，何以别真伪乎？"①道安在他编撰的经录里列出了疑为伪经的佛典26部30卷。梁僧祐在《出三藏记集》卷五《新集疑经伪撰杂录》中则列出了疑伪经20部26卷。在隋彦琮的《众经目录》卷四里，所列疑伪经更多达209部491卷，其中相当一部分当形成于南北朝时期。南北朝时比较流行的疑伪经中，有些是论述佛教与中国传统思想文化关系的，例如《清净法行经》强调了儒佛道三教同源于佛教；有些是宣扬菩萨信仰的，例如《观世音三昧经》阐述了信仰观世音的理论和具体的实践；还有一些是专门为在家信徒和庶民撰写的佛经，宣扬佛教的基本教义和劝人守戒持斋修行，例如在南北方都十分流行的《提谓波利经》，吸收了阴阳五行、仁义五常等许多中国传统的思想和习俗，要人皈依佛法僧，守戒持斋，忠君

---

① 《出三藏记集》卷五《新集安公疑经录》。

孝亲,以求增寿益年,解脱成佛。这些与传统思想文化、民间信仰和社会习俗相结合的疑伪经的流行,从一个侧面反映了当时中土人士对佛教的理解接受和佛教在民间的流传情况。

第三节 讲习经论的盛行与佛教学派的林立

南北朝时期,在佛教经论继续译出的同时,中国僧人开始倾心于对佛教义理的探究,特别是在南朝,经论的讲习之风大盛。"从前僧人以能清谈玄理见长,现在以能讲经知名。"①僧人务期兼通众经,广访众师听讲,而本人也渐以讲经知名,并各自有所专精。由于讲习经论的不同,逐渐形成了以弘传某部经论为主的不同的学派,如毗昙学派、涅槃学派等,其学者也相应地被称为"毗昙师""涅槃师"等,这些学派虽也有称其为"宗"的,其实尚不能算是真正的宗派,但它们为隋唐佛教宗派的创立准备了理论条件。当时的佛教界对涅槃佛性义、真俗二谛义等佛学的基本理论,都曾进行过激烈的争辩。有的即使是讲解同一经论的学者,见解也往往有所不同。例如"梁氏三师,互指为谬"②,即同为成实论师的开善寺智藏、光宅寺法云、庄严寺僧旻等三人的观点也常常不一致。南北朝时期佛学上的争论最后表现为传法定祖的问题,学派遂逐渐有了教派的性质③。在义理纷争的情况下,开始出现了判释佛说经教的"判教"。判教的方法非中土所创,它在印度佛籍中已有运用,如《楞伽经》分顿渐二教,《解深密经》分有、空、中三时,《涅槃经》分五味(五时)等,但中土的判教在佛教学派向佛

---

① 汤用彤:《论中国佛教无"十宗"》,载《汤用彤学术论文集》,中华书局1983年版,第356页。
② 《续高僧传》卷十五《义解篇论》。
③ 请参见汤用彤:《中国佛教宗派问题补论》,载《汤用彤学术论文集》,第371~403页。

教宗派的演进中起了很大的作用。到隋唐时,随着封建统一王朝的建立和佛教寺院经济的进一步发展,中国化的佛教宗派相继形成,学派林立的南北朝佛教也就过渡到了宗派并存的隋唐佛教。下面,我们对南北朝时期的主要佛教学派略作介绍。

一、毗昙学派和俱舍宗

毗昙学派是专门研习并弘传小乘说一切有部论书"阿毗昙"的佛教学派。阿毗昙,是梵文 Abhidharma 的音译,简称"毗昙",也译作"阿毗达磨",意译为"论",本来是佛教经、律、论"三藏"中"论藏"的泛称,可以指大小乘佛教的一切论典,但东晋南北朝时期所称的"阿毗昙",则特指小乘论典。东晋以来,小乘说一切有部的多种阿毗昙论书被先后译出,主要的有前秦僧伽提婆译的《阿毗昙八犍度论》《阿毗昙心论》和刘宋僧伽跋摩译的《杂阿毗昙心论》等。其中的《杂阿毗昙心论》在当时被认为是说一切有部毗昙的总结性论著而受到毗昙师的特别重视。

毗昙学派主要通过对佛教法相的分析来表述"四谛"等基本思想,论证解脱的必要性和可能性。在哲学理论上,它认为人我是空,但法体恒有,万法的"自性"不空,即认为因缘和合的事物皆有永恒不变的实体(自性),法体可以脱离具体的事物而独立自存于过去、现在与未来"三世",故"三世"亦真实不虚,"三世实有"成为一个根本性的命题。为了说明"自性"必待"因缘和合"方生成万法,该派对"六因四缘"也作了十分细致的分析。

毗昙学自东晋道安和慧远的提倡而开始在南北同时流传,至刘宋时形成了学派。著名的学者很多,南方有昙机、僧镜、僧韶、法护、慧集等,其中以慧集为最。慧集(456~515年)初受业于僧伽跋摩的弟子慧基,后住建康招提寺,"复遍历众师,融冶异说,三藏方等,并皆综达,广访《大毗婆沙》及《杂心》《犍度》等,以相雠校,故于毗昙一部,擅步当时,凡硕难坚疑,并为披释。海内学宾,无不必至"①。每一开讲,听众常达千人。"名高一代"的僧旻、法云等,也都"执卷请益",向他求教。曾著《毗昙大义疏》10余万言,盛行于世。在北方,最著名的毗昙学者则首推慧嵩(卒于6世纪中)。他原为西域高昌(今新疆吐鲁番一带)人,后至魏境,从著名的论师智游习《毗昙》和《成实》,元魏、高齐之时,活跃于邺洛彭沛之间,大弘毗昙之学,世称"毗昙孔子"。他的弟子道猷、智洪以及再传弟子靖嵩、辩义等都是北方著名的毗昙师。特别是曾受学于慧嵩的志念,晚年专治毗昙,撰有《迦延杂心论疏》及《广钞》各9卷,盛行于世,受学者数百人。其中魏郡慧休,乃唐初著名的毗昙学者,玄奘亦曾从之问学。值得一提的是当时的毗昙学者,一般都兼传《涅槃经》《成实论》等其他佛典,例如慧嵩就同时是北方著名的成实论师。至于当时其他论师兼习毗昙的就更多,著名的义学僧人大都对毗昙学有所涉猎,这可能与他们视毗昙学为佛学之基础有关。

南朝末年真谛初译《俱舍论》(称《阿毗达磨俱舍释论》)。由于此论在诸阿毗昙中体系特别完整,名相解说也最为简明,因而受到欢迎,毗昙学派的一些学者也逐渐转向对《俱舍论》的研究,成为俱舍师。例如真谛的弟子慧恺(518~568年)及其再传道岳(568~636年)等皆大力弘传俱舍学。俱舍学以"五位七十五法"来概括世界诸法,主张我空法有,对三世实有、法体恒有等作了系统的论证。唐初,玄奘再译《俱舍论》(称《阿毗达磨俱舍论》),掀起了对此论的研习高潮,玄奘的门人普光、法宝、神泰分别作疏记,世称"俱舍三大家"。而旧译毗昙学则随之而渐趋衰歇,许多毗昙师的著作都没有留传下来。日本僧人智通、智达和道昭等来华从玄奘学法,

---

① 《高僧传》卷八《慧集传》。

同时传回了法相和俱舍教义,以俱舍宗作为法相宗的附宗,在日本有一定的影响。

二、涅槃学派

涅槃学派是以研习并弘传大乘《涅槃经》而得名的佛教学派。《涅槃经》的主要思想是"泥洹不灭,佛有真我,一切众生,皆有佛性"。涅槃佛性问题曾是南朝时佛教理论的中心问题。

涅槃佛性论的兴起与大乘《涅槃经》在中土的传译有很大的关系。宣说大乘涅槃佛性学说的《涅槃经》对中土佛教影响较大的有三个本子:一是东晋义熙十三年(417年)法显与佛陀跋陀罗在建康译出的《大般泥洹经》六卷;二是北凉昙无谶于玄始十年(421年)译讫的《大般涅槃经》40卷,又称大本《涅槃经》;三是由南朝慧观、谢灵运等人依6卷本将传入江南的40卷本润色改定为36卷本,称南本《涅槃经》。最初得到流传的是6卷本《泥洹经》。经中在强调一切众生皆有佛性皆得成佛的同时,又提出了一阐提人无佛性的说法,引起了佛学界的争论。

南方涅槃学派的重要代表人物是晋宋时的竺道生(？~434年),他在建康接触到了6卷本《泥洹经》以后,"剖析经理,洞入幽微",不受经文的限制,提出了一阐提也有佛性、亦得成佛的主张。后大本《涅槃》至,经中果称阐提悉有佛性,证明道生所倡不谬。道生便大行开讲,成为著名的涅槃师。竺道生还根据自己研习经论的体会而倡立"顿悟成佛"义以反对当时流行的渐悟成佛说,与持渐悟说的慧观形成了南方涅槃学派的两大系。慧观与道生同为鸠摩罗什门下的高足,俗姓崔,清河人。10岁便以博见驰名,弱年出家,游方受业,曾适庐山咨禀慧远。闻罗什入关,便投至门下。什亡后,南适荆州,后住建康道场寺。慧观"既妙善佛理,探究老庄,又精通《十诵》,博采诸部"①,故求法问道者,日不空筵。宋元嘉(424~453年)中卒,春秋七十一。曾著《辩宗论》《论顿悟渐悟义》等,皆传于世。慧观十分看重《涅槃经》,他曾立二教五时的判教,把《涅槃经》视为如来说法的归结,一般认为,此为中土判教之始,对后来的各种判教学说,影响很大。当时在南方,著名的涅槃学者很多,梁代僧朗、宝唱等所撰的《大般涅槃经集解》②为南朝涅槃学说的集大成之作,其中收录了宋齐梁时僧亮、宝亮等10多家涅槃师说,从中可见当时南方研习《涅槃经》盛况之一斑。

北方的涅槃师,有慧嵩、道朗等,曾主持昙无谶的译场,并参与了《涅槃经》的翻译。慧嵩作《涅槃义记》,道朗作《涅槃义疏》,阐发《涅槃经》的奥旨,推进了北方涅槃学的盛行。特别是道朗,提倡以非真非俗的中道为佛性,成为北方涅槃师的重要代表。其他如昙准、昙无最、圆通、道安、道凭等,也都以研习《涅槃》而知名。

当时的成论师、地论师等,大都兼善涅槃学。例如"梁代三大家"都是著名的《成实论》学者,他们同时也是涅槃学者;地论学派相州南道的创始人慧光曾为《涅槃经》作疏记,他的弟子僧范、法上等,也都研习《涅槃》,僧范并有《涅槃经论》传世。上面提到的慧嵩,则本身就是北方著名的成实论师。

南北涅槃师曾围绕着《涅槃经》关于"一阐提有无佛性""佛性的本质是什么"以及"成佛的觉悟是顿还是渐"等一系列问题展开过长期的争论,并形成多家异说。隋吉藏在《大乘玄论》卷三中曾将他以前的各种佛性学说归纳为十一家,再加上他自己所赞同的,共列出对佛性的解释有十二家

---

① 《高僧传》卷七《慧观传》。
② 僧朗或作法朗,请参见《续高僧传》卷一《宝唱传》和卷五《僧韶传》等。《大正藏》本《大般涅槃经集解》署名"宝亮等集"。

之多①。涅槃学至梁代而达极盛,入陈以后,由于三论、唯识学的渐兴而趋衰微,但至隋代仍有这方面的研究和争论。

三、摄论学派

摄论学派是以研习弘传真谛所译的《摄大乘论》而得名的佛教学派。《摄大乘论》为古印度无著所造,是瑜伽行派的重要代表作之一。它比较集中地阐述了瑜伽行派所主张的唯识学说,特别是对三性说和阿赖耶说等作了细致的论述,奠定了大乘瑜伽行派的理论基础。

《摄大乘论》传入我国后,最早由北魏佛陀扇多译出,但未得广传。真谛在重译此论的同时,还首译了世亲的《摄大乘论释》,系统介绍瑜伽行派的唯识学说,在中土形成了摄论学派。其主要理论是,在第八识"阿梨耶识"("阿赖耶识"的异译)之外另立纯粹清净的第九识"阿摩罗识"(亦译"阿末罗识",意译为"无垢识",即真如),认为一切现象皆依妄识阿梨耶识而有,通过佛教的修行,消除妄识,证入人人固有的自性清净的"阿摩罗识",就是成佛。这也就肯定了一切众生皆有佛性,都能成佛。

真谛门下的慧恺、道尼、法泰等均大力弘传真谛的摄论之学。慧恺(518~568年),亦即智恺,曾协助真谛翻译了《摄大乘论》,担任笔受,并致力于此论的研习,撰《摄论疏》25卷,先于真谛而亡。道尼是当时著名的摄论师,隋开皇十年(590年)奉诏入长安,大传真谛的摄论之学于京师。法泰亦曾协助真谛翻译《摄大乘论》,真谛以后,屡讲《摄论》,但并不为时人所重。曾从其受学的靖嵩(537~614年)却弘传《摄论》,知名一时。靖嵩博览众经,先在北方从融智法师学《涅槃》《地论》,后又南下至建业,从法

---

① 均正的《大乘四论玄义》列本三家、末十家,元晓的《涅槃宗要》列六家,与吉藏所说大同小异。

泰学《摄论》和《俱舍》等，在促进南方《摄论》学和北方《地论》学的交流方面起了重要的作用。其弟子智凝、道基等，都有《摄论》的章疏传世。另有昙迁一系，也盛弘真谛《摄论》之学于北方。昙迁（542~607年）先在北方学《地论》等，后为避周武帝灭佛之难而南逃金陵，倾心于《摄大乘论》。隋初，昙迁在彭城弘扬摄论之学。开皇七年（587年），他受诏从彭城到长安，大讲《摄论》，并撰《摄论疏》，听者甚众，门庭颇盛，从其受学者一时都成了北方的摄论大师。

唐代玄奘重译《摄大乘论》，视"阿摩罗识"为转染成净的第八识而非另有第九识，并将《摄大乘论》作为瑜伽行派的典据之一而并不独尊，从而使摄论学派趋于衰歇。

四、成实学派

成实学派是研习并弘传《成实论》的佛教学派。《成实论》的作者诃梨跋摩，原为印度说一切有部的僧人，后受大众部的影响而著此论批判有部的理论。"成实"，意为成立"四谛"真实的道理。其主要思想是人法两空，人空如瓶中无水，法空如瓶体无实，人法皆无自性，反对说一切有部"诸法实有"的观点，并在有部对世界万法分析的基础上提出了"五位八十四法"。此论被认为是由小乘向大乘空宗过渡的重要著作，也有人称此论为"小乘空宗"的论典。鸠摩罗什为助初学佛者而译出此论后，其门下刘宋僧导和北魏僧嵩对此深加研究并作注疏，此论遂成为南北朝时期最流行的佛典之一。

僧导在寿春（今安徽寿县），僧嵩在彭城（今江苏徐州），分别形成了成实学派的南北两大系统，世称寿春系和彭城系。南方著名的成实论师有宋代的昙济、道猛、僧钟等，齐代有慧次和僧柔。至梁代，成实学趋于大盛，"梁代三大家"智藏、法云和僧旻，皆为著名的成实论师，他们发挥《成实论》义,并具有调和大小乘的倾向。陈代的成实论师明显减少,但出现了值得重视的变化,即发挥《成实论》的"新"义,有所谓"新成实论师"之称,其代表人物有智瞰及其弟子智脱。北方著名的成实论师有僧嵩的弟子僧渊,僧渊的弟子昙度、慧纪、道登,另外还有慧嵩、灵珣、道凭、道纪等,都知名于一时。

成实师讲《成实论》,或兼弘"三论",或调和《涅槃》,曾对各家学说发生过广泛的影响。到隋代吉藏创三论宗,判《成实论》为小乘后,成实学派逐渐衰微。唐代唯识学兴起,成实学虽仍有余波,但学派已不复存在。

五、地论学派

地论学派是研习并弘传《十地经论》的佛教学派,为北朝所特有,且对北朝佛教影响最大。古印度世亲的《十地经论》,原是对《华严经·十地品》所说菩萨修行的十个阶位(十地)和教义作的解释,由于它特别发挥了"三界唯心"和"唯识"等理论,因而成为瑜伽行派早期的代表作之一。译出此论的北魏僧人菩提流支和勒那摩提对论中所论的"阿梨耶识"和佛性的解释各不相同,其徒遂分为地论学派的南北两道,佛教史上称其为相州南道和相州北道。

相州南道和相州北道曾围绕着当常、现常(即佛性的本有、始有)问题进行过长期的争论。以菩提流支的弟子道宠为代表的北道,唱阿梨耶识依持说,主张佛性始有,即认为杂染的阿梨耶识并不具足一切功德,众生的佛性乃"当果"而现,后天所有,此说因与摄论学派相近而渐与之合流;以勒那摩提的弟子慧光为代表的南道,唱真如佛性依持说,主张佛性本有,即认为阿梨耶识法性(即真如佛性)本自具足一切功德,众生的佛性乃与生俱生,先天而有,修习只是使本有的佛性得以显现而已,此说与如来藏思想相近,后融入华严宗。除了当、现之争外,南北两道还有过四宗五宗之争。道宣曾说："洛下有南北二途,当现两说,自斯始也,四宗五宗,亦仍此起。"①所谓四宗五宗,说的是判教问题。据有关记载,南道一般主"四宗"说:(1)因缘宗,或称立性宗,指《阿毗昙》说诸法各有体性,但皆从因缘生;(2)假名宗,或称破性宗,指《成实论》说诸法无性,但诸法不无假相;(3)不真宗,亦称破相宗,指《般若》三论说万法不真,"凡所有相,皆是虚妄";(4)真宗,亦称显实宗,指《华严》《涅槃》等经说万法的真如实性。以上"四宗"的名称在南道还有其他不同的说法。北道的判教,一般认为是主"五宗"说,但具体内容不详。相传护身寺僧人自轨有"五宗"说,即把上述四宗中的《华严》划出另立第五法界宗,这可能就是北道的主张。另外还有把南道四宗约为立相、舍相、显真实三宗者②,究竟为南道还是北道的主张,今人说法不一,因资料有限,难以详考。

地论学派的南北两道,以南道为盛。北道道宠门下著名的地论师有僧休、法继、诞礼、牢宜、儒果、志念等,但除志念外,其他人的情况都没有记载流传下来。有关《地论》方面的著作,现也几乎无存。南道慧光所传的《地论》之学,在当时北方就是一代显学。慧光门下知名者极多,最突出的有法上和道凭等。法上(495~580年)在魏、齐二代得到了统治者的崇信和支持,历为统师近40年,"所部僧尼二百余万"。法上的弟子慧远、法存、融智等,以慧远影响为最大。慧远(523~592年),俗姓李,敦煌人。出家后博综大小乘经论,年二十依法受具足戒。周武帝灭齐,欲毁佛,沙门大统法上等500余人皆默然不语,唯慧远乃出众抗争。后隐于汲郡(今河南汲县)西山。隋初,住洛州沙门都。开皇七年(587年)奉诏入关,为"六大德"之一,先住兴善寺,后另立净影寺常居讲说,四方投学者700余人,

---

① 《续高僧传》卷七《道宠传》。
② 吉藏:《大乘玄论》卷五。

世称"净影慧远"以区别于东晋庐山慧远。著述很多,有《十地经论疏》《大乘义章》等传世。《大乘义章》在阐述地论学派南道的主张的同时,对佛教大小乘的各种教义、术语都进行了解释,被认为是集南北朝佛学之大成的佛教名著,在中国佛教史上有重要的地位。慧远的弟子中著名的也不少,灵璨、慧迁、善胄等,或为"十大德"之一,或为十地众主,或为涅槃众主,均为一时名僧。慧光的另一个弟子道凭(488~559年),12岁出家后,初诵《维摩》,后学《涅槃》,复寻《成实》。闻慧光弘扬戒本,因往听之。经停十载,声闻渐高,乃辞别慧光,通法弘化。讲《地论》《涅槃》《华严》《四分》,皆览卷便讲,目不寻文。京师有语曰:"凭师法相,上公(指法上)文句,一代希宝。"[1]另外,慧光的弟子昙遵门下出昙迁。昙迁既精《地论》,更善《摄论》,成为学兼两论的著名学僧。除南北两道之外,还有其他一些论师也兼通《地论》,例如前面提到的摄论师靖嵩,就是兼通《地论》的著名代表。

地论学派在南北朝末年和隋代便趋于与摄论学派融合,至唐代唯识宗和华严宗创立以后,便不再独立存在。

六、其他诸学派

南北朝时期,除了上述五个影响较大的佛教学派外,在南方还流行着三论、十诵律等学派,在北方则有四论、四分律、楞伽、净土等各种学派。

《中论》《百论》和《十二门论》这"三论"虽由后秦鸠摩罗什译出,僧肇等人加以阐释发挥,但三论学的兴起则始于梁代的僧朗。僧朗为辽东人,刘宋时入关研习三论,于齐梁时来到江南,住建康郊外的摄山栖霞寺从法度受学。法度曾"游学北上,备综众经",刘宋末游于京师。时有高士明僧

---

[1] 《续高僧传》卷八《道凭传》。

绍隐居郊外摄山,后舍所居山为栖霞精舍,请法度居之。法度卒后,僧朗"继踵先师,复纲山寺",后人称其为"摄岭师"或"摄山大师"。僧朗"凡厥经律,皆能讲说,《华严》《三论》最所命家"①。梁武帝曾派僧诠、僧怀等10人入山从僧朗学"三论",唯僧诠得法,继僧朗之后在摄山弘传"三论"之学。僧诠有弟子数百人,最著名的有法朗、慧布、智辩、慧勇4人,世称"诠门四哲"或"诠公四友"。这四人各有所专,最突出的是法朗,被认为是僧诠门下"慧声遐讨,皆莫高于朗焉"。法朗(507~581年)出家后曾习禅学律,精研《成实》《毗昙》,后入摄山从僧诠学《般若》《华严》及"三论",大力弘传般若三论之学,成为著名的三论师,并为隋唐三论宗的创立开拓了道路。他的弟子很多,知名者号称"二十五哲",影响最大的吉藏即为隋唐佛教宗派三论宗的创始人。

十诵律学派所研习的《十诵律》为小乘说一切有部的根本戒律,是传入中土的四部广律中最早译出并得以弘传的一部律书。原为后秦弗若多罗和鸠摩罗什共译,后因弗若多罗入灭,由昙摩流支和罗什续译,共成58卷。罗什早年在龟兹曾从专精《十诵律》的罽宾沙门卑摩罗叉学习。卑摩罗叉于东晋时来到长安后,对原有译本加以整理补充,定为61卷,并携此律至江陵,在辛寺开讲弘扬,由此兴起了《十诵》之学,当时南方的律学几乎都限于《十诵律》,弘传此学的人很多,至齐梁时而盛极一时。著名的十诵律师有慧猷,曾从卑摩罗叉受学,后大弘《十诵律》,为一时宗师,著有《十诵义疏》8卷;僧业,曾从鸠摩罗什受学,专弘《十诵律》,其弟子慧光、僧璩等,也常讲习此律,知名一时;智称、僧祐等,均著《十诵义记》多卷,为一代《十诵》名匠。唐代时弘传《四分律》的律宗兴起,《十诵律》的研究遂不再被重视。

---

① 以上引文均见《高僧传》卷八《法度传》。

北方的四论之学是将《大智度论》与"三论"并重的一个学派,著名的学者有北齐的道长、东魏的昙鸾和北周的静蔼等人。昙鸾等后又归宗净土。龙树所著的《大智度论》为论释《大品般若经》的重要论书,该论全面阐发了《般若经》的"性空假有"思想,有"论中之王"之称。四论学派弘传《大智度论》等四论,对中国佛学有较大的影响。

四分律学派所研习弘传的《四分律》原为印度部派佛教上座部系统法藏部所传的戒律,在佛教诸部戒律中对中国佛教的影响最大,后成为唐代律宗所依据的基本典籍。《四分律》在后秦时由佛陀耶舍和竺佛念共同译出后,直至北魏时的法聪、道覆等才专事弘传。后又有慧光作《四分律疏》,此学才大盛。慧光已判此律为大乘律,唐代道宣更认为此律内容应属大乘,并据此而创立了中国佛教宗派律宗。

当时在北方还有一批专以4卷本《楞伽经》为印证并递相传授的禅师,始倡者为中国禅宗奉为东土初祖的菩提达摩,传其禅者有慧可等。据《续高僧传·慧可传》载:"初,达摩禅师以四卷《楞伽》授可曰:我观汉地,唯有此经,仁者依行,自得度世。"慧可的弟子有那禅师、璨禅师等,那禅师及其弟子慧满等也都常赍4卷《楞伽》以为心要,此系禅学后演化为中国禅宗。

另外,随着宣扬净土思想的佛经相继译出,当时北方也出现了一批专事弘传阿弥陀净土信仰的僧人,著名的代表人物有昙鸾(476~542年),倡导称名念佛法门,开净土信仰的一代风气,对中国净土宗的形成影响极大。他的著作《往生论注》等奠定了中国净土宗的理论基础,他倡导的修行方法也为净土宗所继承发展。

第四节　竺道生对中国佛教文化的贡献

竺道生是晋宋时期的著名佛学家。他对毗昙、般若与涅槃三学都有研究,尤精涅槃,时人呼为"涅槃圣",是南方涅槃佛性论的主要代表人物。他融会般若实相说与涅槃佛性论的思想学说,在中国佛教史上开一代新风。中国佛学的重心在晋宋时由般若之真空转向涅槃之妙有,竺道生在其中起了关键性的作用。竺道生对中国佛教文化的繁兴作出了重要贡献。

一、慧解为本,妙有新说

竺道生,生年已不可详考,卒于南朝宋文帝元嘉十一年(434年)。俗姓魏,钜鹿(今河北平乡)人,寓居彭城(今江苏徐州),家世仕族,父为广戚县令。道生"幼而颖悟,聪哲若神。其父知非凡器,爱而异之"[①]。当时有名僧竺法汰从荆州至建康(今江苏南京),住瓦官寺开讲《放光般若经》,朝野僧俗前来听讲者达数千人。幼年的道生遇竺法汰而从之出家,并随师改姓竺。

出家以后,竺道生钻仰佛典,研习佛理,不拘旧说,每有新解,15岁时即行开讲。"吐纳问辩,辞清珠玉,虽宿望学僧,当世名士,皆虑挫词穷,莫敢酬抗。"[②]20岁受具足戒以后,"讲演之声,遍于区夏,王公贵胜,并闻风造席,庶几之士,皆千里命驾。"[③]后入庐山,幽栖7年,与慧远等共从僧伽提婆研习说一切有部的毗昙学说。鸠摩罗什至长安(401年)后,道生又慕名投至罗什门下受学,主要学习中观般若学,并与僧肇、僧叡等人一起协

[①] 《高僧传》卷七《竺道生传》。
[②] 《高僧传》卷七《竺道生传》。
[③] 《出三藏记集》卷十五《竺道生传》。

助罗什翻译了大、小品《般若经》，成为罗什的高足之一。东晋义熙三年（407年）前后，道生南返，途经庐山时，他把僧肇的《般若无知论》带给了慧远与刘遗民等，促进了南北佛教文化的交流。约于义熙五年（409年），道生回到了建康，深受朝野敬重，宋文帝刘义隆和名士王弘、范泰、颜延之等都曾从他问法。

竺道生为学能领宗得意，彻悟言外。他一向认为"入道之要，慧解为本"①，因此，他从不拘泥于经论的言教文句，也不受当时流行的各种"旧说"的束缚。他曾感叹地说："夫象以尽意，得意则象忘；言以诠理，入理则言息。自经典东流，译人重阻，多守滞文，鲜见圆义。若忘筌取鱼，始可与言道矣。"②于是，他"校阅真俗，研思因果"，独立地进行思考，大胆地提出创见。他根据自己的体悟而提出的"顿悟成佛"等新说，曾在当时的佛教界引起了激烈的争辩，他的一阐提人皆得成佛说，更是在佛教界掀起了轩然大波。

道生以慧解为本，"钻仰群经，斟酌杂论"，一生写下了多种著作。曾著《善不受报义》（原名不详）、《顿悟成佛义》、《二谛论》、《佛性当有论》、《法身无色论》、《佛无净土论》、《应有缘论》、《涅槃三十六问》、《释八住初心欲取泥洹义》、《辩佛性义》等，"笼罩旧说，妙有渊旨"，可惜都佚失了。现仅存《妙法莲华经疏》2卷、《维摩经义疏》和《泥洹经义疏》的若干残篇，以及《答王卫军书》短文一篇，从中仍可窥见得竺道生不拘旧说、慧解为本的思想特色和创新精神。

二、众生皆有佛性，顿悟即得成佛

在竺道生众多的佛学新说中，众生皆有佛性和顿悟即得成佛无疑是

---

① 《高僧传》卷七《竺道生传》。
② 《高僧传》卷七《竺道生传》。

最有影响的两个观点。

众生皆有佛性本是《涅槃经》的基本思想，但竺道生最早接触到的6卷本《泥洹经》却在宣扬一切众生皆有佛性、皆得成佛的同时，强调一阐提人应当除外。竺道生由长安、庐山返回建康的第8年(417年)，法显译出了6卷本《泥洹经》。从此，道生便致力于对涅槃佛性论的研究。他"剖析经理，洞入幽微"，不受经文的束缚，大胆地提出了自己的见解。他认为6卷本《泥洹经》的经义是不够圆满的，既然一切众生皆有佛性，那么同属于众生的一阐提人怎么能排斥在外呢？为此，他"孤明先发"，提出了一阐提人也有佛性，亦得成佛的主张。他认为，一阐提人虽断善根，却不断佛性。

竺道生的这种思想在大本《涅槃经》中是有的，但当时大本尚未传至建康。因此，竺道生的说法"独见忤众"，被当时佛教界认为是"邪说"而遭到了守旧僧众的排斥，竺道生本人也因此而受到了佛教戒律的处罚，被开除出建康佛教僧团。道生不服，当众发誓："若我所说反于经义者，请于现身即表疠疾。若与实相不相违背者，愿舍寿之时，据师子座。"言毕，拂衣而游。初至苏州虎丘山，"旬日之中，学徒数百"。据说他坚持自己的观点，曾坐在虎丘白莲池畔讲经说法，池中的顽石也情不自禁地点头称是，从而在佛教史上留下了"生公说法，顽石点头"的传说。此后，竺道生又投迹庐山，"销影岩岫"，山中僧众，咸共敬服。不久，北凉昙无谶译的大本《涅槃经》传至建康，经中果称阐提悉有佛性，与竺道生所说合若符契。于是，竺道生名声大振，受到众僧的钦佩。竺道生可能曾一度回到建康，后又返庐山。他既获新本《涅槃经》便大行讲说。经竺道生的倡导和弘传，人人皆有佛性的学说成为流传极广的中国佛性论的主流。

既然人人皆有佛性，皆能成佛，接下来的问题便是众生凭借佛性如何成佛，成佛需要经过什么阶段，经历多少时间，这就是"顿悟"还是"渐悟"的问题。竺道生在众生皆有佛性的基础上进一步提出了"顿悟成佛"说。

按照佛教一般的说法,修行解脱是一个长期的过程,需累世修行,不断地积累功德。大乘佛教提出菩萨修行成佛要经过10个由低到高的修行阶位,称"十地"。在竺道生以前,就有人曾提出了后来被称为"小顿悟"的顿悟说。例如东晋名僧道安、慧远、支遁和僧肇等人都认为,在"七地"以前的渐次修行都是渐悟的过程,到了"七地",修行者得悟无生之理,便达到了顿悟,进入了小飞跃。但这时仍需继续进修三位,才能进入大飞跃,成就佛的果位。由于这种顿悟说立顿于七地,七地之前需渐修,七地之后还得修,因而在竺道生的顿悟说提出来后被称为"小顿悟"(后来也被看作是一种渐悟),而竺道生倡导的顿悟说则被称为"大顿悟"。竺道生认为,既然还需要从七地修至十地,那么所谓的"小顿悟"实际上仍然是渐而非顿。他主张十地之内都是渐修而无悟,十地之后方得大悟。

竺道生是中国佛教史上提倡大顿悟的第一人。他认为,证悟诸法实相(涅槃、佛性)之理就是成佛,实相是完整圆满的"理",理不可分割,故不能分阶段地逐渐得到它。"以不二之悟,符不分之理"①,只能是顿悟。竺道生主张顿悟,但并不废渐修,他认为"悟不自生,必借信渐";然"悟发信谢",一旦顿悟,便无须再修学了。② 竺道生大力倡导的顿悟成佛说对中国佛教的发展产生了极大的影响。

南朝宋元嘉十一年(434年),竺道生卒于庐山。据说那一天他像往常一样升座讲经,神色开朗,德音俊发,议论数番,穷理尽妙。观听之众,莫不悟悦。讲经即将结束时,众人忽见道生手中的麈尾纷然而坠,抬头一看,道生"端坐正容,隐几而卒"。其时道生"颜色不异,似若入定"。道俗嗟骇,远近悲泣。消息传至京师,昔日摈遣道生的诸僧追忆道生"愿舍寿

---

① 慧达:《肇论疏》,《大藏新纂卍续藏经》第54册,第55页中。
② 慧达:《肇论疏》,《大藏新纂卍续藏经》第54册,第55页中。

之时,据师子座"的誓言,无不"内惭自疚,追而信服"。

三、标揭新理,开创新风

竺道生是以慧解佛理、倡导新说、开一代风气而立名于中国佛教史的。

晋宋之际,经过道安、慧远和僧肇等人的不懈努力,佛教在中土开始走上了相对独立发展的道路,并逐渐成为学术思潮的主流,而佛学的重心则由般若之"真空"转向了涅槃之"妙有",在这思想学说演进的过程中,竺道生承上启下,起了关键性的作用。他在融会空、有的基础上提出的佛性论和顿悟说在中国佛教史上产生了深远的影响。

竺道生早年精于般若之空,晚年盛谈涅槃之有,他顺应佛教中国化的趋势,在东晋僧叡等人把般若空观与涅槃佛性结合起来理解的基础上,进一步以空融有,空有相糅,把非有非无的般若实相与众生的本性(佛性)从理论上会通起来,认为无相之实相在法曰"法性",在佛曰"佛身",在众生即为"佛性",从而把般若实相说与涅槃佛性论这佛教的两大系思想融会了起来,使真空妙有,契合无间,并以此作为自己全部思想的理论基础,这种思想特点和思想方法对中国佛教发生了极其深刻的影响,使融会空、有最终成为中国化佛教的一大特点。般若实相与涅槃佛性的会通,也把成佛从对外在的宇宙实相的体认转为对自身本性的证悟,更突出了众生的自性自度,在此之后,反本求宗、见性成佛逐渐成为中国佛教修行解脱的基本理论。竺道生以后,涅槃佛性学说大盛,但般若性空之学并没有因此而绝迹,而是与涅槃佛性学说一起始终对中国佛学产生着持久的影响,这与竺道生会通两种理论所作出的贡献是密切联系在一起的。

竺道生以实相说来会通佛性论,也使佛教与传统思想文化得到了更好的融合。印度佛教讲"无我",传统的宗教观念却认为人死精神不灭。

佛教初传之时,中国人往往以传统的观念去接受佛教,把"神不灭"作为佛教轮回转生说的理论前提。主张一切皆空的般若学兴起以后,般若学者又往往将佛性常住视为因果报应的灵魂(精神)不灭而加以指责。竺道生以非有非无的实相来解说佛性,认为"无我本无生死中我,非不有佛性我也"①,使佛性常住而又不违背印度佛教的"无我说",使传统的"神不灭论"披上了佛教思辨的外衣而获得了新的理论形式,正因为如此,所以,在竺道生以后,中国化的佛性论便以它特有的魅力而盛行于中土。

在中国佛性论中,"人人有佛性"成为主流,这与竺道生的倡导也是分不开的。在印度佛教中,有的经典和学派是坚决反对人人有佛性的。例如玄奘所传的大乘瑜伽行派的五种姓说就认为有一类众生为"无种姓",这类众生是断了善根,永不得成佛的。6卷本《泥洹经》中也有类似的说法。但这些说法既与传统思想讲人人性本善、人皆可以为尧舜等不相合,也不适合中土人士想追求幸福来世的需要和统治者用来麻醉民众的需要。竺道生大力倡导人人有佛性、人人得成佛的主张,受到了中国社会的普遍欢迎,终于成为中国化佛学的主调。隋唐时建立的佛教各宗派的理论基本上都是围绕着佛性(心性)之学建立起来的。竺道生的学说推进了中国学术思想由本体之学向心性之学的转变。

竺道生在倡导佛性论的基础上又大力宣扬顿悟说,这对中国佛教乃至中国学术思想的发展也产生了重大的影响。隋唐佛教各宗派虽然都兼容顿渐,以"圆"为究竟,但都是视顿高于渐的,禅宗中的惠能南宗更是以"顿悟"为标帜而成为禅门众多流派中的唯一正宗,并几乎成为中国佛教的代名词。竺道生的佛性论与顿悟说经禅宗而影响宋明理学达数百年之久。

---

① 《维摩经・弟子品注》,《大正藏》第38册,第354页中。

竺道生把佛教的哲理与宗教信仰更紧密地结合在一起。他的佛性论和顿悟说对于扩大佛教在民众中的影响,推进佛教在中土的发展,加深佛教向社会文化各领域的渗透,都起了重要的作用;他所倡导的新说,开创的新风,标志着相对独立的中国化的佛教进一步趋于成熟,预示着中国佛教文化鼎盛时期的到来。

第五节　儒佛道相融相争与二武灭佛

佛教作为一种外来文化传入中国后,始终与中国的传统文化处在既相互冲突、排斥又相互融合、吸收的关系之中。在汉魏间,佛教主要依附并吸收传统的宗教观念,并不断地与儒家名教调和妥协,经与魏晋玄学合流后,佛教在社会上有了很大的发展。随着佛教势力的兴盛,佛教与统治阶级以及与儒道的矛盾冲突比以前有了进一步的发展,儒佛道三教的关系问题也一再引起人们的争论。南北朝时期著名的夷夏之辨、神灭神不灭之争等,也都与三教的相融相争密切相连。

一、三教相融与相争

自汉末三国时牟子《理惑论》提出最早的儒佛道一致论以来,"三教合一"说在三教关系论中一直占有重要的地位,但在不同的时期,其内涵也有所不同。南北朝时期的"三教合一",主要的还是说三教在社会教化方面所起的作用是一致的,这与唐宋以后的"三教合一"强调三教心性论上的合一是有所不同的。

两晋南北朝时期,名士、佛徒和道士,都从不同的角度提出了三教一致、三教融合的思想。晋宋之际的隐士宗炳在所著的《明佛论》中提出,

"孔、老、如来,虽三训殊路,而习善共辙也"①,从社会作用的相同提出了三教一致论。南齐时的道教信徒张融临终时遗命"左手执《孝经》《老子》,右手执《小品》《法华经》"②,表明他至死仍坚持三教并重的思想。针对当时佛道之间的争论比较激烈,张融在其所著的《门律》中特别提出:"道也与佛,逗极无二,寂然不动,致本则同,感而遂通,达迹成异。"认为佛与道"殊时故不同其风,异世故不一其义"③,两者迹异而本同,故不应相互攻击。有"山中宰相"之称的道士陶弘景也大力宣扬"百法分凑,无越三教之境"④,提倡三教融合,并努力施行,一方面从理论上吸收儒佛来充实改造道教,另一方面在实践中礼佛修道、佛道双修。梁武帝则以皇帝的身份大倡佛教,同时又提出了"三教同源"说,认为老子、周公和孔子等,都是如来的弟子,儒道两教来源于佛教。这样,三教虽有高下区别,但在归崇佛教的同时仍可以提倡儒、道。正因为如此,梁武帝在把佛教几乎抬到国教的同时又崇信道教,对茅山道士陶弘景"恩礼愈笃,书问不绝,冠盖相望",甚至不惜以帝王之尊拜陶弘景为师,"国家每有吉凶征讨大事,无不前以咨询"⑤;作为世俗社会的统治者,梁武帝又承认"朕思阐治纲,每敦儒术"⑥,就在他舍道归佛的第二年又下诏置五经博士,倡导儒术以治国。梁武帝还写下了不少融合三教思想的文字,特别是经常以儒家思想来解释发挥佛教教义,这对三教的进一步融合发生了一定的影响。"三教虽殊,劝善义一,涂迹诚异,理会则同"⑦实成为当时一股比较普遍的思潮。

---

① 《弘明集》卷二。
② 《南齐书》卷四十一《张融传》。
③ 《弘明集》卷六。
④ 《茅山长沙馆碑》。
⑤ 《南史》卷七十六《陶弘景传》。
⑥ 《梁书》卷二《梁武帝纪中》。
⑦ 道安:《广弘明集》卷八《二教论》引。

由于儒家学说是中国封建社会制度的思想支柱，因此，"儒佛一家"之说尤为佛教信徒所反复强调以求取得统治者对佛教的支持。深受佛教思潮影响的东晋名士孙绰著《喻道论》，认为"周孔即佛，佛即周孔，盖外内名之耳……应世轨物，盖亦随时。周孔救极弊，佛教明其本耳，共为首尾，其致不殊……故逆寻者每见其二，顺通者无往不一"①。东晋名僧释慧远在《沙门不敬王者论》中亦反复论证"道法之与名教，如来之与尧孔，发致虽殊，潜相影响，出处诚异，终期则同"②。南朝刘宋时的释慧琳则在《白黑论》中明确提出了"六度与五教并行，信顺与慈悲齐立"③。晚年出家为僧的齐梁时著名的文学评论家刘勰也在所著《灭惑论》中提出了"孔释教殊而道契"④的观点。

但是，儒佛道三教之间的争论也一直没有间断过。从总体上看，三教之间始终有这样一种基本格局：儒家在吸取佛教思想的同时常以佛教不合传统礼教等为由，激烈地排斥佛教，而佛教对儒家却总是以妥协调和为主；佛道之间虽然互相吸收利用，特别是道教模仿佛教的地方甚多，从宗教理论到修持方式乃至宗教仪礼规范等，都从佛教那里吸收了不少东西，但佛道之间的斗争却一直很激烈。

早在牟子的《理惑论》中就已记载了儒家的种种反佛排佛言论。魏晋南北朝时期，随着佛教的广泛传播和势力日盛，儒家更从社会经济、王道政治、伦理纲常等多方面来排斥佛教，例如郭祖深发出了"天下户口几亡其半"的惊呼，攻击佛教"蠹俗伤法"⑤；荀济也上书皇帝，"论佛教贪淫、奢

---

① 《弘明集》卷三。
② 《弘明集》卷五。
③ 《宋书》卷九十七《天竺迦毗黎国传》。
④ 《弘明集》卷八。
⑤ 《南史》卷七十《郭祖深传》。

佟、妖妄",指责僧尼"不耕不偶,俱断生育,傲君陵亲,违礼损化"①;范缜更是尖锐地指出"浮屠害政,桑门蠹俗",并揭露了佛教的泛滥所造成的危害:"竭财以赴僧,破产以趋佛,而不恤亲戚,不怜穷匮……家家弃其亲爱,人人绝其嗣续,致使兵挫于行间,吏空于官府,粟罄于惰游,货殚于土木。"②在理论上,儒家则展开了对佛教神不灭论与因果报应论的批判,例如孙盛提出,人死后"形既粉散,知亦如之,纷错混淆,化为异物"③;戴逵以大量的历史事实对因果报应说提出了质难,认为"贤愚善恶,修短穷达,各有分命,非积习之所致也"④;何承天提出:"生必有死,形毙神散,犹春荣秋落,四时代换,奚有于更受形哉?"⑤范缜更把批判佛教的神不灭论推向了高潮,他以刃利为喻,提出了形神相即、形质神用、形谢神灭的光辉无神论思想。

面对儒家的种种攻击,佛教徒或者通过把佛教的"五戒"与儒家的"五常"相比附等来说明儒佛一致,或者不惜改变佛教本身,在佛教的思想体系中加入忠孝仁义等儒家的内容以调和儒佛的分歧,而更多的则是以社会教化作用的相同来强调儒佛的互为补充,可以并行不悖。随着佛教在中土地位的加强和势力的日增,佛教徒在调和儒佛的同时,也开始出现了抬高佛教、贬低儒家的倾向,例如三国时的名僧康僧会就提出"周孔所言,略示近迹,至于释教,则备极幽微"⑥;虔诚的佛教徒梁武帝也认为儒家"止是世间之善",只有佛教才能"革凡成圣"⑦;北周释道安则在《二教论》

---

① 《广弘明集》卷七《荀济传》。
② 《梁书》卷四十八《范缜传》。
③ 《弘明集》卷五《与罗君章书》。
④ 《广弘明集》卷十八《释疑论》。
⑤ 《弘明集》卷四《达性论》。
⑥ 《高僧传》卷一《康僧会传》。
⑦ 《广弘明集》卷四《舍道事佛诏》。

中强调了佛儒的内外精粗之别:"救形之教,教称为外;济神之典,典号为内……释教为内,儒教为外……佛教者,穷理尽性之格言,出世入真之轨辙……虽复儒道千家,墨农百氏,取舍驱驰,未及其度者也……善有精粗,优劣宜辨。精者超百化而高升,粗者循九居而未息,安可同年而语其胜负哉?"①道安不同意儒佛均善的说法,认为佛教应在儒教之上。南朝时期还有不少佛教徒借助于王权来反击神灭论以维护佛教的神学理论。

在南北朝时的三教之争中,尤以佛道之间的争论更为激烈。佛教与道教,既有理论上的分歧,例如佛教讲"无我""无生",道教讲"真我""无死",佛教讲"因缘而有",道教讲"自然之化"等,更有政治上的争宠和宗教上的矛盾。佛道互相指责对方为异端邪说,甚至不惜利用政权的力量来打击对方,以致酿成了多次流血事件,宗教之争发展为政治斗争。

佛教对道教的批判,在牟子《理惑论》中也已初露端倪,而道教也早就有了崇道抑佛的"老子入夷狄为浮屠"的说法。但在佛教初传之时,一般说来,佛道的矛盾并不十分尖锐,而老子化胡之类对于佛教在中国的立足也还是有利的,因此,佛教曾长期对此予以默认。到了南北朝时期,情况发生了变化。佛教要自立门户,独立发展,便不能再容忍道教对它的贬低,对老子化胡说之类也就展开了激烈的反驳,甚至针锋相对地提出了佛化震旦说,例如北周道安的《二教论》引当时的伪经《清净法行经》说:

    佛遣三弟子,震旦②教化,儒童菩萨,彼称孔丘;光净菩萨,彼称颜渊;摩诃迦叶,彼称老子。③

---

① 《广弘明集》卷八。
② 震旦:指中国。
③ 《广弘明集》卷八。

这样,道教奉为教主的老子反而成了佛的弟子。

面对势力日增、咄咄逼人的佛教,道教也加紧了对它的排斥与攻击。在佛道斗争中,道教往往利用它土生土长的优势而以华夷之辨来排斥佛教。道教信徒顾欢作《夷夏论》,一方面说"道则佛也,佛则道也",认为佛与道同源,另一方面又强调"佛道齐乎达化,而有夷夏之别",认为佛教是夷戎之教,悖理犯顺,有违孝道,不如道教来得更为适合华夏民族,因而他提出:"舍华效夷,义将安取?"[1]顾欢的《夷夏论》在南朝宋齐之际引起巨大反响,佛道之间就此展开了一场激烈的大争论。此后不久,又有道士假托张融之名作《三破论》,更是直接把佛教贬斥为"入国而破国,入家而破家,入身而破身"的祸害,甚至说:"胡人无二[2],刚强无礼,不异禽兽,不信虚无,老子入关,故作形象之教化之……胡人粗犷,欲断其恶种,故令男不娶妻,女不嫁夫,一国伏法,自然灭尽。"[3]这就近乎是在诋毁漫骂了。

佛教徒当然也不甘示弱,他们纷纷著论加以反击。佛教徒或者强调"孝理至极,道俗同贯,虽内外迹殊,而神用一揆",认为出家修持佛法能使祖先灵魂永超苦海,这与儒家的孝道并无二致,甚至更能尽孝[4];或者以"伊洛本夏,而鞠为戎墟;吴楚本夷,而翻成华邑;道有运流,而地无恒化"来说明华夷之辨的毫无意义,并根据"禹出西羌,舜生东夷,孰云地贱而弃其圣? 丘欲居夷,聃适西戎,道之所在,宁选于地"来说明以地域取舍教说的不可取[5];佛教徒还特别集中地攻击了道教炼丹服药、羽化成仙的荒谬性和道教被农民起义利用"挟道作乱"的危害性,认为"诳以仙术,极于饵

---

[1] 《南齐书》卷五十四《顾欢传》。
[2] "二"字或作"义",也有学者疑当为"仁"。
[3] 《弘明集》卷八《灭惑论》引。
[4] 《弘明集》卷八《灭惑论》引。
[5] 《弘明集》后序。

药""伤政萌乱"的道教才是真正的祸害①。有的佛教徒甚至否认道教有资格与儒、佛并列,称"诡托老言"的道教是违背"老庄立言本理"的"鬼道",其法是"鬼法"②。因此,即使是调和佛道的论点,有时也遭到佛教信徒的反对和驳斥。例如周颙曾对"道也与佛,逗极无二"提出质难,认为佛道的根本宗旨是不一样的,若说"致本则同",那么,"何义是其所谓本乎?""所谓逗极无二者,为逗极极于虚无? 当无二于法性耶?"③袁粲也曾著论驳斥顾欢的《夷夏论》,反对佛道二教相同论,他说:

> 孔老释迦,其人或同,观方设教,其道必异。孔老治世为本,释氏出世为宗,发轸既殊,其归亦异。符合之唱,自由臆说。又仙化以变形为上,泥洹以陶神为先。变形者,白首还缁,而未能无死;陶神者,使尘惑日损,湛然常存。泥洹之道,无死之地,乖诡若此,何谓其同。④

这些强调佛教优于道教的说法,都表明了佛道之间的尖锐对立。

佛道之间的争论,北朝要比南朝激烈得多,而且理论上的争论少,政治上的斗争多,这种斗争直接导致了北魏太武帝和北周武帝的两次灭佛事件。

二、北魏太武帝灭佛

建立北魏政权的鲜卑拓跋部在入主中原的过程中曾积极利用佛教这个非汉族的宗教来为维护和巩固自己的统治服务,佛教在北魏时达到极

---

① 《弘明集》卷八《灭惑论》。
② 《广弘明集》卷八《二教论》。
③ 《弘明集》卷六。
④ 《南齐书》卷五十四《顾欢传》。

盛。但是，大量户口劳力和财物流向寺院直接影响到了政府的租调收入和兵丁劳役方面的需要；而民族矛盾的激化，也使统治者想进一步争取汉族地主阶级和文人士大夫的合作以缓和矛盾，巩固统治，这就是后来北魏太武帝逐渐尊崇儒家、听信道教而排斥佛教的政治和经济方面的深刻原因。佛教势力的增长也引起了道教徒的极度不满，他们往往与儒家结成联盟以华夷之辨来排斥佛教，并希望借助朝廷势力来打击佛教，这样，司徒崔浩和道士寇谦之等人的进言，便成了太武帝灭佛的直接原因。

司徒崔浩(？~450年)，字伯渊，出身于北方著名的世族大家，"少好文学，博览经史，玄象阴阳，百家之言，无不关综，研精义理，时人莫及"①，官至司徒，经常参与军政要事，很受太武帝重用。他与道士寇谦之深相结纳，信奉寇谦之的天师道，每每攻击佛教。《魏书·释老志》中说："时司徒崔浩，博学多闻，帝每访以大事。浩奉谦之道，尤不信佛，与帝言，数加非毁，常谓虚诞，为世费害。帝以其辩博，颇信之。"寇谦之(365~448年)，字辅真，吸收儒家的思想学说和佛教的仪轨戒律来改革天师道，为了实现自己的抱负，曾从崔浩学儒，他对崔浩说："吾行道隐居，不营事务，忽受神中之诀，当兼修儒教辅助泰平真君，继千载之绝统。"他"每与浩言，闻其论古治乱之迹，常自夜达旦，竦意敛容，无有懈倦"②。后通过崔浩的引荐，受到了太武帝的崇信。"帝以清净无为，有仙化之证，遂信行其术。"于是，"归宗佛法，敬重沙门"的太武帝转而"崇奉天师，显扬新法，宣布天下，道业大行"③。太武帝不仅奉寇谦之为天师，而且还为之起天师道场及道坛，并亲至道坛接受符箓。在太武帝的灭佛过程中，寇谦之也起了很大的作用。

为了使一部分沙门还俗"以从征役"，太武帝曾于太延四年(438年)

---

① 《魏书》卷三十五《崔浩传》。
② 《魏书》卷三十五《崔浩传》。
③ 《魏书》卷一一四《释老志》。

三月听取崔浩、寇谦之的进言,下令50岁以下的沙门一律还俗①。太平真君五年(444年),又下诏禁止官民私养沙门,违者"沙门身死,主人门诛"②。次年,卢水胡人盖吴在杏城(今陕西黄陵西南)起义,关中骚动。太武帝率兵西伐,于第二年至长安,在一所寺院里发现"大有弓矢矛盾",便大怒,认为沙门与盖吴通谋,他说:"此非沙门所用,当与盖吴通谋,规害人耳!"遂下令尽杀全寺沙门。在查处寺院财产时,又"大得酿酒具及州郡牧守富人所寄藏物,盖以万计。又为屈室,与贵室女私行淫乱"③。太武帝对沙门的非法行为十分愤怒。时崔浩从行,便乘机进言,劝帝灭佛。太武帝采纳了崔浩的建议,"诏诛长安沙门,焚破佛像",并敕留守平城的太子下令四方,"一依长安行事"。④

一向敬信佛教的太子再三上表劝阻,太武帝皆不准,并于是年(446年)三月下诏书,以传承华夏正统自居,声明自己要恢复伏羲、神农之治,扫荡一切胡神。他认为,佛教"夸诞大言,不本人情","自古九州之中无此也"。由于佛教的盛行,导致了"政教不行,礼义大坏,鬼道炽盛,视王者之法,蔑如也"。为了"除伪定真,复羲农之治",特下令:"自今以后,敢有事胡神及造形像泥人、铜人者,门诛!……诸有佛图形像及胡经,尽皆击破焚烧,沙门无少长,悉坑之!"⑤由此看来,太武帝灭佛,主要是想恢复儒家之治以调和民族矛盾,维护自己对汉族的统治,佛道之争只是这次灭佛的促因而不是主要的原因。据说,寇谦之当时与崔浩"同从车驾",曾反对崔

---

① 此据《魏书》卷四《世祖纪》。《魏书》卷一一四《释老志》置此于平凉州(439年)以后。
② 此据《魏书》卷四《世祖纪》。《魏书》卷一一四《释老志》置此于太武帝西伐盖吴入长安(446年)以后。
③ 《魏书》卷一一四《释老志》。
④ 《魏书》卷一一四《释老志》。
⑤ 《魏书》卷一一四《释老志》。

浩的灭佛建议,"苦与浩争,浩不肯。谓浩曰:卿今促年受戮,灭门户矣!"①说明寇谦之虽然反佛,却并不主张大开杀戒,采取极端的灭佛举措。

北魏太武帝灭佛,使佛教在传入中国后遭受到了第一次沉重打击,这也是南北朝时期三教之争中最激烈的一次斗争。这次灭佛,由于"素敬佛道"的太子"缓宣诏书",使许多沙门预先闻之而得以逃匿,一些金银宝像及诸经论也得到秘藏,但"土木宫塔,声教所及,莫不毕毁"②。不过,佛教作为一种宗教,靠暴力是消灭不了的。不久以后,继太武帝之后即位的文成帝便下诏复兴佛教,修复被毁坏的寺院,佛像经论也逐渐重兴,佛教有了比以前更大的发展。

三、北周武帝灭佛

北魏分裂为东魏、西魏后,佛教有了进一步的发展。到北齐时,文宣帝高洋为了强调鲜卑人的优越地位,还曾于天保六年(555年)灭道兴佛,强迫道士剃发当和尚。《资治通鉴》在记述此事时说:"八月……齐主还邺,以佛道二教不同,欲去其一,集二家论难于前,遂敕道士皆剃发为沙门;有不从者,杀四人,乃奉命。于是齐境皆无道士。""齐境皆无道士"之说虽不一定准确,但齐境佛教在帝王的支持下有很大的发展却是事实。北周王朝也多"好佛"者,但北周武帝却重儒术,信谶记,为了消灭北齐,统一北方,他"求兵于僧众之间,取地于塔庙之下"③,采取了灭佛政策以"强国富民"。

北周武帝的灭佛,与佛道二教为争夺权势而进行的斗争也有直接的

---

① 《魏书》卷一一四《释老志》。
② 《魏书》卷一一四《释老志》。
③ 《广弘明集》卷二十四《谏周祖沙汰僧表》。

关系,道士张宾和原为佛教徒后改奉道教的卫元嵩对周武帝的灭佛起了重要的作用。据有关记载,周武帝的"信道轻佛",与卫元嵩、张宾的"唇齿相扇,惑动帝情",联合一致,共同排佛有密切的关系,他们曾向周武帝进言"僧多怠惰,贪逐财食,不足钦尚"①,使周武帝产生了灭佛的想法。卫元嵩,益州成都人,少出家,为亡名法师弟子。后还俗,并于天和二年(567年)上书周武帝,详细论证了佛教的泛滥对治国安民的危害,提出了"省寺减僧"以强国富民的主张,对周武帝下决心灭佛产生了一定的影响。

周武帝的灭佛与北魏太武帝的暴力残杀有所不同,他虽然毁坏寺塔,焚烧经像,但并不杀害佛教徒,只是命令他们还俗而已。在灭佛前,他还多次召集群臣和沙门、道士讨论三教优劣,辨释三教先后。他自己或以儒教为先,道教为次,佛教为后;或以道教为上,儒教次之,而仍以佛教为最后,并有意"不立"佛教。

据记载,天和四年(569年)三月十五日,"敕召有德众僧、名儒、道士、文武百官二千余人,帝御正殿,量述三教,以儒教为先,佛教为后,道教最上……时议者纷纭,情见乖咎,不定而散"。其月二十日,"依前集论,是非更广,莫简帝心。帝曰:儒教、道教,此国常遵,佛教后来,朕意不立"。四月,周武帝又专门"敕司隶大夫甄鸾详度佛道二教,定其深浅,辨其真伪"②。次年二月,甄鸾上《笑道论》,对道教的荒谬与虚妄展开了全面的揭露和批驳。这显然不合武帝之意。于是,周武帝认为此论"伤蠹道法",并当众将它烧毁。九月,道安法师感慨时俗对佛教的诋毁,又上《二教论》,极言佛教优于儒道,并特别攻击了道教的妄说与粗劣。周武帝虽然对此很不满,但"以问朝宰,无有抗者"③,只得暂止废佛之议。

---

① 《广弘明集》卷八《周灭佛法集道俗议事》。
② 《广弘明集》卷八《周灭佛法集道俗议事》。
③ 《广弘明集》卷八《周灭佛法集道俗议事》。

建德二年(573年),周武帝又集群官及沙门道士等,"辨释三教先后。以儒教为先,道教次之,佛教为后"①。次年,周武帝决心采取断然行动。五月十六日,他诏沙门与道士集于太极殿,辩论二教优劣,意在存道教,废佛法。释智炫辩败道士张宾,周武帝亲自升座驳斥佛教,并于次日下诏禁断佛、道二教,"经像悉毁,罢沙门、道士,并令还民"②。《广弘明集》卷八记载其事说:"建德三年岁在甲午五月十七日,初断佛、道两教,沙门道士,并令还俗,三宝福财,散给臣下,寺观塔庙,赐给王公。"③同年六月,周武帝又下诏设立通道观,选取佛、道二教名人120人为通道观学士,令其学《老》《庄》《周易》,会通三教。

建德六年(577年),周武帝灭齐后,又在齐境推行灭佛政策。他召集诸僧宣布灭佛的理由,认为儒教的礼义忠孝于世有益,故须存立。而佛教建寺造像耗费大量珍财,父母恩重,沙门不敬,更是悖逆之甚,故须除荡。据说当时沙门大统法上等500余人皆默然不语,俯首垂泪,独慧远法师乃抗声曰:"陛下今恃王力自在,破灭三宝,是邪见人,阿鼻地狱不简贵贱,陛下何得不怖?"周武帝勃然作色,大怒,直视于慧远曰:"但令百姓得乐,朕亦不辞地狱诸苦。"④于是,周武帝下令尽毁齐他佛教,将4万所寺庙充为第宅,命僧尼近300万人"皆复军民,还归编户"⑤,一切经像皆焚毁之。

周武帝虽然并废佛道二教,实际上以毁佛为主,只是因为佛教对道教的批评攻击激烈才一并废道。同时,他又强调以儒家为正统的会通三教,认为三教协调一致都能有助于治国利民,这表明周武帝的宗教政策完全

---

① 《北史》卷十《周本纪下》。
② 《周书》卷五《武帝纪》。
③ 《广弘明集》卷八《周灭佛法集道俗议事》。
④ 《广弘明集》卷十《周祖平齐召僧叙废立抗拒事》。
⑤ 《历代三宝记》卷十一,《大正藏》第49册,第94页中。

是为维护自己的统治服务的。

北周武帝的灭佛使佛教在中国的发展遭受到了又一次沉重的打击。但佛教靠政治力量与行政手段显然是消灭不了的。武帝灭齐后第二年病逝,继位的宣帝、静帝又下令恢复了佛教,佛教很快又兴盛了起来。

第六节 佛教艺术

佛教艺术包括音乐、绘画、建筑和雕塑等许多方面。印度佛教艺术源远流长,最早可追溯到佛陀时代。随着佛教的传播和发展,佛教艺术也不断充实着丰富的内容,形成了独特的风格。两汉之际,佛教艺术随佛法东渐而传入我国,并在佛教中国化的进程中日益与中国传统艺术相融合,逐渐形成了富有中国特色的中国佛教艺术。南北朝时期,随着佛教在中土的广为传播,佛教艺术也有了相当的发展。最突出的是石窟寺艺术。现存的举世闻名的三大石窟,有不少都是开凿于这个时期。其他如寺塔建筑、佛画和佛教音乐等艺术成就也都令人瞩目。

一、石窟寺艺术

中国石窟中最有名的是敦煌石窟,包括莫高窟、西千佛洞、榆林窟和水峡口小千佛洞等四窟,其中又以莫高窟为最著名,故敦煌石窟一般也特指莫高窟。敦煌莫高窟也称"千佛洞",开凿在今甘肃敦煌东南25公里鸣沙山东麓的断崖上,上下5层,南北长达1600米,是一个由建筑、绘画、雕塑组成的艺术综合体,是世界上现存规模最大的佛教艺术宝库,相传始建于前秦苻坚建元二年(366年),而现存最早的洞窟当始凿于北朝初期。莫高窟以保存大量精美的壁画和彩塑而闻名天下。现存洞窟共492个,共存有壁画45000多平方米,彩塑2400多身,由于形成于不同的时期,因而表现出了不同的特色和风格。北朝时期的壁画主要描述释迦牟尼的本生故事,宣扬忍辱和自我牺牲,其中所透露的对现实人生意义的否定,曲折地反映了当时社会的动乱和人民的苦难,并形成了与隋唐以经变题材为主体,宣扬西方极乐世界的不同特色。北朝彩塑的基本风格是瘦骨清相,线条劲健,从形体、面相和衣冠服饰上看,更多地保留了西域佛教艺术的特色,与隋唐时的丰润华丽也形成了明显的对照。

云冈石窟是以气势雄伟而著称于世的,它开凿在山西大同市西郊16公里的武周山(又名云冈)南麓,东西绵延1公里。与敦煌质地松软的砂砾岩形成对照的是,云冈的石质较为坚硬,宜于雕刻,因而云冈石窟发展的是石雕艺术而不是彩塑和壁画,现存主要石窟有53个,雕像达51000多尊。云冈石窟在三大石窟中开凿最早,始凿于北魏文成帝和平元年(460年),主要石窟完成于太和十八年(494年)孝文帝迁都洛阳之前的30多年中。据《魏书·释老志》载:"和平初……昙曜白帝,于京城西武州塞,凿山石壁,开窟五所,镌建佛像各一。高者七十尺,次六十尺,雕饰奇伟,冠于一世。"继师贤为沙门统的昙曜最早主持开凿的"昙曜五窟"(第16~20窟),据说是为北魏开国后的5个皇帝祈福而作,因而各窟佛像都模拟"帝身"而雕制,身形高大,面貌丰满。稍后的中部各窟,内容明显增多,不仅在中央雕凿有大佛像,而且在四壁、拱门和窟顶上雕刻了形象极其优美的各式小佛像、菩萨、飞天和本生故事等。在艺术风格上,云冈石窟明显受到了印度犍陀罗艺术的影响。在继承汉代石刻艺术的传统和吸收外来艺术风格的基础上,云冈石窟形成了它独特的雕刻风格。

龙门石窟是继云冈石窟之后开凿的,它位于河南洛阳市南郊13公里伊河两岸、东西两山崖壁上,南北长约1000米,也开凿于北魏太和十八年(494年)孝文帝迁都洛阳前后,并在此后的历朝历代不断营造。大规模的营造主要集中在北魏和唐代。现存窟龛2100多个,造像100000余尊,题记碑刻3600多种,佛塔40多座。龙门石窟与云冈石窟一样,以石雕著称,具有代表性的是北魏时的古阳洞、宾阳洞、莲花洞和唐代的奉先寺。特别是奉先寺的卢舍那大佛,气势雄伟,艺术精美,为中国古代雕塑中的珍品。龙门石窟多数与帝王的祈求冥福有关,其风格特点是窟形较单纯,变化少,题材简明集中,主题突出。北朝时期的石窟佛像以释迦牟尼佛和弥勒佛等为主,唐代的主像则大都是阿弥陀佛和弥勒佛,也有卢舍那佛和药师佛等,反映了唐代净土宗的兴起和石窟造像艺术世俗化的倾向。龙门石窟的题记碑刻在中国书法史上也有极重要的地位,例如古阳洞中的"龙门二十品"即是久负盛名的魏碑代表作。

除了上述三大石窟之外,南北朝时期还在其他广大地区开凿了大量的石窟。例如在北方有北魏时开凿的著名的麦积山石窟(在今甘肃天水东南),北齐时开凿的天龙山石窟(在今山西太原西南)和刻有石经的响堂山石窟(今河北邯郸西)等。响堂山的石经是房山石经的先驱。在南朝,则有位于今江苏南京东北25公里处的栖霞山千佛岩石窟,此为中国目前已知的唯一的南朝石窟,由梁代名僧僧祐主持设计并监造。现存的大小窟龛294个,造像515尊,虽大多为明代修补后的遗存,但南朝时形成的规模与气势仍历历可见。

二、寺塔建筑和佛教绘画、音乐

南北朝时期,除了石窟寺艺术之外,寺塔建筑等其他佛教艺术也有很大的发展。中国最早的佛寺一般认为是洛阳的白马寺,相传汉明帝在永平七年(64年)遣使西行求法,于永平十年(67年)求得佛法即由白马驮着经像返回洛阳,次年建寺,故名"白马寺"。此后,长安、洛阳乃至长江中下游地区建寺逐渐多了起来。佛塔,起源于印度,"塔"的梵文音译作"窣堵波",原指坟冢,释迦牟尼逝世后,佛教徒建塔安奉佛之舍利,并对之崇奉礼敬,塔便成为佛教特有的一种建筑。中国早期的佛塔一般都是寺院的主体,唐宋以后,塔才移于寺旁或寺后。据说中国最早的佛塔出现于白马寺,但首次见之于正史记载的是东汉末年笮融所造的楼阁型的佛塔,这种佛塔上为印度的窣堵波,下为"重楼阁道"①,这表明佛塔的形式一传入我国便与传统的建筑艺术结合在一起了。南北朝时期,随着佛教的广为传播,寺塔建筑也十分兴盛。北魏自道武帝始就曾下诏建寺造像,到孝文帝迁都洛阳以后,更是大力营造寺塔,"招提栉比,宝塔骈罗"②。仅洛阳一地就有寺千余,全国更多达30000余所,其中胡太后所立的永宁寺"中有九层浮图一所,架木为之,举高九十丈,有刹复高十丈,合去地一千尺,去京师百里,已遥见之",其建筑、雕塑及工艺美术皆为奇观,"殚土木之功,穷形造之巧",使西域沙门自叹"阎浮所无","极佛境界,亦未有此"。③ 其他如瑶光寺、景乐寺等,也都庄严宏伟,工制精巧,冠绝一时。北魏时所立的嵩岳寺塔(在今河南登封)则是我国现存最早的砖塔。南朝各代帝室所造寺塔亦甚多,其中尤以梁武帝为最多,所造同泰寺,"楼阁殿台,房廊绮饰,凌云九级,俪魏永宁"④。唐代诗人杜牧曾有诗云:"南朝四百八十寺,多少楼台烟雨中。"其实,据有关记载,当时的寺庙远不止这个数。梁武帝时,仅建康一处,就有佛寺500余所。

在大造寺塔的同时,南北都还盛行着各种造像。金铜佛造像和石雕像都是体现佛教艺术的极重要方面。当时北方就造立了大量的金铜佛像、菩萨像和石雕像,例如北魏献文帝天安二年(467年)"起永宁寺,构七级浮图,高三百余尺,基架博敞,为天下第一。又于天宫寺,造释迦立像,

---

① 《三国志·吴书·刘繇传》。
② 《洛阳伽蓝记序》,《大正藏》第51册,第999页上。
③ 《洛阳伽蓝记》卷一,《大正藏》第51册,第1000页上~中。
④ 《历代法宝记》卷十一,《大正藏》第49册,第99页下。

高四十三尺，用赤金十万斤，黄金六百斤。皇兴中，又构三级石佛图，榱栋楣楹，上下重结，大小皆石，高十丈，镇固巧密，为京华壮观"①。南方宋、齐、梁、陈各朝帝王及名僧、信众也都造有大量的金铜佛像，据说陈文帝不仅曾造有等身檀像12尊，更造有金铜像达百万尊。僧祐于梁天监八年（509年）奉敕在小庄严寺监造的光宅寺无量寿佛"丈九金像"庄严精美，号称东方第一，史称"葱河以左，金像之最，唯此一耳"②。可惜南朝时的金铜像现在存世的不多。南方的石佛，最著名的有僧祐监造的剡县（今属浙江绍兴）大佛和栖霞山大佛。在这个时期，外国的造像也输入不少，对中国佛教的造像艺术产生了一定的影响。

南北朝时期的佛画也很盛，已成为中国画的主要科目之一，佛画最早在汉代就已经出现，据说汉明帝曾"令画工图佛像，置清凉台及显节陵上"③。魏晋时就开始出现了一些画佛画的名家，例如有着学术师承关系的三国吴曹不兴、西晋卫协和东晋顾恺之等，均善佛画，特别是顾恺之在建康瓦官寺壁上画的维摩诘像，光彩耀目，轰动一时，被认为是画史杰作，与戴逵所制的佛像五躯及师子国遣使所献的玉佛像被世人号之"三绝"。南北朝时，佛画几乎成为绘画的中心。北朝以北齐的曹仲达为最，他原是西域人，所画璎珞天衣，带有域外笈多式的艺术风格，衣服紧窄贴身，犹如被水打湿一般，后世画家称之为"曹衣出水"，与唐代画家吴道子的"吴带当风"并称。南朝历代著名佛画家更是层出不穷，其中以梁代的张僧繇为最，他继承中印度壁画的风格而又自成样式，有"张家样"之称，与北方曹仲达的"曹家样"齐名。他"善图塔庙，超越群工"，很受梁武帝的青睐，梁武帝所建佛院寺塔，大都令他作画，所作卢舍那佛像、行道天王像、维摩诘

---

① 《魏书》卷一一四《释老志》。
② 《高僧传》卷十三《法悦传》。
③ 《魏书》卷一一四《释老志》。

像等,都是著名的作品。

　　另外,佛教音乐在南北朝时期也有了一定的发展,当时南北各地的寺院经常演奏佛教音乐。中国的佛教音乐是由中国僧人将民间音乐、宫廷音乐与传入的佛教音乐融合在一起创造发展而成的。三国魏时的曹植和吴地的支谦所创制的梵呗即已将印度佛教音乐与以汉语诵唱佛经、赞佛菩萨结合了起来。南朝时,齐竟陵王萧子良"招致名僧,讲论佛法,造经呗新声"[1],使具有独特风格的中国佛教音乐逐渐形成体系。既"笃敬佛法"又"素善钟律"的梁武帝更是亲制《善哉》《大乐》《大欢》《断苦转》等10篇,"名为正乐,皆述佛法"[2],推进了中国佛教歌曲的发展。北朝也流行佛教音乐,众多的佛寺"梵唱屠音,连檐接响"[3],既扩大了佛教的影响,也在一定程度上丰富发展着中国的民族音乐。

---

[1] 《南齐书》卷四十《竟陵文宣王子良传》。
[2] 《隋书》卷十三《音乐志上》。
[3] 《魏书》卷一一四《释老志》。

第五章　中国佛教文化的鼎盛（隋唐）

佛教在中国经过五六百年的发展，到隋唐时，进入了创宗立派的新时期。南北朝时，由于政治上的分裂，佛教也形成了南北不同的学风，佛教理论虽然趋向独立，但还没有能够对佛教本身各种不同的观点加以系统的综合和会通，独立的寺院经济也是处于形成发展之中，因此，当时尚无佛教宗派出现，只有众多的佛教学派。隋唐时，随着封建统一王朝的建立和寺院经济的充分发展，佛教各家各派得到了进一步融合发展的机会，顺应着思想文化大统一的趋势，一些学派在统一南北学风的基础上，通过"判教"而形成了宗派。这些宗派各具独特的教义、教规和修持方法，并为了维护自己的宗教势力和寺院经济财产而模仿世俗封建宗法制度建立了各自的传法世系。它们的思想体系中都融合吸收了大量传统的思想和方法。中国化佛教各宗派的建立，标志着中国佛教文化的鼎盛，佛教在中土的发展进入了新的历史阶段。

第一节　隋唐帝王与佛教

隋唐时期，是中国封建社会和文化都发展到极盛的时期。特别是唐初"贞观之治"以后的100来年，经济的发展，国势的强盛，文化的繁荣，都可谓是空前的。国家的强盛和统一，使这个时期的统治者在宗教文化方面一般都采取了比较宽容的政策，这对佛教的发展显然是有利的。但与此同时,统治者也都在考虑如何更好地利用各种宗教和儒家等思想学说来为自己的统治服务,特别是在统治阶级内部激烈的政治斗争中,出于现实政治的需要,他们往往会对佛教采取抬高或贬低等不同的态度和政策,这对佛教的发展也产生了直接的影响。

一、帝王的三教政策对佛教的影响

隋唐帝王在宗教文化政策上重点考虑的一个问题,就是如何更好地利用传统儒学和南北朝时期兴盛起来的佛教和道教。政治上的统一需要思想文化上的统一,因此,从总体上看,隋唐帝王对儒佛道一般都采取了三教并用的政策。这在客观上一方面促成了儒佛道三教的鼎足而立,另一方面也推动了儒佛道三教思想上的趋于融合。但在具体对待三教的态度上,在不同的帝王那里,情况又有所不同。

首先,儒学作为封建宗法制度的思想支柱,在隋唐时恢复了在思想意识形态中的正统地位。自魏晋以来,儒学在现实的社会政治和伦理生活中虽然实际上仍然起着主导的作用,但它已丧失了两汉儒学的独尊地位,并被魏晋玄学和南北朝佛教思潮所遮掩着得不到发展。到了隋代,儒学的地位开始得到恢复。到了唐代,儒学在政治和伦理的范围内更是得到了高度重视。唐高祖曾明确地说:"父子君臣之际,长幼仁义之序,与夫周孔之教,异辙同归,弃礼悖德,朕所不取。"①唐太宗也强调:"朕今所好者,惟在尧舜之道,周孔之教,以为如鸟有翼,如鱼依水,失之必死,不可暂无耳。"②儒佛道三教中,只有儒家的纲常名教最能满足以血缘为纽带建立起来的封建宗法制的需要,最能为现实的政治和伦理道德提供理论依据,因

---

① 《唐会要》卷四十七《议释教上》。
② 《贞观政要》卷六《慎所好》。

此，统一的封建国家建立起来以后，重新确立儒学的权威就十分必要了。唐代利用儒学，在制度上也有所发展，那就是实行科举制度，并由官方颁布了由孔颖达等撰的《五经正义》，统一对经书义理的解释，以作为科举考试的依据。而颜师古奉唐太宗之命撰的《五经定本》则统一了儒家经书的文字。儒学"官学"地位的确立对佛道二教的发展起了一定的制约作用，这正是帝王三教政策上的一种策略，即从现实的政治需要来利用佛教和道教，又以儒家的君臣父子之道来制约之，以更好地维护现实的统治。

其次，对佛道二教的不同利用。隋唐帝王对佛道的不同态度，虽不排除有个人感情上的亲疏好恶等原因，但更重要的还是与他们切身的政治经济利益紧密联系在一起，隋唐时还特别地表现为与宫廷斗争密切相关。例如李唐王朝建立后，为了抬高李姓的地位，高祖李渊和太宗李世民都采取了"兴道抑佛"的政策。唐太宗曾说："今李家据国，李老在前。"[①]明确表示要对道教给予优先考虑。而武则天要"变唐为周"当女皇，篡夺李姓的政权，便反其道而行之，针锋相对地采取了"兴佛抑道"的政策，大力利用佛教。后唐中宗复位，又想"兴道抑佛"，而韦氏干政，则仍然坚持兴佛。唐武宗灭佛，原因当然是多方面的，但与唐武宗本人的崇尚道教也是分不开的。帝王对佛道的不同态度虽不是佛道兴衰的唯一原因，但对佛道二教发展的影响毕竟是巨大的。例如佛教华严宗就是在武则天的直接支持下才得以创立的。也正是在武则天"兴佛抑道"的政策下，佛教徒才得以向道教发起主动进攻，多次上书朝廷要求焚毁贬低佛教的《老子化胡经》，得到了朝廷的批准。《老子化胡经》在元代进一步被毁后，便基本绝迹了。直至20世纪初，才在敦煌藏经洞中发现了部分残卷。帝王对佛道二教的不同利用，对隋唐时期佛教的发展所产生的影响是十分值得重视的。

---

① 道宣：《集古今佛道论衡》卷三。

最后，帝王对儒佛道三教排列次序的看法，也对佛教的发展产生了直接的影响。作为隋唐帝王宗教文化政策的一部分，如何安排儒佛道三教的先后，成为这个时期经常被讨论的问题。隋朝的建国，得到过佛道的帮助，因而隋代的帝王虽然采取了一些恢复儒学的措施，但更多的是对佛道二教的扶植和利用，特别是佛教得到了格外的重视。隋代学者李士谦曾对三教发表了这样的看法："佛，日也；道，月也；儒，五星也。"①这其实也从一个侧面反映了三教在当时社会中的实际地位。唐代帝王开始更理智地看待儒佛道三教，虽然他们骨子里都以儒学为立国之本，但出于现实政治的需要，他们仍利用佛道，甚至把李老道教排在儒家之前。例如唐高祖就曾下诏："老教孔教，此土先宗，释教后兴，宜崇客礼。令老先，次孔，末后释宗。"②唐太宗也主张三教按道、儒、佛的次序排列，并下诏，令道士女冠居僧尼之前。而武则天则反其道而行之，明令"释教在道法之上，僧尼处道士女冠之前"③。唐玄宗以后，由于唐王朝的日趋衰落，统治者才更注意平衡三教，以期更好地并用三教来为现实的统治服务。隋唐时期的佛教就是在帝王的这种三教政策下时起时伏、不断发展的。

二、佛教在帝王的支持下走向鼎盛

隋唐佛教文化的兴盛与统治阶级的大力扶植和支持是分不开的。隋唐各代帝王虽然对佛教的看法不完全一样，但除唐武宗外，大都利用佛教来为封建统治服务。

据史籍记载，出生在寺院里的隋文帝在结束了南北对立的局面以后，对佛教的扶植是不遗余力的。他在称帝的当年（581年）即改变了北周武

---

① 志磐：《佛祖统纪》卷三十九。
② 《续高僧传》卷二十五《慧乘传》。
③ 《旧唐书》卷六《则天皇后本纪》。

帝的灭佛政策，下诏修寺造像，允许天下人出家。"周朝废寺，咸与修营；境内之人，任听出家，仍令户口出钱，建立经像。"①由于隋文帝大建寺塔，广度僧尼，并鼓励写经作佛事，因此，佛教在全国很快就得到了极大的发展。隋文帝时期，全国修建的佛寺有四五千所，所度僧尼达50万之多，并写经3万余卷，据说当时民间流行的佛经比儒家经书多出了"数十百倍"②。为了表示对佛教的虔诚，隋文帝还亲受菩萨戒，大行布施，开皇之初，他一次就敕给僧人昙崇所在的寺院"绢一万四千匹，布五千端，绵一千屯，绫二百匹，锦二十张，五色上米，前后千石"③。隋炀帝也十分好佛，并对佛教大力利用。他与天台宗的创始人智𫖮结纳之深，是大家所熟知的。还在他为晋王任扬州总管时，就把智𫖮请去，设"千僧斋"，并请智𫖮为授菩萨戒。智𫖮给了他一个"总持菩萨"的法号，他则尊称智𫖮为"智者"（智𫖮因而又称"智者大师"），并为智𫖮创立天台宗提供了各种有利条件。即位后，隋炀帝更是建寺、造像、治经、度僧，大力倡导佛教，并自称"菩萨戒弟子、皇帝总持"，要通过行道、度僧等功德使众生得度："上及有顶，下至无间，蠢飞蠕动，预禀识性，无始恶业，今生壁垢，借此善缘，皆得清净，三涂地狱，六趣怨亲，同至菩提，一时作佛。"④在帝王的扶植下，隋代佛教与儒道相比，得到了最大的发展。

唐代诸帝也都十分重视对佛教的利用。唐高祖曾在太史令傅奕上疏"请除佛法"后下令沙汰佛道，要求"诸僧尼、道士女冠等，有精勤练行、守戒律者，并令就大寺、观居住，官给衣食，勿令乏短。其不能精进、戒行有阙者，不堪供养，并令罢退，各还桑梓……京城留寺三所，观二所，其余天

---

① 志磐：《佛祖统纪》卷三十九。
② 《隋书》卷三十五《经籍志》。
③ 《续高僧传》卷十七《昙崇传》。
④ 《广弘明集》卷二十八《隋炀帝行道度人天下敕》。

下诸州,各留一所,余悉罢之"①。但即使是这种意在"长存妙道,永固福田,正本澄源"以便更好地利用佛教的"沙汰",最后也不了了之,并没有贯彻实行。唐太宗本人虽曾明确表示"至于佛教,非意所遵,虽有国之常经,固弊俗之虚术"②,但他出于现实统治的需要,对佛教还是大力扶植的。他曾两次下诏,要各地普度僧尼,规定"务须精诚德业,无问年之幼长,其往因减省还俗及私度白首之徒,若行业可称,通在取限"③,并下诏在当年"交兵之处",为阵亡者"各建寺刹"以超度他们④。玄奘西行求法归来,太宗亲自召见,并为之组织了大规模的译场,提供一切所需费用,还为玄奘新译的佛经作序。正是在唐太宗的直接支持下,玄奘才得以创立了中国佛教宗派法相唯识宗。武则天为了当女皇,更是大力扶植并利用佛教。她曾利用佛教《大云经》,把自己的篡权称帝神化为"受命之事",谓得到了佛的"授记"(即预言她将当女皇),并因此而抬高佛教的地位,诏令佛教在道法之上,僧尼处道士女冠之前。武则天还亲自参与组织了对《华严经》的翻译,支持法藏创立了佛教史上影响巨大的华严宗。号称"中兴"唐室的唐玄宗虽然在"三教"中比较偏重儒和道,对佛教却不十分热心,甚至还曾颁布了不少诏书敕文以限制佛教,但他并没有放弃对佛教的利用。他不仅敕建寺院,御注佛经,而且还曾给予佛教徒以某种宗教特权,同意僧尼和道士女冠等若有犯罪,可按教规处理,"所由州县官,不得擅行决罚"⑤。唐玄宗还特别崇信密教,对"开元三大士"(善无畏、金刚智、不空)加以礼敬,并请不空进宫为之授灌顶法。"安史之乱"以后,唐王朝由盛而

---

① 《全唐文》卷三《沙汰僧道诏》。
② 《旧唐书》卷六十三《萧瑀传》。
③ 《全唐文》卷五《度僧于天下诏》。
④ 《全唐文》卷五《为战阵处立寺诏》。
⑤ 《唐会要》卷五十《尊崇道教》。

转向衰落，为了维护统治，帝王一般不再崇道抑佛，而是更加注意三教并重，崇信并充分利用佛教。例如唐肃宗曾召不空等沙门百人入行宫朝夕诵经，并请不空为之灌顶和授菩萨戒；唐代宗下令诵经、建寺、度僧，"常于禁中饭僧百余人"，乃至"京畿良田美利多归僧寺"；① 唐德宗调和儒佛道三教的矛盾，特别下诏强调，"释道二教，福利群生，馆宇经行，必资严洁，今后寺观不得容外客居住，破坏之处，随宜修葺"。② 唐宪宗的崇佛佞佛，在他的大规模迎奉佛骨中也是表现得淋漓尽致。帝王出于政治需要而利用佛教，客观上推动了佛教在社会上的发展。例如宪宗迎法门寺佛骨至京师，"王公士民瞻奉舍施，惟恐弗及，有竭产充施者，有燃香臂顶供养者"③，在社会上掀起了一股狂热的崇佛浪潮。正是在帝王的支持下，隋唐佛教走向了鼎盛。

中唐以后，寺院经济的高度发展与国家利益的矛盾日益尖锐化，再加上宫廷斗争与佛教的牵连以及佛道之间的斗争等等，终于导致了唐武宗的灭佛，佛教受到了很大的打击。但不久以后，唐宣宗即下敕恢复了佛教。接下来的几代皇帝，也都继续大力扶植并利用佛教，使佛教仍然有所发展。不过，随着唐王朝的日趋衰落，武宗灭法后，中国佛教的鼎盛阶段也就基本结束了。隋唐以后的佛教主要在民众信仰以及对社会生活各方面的影响上有更进一步的发展，而在思想理论方面已较少创新。

第二节　佛教文化的空前繁荣

隋唐佛教文化的繁荣，除了时代造就的宽容的宗教文化氛围和帝王

---

① 《资治通鉴》卷二百二十四《唐纪·代宗大历二年》。
② 《佛祖统纪》卷四十一。
③ 《资治通鉴》卷二百四十《唐纪·宪宗元和十四年》。

对佛教的扶植利用之外，与佛教自身的发展也有一定的关系。佛教传入中国后，有一个逐渐适应中土社会和文化需要的过程，也有一个逐渐被理解和接受的过程。经过汉魏两晋南北朝的发展，佛教基本完成了它的中国化过程，在与传统文化的冲突与交融中，它逐渐演变成为具有中国特色的民族宗教。印度佛教在中国这块土壤上生根、发展，终于在隋唐时结出了丰硕的果实。隋唐佛教文化的繁荣，表现在佛教发展的规模和译经、著述及思想学说等许多方面，而中国化佛教宗派的创立则是最重要的标志之一。

一、译经与著述

隋唐时期的译经事业有了更进一步的发展，成绩相当可观。这个时期的译经基本上由国家组织，依敕进行，所需财物亦由朝廷支出，译场组织渐趋完备，分工精细，人员精干，译主、笔受、证梵、润文、证义、校勘等各司其职，保证了译经的质量。

隋代由于时间较短，因而译者和译经不是太多。具体数字，各种记载不尽相同。法琳的《辩正论》卷三称"译经二十六人，八十二部"，智昇的《开元释教录》卷七则说"缁素九人，所出经论及传录等，总共六十四部，三百一卷"。即使是道宣自己的说法也不完全一样。他在《大唐内典录》卷五中说，隋代译经，"道俗二十余人，所出经论、传法等合九十部，五百一十五卷"；但在《续大唐内典录》中他又说，"隋朝传译道俗等三十一人，译出经论等一百七十部，七百卷"。在隋代诸译师中，最主要的有那连提黎耶舍、毗尼多流支、达磨阇那、阇那崛多和达摩笈多，他们5人共译出经论等59部262卷。梵汉俱佳的彦琮（557~610年）早年就参与译经，开皇十二年（592年）奉诏入长安，住大兴善寺，重掌翻译，开了隋唐由中土僧人主持译经的先风。所著《辩正论》，论述了译经的格式与方法，提出了译才的

"八备"之说,对提高译经的质量产生了一定的积极影响。

唐代的译经则无论在数量上还是在质量上,都达到了前所未有的水平。据圆照所撰的《贞元新定释教目录》载,从唐初到德宗贞元十六年(800年)的183年间,共有译者46人,共译出佛典435部2476卷。唐代最著名的译师有玄奘(约600～664年)、义净(635～713年)和不空(705～774年),他们都有中国佛教"四大译经家"之一的美誉①。玄奘的译经质量最好,数量也最多,先后共译佛典75部1335卷;义净兼通梵汉,其译经被认为在中国译师中仅亚于玄奘,所译经典的总数,说法不一,据《开元释教录》称,为61部239卷,若除去其所撰的《大唐西域求法高僧传》和《南海寄归内法传》等,实为56部230卷;不空的译经数,各种记载也不相同,据圆照的《贞元新定释教目录》载,为111部143卷。他们三人的译经各有所长,"义净着重律典,不空专于密教,玄奘则瑜伽、般若、大小毗昙,面面俱到"②。至唐代,印度大乘佛教的精华基本上都译介过来了。

隋唐的佛经翻译,与以前相比,系统性明显加强,不再像以前那样,遇到什么经就译出什么经,而是有了选择性。译出的也大都是全集,而不像以前多为节选。所译佛典原本,大都为中僧取自西方,比较完备。这个时期的主译者也多为梵汉俱精的中国僧人,改变了过去由不精汉文的外僧主译、由不精梵文的中国人助译的局面,译经质量大为提高。

随着译典的增多,这个时期出现了不少较为系统且分类较精的经录。在隋代有法经等撰的《众经目录》7卷,费长房撰的《历代三宝记》15卷,彦琮等撰的《众经目录》5卷。其中《历代三宝记》亦通称为《长房录》,内容十分丰富,不仅收录了译者译经,还列叙了历朝历代的佛教史大事,只是

---

① 中国佛教史上的四大译经家,或指罗什、真谛、玄奘和不空,或指罗什、真谛、玄奘和义净。

② 吕澂:《唐代佛教》,载《中国佛教》(一),知识出版社1980年版。

由于考核不精，错误较多。唐代在前人的基础上又增订编成好几种经录，比较重要的有道宣撰《大唐内典录》10卷、智昇撰《开元释教录》20卷、圆照撰《贞元新定释教目录》30卷等。其中《开元释教录》（简称《开元录》）的影响最大，共收录汉代以来的译者176人，入藏经目1076部5048卷，其分类、编目等均成为以后大藏经编目和雕印的准据。

隋唐时期中国僧人的著述也异常丰富。从隋初至唐元和（806～820年）中就有不下2000卷。在隋唐以前，汉译佛经对中国佛教的影响较大，到了创宗立派的隋唐时期，中国人的撰述则占了重要的地位。随着大量佛典的译出和研究之风的日盛，这个时期出现了众多名目各殊而性质亦有不同的佛典注疏，"其专分一经之章段者曰科文；其随文解释字句者曰文句；其随文解释义理者曰义疏；而此中因师口授、笔记所得，则谓之述记；其总论一经之大义，恒不随文出疏，而分门以释全书之内容者，则常曰玄义；其集前贤注疏而成一书者曰集注……其疏之注释常曰疏抄；其字音之训释，则称为音义或音训。凡此名目繁多，不能俱列"①。这个时期还出现了大量中国僧人结合自己的体会创造性地发挥佛理的论著，有阐发天台、华严、禅宗等各家各派宗义的通论性著作，也有就形神、因果、佛性等问题展开论述的专论性著作，还有在儒佛道三教的争论中形成的各种护教之论等。与此同时，对佛典系统地加以整理归纳的专集也相继出现。现存比较重要的有道世的《法苑珠林》100卷，这是继梁代宝唱等编的《经律异相》之后的又一部有影响的佛教类书，它将佛典事理分类编排，并广引故事传说以证所说不妄，所引典据均注出处，故有一定的史料价值；道宣的《广弘明集》30卷和《集古今佛道论衡》4卷，《广弘明集》虽为《弘明集》的续编，但体例稍有不同，它不仅把所集的文章按性质分为10篇，而且在

---

① 汤用彤：《隋唐佛教史稿》，中华书局1982年版，第79页。

每篇前都冠有小序,突出了作者的观点,故称"广"而不称"续",全书收录了南北朝至唐130余人的280余篇文章,内容包括佛道斗争及有关佛性、二谛等佛教义理的讨论等,是了解佛教传入后至唐代有关发展情况的重要参考书,《集古今佛道论衡》则集中汇集了佛教传入后至唐初历代佛道争论的有关资料,有些与《广弘明集》所载相同;慧琳的《一切经音义》100卷在玄应、慧苑等编的各种音义基础上编撰而成,为解释佛经音义的专集,广引古代的韵书、字书及经史百家之说,共解释1300部5700余卷佛经的音义,很有学术价值。此外,僧传、教史与地志等方面的撰述也有不少,可惜保存下来的只有十分之一二。现存道宣的《释迦氏谱》1卷和《续高僧传》30卷,敦煌本《楞伽师资记》和《历代三宝记》,灌顶的《国清百录》和玄奘的《大唐西域记》等,都有较高的学术价值。

二、寺院经济与僧官制度

南北朝时期逐渐形成的独立的寺院经济在隋唐时有了更进一步的发展。各大寺院都拥有大量的田产和财物,通过田租和放高利贷,每年都有数目相当庞大的经济收入。例如浙江天童寺,有田13000亩,"跨三都五县,有庄三十六所",每年收租35000斛。① 寺院发放的高利贷,种类繁多,有贷粮食、粮种的,有贷现金、银两的,还有贷粗布、丝绸的,利率则有10%、20%,有的甚至高达100%。

隋唐时期,官府的赐给和信徒的布施仍然是寺院经济的重要来源。"大众悲庆,积施如山。"②历代帝王也都常常赐给寺院田庄或农户。例如隋文帝于开皇十三年(593年)曾下诏"于诸州名山之下各置僧寺一所,并

---

① 请参见《天童志》卷八~卷九。
② 《续高僧传》卷二十五《慈藏传》。

赐庄田"①,隋炀帝也曾"前后送户七十有余"给佛寺"永充基业"②。唐高祖则在武德八年(625年)一次就赐给少林寺地40顷,唐玄宗逃难至成都时,也一下子赐给新建的大圣慈寺地1000亩。据有关记载,隋唐时,"国家大寺"基本上都有"敕赐田庄"③。唐武宗灭法之前,佛教寺院占有的土地达数千万顷之多④,占有奴婢15万人以上。正如辛替否上疏唐中宗时所曾揭露的"今天下之寺盖无其数,一寺当陛下一宫,壮丽之甚矣!用度过之矣!是十分天下之财,而佛有七八!陛下何有之矣,百姓何食之矣!"⑤

寺院经济的膨胀,一方面为隋唐佛教各宗派的创立与发展奠定了雄厚的经济基础,另一方面也势必令佛教与世俗地主阶级的利益产生矛盾,与国家利益产生冲突。因此,唐武宗的灭法就绝不是偶然的了。

隋唐时期的僧官制度也有进一步的发展。隋文帝建国之初仿照北魏的制度设立昭玄寺,置大统1人、统1人、都维那3人,并根据需要而新设立了外国僧主等僧官,统管佛教事务。地方上则设有统都、沙门都、断事、僧正等。后改昭玄寺为崇玄署,隶于鸿胪寺。隋炀帝时,为了加强对基层寺院的管理,曾下诏"郡县佛寺,改为道场,道观改为玄坛,各置监丞"⑥,监丞一般由俗人担任,为官署任免的王官,代表官府监理寺院事务,独立于寺院三纲之上。基层僧官的加强是隋唐僧官制度的重要特点之一。唐初,由鸿胪寺管佛、道二教,后恢复崇玄署,属鸿胪寺。每一寺观仍各置寺

---

① 《释氏稽古略》卷二,《大正藏》第49册,第809页上。
② 《续高僧传》卷十七《昙崇传》。
③ 《法苑珠林》卷六十二。
④ 新旧《唐书》和《资治通鉴》等都说武宗灭法没收寺院田地"数千万顷",有人分析可能为"数十万顷"之误。
⑤ 《旧唐书》卷一百一《辛替否传》。
⑥ 《隋书》卷二十八《百官志》。

观监1人。武则天以后,崇玄署隶礼部之祠部。唐玄宗以后,又设功德使管理僧尼,但所度僧尼,仍由祠部发给度牒①。唐宪宗元和(806~820年)初,在左、右两街功德使下,又设左、右街僧录,专掌僧籍等事务。隋唐时,僧籍和寺额的管理是比较严格的。

唐代的僧官制度与以前相比,最大的不同在于撤销了中央到地方专设的僧务机构,僧尼的主要管理权隶属于中央政府的常设官署,一般性的宗教事务才由各级僧官负责,在僧务管理上形成了以俗官为主、僧官为辅的局面,而在寺院中,僧官的权力却不断加强,寺庙僧职体制也日趋严密。这是与中央集权的加强以及佛教宗派的出现相适应的。

三、佛教宗派的创立

隋唐佛教宗派的创立,是中国佛教发展史上的大事,也是中国佛教文化走向鼎盛阶段的重要标志。伴随着佛教宗派的出现,融合了传统思想文化的中国化的佛教思想体系相继成熟,佛教的文学艺术等也日趋繁荣,佛教的社会性活动和对外交流空前活跃。中国成为亚洲佛教实际上也是世界佛教的中心。

中国佛教宗派在隋唐时得以创立并不是偶然的,而是有着深刻的社会和文化背景,它是时代的产物、历史的必然。首先,隋唐统一王朝的建立,既提出了统一佛教诸家纷争、异说纷纭的要求,也为统一南北各地佛教不同的特点和学风提供了条件。随着政治上的统一而出现的南北经济文化的交流与融合,使会通佛教诸说、融会中印思想的佛教宗派的创立成为可能;新建王朝的统治者对各种宗教文化学说的宽容以及对佛教的支

---

① 度牒:官方发给合法出家者的证明书,始于唐大中十年(856年)。僧尼以此牒为身份凭证,可以得到政府的保护,免除地租和徭役。

持和利用，则使佛教宗派的创立进一步成为现实。社会大众对现实生活的不满和对美好生活的向往，也是隋唐佛教迅速发展的重要原因。从根本上看，隋唐佛教宗派是适应社会需要而出现的。

其次，从佛教自身的发展来看。印度佛教传入中国，无论是为适应中土的需要而作出的自我调整，还是被中土逐渐理解并有选择地容纳接受，都有一个过程，都要经历一定的时间。正是在佛教中国化的演进中，中国佛教不断发展并逐渐得以成熟。南北朝以来寺院经济的发展，为隋唐佛教宗派的创立奠定了坚实的经济基础，同时也在新的历史条件下提出了模仿世俗封建宗法制度而确立传法世系以保护寺院经济的要求；南北朝以来佛教学派的林立，为隋唐佛教宗派的创立准备了理论条件，而隋唐社会的统一也为佛教各家各派的融合提供了机会；南北朝以来的判教，则为隋唐佛教宗派理论体系的建立提供了方法论上的帮助。关于寺院经济和佛教学派，前面已有论述，这里就判教再作点说明。判教，就是判别或判定佛所说的各类经典的意义和地位。如前所说，判教在印度佛教中就有，但中国的判教在佛教宗派的创立过程中有着特别重要的地位。这是因为，佛教传入中国之时，印度大乘佛教已经兴起，大小乘佛教的各种经典和思想学说几乎是同时在中土得到介绍并流传的。随着佛教的发展，就产生了如何从理论上解释佛教内部各种不同说法的要求，隋唐佛教宗派要得以创立，更有必要通过调和佛教各种不同的经典教说来构建自成体系的思想学说，并借此来抬高本宗的思想，确立本宗的正统和权威。天台、华严等中国佛教宗派都通过判教而建立了自己独特的思想体系，并标榜自己的学说为佛教最完满的教义。显然，如果不是对佛教有比较全面的了解，要进行这种判教是不可能的。因此，隋唐佛教宗派在判教的基础上得以创立，而各个宗派的判教也只有在隋唐时期才有可能出现，宗派的判教是中国佛教发展到一定阶段的产物。

最后，我们还可以从整个传统思想文化的发展来看。博大精深的中国传统思想文化是在众多民族的融合、多种文化的交汇中逐渐形成发展起来的，在漫长的演变发展中，它形成了开放性、调和性、包容性等特点。在对待外来文化的态度上，它基本上都是宽容并加以吸取的。但这种宽容和吸取又是有条件的。首先，它是以保持自身的相对独立发展为前提的，在开放中吸收外来的文化是为了更好地更新发展自己而不是否定自己或取代自己，当外来文化的冲击威胁到它自身的存在与发展时，传统文化就会对外来文化采取排斥抵制的态度。其次，它对外来文化的融合吸收是有选择的，它往往是在理解的基础上消化吸收外来文化以为我所用，而不是生吞活剥，盲目接受。因此，从总体上看，传统思想文化在对待外来文化的态度上呈现出了相对封闭中有开放、相对排斥中有吸收的基本特色。相对的封闭和排外保持了传统文化的稳定和一以贯之的持续发展，有条件的开放和吸收又使传统文化的发展充满活力。中国传统思想文化正是在这种动态平衡中绵延数千年而不绝，既保持了它特有的魅力，又保持了它常新的生命力。在与外来佛教的关系上，传统文化的如上特点表现得格外明显。与印度佛教相比，以儒学为主导的传统思想文化多的是人文精神和现实品格，相对缺乏的是哲学的思辨和对现实人生的超越精神。因此，当佛教传入以后，传统思想文化强烈地感受到了吸取佛教的精华来充实发展自己的必要性，但如何摆妥本位文化与外来文化的关系，却需要经历一个碰撞和冲突、排斥和融合的过程，而这个过程又与统治者的宗教文化政策密切相连。佛教传入后的汉魏两晋南北朝时期，儒学正统地位的动摇虽为佛教提供了生存发展的机会，但从总体上看，鉴于佛教同中国传统宗法伦理和习俗的不合，传统思想文化与佛教的冲突和对佛教的排斥一直相当激烈。随着佛教在中土的站稳脚跟和佛教中国化的推进，传统思想文化对佛教的了解也日趋全面而深入，在隋唐儒佛道形成三足鼎立之势的时候,传统文化与佛教的冲突和对佛教的排斥虽然仍未停止,但更多的已是理论上的相互融合与共同发展,这为佛教思想文化的繁荣提供了有利的条件。隋唐儒学虽然重新恢复了正统地位,但统治者只是利用它的纲常名教来为维护统治服务而已。统治者非但不鼓励学术的研究,反而还通过《五经定本》和《五经正义》,从文字上和义理上对儒家经典作了规范,科举取士,都要符合官方的解释,否则便是离经叛道,这显然阻碍了儒学的发展。而佛教作为非正统的思想,却在一定程度上得到了自由发展的机会,帝王出于现实政治的需要而采取的三教并用的政策,更为佛学的研究和发展创造了外部环境。因此,佛教宗派思想体系在隋唐时期得以创立就不是偶然的了。中国化的佛教思想体系的先后创立又刺激了传统思想文化的发展,为宋代以伦理为本位的融合儒佛道三教的新儒学思想体系的出现提供了理论来源和方法论上的经验。

关于中国佛教宗派,汤用彤曾发表过这样的看法:"佛法演至隋唐,宗派大兴。所谓宗派者,其质有三:一、教理阐明,独辟蹊径;二、门户见深,入主出奴;三、时味说教,自夸承继道统。用是相衡,南北朝时实无完全宗派之建立。"[①]隋唐时创立的佛教宗派,一般有"大乘八宗"之说,指的是天台宗、三论宗、法相唯识宗、华严宗、律宗、禅宗、净土宗、密宗。此外,还有隋唐时一度流行的三阶教。下面,我们对这些宗派分别进行论述。

第三节 天台宗

天台宗是中国佛教史上创立最早的一个佛教宗派,它渊源于南北朝,初创于隋,兴盛于唐。因其实际创始人智𫖮长期住在天台山(在今浙江天台)

[①] 汤用彤:《隋唐佛教史稿》,第105页。

而得名。此宗又由于奉《法华经》为主要经典,因此也称法华宗。

一、传法世系与智𫖮创宗

天台宗的传法世系,按照天台宗自己的说法,有"东土九祖":初祖龙树,二祖慧文,三祖慧思,四祖智𫖮,五祖灌顶,六祖智威,七祖慧威,八祖玄朗,九祖湛然。龙树是古印度人,他的理论与天台宗有一定的渊源关系,但并不是一回事,龙树本人也从未到过中土,因此天台宗人把龙树奉为初祖,只是表示对龙树的尊崇,同时也是为了标榜自宗为承继印度佛教的正宗。二祖慧文,俗姓高,北齐禅师,修习禅观。据说他读《大智度论》和《中论》,悟"一心三观"之理,并传给了慧思,奠定了天台宗的理论基础。三祖慧思(515~577年),俗姓李,武津(今河南上蔡东)人。15岁出家,专诵《法华》等经,发心修习禅定。闻慧文禅师"聚徒数百,众法清肃,道俗高尚",便往皈依。先在北齐,后为避乱而至南方。他既注重禅法践行,又注重佛教义理的推究,是个禅智兼备的僧人。道宣在《大唐内典录》卷六中曾说:"昔江左佛法,盛学义门,自思南渡,定慧双举。"在《续高僧传·慧思传》中则说:"自江东佛法,弘重义门,至于禅法,盖蔑如也。而思慨斯南服,定慧双开;昼谈理义,夜便思择。故所发言,无非致远,便验因定发慧,此旨不虚。南北禅宗,罕不承绪。"这都表明,慧思是一个统一南北佛教不同学风的重要人物,对天台宗的创立有一定的影响。慧思同时也是一个深受中国道教和神仙家思想影响的僧人。他在《立誓愿文》中曾表示"愿诸贤圣佐助我,得好芝草及神丹",甚至"誓愿入山学神仙,得长命力求佛道"。① 这对天台宗思想的形成也产生了一定的影响。

慧思的弟子很多,以实际创立了天台宗的四祖智𫖮最为著名。智𫖮

---

① 《大正藏》第46册,第791页下。

的著作很多，但大都是他口说，而由其高足"章安大师"灌顶记录整理而成。灌顶（561~632年），字法云，俗姓吴，祖籍常州义兴（今江苏宜兴），后迁临海章安（今浙江临海东南章安）。7岁出家，20岁受具足戒。从南朝陈后主至德元年（583年）起师事智𫖮，至隋开皇十七年（597年）智𫖮去世止，10多年不离智𫖮左右，在协助智𫖮创立天台宗方面出力不少，思想上也主要发挥智𫖮学说，因此被奉为天台宗五祖。他的弟子智威（？~680年），俗姓蒋，处州缙云（今浙江境内）人，18岁随灌顶出家，受具足戒后咨受心要，定慧俱发，即证法华三昧。晚年开禅讲学，门徒数百，嗣其法者为慧威。慧威（634~713年），俗姓刘，东阳（今浙江境内）人。出家受具足戒后，闻智威禅师盛行禅法，便往归之。他刻志忘劳，昼夜勤修天台止观法门，时称"小威"（智威为"大威"）。众多弟子中传其法者为玄朗。玄朗（673~754年），字慧明，俗姓傅，婺州乌伤（今浙江义乌）人。9岁出家，弱冠时远寻光州（今河南潢川）岸律师受具足戒。先学律范，又博览经论，尤善《涅槃》。后往会稽妙喜寺与印宗禅师商榷禅要，大旨未周。又往诣慧威，从受《法华经》《净名经》和《大智度论》《摩诃止观》等，精研天台教义。后又依恭禅师重修观法，博达儒书，兼闲道宗，无不该览。虽通诸见，独以止观以为入道之程，作安心之域。由于隐居左溪岩数十年，故有"左溪尊者"之号。其弟子中最著名者为"中兴天台"的荆溪大师湛然。

唐代唯识宗和华严宗创立并大兴后，天台宗便相形失势。因此，号称天台宗六祖、七祖、八祖的智威、慧威和玄朗，在天台宗中并不是很重要的人物。中唐时，天台九祖湛然提出了"无情有性"说，才使天台宗有所恢复。湛然（711~782年），俗姓戚，世居常州荆溪（今江苏宜兴南），故世称"荆溪大师"。家本儒墨，年二十余，受经于玄朗，学习天台止观教义。年三十八正式出家受戒。玄朗死后，住天台山国清寺，大弘天台教法，他的"无情有性"论发展了天台教义，使天台宗"焕然中兴"。唐武宗灭法后，天台宗与教下其他宗派一样,渐趋衰微。五代至宋,才略有复兴。

天台宗的创立,既是中国佛教发展的需要,也是封建帝王扶植利用佛教的结果,同时与智𫖮积极的创宗活动也是分不开的。

智𫖮(538~597年)是个政治活动能力很强的僧人,他与陈隋两朝帝王的关系都很密切,史传上称他"陈隋两帝,师为国宝"①。他俗姓陈,字德安,原籍颍川(今河南许昌)。东晋迁都,其家南移,寓居荆州的华容(今湖北监利西北)。世家出身,门第很高,父亲陈起祖曾在梁元帝时被拜为散骑常侍,封益阳公。智𫖮18岁时投至相州果愿寺沙门法绪门下出家为僧,不久即北上从著名的律师慧旷受学,又到湖南衡州境内的大贤山隐居了一段时间,潜心诵读《法华经》等。20岁受具足戒时,智𫖮已精通经律。其后,他对佛教禅观又发生了兴趣。陈文帝天嘉元年(560年),智𫖮前往光州(今河南光山)大苏山拜慧思为师,研习《法华》,学修禅观,深得法华三昧之真谛。陈废帝光大元年(567年),年当三十的智𫖮至陈都金陵,受到了陈代朝野僧俗的欢迎与敬重。不久,被迎请住进了瓦官寺。在瓦官寺的8年,智𫖮不仅传授禅法,而且开讲《法华经》等,标立宗义,判释经教,为创立天台宗打下了基础。

由于金陵喧闹嘈杂,不利于坐禅行道,因而智𫖮在陈宣帝太建七年(575年)与慧辩等20余人离开金陵前往会稽(今浙江绍兴)的天台山,受到了僧俗的欢迎。智𫖮在天台住了10年,获"天台大师"②的称号。他虽远居天台,却并没有中断与陈王朝的联系,京城里的最高统治者也充分意识到声望日高、名震都邑的智𫖮对他们的有用之处,因而不断地下敕向他表示问候与请教,并赐给大量钱物以拉拢他。特别值得一提的是,太建九

---

① 道宣:《大唐内典录》卷五,《大正藏》第55册,第284页中。
② 《续高僧传》卷十七《智𫖮传》。

年(577年),陈宣帝曾专门下诏:"禅师佛法雄杰,时匠所宗,训兼道俗,国之望也。宜割始丰县调以充众费,蠲两户民,用供薪水。"这就是说,朝廷一次就把智𫖮住地始丰县(今浙江天台)的"调"(赋税)全部拨给僧众日用,并另拨两户农民以供寺院役使。为了更好地利用佛教,陈后主又多次迎请智𫖮返京。至德三年(585年),智𫖮离开天台山重新回到金陵,先后讲《大智度论》和《法华经》等,受到了朝廷的礼遇。皇后、太子都从其受戒,可见其与陈王朝的交往之深。隋开皇九年(589年),隋军南下灭陈,陈后主做了俘虏,智𫖮也逃离了金陵。

隋代政治上的统一,既要求有统一的佛教与之相适应,也为统一佛教南北学风提供了可能,智𫖮则是使这种可能变为现实的重要人物。隋文帝在开国之初就拉拢智𫖮,写信要他好好为隋王朝服务。隋炀帝杨广未登基当皇帝前,受封晋王,出任扬州总管,他与智𫖮也交往密切,在邀智𫖮到扬州并从其受菩萨戒之后至智𫖮去世的6年中,给智𫖮的书信先后达40多封,并从各方面给予了大力支持。智𫖮也积极投靠隋王朝,一再表示要把"兴显三世佛法"与"拥护大隋国土"紧密结合在一起,要竭诚为隋王朝服务以报皇帝的"水土之泽"①。他临终在留下的遗嘱中还发愿,死后若有神力,誓当护持隋王朝;同时他也向杨广提出要求,希望为寺院争取到更多的田产。显然,智𫖮是十分懂得帝王的支持和寺院经济对于佛教宗派的存在和发展所具有的重要意义的②。智𫖮去世后第二年,晋王杨广承智

---

① 《国清百录》卷三,《大正藏》第46册,第809页中。
② 请参见《国清百录》卷三所载的智𫖮临终所写的《发愿疏文》。关于智𫖮与陈、隋两朝的关系,学术界有不同的看法。例如郭朋认为:"智𫖮的一生,可以说就是他同陈、隋王朝深相结纳的一生;天台宗的建立,也可以说就是他同隋王朝深相结纳的产物。"(《中国佛教思想史》[中卷],福建人民出版社1994年版,第73页)但潘桂明却认为:"智𫖮对隋王朝的态度与他以往对陈朝的态度截然不同。对于陈朝,他表现出积极支持、主动维护的姿态;而对于隋朝,则采取阳奉阴违、消极回避的态度。"(《智𫖮评传》,南京大学1996年版,第51页)董平也认为:"谓 (转下页)

颛的遗愿而在天台山南麓为之立寺,初名天台寺,至隋炀帝大业元年(605年)赐名国清寺。此寺是天台宗的根本道场,被称为天台宗的祖庭。

智颛不但在政治上、经济上为天台宗的创立打下了坚实的基础,而且还建寺度僧,培养弟子,并为天台宗留下了大量的理论著作。据有关记载,他一生建寺36所,亲手度僧14000余人,传法弟子32人,著书140余卷(其中大部分为其弟子灌顶记录整理而成)。著作中最重要的有《法华玄义》《法华文句》和《摩诃止观》,号称"天台三大部",是天台宗的基本理论著作,尤其是《摩诃止观》,代表了智颛的成熟思想,也奠定了天台宗的思想理论基础。智颛作为天台宗的实际创始人是当之无愧的。

二、调和与圆融的特点

适应全国统一的政治需要和佛教发展趋势而出现的天台宗,是在统一南北佛教的基础上融合传统思想文化而建立起来的中国化的佛教宗派,它在方便①法门的旗号下对佛教的各类经典和不同学说作了折中,对南北各地形成的不同学风进行了调和,并对中印两种不同的思想学说加以融通。调和性与融合性成为它的最基本的特点,这主要表现在以下三个方面:

第一,天台宗以《法华经》为本宗的"宗经",提出了"会三归一"的理论。《法华经》全称《妙法莲华经》,"妙法"意为所说教法微妙"无上","莲华"即"莲花","莲花经"是比喻经典洁白美丽。该经有多种汉译本,最流行的即为天台宗崇奉的鸠摩罗什译的8卷本。该经认为,一切众生都能成佛,"诸佛世尊唯以一大事因缘故出现于世",这就是"开、示、悟、入"佛之

(接上页)智颛主动与隋王朝深相结纳,谅非实情。"(《天台宗研究》,上海古籍出版社2002年版,第25页)

① 方便:佛教术语,意近"权宜",指为教化各种不同程度的人而采取的各种灵活的方法。

知见,即教化众生,使之都能具备佛之知见而成为佛。经中强调,佛的各种教法都是教化众生成佛的方便手段,"诸佛以方便力,于一佛乘分别说三",即所谓"声闻"(听闻佛的言教而觉悟者)、"缘觉"(观悟十二因缘之理而得道者)和"菩萨"(修六度,求菩提,利益众生,未来成佛者)三乘,皆是佛的方便说,实则只有佛之一乘。"十方佛土中,唯有一乘法,无二亦无三,除佛方便说。"①天台宗根据上述经义提出了"会三归一"的理论,认为"三乘"的教义最终都会归于佛乘。其理论意义在于:一方面把天台宗的教义说成是至上的"一乘",另一方面又为它调和融合其他学说打开了方便之门。天台宗正是在"会三归一"的名义下把佛教的不同教义与传统文化的不同思想"会归"到天台宗的教义中。

第二,天台宗正式提出了止观并重、定慧双修②,并把它作为最高的修行原则。智𫖮在《修习止观坐禅法要》中明确提出:"泥洹之法,入乃多途,论其急要,不出止观二法。"他把止与观、定与慧比作"车之双轮""鸟之双翼",认为"若偏修习,即堕邪倒"。天台宗止观并重、定慧双修的宗风之确立,标志着南北朝时期北方佛教重禅修而南方佛教重义理的不同学风得到了融合与统一。在天台宗以后建立起来的隋唐佛教各宗派,例如法相唯识宗、华严宗和禅宗等,也都是强调理论与修行并重的。

第三,天台宗还通过判教来建立自己的思想体系。它在判定佛所说的各类经典的意义与地位时,按照本宗的理论体系对佛教各派思想作了系统的整理与安排,调和了佛教内部各种不同的说法,并抬高本宗的地位,把本宗的学说确定为佛的最完满的说教。中国佛教的判教在宗派的形成过程中以及在各宗的理论上都占有十分重要的地位,它是佛教各宗

---

① 以上引文均见《妙法莲华经·方便品》。
② 止,即禅定,使精神专注;观,即智慧,在止的基础上观想特定的对象而获得佛教的智慧或功德。

派对外防止攻击、对内融会利用的重要措施,这在天台宗这里也得到了充分的体现。智𫖮在创立天台宗时,就通过批评南北朝时的所谓"南三北七"的10种判教学说而提出了自己的"五时八教"的判教理论。所谓"五时",是把佛的说法分为五个阶段:(1)华严时,谓释迦牟尼初成道,说《华严经》义,由于深奥难懂,悟解者甚少;(2)鹿苑时,指为根底浅者讲《阿含经》等小乘经典;(3)方等时,指开始说《维摩经》《楞伽经》等大乘经典;(4)般若时,此时破除各种执著,宣说我法皆空之理;(5)法华涅槃时,此时宣说佛陀出世之本意,为佛最高最后的说教。天台宗奉《法华经》为根本经典,因而借"五时"之说以抬高本宗。所谓"八教",指"化法四教"和"化仪四教"。"化法四教"是根据佛教化众生的教法内容划分的,它包括:(1)藏,即经律论三藏,指小乘《阿含经》;(2)通,即义通大小,指诸部《般若经》;(3)别,即区别于小乘,指专为菩萨讲的大乘经;(4)圆,即圆满、圆妙,指《法华经》义。"化仪四教"是根据佛传教的不同形式划分的,它包括:(1)顿,指不分阶次,顿至佛位;(2)渐,指由小入大,渐次修行;(3)秘密,指"同听异闻,互不相知";(4)不定,指"同听异闻,彼彼相知"。天台宗的"五时八教"说使佛教的不同教义既有高下区别,又能并行不悖,在抬高本宗崇奉的法华教义的同时也把佛教的各种异说融通起来了。

三、性具实相与无情有性

天台宗的中心理论是性具实相说。性,指法性,亦即真如,是佛教所谓的精神本体。天台宗认为,世界万法都是本来具足的,千差万别的事物和现象当体就是实相(真实的相状),都显示了法性真如的本相,这就是性具实相说的基本观点。其义理又有相互联系的两个方面,即"三谛圆融"和"一念三千"。

"三谛圆融"是从"一心三观"发展而来的。"一心三观"据说是北齐慧文禅师的独创,他认为,通过修习般若,可以于"一念心"中同时观悟佛教的空、假、中三谛。天台宗的实际创始人智𫖮进一步把"一心三观"与"诸法实相"联系起来,认为空、假、中就是诸法实相的基本内涵,是真理的三个方面,故称"三谛",即三条真理,这三谛相即相通,圆融无碍,故称"三谛圆融"。所谓一空一切空,无假中而不空;一假一切假,无空中而不假;一中一切中,无空假而不中。因此,观空、假、中三谛并没有时间上的先后问题,"三谛具足,只在一心","一念心起,即空、即假、即中"[①]。

"一念三千"是智𫖮根据《法华经》的"十如是"思想发挥而成的。一念,也称一心;三千,指三千世间,是对宇宙万有的总概括。智𫖮认为,六凡(地狱、饿鬼、畜生、阿修罗、人、天)、四圣(声闻、缘觉、菩萨、佛)所见宇宙各不相同,由此构成"十法界"。这十法界之间是相互蕴含、相互转化的,每一界与另外九界是相通的。十法界各各互具,就成"百界"。百界中的每一界又各具"十如是"(《法华经·方便品》提出的把握诸法实相的10个方面),即成"千如"。百界千如各有众生、国土、五蕴这三种世间,便成"三千世间"。智𫖮认为,"此三千在一念心,若无心而已,介尔有心,即具三千"[②]。这里的三千,实际上并不拘于名数,它是对整个宇宙的总概括。"一念三千"实际上就是"宇宙万有,惟一心作"的意思,它集中反映了天台宗的宗教世界观。

根据这种宗教世界观,天台宗提出了它富有特色的解脱修行理论。既然六凡四圣"十界"各各互具,那么众生本性也就"性具善恶",即既具有地狱、饿鬼等界的恶法,也具有佛界的善法,众生与佛在根本上也就没有什么差别,迷即众生悟即佛,这就为一切众生皆有佛性、皆得修行成佛作

[①] 分别见之于《摩诃止观》卷六下和卷一下。
[②] 《摩诃止观》卷五上,《大正藏》第46册,第54页上。

了理论上的论证。

"中兴天台"的九祖湛然进一步发展了天台宗的教义,把佛性推广到草木瓦石等一切无情之物,提出了著名的"无情有性"说。本来,按照佛教的一般观点,佛性是唯"有情"才具有的。但湛然认为,既然真如佛性是万法的本体,一切事物和现象都是佛性的具体体现,那么,佛性当然就应该遍在于一切事物,即使是草木瓦石等无情之物,也应该具有佛性。他在《金刚錍》中对他的论敌说:"故子应知万法是真如,由不变故;真如是万法,由随缘故。子信无情无佛性者,岂非万法无真如耶?故万法之称,宁隔于纤尘?真如之体,何专于彼我?"[1]既然佛性遍一切处,那么人人有佛性、人人能成佛就更是题中应有之义了。这种理论对整个中国佛教的发展产生了一定的影响。

第四节　三论宗

三论宗因以龙树的《中论》《十二门论》和提婆的《百论》为主要经典而得名。又因主张"诸法性空",也称"法性宗"。为了区别于也称"法性宗"的天台宗和华严宗,又称"空宗"。自鸠摩罗什译出"三论"以来,研习"三论"者代不乏人,至隋吉藏而集大成,正式创立了三论宗。

一、传法世系与吉藏创宗

三论宗的传法世系说法不一,一般都上溯至印度的龙树、提婆,中土则以罗什为始。罗什以下为僧肇(或道生)—昙济—僧朗—僧诠—法朗—吉藏。其实,罗什传龙树、提婆的中观学,译出"三论"后,只为以后创立三

---

[1]　《大正藏》第46册,第782页下。

论宗奠定了理论基础,但他并没有创立宗派。罗什所传之学经其弟子僧肇、僧叡和道生等人发扬光大而一度成为显学,研究"三论"者群起,但仍未形成宗派。罗什的高足僧肇,被誉为中土"解空第一",对三论宗的影响较大,三论宗的实际创始人吉藏推崇他为"玄宗之始",并常以"什肇"并称,自许为传什肇之学的正宗。什肇之学原在北方流传,当时南方盛行《成实论》。后有僧朗将什肇之学传至南方。僧朗与著《六家七宗论》的昙济并无师承关系,他本为辽东人,刘宋时入关研习"三论",于齐梁时来到江南,住建康郊外的摄山栖霞寺。他一方面破斥视"三论"与《成实论》为一致的旧说,另一方面大弘"三论"之学。在他之后,有僧诠、法朗依次相传,形成了"摄岭相承"的三论学派,但仍没有成为佛教宗派。至法朗的弟子吉藏,摄岭相承的三论学派才正式演变为宗派。

吉藏(549~623年),俗姓安,祖籍为西域安息,故有"胡吉藏"之称。先世因避仇而移居南海(今广州),后迁至金陵(今南京)。吉藏生在金陵,约三四岁时,就曾由父亲带领谒见了真谛,真谛为其取名吉藏。后来,他父亲出家,吉藏也常随父亲到兴皇寺听法朗法师讲"三论";7岁时从法朗出家;19岁时学有所成,参与了讲经活动,"处众复述,精辩逢游,酬接时彦,绰有余美,进誉扬邑,有光学众。具戒之后,声闻转高,陈桂阳王钦其风采,吐纳义旨,钦味奉之"①。陈末隋初,江南凌乱,道俗波进,各弃城邑,吉藏乃率其所属,往诸寺中,收聚文疏,广览博学。后至会稽(今浙江绍兴),住嘉祥寺,讲经说法,活跃一时,问道者常有千余人,被称为"嘉祥大师"。

隋统一全国后,吉藏应时为晋王的杨广(即隋炀帝,604~618年在位)之请,住扬州慧日寺,"礼事丰华,优赏伦异",后又移住京师长安日严寺,

---

① 《续高僧传》卷十一《吉藏传》。

"法化不穷,财施填积",曾与"自号三国论师"的沙门僧粲进行过多次辩论,最后获胜,受到朝野僧俗的敬重。杨广次子齐王杨暕,"稽首礼谢,永归师傅,并喍吉祥麈尾及诸衣物"①。在此期间,吉藏完成了"三论"的注疏及《三论玄义》等,创立了三论宗。

入唐以后,吉藏仍然受到重视。《续高僧传·吉藏传》中说:"大唐义举,初届京师,武皇帝召释宗竭于虔化门下。众以藏机悟有闻,乃推而叙对……武皇欣然,劳问勤勤,不觉影移语久,别敕优矜,更殊恒礼。"武德(618~626年)初唐高祖在长安设立十大德统领僧众,"纲维法务",吉藏为十大德之一。

吉藏学识丰富,著作也很多。一生"讲'三论'一百余遍,《法华》三十余遍,《大品》《智论》《华严》《维摩》等各数十遍,并著《玄疏》,盛流于世"②。他的主要著作有《中论疏》10卷、《百论疏》3卷、《十二门论疏》3卷、《三论玄义》1卷、《大乘玄论》5卷和《二谛义》3卷等。有些著作流传到日本和朝鲜,产生了一定的影响。

吉藏以后,三论宗的学说未再有多大的发展。吉藏的弟子很多,有慧远、智凯、硕法师等,但在佛教史上大都隐而不显。再传弟子中只有相传出于硕法师门下的元康略为知名。元康曾在唐贞观(627~649年)中游学京邑长安,后奉诏入安国寺讲"三论",并对"三论"和《肇论》等作了注疏,后不测其终。三论宗在中国流传的时间也不长,由于华严、唯识等宗派的兴起,对三论之学或吸收,或批判,三论宗便因此而渐次衰微,只是在日本略有流行。

---

① 《续高僧传》卷十一《吉藏传》。
② 《续高僧传》卷十一《吉藏传》。

二、二藏三轮与中道实相

三论宗在中国佛教史上是创立较早的一个佛教宗派,因而它的理论也明显地表现出了融会佛教诸家异说的倾向,它的"二藏三法轮"的判教理论就突出地表明了这一点。

"二藏三法轮"是三论宗对释迦一代教法所作的判释。三论宗依据言教二谛和实相无得的观点,强调"大小乘经,同明一道故,以无得正观为宗"①,认为佛为化导众生而说的一切言教都不过是随机施教、因病与药的方便法门而已,众生的根机各不相同,佛的说教也就有所差别,但言教虽异,义旨无二,百千法门同会归佛教的真理,大乘小乘,皆为佛说,三乘同归于一乘。据此,三论宗提出了所谓的"二藏三法轮"。二藏,指的是声闻藏(小乘)和菩萨藏(大乘)。吉藏在《法华游意》中说:"佛教虽复尘沙,今以二意往收则事无不尽。一者赴小机说名曰小乘,二者赴大机说称为大乘。而佛灭度后结集法藏人摄佛一切时说小乘名声闻藏,一切时说大乘者名菩萨藏,即大小义分,浅深教别也。"②三论宗认为,本宗乃属菩萨藏。为了避免对二藏判教的执著,从而堕入有所得,三论宗又立"三轮"的判教。"三轮"意谓三种佛法,故又称"三法轮",指的是:(1)根本法轮,即佛成道之初为菩萨说所证一因一果之佛乘的《华严经》;(2)枝末法轮,指《华严经》之后、《法华经》之前的一切大小乘经典,因"薄福钝根"之人不理解佛所说的一佛乘法,故佛开一乘为三乘,为之分别说;(3)摄末归本法轮,指会三归一的《法华经》,三乘的枝末法又会归于根本的一乘法。按照"三法轮"的判教,三论宗所依据的《般若经》当属枝末法轮,但吉藏认为,佛开

---

① 吉藏:《三论玄义》卷下,《大正藏》第45册,第10页下。
② 《大正藏》第34册,第644页中。

一乘为三乘时,《般若经》仍属三乘法中的大乘教,最后又与其他二乘同会归一佛乘,故《般若经》仍属根本法轮,这与《阿含经》本身为权教而被判为枝末是不一样的。因此,三论宗的判教是以二藏教判为主,以三法轮教判为辅。这种判教理论虽然也有将《般若经》判为大乘而抬高三论宗地位的意味,但与其他宗派完全以抬高本宗出发的判教是有所不同的,它会通佛教诸说的特色反映了隋唐佛教走向融合统一的时代需要。

三论宗的中心理论是诸法性空的中道实相论。它强调诸法皆因缘和合而生,故无自性,无自性故性空无所得。但为了引导众生而用假名以说有。这样,不离性空而有缘起诸法,虽有缘起诸法,只是假法,故仍无所得,毕竟是空。这被认为是一切事物的真实本相,即中道实相。为了阐明这空无所得的道理,三论宗继承并发挥龙树中观学派的思想,立破邪显正、真俗二谛与八不中道说。

所谓破邪显正,即破斥错误的见解,显示正确的道理,亦即破"有所得",显"无所得"。三论宗主张破而不立,认为破邪就是显正,如果有破有立,立就是"有所得",即堕入了邪见。吉藏在《三论玄义》中说,"三论"义旨有二:"一曰显正,二曰破邪。破邪则下拯沉沦,显正则上弘大法,故振领提纲,理唯斯二也。"①三论宗采用否定的方式,对一切有所肯定的命题都加以破斥,并由此而显扬无法用语言来表示的佛教最高真理。为了使众生体悟这无所得的空义,三论宗又用真俗二谛义来诠显它。

真俗二谛义本是印度龙树中观学派的基本教义之一。吉藏继承了中观学派对二谛的解释,把它作为把握诸法实相的方法与途径,并对二谛义作出了进一步的发展。他认为,"十方诸佛,常依二谛说法,故众经莫出二

---

① 《大正藏》第45册,第1页上。

谛。众经既不出二谛,二谛若明,故众经皆了也"①。这是把二谛视为众经的纲要。为了破除对二谛本身的执著而令众生通过真俗二谛去把握超越言教的诸法实相,吉藏特别地强调二谛属于言教,只有假名,并无实体,并针对当时的各种师说而将二谛发展为"四重二谛说"。以有为俗谛,说空是真谛,此为第一重;以亦有亦空为俗谛,说非有非空是真谛,此为第二重;以空有为二,非空非有为不二,这是俗谛,非二非不二,这是真谛,此为第三重;以上三种二谛,皆是俗谛,言忘虑绝,无所依得,方是真谛,此为第四重。这里,每一重的真谛皆否定其俗谛,而后一重的真谛又否定前一重的二谛,若用语言概念来表述,其实还可以继续"重"下去,就在这重重否定之中去体悟"忘言绝虑"的无所得的诸法实相之理。若对二谛这种言教施设有所执著,那就又堕于有所得的邪见了。

吉藏还以八不中道来明二谛义。龙树在《中论》中提出了不生不灭、不常不断、不一不异、不来不出(去)的"八不说"来说明万法性空的道理,以显不偏不倚之中道。吉藏对此作了进一步的发挥。他一方面抬高"八不",认为"八不"是"众经大意","为众教之宗归,群圣之原本"②,并把"八不"与"中道佛性"联系在一起,认为"八不即是中道佛性"③;另一方面他又联系二谛义把"八不"发展为"五句三中道",即以"八不"结合"二谛"来讲中道。例如就生灭而言:认为生灭为实,这是单执俗谛(第一句);认为不生不灭为实,这是单执真谛(第二句);认为只有假的生灭,这是俗谛中道(第三句);认为只有假的不生不灭,这是真谛中道(第四句);超越以上这些,把真、俗二谛中道结合起来讲非生灭非不生灭,即是二谛合明中

---

① 《二谛义》卷上,《大正藏》第45册,第78页上。
② 《中论疏》卷二本,《大正藏》第42册,第20页上~中。
③ 《中论疏》卷一本,《大正藏》第42册,第9页下。

道(第五句)。由此层层否定而显无所得的中道实相。其他如常断、一异等也可以依此类推。

根据中道实相的理论,三论宗提出了它的解脱修行论。它认为,诸法性空,一切皆不可得,因而一切众生,无生无灭,无迷无悟,既无众生可度,亦无佛道可成,但若依俗谛假名立言,则众生为无明烦恼所障而不明中道实相之理,妄执万法为实有,故沉沦生死流转而不得解脱,若能了悟诸法性空之实相,歇无明烦恼,除颠倒妄想,便能显自身本有佛性,众生也就成佛了。因此,三论宗不但主张一切众生皆有佛性,皆得成佛,而且认为一切众生本来是佛,众生与佛的差别只是在于迷与悟的不同,这与后世禅宗所说的迷即众生悟即佛,是有相通之处的。

三论宗虽然流传的时间不长,但它的思想和方法却对中国佛教各宗派都有较大的影响,诸法性空的中道实相论并没有因为三论宗的衰歇而退隐,相反,它以不同的方式融入了其他宗派的思想学说中。

第五节 法相唯识宗

法相唯识宗,因通过分析"法相"而得出"万法唯识"的结论,故得名。也称"法相宗"或"唯识宗"。由于该宗的创始人玄奘和窥基常住慈恩寺,窥基还有"慈恩大师"之称,因此又称"慈恩宗"。又由于该宗继承古印度瑜伽行派的学说,《瑜伽师地论》为该宗的根本经典,故也有称之为"瑜伽宗"的。

一、印度渊源与学术传承

法相唯识宗是直接继承印度瑜伽行派的理论学说并完全严守其经典教义的一个宗派。它的学说传承一般作:无著—世亲—陈那—护法—戒贤—玄奘—窥基—慧沼—智周。玄奘和窥基是此宗的实际创立者,智周以后,此宗便趋衰微。

无著、世亲兄弟俩是瑜伽行派的创始人。瑜伽行派奉《解深密经》和《瑜伽师地论》为主要经典。《解深密经》是对深奥隐秘的大乘经义进行论释,特别解说了阿赖耶识和三性三无性等,并对释迦一代教法作了判别,这些都成为瑜伽行派主要教义的基本依据。《瑜伽师地论》托名弥勒,一般认为其实是无著所著。此论把瑜伽禅观境界分为十七地,并对渐次发展的禅观境界以及修行瑜伽禅观的各种果位作了论释,提出了万法唯识所变现的结论。除《瑜伽师地论》之外,无著还撰有《摄大乘论》《显扬圣教论》《大乘庄严经论》等。世亲则撰有《唯识二十论》《唯识三十颂》《大乘百法明门论》等。

《唯识三十颂》是世亲晚年精心结构的著作,以五言三十行的偈颂,概括地论述了三界唯识的要义,但世亲本人未及亲自注释便去世了。古印度有许多瑜伽系的学者著论对之加以解释,最著名的注释家是亲胜、火辨、德慧、安慧、难陀、净月、护法、胜友、胜子、智月等10人,称"唯识十大论师"。玄奘曾打算把十大论师的著作一一翻译过来,后接受窥基的建议,改为以其中之一的护法之论为主,杂糅其他诸师之说,译成《成唯识论》10卷,中心内容是论证阿赖耶识为万法的本源,世界万有都是"唯识所变","实无外境,唯有内识"。此论成为法相唯识宗的重要代表作。

法相唯识宗的创始人玄奘(600~664年)曾游学印度17年,在当时印度佛教的最高学府那烂陀寺从著名的瑜伽行派论师戒贤学习唯识教义。玄奘回国后系统译出了大量佛典,特别是重点介绍了瑜伽行派的思想学说,为法相唯识宗的创立奠定了理论基础。玄奘在译经的过程中同时讲学,培养了一大批佛教学者,他的弟子中有中外僧人数千名,其中有不少朝鲜、日本来华的学者。继承玄奘法脉的是富有才气的窥基。

窥基(632~682年),字道洪,姓尉迟,为将门之子。17岁奉旨出家,师事玄奘。25岁时参加了玄奘主持的译场。他才华出众,智慧超人,极受玄奘的赏识,得到过玄奘的特别传授,在协助玄奘创宗方面起了巨大的作用。法相唯识宗实际上是经由窥基才完全建立发展起来的。僧传上说"奘师为瑜伽唯识开创之祖,基乃守文述作之宗"①,这是符合实际情况的。玄奘的主要精力放在译经,窥基则致力于著述,发挥玄奘所传的法相唯识学,有"百部疏主"之称,法相唯识宗的主要著作大都出于他之手。28岁时,窥基参译了《成唯识论》,一人担任笔受,并作述记,他的《成唯识论述记》是他众多论著中最重要的一部,历来受到高度重视,其影响甚至超过了《成唯识论》本身。

窥基的弟子慧沼(650~714年)及其再传门人智周(668~723年),也都有不少著作,进一步发挥了法相唯识宗的学说。智周以后,法相唯识宗逐渐衰微,传承也不再明显。

玄奘门下另有新罗高僧圆测(613~696年),由于对唯识学的解释与窥基不同而别成一系。圆测早年从法常、僧辩学佛,玄奘回国后,即前往受学,被召为西明寺大德之一,晚年即在西明寺弘传唯识教义。法常和僧辩皆重真谛之说,真谛之说又被圆测认为与印度佛教中观学派论师清辨接近而与护法对立。圆测虽然后来就学于玄奘,但仍常引真谛之说,并常把真谛与玄奘并尊称为三藏。他与窥基同从玄奘听讲《成唯识论》和《瑜伽师地论》等,但见解往往有异。传说曾与窥基互争高低,玄奘在慈恩寺单独为窥基说唯识学时,圆测买通了看门人前往偷听,结果往往是玄奘这边刚刚讲完,圆测就在那边讲开了,曾搞得窥基十分恼火。圆测的弟子很多,知名者有道证、胜庄等,多为新罗人,道证的嫡传太贤被推为新罗法相

---

① 《宋高僧传》卷四《窥基传》。

宗之祖。

法相唯识宗所依据的主要经典，号称"六经十一论"，十一论中又有以《瑜伽师地论》为"本"、其他为"支"的所谓"一本十支"的说法。其实，最主要的只有"一经二论"，即《解深密经》《瑜伽师地论》和《成唯识论》。其中又以《成唯识论》为最重要，它基本上包括了法相唯识宗的全部思想学说。

法相唯识宗人的著述，以窥基的《成唯识论述记》影响最大。此论极为详尽地注释了《成唯识论》，谓世界万有皆阿赖耶识所变，并借助佛教因明，对小乘和佛教以外的各种学说进行了批驳。此外，窥基著《成唯识论掌中枢要》，对《成唯识论》的要义进行解释，补充了《成唯识论述记》论释的不足；慧沼撰《成唯识论了义灯》，重点破斥了圆测的唯识异说，智周撰《成唯识论演秘》，对《成唯识论》和《成唯识论述记》的难点进行注解，弘扬法相唯识宗义。以上《唯识枢要》《唯识了义灯》和《唯识演秘》并称"唯识三疏"，都是法相唯识宗的基本重要著作。圆测一系的有关著述，也是全面研究法相唯识宗的重要资料。

二、玄奘西行求法与译经创宗

法相唯识宗的创立与玄奘的西行求法和译经讲学是密切联系在一起的。

玄奘因精通佛教经、律、论三藏而被尊称为"三藏法师"，俗称"唐三藏"或"唐僧"。俗姓陈，名祎，洛州缑氏（今河南偃师缑氏）人。少年早慧，因父母双亡、家境贫困而随出家的二哥住洛阳净土寺，并开始学习佛经。13岁出家，21岁受具足戒。他曾游学各地，遍访名师，几乎穷尽了各家学说。由于深感中土诸师说法不一，验之于佛典经论，也异说纷纭，使人"莫知适从"，他特别对当时流行的摄论和地论两个学派关于佛性的不同说法而感到迷惑,为此,他"誓游西方,以问所惑"①,决心到印度去求法。

唐太宗贞观二年(628年),玄奘正式向朝廷提出赴印度取经的申请,未获批准。次年,长安一带闹饥荒,朝廷准许僧俗四出就食,玄奘乘此机会离开长安,踏上了漫长的艰苦卓绝的西行求法之路。他经秦州(今甘肃境内)、兰州、凉州(治所在今甘肃武威)而至瓜州。离开瓜州不久,由于引路人半路而归,玄奘从此就孑然一身,孤游沙漠。他西出玉门关,横越了800余里的莫贺延碛(古曰沙河,在今新疆哈密以南),九死一生,到达伊吾(今新疆哈密)。高昌王麹文泰闻说,特遣使远迎,并竭力挽留玄奘长住高昌。玄奘坚持要走,高昌王便赠以钱物,并派官员护送玄奘,还写信送物给屈支等24国和当时西突厥叶护可汗,请他们给予协助。玄奘离开高昌后,绕道中亚、西亚而进入印度,此中路程虽极为艰险,但由于有人护送,一路上十分顺利。前后历经数十个国家,玄奘终于来到了佛教的发源地印度。

玄奘入印以后,边旅行边参学,并广礼圣迹,又辗转数十国,最后于贞观七年(633年)到达了他西行求法的主要目的地那烂陀寺。那烂陀寺是当时印度佛教的中心,常住僧众4000余人,加上客居者,僧俗逾万人,寺院住持即是当时全印度最有学问的僧人戒贤。据说当时寺中精通20部经论的有1000人,精通30部的有500多人,精通50部的"三藏法师"只有10人,玄奘便是其中之一。玄奘在那烂陀寺被推为精通三藏的"十德"之一,极受礼遇和敬重。他抓紧时间随戒贤学法,广泛研习各种佛典,着重学习《瑜伽师地论》,同时还"兼学婆罗门书、印度梵书"。经过5年"晨夕无辍"的刻苦钻研,玄奘的学识又达到了一个新的水平,其名声仅次于戒贤。但玄奘仍不以此为满足,为了进一步充实提高自己,他

---

① 《大慈恩寺三藏法师传》卷一,《大正藏》第50册,第222页下。

又离开那烂陀寺,到各地去访师参学。他遍历东印、南印、西印、北印数十个国家,历时4年,向许多知名的佛教学者请教。回到那烂陀寺后,他应戒贤之嘱,为寺众主讲《摄大乘论》和《唯识抉择论》。时有大乘空宗的著名学者师子光在该寺讲学,他根据《中论》《百论》来批驳大乘有宗的法相唯识学。玄奘用梵文写了《会宗论》三千颂,和会空、有两宗的思想,反对师子光对空、有思想的割裂,赢得了戒贤法师和印度诸大德的高度赞许。

当时印度思想界的争论是比较激烈的。玄奘曾和顺世论者辩论并获胜。时有小乘正量部论师般若毱多写了七百颂《破大乘论》,送给戒日王,向那烂陀寺挑战。玄奘应戒日王之请,奉戒贤之命,著《制恶见论》一千六百颂以破之,赢得了辩论的胜利。后戒日王专门为玄奘在曲女城举行全印论辩大会,到会者有五印度18个国王及僧俗数万人。玄奘坐为论主,宣讲大乘教义,获得极大的成功。据说曾将所著之论"书于大施场门",并按当时惯例表示,若有能破一偈者,"当截舌而谢之"[1],但经18天会终,竟无一人能提出改动一字。从此,玄奘获得了更大的声誉,更受到了大小乘僧人的共同推崇。大乘人尊其为"大乘天",小乘人也恭维他为"解脱天"。声誉之隆,千古一人。玄奘的广博知识实际上已经超过了他的老师戒贤,成为当时全印最有学问的僧人。其后不久,玄奘又应戒日王之请,参加了在钵罗耶伽国举行的五年一次的无遮大施会,与会者有僧俗数十万人,历时75天。会毕,玄奘便谢绝五印朝野僧俗的一再挽留,毅然决然地踏上了返国的旅程。

贞观十九年(645年),玄奘满载着名震五印的声誉,携带着大批经像,回到了长安。他西行求法,往返17年,行程50000余里,"所闻所履,百有

---

[1] 靖迈:《古今译经图记》卷四,《大正藏》第55册,第367页上。

三十八国"[1],其中"亲践者一百一十国,传闻者二十八国"[2],并带回大小乘佛教典籍 520 夹 657 部,此外还有大量的佛像、舍利等。

玄奘回国后把主要精力都用于翻译佛经上,并创立了唐代第一个佛教宗派法相唯识宗。他回长安不久,即受召到洛阳去谒见了即将出征辽东的唐太宗。唐太宗劝他还俗从政,随己同行,玄奘力辞,并表达了自己想把求取的佛经翻译出来的想法。唐太宗便让玄奘回长安住弘福寺,主持译经事业,同时敕令留守长安的宰相房玄龄,要他从各方面给玄奘以大力支持,一切费用从朝廷府库中支出。玄奘奉太宗之命回到长安,即着手从事译经的准备工作。他从全国各地召集名僧 20 多人相助,分别担任证义、缀文、正字、证梵等职,只花了三个多月的时间,便在弘福寺组织起了规模完备、人员精干、分工精细的译场,在朝廷的直接支持下,开始了在中国佛教史上具有重大影响的译经事业。从贞观十九年(645 年)开始,先在弘福寺,后在大慈恩寺等,20 年间,共译出各类佛典 75 部 1335 卷,占唐代新译佛经的一半以上。其中主要的有大乘空宗的根本经典《大般若经》600 卷和集瑜伽学之大成的《瑜伽师地论》100 卷等。玄奘的译经是按照他的思想倾向有计划有系统地进行的,有关他所崇信的瑜伽学派的主要经论,基本上都翻译过来了,同时,对于小乘经论和大乘中观学派的经典,也给予了足够的重视。玄奘的译经基本上反映了 5 世纪后印度佛学的全貌。玄奘还把中国的《老子》和流行于中国的《大乘起信论》等由汉文译为梵文,传入印度。

玄奘学识渊博,精通佛教各家之说,且兼通梵汉语言文字,因此,他的译经质量达到了前所未有的水平,在中国译经史上开创了一个新时代。

---

[1] 玄奘:《进大唐西域记表》,《大正藏》第 50 册,第 254 页中。
[2] 敬播:《大唐西域记序》,《大正藏》第 51 册,第 867 页下。

后人一般都把罗什以前的译经称"古译",把罗什以后的译经称为"旧译",而把玄奘的译经称为"新译"。玄奘虽然名列中国佛教史上"四大译师"之一,但他的译经无论是在数量上还是在质量上都超过了其他人,玄奘在译经方面的贡献可谓是前无古人,后无来者。

玄奘取经回国后的业绩,以译经为主,他本人的著述则不是很多。最重要的《大唐西域记》还是他应唐太宗的要求由他口授而由辩机编撰而成的。12卷《大唐西域记》记述了玄奘西行求法过程中的所见所闻,内容包括他所经历的100多个国家和地区的交通地理、风土习俗、政治文化以及佛教的传播情况,为研究中亚、南亚的史地和社会以及中西交通史、文化关系史等,提供了极为宝贵的资料,具有很高的学术价值。近代考古学者根据其中的有关记载,已对王舍城的旧址、鹿野苑的古刹、阿旃陀的石窟、那烂陀寺的遗迹等进行了探查发掘,进一步显示了《大唐西域记》的珍贵价值。

玄奘的译经为法相唯识宗的创立奠定了坚实的理论基础,他在译经的同时又事讲学,培养的一大批佛教学者又为法相唯识宗的创立提供了人才方面的保证。玄奘众多的弟子中,最著名的是神昉、嘉尚、普光和窥基,有"玄门四神足"之称。在协助玄奘创宗方面作出巨大努力并继承玄奘法脉的是窥基。如前所述,法相唯识宗实际上是经由窥基才完全建立并发展起来。玄奘虽然是法相唯识宗的创始人,但他取经回国后的主要精力都用于译经,基本上是一个译而不述的人,法相唯识宗的主要著作大都是由窥基来完成的。

法相唯识宗的理论比较繁琐,且固守一些并不适合中国国情的教义,因此,法相唯识宗尽管在帝王的支持下得以创立并盛极一时,但还是很快就衰微了。

三、唯识说与因明学

法相唯识宗弘传的基本上是印度瑜伽行派的思想，其最重要的内容是三性说、唯识说和五种姓说，同时重视因明的运用，在判教方面则提出了"三时教"的理论。

"三性"指的是遍计所执性、依他起性和圆成实性，是瑜伽行派针对大乘空宗的性空学说提出来的，他们认为诸法实相虽不是有自性，却也不是一切都无所有。众生"周遍计度"、执著为有的万法，并不是真实的存在，但它依他（缘）而起，也不是绝对的空无，于"依他起"上破除遍计所执，便能体悟到"圆成实性"。法相唯识宗继承了这"三性"说，并且结合唯识说，认为"三性"也不离识。诸识生起时，现似"见分"与"相分"，这是依他；意识于是而周遍计度，执著为"能"与"所"，这是遍计所执；远离有、无二执，便显万法唯识，这是圆成实。

法相唯识宗还继承并发挥了瑜伽行派的唯识说，认为宇宙万法都是心识所变现，心识之外无独立自存之境。"识"有八识，即眼识、耳识、鼻识、舌识、身识、意识、末那识、阿赖耶识。其中第八识阿赖耶识最为根本，它是一切现象的总根源，一切事物和现象都是由阿赖耶识所变现，而为眼耳鼻舌身意等前六识缘虑执取，以为实在。现象之所以千差万别，就在于阿赖耶识中蕴藏着种种性质不同的种子。种子分染和净，即有漏和无漏两大类，分别为世间诸法和出世间诸法之因。法相唯识宗在宣扬心外无法、万法唯识的同时，一方面以此来说明转染成净、转识成智的解脱修行观，另一方面又据此立五种姓说。

五种姓说将众生先天具有的本性分为声闻种姓、缘觉种姓、菩萨种姓、不定种姓和无种姓等五大类，认为这是由阿赖耶识中的种子决定的，因而是不可改变的。五种姓说把一部分众生（无种姓，即一阐提）排斥在成佛的可能性之外,认为这部分众生的阿赖耶识中不存在无漏种子,因而只能永远沉沦于生死苦海而得不到解脱。这种说法与在中国占主导地位的"一切众生悉有佛性,皆得成佛"的说法不合,因而在中土不受欢迎。据说玄奘曾想对此略加修正,但遭到戒贤的反对,因此,玄奘回国后,只好仍然坚持印度旧说,并把五种姓说作为法相唯识宗的根本教义之一。这也是法相唯识宗在中土未得久传的重要原因之一。

法相唯识宗主要继承的是印度后期瑜伽行派的思想,其特点之一就是重视因明学。因明是通过宗、因、喻所组成的三支作法进行推理证明的学问。三支作法中"因"最为重要,故称"因明"。因,指原因、根据、理由;明,含有知识、智慧、学术等意义。因明起源于古印度正统婆罗门哲学派别关于祭祀的辩论,其中正理派曾以此作为他们学说的中心。大乘佛教中观学派的龙树全盘否定正理派的逻辑学说,瑜伽行派出于辩论的需要则逐渐吸取并发展了古因明,使之成为驳斥外道、宣传教义的重要工具。法相唯识宗继承了瑜伽行派重视因明的特点,其创始人玄奘在印度求法期间和回国以后都对因明的发展作出了重要的贡献,据说玄奘曾把因明单独"秘密传授"给窥基,可见其对因明的重视程度。

玄奘临回国前在印度戒日王所主持的曲女城大会上,曾立了一个著名的"真唯识量",以论证万法唯识:"真故极成色,不离于眼识——宗;自许初三摄,眼所不摄故——因;犹如眼识——喻。"[1]这是一个完整的因明论证式。宗,是命题;因,是论据;喻,是类比。"初三"是指"十八界"[2]六个组合中的第一组,即眼根界、色尘界和眼识界。这个三段论式的意思是:色尘并不能离开眼识(视觉)而存在;理由是佛教各派都承认色尘是

---

[1] 窥基:《因明入正理论疏》卷中,《大正藏》第44册,第115页中。
[2] 十八界:指眼耳鼻舌身意"六根"、眼识耳识鼻识舌识身识意识"六识"和色声香味触法"六境"。

"初三"之一,包括在"初三"之中,但不包括在眼根中,它是眼识以眼根为所依而变现的"相分";就好比眼识不离眼识自身一样。由于这个论证式很好地运用了因明的格式和规则,逻辑地论证了境色不离识、能缘与所缘乃是同一识体上的"相分"与"见分"的关系,在唯识学者看来,它是成立唯识理论颠扑不破的比量①,因而被称为"真唯识量"。"真唯识量"集中体现了法相唯识宗运用因明学来论证万法唯识的特点。

玄奘回国以后,除了翻译因明的主要著作外,还对因明辩论、立规原则、论证性质等作了精细的分析和发挥,深化了因明立量的方法。玄奘传入的因明,经他和他弟子窥基等人的阐扬而形成了许多区别于印度旧说的新特点。法相唯识宗应用因明而使他们本宗的学说得到了更好的宣扬,但因明的方法对当时一般思想界来说,影响并不是很大。

法相唯识宗在判教方面提出的是"三时教",即依据《解深密经》等,判释迦一代的教法为有教、空教和中道教,其主要内容为:(1)初时"有教",谓释迦为破凡夫实我之执,于鹿野苑说《阿含经》等,示四谛、五蕴、十二因缘等法。虽破有"我",但五蕴、十二因缘等法仍为实有,是为"我空法有"。这主要是指小乘。(2)第二时"空教",谓释迦为破除诸法实有之执著,在灵鹫山等说《般若经》等,示诸法皆空之理,"我法两空",皆不可执著。这主要是指大乘空宗。(3)第三时"中道教",谓释迦为破除"空"执而说《华严经》《解深密经》等,示三性、三无性和心有境空、万法唯识等,以明(万法)非有、(内识)非无的"中道"之理。这主要是指法相唯识宗所弘传的大乘有宗的学说。"三时教"虽然有抬高法相宗本宗学说的倾向,但也大致反映了印度佛教思想的发展过程。

---

① 比量:"量"是尺度、标准的意思,指知识来源、认识形式及判定知识真伪的标准,分现量和比量。现量即感觉,比量是指在现量的基础上以一定的理由和事例为根据由已知推论未知的思维和论证形式。

第六节　华严宗

华严宗因奉《华严经》为主要经典而得名，又因其实际创始人法藏被武则天赐号"贤首"，后人称法藏为"贤首大师"，故又称"贤首宗"。该宗主要发挥"法界缘起"的旨趣，因而又有"法界宗"之名。

一、传法世系与法藏创宗

华严宗是在武则天的直接支持下建立起来的。该宗的传法世系，一般作：初祖法顺，二祖智俨，三祖法藏，四祖澄观，五祖宗密。其实际创始人为法藏。

法顺（557~640年），俗姓杜，故又称"杜顺和尚"。法顺先习禅法，后以《华严》为业，关于他有许多神奇的传说，因而又有"神僧"之称。据说，唐太宗仰慕其神德，曾赐号"帝心"，将他引入内禁，隆礼崇敬，故后世又有"帝心尊者"之称。法顺基本上是一个禅师，曾云游四方，相传《华严五教止观》和《华严法界观门》为其所作。由于他最早提出了"五教"的说法，把《华严》摆在最高位置上，因而被奉为华严初祖。他的弟子中以智俨为最有名。

智俨（602~668年），俗姓赵，12岁时被法顺领到寺院开始学习佛经，14岁出家。20岁受具足戒后，他更广泛地参学。据说他学了许多经论之后，感到"法门繁旷，智海冲深"，有点无所适从了。于是，乃行至经藏前，礼敬后立誓，准备抽取一经以作为今后深研的方向，"信手取之，得《华严》第一"①。从此，智俨专攻《华严》，写下了《华严搜玄记》《华严一乘十玄

---

①　法藏：《华严经传记》卷二《智俨传》，《大正藏》第51册，第163页下。

门》《华严五十要问答》《华严孔目章》等大量有关《华严》的专著,创造性地发挥了华严教义,并于各个寺院大力弘讲,为华严宗的创立准备了理论条件,被奉为华严二祖。他的弟子法藏则继承他的思想,并融合吸收天台、唯识等理论学说,正式创立了华严宗。

法藏(643~712年),俗姓康,祖居康居,后迁长安。法藏生于长安,17岁从智俨学《华严经》,领会颇深,很受智俨赏识。唐高宗咸亨元年(670年),武则天舍住宅为太原寺,法藏受召前往,奉敕削发出家,并任太原寺住持。4年后(674年),在武则天的安排下,法藏受了具足戒。自此,法藏广事讲经说法和著述,并积极参加译经。法藏是个很有政治头脑、活动能力也很强的僧人,作为武则天的家庙和尚,他与唐王朝,尤其是与武则天结下了不解之缘。他的各种佛事活动,都是在最高统治者的支持下进行的,同时,他也以宗教活动积极配合了帝王的政治需要。

武则天要当女皇,便大力支持佛教,想从佛教中寻找她当女皇的理论根据,曾利用一些和尚为了迎合她的政治需要而编造的所谓佛经中有关女人当作国王的说法来大做文章,认为这些说法正是佛对于她当作女皇的预言,她变唐为周、继承王位、治理天下是符合"佛意"的。正是出于政治上的需要,武则天对法藏采取了拉拢和利用的手段,经常派人前往慰问,并施以财物,即帝位后,更是随时召请法藏入内道场讲经。她派人去于阗取回梵本《华严经》,亲自组织翻译,同时令法藏参加。法藏对武则天的意图也是心领神会。圣历二年(699年)十月,他奉诏于佛授记寺讲新译的《华严经》,据说讲至"华藏世界品"时,"讲堂及寺中地皆震动"[①],便立即派人将这一"奇迹"报告武则天,武则天马上利用此进行自我宣扬,说

---

① 《宋高僧传》卷五《法藏传》。

"地动"是如来降迹显灵,是自己当女皇的"瑞应"①,特下敕嘉奖法藏,并命史官将此事"编于载籍"②。后法藏又被请到长生殿为武则天讲《华严》教义,他指殿前金狮子为喻,使武则天"豁然领解",这次讲经由法藏的弟子记录整理而成现存的《华严金狮子章》,为华严宗的代表性著作之一。

法藏的政治嗅觉也十分灵敏,他很善于观察朝廷的动向以决定自己的应变。神龙元年(705年),拥护李唐王朝的宰相张柬之乘武则天病重,联合了桓彦范等人,合谋诛杀了武则天的宠臣张易之、张昌宗兄弟,逼武则天交出了政权,迎中宗复位。在这场宫廷内部的政治斗争中,法藏机灵地转而支持中宗。他"预识机兆"、"每有陈奏","内弘法力,外赞皇猷"。由于他支持中宗"功效居多",待中宗复位成功后,特赏以三品职衔。法藏为遵守僧伽不慕世俗荣利的规矩,"固辞"不受。不久,中宗又敕令绘制法藏画像,并亲自作《赞》四章,称颂法藏"阐扬释教,拯救迷津","播美三千,传芳百亿"。从此,法藏又像过去支持武周王朝那样来支持李唐王朝了,同时,他也受到了很高的礼遇,"中宗、睿宗皆请为菩萨戒师"③,王公大臣并礼事之。后人称法藏为"五帝门师"④。

法藏充分利用自己在朝廷受到的尊崇和礼遇来发展佛教事业。正是在帝王的大力支持下,法藏才得以从事译经、著述和创立宗派等一系列佛教活动。法藏是唐代重要的佛经翻译家之一。他很早就参加了译经活动,年轻时曾参与了玄奘主持的译经,后因笔受、证义、润文见识不同而退出。他一生译经众多,用力最勤的就是《华严经》。

《华严经》是一部在中土流传很广、影响很大的大乘佛教经典。东晋

---

① 续法:《法界宗五祖略记·三祖贤首国师传》。
② 崔致远:《唐大荐福寺故寺主翻经大德法藏和尚传》,《大正藏》第50册,第281页下。
③ 崔致远:《唐大荐福寺故寺主翻经大德法藏和尚传》,《大正藏》第50册,第284页中。
④ 续法:《法界宗五祖略记·三祖贤首国师传》。

以前,《华严经》有关部分的零星译本就已经在社会上流传。庐山慧远曾派弟子法净、法领等去西域求回此经的梵文原本36000偈,并请佛陀跋陀罗译出,后由僧人慧严、慧观和学士谢灵运等润文而成60卷,世称六十华严或晋译本。此译本在"入法界品"中有两处脱文,法藏曾与中印度沙门地婆诃罗一起依梵本详加校勘,并将缺文译出补上。武则天即位,变唐为周,大力扶植利用佛教,她听说60卷《华严经》不全,而在于阗有此经的梵文全本,便派使者前往,求得梵本45000偈,并请来当地的著名僧人实叉难陀。武则天亲自组织翻译,由实叉难陀主译,法藏奉命担任笔受。此经于证圣元年(695年)开译,前后凡5年,至圣历二年(699年)译讫,译成了80卷的新译本《华严经》,世称八十华严或唐译本,此为流传最广的一个译本。新译本虽然比晋译本增添了9000偈的新内容,却又把地婆诃罗补上的两段脱文给漏掉了,为此,法藏又在以两个译本对勘梵本的基础上做了一番补漏拾遗的工作,使《华严经》更为完善。法藏对《华严经》的翻译是作出了卓著贡献的。

法藏不仅在译经的过程中充分发挥了他"本资西胤,雅善梵言,生寓东华,精详汉字"[①]的特长,而且还努力研习佛理,积极开讲佛经,大力宣扬华严教义。他一生先后讲新旧《华严经》30多遍,著述甚丰,有百余卷之多。在他大量的著作中,主要是关于《华严经》的著述,如《华严经探玄记》、《华严经旨归》、《华严一乘教义分齐章》(又称《华严五教章》)、《华严经义海百门》、《修华严奥旨妄尽还源观》、《华严金狮子章》等。法藏在这些著作中依《华严经》立论,同时又融合吸收法相唯识宗和天台宗的一些思想,对华严教义作出了创造性的解释与发挥,并进而在"判教"的基础上构建了华严宗以"法界缘起"为主要特征的具有中国特色的佛教理论体

---

① 崔致远:《唐大荐福寺故寺主翻经大德法藏和尚传》,《大正藏》第50册,第282页中。

系。法藏在帝王的直接支持下创立的华严宗在中国佛史上具有广泛而深远的影响。

法藏门下有宏观、文超、智光、慧苑等多人。他的理论曾一度为上首弟子慧苑所修改，因而未得广传。但不久以后澄观即批判了慧苑的判教理论和缘起说，重新发挥法藏的教义，对"中兴"华严宗起了很大的作用。澄观（738~839年）早年曾从天台宗湛然、禅宗慧忠和慧云等学佛，故思想上受天台宗和禅宗的影响。因常住清凉山（即山西五台山）而得"清凉国师"的赐号（一说因奉诏入内殿讲经，"以妙法清凉帝心"而受封"清凉"）。他先后讲《华严经》50余遍，著述据说有300多卷，最重要的有《华严经疏》60卷和《华严经随疏演义钞》（也称《华严大疏钞》）90卷，此二部著作成为以后讲《华严经》者所必须依据的经典注释，是研究华严宗教理的重要资料。澄观的弟子有100余人，以宗密最为著名。

宗密（780~841年），俗姓何，果州西充（今属四川）人，因出家后常住陕西鄠县圭峰草堂寺而被称为"圭峰大师"。他主要阐述华严教义，同时进一步发展了澄观教禅一致的思想，调和佛教内部各派和儒、道各家的思想，著《注华严法界观门》《禅源诸诠集》《禅门师资承袭图》和《华严原人论》等，他的"三教即三宗"的教禅一致论和"会通本末"的判教论对中国佛教思想的发展和儒佛道三教融合的思潮都产生了很大的影响。

宗密以后，唐武宗灭法，华严宗与其他教派一样，受到沉重的打击，寺院被毁，经论散失，从此一蹶不振。直至宋初，始稍有复兴。

二、一真法界与无尽缘起

华严宗的基本理论是法界缘起论。它以"一真法界"为万法的本原，认为世界上一切现象都是"一真法界"随缘（随各种条件）而生起。"一真法界"也叫"一心法界"，实即真如佛性，因此又称"性起缘起"。缘起的各种现象之间你中有我,我中有你,相即相入,圆融无碍,处于重重无尽的联系之中,因此又称"无尽缘起"。华严宗专门立四法界、六相圆融、十玄门等来说明这无尽缘起的理论。

"四法界"说的是:(1)事法界,指宇宙万有事法,互相区分,具有差别性。(2)理法界,指不同的事物有共同的本体、本性,这就是真如佛性。(3)理事无碍法界,理是事的本体,事是理的显现,差别的事法与同一的性体相互依存,交融无碍。(4)事事无碍法界,既然一切事物和现象都是同一理性的体现,一切即一、一即一切,因此,千差万别的事物之间也就是相即相融、彼此无碍的了。华严宗认为,四法界是"一真法界"圆融无碍的义相:"统唯一真法界,谓总赅万有,即是一心。然心融万有,便成四种法界。"[1]华严宗曾以大海中水与波的关系来喻理、事关系。它以波涛起伏、千变万化的大海来喻"事法界",说明宇宙万有的差别性;以大海波涛万顷、归宗于水来喻"理法界",说明差别性的事物有共同的本体;以大海水波交融、无碍一体来喻"理事无碍法界",说明有差别的事物(事)与同一的本体(理)相互依存、交融无碍;以大海波波相即、包融涵摄来喻"事事无碍法界",说明一切即一、一即一切的道理。把法界(各种存在)归于一心,论证事物之间的圆融无碍,这是"四法界"的重点,它为现存一切的合理性提供了理论上的"根据",因而这种理论在当时受到了统治者的欢迎。

"六相圆融",亦称"六相缘起",即从总相、别相、同相、异相、成相、坏相等六个方面来进一步说明"法界缘起"。华严宗认为,整体与部分、同一与差别、生成与坏灭这六相是相辅相成地同时表现在一切事物之中,也同时表现在一个事物中。它表明,一切事物和现象虽然各有自性,却又都可以融和无间,毫无差别。依持"一真法界"而起的一切现象,它们之间的关

---

[1] 宗密:《注华严法界观门》,《大正藏》第45册,第684页中。

系都是由六相而形成的错综复杂的缘起关系。法藏曾对此有概括性的解说:"一即具多名总相,多即非一是别相;多类自同成于总,各体别异现于同;一多缘起理妙成,坏住自法常不作;唯智境界非事识,以此方便会一乘。"①

华严宗还立"十玄门"来说明重重无尽的法界缘起之奥义,也称"十玄缘起"。此说首创于智俨,称"古十玄";完成于法藏,称"新十玄"。两者内容差异不大,次第有所不同。根据法藏的《华严一乘教义分齐章》卷四,这十玄门是:(1)同时具足相应门;(2)一多相容不同门;(3)诸法相即自在门;(4)因陀罗网境界门;(5)微细相容安立门;(6)秘密隐显俱成门;(7)诸藏纯杂俱德门;(8)十世隔法异成门;(9)唯心回转善成门;(10)托事显法生解门。

华严宗认为,以上十门是一切万有都具备的法门,它要求人们用佛教的观点去观察一切现象,看到彼此差别的事物之间相即相入、圆融无碍的关系。法藏还特别指出,这十玄门相互之间也是"一即是多,多即是一"的关系,表现了"法界缘起"的道理。他说:"此上十门等解释,及上本文十义等,皆悉同时会融,成一法界缘起具德门……然此十门,随一门中即摄余门无不皆尽。"②"十玄门"与"六相圆融"会通,构成了华严宗"法界缘起"的中心内容。

华严宗无尽缘起的理论,在佛学中被认为是最为"玄妙"的,常人很难理解。为了使繁琐、晦涩的教义易于为人们所掌握,扩大华严宗的影响,华严宗的创始人法藏曾在通俗化方面做了许多工作。如前面所提到的,他为武则天讲"六相""十玄门"等,武则天"茫然未决",难以理解和掌握,

---

① 《华严一乘教义分齐章》卷四,《大正藏》第45册,第508页下。
② 《华严一乘教义分齐章》卷四,《大正藏》第45册,第507页上。

法藏乃随手举殿前的金狮子为譬喻说："一一毛头各有金狮子,一一毛头狮子同时顿入一毛中,一一毛中皆有无边狮子,如是重重无尽。"①据说武则天这才豁然开悟。又有一次,法藏为了帮助一些不了解重重无尽之义者懂得这种微妙的道理,特取 10 面镜子,"八方安排,上下各一,相去一丈余,面面相对,中安一佛像,燃一炬以照之,互影交光",使学者因此而"晓刹海涉入无尽之义"②。通过这些形象的教学,不仅使学者对华严宗无尽缘起、圆融无碍的抽象教理有了感性的认识,而且吸引了大批的听众和信徒,华严宗的影响力也因此而日益扩大。

三、"立破无碍""会通本末"的判教理论

华严宗的判教理论有一定的特色。法藏为了创立宗派,很早就关注着其他宗派的判教理论。他不仅注意国内"古今诸贤所立教门",而且还关心印度佛教界的情况。地婆诃罗到长安,法藏与他共译《华严经》时就特地问他:"西域古德有没有关于一代教法的判释?"当他听说近代印度有两大论师,一名戒贤,二称智光,两人判教各不相同之后,心中有了底。既然在印度有智光反对玄奘之师戒贤,那么他在中国也就完全可以反对玄奘法相唯识宗的判教理论了。于是,法藏在批评以前各家判教学说,特别是批判玄奘的判教理论而又综合了前人的各种判教理论的基础上,提出了自己"五教十宗"的判教说。

所谓"五教",主要是从"教法"上来分的,它们是:(1) 小乘教;(2) 大乘始教,指空、有二宗;(3) 大乘终教,指说真如缘起和众生皆有佛性、皆得成佛的教义,如《楞伽经》《大乘起信论》等;(4) 大乘顿教,指顿修顿悟的

---

① 续法:《法界宗五祖略记·三祖贤首国师传》。
② 《宋高僧传》卷五《法藏传》。

教门,如《维摩经》等;(5)一乘圆教,指圆融无碍的《华严》教义。若从"教理"上分,则有"十宗",它们是:(1)我法俱有宗,指已入佛法的"人天乘"和小乘中的犊子部等;(2)法有我无宗,指小乘说一切有部等;(3)法无去来宗,指大众部;(4)现通假实宗,指说假部等;(5)俗妄真实宗,指说出世部等;(6)诸法但名宗,指一说部等(以上六宗相当于"五教"中的小乘教);(7)一切皆空宗,相当于大乘始教中的空宗;(8)真德不空宗,相当于大乘终教;(9)相想俱绝宗,相当于大乘顿教;(10)圆明具德宗,相当于一乘圆教。

　　法藏的判教虽然也有牵强矛盾之处,但与以往按佛在不同时间的说法来排列的"三时""五时"的判教有很大的不同,它试图用逻辑的方法来贯通佛教的各家异说,把佛教理论的发展看作是一个由小到大、由始到终、由渐到顿、由偏到圆的逻辑发展过程,这显然是有其合理之处的。为了用华严教义去融会空、有两种不同的思想,法藏还提出了"立破无碍"的判教理论。他认为,破无不立,立无不破,破中有立,立中有破,破与立"一而恒二""二而恒一",是一个过程的两个方面。例如,空宗破幻有,立真空,这正证明了有宗的"依他起为幻有";有宗"破空存有",也正好证明了空宗的"空不离有"。因此,空、有两宗,义旨并无二致。法藏这种"立破无碍"的理论也是有其合理因素的。当然,法藏的判教,主要还是为了抬高华严宗,他以"五教十宗"为依据,把以往的佛教各宗都斥为偏教,而把他所创立的华严宗奉为最完满的"别教一乘"的"圆教"。这种用判教来抬高本宗的做法显然是失之偏颇的。

　　华严五祖宗密继承并发展了法藏的判教理论,进一步把融会的范围扩大到佛教之外。他在《华严原人论》中,一方面破斥了华严教义之外的种种异说,另一方面又以华严教义来"会通本末",把包括传统儒、道等思想在内的各种异说调和会通起来。《华严原人论》共有四个部分。第一为

"斥迷执",破斥"习儒道者"的迷执。第二为"斥偏浅",破斥"习佛不了义教者"的偏浅,其中将佛教"自浅之深"分为五等,并略述前四教的教义而一一加以批判:(1)人天教,只讲业报轮回,善恶报应,却"未审谁人造业,谁人受报";(2)小乘教,讲色心二法,"专此教者,亦未原身";(3)大乘法相教,主张万法虚妄,唯识所变,但"所变之境既妄,能变之识岂真?";(4)大乘破相教,此教虽然破除了各种情执,却"未明显真灵之性",例如主张"心境皆无",却无法解释"知无者谁"。第三个部分为"直显真源",提出了第五教"一乘显性教",以华严教义"一切有情,皆有本觉真心"为"佛了义实教"。最后,宗密又在《原人论》第四部分"会通本末"中提出,前面所破斥的诸教,"同归一源,皆为正义",即站在华严宗的立场上看,其他各家学说都是真理认识的一部分,都可以归入华严教义中,华严宗是对以往各种认识的最高概括和总结。宗密这种调和融合佛教内外之学的判教理论是佛教理论中国化趋于成熟的一个标志,它不仅对以后中国佛教的发展,而且对整个中国学术思潮的演进,都产生了巨大的影响。

第七节 禅宗

禅宗是中国化最为典型的中国佛教宗派。因主张用禅定概括佛教的全部修习而得名。又由于自称"传佛心印",以觉悟所谓众生心性的本原佛性为主旨,故又称"佛心宗"。它渊源于印度佛教而形成于传统文化之中,于隋唐时正式成立,至唐末五代时达到极盛,宋元以后仍继续流传发展。

一、东土五祖

禅宗一向以不立文字、以心传心的"教外别传"相标榜,把本宗的传承一直上溯至传佛心印的摩诃迦叶。据说在昔日灵山法会上,大梵天王向释迦牟尼献上了一枝金色波罗花,释迦即"拈花示众",众不解其意,皆默然无语,唯有佛的大弟子摩诃迦叶心领神会,"破颜微笑"。释迦便说:"吾有正法眼藏,涅槃妙心,实相无相,微妙法门,不立文字,教外别传,付嘱摩诃迦叶。"①这就是禅门著名的"拈花微笑"的故事。禅宗据此尊摩诃迦叶为印度初祖。此后,历代祖师以心传心,次第传授,传至第二十八祖为菩提达摩。达摩来华传禅,又被奉为东土初祖,以下有慧可、僧璨、道信、弘忍等依次相传,此即所谓中国禅宗的"东土五祖"。五祖弘忍门下出神秀和惠能,遂有南北禅宗之分。惠能被视为禅宗的正脉,世称"六祖"。其实,西天二十八祖次第相传之说,乃为后人编造,并无多少历史意义,它是隋唐时佛教各宗派争法统的产物。而从达摩到弘忍的东土五祖,则确实与中国禅宗有一定的联系,他们为禅宗奠定了思想理论基础和组织基础,并最终完成了禅宗的初创。

初祖菩提达摩(?~536或528年)为南天竺人,据说在南朝宋末或梁代航海到广州,先至金陵,因与梁武帝说话不投机,遂折苇化舟,渡江北上,往北魏入嵩山少林寺,面壁9年,世称"壁观婆罗门"。后遇慧可,传授心法,并以4卷本《楞伽经》为印证。达摩的禅法是围绕着"安心"而展开的,具体的"入道"途径则不出"理入"和"行入"二种。理入为:"借教悟宗。深信含生同一真性,客尘障故。令舍伪归真,凝住壁观,无自无他,凡圣等一,坚住不移,不随他教。与道冥符,寂然无为,名理入也。"②行入为四行:初报怨行,二随缘行,三无所求行,四称法行。"二入四行"概括了达摩的全部禅法思想,其重要特点之一是继竺道生会通般

---

① 请参见《五灯会元》卷一等。
② 《续高僧传》卷十六《菩提达摩传》。《楞伽师资记》所记与此大致相同,个别文字略有小异。

若实相与涅槃佛性之后,又将实相无相与心性本净结合起来,这对后世禅宗思想的形成与发展都有很大的影响。菩提达摩被奉为中国禅宗的初祖,"如何是祖师西来意"曾成为禅门弟子参学的最主要的话头之一,他与梁武帝的问答,也在《碧岩录》中被列为第一则"颂古"而成为禅门众所周知的公案。关于达摩的传说也很多,相传他曾六度被毒,死后三年,有魏使宋云从西域返回,途经葱岭时遇见达摩手上拿着一只鞋,问他"哪儿去",回答说"西天去"。宋云回来一讲,众人惊骇不已,打开坟墓一看,只见空棺中只剩下了一只鞋子,这只鞋子后有诏送少林寺供奉,后"不知所在"①。

二祖慧可(487～593年),俗姓姬,初名神光,又作僧可,洛阳武牢(今洛阳东)人。"外览坟素,内通藏典。"年约四十而遇菩提达摩,遂奉以为师,从学六载,精究一乘。有"立雪断臂"之说在禅门中广为流传。说慧可初名神光,久居伊洛,闻菩提达摩在嵩山少林寺,便慕名前往参拜。最初,达摩端坐面壁,并不理睬。有一天夜晚,天降大雪,神光坚立不动,至天明,积雪已过双膝。于是,达摩悯而问曰:"你久立雪中,当求何事?"神光回答说:"欲求佛道。"达摩告之,欲求诸佛无上妙道要相当勤苦才行。为表求道之至诚,神光乃潜取利刀,自断左臂,置于达摩面前。达摩知是法器,便收为弟子,传授心法,并为之改名慧可。但道宣在《续高僧传·僧可传》中却明确地说慧可曾"遭贼斫臂",还说他"以法御心,不觉痛苦,火烧斫处,血断帛裹,乞食如故,曾不告人"。达摩入灭后,慧可开始传法,一时"言满天下"。后至邺地,曾一再受到其他僧徒的排斥和迫害,几乎丧却性命。晚年据说曾入山中。慧可的禅法是承达摩而来的,但也有发展。他专附玄理而不执著言相文句,提出了万法皆如、身佛不二的思想。北齐天

---

① 《五灯会元》卷一《初祖菩提达摩大师》。

保三年(552年)授法于弟子僧璨。

僧璨(？~606年),生平事迹史载不详,且说法不一。据说他得慧可传法之后曾"佯狂市肆。后隐舒州司空山,遭周武帝灭佛法,隐岘公山十余年",后又"往罗浮山隐三年"。[①] 这些记载反映了达摩系禅法在当时由于受到北方其他禅系的排斥和北周武帝灭佛的影响还没有得到很大的发展。现存托名僧璨所作的《信心铭》,在慧可思想的基础上进一步强调了不取不舍,绝言忘虑,提倡一种放之自然、任性逍遥的修行生活,把佛教的"万法一如""即心即佛"与老庄玄学的人生哲学巧妙地结合在一起,开了后代惠能南宗禅的先声。

四祖道信(580~651年),俗姓司马,河内(治所在今河南沁阳)人。少年出家,后往舒州皖公山,以僧璨为师,静修禅业,并蒙授法。经10年,又赴吉州、江州(均在今江西省境内),曾在庐山大林寺住了10年。大林寺为三论兴皇法朗的门人智锴所创建,智锴曾从天台智𫖮修习禅法。道信在大林寺留止多年,受到了三论宗、天台宗等多方面的影响。后应蕲州道俗所请,渡江北上,住黄梅(今湖北黄梅西北)破头山(后改名双峰山)30余载,大弘达摩禅法,并创立自家门风,门下徒众达500余人。湖北一带自南北朝以来就一直是三论空宗流行的地区,这对于道信更多地接近空宗的思想,当有很大影响。道信的禅法思想虽仍不离4卷本《楞伽经》,但由于他同时又依《文殊说般若经》,进一步接近了三论空义,因而淡化了楞伽的真性之义,使真常之心更多地让位给了当下自然的现实人心,并因此而在解脱理论和禅修方便等方面也相应地对传统禅学作了新的发展。

道信在达摩禅法的展开中以及禅宗的创立过程中所起的作用和所处的地位是十分值得重视的,他可说是中国禅宗的实际创始人。他不仅奠

[①] 《历代法宝记》,《大正藏》第51册,第181页中~下。

定了禅宗的思想理论基础,而且在组织形式和禅行生活方面使禅宗初具宗门的特点。从达摩到道信的传承关系现在并不能最后确证,但道信以后,禅宗的传承则是十分清楚的了。《楞伽师资记》中说道信"再创禅门,宇内流布",《续高僧传》也说道信门下徒众达500余人。这都表明,达摩禅发展到道信已具相当规模。究其原因,除了社会环境较为适宜以及道信兼摄诸经教、兼容诸方便而使其禅法更具适应性之外,与道信传法方式的改变也有很大的关系。从达摩、慧可到僧璨,都是"行无辙迹,动无彰记,法匠潜运,学徒默修",弟子们常行头陀行,一衣一钵,住无定处。到了道信却"择地开居,营宇玄象,存没有迹,旌榜有闻"[①],他在双峰山一住就是30年,依山傍林,安居传法,经济上自耕自给,在教禅的同时又传戒,这既便于诸方学人前来学道,又利于禅法的展开、影响的扩大。另外,据说唐太宗曾多次诏请道信入京,道信均以年老多病相辞,甚至当唐太宗命使者持刀威胁"若人不来取头来时",道信仍力辞不去,由此看来,道信传禅主要依靠的是下层民众,对上层统治者则采取了不合作的态度,这对于日后禅宗的勃兴,特别是唐武宗灭法以后禅宗的发展,都有莫大的关系。道信付法于弘忍,弘忍进一步完成了禅宗的创建。另有金陵牛头禅法融一系旁出于道信门下,曾兴盛一时。

菩提达摩一系的禅法传至道信,不仅初具规模,而且禅法思想也有相当的发展。达摩所借之教为《楞伽》的心性说,同时融入了《般若》的离言扫相,但达摩未对此作理论上的论证。道信则进一步从理论上对般若与楞伽的结合作了论述与发挥,他把达摩以来随缘逍遥的修行观进一步置于当下即是的自然之自心的基础上而提出的随心自在、无碍纵横,成为中国禅宗修习生活的基本态度。道信开创的新禅风在弘忍那里得到了进一

---

① 敦煌本《传法宝纪》。

步的发展。

五祖弘忍(602~675年),俗姓周,蕲州黄梅人。据说7岁就随道信出家,"三十年不离信大师左右"。他白天劳作,夜晚坐禅,性情敦厚,与世无争。由于他独善其身,精进不懈,因此,虽然文化水平不高,不常读经,却能契悟佛法大义,深受道信器重。道信以后,弘忍定居于黄梅双峰山东去不远的冯墓山(故又称东山),弘法开禅,大启法门,门徒甚众,规模空前。《传法宝纪》称"道俗受学者,天下十八九。自东夏禅匠传化,乃莫之过"。弘忍所传的禅法被称为"东山法门"。其实,东山法门也包括了道信的禅法,因为弘忍的禅法是对道信禅法的发扬光大,道信倡导的"一行三昧"为东山法门之根本。

弘忍在东山传法20余年,足不出山,长期养性山中,并保持了道信对统治者上层人物不合作的态度。据说显庆(656~661年)年间唐高宗曾多次派遣使者前来迎请弘忍,均遭拒绝。弘忍继承并发展了道信倡导的山林佛教的特色,聚徒定居,生产自给,把禅的修行与生产劳动相结合,把修禅与日常生活打成一片,从而使达摩至道信以来随缘自在的修行观具体落实到了实际的禅行生活中去,在农禅并作的修禅生活中透露出了中国禅宗特有的老庄风度。

在禅学思想上,弘忍比较强调"守本真心",认为"此守心者,乃是涅槃之根本,入道之要门,十二部经之宗,三世诸佛之祖"[①]。在他看来,众生皆有自性圆满的清净之心,此心不生不灭,无有分别,此心即是真如佛性。众生清净的本心为妄念烦恼所覆而不得显现,只要能于行住坐卧中常观心守心,妄念不生,便能成佛得解脱。弘忍的禅法思想对南北禅宗都有很大影响。就他对观心守心的强调而言,如果立足于"行",突出"观心"而息

---

① 《最上乘论》,《大正藏》第48册,第377页下。

妄心,就会有北宗的"息妄修心";如果立足于"证",突出行住坐卧真心不失,就会有南宗的"直显心性"。

综合起来看,中国禅宗的禅学思想、组织形式和修行风格等,在弘忍时都已基本确立,东土五祖的传法世系也于弘忍时成为定说。中国禅宗经道信初创,在弘忍时已正式形成。

二、南能北秀与南北禅宗

中国禅宗初创于道信,基本完成于弘忍。弘忍以后,禅宗得到了进一步的发展。由于弘忍"广开法门,接引群品","一生教人无数"①,故门下大师辈出,"堪为人师"者皆分头弘化,各为一方人物。与此同时,禅宗内部也开始出现了分化,逐渐形成了不同的派系。随着因人因地而传的禅法所出现的差异,各系之间争法统、争权势的斗争也日趋激烈。特别是以惠能派嫡传自居的神会北上入洛发起对神秀系的挑战、攻击神秀系"师承是傍,法门是渐"以后,禅门的傍正之争便主要在南能北秀这两系之间进行,并发展到两系门下你死我活、"相见如仇雠"的地步。由于惠能系的禅主要流传于中国南方,神会又以菩提达摩"南天竺一乘宗"正传自诩,而不许神秀的门下"妄称南宗",因此,惠能系便获得了"南宗"的称号,而主要流传于中国北方的神秀一系则被称为"北宗"。以神秀为代表的北宗和以惠能为代表的"南宗"是中国禅宗的两大基本派别。

神秀(606~706年),俗姓李,东京尉氏(今河南尉氏)人。少览经史,博览多闻,既而奋志出家,剃染受法。他"《老》《庄》玄旨,《书》《易》大义,三乘经论,四分律仪,说通训诂"②,无不通晓。后到蕲州双峰山东山寺见

---

① 《历代法宝记》,《大正藏》第51册,第183页下、第182页上。
② 张说:《唐玉泉寺大通禅师碑》。

五祖弘忍禅师,乃叹伏曰:"此真吾师也。"开始以打柴汲水等杂役,服勤6年,不舍昼夜,深得弘忍的器重。弘忍曾认为,"东山之法,尽在秀矣"①,并命神秀为上座,且为"教授师"。弘忍卒后,神秀住荆州当阳山玉泉寺传法,归之者甚众。久视年中(700年②),武则天诏请神秀入京,"肩舆上殿,亲加跪礼,内道场丰其供施,时时问道……时王公已下,京邑士庶,竞至礼谒,望尘拜伏,日有万计。洎中宗孝和帝即位,尤加宠重"③,"遂推为两京法主,三帝国师"④。神秀在京城所受到的尊崇礼遇,对于扩大北宗的影响和推动北宗禅法的传播都起了很大的作用。神龙二年(706年),神秀去世,诏赐谥曰"大通禅师"。神秀的弟子很多,以普寂(651~739年)、义福(658~736年)最为著名,两人也曾先后受诏入京,受到王公士庶的礼遇,并为朝野所重。神秀一系的禅法主要盛行于北方嵩洛地区,安史之乱以后,逐渐趋于衰落,但仍绵延发展了百年之久。至唐武宗灭法,以寺院为主要依托的北宗禅才完全衰落下去。保持山林佛教特色的惠能南宗一系则取代北宗而逐渐在全国得到了极大的发展。

惠能(638~713年),或作慧能,因久住曹溪而被称为"曹溪大师"。俗姓卢,原籍范阳(今河北涿州),因父"左降迁流岭南"而作了新州(今广东新兴县)百姓,早年丧父,老母遗孤,移至南海。由于家境贫困,惠能便于市卖柴以供家用。后于市上偶闻一客诵《金刚经》,据说"惠能一闻,心明便悟",得知客从黄梅弘忍处来,即辞别老母,前往黄梅礼拜五祖弘忍大师。

比较通行的说法是,惠能离家后经过30来天的长途跋涉,直接来到了

---

① 张说:《唐玉泉寺大通禅师碑》。
② 一说大足元年,即701年。
③ 张说:《唐玉泉寺大通禅师碑》。
④ 《宋高僧传》卷八《神秀传》。

黄梅。但《曹溪大师别传》却记载说,惠能先至韶州曹溪,与村人刘志略结义为兄弟。刘志略有姑出家为尼,名无尽藏,常诵《涅槃经》。惠能不识文字,却能为尼解释经义。他认为,佛法妙理,非关文字。他白天劳动,晚上便听无尽藏念经,并为之讲解。乡里众人,皆叹其神悟。后被迎住宝林寺。他曾从智远禅师学禅,因听惠纪禅师诵《投陀经》而感悟"空坐"无用,便在惠纪的指点下前往东山寻弘忍大师。这就是说,惠能在见弘忍之前,已经有了一段学佛的经历,特别是对《涅槃经》有了一定的体会。惠能虽然在佛学方面有一定的天赋,但从他后来初见弘忍时对佛性所发表的一番见解来看,后一种说法似乎更可信些。

据说惠能一见弘忍,便直言"唯求作佛"。弘忍责之曰:"汝是岭南人,又是獦獠①,若为堪作佛?"惠能答曰:"人即有南北,佛性即无南北。獦獠身与和尚不同,佛性有何差别?"②弘忍见惠能答语非凡,很器重他,便把他留下了。惠能先在弘忍门下随众作务,踏碓八月有余。后弘忍为付衣法,命众门人各作一偈以呈各自见解。众人皆言,我等不须澄心用意作偈,神秀上座是教授师,待他得法后,我等自可依止。神秀上座思惟良久后作偈言:"身是菩提树,心如明镜台;时时勤拂拭,莫使有尘埃。"③弘忍对此的评价是只到门前,尚未入得门见自本性,认为"凡夫依此偈修行,即不堕落;作此见解,若觅无上菩提,即未可得"④。惠能亦作一偈:"菩提本无树,明镜亦非台;佛性常清净,何处惹尘埃。"⑤惠能所呈心地得弘忍印可,并因此

---

① 獦獠:一般认为,这是对南方少数民族的一种侮称,惠能见弘忍时,穿的可能是少数民族服装,也有人认为,惠能本身就可能是少数民族。
② 敦煌本《坛经》第3节。本书所引为郭朋的《坛经校释》,中华书局1983年版。
③ 敦煌本《坛经》第6节。
④ 敦煌本《坛经》第7节。
⑤ 敦煌本《坛经》第8节。其中"佛性常清净"句后来被改为"本来无一物"而流传得更为广泛。

而密受衣法,成为禅宗六祖。

惠能得法后,为防人争夺法衣,领弘忍"将法向南,三年勿弘"①之训,回到岭南,避难于猎人之间15年。后至广州法性寺,值印宗法师在讲《涅槃经》。时有风吹幡动,一僧曰风动,一僧曰幡动,议论不已。惠能进曰:"不是风动,不是幡动,仁者心动。"②一语惊人,引起了印宗法师的重视。一问方知是佛法南来,便为惠能剃发,愿事为师,并请智光律师为之授戒。是年为仪凤元年(676年),惠能39岁。法性寺即今广州光孝寺,寺中现有瘗发塔、风幡堂等遗迹。惠能出家受戒后,就在法性寺的菩提树下为众人开"东山法门"。不久,回到曹溪,行化近40年,门徒数千人。据说武则天和唐中宗都曾召他入京,均力辞,保持了山林佛教的特色。惠能的言行说教后由门人汇集整理而编成《坛经》一书,成为惠能南宗的代表著作。"经"本来专指佛的说法,中国僧人的语录被奉为经的,唯此一家。

惠能禅最初主要在南方流传。后由于其倡导"识心见性,顿悟成佛"的简便法门,又经神会的努力,因而在北方也得以流传,并逐渐取代神秀北宗的地位。由神会挑起的南北禅宗傍正之争,到唐德宗贞元十二年(796年),朝廷正式立神会为七祖以后,也基本上告一段落。从此,惠能南宗势力日增,影响日广,乃至天下"凡言禅,皆本曹溪"③。唐武宗灭佛以后,对寺院经济和佛教经籍有很大依赖性的教下各宗派相继式微,而惠能门下在传南宗简便法门的同时,又保持了山林佛教的特色,倡导"农禅并作"等适应中国封建社会的修行生活,全体上下人人参加劳动的"普请之法"甚至被写进了禅门清规而成为禅宗的重要轨范,百丈禅师"一日不作,

---

① 敦煌本《坛经》第10节。
② 宗宝本《坛经·行由品》。
③ 柳宗元:《曹溪大鉴禅师碑》。

一日不食"之语在禅门中广泛传诵,因此,惠能禅宗在下层民众中继续得到传播和发展。晚唐五代,惠能南宗播及全国。唐宋以降,惠能南宗不仅湮没了弘忍门下包括神秀北宗在内的其他各支脉,成为中国禅宗的唯一正宗,而且几成为中国佛教的代名词。

惠能创立了禅宗南宗,奠定了南宗禅的理论与禅行之原则。将这种原则贯彻到宗教实践中去,并在实际的禅行生活中将禅宗进一步中国化的是惠能的后学。

三、曹溪门徒与五家七宗

惠能的弟子很多,最著名的有菏泽神会、青原行思与南岳怀让,分别形成了菏泽系、青原系与南岳系,其中又以青原与南岳两大系得到了更大的发展,并在发展中递嬗演变而成五家七宗,成为中国禅宗的主流。其传法世系如下:

菏泽神会(684~758年)是惠能晚年的弟子,俗姓高,襄阳(今湖北襄阳)人。出家后曾往荆州玉泉寺参神秀禅师,神秀入京,乃往曹溪师事惠能。从此不离惠能左右。惠能去世数年后,神会离开曹溪到各地游历。约在开元八年(720年)左右,神会北上入洛,开始传惠能禅法于北土。先在南阳住了近10年,因而有"南阳和尚"之称。他在南阳传惠能的顿教法门,同时开始对弘忍传法付衣于惠能之事大加渲染。开元二十年(732年)左右,神会又在滑台(今河南滑县东)大云寺设道俗僧尼均来参加的"无遮大会",与当时"两京名播,海外知闻"的山东崇远法师进行了一场关于南北禅宗是非邪正的大辩论,公开指责神秀为代表的北宗"师承是傍,法门是渐"。后因人诬告"聚徒疑萌不利"而被逐出洛阳。天宝十四年(755年)安史之乱起,叛军攻下洛阳,次年又进入长安。唐肃宗至德二年(757年),郭子仪收复两京。神会应朝廷邀请,设坛度僧收"香水钱",以助军

第五章　中国佛教文化的鼎盛(隋唐)

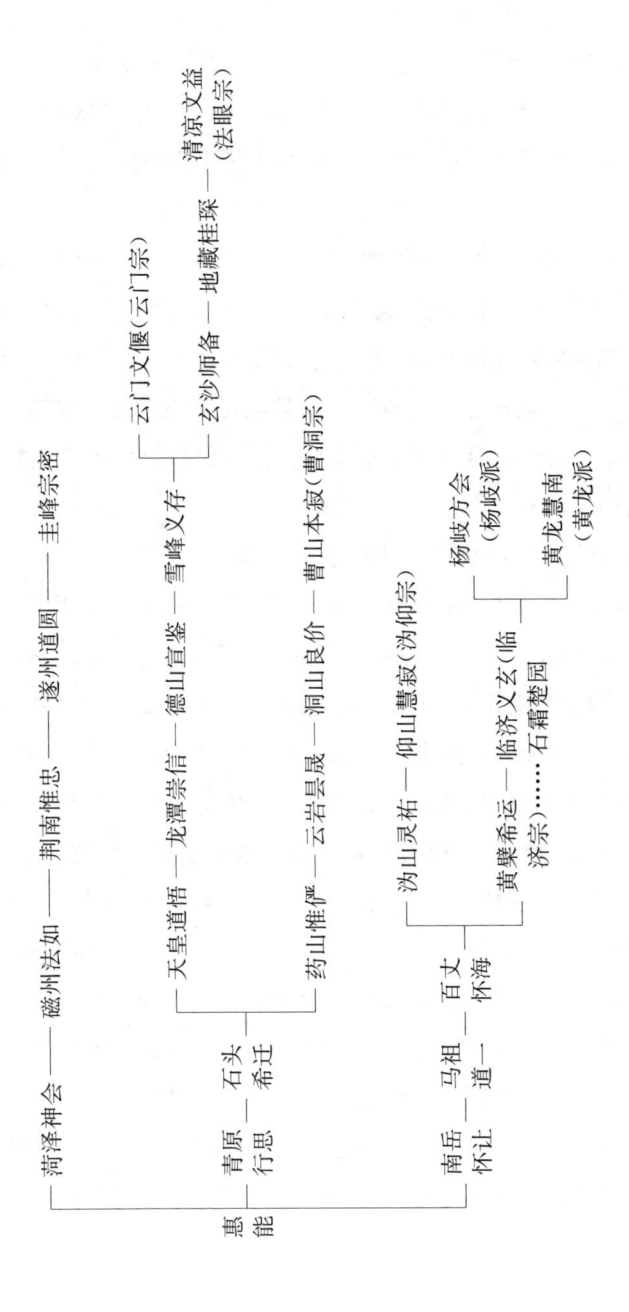

```
                          ┌─ 荷泽神会 ── 磁州法如 ── 荆南惟忠 ── 圭峰宗密
                          │
                          │           ┌─ 云门文偃(云门宗)
                          │           │
                          │  ┌ 天皇道悟 ─ 龙潭崇信 ─ 德山宣鉴 ─ 雪峰义存 ┤
         ┌─ 青原行思 ─ 石头希迁 ┤           │
         │                │           └─ 玄沙师备 ─ 地藏桂琛 ─ 清凉文益(法眼宗)
         │                │
惠能 ────┤                └ 药山惟俨 ─ 云岩昙晟 ─ 洞山良价 ─ 曹山本寂(曹洞宗)
         │
         │                ┌ 沩山灵祐 ─ 仰山慧寂(沩仰宗)
         │                │                              ┌ 杨岐方会(杨岐派)
         └─ 南岳怀让 ─ 马祖道一 ─ 百丈怀海 ┤                │
                          └ 黄檗希运 ─ 临济义玄(临济宗)……石霜楚圆 ┤
                                                         └ 黄龙慧南(黄龙派)
```

需,为恢复两京立下了汗马之功,因而受到帝室的重视,被召入宫内供养。后住洛阳菏泽寺,故又有"菏泽大师"之称。乾元元年(758年),神会卒于荆州开元寺。贞元十二年(796年),敕皇太子集诸禅德,楷定禅门宗旨,立神会为"第七祖"。神会在禅学思想上主要发挥的是惠能的思想,当然也有不同之处。他虽然也以般若空寂说自性,却更多地着眼于空寂之"体"或知见之"性",并于体、性上立知见之用。神会的思想后来经宗密站在华严宗的立场上加以发挥而对中国哲学的发展产生了一定的影响,特别是突出"知之一字,众妙之门",对程朱理学和陆王心学的影响都十分明显。但菏泽系本身流传的时间却并不长,唐武宗灭法以后,此系便趋衰落,法脉数传后即无可考。

南岳怀让(677~744年),因门下出了马祖而知名。俗姓杜,金州安康(今陕西安康)人。年十岁即唯乐佛书。年十五,辞亲往荆州玉泉寺,依弘景律师出家,剃发受具。后与同学坦然同谒嵩山慧安,安启发之,乃直诣曹溪礼六祖惠能,受顿悟法门,留住10余载。惠能去世后,怀让往南岳,住般若寺观音台弘传南宗禅法,开南岳一系,世称"南岳怀让"。其高足马祖(709~788年),俗姓马,名道一,一般称"马祖道一"。汉州什邡(今四川什邡)人。初从智诜门下处寂出家学禅,受具戒于渝州(治所在今重庆)圆律师。唐开元(713~741年)中,习禅于南岳。据载,马祖当时居南岳传法院,独处一庵,唯习坐禅,凡有来访者都不顾,怀让前往,亦不顾。怀让见其神宇有异,想起六祖对他说过的"汝向后出一马驹,踏杀天下人"的谶语,便多方诱导之。一日,怀让问马祖:"大德坐禅图什么?"答曰:"图作佛。"怀让乃取一砖于庵前石上磨,马祖亦不顾。时既久,乃问曰:"磨作什么?"怀让答曰:"磨作镜。"马祖问道:"磨砖岂得成镜?"怀让乘机启发说:"磨砖既不成镜,坐禅岂能成佛?"马祖当下离坐问曰:"如何即是?"怀让便对马祖说了如下一番在禅门中广泛流传的话:

> 汝学坐禅,为学坐佛?若学坐禅,禅非坐卧。若学坐佛,佛非定相。于无住法不应取舍。汝若坐佛,即是杀佛。若执坐相,非达其理。①

据说马祖闻言,豁然开悟。后于江西传禅,创"洪州宗"。马祖禅法的主要特点是将惠能的"当下即是"进一步从自心自性的全体大用上来加以发挥,把惠能的"无念心"进一步发展为"平常心",所谓"饥来吃饭,困来即眠","平常心是道"。② 马祖的禅法经百丈怀海(749~814年,一作720~814年)而化出沩仰宗和临济宗,与青原行思系化出的云门宗、曹洞宗和法眼宗,合称"五家"禅。临济宗在宋代又分出黄龙、杨岐两系,与五家合称"五家七宗"。中国禅宗流传时间最长、地域最广、影响也最大的是临济宗,黄龙系失传后,杨岐系便代表着临济宗一直传到当代。

南岳系化出的沩仰宗是五家中最早建立的一个宗派,开创者为沩山灵祐(771~853年)及其弟子仰山慧寂(815~891年),因而得名。沩仰宗发挥了马祖和百丈无取无舍、无为无事、人人圆满具足、自在解脱的禅学特点,并进一步突出了理事不二、无心解脱。其宗风一般以深邃奥秘概括之,《五家宗旨纂要》中说:"沩仰宗风,父子一家,师资唱和,语默不露,明暗交驰,体用双彰。"自宋代始,人们一般就认为,沩仰宗五传而止,与其孤峻的门庭宗风深有关系。

南岳系化出的另一个宗派临济宗,创始人为百丈怀海的再传、黄檗希运的高足临济义玄。因义玄长期住镇州临济院而得名。临济宗主要继承了马祖的禅法特色,并把惠能禅学中蕴含的对人的肯定进一步发挥了出

---

① 参见《古尊宿语录》卷一和《五灯会元》卷三等。
② 参见《五灯会元》卷三和卷四。

来,这在其具有代表性的"无依道人""无位真人"等思想中就可清楚地看到这一点。临济宗的思想还体现在"四料简""四宾主""四照用"等认识原则和教学方法上。临济宗向以机锋峻烈的禅风而著称,与曹洞宗绵密的宗风相对,自古有"临济将军,曹洞士民"之说。禅宗史上,"临济喝"最为有名,与"德山棒"一起构成了当时禅宗接机的主要手段。临济宗接引学人的单刀直入,随机灵活,峻烈辛辣之中又不乏亲切活泼,这对临济宗的发展起了一定的作用。临济宗在五家禅中最为兴盛,传播也最为广泛,这与其宗风特点是有一定关系的。

青原行思(？~740年)开了惠能门下另一支重要的系脉。行思其实也是因门下出了希迁而知名的。行思俗姓刘,吉州安城(一称庐陵,即今江西吉安)人。幼年出家,每逢群居论道,他独默然。闻曹溪法席,乃往参礼。见惠能大师,深得器重。据称惠能门下学徒虽众,而行思居首。后受惠能咐嘱,回吉州青原山,住静居寺弘传南宗禅法,开青原一系,故世称"青原行思"。其高足希迁(700~790年),俗姓陈,端州高要(今广东高要)人,曾在湖南衡山南寺以东的大石上结庵,故人称"石头和尚"。与江西马祖并称,时人曰:"江西主大寂①,湖南主石头,往来憧憧,不见二大士为无知矣。"②青原、石头系的禅法特点是比较注重从心与物、理与事的关系中去强调"即心即佛,心佛众生,菩提烦恼,名异体一"③,并吸收了华严宗的思想。石头的七世法孙清凉文益继承了这一思想特点,创立了法眼宗。

文益(885~958年),俗姓鲁,余杭(今浙江余杭)人。晚年在金陵清凉寺传法,故世称"清凉文益"。去世后,南唐主李璟谥为"大法眼禅师",其

---

① 马祖谥号为"大寂禅师"。
② 《景德传灯录》卷六。
③ 《五灯会元》卷五《石头希迁禅师》。

法系后世就被称为"法眼宗"。法眼宗继承了石头希迁融会华严教理的禅学思想特点,它以"三界唯心,万法唯识"为"纲宗",在理事圆融的基础上发挥了"一切现成"的思想。文益的再传弟子永明延寿(904~975年)进一步举扬"理事不二,贵在圆融"的宗旨,"举一心为宗,照万法如镜",编成《宗镜录》100卷,不仅将华严教义与禅理"圆融"在一起,而且以禅理为准对天台、唯识、华严等宗的教旨加以评定,调和当时佛教各宗派之间的分歧。《宗镜录》"禅尊达摩,教尊贤首",既体现了法眼宗取华严思想入禅的特点,也表现了中国佛教教禅相融的发展新趋势。法眼宗的宗风,一般认为,简明处类似云门,稳密处类似曹洞。其接引教化学人,平淡的语句中也深藏机锋,往往是根据学人根器之不同而相机行事,故《人天眼目》云,法眼宗风,"对病施药,相身裁缝,随其器量,扫除情解"。

从青原、石头下化出的另外两系——云门宗和曹洞宗也从不同的方面阐发了石头以来的禅学思想。云门宗,创始人为石头门下天皇道悟的四世法孙文偃,因其住韶州云门山而得名。文偃(864~949年),俗姓张,姑苏嘉兴(今浙江嘉兴)人。晚年住韶州(今广东韶关)云门山光泰禅院,弘法开禅,自成一系,世称"云门文偃"。云门宗在禅学思想上强调无心任自然,从应物而不累于物说解脱人,发挥即事而真,一切现成,无心解脱的思想。其思想和教学方式往往被概括为"云门三句":"一句函盖乾坤,一句截断众流,一句随波逐浪。"①其宗风常被形容为"孤危耸峻,人难凑泊"。这是因为,云门宗不仅以棒喝接引学人,而且常以非常简短的片言只语来应答,非上根机者往往摸不着头脑。

曹洞宗,创始人为洞山良价和曹山本寂。其宗名说法不一,有说曹为曹溪惠能之曹,洞为洞山良价之洞;有说曹为曹山本寂之曹,之所以称"曹

---

① 《五灯会元》卷十五《德山缘密禅师》。

洞"而不称"洞曹"又有两说,一说是为了读法上顺当,一说是因曹、洞问答遂成一家宗风,且曹山下无传,传宗者为洞山下的道膺之故。良价(807～869年),俗姓俞,会稽诸暨(今浙江诸暨)人。因盛弘禅法于豫章高安(今江西高安)之洞山,故世称"洞山良价"。其弟子本寂大倡"五位君臣"之说,形成曹洞一家宗风。本寂(840～901年),俗姓黄,泉州莆田(今福建莆田)人。因住抚州曹山而世称"曹山本寂"。他深明良价玄旨,大播洞上禅风于天下,时诸方宗匠,咸共推尊之曰"曹洞宗"。该宗继承并发展了青原、石头系比较注重从心物、理事的关系中去强调人的地位的特色,以五位君臣、偏正回互来说理事关系,而归结到无心解脱。其宗风历来有"家风细密,言行相应,随机利物,就语接人"之称。

晚唐五代,惠能南宗禅趋于极盛。不过,这主要是从发展的规模及其影响而言,若从禅学思想上看,却并没有多大的发展。五家七宗主要是在新的历史条件下形成了许多不同的特色,尤其是在禅行实践中形成了公案语录、机锋棒喝等禅门特有的一套接机、参学方式,并进而在不同门庭施设的基础上形成了各个宗派自己特有的宗风。

四、禅学思想与禅修方便

神秀北宗和惠能南宗是中国禅宗的两大基本派别,其禅学思想和禅行方便都有很大的不同。两者的差异,一般以"南顿北渐"相称,意谓北宗重渐修,南宗重顿悟。南北禅宗禅法上的差异与他们对心性的不同理解有关。

从现有的材料来看,神秀北宗的禅法主要是依《大乘起信论》的"一心二门"立论,内容包括两个方面:一是禅学理论,主要表现在《观心论》中,从中可以看到对弘忍"守本真心"的继承与发挥;二是禅法的方便法门,主要体现在敦煌本《大乘无生方便门》等本子中,从中可以看到对道信以来禅法的发展。而"体用"两字可以作为理解神秀北宗禅法的纲领。神秀的《观心论》从体用相即出发，论证了真妄二心的一体同源，互不相生，并进而强调了息妄修真这一"观心"修行法的可能性与必要性。《观心论》可说是立足于"行"而发挥了弘忍的"守本真心"论，其中提出："心者，万法之根本也。一切诸法，唯心所生，若能了心，万行具备。"因此，唯观心一法，总摄诸行，是为求佛道之最为省要的修行之法。宗密的《禅源诸诠集都序》把神秀北宗的禅法归入"息妄修心宗"，并概括其要曰：

息妄修心宗者，说众生虽本有佛性，而无始无明覆之不见故轮回生死。诸佛已断妄想故见性了了，出离生死，神通自在。当知凡圣功用不同，外境内心各有分限。故须依师言教，背境观心，息灭妄念。念尽即觉悟，无所不知。如镜昏尘，须勤勤拂拭，尘尽明现，即无所不照。又须明解趣入禅境方便，远离愦闹，住闲静处，调身调息，跏趺宴默，舌拄上腭，心注一境。

可见，神秀北宗的禅法依人自本有的清净心性（佛性）所重的是背境观心、息灭妄想的坐禅渐修法。宗密在《圆觉经大疏钞》中曾以"拂尘看净，方便通经"来概括其禅法特点，这是符合实际情况的。

"拂尘看净"，即时时勤拂拭，观心守心。"方便通经"呢？所谓方便者，指道信以来禅修的五种方便法门。道信提出的五方便门是："一者，知心体，体性清净，体与佛同。二者，知心用，用生法宝，起作恒寂，万惑皆如。三者，常觉不停，觉心在前，觉法无相。四者，常观身空寂，内外通同，入身于法界之中，未曾有碍。五者，守一不移，动静常住，能令学者明见佛性,早入定门。"①神秀继承发展了道信的五方便门,并进而将它与经教会通起来,所以叫作"方便通经"。神秀提出的五种方便是:"第一总彰佛体,亦名离念门。第二开智慧门,亦名不动门。第三显不思议门。第四明诸法正性门。第五了无异门。"②它们依次分别会通《大乘起信论》《法华经》《维摩经》《思益梵天所问经》《华严经》等佛教经论。如果说,"观心论"是通过对心之体用的理解而强调观心守心的必要性,那么,"五方便"则是体用不二说在修禅实践中的具体贯彻。

神秀北宗以本觉的自性清净心为依持,强调拂尘看净、息想摄心的坐禅渐修,形成了与惠能南宗依持人们的当下之心而强调不假修习、顿悟见性的禅法之差异。

惠能南宗的禅法主要以融摄了《楞伽》心性论的《般若》无所得思想为理论基础,主张心性本净,佛性本有,自心与佛性无二,众生与佛无别;强调自识本心,自见本性,"识心见性,自成佛道"③;认为众生与佛的差别只在于自心迷悟的不同,"迷即佛众生,悟即众生佛"④,"前念迷即凡,后念悟即佛"⑤。因此,悟必顿悟,不假渐修,只需内证,不必外求。惠能南宗反对一切外在的形式化的修习,破除对读经、礼佛和坐禅的执著,把禅修融于行住坐卧的日常生活中,要求于一切时中,念念无著,"于念念中,自见本性清净,自修、自行、自成佛道"⑥。

惠能南宗"直指人心,见性成佛"的顿悟法门是建立在般若实相学与涅槃佛性论相融合的产物——人们的当下之心之基础上的。南宗所说的

---

① 《楞伽师资记》引《入道安心要方便法门》。
② 敦煌本《大乘五方便(北宗)》。
③ 敦煌本《坛经》第30节。
④ 敦煌本《坛经》第52节。
⑤ 敦煌本《坛经》第26节。
⑥ 宗宝本《坛经·坐禅品》。

本净的自性、人性、本性，主要都是指众生之心念念不起妄心执著的本性，它们一般并不具有什么实在性，也没有什么实体的意义，表示的只是众生心不起妄念的一种状态。正是在这一点上，惠能南宗批评了神秀北宗的起心看净：

> 若言看净，人性本净，为妄念故，盖覆真如，离妄念，本性净。不见自性本净，起心看净，却生净妄，妄无所处，故知看者却是妄也。净无形相，却立净相，言是功夫，作此见者，障自本性，却被净缚。①

神秀北宗以心体离念为觉，是依有一本觉之心体为前提的，惠能南宗则以觉性释心体，以般若作为心之性，而所说的心又是直指人们的当下之心念，这正是南北禅宗禅学思想上的根本区别之所在，南北禅宗禅法上的差异都是由此而展开的。惠能南宗融会般若实相学和涅槃佛性论的禅学思想特色是佛教中国化的产物，它孕育于魏晋般若学和南北朝佛性论之中，成熟于惠能的禅学思想体系。

禅宗是中国化最为典型的一个佛教宗派，特别是惠能南宗，它在坚持佛教的基本立场、观点和方法的同时，又大量融摄了传统的思想和方法，特别是老庄玄学的自然主义哲学与人生态度以及儒家的心性学说，从而形成了它独特的禅学理论和修行方法。惠能南宗突出人的自心自性，把人的当下解脱推到突出的位置，反对迷信权威和偶像，这种革新佛教的反传统特色曾对中国思想界产生了深刻的影响。

---

① 敦煌本《坛经》第18节。

第八节 净土宗

净土宗因专修往生阿弥陀佛净土法门而得名。该宗倡导简易的念佛法门,故又有"念佛宗"之称。相传东晋慧远曾在庐山邀集僧俗18人成立"白莲社",发愿往生西方净土,慧远因此而被奉为净土宗初祖,净土宗也因此而又称"莲宗"。一般认为,净土宗的实际创始人应该是唐代的善导,而其先驱则可上溯到昙鸾与道绰。

一、历代祖师与宗派的创立

宋明以后,净土宗人所立的本宗历代祖师,有所谓莲宗七祖、九祖乃至十三祖等不同的说法。莲宗七祖依次为慧远、善导、承远、法照、少康、延寿、省常;莲宗九祖,则再上袾宏和智旭;若在智旭后再依次加上实贤和际醒,则为莲宗十一祖。近代僧人印光(1861~1940年)又改推行策为十祖,实贤与际醒,则递降为莲宗十一、十二祖。印光本人后被门下推为十三祖,这样,近现代一般就有莲宗十三祖之说。值得一提的是,净土宗的历代祖师与其他佛教宗派的传法世系有所不同,他们前后并非都有传承关系,之所以被推为祖师,主要在于他们对弘扬净土法门有所贡献。

其实,中土的净土信仰并非始于慧远,而慧远所倡导的净土法门修持的是"观想念佛",这也与后世净土宗所大力提倡的"称名念佛"有异,因此,慧远至多只是为净土宗的创立准备了条件,不能算是创宗人。慧远以后,专修净土法门的不乏其人,但到东魏的昙鸾才奠定了后世净土宗的基础。

昙鸾(476~542年),雁门(治所在今山西代县)人。少年出家后,精习"四论"和佛性学说,后因病求长生不老之术而到江南从陶弘景得《仙经》10卷。北归途中经洛阳遇菩提流支,从受《观无量寿佛经》一部,说是解脱生死的大仙方。于是,乃焚毁《仙经》,专修净土。晚年定居于汾州玄中寺,积极倡导净土法门,并首次比较系统地对弥陀净土的教义进行论释,为净土宗的创立奠定了理论基础。所著《往生论注》,依龙树的《十住毗婆沙论·易行品》而立"难行""易行"二道。认为世风混浊,没有佛的帮助,靠自力解脱甚难,靠自力解脱的教义是"难行道",而以信佛的因缘愿生净土,凭借佛的愿力,即借"他力"往生净土的教义是"易行道"。昙鸾还称,只要一心专念阿弥陀佛名号,死后就可以往生安乐国土。昙鸾的这些思想和所倡导的修行方法都为以后的净土宗继承并加以发挥。

隋唐时期的道绰(562~645年)继昙鸾之后在玄中寺传净土信仰。道绰俗姓卫,并州汶水(今山西文水县)人。据说他早年出家,先学《涅槃》,又研空理,后至玄中寺读《昙鸾和尚碑》而受到启发,遂改信净土。30多年间讲《观无量寿佛经》200多遍,每日口诵"南无阿弥陀佛"。这里"南无",读作"那谟",是梵文的音译,意为"致敬""归敬",是佛教信徒礼敬佛时的常用语。"南无阿弥陀佛"则是净土宗根据《观无量寿佛经》而提倡的一种念诵。《观无量寿佛经》中云:"具足十念,称南无阿弥陀佛;称佛名故,于念念中,除八十亿劫生死之罪。"在道绰以前,中土修"净土"者一般偏重于"观想念佛",即于观念中想象佛及净土的种种庄严美妙,而至道绰则专以"称名念佛"为务,据说道绰"劝人念弥陀佛名,或用麻豆等物而为数量,每一称名,便度一粒。如是率之,乃积数百万斛者",他自己"才有余暇,口诵佛名,日以七万为限,声声相注,宏于净业"[①]。道绰著有《安乐集》2卷,系统地阐述了净土思想,并依难行道、易行道之说而立圣道、净土二门,认为

[①] 《续高僧传》卷二十《道绰传》。

在此末法时代,"其圣道一种,今时难证,一由去大圣遥远,二由理深解微"①,只有凭借阿弥陀佛的愿力往生极乐净土、入圣证果的净土门才是唯一的解脱之路。道绰为净土宗的创立进一步奠定了基础,他的弟子善导则最终完成了创宗。

善导(613~681年),临淄(今山东淄博)人。幼年出家,贞观(627~649年)年间至玄中寺听道绰讲《观无量寿佛经》,认为"此真入佛之津要,修余行业,迂僻难成,唯此观门,速超生死"。于是,他"勤笃精苦,尽夜礼诵"。后到长安光明寺弘传念佛法门。据说"每入室互跪念佛,非力竭不休,虽时寒冰,亦须流汗。出则为人演说净土法门三十余年"。曾先后写《阿弥陀经》十万卷,画净土变相三百壁,有弟子无数,被称为"弥陀化身"。著有《观无量寿佛经疏》(或称《观经四帖疏》)、《观念佛法门》、《往生赞》等,主要解说为何念佛及如何念佛,较完备地组成了净土宗的宗义及行仪,完成了净土宗的创立。当时长安从善导修习净土法门者不可胜数,"从其化者,至有诵《弥陀经》十万至五十万卷者,念佛日课万声至十万声者"②。净土信仰得到了空前的传播与发展。

二、净土经典与信仰

宣扬"净土"思想的佛教典籍有很多,但净土宗奉为主要经典的则有"三经一论",即《无量寿经》《观无量寿佛经》《阿弥陀经》和世亲的《往生论》。这些经论所宣扬的都是阿弥陀佛西方净土(即极乐世界),认为在此众生居住的世俗世界以西十万亿佛刹,有世界名"极乐",极乐世界有阿弥陀佛,其寿无量,故也称"无量寿佛",他能接引众生往生,故又称"接引

---

① 《安乐集》卷上,《大正藏》第47册,第13页下。
② 以上引文均见《佛祖统纪》卷二十六。

佛"。众生只要信仰阿弥陀佛,并称念其名号,临终便可往生阿弥陀佛西方净土。

《无量寿经》亦称《大无量寿经》或《大经》,通行本为曹魏时康僧铠译的2卷本。该经的内容主要就是叙说阿弥陀佛的殊胜功德和西方极乐世界的妙相庄严。经中说,过去有国王出家为僧,号法藏,他发下了"四十八愿",立誓要让他的"佛国"成为一个"无有众苦,充满诸乐"的极乐世界,并将接引一切欲往生的众生到他的佛国净土。他还表示,"斯愿不满足,誓不成等觉",意谓所发之愿若得不到满足,自己就不成佛。后成佛,名无量寿(即阿弥陀佛),国土在西方,名极乐。凡信仰阿弥陀佛,念佛修道的众生,临命终时皆可乘佛的愿力于一念顷往生西方极乐世界。

《阿弥陀经》实际上与《无量寿经》意思相同,只是篇幅较小,故也称《小无量寿经》或《小经》,通行的是后秦鸠摩罗什译的1卷本。该经主要宣说西方净土的无限美好,生活在那里"无有众苦,但受诸乐"。同时强调,只要"一心称念"阿弥陀佛的名号,临终"即得往生阿弥陀佛极乐国土"。由于该经文字简略,译文流畅,易于背诵,所提供的"往生"极乐世界的方法又十分简便,因而流传得十分广泛,净土宗也随之得到了广泛的传播。

《观无量寿佛经》亦称《观无量寿经》或简称《观经》,南朝宋畺良耶舍译,1卷。该经以观想西方阿弥陀佛的庄严身相和极乐净土的美妙为主旨,通过神妙传说,宣说了西方净土的"极乐"和阿弥陀佛及其左右两胁侍——大势至菩萨(右胁侍)与观世音菩萨(左胁侍)这"西方三圣"的种种"功德""妙相",称只要观想佛之相好,或口称"南无阿弥陀佛",就可以灭罪消灾,临终往生极乐净土。

《往生论》亦作《净土论》,为古印度世亲依《无量寿经》义而作,北魏菩提流支译,1卷。此论有五言四句二十四行的偈颂及其解释,宣扬阿弥陀净土的庄严美好,劝人修持"五念门",即礼拜、赞叹、作愿、观察、回向,称死后可以往生净土。由于昙鸾曾为之作注,发挥了净土思想和念佛法门,故此论也成为净土宗所依据的基本典籍之一。

净土宗依据"三经一论",提倡简便的修行法门,认为不必广研佛典,也无须静坐修持,只要信愿行具足,一心称念阿弥陀佛名号,就可进入佛国净土。它以修持者的念佛行业为内因,以阿弥陀佛的愿力为外缘,内外相应,往生极乐世界。由于净土宗教义简单,法门易行,所谓"下手易而成功高,用力少而得效速",因而很容易在社会上流行。现实苦难中的黎民百姓把追求美妙的佛国净土作为一种精神寄托与安慰,酒足饭饱、享尽富贵的统治者也希望念几声"阿弥陀佛"而求得来世的更大满足。因此,净土宗创立以后,很快就蔚为大宗,发展成为一个具有广泛影响的佛教宗派。净土宗后与禅宗合流,成为中国佛教各宗派中在民间流传极广、影响极大的一个宗派。有些地方甚至出现过"家家阿弥陀,户户观世音"的景象。许多人虽然不一定懂得净土宗,却都知道诵一声"南无阿弥陀佛"。千百年来,念佛往生西方极乐世界不知吸引过多少善男信女,既给予他们精神安慰,也满足了他们心灵的需求。唐武宗灭佛以后,依赖寺院经济和章疏典籍的佛教各宗相继式微,净土信仰却继续在社会上广为流传,禅净双修成为晚唐以后中国佛教发展的基本特点之一,提倡禅净一致而归宗于净土的佛教信徒和学者至近代而相续不绝。

第九节 其他各宗

隋唐时期,除上述佛教宗派之外,还有一度流行但影响不是很大的三阶教,以研习和传持戒律为主、自成特色的律宗以及在唐开元(713~741年)年间曾盛行一时却很快在汉族地区衰微的密宗。下面分别对这三个宗派的情况作些介绍。

一、三阶教

三阶教,因其主张把全部佛教分为"三阶"而得名。又因主张普遍信奉一切佛法而又称"普法宗"。它是隋代信行创立的一个比较特殊的佛教派别。

信行(540～594年),俗姓王,魏郡(治所在今河南安阳)人。少年出家,博综群经,"与先旧德,解行弗同"。后于相州法藏寺舍具足戒,行头陀苦行,"乞食,日止一食。在道路行,无问男女,率皆礼拜"[1]。隋开皇初(约581年),被召入京,先后在化度、光明、慈门、慧日、弘善等五寺建立三阶道场,宣扬三阶教义。"自尔,余寺赞承其度焉,莫不六时礼旋,乞食为业,虔慕洁诚,如不及也。"信行因病去世后,"道俗号泣,声动京邑"。[2] 信行的著作据说有35部44卷,大都是类聚经文抄录而成,例如其中最主要的《三阶佛法》就是《大般涅槃经》《十轮经》《大方等大集经》等经文的抄集,三阶教即以这些著作为主要理论依据。这些三阶教的典籍早已失传,只在其他佛教宗派批判三阶教教义的著作中保留下了一些片段。敦煌发现的经卷中也有三阶教的一些残卷。

三阶教的"三阶"教法是根据佛教正法(佛灭后初五百年)、像法(第二个五百年)、末法(一千年以后)[3]的说法,把全部佛教按"时"(时期)、"处"(所依世界)、"机"(根机,指人)分为三阶:第一阶是"正法时期","处"是一乘所依的世界,即佛国净土,人是一乘人,即唯有诸佛菩萨,修持

---

[1] 《历代三宝记》卷十二,《大正藏》第49册,第105页中。
[2] 《续高僧传》卷十六《信行传》。
[3] 佛教对"三法"的具体时间说法不一,有的以正法为五百年、像法为一千年、末法为一万年。

的是大乘一乘佛法。第二阶是"像法时期","处"是三乘众生所依的世界,为"五浊诸恶世界","亦名三乘众生十恶世界",人是凡圣混杂,根基不定,"若遇大乘人法,即得入大乘位;若不遇大乘法,即不得入大乘位",流行的是大小乘(三乘)佛法。第三阶是"末法时期","处"虽然与第二阶相同,人却都是"邪解邪行","一切佛、一切经皆悉普不能救得",这时应信奉"三阶教",普信一切佛法,普归一切佛。

三阶教认为,佛法可分为"普法"和"别法"两类。普法是不分大乘小乘和圣贤凡夫,普敬普信;别法则是分别大小和圣凡。"普法无病","别法就根",意谓普法对于一切众生来说,"莫问根机上下,学之淳益无损",别法则仅是对上根机人说的。在三阶之中,第一阶根机者唯学"一乘法",第二阶根机者学"三乘法",是皆为别法,又称"别真别正佛法"。第三阶根机者乃是"末法众生",若偏学大乘或小乘,则非但学之无益,而且还会造成谤法之罪,故只能学普法:"谓第三阶若学普法,不堕爱憎,不谤三宝,唯有纯益,无有损坏。"由于普法"不邪不伪,故名普真普正佛法。若就能学人说,无问正见邪见、大乘小乘,习学之者,普得真正,故名普真普正佛法"。

三阶教提出普法别法的主要目的在于强调,隋代"时"当"末法","处"为秽土,因此,众生要想解脱,就不能仅满足于念一佛、诵一经、学一法,而应该信奉三阶普法宗义。只有普信"一切佛乘及三乘法",普归一切佛、一切法、一切僧,"正学一切普真普正佛法",才能"真善成就",获得解脱[①]。普法是三阶教的核心思想和基本主张。

三阶教在行持方面以苦行忍辱为宗旨,每天仅乞食一餐,以吃寺院的饭为不合法。它反对偶像崇拜,认为一切佛像都是泥龛,故无须礼敬,且

[①] 以上引文凡不注出处者,均见日本学者矢吹庆辉所著《三阶教之研究》载录的敦煌本三阶教资料,转引自郭朋先生的《隋唐佛教》(齐鲁书社1980年版)。

反对净土宗的念佛法门。它提倡"普敬",认为一切众生都是真佛,故路见男女,一概礼拜。三阶教还大力提倡普施,甚至死后还实行一种林葬法,即置尸于森林供鸟兽食用,称之为以身布施。三阶教还经营"无尽藏"以作为实行普施的中心,它强调个人的一善一行必须融化于"无尽藏行"才能获得更大的福德,因而劝信徒施舍钱财由寺院库藏,然后布施或借贷给贫苦信徒,也供斋僧或修缮寺塔之用。经营"无尽藏",既大大扩大了三阶教的影响,也为三阶教提供了较为雄厚的物质基础。三阶教作为日常礼佛忏悔的一系列宗教仪式("七阶礼忏")则成为后世中国僧侣晚课及"打普佛"等的母本。

　　三阶教曾一度盛行,信行的弟子也很多。但由于三阶教所提倡的与当时佛教界的理论和行持很不协调,其散布的"末法"思想与封建王朝的需要也很不一致,因此,三阶教创立以后屡屡遭到朝廷的禁止和佛教其他宗派,特别是净土宗的攻击,唐末以后一直被认为是异端邪说。早在隋开皇二十年(600年),朝廷就明令禁止,但未能禁绝,到唐代时三阶教仍广为流传。武则天证圣元年(695年),又明令判其为异端,圣历二年(699年),武则天更下令限制三阶教徒,"唯得乞食、长斋、绝谷、持戒、坐禅",其他行为"皆是违法"①。唐玄宗开元元年(713年)又开始取缔无尽藏,从而断绝了三阶教的经济来源。开元十三年(725年)更下令严格禁止三阶教流行,"敕诸寺三阶院,并令除去隔障,使与大院相通,众僧错居,不得别住。所行《集录》②,悉禁断除毁!"③但三阶教在民间仍有所活动,唐德宗时还曾有复兴的迹象,直至入宋,才完全湮没无闻。

---

① 《大周刊定众经目录》卷十五,《大正藏》第55册,第475页上。
② 《集录》,指信行的著作。
③ 《开元释教录》卷十八,《大正藏》第55册,第679页上。

二、律宗

律宗,以研习及传持戒律为主而得名,因其所依据的是小乘法藏部的《四分律》,故又称"四分律宗"。又因创宗人道宣常住终南山而名"南山宗"或"南山律宗"。

戒律作为佛教"三藏"之一、"三学"之首、大乘"六度"之一,在佛教中占有很重要的地位。道安在说到戒定慧三者之关系时曾指出:"斯三者,至道之由户,泥洹之关要也。戒者,断三恶之干将也;禅者,绝分散之利器也;慧者,齐药病之妙医也。"①严格地讲,戒与律是有一定区别的。戒,指佛教为出家和在家的信徒制定的戒规,一般分为"止持戒"和"作持戒"两大类,前者为防非止恶的各种戒,如"五戒""十戒"等,后者为奉行众善的戒,如"二十犍度"②等。律与戒不同,律是指佛教专门为出家的比丘、比丘尼所制定的禁戒,在家信徒不得闻知。但戒和律也往往连用,泛指佛教为出家和非出家信徒制定的一切戒规。相传释迦牟尼在世时就曾制定各种戒律以约束僧众的行为,佛教第一次结集时,由优婆离诵出了律藏。后随着部派佛教的分裂,戒律也相继分裂,有"律分五部"之说,"五部律"指的是:(1)昙无德部(意译为"法藏部"或"法护部")律,即《四分律》;(2)萨婆多部(意译为"说一切有部")律,即《十诵律》;(3)弥沙塞部(意译为"化地部")律,即《五分律》;(4)迦叶遗部(意译为"饮光部")律,此部仅译出《解脱戒经》;(5)婆蹉富罗部(意译为"犊子部")律,此部律未有汉译本。

中土自曹魏时始有戒律传译和依律受戒。东晋以后,小乘说一切有

---

① 道安:《比丘大戒序》,《出三藏记集》卷十一。
② 犍度:分类编集的意思。二十犍度包括说戒、安居、自恣等内容。

部的《十诵律》、法藏部的《四分律》、大众部的《摩诃僧祇律》(意译《大众律》)和化地部的《五分律》等四部广律先后传入中国。接着，有关律本的论著也陆续译出，重要的有《毗尼母论》《摩德勒伽论》《善见论》《萨婆多论》和《明了论》等"律部五论"，与四部广律合称"四律五论"。南北朝时，出现了专门讲习律学的律师。南朝有十诵律师，北朝则有四分律师。到了唐代，独盛《四分律》，并经道宣等人弘扬而蔚为一宗。

道宣(596~667年)，俗姓钱，丹徒(今属江苏镇江)人，一说长城(治所在今浙江长兴)人。16岁落发，后从智首律师受具足律，并听其讲《四分律》40余遍。继而入终南山，潜心著述，并创设戒坛，制订授戒仪式。由于道宣在重点研习弘传律学的同时，还广泛参学，具有相当广博的知识，并曾参加过玄奘主持的译场，因而深受大乘唯识学等思想的影响，他对《四分律》也是常以大乘教义来作解释的。道宣的著作，据说有一二百卷之多。其中重要的律学著作有《四分律删繁补阙行事钞》《四分律删补随机羯磨疏》和《四分律比丘含注戒本疏》等，称为"三大部"。再加上《四分律拾毗尼义钞》《四分比丘尼钞》，则称"五大部"。除律学著作外，道宣还有《广弘明集》《续高僧传》《集古今佛道论衡》和《大唐内典录》等重要的史传著作。道宣不仅是持戒严谨的律师，而且被认为是唐初最有学问的佛教史传专家。

道宣创立的律宗把释迦一代的教法分为"化教"与"制教"。"化教"是"三学"中的定、慧二学，为如来教化众生使其发生禅定及智慧的教法。"制教"是"三学"中的戒学，为如来教诫众生而对其行为加以制约的教法，故也称"行教"。"化教"又可分为性空教(小乘)、相空教(大乘浅教)、唯识圆教(大乘深教)三类。而"制教"也可按照对戒体的不同看法而分为实法宗(小乘有部以色法为戒体)、假名宗(《成实论》以非色非心法为戒体)、圆教宗(唯识宗的以心法种子为戒体)。

律宗在上述三教、三宗中自称是唯识圆教宗。其主要学说为心法戒体论。所谓戒体，是指弟子从师受戒时所发生而领受在自心的法体，亦即由授受的做法在心理上构成的一种防非止恶的功能，实际上也就是受持戒律的意志和信念。道宣以心法即阿赖耶识所藏的种子为戒体。他说身口意"是三种业，皆但是心，离心无思，无身、口业"，故知戒"以心为体"①；他认为，受戒时熏习而成的留在阿赖耶识中的善种子，即为戒体。道宣依《四分律》，把诸戒分为止持与作持二门。止持为"诸恶莫作"，即比丘戒250条，比丘尼戒348条。作持为"众善奉行"，包括受戒、说戒、安居、悔过及衣食坐卧的种种规定。《四分律》本是一部小乘戒律书，但道宣认为，《四分律》从形式上看属于小乘，从内容上看当属大乘，他还从律文中搜寻出五种理由来证明《四分律》能通于大乘。这样，《四分律》不仅成为律宗所依据的基本典籍，而且成为中国佛教戒律的基本依据，是佛教诸部戒律中最有影响的一部。

在中国佛教史上还有所谓"律部三宗"之说，这就是与道宣同时弘扬《四分律》学的扬州日光寺法砺（569～635年）所开创的相部宗（因传法中心在相州而得名）和长安西太原寺怀素（625～698年）所开创的东塔宗（因怀素住西太原寺的东塔而得名），与道宣南山宗并称律宗三家。三家的主要分歧是对戒体的看法不同。相部宗主非色非心戒体论，并认为《四分律》是小乘律，主张戒不兼定、慧二学，而以止持、作持二业为宗。东塔宗则主色法戒体论，并认为定慧为戒学所摄，律应以戒行为宗。三家之间互有争论，而相部宗与东塔宗的争论尤为激烈。后相部宗和东塔宗相继衰微，只有南山一宗畅行，且历经宋、元、明、清而绵延不断。

---

① 《四分律删繁补阙行事钞》卷中之一，《大正藏》第40册，第52页中。

三、密宗

密宗也称"密教""秘密教""真言乘""金刚乘"等,由于自称受法身佛大日如来深奥秘密教旨的传授,为"真实"言教,这种真言奥秘若不经灌顶(入教或传法仪式)和秘密传授,不得任意传习及显示于人,因而得名。又由于它修习三密相应(瑜伽),即手结印契(身密)、口诵真言秘咒(口密)、心中观想大日如来(意密)以与大日如来的"三密"相应,实现"即身成佛",故又称"瑜伽密教"。密教本是7世纪以后印度大乘佛教的一些派别与婆罗门教—印度教相结合的产物,后传入中国,形成中国佛教的一个宗派。

一般认为,有关"杂密"的思想和实践早在三国时代就已经从印度和西域传入我国,两晋南北朝时许多印度和西域来华的僧人,也都精于咒术和密仪,例如佛图澄"善诵神咒"、昙无谶"明解咒术"等等。但"纯密"在我国得到弘传并进而形成佛教宗派的,则始于善无畏、金刚智和不空等人。

唐玄宗开元四年(716年),中印度僧人善无畏(637~735年)经西域来到长安,带来了梵本《大日经》,受到唐玄宗的礼遇,"饰内道场,尊为教主,自宁、薛王已降皆跪席捧器焉。宾大士于天宫,接梵筵于帝座,礼国师以广成之道,致人主于如来之乘,巍巍法门,于斯为甚"[①]。善无畏先住兴福寺,后住西明寺,开元五年(717年),奉诏于菩提院翻译。开元十二年(724年)随驾入洛阳,复奉诏于福先寺译经,在弟子一行的协助下,译出了后成为密宗"宗经"的《大日经》。一行(673~727年)是我国古代著名的天文学家,精通历法和天文。他21岁出家,后随善无畏学密法,不仅助译

---

① 《宋高僧传》卷二《善无畏传》。

了《大日经》，而且作有《大日经疏》20卷，此为《大日经》最著名的注释，也是密宗的重要著述。善无畏和一行主要传授胎藏界密法。

开元八年（720年），南印度密教高僧金刚智（669～741年）携其弟子不空（705～774年）经南海、广州而抵洛阳，大弘密法，后至长安，传入的《金刚顶经》由不空译出，后也成为密宗所依的主要经典之一。金刚智在两京也受到礼遇，死后唐玄宗敕赐"国师"称号。他的弟子不空是中国佛教史上的"四大译师"之一，曾在金刚智死后奉师遗命赴印度和师子国（今斯里兰卡）学习密法，并广求密藏，天宝五载（746年）返回长安后，奉诏入宫，建立曼荼罗，为玄宗灌顶，并开坛广为四众授法。不空历玄宗、肃宗和代宗三朝，与朝廷结纳颇深，多次受赐封号。他与金刚智主要弘传金刚界密法。

胎藏界和金刚界两部密法传入中国后不久，即相互传授，融为一体。由于善无畏、金刚智的弘传，当时两京从之灌顶问法者甚众，又经不空的大力传布，终于形成了一个以修持密法为主的中国佛教宗派——密宗。其创始人善无畏、金刚智和不空，均于开元年间来华，世称"开元三大士"。

继不空之后大弘密法的有影响人物是惠果（？～805年），9岁时随昙真学佛经，17岁时随昙真入内道场，后依不空入坛灌顶，师事不空20余年，尽学不空所传金刚界密法，同时，又从善无畏弟子玄超受胎藏界密法。他把善无畏所传的胎藏界密法和不空所传的金刚界密法融会在一起，建立了"金胎不二"思想；颇受帝王的礼遇，历代宗、德宗和顺宗三朝，被称为"三朝国师"；常住青龙寺东塔院，设灌顶道场传授密宗教义，时称青龙寺和尚或秘密瑜伽大师，从之灌顶受法者甚众，其中包括许多外国入唐求法者。贞元二十年（804年）日僧空海来青龙寺从惠果受学胎藏、金刚二界密法，回国后开创日本真言宗，至今传承不绝。

密宗认为，宇宙万有都是大日如来的显现，表现其"理性"（即本有的觉悟,真如佛性,为成佛之因)方面的称胎藏界,因它具足一切功德而又隐藏在烦恼之中,故称"胎藏";表现其"智德"(大日如来的"智"是修证之"果",属于断惑所得的觉悟,是自行修证而来)方面的称金刚界,因能摧毁一切烦恼,故名。按照密宗的解释,世界万物、佛与众生皆由地、水、火、风、空、识等"六大"所造。前五大为色法,属胎藏界,"识"为心法,属金刚界。色心不二,金胎为一。二者摄宇宙万有,而又都具众生心中。因此,佛与众生,体性无别。众生若依密法修三密加持,就会使自己身、口、意"三业"清净,分别与大日如来的身、口、意相应,从而即身成佛。

密宗的仪轨十分复杂,需经阿阇梨(导师)的秘密传授,具有浓厚的神秘色彩,一时成为王公贵族信奉的热门。善无畏、金刚智和不空等都曾被帝王迎入宫内,并为之设内道场,包括皇帝本人在内的王室成员纷纷从之灌顶受法,被礼为国师。但尽管如此,由于密教的理论与修持方法在许多方面(例如认为"女是禅定,男是智慧"①,要男女双修,等等)与汉族的文化传统及伦理习俗不合,因而不空以后,密宗在汉族地区很快就衰落了,仅数传而已。密宗在我国西藏地区得到了较大的传播发展,称藏传佛教,亦即俗称的喇嘛教,对此我们将在第九章中专述。

第十节　佛教文学艺术与社会性活动的发展

随着隋唐佛教文化趋于鼎盛,佛教的社会影响力也日益扩大。佛教文学和艺术的发展,推动了佛教向社会生活各领域的渗透,而佛教的社会性活动的展开,也为佛教文学和艺术的发展提供了机会和条件。

---

① 《大日经疏》卷三,《大正藏》第39册,第612页中。

一、佛教的社会性活动

隋唐时期佛教的社会性活动十分活跃。佛教以寺院为中心经常举行各种法会和斋会,并赈济救灾,经营"悲田院"等社会事业,一些社会性佛教团体所从事的诵经讲经和设斋祈祷等,吸引了大批的徒众,既扩大了佛教的影响,也促进了佛教文学与艺术的发展。

隋唐时期佛教所举行的法会进一步突出了中国化的特色,除了佛诞节、涅槃节等举行的常例法会和不定期地举行各种斋会和讲经法会之外,还往往在帝王的诞辰日举行专门的法会,表明了中国佛教与政治的密切关系,这在印度和西域佛教一般是没有的。这些法会的规模往往很大,例如贞元(785~805年)年间为纪念天子诞辰,五台山上10所大寺院及其他一些较小的寺院一起开设了万僧斋,即向上万僧众提供斋食的大斋会;唐大历七年(772年)宋州(治所在今河南商丘)开元寺举行的八关斋会,或设500人为一会,或设1500人为一会,更有设5000人为一会者,皆供养斋食,造成很大的声势,"法筵等供庀塞于郊坰,赞呗香花喧填于昼夜,其余乡村聚落,来往舟车,闻风而靡"[1]。在各种法会上,行香、诵经和忏法等中国佛教的礼仪也趋于成熟和程式化。各个不同的佛教宗派,往往依照自己宗奉的经典编撰忏仪行法,例如天台宗智顗作《法华三昧忏法》,净土宗善导作《转经行道愿往生净土法事赞》等,都对忏法形式的独立起了很大的作用,但它们之间在形式上的差别并不是很大。现存有关佛教礼忏的经典大都形成于唐代,有些至今仍十分流行,例如唐代悟达国师知玄所撰的《慈悲水忏法》就是如此。

佛教举行各种大规模的法事活动,是以其具有较雄厚的寺院经济实

---

[1] 颜真卿:《金石萃编》卷九十八《有唐宋州官吏八关斋会报德记》。

力为基础的。正是依赖于经济实力,隋唐佛教还花大量资财修寺建庙,并在寺院里设立悲田院等从事社会福利事业。《太平广记》卷四百九十三在说到三阶教经营的无尽藏时曾说:"其无尽藏财分三分:一分供养天下伽蓝增修之备,一分以施天下饥馁悲田之苦,一分以充供养无碍(斋僧)。"其实,这种情况在当时并不仅限于三阶教。例如唐代宗时五台山僧众就花费以亿万计的资财建造了金阁寺。当时寺院里设立的悲田院是专门抚养鳏寡孤独穷民的场所。佛教劝人广为布施,认为供养父母为"恩田",供养佛法僧为"敬田",布施贫苦孤老为"悲田"。《像法决疑经》中说,布施"敬田"不如布施"悲田","悲田最胜"。据此,隋唐时一些寺院便设有悲田院,亦称"养济院",后改悲田养病坊。例如据《天台智者大师别传》载,隋开皇十一年(591年)智𫖮为杨广授菩萨戒,所获施舍各60种,"一时回施悲、敬两田"。武则天长安(701～704年)年间,朝廷曾专门设"使"管理悲田养病坊。后宋璟上奏,认为悲田乃是佛教事业,应由僧尼职掌,无须俗官管理,但玄宗不从。唐武宗灭佛以后,掌管悲田的僧尼还了俗,有敕云:"悲田养病坊,缘僧尼还俗,无人主持,恐残疾无以取给,两京量给寺田赈济,诸州府七顷至十顷。"①

南北朝时期出现的义邑和法社,在隋唐时也有进一步的发展,但出现了一些新的特点。如果说隋代的义邑还更多地像南北朝时那样以造像为主要的佛事活动,那么唐代的义邑就更多地转向了以诵读佛经和开设斋会为主,净土信仰得到了更广泛的传播,祈求观世音菩萨保佑现世的幸福平安和对往生西方净土的向往成为许多信徒佛事活动的重要内容。唐代的法社主要活跃在安史之乱以后,有些法社有相当的社会影响。例如白居易曾参加的杭州龙兴寺僧人南操发愿而创立的"华严社",每年都要在

---

① 《旧唐书》卷十八《武宗纪》。

四季分别召开大聚会,还开设斋会等,拥有大量的法社成员。

隋唐时期,向社会民众讲经成为佛教社会性活动的一个重要方面。为了使普通民众理解佛法经义,讲经者往往"宣唱法理,开导众心"①,即用悦耳动听的声音传教,从而出现了所谓的"唱导师"。中唐以后,面向世俗人的讲经活动被称为"俗讲"。由于唱导、俗讲而逐渐出现了变文等文学体裁和变相等艺术形式,这从一个侧面反映了佛教的文学和艺术与佛教的社会性活动有一定的联系。

二、佛教文学

中国佛教文学作为中国佛教文化园地中的一枝奇葩,自汉代佛教传入始,就以它独特的魅力在社会文化和社会生活中崭露头角,伴随着佛教中国化的进程而逐渐形成的各种佛教文学作品,不仅从形式到内容都对中国古代文学产生了深刻的影响,而且它本身就构成了中国古代文学的重要组成部分。

最早出现的佛教文学体裁应该说是汉魏以来逐渐形成的佛教翻译文学。在佛经的翻译过程中,佛经翻译家融会梵汉、杂用散文和韵文,创造了一种朴实平易、不尚浮华的白话文体和文学风格,这对于改变汉魏以来中国文学逐渐形成的崇尚对仗工整、辞藻华丽的骈体文风起了重要的作用。在佛经翻译中,译者一方面借用了大量中国固有的名词术语来表达佛法大义,赋予了原有词汇以新的含意,例如"自然""无为"等等;另一方面也创造了不少新词汇以便更好地表达经文原意,这些新创造的词汇大致又可分为两类:一为组合原有的文字用于"意译",例如"因缘""众生""法界""净土""平等"等等;二为组合原有文字用于"音译",例如"三昧"

---

① 《高僧传》卷十三《唱导篇论》。

"刹那""涅槃"等等。至于"昙花一现""水中捞月""不二法门""借花献佛"等数百条由佛教用语演化而成的成语更成为汉语宝库中一颗颗璀璨夺目的明珠。大量的佛教新词汇加入汉语中,大大丰富了中国汉语的表现力,拓展了中华民族的想象力,这不仅对中国文学而且对整个中国思想文化和社会生活都产生了巨大的影响。

佛教经典往往是通过叙述生动的故事和塑造鲜明的艺术形象来表达佛理的,并善于用譬喻的手法来给人以启示。例如在魏晋南北朝以来相当流行的《维摩经》就是通过塑造一个栩栩如生的"善于智度,通达方便"的大乘居士维摩诘的形象和讲述"天女散花"等一系列生动的故事,宣说了"权智为主""六度为根""世间出世间不二"等大乘佛教思想。此经历来受到文人士大夫的喜爱,并给予他们的思想和文学创作以深刻的影响。鲁迅先生说过,南北朝时期,士人都有三种小玩意儿,《维摩经》即是其中之一。唐代诗人、画家王维为了表示自己对维摩诘居士的倾心,甚至取名"维"而字"摩诘"①。《妙法莲华经》也是一部在中土流传很广的极富文学色彩的佛经,有人把它的文采比为中国的《庄子》。它以"莲花"喻经典的洁白美丽和佛法的清净微妙,经中所用的"火宅""穷子""化城"等著名的"法华七喻"为世人所熟知,并一再为文人士大夫的作品所引用。佛经中还有一些是专以"譬喻"为名的,例如在中土十分流行的《百喻经》,有"东方伊索寓言"之称,经中列举了98个寓言故事来劝人信佛为善,其富含人生哲理、妙趣横生的寓言故事给人以启迪。鲁迅先生曾将它校正,并捐资刻印,以广流通。这些寓言故事对中国文学和中国人的精神生活都产生过积极的影响。佛经中还有一类是诗歌体裁。著名的《佛所行赞》(亦名《佛所行赞经》或《佛本行经》等)就是用诗体写成的长篇故事,是记颂

---

① 维摩诘,为梵文 Vimalakirti 的音译,简称"维摩",意译为"净名"或"无垢称"。

释迦牟尼出家修行、悟道说法乃至林中涅槃等生平事迹的叙事长诗,被认为是中国文学史上的第一首长诗,有人认为中国的《孔雀东南飞》这样的叙事长诗就是受此影响而产生的。随着佛教翻译文学的发展和佛教徒对佛经的转读①,印度的梵文拼音和声音也传到了中国,南北朝时的著名文学家沈约等人受其影响而创"四声"(平、上、去、入)之说,强调诗文的声韵格律,并提出作诗应避免平头、上尾、蜂腰、鹤膝、大韵、小韵、旁纽、正纽等"八病"(八项弊端),在当时形成了一种新体诗,文学史上称作"永明体",这对唐以来近体诗(格律诗)的形成和发展都有过重大的影响。

从总体上看,梵华相融的佛教翻译文学不仅以它对社会人生的哲学思考和超时空、超现实的丰富想象力等给中国文学带来了新的意境、新的活力,而且以它富有特色的表现形式和手法给中国文学带来了新的面貌。随着译经的增多和佛教思想在中土的传播发展,佛教对中国古代诗歌、小说和戏曲等的影响日益广泛而深刻,同时出现了一大批以变文、宝卷等为代表的佛教通俗文学和以禅入诗、以禅喻诗的文学作品和文学理论,这些具有浓厚民族特色的中国佛教文学,大大丰富了中国古代文学的宝库。

六朝时出现了许多佛教志怪小说,例如干宝的《搜神记》、刘义庆的《宣验记》、王琰的《冥祥记》、颜之推的《冤魂志》等,这些志怪小说的出现和流行,都是佛教影响的结果。正如鲁迅先生所说的:"还有一种助六朝人志怪思想发达的,便是印度思想之输入。因为晋、宋、齐、梁四朝,佛教大行,当时所译的佛经很多,而同时鬼神奇异之谈也杂出,所以当时合中印两国底鬼怪到小说里,使它更加发达起来。"②在此以后,《南柯太守传》《李娃传》等唐宋传奇小说,《大唐三藏取经诗话》等宋元话本小说,《三

---

① 转读,即以抑扬顿挫的声调咏读佛经,其转读之声依高下而有三阶之分。
② 鲁迅:《中国小说的历史的变迁》第二讲"六朝时之志怪与志人",载《鲁迅全集》第9卷,人民文学出版社 1981 年版,第 308 页。

国演义》《水浒传》《西游记》《封神演义》《红楼梦》等明清章回小说，无论是体裁结构还是思想内容，其深受佛教的影响也都是显而易见的。

隋唐时，中国佛教文化达到了鼎盛，佛教文学也出现了繁荣。佛教通俗文学中最有代表性的变文即流行于唐代。所谓变文，就是变佛教经文为通俗的说唱文，它是在南北朝以来咏经("转读")、歌赞("梵呗")和唱导等宣传佛经的方式之基础上形成的一种说唱体文学作品。由于向民间大众普及佛教教义的需要，佛教僧侣利用了在唐代十分流行的被称为"转变"的说唱艺术来讲述佛经故事，宣说佛教教义。"转变"的"转"，是指说唱，"变"是指变易文体（也有认为"变"是变怪、奇异，"转变"即说唱奇异的故事）。这种说唱艺术在表演时往往同时配有图画，即一边向听众展示图画，一边说唱故事，其图画称"变相"（依据佛经绘制的图画，一般称"经变"或"经变相"），其说唱故事的底本即为"变文"。变文的形式以散文和韵文的结合为最常见，大部分有说有唱，说的部分用散文，唱的部分用韵文，这在中国是一种崭新的文体。比较重要的有《维摩诘经变文》《大目乾连冥间救母变文》和《降魔变文》等。这种民众喜闻乐见的形式很快被用来讲述历史传说和民间故事等，出现了《伍子胥变文》《孟姜女变文》和《王昭君变文》等一大批作品，并对以后的词话、鼓词、弹词等都有显著的影响。郑振铎在《中国俗文学史》中曾说："从唐以后，中国的新兴的许多文体，便永远地烙印上了这种韵文散文合组的格局。讲唱变文的僧侣们，在传播这种新的文体结构上，是最有功绩的。变文的韵式，至今还为宝卷、弹词、鼓词所保存。真可谓为源微而流长了！"①

一般认为，变文和"俗讲"有密切的关系，有的认为变文最初就是作为俗讲的脚本而出现的。所谓俗讲，就是通俗地讲唱佛经；也有认为向俗人

---

① 郑振铎:《中国俗文学史》上卷,上海书店1984年影印本,第191页。

讲经为俗讲。流行于唐代的俗讲也是为了更好地向一般民众宣传佛教而出现的一种通俗化的讲经方式。在讲经过程中，以佛教经义为根据，适当增加趣味性的故事，并用当时的民间俗语来加以表达，从而使讲经更加生动而能吸引更多的听众。俗讲的底本称"讲经文"，在俗讲之前为使听众安静下来而吟唱的经文则称"押座文"。俗讲之风起于唐初而盛于中唐，最初主要在寺院，后传至社会上成为说唱各种内容的表现形式之一。俗讲和变文对中国文学产生了深远的影响，宋代以来宝卷的出现和流行就是其直接影响的结果，对此我们在下章再述。

在唐代的佛教文学中，还有一个引人注目的现象就是禅诗的盛行。所谓禅诗，主要指表达禅宗理趣、意境或所谓"禅悟"的诗歌作品。由于禅和诗都比较强调内心的体验和感悟，在表达上追求可以意会而不可言传的"言外之旨""文外之韵"，因而两者可以很自然地结合到一起，正如元好问在《嵩和尚颂序》中所说的："诗为禅客添花锦，禅是诗家切玉刀。"禅诗的作者大致有两类：一类是与禅师交往密切、深受禅宗影响的文人士大夫，他们以禅入诗，为唐诗注入了新的意蕴；另一类是禅师本人借诗的形式来表达禅理。

禅宗本来是以"不立文字"相标榜的，强调"以心传心""见性成佛"，在当下自然中证悟宇宙人生的真谛和自家生命的底蕴。为了表达因人而异的"不可言说"的禅悟境界或启发学人自证自悟，禅门中往往采用了诗歌、偈颂等形式，留下了不少有价值的文学作品。例如传为禅宗三祖僧璨所作的《信心铭》、永嘉玄觉的《永嘉证道歌》、牛头宗法融的《心铭》等，都是读起来朗朗爽口而又意味无穷，有些句子本身就是很优美的诗句：

江月照，松风吹，永夜清宵何所为？
佛性戒珠心地印，雾露云霞体上衣。

> 不求真,不断妄,了知二法空无相;
> 无相无空无不空,即是如来真实相。
>
> 一性圆通一切性,一法遍含一切法;
> 一月普现一切水,一切水月一月摄。①

唐代著名诗僧王梵志、寒山子、拾得、皎然等更是留下了大量充满佛理禅趣的诗篇,例如皎然的《送维谅上人归洞庭》诗云:

> 从来湖上胜人间,远爱浮云独自还。
> 孤月空天见心地,寥寥一水镜中山。

再如寒山子的《茅栋野人居》诗云:

> 茅栋野人居,门前车马疏。
> 林幽偏聚鸟,溪阔本藏鱼。
> 山果携儿摘,皋田共妇锄。
> 家中何所有,惟有一床书。

晚唐五代,禅宗勃兴,禅门中师徒之间的机锋问答,往往也借助了诗歌的形式。入宋以后,云门宗僧人汾阳善昭始创"颂古",即以偈颂对"公案"②作文字的解释,开创了用华丽的韵文来表达禅意的新形式。与颂古

---

① 引文均见《永嘉证道歌》。
② 所谓公案,原指官府判决是非的案例,禅宗借用它专指前辈祖师的言行范例,用来判断是非迷悟。参公案以求开悟,是禅门的一种修学方法。

相连的还有"拈古",即拈起古则(公案),以散文体的形式来加以批评。随着拈颂的发展,又出现了对颂古再进行注解的"评唱",于是,"不立文字"的禅宗日益走上了文字化的道路,同时留下了大量禅宗的文学作品。《碧岩录》《从容录》等不仅是禅门的重要典籍,也可视为是中国文学史上的重要作品,其中包括了不少优美耐读的诗篇。

在禅师们以禅入诗、以诗说禅的同时,唐代许多著名诗人受禅宗的影响,也写下了不少表达禅理禅趣的精美诗篇,为唐诗这一中国文学园地中的奇葩增添了夺目的光彩。其中最突出的是有"诗佛"之誉的王维,他的山水诗被认为是禅诗中的极品。例如千古不朽的名篇《鹿柴》中说:

空山不见人,但闻人语响。
返景入深林,复照青苔上。

再如《鸟鸣涧》:

人闲桂花落,夜静春山空。
月出惊山鸟,时鸣春涧中。

这些诗篇,寥寥数句,给人留下了山水自然之景、幽深玄寂之境,并表达了一种色空双离、人我两忘的佛教思想和无执无著、任运自在的禅宗人生哲学,其空灵、超脱、恬淡的意蕴令人玩味不尽,真所谓言有尽而意无穷。柳宗元的《江雪》也是一首饱含禅味的绝句,一向脍炙人口:

千山鸟飞绝,万径人踪灭。
孤舟蓑笠翁,独钓寒江雪。

这类充满禅意的诗篇在唐诗中占了相当的比例。入宋以后,许多文人士大夫热衷于参禅或与禅僧交往,也留下了不少富含禅意的诗词。例如苏东坡的《题西林壁》:"横看成岭侧成峰,远近高低各不同。不识庐山真面目,只缘身在此山中。"王安石的《怀钟山》:"投老归来供奉班,尘埃无复见钟山!何须更待黄粱熟,始觉人间是梦间?"黄庭坚的《奉答茂衡惠纸长句》:"罗侯相见无杂语,苦问沩山有无句。春草肥牛脱鼻绳,菰蒲野鸭还飞去。"这些诗篇都在一定程度上表达了诗人对佛理禅趣的一种领悟。

在禅宗思想的影响下,中唐以后开始出现了把禅与诗结合起来论说的观点,至宋代,"以禅喻诗""以禅论诗"的新诗论更是得到了普遍流行。所谓"以禅喻诗",就是把参禅与作诗相比拟,以禅理来说明诗歌的创作、欣赏和评论。例如吴可、龚相和赵蕃等分别在各自所写的《学诗诗》中都反复强调了"学诗浑似学参禅",以至于此语几乎成为当时文人的一句"口头禅"。苏东坡在《与李去言书》中也说"说禅作诗本无差别",葛天民在《寄杨诚斋》中则说"参禅学诗无两法"。至南宋严羽的《沧浪诗话》而逐渐形成了一套较为系统的"以禅喻诗"的理论体系。《沧浪诗话·诗辨》中提出的"大抵禅道惟在妙悟,诗道亦在妙悟"等成为以禅喻诗的基本理论。清代的王渔洋又进一步发展了严羽的"妙悟说"而提出了"神韵说",认为"舍筏登岸,禅家以为悟境,诗家以为化境,诗禅一致,等无差别"[1],把以禅喻诗、诗禅一致论推向了极致。这种理论在中国文学批评史上有相当的地位和影响。

三、佛教艺术

隋唐时期的佛教艺术也有了进一步的发展。著名的敦煌石窟、龙门

---

[1] 《带经堂诗话》卷三《香祖笔记》。

石窟等都有进一步的开凿。在唐代又一次大加营造的龙门石窟中,主像多为阿弥陀佛和弥勒佛,反映了唐代净土宗的兴起和石窟造像艺术世俗化的倾向。中国现存规模最大的石刻佛经房山石经,也由幽州沙门静琬于隋末唐初开始刻藏。房山石经存于北京市房山区大房山中,分别藏于石经山上9个石洞和云居寺西南的地穴中,以盛唐和辽金时期所刻的数量为最多。现在共存大小经板15000余块,刻有佛经1000余部3400余卷。这部石刻佛经不但为校勘、研究佛经提供了宝贵的实物依据,而且对研究古代的石刻、书法、史地和工商业等都有重要的参考价值。这个时期雕塑的佛像大都面貌柔和圆满,衣服和佩饰华丽细致,表现出了相当的技艺与时代的风貌,也体现了印度造像艺术进一步中国化的特色。唐代雕像在写实技巧方面也有突出的进步,许多菩萨像高高的发髻、薄薄的贴身衣衫、优美的姿势仪态、微笑的眼神和嘴角充满着人情味,活脱脱就是生活中的美丽女性。唐代是中国雕像艺术的顶峰时期。

隋唐的佛画在进一步融合民族传统的基础上也达到了极盛,尤其壁画,可谓是空前绝后,在中国绘画史上占有重要的地位。有"百代画圣"之称的著名画家吴道子,集诸画家之大成,一生主要从事寺院壁画的创作,曾在洛阳、长安的寺观作佛道宗教壁画300余间,题材丰富,画面生动,富有立体感,特别是所画衣褶,有飘举之势,人称"吴带当风",与北齐曹仲达的"曹衣出水"形成不同的风格。如前所述,由于俗讲的流行,唐代时出现了说唱佛经的变文,随着变文的发达,又创造出了许多丰富多彩的经变图画。在隋唐开凿的石窟中,有不少全幅的或带连续性的壁画,综合表现整部经文的内容或次第展开故事的经过。现存的敦煌壁画中,各种经变画是主体,其中唐代的经变画达到了最高的艺术成就,其内容主要有弥陀净土变、弥勒净土变等,这与这个时期造像的主题是一致的。

唐代由于佛教禅宗盛行,佛教的理趣风格,特别是禅宗的超然意境,对传统的绘画艺术也产生了深刻的影响。著名诗画家王维耽于禅悦,性喜山水,他开创了一种超然洒脱、高远淡泊的画风。他的山水画通过将墨色分破为浓淡深浅的不同,而在山水松石的自然之中融入了禅宗妙悟的意境,非常富有诗意,苏东坡称他的诗是"诗中有画",画则"画中有诗"。王维破墨山水的画法和画风改变了传统山水画的风格,对后世中国画的发展有较大的影响。明代董其昌称王维为山水画的"南宗"之祖,认为:"禅家有南北二宗,唐时始分;画之南北二宗,亦唐时分也,但其人非南北耳。北宗则李思训父子着色山水,流传而为宋之赵干、赵伯驹、伯骕,以至马(远)、夏(珪)辈;南宗则王摩诘(维)始用渲淡,一变钩斫之法,其传为张璪、荆(浩)、关(仝)、董(源)、巨(然)、郭忠恕、米家父子(芾、友仁),以至元之四大家(黄公望、吴镇、倪瓒、王蒙)。亦如六祖之后,有马驹、云门、临济儿孙之盛,而北宗微矣。"①尽管董其昌所说不尽符合山水画发展演变的史实,且有崇南贬北之意,但他肯定了王维受禅宗影响而创新画风的地位,这却是符合实际的。

　　隋唐时期的佛教建筑艺术也达到了相当的水平。隋代的寺院以大兴善寺、东禅定寺等最为宏伟,尤其是东禅定寺,"驾塔七层,骇临云际"②。唐代建于五台山的南禅寺和佛光寺,是我国现存最古老的佛寺。隋唐时的佛寺建筑,大都以佛殿为中心,改变了过去那种以佛塔为主体的布局,佛塔一般都置于寺旁另建的塔院内而不在寺院之中了。唐代建造的佛塔,在形式上创造了八角形的结构,在材料上则由过去的木结构改为砖石结构。位于南京东北郊的栖霞山舍利塔就是一座五层八面的石塔,该塔始建于隋仁寿元年(601年),南唐时重修。石塔由石灰岩和大理石凿刻而

---

① 《容台别集·画旨》。
② 《续高僧传》卷十八《昙迁传》。

成，造型优美，雕制精细。塔身的第一层雕有四大天王和文殊、普贤像；其他各层每面都凿有佛龛，内坐小佛像；飞檐下斜面上所刻的"飞天"像体态丰满，婀娜多姿，与敦煌飞天很相似。石塔下的须弥座也浮雕着各种精美的图案，特别是释迦牟尼成道八相图——下凡投胎、树下降生、太子出游、逾城出走、树下坐禅、悟道说法、降伏魔王、释迦涅槃，雕刻得栩栩如生。须弥座上的莲座花瓣上也阴刻着宝相花纹。总之，整个石塔就是一个集建筑艺术和雕刻艺术于一体的精美的佛教艺术品，它是隋唐五代时期佛教石塔艺术在江南的重要代表作。在唐代，还开始大量制作佛教所特有的艺术建筑"经幢"。经幢就是在石柱上刻上佛教的文字或图案。我国的经幢一般由基座、幢身和幢顶三部分组成，著名的如唐末建造的山西五台山佛光寺的两座经幢，庄严朴素，刻工精美，是珍贵的艺术品。隋唐的佛教建筑艺术为中国古代艺术宝库增添了新的珍品。

第十一节　儒佛道三教关系的新发展

隋唐统一王朝建立以后，为了加强思想文化上的统治，对儒、佛、道三教采取了分别利用的态度。它一方面确立了儒学的正统地位，另一方面又以佛、道为官方意识形态的重要补充，推行三教并用的宗教政策。因此，在思想意识形态领域，儒、佛、道逐渐形成了三教鼎立的局面。三教之间政治、经济和理论上的矛盾争论虽然一直不断，但三教融合的总趋势却始终未变。儒、佛、道三教中许多重要的思想家都出于自身发展以及迎合大一统政治的需要，提倡三教归一、三教合一，主张在理论上相互包容，最终终于形成了唐宋以后绵延上千年之久的三教合一的思潮。

一、儒佛道三教融合的总趋势

隋唐时期,佛教与道教在统治者的支持和扶植下与儒家所形成的三教鼎立之势,为三教的融合提供了客观条件,而三教在各自的发展过程中,也都深切地感受到了相互补充、相互融合的必要性,因而都表现出了强烈的融合他人理论精华的主观意向。三教在理论上呈现出的进一步融合的趋势是这个时期三教关系的最重要特点。

儒家在隋唐时期虽然恢复了正统地位,但它在思辨理论方面却不及佛教,也没有佛教的轮回报应、解脱成佛或道教的羽化成仙、长生不老等说教和宗教修行方式可以满足统治者多方面的需要,因此它十分有必要从佛、道那里吸取营养以充实自己。早在隋代,就有王通站在儒家的立场上提出了"三教归一"的主张,希望以儒家学说来调和佛、道二教,共同为封建统治服务,更好地满足社会的需要,他在《中说·问易》中明确提出:"三教于是乎可一矣。"唐德宗时,又有李观作《通儒道说》,提出道教与儒教同源论。唐代著名文学家、哲学家柳宗元则认为,"浮屠诚有不可斥者,往往与《易》《论语》合……不与孔子异道"。因此,他提出"吾之所取者,与《易》《论语》合"[①]。而韩愈与李翱则在排佛的旗号下援佛入儒,对佛教宗派的法统观念与心性学说加以改造利用,提出了他们的道统说与复性论,开了宋明理学扛着儒家的大旗出入于佛道的先声。

隋唐时期是佛教创宗立派的时期。中国化的佛教各个宗派,都是在调和融合中国传统儒、道思想的基础上创立的。这个时期,不少佛教思想家在融合吸收传统思想的同时都提出了三教融合、三教一致的观点。例如,中唐名僧神清认为:"释宗以因果,老氏以虚无,仲尼以礼乐,沿浅以泊

[①] 《柳宗元集》卷二十五《送僧浩初序》。

深,借微而为著,各适当时之器,相资为美。"①比神清稍晚一些的名僧宗密也曾指出:"然孔、老、释迦,皆是至圣,随时应物,设教殊途,内外相资,共利群庶,策勤万行……三教皆可遵行。"②这都是说,三教虽然有所不同,却是各有所长,可以相互补充,共同发挥社会作用,不应当相互排斥。由于儒家的三纲五常是中国封建社会的立国之本,因此,佛教对它的融合吸收和与之合流的趋势在隋唐以后日益加强。当时社会上出现了许多中国人编造的强调忠君孝亲等中国封建伦理纲常的佛教经典,还出现了不少以孝而闻名的"孝僧"。宗密在《佛说盂兰盆经疏》中曾明确提出:"儒释皆宗之,其唯孝道矣。"道教是中国土生土长的宗教,有一套符合中华民族心理、为许多人熟悉和欢迎的宗教理论和修养方法,佛教对它也不能漠然置之。道教奉老子为教主,老庄的玄思和自然主义的生活态度为一部分士大夫所津津乐道,佛教对它亦表示了足够的重视。天台宗把止观学说与儒家人性论调和起来③,天台宗的先驱慧思又把道教长生不死的神仙思想纳入佛教,发愿先成神仙再成佛④。华严宗人不仅融合吸收儒、道的思想内容,而且还从理论上对调和三教作出论证。⑤ 禅宗更是站在佛教的立场上,将儒家的心性论、道家的自然论与佛教的基本思想融通为一,形成了它所特有的中国化的禅学理论和修行方式。禅宗这个典型的中国化的佛教宗派站在佛教立场上实现的三教合一,对宋明理学站在儒家立场上的三教合一,产生了重大的影响。

  从道教方面来看,它在开创时期,就吸收了不少儒家忠君孝亲的伦理

---

① 《北山录》卷一,《大正藏》第52册,第578页下。
② 《华严原人论》,《大正藏》第45册,第708页上。
③ 参见湛然:《始终心要》。
④ 参见《南岳思大禅师立誓愿文》。
⑤ 参见宗密:《华严原人论》。

观念。到隋唐时，它更充实了儒家名教的内容，提出了"礼义，成德之妙训；忠孝，立身之行本"，并在佛道之争中以"不仁不孝""无礼无恭"来攻击佛教①。道教的理论一向比较粗俗，戒条教规也不完善，缺乏系统性。在佛教的影响下，隋唐道教开始注重创立理论体系，完善戒条教规。在这个时期的道教学说体系中，无论是成玄英的"双遣"体道，还是王玄览的"三世皆空"或司马承祯的"净除心垢""与道冥合"，都可以清楚地看到道教对佛教思想理论的吸收和融合。道教的五戒、八戒和十戒等也都基本上模仿了佛教。

隋唐时期的三教合一，虽然主要还只是指三教在维护封建统治、协助社会教化这方面具有一致性，作为三教各自来说，都还是立足于本教而融摄其他两教以丰富发展自己，但它为唐宋以后三教思想理论上的进一步融合奠定了基础，也开辟了道路。

二、三教之争与唐武宗灭佛

在儒佛道三教融合的总趋势下，隋唐时期的三教之争也有新的发展，佛道之间为了政治地位的高低，经常就排列的先后问题展开激烈的争论，而儒家从维护封建统治出发，也经常站在道教一边，从国家经济收入或封建伦理纲常的角度对佛教进行批判。三教之间的争论往往是与封建帝王对三教的政策交织在一起的。隋唐统一王朝建立以后，统治者就经常考虑儒佛道三教的先后次序问题，这实际上也就是如何更好地利用三教来为自己的统治服务的问题。不同的统治者由于现实政治斗争的需要，在如何利用三教的问题上，具体的政策与手段往往是有所不同的，这又对三教之争造成直接的影响。因此，宗教的斗争与政治斗争始终是有着密切联系的。

---

① 法琳：《广弘明集》卷十三《辩正论·十喻九箴篇》引。

隋文帝取得政权,得到过佛教徒的帮助,道教徒也积极投靠,因而在隋代,佛道二教较之儒家更受到统治者的重视。佛教与道教相比,又略占优势。李唐政权建立后,为了抬高李姓的地位,高祖李渊曾认道教奉为教主的李耳为祖宗,因而考虑安排道、儒、佛的次序。当时的太史令傅奕七次上疏,力陈佛教的弊害,请求废佛,掀起了一场大规模的儒、佛、道之争。最后,由皇帝作出了"老先、次孔、末后释宗"的结论。唐太宗李世民即位,继续兴道抑佛,诏道士女冠在僧尼之前。他明确地说:"今李家据国,李老在前。"①法琳等僧人不服,上表力争,均遭贬斥。法琳还为此而差点丢掉性命。据《法琳别传》中记载,唐太宗曾对法琳说:"汝所著《辩正论·信毁交报篇》言,念观音者临刀不伤。既有斯灵,朕今赦汝,七日之内,尔其念哉!"七日以后,便派人前往,要试刀看看念观音"有何灵验"。这时,法琳总算聪明,回答说:"琳于七日以来,唯念陛下。"为什么不念"观音",唯念"陛下"?因为"今陛下子育群品,如经即是观音,既其灵应相符,所以唯念陛下"②。这样的奉承,当然赢得了唐太宗的一点好感,唐太宗便赦了法琳的死罪,而改判他流放益州。后法琳死于流放途中。与李唐皇帝有所不同的是,武则天要"变唐为周"当女皇,篡夺李姓的政权,便采取了兴佛抑道的政策,大力利用佛教。她曾明令"释教在道法之上,僧尼处道士女冠之前"③。唐中宗复位,又兴道抑佛,而韦氏干政,则继续支持佛教。唐睿宗即位,为了更好地利用佛道二教,敕佛道并行并进。唐玄宗以后,恢复了三教并用的政策,但崇佛日盛。帝王三教政策的变换,导致了三教之间争论的加剧。唐德宗时,曾举行三教会议,促成和解,三教趋于融合,但矛盾并未解决。

唐武宗时,朝廷不能容忍寺院经济的过分膨胀,再加上宫廷内部的王

---

① 道宣:《集古今佛道论衡》卷三,《大正藏》第52册,第386页上。
② 彦琮:《唐护法沙门法琳别传》卷下,《大正藏》第50册,第210页下~211页上。
③ 《旧唐书》卷六《则天皇后本纪》。

权斗争与佛教发生牵连,社会上流传着有"黑衣天子"将要得位的谶语,因而促使武宗采取了大规模的灭佛措施,摧毁了佛教所依赖的经济基础,大量经籍文书,特别是《华严经》和《法华经》的章疏,也由此而湮没散失。从此,随着唐王朝的日趋衰落,佛教的许多宗派也一蹶不振,三教关系也迎来了唐宋之际以儒家为本位的三教合一的新阶段。

唐武宗会昌(841~846年)年间的灭佛事件是中国佛教史上的一件大事,佛教称之为"会昌法难"。武宗灭佛除了经济与政治方面的主要原因之外,与武宗本人崇尚道教的成仙长生之术以及道士赵归真、刘元靖等人的煽动也有直接的关系。武宗灭佛是唐代佛道斗争的表现之一。

据记载,唐武宗在尚未登上皇帝宝座之前就笃信道教,"颇好道术修摄之事"。即位之初,他便"召道士赵归真等八十一人入禁中,于三殿修金箓道场",并前往道场"亲受箓法"①。次年,即会昌元年(841年),武宗又采取了一系列鼓励道教的措施。接着,武宗在崇奉提倡道教的同时,连年下令限制佛教。据《旧唐书·武宗本纪》载,"时帝志学神仙,师归真。归真乘宠,每对,排毁释氏,言非中国之教,蠹耗生灵,尽宜除去。帝颇信之"。在当时的宰相李德裕等人的赞同下,武宗遂于会昌五年(845年)采取了大规模的灭佛行动。四月,敕祠部检括天下寺院及僧尼数。七月,下敕并省天下佛寺,对所留寺院与僧尼的人数都作了严格的规定,其余僧尼,皆勒令还俗,所有非保留的大小寺院,一律限期拆除,寺院财产统统没收。八月,武宗正式下诏废佛。在诏书中,武宗一方面陈述了佛教的流弊,表明了他废佛的理由和决心,他说:

朕闻三代已前,未尝言佛,汉魏之后,像教浸兴。是由季时,传此

---

① 《旧唐书》卷十八上《武宗本纪》。

异俗,因缘染习,蔓衍滋多,以至于蠹耗国风而渐不觉,诱惑人意而众益迷!洎于九州山原,两京城阙,僧徒日广,佛寺日崇,劳人力于土木之功,夺人利于金宝之饰,遗君亲于师资之际,违配偶于戒律之间。坏法害人,无逾此道。且一夫不田,有受其饥者;一妇不蚕,有受其寒者。今天下僧尼不可胜数,皆待农而食,待蚕而衣。寺宇招提,莫知纪极,皆云构藻饰,僭拟宫居……朕博览前言,旁求舆议,弊之可革,断在不疑。而中外诚臣,协予至意,条疏至当,宜在必行。惩千古之蠹源,成百王之典法,济人利众,予何让焉!①

另一方面,武宗又宣布了这次废佛所取得的实际成果:

其天下所拆寺四千六百余所,还俗僧尼二十六万五百人,收充两税户,拆招提、兰若四万余所,收膏腴上田数千万顷,收奴婢为两税户十五万人。②

由此可见,这次对佛教的打击确实是十分沉重的。

当然,佛教靠行政手段是消灭不了的,统治者对佛教也总是要利用的。因此,武宗灭佛后不久,宣宗即位,又下敕恢复了佛教,佛教继续得以流行。不过,从此以后,佛教的发展便逐渐趋于衰微,佛道之争乃至儒佛道三教之争,也就不再像过去那么激烈和频繁了。

---

① 《旧唐书》卷十八上《武宗本纪》。
② 《旧唐书》卷十八上《武宗本纪》。

三、五代十国政权的崇道抑佛与周世宗灭佛

五代十国时期(907~960年),南北各割据政权一般都奉行崇道的政策。例如北方的后唐庄宗李存勖不但召道士程紫霄入内殿讲论,而且任命了一个整天炼丹服药求长生的豆卢革为国家的宰相。后唐明宗李嗣源继位后,更是大力修复道教宫观,推行崇道政策。南方的吴越、后蜀、南唐等统治者也都对道教给予了相当的关心,有的为道士修建道观,有的亲自为道经作注疏。在统治者的支持下,道教在这个时期仍有所发展,特别是道经的搜集整理工作有了较大的进展。

佛教在五代十国时期却出现了与道教不同的情况。南方由于社会相对安定,帝王又多热心佛教者,因而佛教在建寺、造塔、写经与度僧等方面仍有发展。北方则由于战乱时起,社会动荡,政局不稳,各个政权为了维护统治,都需要将沉重的赋税负担压到广大劳动者身上,而佛教寺院却往往成为那些不满现实和不愿承担捐税者的躲避之处,同时,由于这个时期的佛教信徒中普遍风行着烧身、炼指等自残身体的荒唐行为,既破坏了社会劳动力,也有违封建的伦理道德规范,从而引起了统治者的不满,因此,北方各政权对佛教大都采取了比较严格的限制政策。例如后唐明宗曾下令禁止私度僧尼和新建寺院,后汉统治者也曾严格禁止佛教徒私度和修建寺庙,并且不允许佛教徒开设当铺和过奢侈生活。后周世宗的灭佛则是这个时期最有影响的一次抑制佛教事件。

后周世宗是五代时期比较有作为的统治者,他对佛道的态度也是崇道而抑佛。一方面,周世宗宠信道士,例如曾召道士陈抟,"问以飞升黄白之术"[①],并欲拜以谏议大夫;陈抟固辞不受而还山,周世宗又派人常去问

[①] 《资治通鉴》卷二百九十三《后周纪四·世宗显德三年》。

候，并赐以帛、茶等物。另一方面，周世宗又对佛教采取了严厉的手段，他即位不久，鉴于寺僧的泛滥影响了国家的赋税兵役，便于显德二年(955年)对佛教进行了沙汰，"敕天下寺院，非敕额者悉废之。禁私度僧尼，凡欲出家者必俟祖父母、父母、伯叔之命。惟两京、大名府、京兆府、青州听设戒坛。禁僧俗舍身、断手足、炼指、挂灯、带钳之类幻惑流俗者（炼指者，束香于指而燃之。挂灯者，裸体，以小铁钩遍钩其肤，凡钩，皆挂小灯，圈灯盏，贮油而燃之，俚俗谓之燃肉身灯）。令两京及诸州每岁造僧帐，有死亡、归俗，皆随时开落。是岁，天下寺院存者二千六百九十四，废者三万三百三十六，见僧四万二千四百四十四，尼一万八千七百五十六"①。周世宗又规定，"悉毁天下铜佛像以铸钱"②，显德二年九月，"敕始立监采铜铸钱，自非县官法物、军器及寺观钟磬钹铎之类听留外，自余民间铜器、佛像，五十日内悉令输官，给其直；过期隐匿不输，五斤以上，其罪死，不及者，论刑有差"③。周世宗的这次灭佛，具有对佛教加以整顿的性质，史书中没有关于屠杀佛教徒的记载，却留下了周世宗"说理"性的文字，当有侍臣对毁佛有疑虑时，他说："卿辈勿以毁佛为疑。夫佛以善道化人，苟志于善，斯奉佛矣。彼铜像岂所谓佛邪？且吾闻佛在利人，虽头目犹舍以布施，若朕身可以济民，亦非所惜也。"④正因如此，所以当时仍然保留了上千所寺院和上万名僧尼。但虽然如此，由于当时北方的佛教已经是在勉强维持，经过此番波折，还是愈显日益衰落了。

---

① 《资治通鉴》卷二百九十二《后周纪三·世宗显德二年》。
② 《新五代史》卷十二《周世宗本纪》。
③ 《资治通鉴》卷二百九十二《后周纪三·世宗显德二年》。
④ 《资治通鉴》卷二百九十二《后周纪三·世宗显德二年》。

第六章 中国佛教的由盛而衰及其新特点（宋辽金元）

中国佛教经唐末武宗灭法、黄巢农民起义以及五代后周世宗灭佛等一系列的打击以后，逐渐开始走下坡路。入宋以后，虽然大多数统治者仍对佛教采取了扶植利用的政策，有些宗派，特别是禅宗和净土宗，也有进一步的流传和发展，但从总体上看，隋唐时期佛教的兴盛局面已一去不复返。时间上与北宋、南宋大体上相应的辽和金两代，在中国的北方对佛教也采取了信奉和支持的态度，使佛教得到一定的发展。元代主要崇奉藏传佛教，形成了它所特有的帝师制度，汉地原有的佛教诸宗也大都余绪未绝，继续存在。由于统治者宗教政策的不同和历史的变迁，这个时期的佛教在不同的地区和不同的时代表现出了不同的特点。随着佛教中国化的新发展，佛教向社会文化各个领域的渗透也日益加深。

第一节　佛教在衰微趋势中的持续发展

宋辽金元时期，佛教虽然趋于衰微，但仍然有所发展，特别是它传播的范围和在中国民众中的影响、它对社会生活和文化领域的渗透，都达到了相当大的程度，以至于若就此而言，甚至可以认为这个时期的佛教发展超过了唐代。佛教义理与宋代儒学的结合、禅净合流及其与民间信仰的结合，都为佛教在中土的传播开辟了新的天地。但就佛教本身而言，特别是就佛教本身的思想理论而言,入宋以后,便少有新的发展和突破,正是在此意义上,我们说中国佛教由唐至宋,逐渐趋于衰微。佛教的衰微,与理学的形成和独尊有关,更与统治者的佛教政策有密切的关系,而佛教在衰微中的持续发展,也是与统治者分不开的。

一、宋王朝与佛教

宋王朝,包括北宋和南宋,是一个始终处在内忧外患之中的王朝。儒学虽然在这个时期取得了绝对正统的地位,但最高统治者并没有放弃对佛教的扶植利用。在宋代,除宋徽宗曾一度兴道反佛之外,大多数帝王对佛教都是采取利用政策的。

宋太祖刚即位,便改变后周的佛教政策,停止废毁寺院,对佛教适当地加以保护。他不但自己经常诵读佛经,参拜佛寺,并倾心于建寺造像,而且还放宽度僧名额,敕雕刻大藏经版。中国木刻雕印史上第一部汉文大藏经《开宝藏》,就是在北宋开宝四年(971年)奉敕始刻的,因而又称《北宋官版大藏经》。特别值得一提的是,宋太祖还曾大规模地派遣僧人到印度去求法。乾德四年(966年),僧人行勤等157人被派往印度,每人赐钱三万。这是中国历史上官派留学生最早也是最多的一次。这些措施,使佛教逐渐得到了恢复和发展。

宋太宗也非常"崇尚释教",他认为,"浮屠氏之教,有裨政治"[①],因此,他即位后,便大兴佛法,大营佛事,还创设了译经院,派朝廷大臣前往参与其事,并亲自撰写了《新译三藏圣教序》。他曾敕令在开宝寺内造舍利塔,"上下三百六十尺,所废亿万计,前后逾八年……备极巧丽"[②]。塔成

---

① 《续资治通鉴长编》卷二十三。
② 《续资治通鉴》卷十五。

之后,他又亲自前往安放释迦牟尼佛舍利。据《皇朝类苑》卷四十三载,当时"上雨涕,都人万众皆洒泣,燃指、焚香于臂掌者无数。内侍数十人,愿出家扫洒塔下,皆度为僧"。在宋太宗即位后的短短四五年内,共度僧17万余人。

此后,从宋真宗、宋仁宗到宋哲宗,都十分好佛,对佛教大加提倡,使佛教有了相当的发展。宋仁宗时,全国户口2640多万,而僧尼数即达43万之多。天下寺庙数也大增,全国各地共有寺庙近4万所。这些寺庙大都拥有大量的土地和田产,并举办长生库、商店等牟利事业,使宋代寺院经济仍具有相当的实力。

由于寺院经济的发展与政府财政之间发生了尖锐的矛盾,再加上宋徽宗本人笃信道教,他曾大造宫观,大塑圣像,并诏天下访求道教仙经,甚至册己为"教主道君皇帝",因此,宋徽宗曾一度反佛。他强令佛教与道教合流,改寺院为道观,并使佛号、僧尼名称都道教化。他在宣和元年(1119年)正月下的诏书中说:

> 自先王之泽竭,而胡教始行于中国,虽其言不同,要其归与道为一教,虽不可废,而犹为中国礼义害,故不可不革,其以佛为大觉金仙,服天尊服,菩萨为大士,僧为德士,尼为女德士,服巾冠,执木笏,寺为宫,院为观,住持为知宫观事,禁毋得留铜钹塔像。①

《宋史·徽宗纪四》中也记载说,宣和元年春正月,宋徽宗下诏,"佛改号大觉金仙,余为仙人、大士。僧为德士,易服饰,称姓氏。寺为宫,院为观,改女冠为女道,尼为女德"。宋徽宗的反佛举措,给了佛教很大的打击。但

---

① 《佛祖统纪》卷四十六。

不久以后，佛教即得到了恢复。

南宋时，王朝政府财政困难。因此，虽然一方面采取措施限制佛教，例如宋高宗时就曾停止额外的度僧，但另一方面，又继续实行北宋以来发度牒征费的政策以增加收入，使佛教在基础本来就比较好的地区继续保持一定的盛况，直至宋末。

两宋时期，比较流行的是禅宗和净土宗。另外，天台宗和华严宗也有一定的发展。

宋代的刻经刻藏事业比较发达，官私所刻藏经共有6种版本。译经数量也相当可观，不过，其中有不少属于密教经典，在中国佛教史上，特别是对佛教义学来说，影响不大。宋代的佛教艺术有它一定的特色，无论是佛像雕塑还是绘画，都以写实见长，生动精致，表现出很高的技巧。例如位于江苏苏州西南40公里洞庭东山的紫金庵里有18尊罗汉，相传为南宋雷潮夫妇所塑，这些塑像形神兼备，栩栩如生，特别是他们微闭的眼睛，不管你站在什么位置，似乎总是在注视着你，他们手上的泥塑手绢，飘然如真，堪称艺术珍品。宋代佛教在对外交流方面也做了不少工作，除大量派遣留学生赴印之外，也吸引印度僧人来华献经，并接待了大量来自日本、朝鲜等国的僧人，促进了与这些国家的文化交流。

二、辽金元佛教

辽代的统治者契丹族的贵族，为了维护统治，始终注意吸收内地文化，以拉拢汉人，对佛教也采取了保护和利用的政策。太祖时，帝室成员就经常带头前往佛寺礼拜，并举行祈愿、追荐、饭僧等佛事活动。太宗取得佛教盛行的燕云十六州等地以后，进一步利用佛教，使佛教得到了更快的发展，至圣宗、兴宗、道宗三朝之间（983～1100年）而臻极盛。建寺、造塔、开凿石窟、编纂藏经，佛事活动相当频繁。著名的房山云居寺石经也于此时由帝王拨款而得到大规模的续刻。帝王还有意识地抬高僧人的社会地位,常召名僧入内说法。兴宗时,僧人中正拜三公三司兼政事的达20人。由于王公贵族的支持,辽代的寺院经济也有相当的发展。中京(大定府,今内蒙古赤峰市宁城县)静安寺一次就得到兰陵郡夫人萧氏土地3000顷、谷10000石、钱2000贯、民户50家,以及牛马等其他物品的施舍。辽代帝王还以佛教学说来考选僧材,授予优秀者以法师称号,从而推动了佛学研究的发展。辽代最发达的是以五台山为中心的华严教学,其次有密教、净土和律学等。辽代的佛教艺术也很有特色,尤其是佛塔,有木造与砖造两类,形式多样,风格独异。位于山西应县城内佛宫寺中央的应县木塔(亦称"佛宫寺释迦塔"或"应州塔"),外观为八角五层六檐,内有暗层四级,实为九层,总高为67.13米。据说建于辽清宁二年(1056年),金明昌六年(1195年)增修,为我国现存最古老也是最高大的木塔。塔身建在4米高的两层石砌台基上,周身不用铁钉连接,曾历经多次地震而巍然耸立,塔内明层都有塑像,近年来又发现了一批辽代雕刻的"丹藏"(契丹族刻印的大藏经)佛经刻本等珍贵文物,为研究辽代的佛教历史和文化提供了宝贵的资料。

佛教在女真族建立于中国北方的金王朝时代也是有所发展的,并在许多方面沿袭了辽代的遗风。从太宗始,金代帝室即对佛教表示崇奉并予以支持。到熙宗时,佛教已具相当规模,寺院经济也不断发达。世宗即位后,一方面继续大造寺塔、布施财物,另一方面也开始对佛教加以整顿,采取有节制的保护政策。章帝时进一步加强了对佛教的管理,制定了僧官制度,严禁民间私度僧尼,规定由国家定期定额试经度僧。但由于国家财政困难,金代也仿照北宋采取了公卖度牒的政策,章帝在位末年就公卖度牒、紫衣、师号和寺院名额等,使政府对佛教的管理政策缺乏一贯性。章帝以后,金王朝面临日益强大的蒙古族的威胁,更是滥发空名度牒以筹军费，从而使金代佛教日趋腐化和衰退。

金代佛教中最为盛行的是禅宗，临济宗的杨岐、黄龙两系分别在汴京（今河南开封）天宁寺和济南灵岩寺大弘法化。后又有万松行秀盛传曹洞宗风。此外，华严宗、净土宗和律宗等也有相当的发展。在此期间，民间刻印大藏经取得了很大的成就，20世纪30年代所发现的著名的《赵城藏》即是金代留下来的宝贵文库，故也称《金版大藏经》（简称《金藏》）。在佛教艺术方面，至今还保存了金代遗留下来的寺塔、经幢、雕塑和壁画等大量文物，其风格大体继承了辽代的特色。

元代皇帝崇奉的是藏传佛教。元世祖忽必烈即位前即召请西藏地区的名僧八思巴东来，并从受佛戒。即位后，又尊八思巴为国师，不久进封"帝师""大宝法王"等称号，令其掌管全国佛教兼统领西藏地区的政教。元代规定每个帝王都必须先就帝师受戒，然后才能登基。帝师制度是元代佛教的一大特点。元代各朝帝王都热衷于念经、祈祷、印经、斋僧等各类佛事活动，并大建塔寺以修功德。在帝王的大力支持下，元代佛教有很大的发展。全国有僧尼20多万，寺院4万2千多所。朝廷将成千上万亩的土地赐给寺院，使寺院经济大为膨胀。寺院在拥有大量土地的同时，还大力经营解库（当铺）、酒店、湖泊（养鱼场），乃至煤矿、铁矿等工商业。寺院经济的畸形发展成为元代佛教的又一大特点。元朝政府为了加强对佛教的管理，也曾对出家还俗等作出过一些规定，颁布过一些禁令，例如"诸弃俗出家，不从有司体覆，辄度为僧道者，其师笞五十七，受度者四十七，发元籍"①，"诸妇人背夫、弃舅姑出家为尼者，杖六十七，还其夫"②，但这些规定并没有严格执行。为了增加财政收入，元代沿袭前代的做法，公开

---

① 《元史》卷一百五《刑法志四·禁令》。
② 《元史》卷一百三《刑法志二·户婚》。

标价出售度牒、师号等,使得限制出家的规定成为一纸空文。元代在对原有大藏经版重加校订与对勘的同时,也曾刻成不同文字的大藏经数部,可惜有些已经佚失。元代的佛教艺术也很有特色,特别是由于八思巴等弘传西藏地区流行的密教,元代的佛像塑造及雕刻艺术起了一大变化。

元代除藏传佛教外,天台、华严、唯识等传统的佛教宗派也都余绪未绝,特别是禅宗比较流行。北方主要传曹洞宗,南方则以临济宗为主。著名禅师有万松行秀(1166~1246年)与海云印简(1202~1257年)等。印简曾为忽必烈说法传戒,元臣刘秉忠为其弟子,行秀则是元代名相耶律楚材之师。

此外,在江南还有白云宗、白莲宗等流传。这两宗皆起源于宋代,提倡念佛素食。白云宗被认为是华严宗的一个派别,因其创立者北宋末年的清觉常住杭州白云庵而得名。该宗奉《华严经》为最高教义,特别排斥禅宗。主张儒佛道三教一致,重视忠孝慈善,不事荤酒,厉行菜食,信徒被称为"白云菜"。后因有人奏称此宗"吃菜事魔"而遭朝廷明令禁止。白莲宗被认为是净土宗的一个派别,其创立者为南宋初苏州沙门茅子元,他自称"白莲导师",其徒号为"白莲菜人",因慕东晋慧远结莲社之遗风而劝人信奉净土教义,主张禅净一致。此宗因发展迅速而遭受"妖妄惑众"之嫌,茅子元以"事魔"罪被流放到江西九江,教徒也被解散。后有小茅阇黎恢复茅子元之教,盛行南方,元至大元年(1308年)遭禁。而传此宗教义的庐山东林寺普度却曾一度得到朝廷的认可。元代白莲宗与弥勒信仰等相混合而演化为白莲教,成为民间秘密宗教。元末农民起义曾加以利用,明清两代均遭严禁。

三、度牒、帝师与僧官制度

官颁度牒,始于唐代,此乃祠部发给合法出家者的证明书,因而也称

"祠部牒"。《佛祖历代通载》卷十二中说:"天宝五载丙戌五月,制天下度僧尼并令祠部给牒。"出家的僧尼持此牒可以得到官府的保护,并免除赋税和徭役。官府颁发度牒,本来意在加强对僧尼的管理,限制出家人数,但由于僧尼接受度牒需交纳一定的钱财,统治者从中可以得到好处,因此在唐代就曾发生过多次"鬻牒"事件。特别是在社会动乱、政局不稳之时,朝廷或地方官吏往往卖度牒以充军费或弥补财政的不足。

至宋代,官卖度牒更成为一种定制。宋代度牒,不仅有法定的价格,而且随着使用范围的扩大,它的价格也日益增加,度牒成为朝廷和地方官府换取财政收入的重要商品,甚至直接被当作货币来使用。田光烈先生曾把宋代度牒的使用范围大致分为七类,可供参考:一为以度牒充作青苗等的资本,限制高利贷者的盘剥,减轻农民负担,增加朝廷收入;二为以度牒充市易本钱,防止大商人垄断物价,稳定市场,并增加朝廷收入;三为以度牒作赈饥之用;四为以度牒旌表有功或孝节;五为以度牒充军费;六为以度牒经营商业;七为以度牒帮助改革币制。① 宋神宗以后,朝廷还发行一种空名度牒,买得者便在形式上成为出家者,从而也就拥有免除徭役赋税的特权。例如宋神宗熙宁二年(1069年),朝廷曾"降空名祠部(度牒)二千道,付鄜延安抚司,召童行及客人,进纳见钱,收籴斛斗,充安抚司封桩"②;宋哲宗元祐八年(1093年),"诏祠部给空名度牒一千道与北外丞司,五百道与南外丞司,令乘时计置梢草"③。南宋时,还出现了州县出卖亡僧度牒而不缴申祠部的情形。每道度牒的价格也由100贯、500贯直至上涨到700贯、800贯(古代的制钱,用绳子穿上,每一千个称一贯)。数十万钱一道的度牒,对内外交困的朝廷来说,显然是一项重要的财政收入,

---

① 《中国佛教》(二),知识出版社1982年版,第343~347页。
② 《宋会要辑稿·食货三九·市籴粮草》。
③ 《宋会要辑稿·方域十五》。

而一些豪强兼并之家也看准了这一生财之道,公然买卖度牒,从中获利,甚至伪造度牒以牟暴利。① 北宋以后,金辽等朝的帝王也都曾仿效北宋的政策,以标价公卖度牒的方式来缓和财政危机或弥补军费的不足,导致了佛教教团的滥杂。

度牒在明代仍继续颁发,明太祖洪武十四年(1381年)诏天下编"赋税黄册"时规定:"僧道给度牒,有田者编册如民科,无田者亦为畸零。"②清代最初还实行发给度牒的制度,后来就废除了度牒而只剩下戒牒。戒牒为出家受戒后得到的受戒证明书,也始行于唐代,宋代时与度牒一样,都由政府颁发,入清以后,便改由传戒寺院发给了。

由于政治与经济上的需要,宋辽金元各朝的统治者都曾采取各种措施以加强对佛教的管理。北宋的僧官制度大体沿袭唐代,但也有不同。宋代管辖僧尼的功德使,不是宦官,地位和实力也都很低。北宋末,僧尼转归鸿胪寺管辖。南宋时,鸿胪寺并入礼部,僧尼事务便由祠部统一管理。中央级的僧署,宋代仍设左右两街僧录司,僧录司的主要职位有僧录、僧正、副僧录、首座、鉴义等,两街共有常设僧官10人。在地方上,宋代不仅于各州设僧正、副僧正等,而且有时还于寺院较为集中的佛教名山如五台山等处设立僧正及其他僧官,以加强对这些地方佛教事务的管理。宋代寺院的僧职,一般都采用了禅宗寺院的僧制,一寺之主为住持,住持下有很多执事僧,分为东、西两序。宋代在设立各级僧官的同时,还常常封赠僧人以师号、紫衣,以拉拢上层僧人更好地为宋王朝服务。师号以字多为贵,有二字、四字、六字等不同的师号,个别的还有八字师号,例如"圆通应感慈忍灵济大师"等。僧人以受封师号或受赐紫袈裟为荣耀。宋王

---

① 《宋会要辑稿·职官十三》。
② 《宋史》卷七十七《食货志》。

朝由于财政上的困难,在卖度牒的同时也卖师号和紫衣,最多时一次就达数千。例如南宋绍兴初年,朝廷曾诏给"度牒两万道,紫衣、师号各二千五百道"①以充作军费开支。如此滥卖,导致僧团中有腐败现象也就不奇怪了。

辽代的僧官制度大体上沿袭了唐制而略有损益。辽代在五京各设僧录司,配有都僧录、僧录等官职,在各州郡则设僧正、都纲和都维那等。当时在民间盛行一种支持佛教寺院活动的宗教社团"千人邑社",其内部往往也依次设有都维那、维那等,但这些都不是僧官,而是和邑长、邑证、邑录等一样,是社团的一种管事职务。

金代也制定了僧官制度,在首都设国师,四京设僧录、僧正,州郡设都纲,各县设维那,在一些重要的佛教胜地也别置僧官。《大金国制》卷三十六曾详细叙述了金代的僧官设置情况:

> 在京曰国师,帅府曰僧录、僧正,列郡曰都纲,县曰维那。披剃威仪,与南宋等……国师,在京之老尊宿也,威仪如王者师。国主有时而拜,服真红袈裟,升堂问话讲经,与南朝等。僧录、僧正,帅府僧职也,皆择其道行高者,限三年为任,任满则又别择人……僧尼有讼者,皆理而决遣之。并服紫袈裟。都纲,列郡僧职也,亦以三年为任。有师号者赐紫,无者如常僧服。维那,县僧职也。僧尼有讼者,杖以下决遣之,杖以上者并申解僧录、都纲司。

金代还规定,各级僧官的职责是统理管内事务,不得参与国政,并严禁僧尼与朝贵往来。这正好与元代形成鲜明的对照。

---

① 《建炎以来系年要录》卷八十《绍兴四年九月壬子》。

元代的僧官制度很有特色。元代最初设总制院,院使由帝师兼领,秩正二品;后又设功德使司,"从二品,掌奏帝师所统僧人并吐番军民等事"①。至元二十五年(1288年),总制院改称宣政院,秩从一品,并在各路设行宣政院。僧录、僧正、僧纲等都归宣政院管辖。后曾一度撤销行宣政院,改设广教总管府,但不久又恢复行宣政院。《元史·百官志三》中说:"宣政院,秩从一品,掌释教僧徒及吐番之境而隶治之……军民通摄,僧俗并用。至元初立总制院而领以国师。二十五年,因唐制,吐番来朝,见于宣政殿之故,更名宣政院。"宣政院设立以后,原来有较大权能的功德使司的实际地位下降,逐渐成为一个专管宗教活动的纯事务性机构,元天历二年(1329年),"罢功德使司归宣政"②,创置于唐代的功德使司在历史上便不复存在,僧务统归宣政院。宣政院是掌管全国佛教事务和藏族地区军政事务的机构,其最高领导是帝师,故元代的帝师兼有政教两方面的权力。

帝师制度是元代佛教的一大特色,在元代之前,只有国师而没有帝师,更没有形成帝师制度。元世祖中统元年(1260年),藏传佛教的著名僧人八思巴被刚即位的忽必烈尊为国师,并受赐玉印。至元元年(1264年),领总制院事,管理全国佛教及藏族地区事务。至元七年(1270年),升号"帝师",进封"大宝法王",更赐玉印,统领诸国释教。八思巴去世后,受赐谥号竟达36字之多:"皇天之下,一人之上,宣文辅治,大圣至德,普觉真智,佑国如意,大宝法王,西天佛子,大元帝师。"③八思巴以后,嗣为帝师者,皆例领宣政院事,秩从一品,赐玉印。由于元朝历代皇帝即位之初均须从帝师受戒,故终元之世,皆设帝师之职,形成了帝师制度。帝师具有

---

① 《元史》卷十一《世祖纪八》。
② 《元史》卷八十七《百官志三》。
③ 《元史》卷二百二《释老传》。

相当高的地位和极大的权力,《元史·释老传》中说:

> 元起朔方,固已崇尚释教,及得西域,世祖以其地广而险远,民犷而好斗,思有以因其俗而柔其人,乃郡县土番之地,设官分职,而领之于帝师。乃立宣政院,其为使,位居第二者,必以僧为之,出帝师所辟举,而总其政于内外者,帅臣以下,亦必僧俗并用,而军民通摄。于是,帝师之命,与诏敕并行于西土,百年之间,朝廷所以敬礼而尊信之者,无所不用其至。虽帝后妃主,皆因受戒而为之膜拜。正衙朝会,百官班列,而帝师亦或专席于坐隅。且每帝即位之始,降诏褒护,必敕章佩监络珠为字以赐。盖其重之如此。

元代帝师由于拥有极大的权势,因而也造成了许多流弊。《元史·释老传》中说:"为其徒者,怙势恣睢,日新月盛,气焰熏灼,延于四方,为害不可胜言。"例如有杨琏真加者,元世祖忽必烈用为江南释教总统,他"发掘故宋赵氏诸陵之在钱塘、绍兴者及其大臣冢墓凡一百一所,戕杀平民四人,受人献美女宝物无算";至大元年(1308年),"上都开元寺西僧强市薪,民诉诸留守李璧,璧方询问其由,僧已率其党持白梃突入公府,隔案引璧发捽诸,捶朴交下,拽之以归,闭诸空室,久乃得脱。二年,复有僧龚柯等十八人,与诸王合儿八剌妃忽秃赤的斤争道,拉妃堕车殴之,且有犯上等语"。对此,朝廷表示不问,而"宣政院臣"却想"奏取旨,凡民殴西僧者,截其手,骂之者,断其舌"①。其恣意妄为,可见一斑!

---

① 《元史》卷二百二《释老传》。

四、僧制与清规

僧制,亦称清规,为中国佛教僧团制度。在印度佛教中,僧尼主要以戒律为生活规范,实行"三衣一钵,日中一食,树下一宿"。但佛教传入中国后,这种不事生产的乞食制度与中国自给自足的小农经济的社会生活不相适应,因而中国佛教僧团在遵奉佛教基本戒律的同时,也制定了适应在中国社会过团体生活需要的有关规定,官方政府为了加强对佛教的管理,也常常为僧尼制定一些法规。

中国佛教僧团制度,亦即通行的丛林清规,在宋元时基本成为定式。丛林,意谓众僧和合共住一处,如树木丛集为林,指佛教多数僧众聚居的寺院,也取喻草木生长有序,表示僧众有严格的规矩制度。清规,意谓清净的规则。丛林清规,即寺院的规则,它本是中国禅宗寺院组织的规程和寺众日常行事的章则,形成于唐代。中国佛教从东晋道安首创僧尼轨范以来,常在戒律之外制定若干约束僧尼言行的僧制或清规。中唐以后,禅宗盛行。百丈怀海禅师根据中国国情和禅宗特点,制定了丛林新制,世称"百丈清规"。清规对于禅宗寺院的僧职、制度、仪式等都作了明确的规定,主要的有:丛林的住持为禅众之主,地位最高,尊为长老,居于方丈;不立佛殿,唯树法堂;学众皆居僧堂,依受戒年次安排;行普请法,上下均力,所谓"一日不作,一日不食";事务分置10个寮舍,每舍置首领主管等。

《百丈清规》流行到北宋,由于丛林组织的扩大和职事名目的增多,未免产生混乱,因此,崇宁(1102~1106年)以后,历有增订。崇宁二年(1103年)编成了《崇宁清规》,于是,原有的《百丈清规》便被称为"古规"。此后,南宋咸淳十年(1274年)编成《咸淳清规》;元至大四年(1311年)编成《至大清规》;元元统三年(1335年),更由朝廷命江西百丈山大智寿圣禅寺住持德辉重辑定本,并由金陵大龙翔集庆寺住持大䜣等校正,颁行全国,共同遵守,是为《敕修百丈清规》。此后,数百年间,皆通行此本,它成为历代寺院的基本法规。

敕修定本虽然仍名为《百丈清规》,但其内容精神却已与百丈原本相去很远,甚至可说是面目全非。例如现存《敕修百丈清规》本共分九章,前四章分别为"祝禧""报恩""报本""尊祖",主要规定了关于圣节、祝赞、国忌(帝王、王后忌日)、祈祷、佛降诞节、佛成道涅槃节、达摩忌、百丈忌以及各寺历代祖师忌等仪式,这些内容都是"古规"所没有的,因为"古规"是从僧人受戒或住持入院开始作出有关规定的。从第五章到第九章才是丛林本身的规章制度,其中对寺院僧团的上下组织体制、宗教活动、日常生活等都有较详细的规定。具体地说,第五章"住持",是关于寺院住持(即一寺之主,主管全寺事务;又称"方丈",因其所住之处叫方丈而得名)日用、请新住持、住持的入院、退院乃至迁化的一系列规定。第六章"两序",是仿照世俗朝廷文武两班制定的丛林东西两序("西序头首"和"东序知事")各职事的规定。西序有首座(统领全寺僧众)、书记(执掌文书)、知藏(掌管佛教经籍)、知客(负责接待外来宾客)等,东序有都监事(总管寺务)、维那(主掌僧众威仪进退纲纪)、副寺(掌管财务、总务)、典座(管理饮食、住宿等)等。另外还有列职杂务,包括寮元、化主、园主、磨主、水头、炭头等等,职事分明。第七章"大众",是关于沙弥得度、新戒参堂、登坛受戒、办道具、坐禅、普请以及料理亡僧后事等的规定。第八章"节腊"是关于建楞严会、结制礼仪、旦望巡堂、月分须知等方面的规定。第九章"法器",是关于钟、版、木鱼、椎、磬、铙钹、鼓等号令法器的说明及其打法的规定。以上这些规定在明清时代一直在中国寺院中广为流行。

五、译经、刻经与佛教史学的发展

宋代译经始于宋太宗太平兴国(976~984年)年间。当时朝廷专门设置了译经院,译场组织完备,分工细致,主要译师有印僧法天、天息灾(后改名法贤)、施护等,分别由太宗赐号"传教大师""明教大师"和"显教大师"。从太平兴国七年(982年)至景祐二年(1035年),54年内共译成经论564卷,其中以密教典籍为最多。密教经典中有不少内容与传统佛教及中国的伦理观念相违背,因而许多经典刚译出即被禁。宋代译经院后改为传法院,在译经过程中培养出了惟净等一批有名的中国译师。

在佛经译出的同时,宋代还编纂了三部经录。其一为大中祥符(1008~1016年)年间编成的《大中祥符法宝录》23卷,收录自太平兴国七年至大中祥符四年(1011年)译出的222部413卷经典(另收东土撰述11部160卷)。其二为天圣(1023~1032年)年间编成的《天圣释教录》3册,这是对过去几种经录的汇总,并编入新近的译经与中土撰述,共收经典602帙6197卷。其三为《景祐新修法宝录》21卷,收录大中祥符四年至景祐三年(1036年)之间的译经21部161卷(另收东土撰述16部190余卷)。

宋辽金元时期,除了汉译佛经之外,也出现了回鹘文、西夏文、蒙古文、藏文等多种少数民族文字的译经,这些译经有的直接译自梵文,有的则是从汉文等转译的。

这个时期大藏经的刻印是在中国佛教史上值得一提的大事。随着木刻印刷术的发明与进步,唐代即有少量木刻本佛经问世。现存最早的就是刻于唐咸通(860~874年)年间的一部《金刚经》(惜已流失国外)。五代以后,木版雕刻技术有了长足的进展。北宋初开始了大规模的刻印佛教大藏经。此后,直到清代,每个封建王朝都花费巨大的人力物力来进行大藏经的雕印。

宋代的译经虽然对中国佛教的影响不大,但宋代的刻经却对以后佛教的传播和发展起了相当大的影响。宋代共刻有6个版本的大藏经。其一为官版《开宝藏》，这是中国木刻雕印史上第一部汉文大藏经，也是宋代诸刻本中最重要的一部，由太祖、太宗发布命令，始刻于开宝四年（971年），历时12年，在益州（成都）刻成，故也称"蜀版藏经"。所刻经版达13万余块，佛经总数为5048卷。后屡经添补，达6620余卷。它的印本成为以后一切官私刻藏的共同准据，并流入高丽（朝鲜）和日本，对这些国家的刻藏产生直接的影响。现仅存若干残卷。其二为私刻的福州东禅等觉院本，崇宁二年（1103年）基本完成，故也称《崇宁藏》，共564函5800余卷。后又有所增补。现仅残存20余卷。其三为私刻的福州开元寺本，世称《毗卢藏》，仿东禅院本的规模，始刻于北宋政和二年（1112年），完成于南宋绍兴二十一年（1151年），全藏共595函6132卷。现国内仅在山西残存一册。其四为《圆觉藏》，南宋绍兴二年（1132年）基本刻成于湖州思溪圆觉禅院，由密州观察史王永从全家发愿捐助。全藏584函1435部5480卷。现国内仅存零散版本。其五为《资福藏》，南宋淳熙二年（1175年）完成于思溪资福禅寺，全藏599函1459部5940卷，与《圆觉藏》版式相同，所收经籍基本一致。现国家图书馆存有一部（缺600余卷）。其六为《碛砂藏》，雕版地点在平江府陈湖（今江苏苏州陈湖）碛砂延圣院（后改名为碛砂禅寺）。此藏始刻于南宋末年，后因战火等原因而中止，入元代后才继续刻成。全藏591函1532部6362卷。现国内保存数部，但略有残缺。1931~1933年曾影印发行500部。

辽代在大藏经的刻印方面也有所成就，刻成了著名的《契丹藏》。此藏始刻于辽兴宗耶律宗真景福元年（1031年），完成于辽道宗耶律洪基清宁九年（1063年）。由于它含有与宋版《开宝藏》竞胜的政治意义，因而形成了与宋版不同的一些特点，在内容上尽量补充宋版所缺少的写本，在形式上则行格加密，并改变卷子式为折本。此藏长期失传，直到1974年才在山西应县佛宫寺的木塔中发现了若干残卷。

关于金代的刻藏，由于文献残缺，长期无闻。1933年在山西省赵城县广胜寺发现了金藏印本，通称《赵城藏》，为民间劝募，刻成于金世宗完颜雍大定十三年（1173年）。金末元初，部分经版曾毁于战火，后加以补充，基本恢复原来的内容，共682帙6900余卷，1933年发现时存4957卷，由于战乱，又佚失部分，加上1952年所发现的早期佚失的部分经卷，现共存4800余卷。此藏既保留了宋代官版《开宝藏》的本来面目，又补充了很多重要的著述，在版本、校勘和义学研究等方面都具有极高的价值。由任继愈先生主持编纂的《中华大藏经》即以《赵城藏》这部世界上仅存的善本中的孤本为底本，校以其他多种版本，目前正编106册已全部出齐，世人由此可一睹《赵城藏》这一稀世国珍的全貌。

元代也曾刻成大藏经数部。一部是私刻的《普宁藏》，始刻于元至元十四年（1277年），刻成于二十七年（1290年），因刻于杭州余杭白云宗南山大普宁寺而得名，又称"元藏"。此藏共558函1422部6017卷。另一部是元代官刻本，为1982年12月在云南新发现，现存32卷，据今人考证，全藏至少为651函6500余卷，入藏内容仅次于《赵城藏》，是当时规模最大的一部藏经。此外，元代在续刻完成始刻于宋末的《碛砂藏》的同时，还刻成西夏文大藏经版一副，共3600卷，并印施30余部于各地。武宗至大（1308～1311年）年间还刻成蒙文、藏文的大藏经，但印本久已佚失。

宋代以来，佛教除了译经和刻经之外，在编纂佛教史书方面也有很大的发展。宋初赞宁不仅撰有《宋高僧传》30卷，而且还将佛教东传以来的历史按事件加以整理，写成了《大宋僧史略》3卷，广泛记载了有关译经、讲经、出家以及僧尼礼仪、僧官制度、朝廷与佛教的关系等事项，是为宋代佛教史学发展的开端。后在司马光《资治通鉴》的影响下，编写佛教史书的风气日趋兴盛。既有大量编年体的佛教史著作问世，也出现了不少以纪传体为主的佛教史书。前者如本觉的《释氏通鉴》12卷、觉岸的《释氏稽古略》4卷、念常的《佛祖历代通载》22卷等,后者如宗鉴的《释门正统》8卷与志磐的《佛祖统纪》54卷,都是具有代表性的著作,保存了相当多的佛教史料。另外,入宋以后,佛教以禅宗最为盛行,禅宗在唐代时就出现了《楞伽师资记》《传法宝纪》《历代法宝记》等记载本宗传法谱系的灯史书,宋代禅宗继承唐以来的传统,更是编写了大量这方面的著作,著名的如道原的《景德传灯录》30卷与普济的《五灯会元》20卷等,都是其中的代表作。

第二节　佛教各宗派的演变

入宋以后,由于理学的形成和被定于一尊,佛教的思辨精华又为其所吸收,因而佛教本身的发展日趋衰微,但隋唐时形成的佛教各宗派,除三论宗、三阶教等之外,大都仍继续维持,并在社会上有所传播,特别是禅宗和净土宗,还一度比较盛行,并在演变发展中形成了一些不同于以往的新特点。

一、禅宗

禅宗是宋代最为流行的一个佛教宗派。但在宋代,惠能门下分化出来的五家禅已经发生了变化,北宋禅僧契嵩在《传法正宗记》卷八中曾说:"正宗至大鉴传既广,而学者遂各务其师之说,天下于是异焉,竞自为家。故有沩仰云者,有曹洞云者,有临济云者,有云门云者,有法眼云者,若此不可悉数。而云门、临济、法眼三家之徒,于今尤盛。沩仰已熄,而曹洞者仅存,绵绵然犹大旱之引孤泉。然其盛衰者岂法有强弱也,盖后世相承得人与不得人耳。"[①]入宋以后,沩仰宗已经不传,法眼宗虽在宋初盛极一时,

---

① 《大正藏》第51册,第763页下。

永明延寿(904~975年)以后也就衰落了,宋中叶以后法脉即断绝,而曹洞宗在宋初则比较消沉,盛行于各地的主要是云门宗和临济宗。

临济宗在宋代得到了长足的发展。临济义玄的五世法孙、首山省念的法嗣汾阳善昭(947~1024年)开创了以"颂古"为主要内容的"文字禅"这一禅学新形式,开辟了禅学发展的新途径。自善昭门下的石霜楚圆(986~1039年)开始,临济宗的发展规模日益扩大,传播范围也由河北、河南一带扩展到了南方各地,成为禅门诸家的主脉。楚圆门下有杨岐方会(992~1049年)和黄龙慧南(1002~1069年),分别开创了杨岐、黄龙两派,都盛行于南方。黄龙派形成后,在北宋时曾盛极一时,成为当时最活跃、最有影响的禅宗派系。但黄龙派的法脉,除慧南的嗣法弟子黄龙祖心(1025~1100年)一系传至南宋,并由日僧荣西传至日本之外,其他各系都仅传一二世而已。两宋之际,黄龙派即趋衰落,而杨岐派却逐渐兴盛起来。南宋时,杨岐派完全取代了黄龙派而成为临济宗的正统。杨岐方会的弟子中以白云守端(1025~1072年)为最著名,其门庭极盛,弟子有法演(1024~1104年)等。法演因常住蕲州五祖山说法而世称"五祖法演",杨岐派至法演门下而趋兴盛,故法演有"中兴临济"之美誉。法演的弟子有佛果克勤(1063~1135年),宋高宗曾赐号"圆悟禅师",故又称"圆悟克勤"。克勤对云门宗僧人雪窦重显(980~1052年)从禅宗语录中选出的百条"公案"(即《颂古百则》)加以发挥、评唱,由其门人编成《碧岩录》10卷,此为禅学名著,有"禅门第一书"之称,也是临济宗的主要典籍,它的出现标志着禅宗的发展进入了"注解"公案语录的新阶段,宋代的"文字禅"由此而发展到了顶峰。克勤的门下有大慧宗杲(1089~1163年),曾编成6卷本《正法眼藏》以救"沦溺狂邪"的"痴禅"之时弊。他特别对当时注重坐禅守寂的"默照禅"和对公案从文字语言上进行探究剖析的"文字禅"十分不满,他"力排默照为邪",并为了"扫荡知解""杜塞思量分别"而在宗教实践上大力提倡"看话禅",即把前辈祖师的某些话语当作"话头"(即题目)来参究以求达到开悟。经宗杲的提倡,看话禅在宋代广为流传,其影响十分久远。

云门宗入宋以后也有相当的发展。云门文偃的三世法孙雪窦重显受汾阳善昭的影响而作《颂古百则》,大振宗风,使云门宗进入繁兴阶段,被誉为"中兴云门"。另一位重要的僧人佛日契嵩(1007~1072年),为文偃的四世法孙,他一方面著《传法正宗定祖图》《传法正宗记》和《传法正宗论》(以上三书合称《嘉祐集》)等,厘定禅宗传法世系的二十八祖说,另一方面又著《辅教编》,竭力调和儒佛的矛盾以反驳当时的排佛论,受到宋仁宗的赏识,敕许其著作编入藏经流通,并赐号"明教大师",这更加强了云门宗的势力。不过,云门宗到南宋时便趋于衰微,到了元初,其法系便无可考。

宋代禅宗除了临济和云门两宗比较流行外,曹洞宗也始终绵延不绝。至芙蓉道楷(1043~1118年)以后,曹洞宗渐趋兴盛。与大慧宗杲同时的曹洞宗人天童正觉(1091~1157年)倡导于默然静坐中进行内心观照的"默照禅",反对大慧的"看话禅",两人相互非难,两种禅法一并流行。由于默照禅的流行,曹洞宗也因此而得到了兴盛。正觉所著的《颂古百则》"号为绝唱",由金元时的万松行秀应元朝大臣耶律楚材之请而对之一一加以解释和评唱,著成禅学名著《从容录》6卷,曹洞宗风盛行一时。宋以后,沩仰、云门和法眼三家都先后失传,只有曹洞与临济二家并存。当然,曹洞的法脉远不及临济之盛,因而佛教史上有"临天下,曹一角"之说。

入宋以后的禅宗在思想理论上并没有很大的发展,但其规模及社会影响却达到了相当的程度,并形成了许多与唐五代时不同的特点和风格。例如随着中国佛教对内互相融通、对外与儒道合流的总趋势,禅宗一方面在禅教合一的同时进一步融摄了净土法门,从而大大扩大了它的影响,另一方面,禅宗又通过与统治者和上层人物的接近而加深了自身的儒化道化及其对传统思想文化的影响。大量公案语录的出现,形成了区别于默照禅的文字禅,不立文字的禅宗走上了文字化的道路,这又引发了大批文人学士的兴趣,同时也进一步为禅的精神融入宋明理学提供了条件。宋代禅宗大量《灯史》《语录》以及《击节》《评唱》的出现,从一个侧面反映了宋以后禅宗与文人士大夫的密切关系,因为许多灯录都是由好禅的士大夫参与或直接主持编撰的,而这又反过来进一步促进了宋代文字禅的泛滥。

二、净土宗

净土宗也是入宋以后比较盛行的一个佛教宗派。由于宋代以后佛教各宗都联系净土信仰而提倡念佛的修行,结社念佛之风日盛,因此促进了净土宗的传播。

宋初,专弘净土的有省常(959~1020年),宋太宗淳化(990~994年)中住杭州昭庆寺,慕庐山白莲社之遗风,在西湖边结"净行社",提倡念佛,入社僧侣多达上千人,在宋代即被推为净土宗大师。另有宗赜(生卒年月不详),宋哲宗元祐(1086~1094年)中,住真州(今江苏仪征)长芦寺,也仿庐山之制,建"莲华胜会",预会之日,僧俗同念"阿弥陀佛","以十字计之,以辨功课"①。宋代编著的净土宗的重要文献有王日休的《龙舒净土文》12卷和宗晓的《乐邦文类》5卷等。

除了专修净土的净土宗人之外,禅宗、天台宗的僧人也大多兼修净土。五代、宋之际的法眼宗禅僧永明延寿盛倡禅净合行说,并身体力行,每晚行道念佛。后云门宗禅僧天衣义怀及其弟子慧林宗本曾著《劝修净

---

① 普度:《庐山莲宗宝鉴》卷四《长芦慈觉禅师》。

土说》,曹洞宗禅僧长芦清了有《净土集》行世,都是禅净双修的倡导者和实行者。清了继承发挥了东晋慧远的思想,强调"功高易进,念佛为先",反映了当时人们往生西天佛国的迫切心情。宋代天台宗与净土宗的关系也十分密切。"中兴天台"的四明知礼"誓取往生","唯勤念佛"①,并结念佛净社,入社者多达上万人。其弟子神照本如亦曾慕庐山之风而结白莲社。天台宗的另一个重要人物遵式,立《晨朝十念法》,规定每天清晨必须专心念佛,不得一日暂废。乃至后来在天台宗的"祖庭"延庆寺内也设立了净土宗的"十元观堂"。其他如律宗的灵芝元照以观心与念佛并重,视同定慧之学,与持戒并为实修法门,华严宗的圆澄义和提倡华严念佛三昧,盛赞往生法门等,这些都促使净土信仰更为广泛地流传。辽代弘扬净土的有非浊、诠晓等,但他们的著作大多佚失了。金代弘传净土的有祖朗、广思等。广思于河北临城山建净土道场,结白莲华会,开北地莲社念佛的风气。元代弘扬净土的有禅僧中峰明本和天台宗人湛堂性澄等,他们晚年都专修净土,现行的《净土忏》即为明本所作,性澄则撰有《阿弥陀经句解》1卷等。

入宋以后佛教各宗兼修净土,这一方面促进了净土信仰的广为传播,另一方面也使净土信仰的纯粹性减少了,典型的净土宗在与其他各宗的相涉中逐渐失去其本宗的特色和独立的风貌,这是宋以后净土宗的重要特点之一。有人称"宋代的净土宗,已经不是一个单一的宗派,而是各宗共信、共修的共同宗派了"②。这从一定意义上揭示了入宋以后的净土宗的基本特点。

---

① 知礼:《乐邦文类》卷四《延庆募众念佛疏》。
② 郭朋:《宋元佛教》,福建人民出版社1981年版,第134页。

三、天台宗

天台宗自唐武宗灭法以后曾一度消沉。五代时信奉佛教的吴越王钱弘俶遣使从高丽求得智𫖮的大部分著述等大量天台典籍,使天台宗逐渐得以复兴,并在入宋以后成为比较活跃的一个佛教宗派。

宋代天台宗的传承,有湛然的六世法孙义寂(919~987年)传高丽僧人义通(927~988年),义通下有知礼(960~1028年)和遵式(964~1032年),均为影响较大的天台大师。与义寂同门的志因,门下则有悟恩(一作晤恩,912~986年),悟恩经源清而传至智圆(976~1022年)和庆昭(963~1017年),亦为天台宗中有影响的人物。

知礼是宋代天台宗的最主要代表人物,俗姓金,四明(今浙江宁波)人,故世称"四明尊者",后被尊为天台宗第十七祖。宋真宗曾赐号"法智大师"。他一生著述甚丰,弟子也很多。志磐在《佛祖统纪》卷八《赞》中说:"四明法智,以上圣之才,当中兴之运,东征西伐,再清教海,功业之盛,可得而思……自荆溪(湛然)而来,九世二百年矣,弘法传道,何世无之?备众体而集大成,辟异端而隆正统者,唯法智一师耳。是宜陪位列祖,称为中兴。"对知礼"中兴"天台的功绩,评价可谓甚高。在佛教史上与知礼齐名的遵式,俗姓叶,天台宁海(今浙江境内)人,理论著作不多,但写了好几部"忏仪"之类的书,对后世寺院的念经拜忏活动有直接的影响,故有"天竺忏主"之称,宋真宗曾赐以紫衣和"慈云大师"之号,故又称"慈云忏主"。他的弟子有文昌、祖韶等,传承不如知礼一系兴盛,志磐《佛祖统纪》卷十一中说:"慈云一家,(文)昌、(祖)韶诸师之后,五世而蔑闻。"但他对江浙一带天台宗的复兴也是起了很大作用的,契嵩在遵式去世后应其弟子之请而撰写的《杭州武林天竺寺故大法师慈云式公行业曲记》中就肯定了这一点,他说:"天台之风教,益盛于吴越者,盖亦资夫慈云之德也。"①另外,"解行兼明"的天台宗人悟恩因写下了《金光明玄义发挥记》引起了天台宗内部山家、山外两派的分裂而成为宋代天台宗中令人注目的人物。

天台宗内部分裂为山家、山外两派导源于对智𫖮所撰《金光明玄义》广本真伪的争论。"有宋景德之前,《光明玄》广、略二本,并行于世。钱唐慈光(院悟)恩师制记曰《发挥》,专解略本,谓广本有十法观心,乃后人擅添尔。"②这里提到的"十法观心",即"十法界观心",指"妄心观"。四明知礼以广本为真,主"妄心观",即以妄心为所观之境。悟恩及其弟子源清、洪敏以及源清的弟子庆昭与智圆等人否定广本为真,主"真心观",即以心性真如为所观之境,同时主张真心无性恶,真如随缘而起等说。知礼的弟子梵臻、尚贤、本如称为四明三家,传知礼之说,自号为"山家";而悟恩的弟子及其再传则被贬为"山外"。两家以所观之境为真心或妄心为中心,兼及其他天台教义,往复辩难达7年之久。山外派的主张由于受到华严、唯识等学说的影响,因而被山家斥为不纯,其势力不久就衰微,山家派则代表天台一宗而盛行于南宋之世,并不绝如缕,延续至元明清各代。

四、华严宗

华严宗在唐武宗灭法以后也一直很沉寂。入宋以后,因大量华严章疏由高丽重新输入而得以再兴。

宋初流行的主要是宗密一系的思想,著名人物有长水子璿(965~1038年)及其弟子晋水净源(1011~1088年),他们沟通《圆觉经》与《起信论》的理论,并有教禅一致的思想倾向,为宋代中兴华严宗的重要人物,特别

---

① 《镡津文集》卷十二。
② 继忠:《十义书序》,《大正藏》第46册,第831页中。

是净源，被称为"中兴教主"。后有高丽王子义天（1055～1101年）入宋，就学于净源门下，带来了大量唐代华严宗人关于《华严经》的章疏，促进了华严宗的复兴。义天后携带佛典与儒书千余卷回国，使华严宗大行于海外。宋代普遍研究的是唐代法藏关于判教的基本理论著作《华严五教章》。南宋时，净源的三传弟子师会，恢复智俨、法藏的古义，批判了在他之前的道亭和与他同时的观复对于教判的学说，他的弟子希迪进一步发挥师说。后人将分别为《华严五教章》作注的道亭、观复、师会和希迪并称为宋代华严宗的四大家（也有说"四大家"为子璿、净源、师会和希迪）。由于华严章疏的重新雕版流通，华严宗在南宋时比较活跃。

华严教学在辽代也比较发达，并对辽境各地的佛学产生很大的影响。专攻《华严经》的鲜演大师曾著《华严经谈玄抉择》6卷以阐扬澄观之说（现仅存后5卷）。金代的著名华严学者则有宝严、义柔和惠寂等人，可惜他们的著述都已佚失。华严宗在元代也仍有发展，著名的华严宗僧人有仲华文才（1241～1302年）及其弟子大林了性（？～1321年）与幻堂宝严（1272～1322年）等，他们大弘华严之教，使华严宗余绪不绝。

五、律宗

宋代律宗传的是道宣的南山宗一系。传至允堪及其再传弟子元照时，律宗得以再兴。

允堪（1005～1061年）为钱塘（今浙江杭州）人，出家以后先通学各家学说，后专攻律部，对道宣的一些重要著作都作了注解，有《行事钞会正记》等10部记解，世称"十本记主"，其中最重要的就是阐释道宣《行事钞》的《会正记》。志磐在《佛祖统纪》卷四十六中曾高度评价了允堪对律宗思想的阐发，他说："自大法东渡，律学未明，至唐正观，南山律师始作《戒疏》《业疏》《事钞》，以弘《四分》。流传四百载，释义六十家，唯允堪师《会正记》,独为尽理。"后继承这一系学说的就被称为"会正宗"。

元照(1048~1116年)为余杭(今浙江境内)人,出家后曾从天台学者处谦学天台教义,后来就以天台学说来讲律。他十分重视著书立说,常谓其徒曰:"化当世,无如讲说;垂将来,莫若著书。"①他一生著述甚丰,有各类著作100多卷。他对道宣的三大部著作也都作了注解,其以天台教义对《行事钞》的注解称《资持记》,由于在行仪等方面的见解与允堪的《会正记》有所不同,因而别立"资持宗"。志磐在《佛祖统纪》卷二十九中说:"律师允堪,锡号智圆,庆历间主钱唐西湖菩提寺,撰《会正记》以释南山之《钞》。厥后,照律师出因争论绕佛左右衣制长短,遂别撰《资持记》,于是会正、资持遂分二家。"《佛祖统纪》卷四十六中也说:"允堪师《会正记》独为尽理。至照律师,始约《法华》开显,作《资持记》以明南山之宗。于是会正、资持,疏为二派。"资持宗后来虽然独得延续,传承不断,但也只是勉强维持而已。

辽代也有多人治律学。守道与志远还曾分别应召于内廷建置戒坛和主持戒坛。非觉的弟子等伟(1051~1107年)在慧济寺讲律,更是名重一时。这个时期关于律学的撰述也不少。到金代时,律学仍有发展,最著名的律师是悟铢和智深,他们都以律行精严而受到佛教界的敬仰。元代时律宗已经十分衰微,法闻为元代的唯一律师,他曾受帝师之请而讲经,从他受戒者甚众,号光教律师。元明之际,律宗的法系传承已近无闻,直到明末清初,才略有复兴。

六、唯识宗

唯识宗在宋代已十分衰微,传承已经不明,代表人物也由于史料缺乏

---

① 《佛祖统纪》卷二十九。

而无可考。永明延寿曾召集天台、华严和唯识三宗的代表人物一起,"分居博览,互相质疑",最后力图以禅宗的观点来调和各家的分歧(他的名著《宗镜录》100卷就是他以禅理为准来评说并统一各家学说而编成的),表明当时仍有人在传唯识宗。辽金时期,承袭五代以来的风气,继续有人研习唯识学,例如诠晓就是一个通唯识学的僧人,他曾撰有《成唯识论详镜幽微新钞》17卷。元代唯识学也仍余绪未绝,讲习唯识学的有普觉英辩、云岩志德和吉祥普喜等人,但影响都不是很大。

第三节　佛教的内外融合

入宋以后,中国佛教的发展形成了许多新的特点。对内禅净教趋于合一,对外佛道儒进一步融合,这成为唐宋以后中国佛教发展的基本趋势和最重要的特点。

一、禅净教的融合

隋唐时期佛教各宗一般都有自己独特的理论体系和修行方法,中唐以后,各宗之间出现了融合的趋向,到了宋代,各宗的相互融摄更趋紧密。从最初的禅教一致发展到后来的各宗与净土合一,最后,以禅净合一为中心而形成了禅净教大融合的总趋势。

禅教的融合并不自宋代始,早在石头希迁的禅学思想中就已吸取了华严教理。而首倡禅教一致论的则可谓是唐代的华严五祖宗密,他在《禅源诸诠集都序》中曾明确指出,"经是佛语,禅是佛意,诸佛心口必不相违",并据此而将禅与教各分为三,以三教配三宗,认为"三教三宗是一味法"。北宋禅师永明延寿更以"经是佛语,禅是佛意"为理论纲骨编成了《宗镜录》100卷,借教明宗,以禅理为准绳来统一教下各派的学说,力主禅教并重。这种观点对中国佛教的发展影响很大。由于宗密视华严为最高的学说,以华严思想与禅的结合为基础来统一禅教,因此,他的禅学人称"华严禅"。而延寿所倾心的教说也是华严宗的思想,所谓"神尊达摩,教尊贤首",因此,延寿的思想也可说是华严禅的进一步展开。

在禅教趋于融合的宋代,禅与天台教义的结合也值得重视。延寿之师天台德韶禅师就与天台宗有较深的关系,他不仅促成了天台教籍从海外的抄回和天台教义的再兴,而且还引天台的性具实相说来发挥禅学,以至于被时人谓为天台宗创始人智𫖮的后身。德韶的法嗣雁荡愿济和瑞鹿遇安等,也都是精研天台止观学说的禅师。清凉文益的法孙、永明道潜的上首弟子千光瑰省禅师也曾"听天台文句,栖心于圆顿止观"。这些都反映了宋代禅教的关系。禅教一致论和禅教融合,成为宋代以来佛教的重要特点之一。

在观行方面,由于净土念佛法门简便易行,因而入宋以后,净土思想和念佛法门在民间流传十分广泛,佛教各宗在传自家观行法门的同时,也都提倡念佛,许多著名的僧人都是兼习禅教而归心"净土",以至于志磐在《佛祖统纪·净土立教志·往生高僧传》篇中,收入宋代僧人75人,几乎把宋代各宗的主要代表人物都列入了"往生"的序列,这从一个侧面说明,净土在当时已成为中国佛教各宗派的普遍信仰。在诸宗与净土合一的趋势中,禅净融合、禅净双修成为最引人注目的现象。

禅净融合,最早在东晋慧远倡导的念佛禅中就已初露端倪。慧远在《念佛三昧诗集序》中曾提出,诸种禅定中"功高易进,念佛为先"。他在倡导观想念佛的同时又发愿期生西方净土。然而,中国佛教在以后的发展中,逐渐形成了注重持名念佛的净土宗和强调禅修心悟的禅宗,自力他力的争论使念佛与修禅这两种佛教的基本修行方式一度相分离。唐武宗灭法以后,天台、华严和唯识等佛教宗派都一蹶不振,只有禅宗和净土宗仍在社会上广为流传。入宋以后，禅净双修逐渐又成为佛教发展的主流。最早积极倡导禅净融合论的是禅门法眼宗僧人永明延寿，他在《万善同归集》中专门发挥了这种主张，认为万行皆善，同回向往生西方净土。他的净土四料简偈更是提出了"有禅有净土，犹如带角虎，现世为人师，来生作佛祖"①的说法，把禅净合修视为最佳的佛教修行。同时，延寿也身体力行，每日勤于念佛，他奉诏住永明寺时，"日课一百八事，未尝暂废"，日暮便"往别峰行道念佛"。由于他的倡导，禅净双修遂成为时尚。云门宗僧人契嵩"夜分诵观音名号，满十万声则就寝"；曹洞宗僧人长芦清了不但倡导并实践禅净双修，而且有《净土集》行世；云门文偃的四世法孙天衣义怀主张"净土兼修不碍禅"，晚年常教人念佛，作有《劝修净土说》。"天衣怀禅师以下，专用净土法，递相传授。"义怀的高足慧林宗本和法云法秀等也都是禅净双修的提倡者和实践者。与此同时，一些专修净业的净土宗人，例如著名的宗赜等，也都兼修禅教，主张禅净融合。禅净双修的风尚延至元明清而不衰。

以禅净合一为中心的佛教各宗派的大融合，逐渐成为宋以后数百年间佛教发展的总趋势，而佛教各宗则随之而日益失去了它们本身的宗派特色，这是宋以后中国佛教的基本特点之一。

二、儒佛道的合流

在禅净教日趋合一的同时，佛教与传统儒道的融合也进一步深化。入宋以后，儒佛道三教之间的相互影响和相互渗透日益加深，唐宋之际形成的三教合一的思潮逐渐成为中国学术思想发展的主流，以儒家学说为基础的三教合一构成了近千年中国思想发展的总画面。儒佛道三教从早期强调"三教一致"（都有助于维护封建统治秩序），到唐代的"三教鼎立"（三教各

---

① 《大藏新纂卍续藏经》第61册，第379页下。

成体系,皆立足于本教而对另外两教加以融合吸收,以充实抬高自己),进而发展为入宋以后思想上的"三教合一",这标志着三教关系随着社会经济和政治的需要而进入了一个新阶段,儒佛道三教在中国这块土地上最终找到了它们的共同归宿,找到了以儒为主、以佛道为辅的最佳组合形式。

从佛教与传统儒道的关系来看,由于入宋以后佛教的一些基本观点和方法为儒家所吸收,因而佛教逐渐减失了其本身的个性和独立存在的价值,它在中土的发展也就日趋式微,从而在理论上也就更强调与儒道的融合,宣扬三教一致,特别是曲意迎合儒家思想。例如,延寿在主张禅教一致、禅净双修的同时,也提出了三教融合的思想,他在《万善同归集》中说:"儒道仙宗,皆是菩萨,示助扬化,同赞佛乘。"天台宗人孤山智圆则自称:"宗儒述孟轲,好道注《阴符》,虚堂踞高台,往往谈浮屠。"[1]他认为,"修身以儒,治心以释",儒佛言异而理贯,共为表里,可以互补。他说:

> 夫儒、释者,言异而理贯也,莫不化民俾迁善远恶也。儒者,饰身之教,故谓之外典也;释者,修心之教,故谓之内典也。惟身与心,则内外别也。蚩蚩生民,岂越于身心哉?非吾二教,何以化之乎?嘻!儒乎,释乎,其共为表里乎!

智圆虽是佛教徒,却自号"中庸子",认为儒家所说的"中庸"即佛教所谓的"中道",要合乎"中庸"之道就不能"好儒以恶释,贵释以贱儒"[2],而应该兼容儒佛。宋代禅师契嵩在其著的《辅教编》中"拟儒《孝经》,发明佛意",甚至提出"夫孝,诸教皆尊之,而佛教殊尊也"[3],主张出世主义的佛

---

[1] 《闲居编》卷四十八《潜夫咏》。
[2] 以上引文均见《闲居编》卷十九《中庸子传》上。
[3] 《镡津文集》卷三《辅教编》下《孝论·序》。

教被说成是比儒家更尊崇孝道！金元时的万松行秀也是一个融贯儒佛道三教思想的著名禅师。宋代以后佛教大师对儒家思想的融合具有与以前不同的特点，他们一般都主动接近儒学，甚至抬高儒学，而不是像以前那样在扬佛贬儒的基调下来融合儒学。例如智圆提出，"非仲尼之教，则国无以治，家无以宁，身无以安"，而"国不治，家不宁，身不安，释氏之道何由而行哉？"[1]因而他明确地宣称自己晚年所作"以宗儒为本"[2]。这反映了宋代以后佛教地位的下降和代表中央政权意识形态的新儒学势力的增强，隋唐三教鼎立的局面已逐渐被儒家为主体的三教合一所代替。宋以后，佛教与道教的融合也日趋紧密，乃至在金元间产生了以儒、佛、道三教合一为中心思想的新道教——全真道。佛道二教的民间信仰也日益融合，甚至发展到后来，佛寺道观同立关帝与观音像。佛教与传统儒道进一步融合的特点是与整个中国社会的发展密切联系在一起的。

这个时期，道教对儒、佛的融合也进一步加强。这首先表现在出现了一大批兼容儒佛的道士。宋初著名的道士陈抟（？～989年）是个很有影响的道教学者，他早年熟读经史百家之言，尤好读《易》，由于"举进士不第，遂不求禄仕"，去山林隐居，辟谷养气数十年，同时写下了大量的著作，其思想融合吸收了易学、老学和道教内丹学等不同的理论，他的《无极图》和《先天图》对宋代理学的开山人物邵雍、周敦颐乃至二程等人，都产生了直接的影响。"幼亲善道，涉猎三教经书"的张伯端（984～1082年）更是一个融三教思想于道教修行理论的著名道士，他的代表作《悟真篇》特别强调"明心见性"，认为要长生成仙，只修金丹是不够的，必须性命双修。为了防止学道之人"不通性理，独修金丹"，《悟真篇》"先以神仙命脉诱其修

---

[1] 《闲居编》卷十九《中庸子传》上。
[2] 《闲居编》卷二十二《谢吴寺丞撰闲居编序书》。

炼，次以诸佛妙用广其神通，终以真如觉性遣其幻妄而归于究竟空寂之本源"①。他还力图以道教的修炼性命之说来会通三教，提出了"三教归一"的理论，认为儒佛道三教"教虽分三，道乃归一"②，那种"各自专门，互相非是，致使三教宗要，迷没邪歧，不能混一而同归"③的说法与做法都是没有道理的，是不应该的。张伯端将儒佛的性命之说融合到道教的内丹修炼之中而提出的性命双修理论，为后来道教的各种内丹修炼理论所继承发挥，他的"三教归一"的思想对以后道教的发展也产生了极大的影响。金代道士刘德仁（1122～1180年）"避俗出家，绝去嗜欲，屏弃酒肉"，他所创立的"真大道教"既以"苦节危行为要"④，又强调"忠于君，孝于亲，诚于人"⑤，表现出了对儒、佛二教的融摄。金代道士王重阳（1112～1170年）更是大力倡导"三教合一"，并在"三教合一"的基础上创立了在中国道教史上影响既深又广的"全真道"。据载，王重阳常劝人诵老子的《道德经》、佛教的《般若心经》和儒家的《孝经》，"云可以修证"。他曾赋诗曰："心中端正莫生邪，三教搜来做一家"⑥，"儒门释户道相通，三教从来一祖风"⑦。元代全真道道士李道纯曾说："引儒释之理证道，使学者知三教本一。"⑧这反映了全真道从理论上对三教加以融合的特点，也反映了唐宋以后道教发展的新特点。

入宋以后，儒家与佛道的关系也有了新的变化。宋代理学家复兴儒

---

① 《悟真篇拾遗·禅宗歌颂诗曲杂言》，《道藏》第2册，第1030页。本书所引《道藏》为文物出版社、上海书店、天津古籍出版社联合影印本，1988年版。
② 《悟真篇序》，《道藏》第2册，第973页。
③ 《悟真篇序》，《道藏》第2册，第973页。
④ 《元史》卷二百二《释老传》。
⑤ 《宋濂文集·书刘真人事》。
⑥ 《重阳全真集》卷一，《道藏》第25册，第696页。
⑦ 《重阳全真集》卷一，《道藏》第25册，第693页。
⑧ 《三天易髓》，《道藏》第4册，第527页。

学,吸收并利用了大量佛教和道教的思想内容。宋代兴起的新儒学,也就是程朱理学和陆王心学,都是在融合儒佛道三教思想的基础上建立起了思想体系。有些理学家,虽然表面上反对佛、道,实际上仍未能避免"出入于释老"。在儒家的立场上实现"三教合一"是这个时期大多数理学家所走的共同道路。例如理学的创始人之一周敦颐,他的《太极图说》就是儒佛道三教思想融合为一的代表作。以后的张载、二程乃至朱熹、陆九渊等人,他们的理学思想也都是"三教合一"的产物,而这个时期公开打出"三教融合""三教合一"旗号的儒家学者则有苏轼、苏辙等人。苏轼曾明确地说:"孔老异门,儒佛分宫,又于其间,禅律相攻。我见大海,有北南东,江河虽殊,其至则同。"①苏辙也说:"老佛之道,非一人之私说也,自有天地而有是道矣……圣人之所以不疾而速,不行而至者,一用此道也。"认为三教之道是"并行而不相悖"的。②

这个时期,儒佛道三教的地位是不相等的,三教的力量也是不平衡的。新儒学适应封建社会强化中央集权的需要而成为官方正统的思想意识形态,佛道二教虽然各有发展,但都处于依附从属的地位,作为封建统治思想的补充,配合儒学发生着作用。因此,这个时期的儒家是以居高临下之势对佛道二教加以改造利用的,大多数儒家学者一方面从佛道那里大量吸取对自己有用的东西来丰富发展传统儒学,另一方面又往往贬低佛道,对佛道加以批判或攻击。这种现象突出地表现在宋儒与佛教的关系上。宋儒的理学体系无不以佛教的心性论为其重要的理论来源,但大量吸取佛教思想的理学家却又大都站在儒家正统的立场上反对佛教,特别是对佛教的出世主义和虚无主义加以攻击,这种既排斥又吸收的状况,

---

① 《东坡后集·祭龙井辩才文》。
② 《栾城文集》卷十五。

从一个侧面反映了这个时期三教关系的新特点。

第四节　佛教向社会文化各领域的渗透

入宋以后,中国佛教的理论虽然没有多大的进展,但佛教发展的规模却有进一步的扩大,特别是禅宗和净土宗在民间有相当广泛的传播。佛教理论经过不断的中国化而与传统思想文化日益融合,至宋代已潜移默化地渗透到了社会文化的各个领域,对中国哲学、政治、伦理和文学艺术等产生着持久而深刻的影响。

一、佛教与中国哲学

两汉之际传入的佛教,在相当长一个时期内只是被视为神仙道术的一种。在汉代,佛教因果报应的教义在当时社会上有一定的影响,但其哲学理论却并不为中土人士所了解。汉末开始出现了汉译佛经,老庄化的译经为日后佛学与中国哲学的融合提供了契机。

魏晋时,玄学盛行,玄风大畅,主张性空假有的佛教般若学通过依附谈无说有的玄学而正式登上了中国学术思想的舞台。佛教般若学与玄学合流而形成的"六家七宗"时代的般若学,曾一度成为中国学术思潮的主流。著名佛学家道安、慧远和僧肇等中国佛教学者在理解并消化吸收外来佛教思想方面作出了重要的贡献,他们的思想理论都是中国哲学的重要内容,并对中国哲学的发展产生深刻影响。慧远以"法性论"为核心提出的神不灭论和三报论,不仅成为中国佛教的基本教义,而且成为东晋南北朝哲学反复讨论的主要问题之一。僧肇站在佛教立场上对玄佛合流作出的批判总结,推动了魏晋玄学向南北朝佛教哲学的过渡,他所创立的融会中印思想的第一个比较完整的中国化的佛教哲学体系,既把玄佛合流推向了顶峰,同时也标志着魏晋玄佛合流的终结,开了佛教哲学在中土大发展的先河。佛学通过依附玄学、与玄学合流而最终取代了玄学。六家七宗时代的般若学和僧肇等人的佛教哲学思想构成了两晋时代中国哲学发展的重要环节和有机的组成部分。晋宋时的佛教思想家竺道生从般若学转向对涅槃学的兴趣,注重对涅槃解脱的主体佛性问题的探讨,促进了南北朝佛性论的兴盛,佛性问题成为南北朝时佛教理论的中心议题。从哲学上看,佛性论实际上是佛教的心性论,它从探讨解脱主体与解脱途径的角度对心性问题作了特殊的发挥。受中土灵魂不死观念的影响,南北朝时期佛性论的主流是从涅槃解脱的角度把常住的佛性与"冥传不朽"的"心神"等联系在一起,以"神识""真神"等来表示业报轮回的主体和超凡入圣的解脱之因①,梁武帝的"神明成佛义"就是其中具有代表性的一种观点。当时许多佛教徒都认为"佛之有无,寄于神理存灭"②,因而大力宣扬和捍卫神不灭的理论。著名的思想家范缜站在无神论的立场上批判了佛教的泛滥带来的流弊,并把矛头直指当时佛教的理论基础神不灭论,写下了光辉的无神论篇章《神灭论》。南北朝时期围绕神灭神不灭而对生死、果报等问题展开的理论上的大论战,构成了这个时期中国哲学的重要内容,也对隋唐佛教哲学的走向产生深刻影响。隋唐佛教不再花力气论证神的不灭和因果报应等问题,而是致力于阐发心性本体论和修养论,为中国哲学过渡到宋明理学准备了理论条件。

隋唐时期,中国化的佛教宗派相继创立,佛教与传统儒、道三足鼎立。这个时期,儒家虽然被奉为正统,但在哲学上得到长足进步的却是佛教。佛教各宗派都在兼容儒、道的基础上建立了自己的哲学思想体系,为这个

---

① 见吉藏《大乘玄论》卷三述诸家佛性义。并请参阅拙著《禅宗思想的形成与发展》,第57~59页。

② 萧琛:《弘明集》卷九《难神灭论》。

时期的中国哲学写下了光辉的一页。以佛教为本位的儒、佛、道三教合一为宋明理学以儒家为本位的三教合一提供了模式和方法,从宗教的角度对心性学说的阐发则推动了中国哲学由魏晋本体论向宋明心性论的过渡。由于佛教对传统思想文化的渗透日益加深,一些思想家主观上虽然拒斥佛教,客观上他们的思想却无法避免深受佛教的影响,韩愈的道统论和李翱的复性说就是这方面的典型,他们的思想开了排佛而又融佛的宋明理学的先声。

宋明理学的形成与发展集中体现了佛教对中国哲学的深刻影响。理学家复兴儒学,建立了性命天道合而为一的心性本体论,这是继魏晋玄学以后中国哲学的又一次重大突破。玄学曾在秦汉以来儒道相融的学术思潮演进中,在中国哲学史上第一次以道家自然哲学来论证儒家名教,建立了以道家哲学为基础、以儒家伦理为核心的合儒道自然名教为一的本体论哲学;宋明理学正是在此基础上,融合吸收佛教心性论的"合理内核",摒弃其出世的价值取向,进一步从天人合一的角度完成了对儒家名教的本体论论证,构建了以儒家伦理为核心的三教合一的心性本体论哲学,把传统哲学的发展推向了新的高度。

随着宋明理学的被定于一尊,佛教在中土的发展日趋衰微,但佛教的思辨精华却被理学所吸收而成为传统哲学的有机成分,佛教探讨人心佛性的思维途径和宗教的修行方法,也渗透到了理学的方方面面,无论是对程朱理学还是对陆王心学,都产生了极其深刻的影响。宋儒崇"四书",谈性理,重修养,乃至师生教学和所使用的语言概念等等,无不表现出"出入佛老"的特点。

近代以来,佛教唯识学曾一度复兴,一些重要的思想家如龚自珍、魏源、章太炎、谭嗣同、梁启超、康有为等人,为了变革、改良或革命等现实需要,都从佛教唯识学中吸取精神武器和力量,佛学成为他们哲学思想的重要组成部分,甚至成为他们哲学思想体系的基本立足点。佛教对近代中国哲学的影响是特别值得研究的。

二、佛教与中国政治和伦理

佛教虽然是一种以出世为最终目的的宗教,但在注重现实生活的中国这块土地上,出世的佛教不仅强调出世不离入世,具有了入世求解脱的现实主义品格,而且还在一定的条件下直接参与现实的社会政治活动,主动与传统的伦理道德相协调和融合,从而对中国的社会政治和伦理产生一定的影响。而随着佛教中国化的进一步发展,佛教的思想和观念也日益渗透到社会政治和伦理道德等领域,并在这些领域中潜移默化地产生着持久的影响力。

就佛教与中国政治的相互关系而言,由于中国封建专制集权的强大,佛教受政治的干预和影响是主要的方面。中国历代的封建统治者出于现实政治的需要,大多扶植并利用佛教,但也正是出于现实政治的考虑,他们要严格控制佛教,要把佛教的发展限制在自己有效的控制之内,一旦佛教的发展与世俗的政治经济利益发生冲突,统治者就会毫不犹豫地沙汰佛教,甚至强制性地毁灭佛教。后秦姚兴始创的僧官制度在中国封建社会中不断得到强化,世俗官僚在佛教事务管理中的权限越来越大,反映了在中国王权始终高于教权的社会现实;"三武一宗"(北魏太武帝、北周武帝、唐武宗、后周世宗)的灭佛事件则是封建统治者利用政权的力量来打击佛教以维护自己的政治经济利益的典型事例。正是在这样的社会文化背景下,道安的名言"不依国主,则法事难立"成为中国佛教徒的共识。佛教徒依傍"国主"的自觉意识和行动既是现实政治影响的结果,同时又对社会政治产生一定的反作用。

例如东晋十六国时的佛图澄就曾利用北方后赵统治者对他的崇信,

积极参与朝廷的军政大事,同时也以佛教慈悲戒杀的教义来感化并劝谏残暴成性的石勒、石虎,使他们少杀无辜,石勒、石虎"虽不能尽从,而为益不少","凡应被诛余残,蒙其益者十有八九"①。佛图澄以佛教来为后赵政权服务,后赵统治者则利用并支持佛教的传播,使佛教在更广泛的领域里对社会政治发生影响。佛图澄的大弟子道安为前秦王苻坚所敬重,苻坚为了招道安前来"以辅朕躬",曾发兵攻打襄阳将道安迎至长安,道安在长安一方面利用统治者的支持译经传教,另一方面也积极施展对政治的影响力,当苻坚准备重兵南征东晋时,道安极力加以劝阻,无奈苻坚不听,后在淝水之战中惨败。道安的弟子慧远,高居庐山"率众行道",他虽然30余年"影不出山,迹不入俗",但实际上他并没有绝离尘世,而是利用自己特殊的身份和广博的知识广泛结交朝廷权贵和文人士大夫,与上层社会保持着密切的联系,在推动佛教广泛传播的同时,又通过调和佛法与名教的关系而对社会政治产生深刻影响。围绕沙门袒服、沙门应不应敬王者的争论,慧远强调了佛法与名教在协和王化方面的一致性,一方面说明佛教的存在是合理的、必要的,另一方面也论证了佛教只有保持它的超然出世,才能更好地发挥它特殊的社会作用。慧远的论证提高了统治者对佛教社会作用的认识,对历代帝王的宗教政策都产生了较大的影响。南朝宋文帝认为"若使率土之滨皆纯此化",自己就可以"坐致太平";梁武帝则把佛教几乎抬到国教的地位,利用佛教来实现世俗的统治;陈王朝为了更好地利用佛教来维护统治,甚至不惜把一个县全年的赋税拨给智𫖮所在的寺院使用。作为回报,佛教徒也以各种方式积极为统治者服务,有的还直接参与政事,乃至有释慧琳甚至获得了"黑衣宰相"之称。

隋唐是中国佛教创宗立派的鼎盛时期,封建统治者对佛教的利用也

---

① 《高僧传》卷九《佛图澄传》。

更加理智,他们的宗教政策更多是从现实政治的需要出发而不是出于个人的好恶,例如唐太宗本人虽不怎么崇信佛教,但他仍然积极扶植佛教,支持唐玄奘创立了唯识宗。佛教徒也十分自觉地配合着帝王的政治需要,有时对现实的政治斗争起着推波助澜的作用,法藏编造灵异事迹、迎送佛骨舍利以迎合武则天"变唐为周"当女皇的政治需要,后来又"预识机兆"机灵地转而支持中宗复位,就是十分典型的一例。禅宗北宗的代表人物神秀被推为"两京法主,三帝国师",南宗惠能的弟子神会则在安史之乱以后积极设坛度僧收香水钱以助军需,为朝廷恢复两京立下汗马功劳而被追立为禅宗"七祖",这也都从不同的侧面反映了隋唐佛教与政治的密切关系。

入宋以后,佛教与政治的关系表现出了与以往不同的新特点。由于佛教在与传统思想文化的交融中已经被同化吸收,它独立存在的价值正日益减失,其本身的发展趋于衰落,在理论上则几乎停止了发展,因而它在社会政治领域已很少发生直接的重大影响,但它的许多思想观念和方法通过宋明理学或向社会伦理道德和行为规范的转化而发挥的政治作用却仍然是十分值得重视的。例如佛教的禁欲主义渗透到了被定于一尊的理学中而加强了统治者对人性的束缚,佛教宣扬的忍辱、顺从、追求来世幸福等对民众的精神安慰或麻醉从而对中央集权的维护,都是这方面的显著表现。智圆把佛教称为"修心之教",认为"修身以儒,治心以释",这种对佛教"治心"功能的强调,既是为佛教继续存在的合理性作论证,同时也可视为是佛教在新的历史条件下积极发挥政治影响的新的表现形式。

同样值得重视的是,元代实行的帝师制度和西藏地区实行的政教合一,也构成了元代以后中国佛教对政治发生重大影响的重要方面。元代的帝师拥有很大的政治权势,帝师之命曾与皇帝的诏敕"并行于西土",而藏传佛教格鲁派的宗教领袖"达赖喇嘛"则同时成为西藏地方政府的首脑,在中央政府的认可和支持下,统管西藏地区的政教事务。

此外,宋元时期的农民起义常常打出"弥勒出世"的旗号,利用佛教来反抗封建统治者的暴政;帝王经常派遣佛教使者以加强与邻国的友好往来和各民族之间的团结;明末清初和近代许多思想家从佛教中吸取精神养料和思想武器以批判封建礼教并从事社会政治改革;等等。这些也都是佛教在入宋以后继续从不同的方面发挥着社会政治作用的具体表现。

关于佛教与中国伦理的关系,我们在谈论佛教与儒家的关系时已经谈到并将继续谈到。因为中国封建社会的伦理道德是以儒家的伦理道德观念为核心的,所以外来的佛教与中国传统伦理道德的冲突和交融,在很大程度上也就表现为佛教与儒家的冲突和交融。同佛教与政治的关系相类似的是,由于忠君孝亲的儒家伦理纲常是中国封建社会的立国之本,历来为封建统治者所维护和提倡,因而在佛教与中国伦理的相互关系上,佛教受中国伦理的影响是主要的方面。当然,佛教在丰富发展传统伦理道德方面所起的作用也是不可忽视的。

早在佛教传入之初,佛教的出家修行方式就遭到了儒家的激烈反对和攻击,记载了佛教流传中土引起最初反响的牟子《理惑论》中,儒家对外来佛教的排斥主要地也就集中在对佛教剃发出家、不娶妻生子、见人无跪起之礼等"不孝不仁"的行为上。东晋时期,围绕着沙门袒服、沙门应不应敬王而展开的大争论,虽然有其深刻的政治经济背景,但它却是通过佛教的出家修行方式与中国的封建礼法道德矛盾冲突的形式表现出来的。唐代以后,佛教的"不忠不孝"仍然是正统儒家反佛的重要理由之一,例如激烈排佛的韩愈就攻击佛教"弃而君臣,去而父子",因而主张对佛教采取禁毁行动。宋明理学家尽管从佛教中吸取了不少东西,但大多数人仍然坚持反佛,一个很重要的原因也就在于佛教的出世主义价值取向和出家修行的生活方式与儒家追求的修齐治平和儒家强调的纲常名教是尖锐对立的。历代封建统治者大都扶植利用佛教,但佛教始终未能爬上"国教"的地位,佛教思想也从未成为中国封建社会的"正统思想",这与佛教同适合中国封建社会的纲常名教不合也有密切的关系。

正因为此,所以佛教自传入之日起,为了能在中土生根发展,便努力与儒家伦理妥协和调和。牟子《理惑论》就提出,"苟有大德,不拘于小",出家人表面上与"忠孝"不合,实际上能从根本上救世度人,是并不违礼悖德的。汉魏时的译经、注经也充分地注意到与儒家伦理的相适应性,例如在译经时删除与忠孝仁义不合的内容,在注经时把佛教的"五戒"与儒家的"五常"相比附,等等。入唐以后,佛教更在自己的思想体系中容纳了大量的儒家伦理内容,例如大倡"忠君孝亲""忠义之心",认为"儒以孝为百行之本,佛以孝为至道之宗"①,"菩提心则忠义心也,名异而体同"②,甚至标榜自己比儒家还要尊崇孝道,提出"夫孝,诸教皆尊之,而佛教殊尊也"(契嵩语)。而从协和王化的社会作用相同以论证"周孔即佛,佛即周孔"(孙绰语)、"道法之与名教,如来之与尧孔"殊途同归(慧远语),从"善世教人"的道德教化作用相同以论证"儒所谓仁义礼智信者,与吾佛曰慈悲、曰布施、曰恭敬、曰无我慢、曰智慧、曰不妄言绮语"本质无异③,则是佛教向儒家名教妥协调和的最常用的方法。

在佛教积极向儒家伦理道德妥协调和的同时,佛教不杀、不盗的道德戒规和"诸恶莫作,众善奉行"的伦理训条,也对中国传统的伦理道德产生了一定的影响,特别是大乘佛教慈悲度人、普度众生的精神,近代以来曾激励过许多志士仁人为救国救民而奋斗。章太炎希望用佛教"发起信心,

---

① 智旭:《灵峰宗论》卷七之一《题至孝回春传》。
② 《大慧普觉禅师语录》卷二十四。
③ 契嵩:《镡津文集》卷八《寂子解》。

增进国民的道德"①,康有为曾以佛教"舍身无我"的精神与弟子们共勉,积极投身于维新变法运动。佛教道德在历史上所曾起过的积极作用是值得肯定的。但是,佛教道德从根本上说是为追求出世解脱服务的,其否定现实人生的价值取向和宣扬忍辱、禁欲的生活态度,在历史上所起的消极作用也是不能忽视的。

三、佛教与中国文学艺术

入宋以后,佛教继续对中国文学艺术产生巨大影响,佛教禅宗的流行使宋代许多著名文人的诗词和书画饱含禅意,佛教本身的文学艺术也有进一步的发展。特别值得一提的是各种说唱文学的相继产生和中国书法艺术的独特成就。

由唐代"俗讲"和"变文"演变发展而来的以说唱为主的"宝卷"等,在宋代出现并在明清时盛行,是这个时期佛教文学艺术发展的一个新特点。宝卷可以说是由变文直接发展而来的一种佛教通俗文学,其题材多为佛教故事,宣扬因果报应。以用七字句、十字句的韵文为主,间以散文。现存的《香山宝卷》一般认为是北宋普明禅师的作品。明清以后,以一般民间故事为题材的宝卷日益流行,有《梁山伯宝卷》《土地宝卷》和《药名宝卷》等200种以上。佛教僧人和佛教徒宣讲宝卷称为"宣卷",后来发展成为一种曲艺。北宋时出现而流行于宋金元的诸宫调也是受俗讲和变文影响的一种以唱为主、以讲为辅的说唱艺术,一般是取同一宫调的若干曲牌联成短套,首尾一韵;再用不同宫调的许多短套联成数万言的长篇,杂以说白,以说唱长篇故事。其体制宏大,曲调丰富,往往能连讲数月而使听者不倦,对元杂剧的形成有较大影响。现存的诸宫调作品有金人(佚名)

---

① 《东京留学生欢迎会演说辞》。

作《刘知远》的残篇、董解元作《西厢记》,以及元王伯成作《天宝遗事》的残篇辑本。另外,明清时流行于中国北方的鼓词和形成于元而盛行于明清时南方的弹词,也都是在佛教俗讲和变文的间接影响下产生的。

在上一章中我们已经提到,唐宋传奇小说、宋元话本小说以及明清章回小说,从体裁结构到思想内容,都深受佛教的影响。而金元时产生的元杂剧(亦称"元曲")以及以后的中国戏曲受佛教的影响也是值得重视的。元杂剧不仅取材于唐宋传奇小说,而且还往往直接引入佛教故事,例如元代郑廷玉的《布袋和尚》、吴昌龄的《唐三藏西天取经》以及明代的《目连救母劝善戏文》等,都是这方面的显著例证。中国自元杂剧表演形式出现,才有合乐歌、舞蹈(身段)、科白的正式戏曲,佛教在中国戏曲的产生中所起的促进作用显然是不可忽视的。

宋代以来,佛教的音乐和绘画也有进一步的发展。隋唐时形成的富有中国特色的佛教音乐在这个时期与民间曲艺相连互进,丰富了中国传统的音乐。"宋代绘画,仍有佛教题材,惟不在寺塔,而在气势高远、景色荒寒,以表现明心见性的修养。"①受禅宗影响而出现的南宗画风至宋元而趋极致,为中国绘画艺术园地增添了奇葩。

佛教的传入对中国的书法艺术也产生了很大的影响,这种影响主要表现在两个方面:其一是佛教书法直接丰富了中国的书法艺术;其二是佛教特别是禅宗对书法理论和书法实践的影响。

这里所说的佛教书法主要是指与佛教直接相关的抄经、造像和石刻等。印度佛教传入我国,其本身并没有带来什么新的书法形式或理论,但出于弘法传教的需要,佛教十分重视抄经、造像等活动,并由此而形成了富有特色的佛教书法艺术。在佛教中,对于经典有 10 种行法,称"十法

---

① 方豪:《宋代佛教对绘画的贡献》,《现代学苑》第 7 卷第 10 期。

行",即书写、供养、施他、谛听、披读、受持、开演、讽诵、思惟和修习,其中书写位于诸行之首。浩如烟海的佛教经典传入我国以后,中国的佛教徒以虔诚的态度和精湛的书艺为我们留下了大量的书法艺术珍品,并在书写佛经的过程中产生了许多杰出的僧侣书法家。据田光烈先生不完全的统计,从六朝至近代,僧侣书法家"大约有四百五十余人"之多[1]。其中的佼佼者有陈末隋初的智永和唐代的怀素等。智永乃是具有"书圣"之称的东晋著名书法家王羲之的七代孙,明代解缙(1369~1415年)在《春雨杂述》中称其"中兴"书学,认为"自羲、献而后,世无善书者,惟智永能寤寐家法,书学中兴,至唐而盛"。其发挥的"永字八法"成为历代学习书法的基本方法,"八法"二字甚至成为"书法"的代称。唐初书法家虞世南(558~638年)得其传授,影响一代书学。怀素(725~785年)以"狂草"著称于世,其素好饮酒,兴到挥毫,落笔纵横,如骤雨旋风,随手变化,同时又法度具备,与张旭并称"颠张醉素",对后世的书法艺术也有相当大的影响。

此外,盛行于南北朝和隋唐的佛教石窟造像,在创造大量精美雕塑的同时也留下了许多"造像记",这些种类繁多的造像题记,大都自然质朴,风格独特,"笔法亦浑朴奇丽有异态"[2],构成了中国佛教书法艺术的重要组成部分。特别是北魏时的作品,堪称中国佛教书法艺术的一绝。例如著名的"龙门二十品",即龙门石窟造像记中具有代表性的"始平公""杨大眼""魏灵藏"及"孙秋生"等20种作品,其书方峻雄强而厚密,且颇多变化,代表着当时书法艺术的较高水平,并在中国书法艺术史上起着一定的承前启后的作用。与此同时,历代的摩崖刻石也为我们留下了宝贵的佛教书法艺术品。著名的如"泰山经石峪",在泰山南麓的经石峪花岗岩上,

---

[1] 田光烈:《佛教书法艺术与精神文明》,《佛教文化》1990年第2期。
[2] 康有为:《广艺舟双楫》。

刻着《金刚经》文，字大径尺余，气势磅礴，书体雄浑，为北齐时的作品，传为王子椿、唐邕等人书。此刻石历经千年，至今所存的900余字，仍可清晰地看到用笔的提按顿挫和深含的浑厚超然的艺术意蕴。

佛教，特别是禅宗的理趣，对中国书法艺术的理论和实践也产生了巨大的影响。书法之道重性灵，讲究"凝神静思""意在笔前"，这与重妙悟而强调静虑、无我和任心随缘的佛理禅趣，本来就具有某种内在的联系。晚唐以来，在佛教禅宗的影响下，许多书法家以禅入书，把书法看作是禅的表现方式，并形成了独特的以禅论书、以禅喻书的书法理论。宋代朱长文在《继书断》中曾提出："书之至者，妙与参道，技艺云乎哉！"认为书法之极致在于"妙与参道"而不在于技艺，这就把书法之道与禅悟之道直接联系了起来。

佛教禅宗一向以"不立文字""以心传心"相标榜，重顿悟心性而反对死守成规或执著言相，受其影响，书法理论中也出现了对尚意重悟的强调。五代时的诗画僧贯休（832~913年）善草书，时人比之怀素，他就十分反对执著书法的规矩法度，主张放旷任达的"自展其意"。他崇尚怀素的"乱拿乱抹无规矩"，认为"我恐山为墨兮磨海水，天与笔兮书大地，乃能略展狂僧意"[1]。这种"尚意"的书论入宋以后十分流行。宋代大文学家、书画家苏轼（1037~1101年）在《评草书》中提出，书法要"自出新意"而"不践古人"，他自言："我书意造本无法，点画信手烦推求。"[2]著名书法家黄庭坚（1045~1105年）也认为书法之道在于体现心灵的超然物外和自然放逸，不应该为外物所拘。他在《书论》中说："老夫之书，本无法也，但观世间万缘，未尝一事横于胸中，故不择笔墨，遇纸则书，纸尽则已，亦不计较

---

[1] 贯休：《观怀素草书歌》。
[2] 苏轼：《石苍舒醉墨堂》。

工拙与人之品藻弹讥。"明代董其昌则追求书法创作中的意境,认为"书家以毫逸有气,能自结撰,为极则"①,在他看来,学书法重要的是要达"意",要以"意"学之,他甚至主张以意临帖,他在《临修禊贴跋后》中说:"余书《兰亭》,皆以意背临,未尝对古刻,一似抚无弦琴者。"尚意与重悟又有密切的关系。五代僧人晋光曾受业于陆希声,得其笔法,潜心草书,名重一时,他对书法发表了这样的看法:"书法犹释氏心印,发于心源,成于了悟。非口手所传。"②宋代黄庭坚也强调书法创作中的悟,并认为这种悟要靠平时的积学与用心体会。他曾说:"绍圣甲戌在黄龙山中,忽得草书三昧,觉前所作太露芒角,若得明窗净几,笔墨调利,可作数千字不倦,但难得此时会尔。"③为了体现尚意重悟的书法之道,这个时期的书法家都十分强调作书时的无我无欲、心地清净,以佛教禅宗的理趣来要求书法创作,并寓禅理于书法之中。宋代著名的书法四大家(苏轼、黄庭坚、米芾、蔡襄),他们的书法作品,无不充满着禅的底蕴,是佛教影响中国书法艺术的典型例证。

---

① 董其昌:《画禅室随笔》。
② 魏了翁:《佩文斋书画谱》卷六《鹤山集》引。
③ 黄庭坚:《书自作草后》。

第七章　中国佛教的衰落与世俗化（明清）

明清时期，中国佛教的发展几乎完全处于停滞阶段，不但失去了隋唐时期的蓬勃生气，而且由于宋儒援佛入儒，吸取了佛教的思辨精华，使佛教在三教融合的趋势中日益减失了它的独特性，许多宗派都是名存实亡，仅存形式而已。而在另一方面，由于佛教与传统文化的不断融合，这个时期的佛教已经潜移默化地渗透到了中国社会文化的各个方面，特别是在与民间信仰的结合中，与民俗进一步调和，使佛教的某些教义更深入人心，具有了更广泛的社会基础。这个时期的佛教教理基本上没有什么发展，只是在一些居士中兴起了一股研究佛学的风气，形成了这个时期佛教的一个特点。

第一节　佛教与政治

明清之时，官方的正统思想是儒学（理学），统治者已不像南北朝隋唐时期那样崇佛佞佛了。但是，佛教对于统治阶级来说，仍不失为是一种有用的精神工具。因此，各代统治者对佛教也仍然采取了利用的政策，只是利用的方法时有不同而已。另一方面，佛教的发展也与帝王政治有割不断的联系，正是由于封建社会的日益衰落，佛教才随之式微不振。

一、明王朝与佛教

明王朝建立以后，统治者主要推崇的是正统儒家思想。明太祖朱元璋曾对他的臣下说："天下甫定，朕愿与诸儒讲明治道。"①表明他要用儒家的思想来治理国家。但在同时，明王朝对于佛教也是加以利用的。鉴于元代过分崇奉藏传佛教的流弊，明王朝主要支持汉地传统的佛教，使禅、净、天台、华严等宗派都有所恢复和发展。

曾经当过和尚的明太祖，在政权建立之初，几乎每年都要在南京的一些大寺院里召集名僧，举办法会，并率领文武官员亲预其事，还常常把僧人召入禁中，赐坐与讲论，赐金襕袈裟衣等。洪武六年（1373年），他下诏对天下的僧尼免费普给度牒，废除过去计僧卖牒的所谓"免丁钱"，给予出家者以更大的方便（代宗景泰以后，又恢复实行了收费发牒制度，直到明末为止）。他还专门下旨："一切南北僧道，不论头陀人等、有道善人，但有愿归三宝，或受五戒十戒、持斋、戒酒、习学经典、明心见性……不论山林、城郭、乡落村中，恁他结坛上座，拘集僧俗人等，日则讲经说教，化度一方，夜则取静修心。钦此！"②与此同时，明太祖还对僧人的读经、做佛事等作了具体的规定，并亲自撰写了大量有关佛教的文章，编了《金刚经集注》等（现存标明成祖朱棣集注的本子可能即是在此基础上"重加纂辑"而成的）。明代其他诸帝，除世宗由于迷信道教而曾排佛之外，大多数也都是支持佛教的。例如成祖也曾专门下令，要求礼部出榜晓喻天下，保护行脚僧人的活动不受阻碍，若有阻碍者，将受到流放发配的惩罚。武帝即位不久，就曾在一天之内"度僧道四万人"。英宗、代宗则大兴土木，"营构寺

---

① 《明史》卷二《太祖本纪第二》。
② 《释氏稽古略续集》卷二，《大正藏》第49册，第929页上。

宇,遍满京邑,所费不可胜记"①。明王室的支持佛教,是由于佛教"于护国佑民,不为无助"(宋神宗语),有利于他们维护封建统治。

出于政治上的需要,明王朝对藏传佛教也仍然给予了足够的重视,特别是对喇嘛大行封赏,"借以化愚俗,弭边患"。太祖洪武(1368~1398年)年间,前元帝师喃迦巴藏卜入朝,被封为"炽盛佛宝国师",后八思巴后代公哥监藏巴藏卜入朝,又被尊为帝师,加国师称号。但太祖时"授国师、大国师者不过四五人"。至成帝永乐(1403~1424年)年间,所封的喇嘛除阐化、赞善、护教、阐教、辅教等五王及大宝、大乘二法王之外,还"授西天佛子者二,灌顶大国师者九,灌顶国师者十有八,其他禅师、僧官,不可悉数"。此后,宪宗、孝宗、武宗各代也都深崇喇嘛,喇嘛也时时向王朝政府表示致敬,"以故西陲宴然,终明世无番寇之患"②。明王朝的佛教政策完全是为其政治服务的。

二、清政府与汉藏佛教

清代帝室最初接触到的佛教是藏传佛教,并对之加以崇奉和利用。雍和宫即是清政府在京城里建立的藏传佛教总寺院。顺治(1638~1661年)年间,达赖喇嘛五世应请入京,受到清政府的册封。清政府对藏传佛教的利用,主要也是出于政治上的考虑,表明其对西藏地区政教事务的重视。雍正六年(1728年),清政府设驻藏大臣,管理西藏政务。乾隆五十八年(1793年),政府制定了有关的章程29条,确定了西藏地区政教合一的制度,政府理蕃院统管西藏地区的寺庙和喇嘛。

清政府对汉地佛教也是支持和利用的。清世祖顺治皇帝好禅,曾先

---

① 《明史》卷一百六十四《单宇传》。
② 以上引文均见《明史》卷三百三十一《西域传三》。

后召憨璞性聪(1610~1666年)、玉林通琇(1614~1675年)、木陈道忞(1596~1674年)等名僧入京说法,并赐以紫衣、金印、法号等,还尊通琇为玉林国师,命选僧1500人从他受戒,以表示自己对汉地佛教的支持。他甚至对人说:"朕想前身的确是僧,今每到寺,见僧家明窗净几,辄低回不能去。"①故历史上曾有顺治皇帝入五台山出家为僧的传说。虽然这种传说现在难以确证,但顺治对佛教有特殊的感情,曾有过出家的想法,这却是历史的事实,佛教徒称扬他"智周万机,道融一贯,虚怀好问,念切生死……与宗门耆归、法苑禅学相见,不令称臣致拜,从容咨询,握手温颜,情逾师友……真承愿而来,不忘灵山付嘱也"②。康熙皇帝也很崇佛,他多次下江南,每次都参寺礼僧,题字赐额,据说曾"写寺庙扁榜多至千余"。《履园丛话一·善知识》中还有关于康熙帝"拜僧"的一段记载:

> 吾乡华公亦祥,中顺治十六年进士第二人,圣眷甚优。康熙初,尝随车驾幸香山。有某禅师者,德望素著,圣祖见之,如礼佛然,而此僧箕踞自若也。亦祥含怒未发。顷之,车驾出门,亦祥遂取所持锡杖痛殴之,谩骂曰:"尔何人,敢受天子拜耶?"僧曰:"不拜我,拜佛。"华亦曰:"我不打你,打佛。"僧乃合掌曰:"阿弥陀佛,善知识!"

历史上围绕僧人应不应礼敬王者曾有过争论,也有出家的僧人把礼敬王者视同于礼佛,但在这里,身为人主的康熙却主动对僧人礼拜,如果实有其事,那么康熙的崇佛也就可想而知了。清世宗雍正帝与佛教的关系更为密切,他既从喇嘛章嘉国师参学,又常与禅僧往来,并自号圆明居士,编

---

① 木陈道忞说,真朴编次:《弘觉忞禅师北游集》卷四。
② 《宗统编年》卷三十二。

撰了《御选语录》19卷和《御制拣魔辨异录》8卷等,以禅门宗匠自居,"祛邪扶正","护持佛法"。他还大力主张儒佛道三教一致,佛教各宗一致,禅门各家一致,并提倡念佛,对近代佛教的发展产生很大影响。

清政府官方刻印的大藏经在中国佛教史上也占有一定的地位。

三、专制集权与僧官制度的强化

中国封建社会发展到明代,专制主义的中央集权得到了进一步的强化。与此相应的是,明代的僧官制度和对佛教的管理也空前严密。为了更好地利用佛教,明王朝不断地加强着对佛教的整顿与统制。

早在洪武元年(1368年),太祖即在南京天界寺设立善世院,管领佛教,又置统领、副统领、赞教、纪化等僧官,以掌全国名山大刹住持的任免。十五年(1382年),又进一步仿照宋制,设各级僧司、僧官。具体的做法是:在中央,设僧录司,置左右善世各1人,左右阐教各1人,左右讲经各1人,左右觉义各1人,由礼部任命;在各府,设僧纲司,置都纲、副都纲各1人;在各州,设僧正司,置僧正1人;在各县,设僧会司,置僧会1人。并规定:"在京在外僧道衙门,专一简束僧道,务要恪守戒律,阐扬教法。如有违犯清规、不守戒律及自相争讼者,听从究治,有司不许干预。"①十七年(1384年),又规定每三年发一次度牒,要进行考试,不合格者淘汰。二十四年(1391年),要求"各府州县寺观,但存宽大者一所,并居之。凡僧道,府不得过四十人,州三十人,县二十人"。并规定,"民年非四十以上,女年非五十以上者,不得出家"②。由于当时"天下之僧,多与俗混淆,尤不如俗者甚多",因此,太祖于是年又颁发了《申明佛教榜册》以整顿佛教,对僧人的行

---

① 《释氏稽古略续集》卷二,《大正藏》第49册,第931页下。
② 《明史》卷七十四《职官志三》。

仪,包括诵经、募化等等都作了具体的规定。同时下旨:"令一出,禅者禅,讲者讲,瑜伽者瑜伽。各承宗派,集众为寺。"元代寺院分禅、教、律三种,明代则改为禅、讲、教三类,要求僧众分别专业。禅,即不立文字的禅宗;讲,即其他各个宗派;教,则包括依瑜伽教修行以及应世俗之请而赴法会等。《申明佛教榜册》第一条要求:"其禅者,务遵本宗公案,观心目形,以证善果;讲者,务遵释迦四十九秋妙音之演,以导愚昧;若瑜伽者,亦于见佛刹处,率众熟演显密之教,应供是方,足孝子顺孙报祖父母劬劳之恩。"①《榜册》中对违令者的处罚也是很严厉的,有的甚至要"枭首以示众"!二十五年(1392年),又敕僧录司造僧籍册,拟刊布各寺,使互相周知,名为《周知板册》。二十七年(1394年),又敕礼部对僧人的"可趋"(可以做的)、"合避"(不许做的)事项作出了进一步的规定。明初僧官制度和对佛教统制的强化,从一个侧面反映了中国封建社会后期统治者对佛教既利用又加强管理的基本态度。但这些管理措施后来并没有完全得到执行,特别是代宗以后,为了买米济荒,又行卖牒制度。成化(1465~1487年)年间,朝廷曾一次发给淮扬巡抚空名度牒10万道,以作济灾之用。有牒僧尼大增,寺院也随之增多。在成化十七年(1481年)时,京城内外的官立寺观就有639所之多,后来仍继续增建,以至于人称"自古佛寺之多,未有过于此时者"②。

入清以后,清政府的佛教政策几乎都继承了明代的政策。在僧官制度方面,清代仿明旧制,在中央和地方普遍设立寺僧衙门,掌管佛教事务,所有僧官的职别名称,都与明代无异。对于僧人的出家和寺庙的建立,也有一定的限制,甚至规定了僧人的服装颜色。顺治二年(1645年),政府曾

---

① 《释氏稽古略续集》卷二,《大正藏》第49册,第936页上~下。
② 《大明会典》卷一百四。

禁止京城内外擅造寺庙佛像,也不许私度僧尼,出家者一律由官方发给度牒。顺治十七年(1660年),经过多次反复以后,终于最终废止了历史上流行许久的"纳银给牒"的卖牒制度。但官给度牒的制度到后来也难以实行。特别是乾隆(1736~1796年)年间,随着人口的增加,私度僧尼人数也一直有增无减。因此,自乾隆十九年(1754年)起,政府干脆取消了官给度牒制度,下令"永远停止"僧道度牒。此后,僧尼人数更是激增。据估计,至清代末年,全国约有僧尼 80 万人①。

第二节　经藏的刻印与佛教著述

明清时期的佛教理论没有什么新的发展,佛教宗派除禅宗之外,大多数也是仅存余绪。但这个时期的佛教著述仍大量出现,经藏的刻印也在中国佛教史上有一定的地位。

一、经藏的刻印

明清时期的官私刻藏,凡有 7 次,现略述大致情况如下:

(1) 明太祖朱元璋于洪武年间敕令刻造的《洪武南藏》,又称《初刻南藏》,共收佛典 1600 余部 7000 卷。板片早遭焚毁,1934 年在四川发现的印本为仅存的孤本,略有残缺。

(2) 明成祖朱棣于永乐年间在南京依洪武本重刻的《永乐南藏》,一般通称为《南藏》,共收佛典 1625 部 6331 卷,与洪武本相比,编次略有变动。

(3)《南藏》刻成之后,明成祖又于永乐十九年(1421 年)在北京刻

---

① 请参见太虚:《整理僧伽制度论》。

经，完成于明英宗正统五年（1440年），一般称之为《永乐北藏》，通称《北藏》。此藏共收佛典1657部6361卷；至万历十二年（1584年），又续刻41卷并入此藏。

永乐南北两藏现存世的印本较多。

（4）1982年还初次发现了一部约于永乐二十年（1422年）刻于杭州的私版藏经的残本，据有关学者研究，可能是《碛砂藏》或《洪武藏》的复刻本。

（5）明末清初还有一部私刻的藏经，始刻于万历年间，故称《万历藏》，历史上未见记载。1983年在山西宁武县发现，为《永乐南藏》的复刻本。

（6）明末清初的另一部私版藏经为《嘉兴藏》，由于曾在浙江余杭的径山等地刻造，故又称《径山藏》，此藏最后在嘉兴集中经版刊印流通。全藏分"正藏""续藏"和后来补刻的"又续藏"，共收录佛典2141部12600卷。这部藏经的特点在于，它摒弃了以往沿用的折装式，改为轻便的线装书册式，方便了印造流通；同时，它又收集了大量藏外著述。这些特点对后世的刻经和编藏发生了重要影响。

（7）清代官方刻造的一部藏经，称《清藏》或《龙藏》。此藏以明《北藏》为底本而略有增减，共收录佛典1662部7168卷，为我国历代所刻官私各版大藏经中板片唯一被基本保存下来的一部木刻藏经，现存经板近80000块，是极其珍贵的文物。

除此之外，明清时还有藏文藏经的刊行。明代永乐和万历年间，曾两次翻刻奈塘版甘珠尔（藏文经藏与律藏），并翻刻部分丹珠尔（藏文论藏）；清代康熙和雍正年间也曾分别刊行了甘珠尔与丹珠尔。乾隆年间，还将汉文藏经翻译为满文，刻成《满文大藏经》，后又有《蒙文大藏经》刊行于世。

二、佛教著述

明清时期的佛教著述也是比较丰富的,特别是佛教史籍和禅宗灯录。比较重要的有:如惺的《大明高僧传》8卷;明河的《补续高僧传》26卷;玄极的《续传灯录》36卷;文琇的《增集续传灯录》6卷;元贤的《继灯录》7卷;瞿汝稷的《指月录》32卷;如卺的《禅宗正脉》10卷;幻轮的《释氏稽古略续集》3卷;心泰的《佛法金汤编》16卷;屠龙的《佛法金汤录》3卷;传灯的《天台山方外志》30卷;通容的《五灯严统》25卷;朱时恩的《佛祖纲目》41卷和《居士分灯录》2卷;黎眉等的《教外别传》16卷;夏树芳的《名公法喜志》4卷;超永的《五灯全书》120卷;性统的《续灯正统》42卷;纪荫的《宗统编年》32卷;聂先的《续指月录》;等等。另外还有上百种禅师语录汇集流通于世。

第三节 衰落中的佛教诸宗

中国佛教自宋代以来诸宗之间就不断趋于融合,明清时期,大多数宗派都已徒有其名,谈不上自立门户的独立的发展,只有禅宗和净土思想仍在社会上传播,但也缺少了过去的那种生机。不过,其影响仍然不可忽视。

一、禅宗

明清时期,禅宗仍是佛教各宗派中最盛行的一个宗派,不仅有大量灯史语录问世,而且还出现了相当一批比较著名的禅师,分别传禅于大江南北。在这个时期,沩仰、云门与法眼三家均已不传,只有临济与曹洞两系,仍维持着一定的规模,其中又以临济为盛,但若就思想方面而言,曹洞似乎要略胜于临济。

临济一系在明初有楚石梵琦(1296~1370年),他主要活动于元代,弘扬大慧宗杲的禅风,声望很高。入明以后,又受到明太祖的礼重,两次奉诏参加了在南京蒋山举行的法会,有明代"国初第一宗师"之称。他提倡禅教一致,并栖心于净土,著有《净土诗》《北游集》《凤山集》等,另有《楚石梵琦禅师语录》20卷存世。明中叶以后,有笑岩德宝(1512~1581年)以禅道广接诸方学者,"名震海内"[1],有语录汇编《笑岩集》4卷行世。他的门下有幻有正传(1549~1614年),正传门下又有密云圆悟、天隐圆修和雪峤圆信三位名僧,各传禅于一方,时人称为临济中兴,其中又以重兴宁波天童寺的圆悟为影响最大。

圆悟(1566~1642年),年三十出家,年四十蒙正传印可,五十岁以后才正式开堂说法,一时"言满天下","名闻九重"[2]。清康熙年间,追赐"慧定禅师"谥号。有语录13卷,清代顺治年间被敕准收入大藏。其法嗣中以汉月法藏、费隐通容、木陈道忞和破山海明四支为最盛,法脉流传,遍及全国。

通容(1593~1661年)门下有隐元隆琦(1592~1673年),晚年应请赴日本,开日本黄檗一宗。海明(1597~1666年)一系盛行于川贵,至今传承不绝。法藏(1573~1635年)在思想方面有许多"创新",其说曾盛行一时。他对于"禅""话头"及"禅机"等都从正面作出过解说,使这些本来只可"参究"、不可言说的东西带上了义理的色彩。由于法藏虽"嗣法"于圆悟,却靠的是从古尊宿语录中自悟,非"得法"于圆悟,因此,他与圆悟之间常有不和。后来,围绕着禅宗五家宗旨,二人更展开了一场公开的争论。法

---

[1] 《补续高僧传》卷十六。
[2] 道忞:《明天童密云悟和尚行状》。

藏作《五宗原》,圆悟起而辟之,法藏的弟子弘忍(1599~1638年)又著《五宗救》,支持师说。法藏与弘忍去世后,圆悟又作《辟妄救略说》。这场争论一直延续到清代,清世宗曾以皇帝的身份干预这场争论,他的《拣魔辨异录》即是对法藏与弘忍的贬斥。道忞(1596~1674年)的经历与法藏不同,他得法于圆悟,并于圆悟去世后,继任天童寺住持。入清以后,他又应诏入京,面见了顺治皇帝。由于他极力奉承迎合新的统治者,因而受到厚遇,被封为"弘觉禅师"。道忞也颇为得意,常有借新势力以欺压同侪之举。

明末清初,与圆悟同门的圆修门下也出了一位显要人物玉林通琇(1614~1675年)。通琇19岁从圆修出家,不久便从圆修"得法",并继圆修之后主持浙江湖州报恩寺。入清以后,也曾奉诏进京,受封为"大觉普济禅师",受赐紫衣,后加封为"大觉普济能仁国师",一时"名重朝野"。他与道忞一样,常常仗势欺人,在当时即遭人指责。由于临济宗在清初出了道忞与通琇这样的显贵人物,因此,临济宗在清代的势力仍较曹洞宗为大。

曹洞一系在明代的著名人物主要是无明慧经及其弟子博山元来与鼓山元贤。慧经(1548~1618年)为廪山常忠(1514~1588年)的弟子,晚年定居于江西新城(今江西黎川)的寿昌寺。他大力倡导农禅并作,并身体力行,"凡作务,必以身先,虽形枯骨立,不厌其劳,故不数年,百堵维新,开山若干,其佛殿、三门、堂厨毕备,四方衲子闻风而至者渐集"。"迨七旬,尚混劳侣,耕凿不息,必先出后归,躬率开田……故生平佛法,未离镬头边也。"①被誉为"百丈之后,一人而已"②,是明代中兴曹洞宗的人物。其弟

---

① 德清:《寿昌无明大师塔铭》。
② 《永觉元贤禅师广录》卷三十。

子有多人，就中以元来与元贤二系为最盛，入清以后，广传于广东、江西和福建一带，与天童一系的临济宗形成对峙的局面。元来（1575～1630年）有慧经门下"第一上座"之称，他融会禅净教，力主"禅净无二"①，提出"宗、教殊途，皆归一致"②，他曾说：

> 释迦大师，坐道场四十九载，末后拈花示众，故有教外别传之旨，果教外别有传乎？宗乃教之纲，教乃宗之目，举一纲则众目张。只知理目而不识其纲者，是不知宗、教之道合一之旨，所谓歧路中又有歧路也。肯就歧路径循其纲者，诸教中皆有宗旨。得其旨，则一言一字皆最上之机；如不识其旨，泥于文字，则宗亦教矣！③

元来的禅风大畅于闽越吴楚之间，法席甚盛，许多文人士大夫也竞相与之交游。他的同门元贤（1578～1657年）从慧经出家，但慧经死后，又往依元来，故元贤在为元来撰写的《塔铭》中自称与元来还有"师资之义"。元贤自幼学程朱，"以儒而入释"，入释而不忘"力救儒禅之弊"，有"明三百年之一人"的美誉④。其著作很多，除了《继灯录》《补灯录》之外，还有《法华私记》《楞严经略疏》《金刚经略疏》等多部佛经的注疏，反映出他也是一个禅教兼重的禅师。他曾明确提出"禅教律三宗，本是一源……以此建立释迦法门，如鼎三足，缺一不可"⑤的观点，并强调儒佛道"三教一理"，认为"理外无教，故教必归理……理一而教不得分，教分而理未尝不一"⑥。

---

① 《无异元来禅师广录》卷二十一。
② 《无异元来禅师广录》卷二十三。
③ 《无异无来禅师广录》卷二十一。
④ 潘晋台：《鼓山永觉老人传》。
⑤ 《永觉元贤禅师广录》卷三十。
⑥ 《永觉元贤禅师广录》卷二十九。

元贤的这种思想既反映了当时中国佛教加强与宋明理学融合的基本特点,也对后世佛教的发展产生很大的影响。元贤的门徒很多,据说从之问道者多达数万人。

曹洞宗在明末以后,与无明慧经一系并称的还有湛然圆澄一系。圆澄(1561～1626年)得戒于云栖,得法于大觉方念,年三十悟道,在浙江绍兴云门显庆寺开法,法席大甚,以平易简亮推重一时。门下有麦浪明怀、石雨明方等知名禅僧,入清以后,大畅宗风,法系颇为繁盛。在禅学思想上,圆澄高唱一心法门,以心来统摄融会禅教净律,这同样反映了这个时期佛教各宗融合发展的基本趋势。

二、净土宗

自宋元以来,净土法门就已成为佛教各宗的共同信仰。明清时期就更是如此。明初名僧梵琦、妙叶等,都弘赞净土,各有著述。在明代,传播净土思想影响最大的是云栖袾宏(1553～1615年),被称为"莲宗八祖"。他一生着重传布持名念佛的净土信仰,建立净土一宗的道场。他曾提出,"持名念佛之功,最为往生净土之要"①。他在《阿弥陀经疏钞》中则说:"今此经者,崇简去繁,举约该博,更无他说。单指持名,但得一心,便生彼国,可谓愈简愈约,愈妙愈玄,径中径也。"在他的倡导下,持名念佛曾盛行一时。他的《答净土四十八问》《净土疑辩》和《弥陀疏钞》等,都是明代净土宗的重要著作。袾宏虽然归心净土,但同时也积极倡导禅净一致论,认为"禅宗净土,殊途同归"②。他的宗风以净土法门为主,而冬季坐禅,又兼讲经论,尤重华严教义,反映了当时中国佛教的发展趋于各宗大融合的基

---

① 《云栖遗稿》卷三《普示持名念佛三昧》。
② 《净土疑辩》,《大正藏》第47册,第420页上。

本特点。明代净土思想在居士中也有很大影响,明代著名文学家、自号"石头居士"的袁宏道(1568~1610年)不仅"归心净土",而且作《西方合论》10卷,此书曾有人誉为是"赞净土,教念佛"的"集大成"之作①。

在清代,弘扬净土的著名人物则有行策、省庵、彻悟、印光等。行策(1628~1682年)首创了七日念佛法,著有《起一心精进念佛七期规式》,为清代"打念佛七"的发端。所谓"打念佛七"就是在七七四十九天中,只念"阿弥陀佛",敲木鱼击磬,为净土宗人举行的一种念佛活动。省庵(1686~1734年),名实贤,出家后先参"念佛者是谁",后结社专修净业,所著《劝发菩提心文》阐发净土思想,流传很广,并著有《续往生传》和《西方发愿文注》等,死后被追认为"莲宗九祖"之第九祖。彻悟(1741~1810年),名际醒,号梦东,初出家参禅,晚年住北京怀柔红螺山资福寺,专弘净土,倡导念佛,形成北方著名的净土道场。印光(1861~1940年),俗姓赵,名绍伊,法名圣量,为清末近代的净土大家。21岁出家,次年受具足戒后专修净土,26岁时到红螺山资福寺修净土道场,后去普陀山法雨寺阅经研佛30年。有《净土决疑论》和《印光法师文钞》等存世。晚年曾在南京办放生念佛道场,在苏州灵岩山寺建专修净土道场,在上海办弘化社流通佛典。去世后被弟子们尊为莲宗第十三祖。此外,居士周梦颜(1656~1739年)和彭绍升(1740~1796年)等也都归心于净土,并有专门的净土著述行世。

三、天台宗

入明以后,天台宗一直比较消沉,直到明末万历年间的百松真觉及其弟子无尽传灯方"中兴天台"。传灯(1553~1627年)早年投进贤映庵出

---

① 周之夔:《重刻〈西方合论〉序》。

家,后随百松学天台教义,并从受法衣。万历十五年(1587年)入天台山,在幽溪高明寺重立天台宗祖庭,向弟子授教传法,兼习净土和禅宗,著有《性善恶论》6卷、《法华玄义略辑》1卷、《天台传佛心印记注》2卷等。他的《净土生无生论》融会天台宗三观之旨,阐扬净土法门,对后世有一定的影响。其后有主张各宗融合、三教一致的蕅益智旭(1599~1655年)著《法华会义》《教观纲宗》等,成为明代弘传天台教义的最后大家。

入清以后,影响较大的有天溪受登(1607~1675年),住杭州天溪大觉寺,专弘天台30余年,其弟子灵乘、灵曜等,继续弘传天台教义。清代中叶以后,天台传承仍代不乏人,有隆范幻人(1829~1910年)、古虚谛闲(1858~1932年)等,均为天台名家,并有著作存世。不过,整个明清时期,天台宗只能算是勉强维持,在教理上并没有什么发展。

四、华严宗

明清时期,华严宗虽然仍有人在继续弘传,但也只是维持其形式而已。明代中期以后,较著名的华严宗人有雪浪洪恩(1548~1608年),盛传华严教义于江南,多次宣讲澄观的《华严经疏》。其弟子中较为知名的有一雨通润(1565~1624年),精于著述,有《楞伽经合辙》8卷、《楞严经合辙》10卷等存世。通润门下又出汰如明河和苍雪读彻。明河(1588~1640年)也曾以华严教义疏解《楞伽》与《楞严》二经,并著《补续高僧传》26卷。苍雪(1588~1656年)则专讲澄观的《华严经疏》。

入清以后,雪浪一系继续在江南苏州等地流传。康熙时,雪浪的三世法孙佛闲在南京盛讲《华严》,时人称之为中兴华严的名家。在杭州,则有袾宏的五世法孙柏亭续法及其众多的弟子在弘传华严教义。续法(1641~1728年)自幼出家,诵读佛经,兼习儒书,后专讲《华严》50年,著有《华严别行经圆谈疏钞记》12卷、《贤首五教仪》6卷、《贤首五教仪科注》48卷等，共有著作 20 余种 600 余卷。其中《贤首五教仪》成为以后学习华严教义的必读书。清代时，华严宗在北方主要有宝通寺一派，创始于不夜照灯，照灯门下有玉符印颗（1633～1726 年），被尊为华严宗第二十八祖。印颗有四大弟子，称"宝通四支"。印颗的再传弟子通理（1701～1782 年）为此派的重要代表人物，也是清代中期有名的华严学者，后被奉为华严宗第三十祖。雍正十一年（1733 年），通理曾奉诏入圆明园校对佛典，从而得以精心研习华严教义，乾隆年间，受命管理僧录司印务，并被封为"阐教禅师"。著有《楞严指掌疏》11 卷、《法华指掌疏》10 卷等多种著作。续法与通理亦被认为是"中兴"华严的人。

清朝末年，华严宗的代表人物则是月霞显珠（1858～1917 年），他 19 岁出家后先学天台宗义，后专研华严，曾在江苏、湖北各地创立"僧教育会"，并赴日本、印度等国。晚年在上海创办华严大学，后迁至杭州海潮寺，对华严教义很有研究，培养了不少佛教人才。

五、律宗

明清律宗也是相当地衰微。见之于僧传的律师虽有数十人，他们传律学于全国各地，但影响较大的只有自命为"大明律师"的三昧寂光（1580～1645 年），他继古心如馨（1541～1615 年）在南京古林寺传戒，晚年应请至宝华山开坛传戒，"足迹遍海内"，使律学大振，著作有《梵网经直解》4 卷。其弟子见月读体（1601～1679 年），为明末清初的律宗主要代表人物，继三昧之后主持南京宝华山，使宝华山成为律宗的著名道场，曾撰有《传戒正范》4 卷。三昧与见月，均被认为是"中兴"律宗的人物。见月去世后，弟子定庵德基继主宝华，但律宗很快就衰微了。

六、唯识宗

唯识宗在明初几成绝学。明正德(1506～1521年)以后,虽时有研习弘传唯识的学者,但大都主学华严等教义而旁及唯识。例如华严名家雪浪洪恩辑有《相宗八要》,其弟子一雨通润也著有《成唯识论集解》10卷。在明代,比较有影响的唯识学者是明昱(1527～1616年),有《百法明门论赘言》1卷、《成唯识论俗诠》10卷、《唯识三十论约意》1卷等多种著作。明朝末年,袾宏的弟子昭觉广承于杭州莲居庵讲唯识,并著《唯识音义》(由其弟子帮助完成)。其弟子灵源大惠、新伊大真等继之,均有唯识专著行世,入清以后传承不绝,时称"莲居派"。其后,唯识学又渐趋消沉,直到清末才在一些居士和知识分子中间得到"复兴"。

第四节　三教合一与明代四大高僧

明清时期,儒学为主导,佛道相辅助,三教在融会中合一,这仍然是儒佛道三教关系的总趋势。明代最有影响的四位佛教大师,即并称为明代佛教四大家的云栖袾宏、紫柏真可、憨山德清、蕅益智旭,他们的思想各具特色,但都反映了这个时期佛教内部以及佛教与儒、道趋于融合的基本特点。

一、三教合一的思潮在继续

宋代兴起的新儒学发展到明清时期,仍然不断地对佛道思想加以融合吸收。三教合一的思潮在儒家中也继续发展,这可以明代大儒、心学大家王阳明为例。王阳明曾明确地说,佛道二教与儒家学说在许多方面都是一致的,"二氏之学,其妙与吾人只有毫厘之间"①。他认为,"仙家说到虚,圣人岂能虚上加得一毫实?佛氏说到无,圣人岂能无上加得一毫有?但仙家说虚,从养生上来;佛家说无,从出离生死苦海上来。却于本体上加却这些子意思在,便不是他虚无的本色了"②。

这个时期,道教方面的"三教合一"思潮也十分流行。明初著名道士张三丰开创的武当道派,其教义的主要特点就是融合三教思想,主张三教合一。张三丰认为,所谓儒、佛、道三教,仅为创始人不同,实则"牟尼、孔、老,皆名曰道"。他说:

> 一阴一阳之谓道。修道者,修此阴阳之道也。一阴一阳,一性一命而已矣。《中庸》云:"修道之谓教。"三教圣人,皆本此道,以立其教也。

即认为儒佛道三教皆本于一阴一阳之道。因此,他又说:"三教之同,此一道也。儒离此道不成儒,佛离此道不成佛,仙离此道不成仙。"③明清时的道教,不仅在理论上融合三教思想,而且将三教合一的思想融入修行炼丹。清代著名的道教内丹炼师和学者刘一明曾提出,"儒以浑然天理谓太极,道以浑然天理谓金丹,释以浑然天理谓圆觉"④,而实际上三教之理是相通的。因此,兼而用之,就可以得道成圣。

佛教在明清时期仍继续着唐宋以来内外融合的趋势,"三教合一"成为名僧禅师的共同主张。例如明末清初的禅师元贤是从程朱理学转而学佛参禅的,因而他吸收了理学的思想,提出了"三教一理""理实唯一"的主

---

① 《传习录》上。
② 《传习录》下。
③ 《张三丰全集·大道论》。
④ 《悟真直指解》。

张。他说:

> 教既分三,强同之者妄也;理实唯一,强异之者迷也。故就其异者而言之,则非独三教不同,即同一佛教,而大小不同;即同一大乘,而权实不同。盖机既万殊,故教非一端。若就其同者而言之,则非独三教是一,即一切魔外以及资生业等,皆顺正法。盖理外无教,故教必归理……是知理一,而教不得不分,教分而理未尝不一。彼执异执同者,皆戏论也。①

这种三教同归于一"理"的思想,显然受到了宋明理学的深刻影响。元贤还特别论证了儒与佛的不二,他曾说:"人皆知释迦是出世底圣人,而不知正入世底圣人,不入世不能出世也。人皆知孔子是入世底圣人,而不知正出世底圣人,不出世不能入世也。"②元贤的这些说法从一个侧面反映了宋明理学成为封建正统思想以后,佛教对宋明理学的迎合。而明代四大高僧的思想,也同样体现出了在强大的新儒学的面前,佛教进一步内外融合的发展趋势。

二、云栖袾宏

袾宏(1535~1615年),俗姓沈,字佛慧,自号莲池,晚年居杭州云栖寺,故世称莲池大师或云栖大师。少为儒生,以孝著称。32岁出家,受具足戒后,云游诸方,遍参知识。他归心净土而又兼重禅教律,自云"主以净土,而冬专坐禅,余兼讲诵"③。他提倡的净土法门是以"持名念佛"为中

---

① 《永觉元贤禅师广录》卷二十九。
② 《永觉元贤禅师广录》卷二十九。
③ 《重修云栖禅院记》,《云栖法汇·手著》第12册。

心,认为"念佛一门,止观双备"①。他大力强调持名念佛的易行与功高,指出:"观法理微,众生心杂,杂心修观,观想难成。大圣悲怜,直劝专持名号。良由称名易故,相继即生。此阐扬持名念佛之功,最为往生净土之要。若其持名深达实相,则与妙观同功。"②同时,他又以念佛来会通禅教律,认为"若人持律,律是佛制,正好念佛;若人看经,经是佛说,正好念佛;若人参禅,禅是佛心,正好念佛"③。他还认为,若人不读经看教,便无从了知有净土阿弥陀,也就不会念佛,亦不能真正参禅有所悟解,因此,他联系自己的实际而常劝人重视经教,他说:

予一生崇尚念佛,然勤勤恳恳劝人看教,何以故?念佛之说,何自来乎?非金口所宣,明载简册,今日众生何由而知十万亿刹之外有阿弥陀也?其参禅者,借口教外别传,不知离教而参是邪因也,离教而悟是邪解也。饶汝参而得悟,必须以教印证,不与教合,悉邪也。是故,……学佛者必以三藏十二部为模楷。④

祩宏本人对华严教义十分精通,曾以华严宗的"五教"判教说来判释《阿弥陀经》,认为此经摄于"顿教"而兼通"大乘终教"和"圆教"这前后二教。他对佛教的戒律行仪也有所发挥。他的《具戒便蒙》等建立了律制的范例,他所修订的《瑜伽焰口》《水陆法会仪轨》及《朝暮二时课诵》等仪式则一直流传至今。

祩宏在"极力主张净土,赞戒、赞教、赞禅"(智旭语)的同时,也大力主

---

① 《答何武峨给谏》,《云栖法汇·手著》第10册。
② 《云栖遗稿》卷三《普示持名念佛三昧》。
③ 《云栖遗稿》卷三《普劝念佛往生净土》。
④ 《竹窗随笔·经教》,《云栖法汇·手著》第3册。

张儒佛道三教的一致论,强调三教"理无二致""三教一家",他说:

> 三教……理无二致,而深浅历然;深浅虽殊,而同归一理。此所以为三教一家也。①

他还特别地调和儒家与佛教,认为"儒主治世,佛主出世"②,佛能"阴助王化之所不及",儒则能"显助佛法之所不及",因此,"核实而论,则儒与佛,不相病而相资……知此,则不当两相非,而当交相赞也"③。

由于袾宏思想的调和性与兼容性,因此,他受到了佛教内外普遍的推崇。净土宗推他为"莲宗第八祖"④,华严宗则以他为圭峰宗密下第二十二世⑤,"天下名公巨卿"也都倾心师事之。德清将他誉为"法门之周孔",认为他"才,足以经世;悟,足以传心;教,足以契机;戒,足以护法;操,足以励世;规,足以救弊……可谓法门得佛之全体大用者也"⑥。可见评价之高。他的弟子很多,次第及门问道者成百上千,其中又以居士为多。

袾宏一生著述甚丰,有《禅关策进》1卷、《阿弥陀经疏钞》4卷、《梵网菩萨戒经义疏发隐》7卷、《具戒便蒙》1卷、《竹窗随笔》3卷、《云栖遗稿》3卷等30余种,由其僧俗弟子按"释经""辑古"和"手著"三大类汇集为《云栖法汇》,现有金陵刻经处的刻本流通于世。

---

① 《正讹集·三教一家》,《云栖法汇·手著》第6册。
② 《竹窗二笔·儒佛配合》,《云栖法汇·手著》第4册。
③ 《竹窗二笔·儒佛交非》,《云栖法汇·手著》第4册。
④ 悟开:《莲宗九祖传略》。
⑤ 守一:《宗教律诸宗演变》。
⑥ 德清:《古杭云栖莲池大师塔铭》,《云栖法汇·手著》第13册。

三、紫柏真可

真可（1543～1603年），俗姓沈，字达观，号紫柏，吴江（今属江苏）人。少任侠，自云"本杀猪屠狗之夫，唯知饮酒啖肉，恃醉使气而已"①。年十七，仗剑远游塞上，行至苏州，遇虎丘僧明觉，便从之出家。出家后常闭户读书。年二十，受具足戒。此后，游方各地，遍访诸师，但并没有专一的师承。曾入庐山学法相义，又至五台从受老宿指授。万历元年（1573年）至京师，于名僧徧融门下参学。他誓志振兴禅宗，随处兴修天下古刹，但从未应请担任过住持，亦未曾开堂传法，都是应机接引，随处指点而已。

真可十分强调文字的重要作用，认为"文字，佛语也；观照，佛心也；由佛语而达佛心，此从凡而至圣者也"。他曾说："释迦文佛，以文设教，故文殊师利以文字三昧辅释迦文。"因此，"凡佛弟子，不通文字般若，即不得观照般若；若不通观照般若，必不能契会实相般若"。针对当时一些不立文字的参禅者，他尖锐地指出："今天下学佛者，必欲排去文字，一超直入如来地。志则高矣，吾恐画饼不能充饥也。"②在他看来，"此娑婆世界，非以文字三昧鼓舞佛法，法安可行！"③他也不赞成那种"以为禅家古德机缘可以悟道，悟道断不在教乘上"或"以为念佛求生净土"远胜于参禅看教等说法，曾专门批驳了此类的"七大错"④。

文字经教对于学佛悟道既然十分重要，当然就不可不要。真可鉴于过去梵夹本《大藏经》卷帙重多，阅读十分不便，乃"欲刻方册，易为流

---

① 《紫柏尊者全集》卷十四《礼石门圆明禅师文》。
② 以上引文均见《紫柏尊者全集》卷一《法语》。
③ 《紫柏尊者全集》卷二十四《与吴临川始光居士书四》。
④ 《紫柏尊者全集》卷三《法语》。

通"①。遂于万历十七年(1589年)在五台山妙德庵以明《北藏》为基础,校明《南藏》,创刻方册大藏经。由其弟子道开、如奇等人主持。后因山中寒苦,不便刻经工作,便又移至浙江余杭径山寂照庵续刻,是为《嘉兴藏》(亦称《径山藏》)。

在思想上,真可对佛教各宗和儒佛道三教也采取了调和的态度。时人曾言:达观可大师"最可敬者,不以释迦压孔老,不以内典废子史。于佛法中,不以宗压教,不以性废相,不以贤首废天台。盖其见地融朗,圆摄万法,故横口所说,无挂碍,无偏党。与偎墙倚壁、随人妍媸者,大不侔矣"②。真可认为,就教而言,"法相如波,法性如水",波即水,水即波,法相宗与法性宗应该是融通为一的③。就禅与教而言,"宗、教虽分派,然不越乎佛语与佛心。传佛心者,谓之宗主,传佛语者,谓之教主"④,传佛语而明佛心,传佛心而无违佛语,禅宗与教门各派也是一致的。因此,他强调:

性宗通而相宗不通,事终不圆;相宗通而性宗不通,理终不彻……纵性相俱通而不通禅宗,机终不活。⑤

真可自己虽以禅为重,但他对天台、华严与唯识等教义也是颇有研究的,均有专著存世。对于儒、佛、道,真可也强调三教一致、三教同源,认为儒佛道三教"门墙虽异本相同"⑥,均发源于"身心之初""湛然圆满而独异"

---

① 德清:《紫柏尊者全集》卷首《达观大师塔铭》。
② 顾仲恭:《跋紫柏尊者全集》,《紫柏尊者别集附录》。
③ 《紫柏尊者全集》卷十四《礼石门圆明禅师文》。
④ 《紫柏尊者全集》卷六《法语》。
⑤ 《紫柏尊者全集》卷十四《礼石门圆明禅师文》。
⑥ 《紫柏尊者别集》卷一《题三教图说》。

的先天"妙心"①。他特别会通儒佛,曾把儒家的仁义礼智信"五常"说成是"人人本自有"的"五如来",要人归依礼敬"五常"而成就佛果②。

万历三十一年(1603年),京城发生了"妖书"事件,即有一部关于宫廷内部倾轧的匿名书,称神宗要改立太子。皇上震怒,下令搜索犯人。"交结士夫""时时游贵人门"的真可遭人诬陷而被捕,年底死于狱中。后有德清为之撰塔铭,陆符为之作传,其著作被编为《紫柏尊者全集》30卷和《紫柏尊者别集》4卷,另有附录1卷。他的僧俗弟子很多,从之问道者更众。著名文人冯梦祯、汤显祖等都曾从之问学,钱谦益、董其昌等则都曾撰文赞颂他。德清在《塔铭》中称其宗风足以"远追临济,上接大慧",并在《紫柏老人集序》中称他"虽未踞华座,竖槌拂,然足迹所至半天下。无论宰官、居士,望影归心、见形折节者,不可亿计"。可见其在明代佛教界的名望和在社会上的影响。

四、憨山德清

德清(1546~1623年),俗姓蔡,字澄印,号憨山。自幼即受佛教影响,年十二,被送至寺院攻读儒书,年十七即通诗书。年十九到金陵栖霞山出家,先从禅净双修而又深达华严教义的云谷法会学禅,又从无极明信听讲《华严玄谈》,并受具足戒,后又从法会受净土念佛法门,自云"尽焚弃所习,专意参究一事,未得其要,乃专心念佛,日夜不断"③。隆庆五年(1571年),开始云游各地。先北上入京,听讲《法华》与唯识,并于徧融真圆与笑岩德宝门下请示禅要。万历元年(1573年)游五台山,爱北台憨山的奇秀,

---

① 《紫柏尊者全集》卷十二《释毗舍浮佛偈》。
② 见《紫柏尊者全集》卷二十《五常偈》。
③ 《憨山老人梦游全集》卷五十三《年谱实录》。

遂默取为号。回北京不久,又赴五台山。曾在山上讲《华严玄谈》,"十方云集僧俗,每日不下万众"①。万历十一年(1583年),德清离五台,前往东海牢山(今山东青岛崂山),诛茅结庐以住。皇太后曾遣使送三千金,以修庵居,但德清将此全数救济灾民。万历十四年(1586年),神宗敕颁15部《大藏经》,散施天下名山,太后送牢山1部,并建海印寺,请憨山主持。

万历二十三年(1595年),神宗不满太后为佛事花费太多,迁罪于德清,以"私创寺院"的罪名将德清发配充军至广东雷州。在广东期间,德清曾入曹溪,修复了六祖惠能的开山道场南华寺(即原来的"宝林寺",宋初赐名"南华禅寺"),并任住持,大弘禅学,因而他也被称为"中兴"曹溪的祖师。

德清得到赦免以后,曾先后入湖南,至九江,登庐山,又游杭州,到苏州,并一度定居于庐山五乳峰法云寺,为众开讲《法华》《楞严》《金刚》《起信》《唯识》诸经论,撰成《华严经纲要》80卷,效仿慧远六时礼念,修持净业。天启二年(1622年),又回到曹溪,并于次年去世。

从德清一生的经历可以看出,他的思想涉及的内容十分广泛,师承不拘于一人一家,学说不拘于一宗一派。吴应宾在《憨山大师塔铭》中说:"纵其乐说无碍之辩,曲示单传,而熔入一尘法界,似圭峰(宗密);解说文字般若,而多得世间障难,似觉范(慧洪);森罗万行以宗一心,而产无生往生之土,又似永明(延寿)。"③表明他是一个禅教并重、禅净双修的禅宗僧人。

德清在教理上较重华严,主张禅与教的融合。他认为,"佛祖一心,教禅一致",参禅人应该"以教印心"而不应该"动即呵教"④。他在《刻起信论直解序》中甚至说,与其"固守妄想、增长我慢为参禅","不若亲持经论

---

① 《憨山老人梦游全集》卷五十三《年谱实录》。
③ 《憨山老人梦游全集》卷五十五。
④ 《憨山老人梦游全集》卷六《法语》。

为般若之正因种子也";他称自己作《楞伽笔记》《楞严悬镜》等经注,"是皆即教乘而指归向上一路"。① 针对当时"弃教参禅"和"性相之执"的偏见偏行,他反复强调:性相二宗,同出一源;禅教二门,同归佛心;性相、禅教是本无差别的。他说:

> 吾佛世尊,摄化群生,所说法门,方便非一。而始终法要,有性相二宗,以其机有大小,故教有顿渐之设。末后分为禅教二门:教则引摄三根,禅则顿悟一心。如一大藏教,千七百公案,其来尚矣。②

据此,他大力倡导"性相双融"、禅教并重,认为"虽性相教禅,皆显一心之妙……是则毁相者不达法性,斥教者不达佛心"③,若"执教者迷宗,执禅者毁教,皆不达佛了义之旨耳"④。

在以禅会教的同时,德清还主张禅净双修。他认为,以禅为高而薄净土是不对的,他甚至说"净土一门,修念佛三昧,此又统摄三根、圆收顿渐,一生取办,无越此者"⑤。因此,他十分强调在参禅的同时兼修净土,认为参禅念佛是相资为用、无二无别的,他说:

> 佛祖修行之要,唯有禅净二门……且念佛即是参禅,更无二法。⑦

> 吾佛说法……百千法门……其最要者,为参禅念佛而已……故

---

① 《憨山老人梦游全集》卷十九。
② 《憨山老人梦游全集》卷二十《净土指归序》。
③ 《憨山老人梦游全集》卷二十五《西湖净慈寺宗镜堂记》。
④ 《憨山老人梦游全集》卷十九《云栖大师了义语序》。
⑤ 《憨山老人梦游全集》卷十九《云栖大师了义语序》。
⑦ 《憨山老人梦游全集》卷十《法语·示凝畜通禅人》。

> 初参禅未悟之时，非念佛无以净自心，然心净即悟心也。菩萨既悟，而不舍念佛，是则非念佛无以成正觉。安知诸祖不以念佛而悟心耶？若念佛念到一心不乱，烦恼消除，了明自心，即名为悟。如此念佛，即是参禅……故从前诸祖，皆不舍净土。如此则念佛即是参禅，参禅乃生净土……而禅净分别之见，以此全消。即诸佛出世，亦不异此说。若舍此别生妄议，皆是魔说，非佛法也。①

据此，他得出结论："是故，念佛参禅兼修之行，极为稳当法门。"②

德清在佛教内部主张禅教一致、禅净双修的同时，对外也大力宣扬儒、佛、道三教合一，特别是援儒入佛，以佛释儒。他曾把三教说成是为学的"三要"，并认为三要在于一心，他说：

> 为学有三要：所谓不知《春秋》，不能涉世；不精《老庄》，不能忘世；不参禅，不能出世。此三者，经世、出世之学备矣。缺一则偏，缺二则隘，三者无一而称人者，则肖之而已……然是三者之要在一心……一得而天下之理得矣。③

他还进一步提出了三教一理、三圣一体的说法，认为若以三界唯心、万法唯识而观，则"三教本来一理"，"三圣本来一体"。"由是证知，孔子，人乘之圣也，故奉天以治人；老子，天乘之圣也，故清净无欲，离人而入天……佛则超圣凡之圣也，故能圣能凡，在天而天，在人而人，乃至异类分形，无

---

① 《憨山老人梦游全集》卷九《法语·示慧镜心禅人》。
② 《憨山老人梦游全集》卷五《法语·示刘存赤》。
③ 《憨山老人梦游全集》卷三十九《说·学要》。

往而不入。"①根据这种三教一致、三教互补、为学不可偏废的观点,德清本人不仅精究佛理,而且博通儒、道。除佛教著作外,他还撰有《大学纲目决疑》《大学中庸直解指》《春秋左氏心法》《老子道德经注》《庄子内篇注》《观老庄影响论》等等。他以佛教禅学思想来解释《大学》;用唯识理论来解释《老子》;还把佛教的"五戒"说成就是儒家的"五常",把孔子的克己、归仁说成是佛教的禅定、顿悟②;甚至说"孔老即佛之化身"③。德清所强调的"三教圣人,所同者心,所异者迹也……心、迹相忘,则万派朝宗,百川一味"④,显然是当时三教合一的时代思潮的直接反映。

德清的佛教著作也很多,内容涉及性相、空有、禅教等许多方面。现有其门徒汇编的《憨山老人梦游全集》55卷流通于世。

五、蕅益智旭

智旭(1599~1655年),俗姓钟,名"际明",又名"声",字振之,别号"八不道人",晚称"蕅益老人"。苏州木渎人。少时习儒,曾"誓灭释老","作论数十篇辟异端"。17岁时因读袾宏的《自知录序》和《竹窗随笔》等,"乃不谤佛,取所著《辟佛论》焚之"。24岁时从德清的弟子雪岭剃度出家,改名智旭,后于袾宏塔前受具足戒和菩萨戒。27岁起遍阅律藏,因见宗门流弊,乃决意弘律。32岁时,拟注《梵网》而作四阄(一曰宗贤首、二曰宗天台、三曰宗慈恩、四曰自立宗)问佛,拈得台宗阄。于是究心于天台教理,但并不以台家子孙自居,"以近世台家与禅宗、贤首、慈恩,各执门

---

① 《憨山老人梦游全集》卷四十五《观老庄影响论·论教乘》。
② 请参见《憨山老人梦游全集》卷五《法语·示袁大涂》。
③ 《憨山老人梦游全集》卷四十五《道德经解发题·发明归趣》。
④ 《憨山老人梦游全集》卷四十五《道德经解发题·发明归趣》

庭,不能和合故也"①,表明他虽重天台,而兼弘禅教律各家学说。33岁始入浙江孝丰(今浙江安吉)灵峰。后又游方各地,遍学法相、禅、律、华严、天台、净土诸宗教义,不断从事讲说与著述。晚年定居灵峰寺。

智旭在思想上追随袾宏、真可与德清,"融会诸宗,归极净土"②,同时又主张儒佛道三教合一。他认为,"性相二宗,犹波与水,不可分隔"③。而禅与教也是不可"视作两涂"的,因为"禅者教之纲,教者禅之纲也;禅者教之领,教者禅之襟裾、袖摆也……禅与教如何可分?"④智旭对于戒律也是特别重视的,主张禅教律三学统一。他说:

> 人知宗者佛心,教者佛语,不知戒者佛身也……倘身既不存,心将安寄?语将安宣?纵透千七百公案,通十二部了义,止成依草附木、无主孤魂而已。⑤

有时候他又说:

> 禅教律三,同条共贯……禅者佛心,教者佛语,律者佛行。世安有有心而无语无行、有语而无行无心者乎?⑥

智旭对戒律的强调是针对当时禅门的堕落败坏情况而言的,同时也反映

---

① 以上引文均见《灵峰宗论》卷首《八不道人传》。
② 《灵峰宗论》卷十之四附《跋·书重刻〈灵峰宗论〉后》。
③ 《灵峰宗论》卷六之三《序·重刻〈大佛顶经玄义〉自序》。
④ 《灵峰宗论》卷六之四《序·偶拈问答自序》。
⑤ 《灵峰宗论》卷二之一《法语·示初平》。
⑥ 《灵峰宗论》卷二之三《法语·示世闻》。

了他禅教律兼重的思想特色。智旭对净土法门也是推崇备至的。他的禅教律学,后来都指归净土。他曾说:

> 若律若教若禅,无不从净土法门流出,无不还归净土法门。①

因此,他在参禅、禅净双修数年后,"索性弃禅修净……专事净土",特别偏重持名念佛法门,认为这样"较西来祖意,岂不更直捷耶?"②智旭将禅宗的参究会归于天台的教观,又以天台教观应用于念佛法门,由于他的思想偏重台教,认为天台圆教遍摄禅、律、性、相,因而认为念佛也就能总摄释迦一代时教。智旭的这种思想对后世佛教,特别是对天台宗影响很大,形成了合教、观、律归入净土的灵峰派,一直延续到现代。

智旭在调和儒佛道三教方面也是颇有特色的。他曾以"自心"为三教之源,认为"心足以陶铸三教",他说:

> 自心者,三教之源,三教皆从此心施设。苟无自心,三教俱无;苟昧自心,三教俱昧。③

在他看来,所谓"三教圣人",亦不过是"不昧本心而已"。"本心不昧,儒老释皆可也;若昧此心,儒非真儒,老非真老。释非真释矣。"④智旭还特别花大力气调和儒佛两家的学说,写下了不少这方面的专论专著。他曾著有《周易禅解》,以禅解《易》,自述"吾所由解《易》者无他,以禅入儒,诱儒

---

① 《灵峰宗论》卷六之一《序·刻〈净土忏〉序》。
② 《灵峰宗论》卷六之一《序·刻〈净土忏〉序》。
③ 《灵峰宗论》卷七之四《疏·金陵三教祠重劝施棺疏》。
④ 《灵峰宗论》卷二之三《法语·示潘拱宸》。

知禅耳"①。又作《四书蕅益解》,以佛理解说儒家的"四书",以"借'四书'助显(佛教)第一义谛","助发圣贤心印"。②他大力宣扬孝道以调和儒佛,认为"世、出世法,皆以孝为宗"③,"儒以孝为百行之首,佛以孝为至道之宗"④。他还提出所谓的真儒与真佛说,认为"在世为真儒者,出世乃为真佛"⑤,并由此而得出了"非真释不足以治世……而真儒亦足以出世"⑥的结论。据此,他强调"惟学佛然后知儒,亦惟真儒乃能学佛"⑦。智旭在这里,将佛与儒,出世与入世,彻底合二为一了。对于佛教的五戒与儒家的五常,智旭也继承了前人的说法,认为"五戒即五常",不过他又说,"五常只能为世间圣贤,维世正法,而五戒则超生脱死,乃至成就无上菩提"⑧,这反映了他毕竟是一个佛教徒,他的立足点还在佛教,因而从根本上还是视佛教高于儒家的,只是为了迎合儒家才调和儒佛、强调两者不二的。

智旭的著作很多,他自己曾说:"犹忆初发心,便从事禅宗。数年后,涉律涉教,著述颇多。"⑨其弟子成时曾把智旭的著作分为"宗论"和"释论"两大类。"宗论"即《灵峰宗论》16卷,分38子卷;"释论"包括《阿弥陀要解》《法华会义》《唯识心要》《毗尼事义集要》《阅藏知津》等40余种,近200卷,其中《阅藏知津》44卷是一部兼有"经录"和"提要"双重特点的著作,对《大藏经》所收的1773部佛典一一录目解题,方便了后人的阅藏,对后世佛藏的编目分类也有一定的影响。

———————

① 《周易禅解自序》。
② 《四书蕅益解自序》。
③ 《灵峰宗论》卷四之二《孝闻说》。
④ 《灵峰宗论》卷七之一《题至孝回春传》。
⑤ 《灵峰宗论》卷二之四《法语·示语幻》。
⑥ 《灵峰宗论》卷七之三《疏·玄素开士结茅修止观助缘疏》。
⑦ 《灵峰宗论》卷七之四《疏·敷先开士守龛助缘疏》。
⑧ 《灵峰宗论》卷二之五《法语·示吴劬庵》。
⑨ 《灵峰宗论》卷六之四《楞伽义疏后自序》。

第五节　佛教的世俗化发展

　　产生于古代印度的佛教传入中土以后，经过不断的中国化而最终完全成了中国的民族宗教，它不仅深刻地影响到了中国学术思想的发展，成为中国传统思想文化的重要组成部分，而且对整个社会心理和民族习俗都产生了极为深刻的影响。佛教思想与民间信仰结合，佛教节日与民俗打成一片，成为明清以来中国佛教发展的基本特色。

一、佛教与民间信仰

　　印度佛教本有它独特的宗教信仰和宗教观念，其内容和形式在许多方面都与中国传统的宗教观念和民间信仰有很大的不同，但佛教传入中国以后，它便与中国原有的宗教观念和民间信仰相融合，既不断改变着它自身，也反过来给予传统宗教观念和民间信仰以深刻的影响。

　　印度佛教以反婆罗门教的姿态登上历史舞台后，始终把"缘起"和"无我"作为它的理论基础，虽然由于它的轮回转生说需要一个主体而在以后的发展中出现了许多变相的"我"，但这些变相的"我"总是被说成是"方便"说而非究竟义。这种方便说传到中国来以后，却很快与中国自古以来盛行的灵魂不灭观念结合在一起，"魂神固不灭矣，但身自朽烂耳"[1]，"佛之有无，寄于神理存灭"[2]等曾成为中国佛教徒信守的基本教义。而人死灵魂转生，根据生前所行善恶，或生天上受诸乐，或下地狱受众苦，则成为中国广大的佛教徒甚至一般民众信奉的主要宗教观念之一。这样，佛教

---

[1]　牟子：《弘明集》卷一《理惑论》。
[2]　萧琛：《弘明集》卷九《难神灭论》。

在中国获得了新的生命力,而中国传统的宗教观念也有了更为丰富的内涵。基于这样的宗教观念,中国自古以来民间信仰的鬼神、民间进行的祭祀活动和民间宗教的派别也有了新的变化。

对上天鬼神的信仰和崇拜以及对祖先神灵的敬畏和祭祀,一向在中国人的思想意识中和社会生活中占有极重要的地位。自佛教传入以后,随着净土信仰的传播,支配并操纵一切的上天、上帝的形象逐渐与大慈大悲的佛、菩萨相融合,抽象的"上天"这一概念也为越来越生动具体的佛国天堂所取代,以至于后来的道教又融合吸收佛教的思想而有了一个总管三界、十方、四生、六道一切祸福的崇高天神"玉皇大帝"及其治理下的天堂世界。在一般民众那里,求上帝保佑,这个"上帝"往往是同时兼有儒佛道三教信奉对象之特征的;希冀死后升天,这个"天"也并不对"西天佛国"或道教"天宫"作什么具体的区分,反正是远离现实的苦难世界而高高在上的无比美妙的天国胜境。民间信奉的诸多神灵,既有天公上帝、先圣先祖,又有城隍土地、佛祖菩萨,而在大多数信奉者的心目中,这些神灵在根本上是没有多大区别的,祭神拜佛,就能免灾消难,求得福祥。正因为如此,所以在中国,自南北朝以来就出现了不少佛道混合的神像,即将佛道二教的神像同刻在一块碑上,到了明清以后,佛教、道教和传统的民间信仰就更是融合在一起,即使是在道观里,也往往立有观音菩萨的像,形成了佛、道神灵并祀的有趣景象。

佛教传入后,对中国民间信仰的鬼神及其祭祀活动都发生了很大的影响,例如佛教所说的能"兴云布雨"的龙王丰富了民间信奉的"龙"的神性,以至于后来广大的农村到处都建起了龙王庙,靠天吃饭的农民通过拜祭龙王而祈求风调雨顺;地狱、饿鬼等六道轮回说的传入,使传统的丧葬之礼发生了变化,出现了"斋七"和各种追荐亡灵的水陆法会,后来还形成了专门追荐祖先、超度亡灵的盂兰盆会这样的"鬼节";等等。其中影响最大的也许是民间的菩萨信仰和烧香拜佛活动。在中国,四大菩萨(文殊、观音、普贤、地藏)及其显灵说法的四大名山(五台、普陀、峨眉、九华)几乎家喻户晓。明清以来,四大名山成为佛教徒烧香朝拜的主要圣地,四大菩萨则成为善男信女祈祷膜拜的主要对象。每逢佛菩萨的诞辰、成道等纪念日,前往进香礼拜的信徒成群结队,"朝山进香"成为中国民间特有的一种宗教习俗。在四大菩萨中,观音菩萨的形象更是深入人心。因为据说众生若有难,只要诵念观音的名号,大慈大悲的观音菩萨就会"观其音声"而前往解救。发展到后来,观音菩萨不仅救苦救难,而且还会显灵送子、有求必应,因而在民间更受到了普遍的信仰。许多地方每逢农历二月十九日观音菩萨的诞生日都要举行盛大的观音庙会以示纪念,形成了与民间信仰相结合的民俗和宗教节日。

佛教的传入对中国的民间宗教也有很大影响。在隋唐以前,从佛教异端中就分化出了弥勒教、大乘教等一些民间教派。隋唐以后,中国民间宗教趋于活跃,特别是明清时期,随着佛教的世俗化发展,与佛教相关联的民间宗教派别也大量涌现。例如明正德(1506~1521年)年间由罗清创立的罗教,就是一个以佛教禅宗教义为思想核心的民间宗教,该教在明清时曾广泛流传于华北和江南地区,并延及赣闽和台湾等地,具有较大的社会影响。宋元时作为佛教净土宗一个派别的"白莲宗",入明以后受罗教的影响也逐渐演化为民间秘密宗教"白莲教",并形成了红阳教、无为教、黄天教、八卦教等上百种教派,流传极为广泛,常被明清时的农民起义所利用。因此,佛教传入后通过民间宗教而对社会发生的影响也是值得重视的。

二、佛教节日与民俗

佛教传入以后对中国民俗的影响也是十分巨大的。佛教因果报应、轮回转生的教义,使烧香拜佛、许愿还愿、布施斋僧、为死者做法事、请僧人念经超度亡灵、遇事到庙里去磕头甚至在家拜菩萨等等在许多地方都成为民间的一种习俗。佛教的饮茶、素食、提倡"放生"、死后火葬等,也对中国的民俗产生了一定的影响。而佛教的节日对民俗的影响尤其显得突出。

中国佛教的许多节日,一方面受传统民间习俗的影响而形成,另一方面也反过来给予传统习俗以深刻的影响。在中国,许多佛教节日都与民间习俗有着密不可分的联系。在诸多的佛教节日中,对中国民俗影响较大的有佛诞节、盂兰盆节、腊八节和泼水节等。

佛诞节也称浴佛节,是佛教最大的节日。传说释迦牟尼在农历四月初八这一日诞生,在降生时有九条龙口吐香水为之浴身。为了纪念佛祖的诞生,寺院每年在佛诞日都要举行"浴佛法会",即在大殿里设一水盆,盆中供奉释迦牟尼诞生像,众信徒以香汤为之沐浴。佛像一般作童子状,一手指天,一手指地,因为据说佛初诞生时就右手指天,左手指地说:"天上地下,惟我独尊。"由于印度尚右,中土尚左,因此在中国,特别是在汉地佛教的寺院里,释迦牟尼诞生像即悉达多太子像大多是以左手指天,右手指地。浴佛法会大约在东汉时就流行于中国的各个寺院,魏晋南北朝以后,更是普遍流行于民间,成为中国民俗的重要组成部分。自南北朝至隋唐,在佛诞节这一天,民间还逐渐盛行用宝车载佛像巡行城市街道的所谓"行像"(亦称"巡城"或"行城"等)和互送"结缘豆"(即互送一种洒上盐汁的煮熟了的豆子)等习俗,并在这一天集资刻经造像,互传自己熟读的经卷(称"传经")等。由于佛经记载的不同,在东南亚各国和我国的云南及蒙藏地区都以四月十五日为佛诞节,同时也以这一天为佛成道日和佛涅槃日。

盂兰盆节是在佛教的自恣日举行盂兰盆会而形成的佛教节日。按照印度佛教的规定，在每年雨季的3个月（约5月至8月）里，僧尼要定居在寺院里坐禅修道，接受供养，而不得外出，据说外出易伤草木，这叫作"安居"，这段时间也就称为"安居期"。中国佛教的安居期一般为农历的四月十六日至七月十五日。南亚、东南亚各国称安居为"雨安居"，在中国则称之为"夏安居"，或简称"坐夏"。在每年安居期满之日，佛教徒要举行检举忏悔会，一方面自己检讨忏悔自己的过失，另一方面也尽情地互相揭发过失，这叫作"自恣"，这一天也就称之为"自恣日"。根据汉译《佛说盂兰盆经》载，释迦牟尼的弟子目连以天眼看到死去的母亲在饿鬼道受苦，如处倒悬，便求释迦牟尼救度，释迦牟尼叫他在七月十五日僧众自恣之日备百味饮食供养十方自恣僧众，说这样可以救其母亲倒悬之苦（盂兰盆即梵文"救倒悬"的音译）。佛教徒据此而在每年七月十五日举行超度祖先的"盂兰盆会"，这一仪式一般认为始创于梁武帝，后来便沿袭而成为民间的一种风俗。每逢盂兰盆节，寺院都要举行水陆法会和放焰口（焰口为饿鬼名，放焰口为施食饿鬼以度之的一种仪式）等追荐死者的宗教活动，民间则家家户户在祖先牌位前供上各种食品以事祭祀，并从下午四时起在家门口供上饭菜以招待无家可归的鬼魂。这样，每年七月十五日中国传统的祭祀祖先的中元节（有的认为源于道教）与佛教的节日便结合在了一起。唐代时，帝王和民众参与的盂兰盆会曾达相当的规模，装饰奢丽，十分壮观。宋代以后，盂兰盆会的奢丽庄严远不如以前，其意义也更多的是追荐亡灵，超度鬼魂，而不是以供佛供僧为主了，故民间俗称"鬼节"（也有视其为"孝亲节"），但影响仍然十分广泛。

腊八节也是佛教节日与传统节日相结合而成的一个民间的重要节日。"腊"在中国古代本为祭名，在阴历十二月间进行，故阴历十二月亦称"腊月"。每年腊月初八为腊祭百神之日，称"腊日"。佛教传入中国以后，汉族地区皆以腊月初八为释迦牟尼的成道日。为了纪念释迦牟尼的成道,寺院在腊月初八这一天常举行诵经活动,并效仿佛成道前牧女献乳糜的传说,取香谷和果实等熬粥供佛,名"腊八粥"。《百丈清规》卷二中说:"腊月八日,恭遇本师释迦如来大和尚成道之辰,率比丘众,严备香花灯烛茶果珍羞,以申供养。"僧人在腊八节吃腊八粥的习惯后传入民间,演化为一种民间习俗。自宋代以后,每年腊月初八,民间都要吃腊八粥以示吉祥如意,并有欢庆丰收之意。宋代孟元老的《东京梦华录》卷十记载说:"(腊月)初八日,街巷中有僧尼三五人,作队念佛,以银、铜、沙罗或好盆器,坐一金铜或木佛像,浸以香水,杨枝洒浴,排门教化。诸大寺作浴佛会,并送七宝五味粥与门徒,谓之腊八粥。都人是日各家亦以果子杂料煮粥而食也。"南宋周密的《武林旧事》卷三中也说:"(腊月)八日,则寺院及家人用胡桃、松子、乳蕈、柿、栗之类作粥,谓之腊八粥。"关于腊八粥的做法,清代富察敦崇所撰的《燕京岁时记》中有更为具体的记载:"腊八粥者,用黄米、白米、江米、小米、菱角米、栗子、红江豆、去皮枣泥等,合水煮熟,外用染红桃仁、杏仁、瓜子、花生、榛穣、松子及白糖、红糖、琐琐葡萄,以作点染。"腊八节吃腊八粥的民俗至今仍在民间广为流传。

泼水节是信仰上座部佛教的云南傣族的新年节日。根据南传佛教的说法,4月15日是释迦牟尼的诞生日、成道日和涅槃日。傣族民众在4月中旬的三五天内欢度他们的新年佳节时,往往是男女老幼皆沐浴盛装来到寺院,在寺院围墙四周堆沙造塔,并围塔而坐,聆听佛爷念经,然后抬一尊佛像至院中,为之泼水,称"浴佛"。接下来,人们便互相泼水,以示送旧迎新,并祝福平安快乐。青年男女更是兴高采烈地走上街头,欢快地泼水嬉戏,并边歌边舞,把泼水节推向高潮。在节日期间,还举行赛龙船等多种庆祝活动。泼水节是傣族一年中最盛大的传统节日。其他如布朗族、德昂族和阿昌族等信奉上座部佛教的地区也都过这一节日。

第六节 居士佛教的兴起

佛教在明清时期从总体上看比较衰落,没有什么大的发展,特别是佛学研究方面比较消沉,没有大的理论突破。但值得注意的是,这个时期在居士中却出现了一股研究佛学的风气,并形成了某些特点,对明末和清代佛教的一度复兴起着很大的作用。

一、居士与佛学

所谓居士,即受过"三归"(又称"三皈依",即皈依佛、法、僧三宝)、"五戒"(即不杀生、不偷盗、不邪淫、不妄语、不饮酒)的在家佛教徒。男居士又称"优婆塞",女居士则称"优婆夷"。在释迦牟尼时代,就有不少在家修行的佛教信徒;大乘佛教兴起以后,在家的佛教徒就更多,维摩诘就是一个著名的居士。在中国,自佛教传入以后,著名的居士也代不乏人。明清时期,在家居士的研究佛学更是成为重要的社会文化现象。

居士佛教的兴起,在明代就已令人瞩目。明代文学家宋濂、袁氏三兄弟,思想家李贽、焦竑等都是著名的佛教居士,他们不仅信佛研佛,而且都留下了佛学方面的专著。宋濂(1310~1381年),明初翰林学士,官至学士承旨知制诰,深得太祖宠信,曾奉命主修《元史》。他对佛学也很感兴趣,曾三阅大藏经,并撰有高僧塔铭等39篇,后被辑为《护法录》,成为元末明初佛教史传的重要资料。袁氏三兄弟,即袁宗道、袁宏道和袁中道,三人并有才名,时称"三袁"。三袁皆好佛,且都"向心净土"。特别是袁宏道(1568~1610年),自号"石头居士","少志参禅,根性猛利,十年之内,洞有所入",后"归心净土",所作《西方合论》"以不思议第一义为宗,以悟为导,以十二时中持佛名号、一心不乱念念相续为行持"①,在当时被认为是"禅、土合源,超绝乐邦诸典"的重要著作②,在佛教界曾产生十分广泛的影响。其诗文强调抒写"性灵"而反对复古摹拟,可以明显看到受佛教的影响。李贽(1527~1602年),早年习儒,晚年信佛,尤好禅宗,思想深受王阳明和佛教禅宗的影响,著作很多,佛教方面的有《文字禅》《净土诀》《华严合论简要》等。其反正统、反权威的思想倾向和批判精神,在中国思想史上影响相当深远。焦竑(1540~1620年),万历进士,长于文字,与李贽往来论学而归心于佛法,认为"佛学即为圣学"③,曾努力调和儒学与佛教,认为儒家的"尽其心者,知其性也"就是佛教的"识心见性"④,甚至认为佛经所说最得孔孟"尽性至命"的精义,汉儒和宋儒的经注则只是糟粕而已。佛学方面的著作有《楞伽经》《法华经》和《圆觉经》的《精解评林》各2卷。其他如《指月录》的作者瞿汝稷和《佛法金汤录》的作者屠龙等,也都是明代的著名居士,他们的著作都是这个时期佛教的重要代表作。

  清代佛教界的佛学研究仍十分萧条,在家居士的研佛弘佛成为这个时期佛教的主要支柱。大思想家王夫之(1619~1692年)在广泛研究天文、地理、历法、数学,特别是经学、史学等的同时,也涉猎了佛学,曾著有《相宗络索》和《三藏法师八识规矩论赞》等,开了清代在家研佛的先风。紧接其后的著名居士有宋文森、毕奇、周梦颜和彭绍升等,其中尤以彭绍升影响为最大。彭绍升(1704~1796年),法名际清,字允初,别号尺木、二林。江苏长洲(今苏州)人,乾隆进士。早年习儒,精于古文,尤喜陆王心学。后曾习道家修炼之法,但历时三年而无效;因读《紫柏全集》等转而信

---

① 袁宗道:《西方合论叙》;袁宏道:《西方合论引》。
② 如奇:《西方合论标注跋》。
③ 《明儒学案·泰州学案四》。
④ 《答友人间释氏》。

奉佛法，精于禅学，特别归心净土，故又号"知归子"。绝欲素食，持戒甚严，曾建念佛道场，设放生会。思想上主张儒佛一致、禅净融合。著述很多，有《一乘决疑论》《华严念佛三昧论》《净土三经新论》等。特别是其所作的《居士传》56卷，广泛引用史、传、诸家文集、诸经序录、百家杂说，记载了东汉以来在家奉佛的居士312人的事迹，其中有不少政治家和文人，不仅保留了大量的资料，而且从中可以看到各时代居士信仰的趋向与变化，因而在中国佛教史上有一定的参考价值。《居士传》仅限于收录男性人物，关于在家女居士，彭绍升另作有《善女人传》1卷。彭绍升曾授佛学与清代著名经学家和文字训诂学家江沅(1767～1837年)，江沅又为大思想家龚自珍所师事，龚自珍曾称江沅为"是予学佛第一导师"①，他信佛研佛，开了近代思想家致力于研究佛学的先河，推动了近代中国佛教的复兴。

与彭绍升同时的罗有高(1734～1779年)和汪缙(1725～1792年)也是倾心佛教的在家居士，他们三人结为法友，共同研究佛学。罗有高著有《尊闻居士集》8卷，汪缙则著有《汪子遗书》10卷。其他如辑录古德参禅方法而编成《宗范》2卷的钱伊庵，抄录古来有关净土信仰的起信、立愿、励行等语要而编成《径中径又径》4卷的张师诚等，也都是清代有一定影响的佛教居士。而清代影响最大的佛教居士乃是创办了金陵刻经处的杨文会。

二、杨文会与金陵刻经处

杨文会(1837～1911年)，字仁山，石埭(今安徽石台)人。少时博学能文，兼通黄老庄列之书，凡音韵、历算、天文、舆地等，亦"靡不领会"。27岁

---

① 《龚自珍全集》，中华书局1957年版，第523页。

时于病中读《大乘起信论》而对佛教产生信仰,后"一心学佛,悉废弃其向所为学"①,并立志搜求佛经,刻印流通。清同治五年(1866年),与同志者10余人募捐集资,在南京创立了金陵刻经处。从光绪四年至十二年(1878~1886年),他随曾纪泽(1839~1890年)等两次出使欧洲,考察英法等国的政治、文化和工业,在伦敦结识了日本佛教学者南条文雄,两人遂成至交。后来他能从日本搜求得大量在中国佚失的佛教典籍,并刻印流通,实得力于南条不少。他在从日本搜集各种藏外佚典的同时,也为日本编印《续藏经》提供了数百种佛教典籍,并在光绪二十年(1894年)与英人李提摩太将《大乘起信论》译为英文,促进了中外佛教文化的交流。光绪二十一年(1895年,或说是在1894年),他还与斯里兰卡的佛教居士、摩诃菩提会会长达磨波罗在上海见面,相约复兴印度佛教。光绪三十三年(1907年),他在刻经处设佛教学堂,名"祇洹精舍",自编《佛教初学课本》等教材,招收学生,讲习佛典,并聘苏曼殊(1884~1918年)教梵文和英文,为振兴中国佛教而培养佛学人才,也为赴印度传法作准备。宣统二年(1910年),他又在南京组织了佛学研究会,并自任会长,每月开会一次,每周讲经一次。次年逝世。

杨文会之学以"教在贤首,行在弥陀"为宗旨,对净土、华严、禅宗、唯识和因明等都很有研究。他十分推崇《大乘起信论》,并调和性相二宗,曾认为"《起信论》虽专诠性宗,然亦兼唯识法相,盖相非性不融,性非相不显"②。在宗教实践上他则归心于净土,倡导"念佛往生净土法门",认为净土一门括尽一切法门,而一切法门皆趋净土一门。同时,他又融会儒佛,认为孔子与佛并无二致,他曾说:"先圣设教,有世间法,有出世间法。

---

① 《杨仁山居士事略》,《杨仁山居士遗著》第1册。
② 《等不等观杂录》卷三,《杨仁山居士遗著》第8册。

黄帝、尧、舜、周、孔之道,世间法也,而亦隐含出世之法;诸佛、菩萨之道,出世法也,而亦该括世间之法。"①其著述很多,金陵刻经处曾编成《杨仁山居士遗著》10册流通于世。

  杨文会对近代佛教的贡献主要并不在他的佛学研究而在他的刻经事业。在他一生所从事的佛教活动中,用力最勤的也就是编刻佛经,他自己曾说:"鄙人四十年来,屏绝世事,专力于刻经流通。"②而为了刻经流通所创办的金陵刻经处,则对近代佛教的复兴产生了极大的影响。金陵刻经处是一个编校刻印并流通佛典的佛教文化机构,始创于同治五年(1866年)。光绪二十三年(1897年),杨文会又把自己位于南京延龄巷的住宅捐赠给了刻经处以发展刻经事业,并专门立下笔据,声明此房屋"永远作为流通经典之所",儿孙"均不得认为己产"。这所房屋也就是现在金陵刻经处的所在地,只是大门原来在延龄巷上,现在改在了淮海路35号。为了刻经事业,杨文会可谓呕心沥血。他从国外回来后,即设法通过南条文雄搜集到了许多中国久已失传的经疏,如《中论疏》《百论疏》《唯识述记》《因明论疏》等共"三百余种"。他从中选择了部分刻印流通,并编入《大藏辑要目录》。《大藏辑要》是他为了方便学者"随时购阅"而编的,原计划陆续雕印大小乘佛典460部3320卷,可惜尚未刻全,他即逝世,在他生前仅出版了2000余卷。他在临终之日"犹与同人详论刻经诸务",并留下了"经版所在,灵柩所在"的遗言,后人遵其遗愿而在刻经处内为之建了墓塔。杨文会以后,欧阳竟无继续主持刻经事业,并在刻经处附设了佛学研究部。金陵刻经处现存有各种经版15万余块,仍在从事着佛经的刻印与流通业务。

---

① 《等不等观杂录》卷一,《杨仁山居士遗著》第7册。
② 《等不等观杂录》卷五,《杨仁山居士遗著》第9册。

杨文会一生"弘法四十余年,流通经典至百余万卷,印刷佛像至十余万张"①,对佛学在近代的复兴起了很大的推动作用。他在金陵刻经处创办的"祇洹精舍"虽然由于经费等问题不久即停办,但它开了此后各地创办佛学院的先风,对近代佛教的复兴影响也是巨大的。杨文会的弟子很多,其中的佼佼者有僧人太虚和居士欧阳竟无等,著名的学者章太炎、谭嗣同等也都是他的学生。学者和居士研佛,并有所成就,遂成为近代佛教史上的一大特色。梁启超曾说:"晚有杨文会者,得力于《华严》而教人以净土,流通经典,孜孜不倦,今代治佛学者,什九皆闻文会之风而兴也。"②又说:"晚清所谓新学家者,殆无一不与佛学有关系,而凡有真信仰者率皈依文会。"③这些说法就一定意义而言是合乎实际的。

---

① 《杨仁山居士事略》,《杨仁山居士遗著》第1册。
② 《饮冰室专集·中国佛法兴衰沿革说略》。
③ 梁启超:《清代学术概论》,商务印书馆1944年版,第165页。

第八章 中国佛教在衰落中的革新(近代)

中国佛教文化在近代出现了一些与以往不同的新特点。一方面,中国化的佛教潜移默化地渗透到了社会生活和文化的各个领域,特别是与民间信仰和习俗融合在一起,而作为一种相对独立的文化形态,却十分衰落;另一方面,许多忧国忧民的志士仁人,在民族危亡之秋力图到佛教中去寻求救国救民之道和变革社会的精神动力,从而促进了佛教文化的一度复兴,而由于西学的东渐,许多思想家的佛学思想又明显地打上了西学的烙印。一些教门中的有识之士有鉴于教门的衰落而发起的佛教改革运动,更是形成了这个时期佛教文化的基本特点。

第一节 近代佛教的衰落与佛教文化的复兴

近代佛教文化与近代中国社会密切相连,它既是古代佛教文化的延续,又带有显著的新时代的特征。由于近代中国社会的风云变幻和民族的多灾多难,传统佛教在近代明显地衰落了,然而也正是近代中国社会的现实,刺激了近代佛教文化的复兴。

一、衰落与复兴的概况

清代自嘉庆、道光以后就国势衰落,中国封建社会在洋枪洋炮和外国资本主义的侵入下逐渐开始解体,长期以来与封建社会大致相适应的传统佛教也呈现出一片衰败的景象。晚清政府对佛教采取了比较严厉的限制政策,太平天国运动更是使佛教寺院遭到了一定程度的破坏,再加上佛教自身的堕落,传统佛教几乎奄奄一息。清末杨文会等积极从事的佛教文化事业,虽未能挽回传统佛教的颓势,却开了近代佛教复兴的先声,使面临生死存亡的中国佛教出现了一丝新的转机。

近代佛教的衰落表现在教理荒芜、教制松弛和教产攘夺等许多方面。在教理方面,近代佛教在走向民间与世俗信仰相融合的同时也日趋与鬼神迷信等群众的落后观念相结合,修行求解脱的佛教逐渐演化为专事各种忏法、专做各种法事以求福消灾或超度亡灵的佛教,一些僧尼甚至从信奉佛教转为以佛教为谋生的手段,因而也就谈不上对佛教作理论上的探索了。在教制方面,佛教存在着滥剃度、滥传戒、滥住持的所谓"三滥"的严重状况,许多僧尼不守戒律,徒有出家之名而无学佛修行之实,有的甚至游手好闲、生活腐化,教团中门户之见也相当严重。在教产方面,近代以来,各地寺院虽然仍有较为厚实的经济基础,例如镇江金山寺、常州天宁寺等都有良田上万亩,但鉴于当时佛教衰败无用和少数住持占寺产为己有,各地侵占寺产的事件时有发生,主张"庙产兴学"的极端排佛运动更使佛教生存的基础发生了动摇。清代末年,湖广总督张之洞(1837~1909年)就提出没收各地佛寺的财产以兴办"中学为体,西学为用"的各种新式学校;民国时期也不断有人提出划拨庙产以振兴教育的主张,寺产的被侵夺使奄奄一息的佛教更趋衰落。

面对佛教的种种衰败景象,许多佛教界人士大声疾呼革新佛教,并结合时代的需要而为振兴佛教作出了不懈的努力。太虚法师(1890~1947年)早年从杨文会学佛,又受到革命学说的影响,立志以"佛化救国救天下",发起了近代佛教的复兴运动。敬安(1852~1912年)、月霞(1858~

1917年)和谛闲(1858~1932年)等,也都对近代佛教文化的复兴作出了各自的贡献。欧阳竟无(1871~1943年)等一批居士佛教学者在其中所起的作用更是令人瞩目。谭嗣同(1865~1898年)和章太炎(1869~1936年)等重要思想家,出于变法或革命的需要而对佛学的研究和阐扬,也在客观上大大推动了近代佛教的复兴运动。

近代佛教的兴衰与民国政府对佛教的态度也有一定的联系。孙中山领导的辛亥革命,得到了人民的拥护,不少僧侣也积极支持并参加了反对封建专制的斗争,民国政府建立后,对支持辛亥革命的佛教人士是有所关心和帮助的。例如宗仰上人(1861~1921年)早年常与章太炎、蔡元培等共商救国之策,并赞同康、梁的变法主张,曾发起组织"中国教育会"和成立爱国学社,反对封建,倡言革命,后由于"《苏报》案"而逃亡日本,在那儿与孙中山结识,两人一见如故,不久即加入同盟会,投身革命,给予革命党人以多方面的支持。孙中山对佛教僧侣这股特殊的革命力量十分重视,他高度赞赏慷慨资助革命的宗仰上人等,常与之共商革命大计。民国八年(1919年),孙中山还专门拨银币1万元用以修缮当时宗仰主持的南京栖霞寺。孙中山对佛教组织也十分关心,1912年,有佛教居士李政纲等发起成立佛教会,曾向政府申请立案,孙中山专门以临时大总统的名义复信佛教会,对佛教界"求世界永久之和平及众生完全之幸福"的宗旨给予肯定,并阐述了政教分离和宗教信仰自由的原则。袁世凯统治时期,日本利用佛教侵华,在其提出的"二十一条"中打着"传教自由"的旗号,要求日僧有来华传教的特权,遭到中国佛教界的强烈反对,而袁世凯由于不敢公开反日,因而也曾一度对中国佛教加以利用以与日僧暗中抗衡,例如他曾专门授意孙毓筠、杨度和严复等人在北京设"大乘讲习会",并邀请月霞、谛闲北上主讲。但袁世凯时期同时还曾颁布《管理寺庙条例》31条,其中规定:有庙无僧的寺产全部征用;有僧而不通晓佛典者寺产亦全部征用,寺僧则令其还俗；有僧且深通佛典者，寺产的大部分也要征用。如此严厉的条例，在北洋军阀时期仍要求实行，这对佛教的发展显然是很不利的。由于当时的政府对佛教不重视，听任地方侵占寺产，因而引起了佛教徒的强烈不满，有些佛教徒奋起抗争，积极护教，但效果并不理想。例如第一任中华佛教总会会长敬安曾率僧界代表专程赴京请愿，要求政府下令，禁止各地侵夺寺产，然目的未达到，反而遭到侮辱，后气死在北京。正是在敬安的追悼会上，太虚法师提出了佛教"教理、教制、教产"三大革命的主张，号召佛教自身进行改革，掀开了近代佛教文化复兴运动的新的一页。

近代佛教文化的复兴，表现在许多方面。概括起来看，主要表现在：不仅佛教僧侣和居士研习佛学，而且许多有影响的思想家和革命家也都致力于佛学研究，有的甚至把佛学作为自己思想体系的重要理论来源或主要理论依据；在杨文会创办的金陵刻经处的影响下，全国各地纷纷成立了刻经处或佛经流通处，佛书大量出版，佛经重新流通，我国第一部铅字版的佛教大藏经《频伽藏》也于1909年在上海付印；各种类型的佛学院在南京、上海、武昌、厦门、北京等地先后创办，为近代佛教事业培养了一大批僧伽和佛学研究人才；"中华佛教总会""居士林""三时学会"等各种佛教组织和佛学研究团体大量涌现，一些佛教团体所办的学校、医院等社会慈善事业也有相当的发展；《海潮音》《内学》《佛学丛报》和《佛教月报》等百余种佛教刊物如雨后春笋般地在全国各地出版，这些或日报、周刊、旬刊，或月刊、季刊、年刊的各类佛教刊物，虽然出版发行的时间有长有短，但都从一个侧面反映了佛教文化事业的发展，并促进了近代佛教的复兴；汉藏佛教文化在近代有进一步的沟通，"汉藏教理院"等介绍或研究藏传佛教的机构先后成立，并出现了不少有关的著作和论文；中外佛教文化的交流在这个时期也相当活跃，许多僧人前往印度、日本、斯里兰卡等地求法学佛，回国后介绍这些国家的佛教情况，传译在各国流传的各种经典著述，从而促进了中外佛教文化的交流；佛教文化作为中国传统思想文化的重要组成部分逐渐为学者所重视，佛学开始进入大学课堂，并在中国哲学史和中国学术思想史的研究中占据了一席应有之地。

佛教文化在近代得以复兴，与不少思想家面临"中国向何处去"的问题而力图从佛学中寻找政治变法或社会革命的思想武器有密切的关系，与佛教本身强调"无我""无畏"，重视"度人"和主体精神的作用等特点也有很大的关系，特别是佛教"万法唯识"的理论可以被改造发挥为在变革社会的过程中高扬自我意识，充分发挥人的主观能动性。因此，在近代复兴的佛学中，法相唯识学成为最突出的显学，而面向现实社会人生的"人间佛教"则成为近代佛教文化思潮的主流。

二、佛教团体与教学机构

近代第一个全国性的佛教组织是"中华佛教总会"，成立于1912年，总会设本部于上海静安寺，设分部（办事处）于北京法源寺，有"爱国诗僧"之称的敬安被推为会长。总会成立的宗旨在于团结全国僧尼，保护佛教，弘扬佛法。鉴于当时各地侵占寺产的情况十分严重，敬安曾亲赴南京谒见孙中山，以中华佛教总会的名义向临时政府请愿保护寺产，不久临时政府迁至北京，敬安又约集各省僧界代表入京请愿，但未有结果敬安即逝世。没过几年，中华佛教总会即被袁世凯政府取缔。1928年，敬安的弟子太虚又在南京创立了全国性的佛教组织"中国佛学会"，并自任会长，后许多省份也相继成立了佛教学会分会；次年，太虚又筹建"世界佛学苑"，后虽未正式成立，但曾把汉藏教理院、闽南佛学院等列为世界佛学苑下面的一个系。

近代佛教的一个显著特点是居士成为弘扬佛教文化的重要力量，由居士组织的佛教团体也为数不少。1918年在上海成立的"居士林"（不久又改名为"世界佛教居士林")就是一个具有广泛影响的在家佛教信徒的团体。二三十年代,"居士林"几乎遍及全国各大城市,例如在北京有"华北居士林",在长沙有"湖南居士林",在天津有复兴密宗的居士林等。其他还有"上海佛教净业社""上海市佛教青年会"等,也都是居士组织的佛教团体。这些团体在组织佛学研究、创办佛教刊物、从事社会慈善事业等方面都做了大量的工作,推动了近代佛教文化事业的迅速发展。

近代佛教文化的复兴与佛教研究团体和佛教教学机构的大量出现是联系在一起的。早在1903年就有湖南僧人笠云在长沙创办了僧学堂。1907年,杨文会又在金陵刻经处设佛教学堂"祇洹精舍"。随后,各种类型的佛学院和佛学研究团体纷纷涌现,几乎遍布全国各地。比较有影响的佛学院有:1914年月霞在上海哈同花园创办的华严大学(后先后迁至杭州海潮寺和常熟兴福寺);1919年谛闲在宁波观宗寺创立的观宗学舍(以弘天台教义为主);1922年太虚在武昌创办的武昌佛学院和欧阳竟无在南京创办的支那内学院;1925年常惺、会泉等在厦门南普陀寺创办的闽南佛学院;1932年太虚在重庆创建的汉藏教理院;等等。此外,各地一些著名的佛教寺院也都先后办起了许多不同类型的佛学院,例如北京广济寺的弘慈佛学院、上海静安寺的佛教学院、福州涌泉寺的鼓山佛学院、苏州的灵岩山佛学院、常州的天宁寺佛学院等,都为近代佛教的复兴培养了僧才。近代比较有影响的佛学研究团体主要有绍兴佛学研究会、杭州佛学研究会、镇江佛学研究会、北京三时学会等。在诸多的佛学院和佛学研究团体中,以武昌佛学院、支那内学院和韩清静(1884~1949年)主持的三时学会在近代佛教史上的地位最为重要。

武昌佛学院乃中国近代佛教史上最早的一所正式的综合性的佛学院,由太虚法师1922年创办于武昌并自任院长,梁启超当时正好有事至武昌,被推为院董会第一任董事长。佛学院在1926年曾因北伐战争而停办,

1929年又恢复,并成立了新的院董会。1928年太虚在法国发起筹组"世界佛学苑",武昌佛学院内成立了"世苑筹备处",次年又成立了"世苑研究部"。1932年,太虚又在佛学院内筹备世界佛学院图书馆,购买并征集图书,组织并培养了许多专门的佛学研究人员。该院以护法弘法、革新佛教为己任,致力于佛教文化的复兴运动,数十年中,为近代佛教的振兴培养了一大批新型的佛学研究人才。近代以来僧界的一些有学问的法师,不少都来自这所佛学院,他们成为近代佛教史上弘扬佛法的重要力量。

支那内学院是佛教居士欧阳竟无1922年在金陵刻经处的基础上创办的,欧阳任院长,吕澂任教务长。内学院与武昌佛学院以僧人为主不同,是以佛教居士为骨干的佛学教研机构。欧阳曾立"师""悲""教""戒"四字为内学院的院训,倡导在家研习佛学,弘扬佛法。内学院以"阐扬佛学,育才利世"为宗旨,继承了居士佛教的传统,并采用新式的科学研究方法,在讲研佛学和编刻佛经方面做出了突出的成就。内学院以对法相唯识学的教学和研究著称于世,欧阳以唯识系的思想为准而编成的《藏要》三辑,收佛典50余种300余卷,因其标点、校勘和篇章提示的精到而备受国内外学者的好评。1943年欧阳病逝,吕澂继任支那内学院院长,为创立内学院"佛学五科"(毗昙、般若、瑜伽、涅槃、戒律)的讲习体系作出了巨大的努力。1952年,内学院自动停办。30年来,先后在内学院从事佛学研究的多达200余人,梁启超、汤用彤、梁漱溟等近现代史上的著名学者都曾在内学院学习过。支那内学院对近代佛教文化的复兴是起了巨大作用的。

三时学会是由佛教居士韩清净等人1927年在北京成立的研究法相唯识学的学术团体,与欧阳竟无在南京创办的支那内学院南北呼应,成为北方研究法相唯识学的中心。时有"南欧北韩"之称。早在1921年,韩清净等就发起组织了"法相研究会",在北京讲《成唯识论》;1927年,根据法相唯识宗的三时判教(即将释迦一代教法分为初时"有教"、第二时"空教"

和第三时"中道教",判法相唯识宗为中道教),学会改名为"三时学会",韩清净任会长。学会以阐扬印度佛学和佛教真实教义为宗旨,讲学与刻经并重,专门从事佛教经典,特别是法相唯识典籍的讲习、研究、译述和刻印,所刻经典,校勘精细。三时学会与南方的支那内学院一起,共同推进了近代佛教唯识学的研究和唯识学的复兴。

三、佛学研究的重要人物

在近代佛教文化史上,从事佛学研究的或对近代佛教文化作出过重要贡献的人物,情况比较复杂。有的是专治佛学的,有的是兼治佛学的;有的是治佛学而又信仰佛教的,有的是治佛学却并不信仰佛教的;有的是作纯学术的研究,有的是作掺杂了一定信仰成分的学术研究,还有的则是为了从佛教中寻找变法或革命的思想武器而研究佛学。而站在佛教立场上研究佛学的,也有以振兴佛教为己任的僧侣的研究和立志在家护持佛法的居士的研究之区别。他们不同的研究,从不同的方面为近代佛学在新的社会条件下的更新与发展及佛教文化的复兴作出了一定的贡献。下面分别对其中有影响的主要人物及其佛学思想略作分析介绍。

(一) 重要的思想家

1. 龚自珍(1792~1841年),浙江仁和(今杭州)人,出生于封建官僚家庭,自幼受过严格的汉学训练,在封建社会急剧没落、历史面临转折的重要关头,他"究心经世之务"而接受了今文经学的观点与方法,力图为挽救社会危机寻求出路。他30多岁时就接触了佛学,曾从彭绍升的学生江沅学佛,政治上的压抑和人生道路的坎坷更使他跑到佛学中去寻求精神安慰。他比较崇尚天台宗而不满意晚唐以来的狂禅。在他的思想体系中,佛学,特别是天台宗思想成为重要的理论来源。他曾吸收佛教万法唯心的观点而强调自我精神的创造作用,他认为:"天地,人所造,众人自造……众人之宰,非道非极,自名曰我。我光造日月,我力造山川,我变造毛羽肖翅,我理造文字言语,我气造天地,我天地又造人,我分别造伦纪。"①既然一切皆我造,那么世界的各种差别也都因我之"知见"而有,因我之"知见"而变,"十方、三世,所有微尘非他,知见而已矣"②。据此,龚自珍提出了通过改变人们的"知见"来改变现实世界的想法。他认为,人人都有一个"无善无不善"的本性,通过后天的努力,能改变人心的好坏,从而达到改变世俗世界的目的。龚自珍受佛教的影响而把社会政治的改革寄希望于改变人心,改变人的"知见",这当然是不可取的,但他张扬人的个性、对人的主观精神作用的强调在当时的历史条件下却具有开风气的积极意义,其进步作用也是值得肯定的。

2. 魏源(1794~1856年),湖南邵阳人,也是近代史上主张社会改革的重要思想家,人们常将他与龚自珍并称"龚魏"。他早年研习程朱陆王之学,后治今文经学,借"古义"论"今政",针对社会的危机,研究现实问题,提出社会改革的思想,致力于学问的"经世致用"。晚年归心佛教,潜心佛学,其重要原因,诚如梁启超所曾说:"社会既屡更丧乱,厌世思想,不期而自发生;对于此恶浊世界,生种种烦懑悲哀,欲求一安心立命之所;稍有根器者,则必遁逃而入于佛。"③魏源对于佛教,"宗教的信仰"甚于"哲学的研究",在佛学方面并没有多少建树,但由于他在近代思想史上的重要地位,他强调"王道经世,佛道出世,滞迹者见为异,圆机者见为同"④,宣扬往生西方成佛的净土思想,合刊净土四经等,对近代佛教的复兴仍有一定的影响。

---

① 《壬癸之际胎观第一》,载《龚自珍全集》,上海人民出版社1975年版,第12页。
② 《法性即佛性论》,载《龚自珍全集》,第371页。
③ 梁启超:《清代学术概论》,第166页。
④ 《魏源集》上册,中华书局1976年版,第247页。

3. 康有为(1858～1927年),广东南海人,戊戌变法时期的政治思想领袖。出身于封建官僚家庭,早年接受的是传统的儒家文化教育,严峻的社会现实促使他以明末清初思想家的"经世致用"为精神动力,不断学习西方,探求治国救民的良方。为了建构变法维新的思想体系,他"合经子之奥言,探儒佛之微旨,参中西之新理,穷天人之赜变"①,熔古今中外之学于一炉。他对佛学尤其感兴趣,曾一度入广州西樵山白云洞修佛道,自认为探得佛理,悟成大道。由于康有为具有强烈的社会责任心,因此,学佛并没有使他超脱尘世,追求空幻,反而使他吸收了佛教的思想,更加积极地投身到社会变革中去。他在许多时候并不是完全按照佛教的本来面目去穷究佛理,而是根据现实的需要"以己意进退佛说"②,从佛学中寻找理论武器,吸取精神力量。例如他的《大同书》对佛教所说的人生皆苦很欣赏,并作了专门的阐释与发挥,把"刑狱""加税""阶级"等内容都纳入"苦"之中,使"苦"明显地带上了近代社会的色彩。佛教认为"苦"是众生的无明与惑业引起的,即"苦"的原因在众生自身,解脱也只有通过修持佛道,克服无明,消除惑业,才能实现;而康有为所说的"苦"却并非单纯由个人所引起,其中许多是由社会制度的不合理造成的,因此,要"去苦求乐",从苦海中解脱出来,仅靠个人的自我修行是不够的,还必须改变产生各种"苦"的不合理的社会制度。这样,康有为便通过对佛教所言之"苦"的发挥,而把佛教出世离苦海的理想放到了当下的现实社会之中。为此,康有为特别强调彼岸即此岸,人们应该立足于现实社会,不仅要注重个人的修行,更要参与改造个人得以生存的客观环境,"专肆力于造世界","务于世间造法界"③。康有为对佛学的改造利用,带有鲜明的时代特征,它从一个

---

① 《康南海自编年谱》(外二种),中华书局1992年版,第12页。
② 梁启超:《清代学术概论》,第165页。
③ 梁启超:《康有为传》,载《康南海自编年谱》(外二种),第264页。

侧面反映了近代佛学的复兴与社会政治之间的密切关系。

4. 谭嗣同(1865~1898年),湖南浏阳人,出身于封建官僚家庭,但自幼丧母,"备极孤孽苦",曾游历南北各省,对社会现实有一定的了解。中日甲午战争以后,民族危机使谭嗣同"发愤提倡新学",迫切地寻求救亡之道。后结识梁启超,积极参与康、梁的维新变法运动,社会政治主张比康有为等更为激进。变法失败,有人劝他逃亡日本,他不肯,认为"各国变法无不从流血而成,今中国未闻有因变法而流血者,此国之所以不昌也,有之,请自嗣同始"①。后以"我自横刀向天笑"的豪迈气概英勇就义。在思想上,谭嗣同早年好王夫之之学,后转向佛学,力图从佛学中寻找社会变革的思想武器,为维新变法提供理论依据。他曾从南京金陵刻经处的杨文会学佛,他那充满了佛教思想的哲学名著《仁学》就是在刻经处开始撰写的,在书中他自言"华严及心宗相宗"等佛书是"仁学"的重要理论来源。他充分吸取了佛教中的平等观念来抨击封建专制等级制度,并大声疾呼发扬佛教的"无我"和"大无畏"精神以救世度人,认为"救人之外无事功,即度众生之外无佛法","善学佛者,未有不震动奋厉而雄强刚猛者也"。② 正是以他所理解并改造过的佛学思想为武器,谭嗣同勇敢地冲决封建网罗,并为近代中国的社会政治改革写下了悲壮的一页。虽然他深受佛教"三界唯心,万法唯识"的影响而过分强调了"心力"的作用,但他"欲将科学哲学宗教冶为一炉,而更使适于人生之用"③,努力发挥佛学中的积极因素为社会变革服务,这对近代佛学的复兴和"人间佛教"的倡导都是起了积极作用的。梁启超称"真学佛而真能赴以积极精神者,谭嗣同

---

① 梁启超:《戊戌政变记·谭嗣同传》。
② 谭嗣同:《仁学》,载《谭嗣同全集》(增订本),中华书局1981年版,第371页、第321页。
③ 梁启超:《清代学术概论》,第151页。

外,殆未易一二见焉"①,可谓概括了谭嗣同佛教思想的特点。

5. 梁启超(1873~1929年),广东新会人,近代史上的著名人物。政治上,他自"公车上书"要求维新变法以后,就一直作为康有为的助手,积极投身于戊戌变法运动,与康有为并称"康梁"。变法失败后,他逃亡日本,后逐渐转向保皇。辛亥革命后,他又任职于北洋军阀政府,也先后参加过反对袁世凯和张勋的复辟斗争。晚年退出政治,主要从事学术活动。在学术上,梁启超知识渊博,建树卓著,是近代学术史上不多见的学问大家。其著述极为丰富,有关佛学的著作也很多。他对《大乘起信论》的考证,对《四十二章经》和牟子《理惑论》的辨析,都有一定的学术价值。梁启超早年投至康有为门下时即开始学佛,后又在金陵刻经处听欧阳竟无讲佛学,对佛学有浓厚的兴趣。他重视佛学,与他把佛教视为实现社会人生理想的有效工具具有很大的关系。他认为,"佛教的宇宙论,完全以人生问题为中心"②,佛教倡导的"一切众生,皆有佛性"宣扬的是一种平等思想,"其立教之目的,则在使人人皆与佛平等而已","故信仰他教,或有流弊,而佛教决无流弊也",故"舍己救人之大业,惟佛教足以当之"③。他还认为,佛学实际上是一种心理学,"佛教为什么如此注重心理学呢?因为把心理状态研究得真确,便可以证明'无我'的道理"④。"无我"是佛教的根本教义,发扬佛教的"无我"精神,就能舍己救人,救国度世。梁启超试图利用佛教这样一种宗教来"震撼宇宙,唤起全社会之风潮"以变法图强,这在近代史上曾起过一定的积极作用,但他晚年"笃信佛教",把佛教视为"人生唯一安身立命之具",甚至以此来对抗革命思潮在中国的传播,其消

---

① 梁启超:《清代学术概论》,第166页。
② 梁启超:《佛学研究十八篇》,中华书局1989年版,第52页。
③ 梁启超:《论佛教与群治的关系》,《饮冰室合集》文集之十。
④ 梁启超:《佛学研究十八篇》,第370页。

极作用也是不容忽视的。

6. 杨度(1875~1931年),湖南湘潭人,近代史上很有特色的一个政治人物。他早年是一个有志于革命的热血青年,后一变而成为主张"君主立宪"的人物,甚至为袁世凯复辟帝制而鼓吹;再一变而又成为一个佛教学者;三变而又成为一个孙中山的追随者;最后,又参加了中国共产党,成为一位共产主义战士。杨度倾心于佛学的时间并不很长,自言"十年以来,学佛逃禅"①,但他却自诩曾于庐山悟道,并为"成佛之人"。在他看来,"所谓佛者,即是圣人","所谓成佛,即是成圣,即是做人"。② 正是从这种"人间佛教"的思想出发,他努力对佛教"无我"等思想作了适合于时代需要的新阐发,为"改进将来世界"而大力提倡"新佛教论"。他曾说:"今日世界为科学之世界,如欲将东洋固有之佛法,介绍于世界学者,普及于世界众生,则非有论理的科学的法门,不能随缘应机,说法度世。今有此无我论及无我法门,诚可为未来世界发心成佛者,敷一至平之路,开一至大之门。惟与佛教旧有各宗,皆有同异,无可归纳,只能别立一宗,名无我宗。此无我宗所立教义,一切合乎论理科学,所有迷信神秘之说,如灵魂、轮回等义,以及违反生理之诸戒律,概予扫除。若与旧义相比,直为佛教革命。昔者德人路得革新耶教,分为旧教、新教,以此为例,则予所论,即为佛教革新,应即命曰《新佛教论》。"他又说:"此新佛教……一以论理科学为归。佛教自此以后,始有明确之宗旨,平坦之法门……准此教旨,以谋改进将来社会,直可普度众生,一齐成佛……人人去其我的,即成无我世界,无我世界,即佛世界。"③杨度晚年走上革命道路以后,便不再宣扬新佛教论,但他对佛学的改造利用在近代思想史上是有一定影响的。

---

① 杨度:《与杨雪桥师书》,载《杨度集》,湖南人民出版社1986年版,第748页。
② 杨度:《复五妹杨庄函》,载《杨度集》,第749、752页。
③ 杨度:《新佛教论答梅光羲》,载《杨度集》,第743~744页。

7. 章太炎(1869~1936年),浙江余杭人,近代民主革命家、思想家。青年时代曾参加维新变法运动,后剪去辫子,立志革命,与改良派决裂。因宣传革命,触怒清廷,与邹容一起被捕入狱。出狱后为孙中山迎至日本,参加了同盟会,并主编同盟会机关报《民报》,与改良派展开了论战。辛亥革命前后,思想上与孙中山发生一定的分歧,对袁世凯抱有幻想,退出了同盟会。1911年回国,任南京孙中山临时总统府枢密顾问。曾受张謇拉拢而参加了统一党。1913年宋教仁被刺,章太炎认清了袁世凯的面目,参加了讨袁,被袁软禁,袁死后获释。1917年,又与孙中山合作,参加了广州的护法军政府,任秘书长。五四运动以后,章太炎的思想渐趋保守落后,反对新文化运动,鼓吹尊孔读经。1924年,他脱离孙中山改组的国民党,并反对国共合作。他在苏州设章氏国学讲学会,以讲学为业。鲁迅在充分肯定章太炎"七次追捕,三入牢狱,而革命之志终不屈挠者,并世亦无第二人,这才是先哲的精神,后生的楷范"的同时,也指出他晚年"既离民众,渐入颓唐","用自己所手造的和别人所帮造的墙,和时代隔绝了"的局限。[①] 需要指出的是,章太炎晚年是坚决主张抗日的,他对日本侵略中国表示了极大的义愤,曾赞助抗日救亡运动,表现了他的爱国主义精神。在思想上,章太炎深受佛教(特别是唯识学)的影响,他充分利用了佛学思想中的积极因素来推动民主革命运动。他曾认为,佛教是无神论。他在《无神论》一文中以主张"众生平等"的佛教反对了主张"尊奉上帝"的基督教,并用佛教的逻辑(因明学)论证了上帝存在和上帝创世说的荒谬性。章太炎在当时驳斥基督教的有神论,具有反对西方帝国主义列强利用宗教侵华的现实意义。章太炎还认为,佛教这一不主张有神的宗教对

[①] 鲁迅:《关于太炎先生二三事》,载《且介亭杂文末编》,人民文学出版社1973年版,第67~69页。

于坚定革命者的信念和立场、激励人们无私无畏地去进行革命斗争是十分有用的,他曾说:"以勇猛无畏治怯懦心,以头陀净行治浮华心,以惟我独尊治猥贱心,以力戒诳语治诈伪心,此数者其他宗教亦能得其一二,而与震旦习俗相宜者,厥惟佛教。"①因此,他积极倡导建立无神的宗教(佛教),号召"用宗教发起信心,增进国民的道德"。他在《建立宗教论》一文中,依佛教唯识学立论,批判"有神教",盛赞"无神教",强调无神的佛教并不是厌世的,而是救世的,它有助于帮助人们去除"畏死心""拜金心""奴隶心""退屈心"等。章太炎基于现实革命斗争的需要而对佛教"依自不依他""自贵其心,不援鬼神"的"勇猛无畏"精神的阐发,在近代革命史上是起了一定积极作用的。

(二) 重要的僧侣学者

近代佛教文化史上影响最大的僧侣学者当推太虚法师,鉴于他发起的"佛教革新运动"和他所积极倡导的"人间佛教"在近代佛教史上的重要地位,我们将在下节中对他进行专述,这里先说敬安、圆瑛和弘一。

1. 敬安(1852~1912年),字寄禅,号八指头陀,湖南湘潭人,近代史上著名的爱国诗僧。7岁丧母,11岁丧父,因家贫而辍学,为生计先后替人放牛、做工,备尝艰辛。清同治七年(1868年)出家,并受具足戒。曾于佛舍利前燃二指以作供养,由此而有"八指头陀"之称。后学诗,昼夜刻苦,终于通达韵律,以诗成名,遂开始了亦禅亦诗的生涯。在诗作蜚声诗坛的同时,敬安行脚吴越,遍参尊宿,回湖南后,曾先后历任六寺住持。1902年始,又应请担任了浙江宁波天童寺的住持达10年之久。1912年,中华佛教总会在上海成立,他被众人推为第一任会长。同年,因赴京向政府请愿要求保护寺产而被气死。有"我虽学佛未忘世""国仇未报老僧羞"等诗句

---

① 章太炎:《答梦庵》,《民报》第21号。

传世。在佛学上,敬安以传禅为主,认为"佛身外无众生,众生外无佛身,众生家常日用,穿衣吃饭,屙屎撒尿,无不是如来放光现端"。并认为,"欲续曹溪衣钵传,穷源须要识心源"。他强调,"此事只贵一悟,不贵久修。若悟,即掉臂咳唾、运水搬柴,无不是祖师西来意"。① 敬安晚年归心净土,发愿往生西方佛国,反映了他对美好生活的向往。

2. 圆瑛(1878~1953年),俗姓吴,法名宏悟,以字行世,近代佛教史上著名的爱国高僧。19岁出家,次年受具足戒。21岁开始出游,参访敬安、谛闲等名师,习禅读经,学有所成。讲经说法的足迹,远及南洋。曾历任海内外九大名刹的住持。1929年,与太虚法师等共同发起成立中国佛教会,被推为会长,1931年在上海召开中国佛教会第三次全国代表大会时,太虚与之观点有分歧而退出了大会,由他继续主持,连任七届会长。1935年,在上海创建圆明讲堂。抗日战争期间,积极组织僧侣救护队,举办难民收容所,并赴南洋为抗战募集经费。1953年,中国佛教协会成立,圆瑛被推选为第一任会长。同年9月,病逝于宁波天童寺。圆瑛的一生,正处在灾难深重的中华民族求生存、求解放、求和平发展的重要时期。综观圆瑛的佛学思想,始终体现着救世度人和爱国的崇高精神,具有鲜明的时代特色。他融会儒佛,贯通禅教,倡导禅净双修,并躬行实践,自度度人,努力将大乘佛教的大慈大悲精神贯彻到救国救民的实际活动中去,从而形成了自己"解行相应,弘法救世"的佛学思想特色。圆瑛之所以笃信佛教,致力于佛学研究,就在于他认为"佛教有导民救世之真理""佛教有益于社会人民也"②。他在《中国佛教季刊题词》中说:"余数十年来弘法海内外,殚精竭思,唤起全体佛教徒勇猛迈进,实行提倡佛教,以为救世之根本。"

---

① 《八指头陀诗文集》,岳麓书社1984年版,第509、507页。
② 《圆瑛大师年谱》,上海圆明讲堂1989年流通本,第138、140页。

正是基于"弘法救世"的信念,他才能"解行相应",不但在佛学方面有独到的体悟,而且在护国利民方面作出了很大的贡献。在教法上,他融通性相,教禅双弘;在教行上,他禅净双修,学以致用。他还努力把佛教中的积极因素与儒学等传统思想文化中的合理成分相融合,以激发人们为国为民而奋斗。例如他说:"佛以慈悲为本,儒以仁义为归,佛儒之为教,虽则不同,而其利生救世之心,未尝有异也。"①"儒佛二教不约而同,实为治国平天下之东方文化,我们应当力为提倡。"②他自己身体力行,结合时代的需要,积极投身到救国救民、争取和平的伟大事业中去。他早年创办孤儿院,抗战期间组织救护队,新中国成立后,又号召佛教徒"爱教必须爱国",并带病代表全国佛教徒出席了亚洲及太平洋区域和平会议,为世界和平事业作出了贡献。圆瑛"解行相应,弘法救世"的佛学思想特色,至今仍有其积极意义。

3. 苏曼殊(1884~1918年),名戬,字子谷,出家后法名博经,别号曼殊,近代史上有名的能诗文、善绘画的佛教僧人。生于日本,母亲为日本人。6岁时回国,入乡塾读书。传说12岁时就出家并受具足戒,但有人考证,他1898年又东渡日本,先在上野学校学习西方美术,后入早稻田大学学习,1903年回国以后才出家为僧。在寺庙时间不长即出走,从此过着亦僧亦俗、非僧非俗的生活,到处云游。他在日本时就加入了革命党人的反清组织,还参加了拒俄义勇队,准备赴东北抗击帝俄的侵略。回国后与陈独秀、章士钊和柳亚子等交往密切,写了不少充满爱国主义思想的小品文和诗篇,参加了进步文学团体"南社"。民国成立后,他发表宣言,反对袁世凯称帝。曾应杨文会之邀至金陵刻经处祇洹精舍讲授英文和梵文,并

---

① 《圆瑛大师年谱》,上海圆明讲堂1989年流通本,第268页。
② 《圆瑛大师年谱》,上海圆明讲堂1989年流通本,第227页。

听杨文会讲佛经。他多次出国游学于日本、暹罗(今泰国)、锡兰(今斯里兰卡)和印度等地,精通英、法、日、梵等多种文字。他对佛学和近代佛教也有自己独到的体会和看法。苏曼殊曾受法于曹洞宗,思想上深受禅宗的影响,他反对"住心观净"的"静坐终日",也反对诵经拜忏、瑜伽焰口及对偶像的崇拜等佛事活动,认为近代佛教衰微的根本原因正是在于佛教内部的歪风而不在外界条件,为此,他主张佛教应该进行改革。他提出,学佛应该重视梵文,应该弘传纯正的佛教;他主张设立佛教学堂以宣扬佛理,培养人才;他反对以诵经念佛为谋利的手段,更反对佛教徒的趋炎附势,攀缘权贵;他还反对寺院住持的密传衣钵,认为应该实行民主选举。苏曼殊在近代佛教史上成为有影响的人物,不仅在于他的佛学主张,而且在于他的文学创作和翻译。他的绘画多取材于佛像寺庙和僧人,他的小说多以佛教故事为题材,他留下的诗篇也大多融会了佛教的教义和语言,这些作品都丰富了佛教文学和近代中国文化的宝库。他的翻译则不仅把西方的诗作译到中国来,而且把许多优秀的中国诗作译介给西方读者,从而促进了中外文化的双向交流,为此,他被认为是民国初年的四大翻译家之一。苏曼殊在近代佛教文化史上的地位是不应被忽视的。

4. 弘一(1880~1942年),俗姓李,幼名文涛,又名广侯,后改名叔同。他与苏曼殊相似,主要是以文学艺术的形式来宣扬佛教思想,并以文学艺术方面的成就而在近代佛教文化史上占有重要地位的。他工于诗文、词赋,擅长书画、篆刻。1905年留学日本,学习西洋绘画,并兼及音乐和戏曲,曾与欧阳予倩等人创办春柳剧社于东京,上演《茶花女》等剧目,还主编《音乐小杂志》。1910年回国以后,先后在天津、浙江、南京等地的学校任美术和音乐教师。1918年在杭州虎跑寺出家,同年在灵隐寺受具足戒。他在佛学上主要弘扬南山戒律,对律学作了较为深入的研究,撰有很多律学著述,并曾创设"南山律学院",是近代佛教史上受人尊敬的律宗高僧,有"南山律宗第十一代祖师"之称。在生活上他也持戒谨严,生活十分俭朴。他虽然出家,但并不忘抗日救国事业,他提出的"念佛不忘救国,救国不忘念佛"在当时佛教界产生了较大的积极影响。他一生创作了许多歌曲,并为音乐教育作出了巨大的贡献。他的书法独具风格,在弘传佛教的同时也表达了他的爱国思想,深受时人推崇。被认为是中国漫画创始人的著名漫画家丰子恺(1898~1975年)对弘一法师十分崇敬,30岁时皈依其门下而成为佛教居士,他的影响最大的《护生画集》以漫画的形式宣传了佛教的戒杀护生等教义,这本画集的出版得到了弘一法师的关心。丰子恺对近代佛教文化也作出了一定的贡献。

(三) 重要的居士学者

1. 欧阳竟无(1871~1943年),名渐,以字行世。江西宜黄人,故人称宜黄先生。早年习程朱陆王之学,后受友人桂伯华的影响而对佛学发生兴趣。1904年到南京谒见杨文会,并从受佛学。不久回乡办学,母亲病故,悲痛万分,从此绝仕进意,绝男女欲,不食荤腥,归心佛教。1907年再至南京从杨文会学佛,不久遵杨之嘱赴日本游学数月,回国后曾任两广优级师范教师,又与朋友经营农业。1910年又至南京,继续随杨文会学佛,并终生致力于佛学研究。次年,杨文会去世,欧阳遵师遗志,续办金陵刻经处,并于1914年在刻经处附设佛学研究部,招收学员,讲授佛学。1922年又在南京正式创办了支那内学院,自任院长,院内设学、事两科和学务、事务、编校流通三处,主要从事佛学的研究和佛书的编印。抗日战争爆发后,他率领院众携经版迁往四川,在江津建立支那内学院蜀院,继续从事讲学和刻经。曾计划编印《精刻大藏经》,未成而逝世。他创办的支那内学院因培养了一大批学有成就的佛学大家,而对近代佛学的复兴产生了极大的影响,他主持编刻的《藏要》因校刻精细而享誉海内外。他一生对佛学研究很深,特别是对法相唯识之学有独到的见解,在近代佛学史上独树一帜。例如他分法相和唯识为二宗,认为印度瑜伽行派中的法相、唯识各有所原,各有所本,他在为新刻成的《瑜伽师地论》后50卷所写的序中阐明了"约观心门建立唯识义,约教相门建立法相义"的宗义纲要。他提出的佛学研究四忌(忌望文生义、忌裂古刻新、忌蛮强会违、忌模糊真伪)对纠正近代佛教学风也具有积极的意义。欧阳作为近代佛教居士的重要代表,大力主张在家居士同样可以护持佛法,积极倡导居士佛教,这对近代佛教产生的巨大影响也是不可忽视的。

2. 吕澂①(1896~1989年),字秋逸,江苏丹阳人。1914年至南京金陵刻经处佛学研究部随欧阳竟无学佛学,次年留学日本,专攻美术,1916年被刘海粟聘为上海美术专科学校教务长。1918年应邀到南京协助欧阳竟无筹办支那内学院,从此以后,悉废旧学,专注于佛学研究,经多年的刻苦钻研而成为近现代佛学研究者中成就斐然的重要代表人物。1922年支那内学院正式成立后,他先后担任教务长和院长等职。1949年以后,他历任中国佛教协会常务理事、中国佛学院院务委员会副主任等职,并成为中国科学院哲学社会科学学部委员、哲学研究所兼职研究员。他精通英、日、梵、藏、巴利等多种文字,对印度佛学、中国汉地及藏传佛学都有很深的研究,著述甚丰。他的《中国佛学源流略讲》和《印度佛学源流略讲》等成为现代许多人研究佛学的重要入门书和参考书。他不仅在唯识学方面有独到的见解,而且重视因明学和藏传佛教的研究,并在研究方法上有所创新,提出应该把古今中外不同文字的佛教作为一个整体来研究,以便更好地把握佛教的准确思想及其历史演变。他所提倡的"佛法不离世间"、佛

---

① 严格意义上说,吕澂先生是佛学研究专家而不是佛教居士,鉴于他长期以来一直任职于支那内学院,是内学院系统学有成就的主要代表人物,也是佛教界的知名人士,曾参与发起成立佛教徒的联合组织"中国佛教协会",并在佛教组织与机构中担任重要职务,故我们把他放在这里论述。

法要为现实的社会服务等也都产生过一定的积极意义。

3. 韩清净(1884~1949年),原名克宗,又名德清,河北河间人。早年习儒。18岁时中乡试举人,曾为地方官。后转向佛学,因读瑜伽、唯识的注疏发现其"解释无据"、"义理无当"、"不足以为研究之资",难解其义,而发愿从事研究和弘传。1921年在北京与朱芾煌等共同发起组织佛教学术团体"法相研究会",1927年春改名"三时学会",被推为会长。其讲学专重唯识学,对六经十一论都有深入的研究,对真如、唯识和种姓等义都作了专门的论述;其主持校刻的经典也以精细而著称。时人将其与南京的欧阳竟无并称为法相唯识学的两大家,有"南欧北韩"之誉,其在近代佛学史上的影响于此可见一斑。

(四)重要的学术研究专家

1. 陈垣(1880~1971年),字援庵,广东新会人。早年即胸怀救国救民之志,参加了反清斗争。后对医学发生兴趣,曾在医学院就读和任教。辛亥革命以后一度从政,不久即退出政界,专门致力于历史研究和教育工作,先后担任北京大学研究所国学导师、京师图书馆(国家图书馆前身)馆长、辅仁大学校长、燕京大学国学研究所所长等职。中华人民共和国成立后,长期任教于北京师范大学,后任校长,并担任中国科学院历史研究所第二所所长,是中国科学院哲学社会科学学部委员,第一、二、三届全国人民代表大会常务委员。在学术上,他治学严谨勤苦,学问精深广博,在宗教学和历史学方面都取得了很大的成就,特别是在宗教史的研究方面,成果累累,新论迭出,为学者所重。关于佛教史,除了许多论文之外,他还撰有《释氏疑年录》《中国佛教史籍概论》《清初僧诤记》《明季滇黔佛教考》等重要的著作,这些著作资料丰富,考证精到,见解新颖,是研究中国佛教史的重要参考书,在学术界和佛教界都有较大的影响,在近代以来的佛教史研究中也曾发挥了很大的作用。

2. 熊十力(1884~1968年),原名升恒,字子真,湖北黄冈人。早年曾参加当时的革命团体"科学补习所"和"日知会"等。后又加入同盟会,参加了辛亥革命武昌起义,并追随孙中山参加了"护法"运动。不久,因"念党人竞争争利,革命终无善果"而灰心,决定"不作革命行动而虚心探中印两方之学",另走所谓的"学术救国"之道。于是,他来到南京,入支那内学院从欧阳竟无学佛,不久又转向儒学,归宗孔子。曾任教于北京大学,讲授儒学和佛学。新中国成立后,拥护共产党,热爱新中国,为中国人民政治协商会议特邀代表及第二、三、四届全国委员会委员。在思想上,熊十力可谓近代哲学家中以儒解佛、融会儒佛思想的主要代表人物。他提出的著名的"新唯识论",就是以儒为宗,会通佛学,借鉴西学,发挥了《周易》、宋明陆王心学和佛教法相唯识学的思想。他以传统的儒家思想对佛教唯识学的改造发挥,虽不完全符合印度佛教的原意,却推动了近代中国学术思想的发展,他本人也以对传统思想中的本体论的重建与阐扬而成为当代新儒家的开创者和主要代表人物之一。

3. 胡适(1891~1962年),字适之,安徽绩溪人。早年肄业于上海中国公学,受严复、梁启超等的影响,接触了西学。1910年赴美国,先后就学于康奈尔大学和哥伦比亚大学,为实用主义哲学家杜威的学生。1917年回国,任北京大学教授。曾加入《新青年》编辑部,撰文宣传科学与民主,发动文学改革,提倡白话文,是当时新文化运动的著名人物。五四时期,挑起"问题与主义"论战,主张改良,反对革命。曾提出"全盘西化"的极端主张。1946年任北京大学校长。1948年去美国,后去台湾。曾主编《国学季刊》,提倡"整理国故"。他所提出的"大胆假设,小心求证"的治学方法对学术界影响很大。在学术研究方面,胡适涉及的领域很广,学问十分渊博。他虽然并不专攻佛教,但在从事中国古代哲学史和思想史的研究过程中,也兼涉佛学和佛教史,特别是在禅宗资料的搜寻整理和禅宗史的研究方面作出了巨大的贡献。尽管他所提出的《坛经》的作者是神会而不是惠能等具体的结论并不一定都很恰当，但他对推动近代以来中外学者的禅宗史研究及研究水平的提高所起的巨大作用却是值得充分肯定的。

4. 汤用彤(1893～1964年)，字锡予，湖北黄梅人。1917年毕业于清华学堂，并留校任教，旋即考取官费留学，于次年赴美，先入汉姆林大学，后进哈佛大学研究院，攻读哲学及梵文和巴利文。1922年获哲学硕士学位。回国后历任东南大学、南开大学、中央大学、北京大学、西南联大教授、北京大学哲学系主任和文学院院长等职。新中国成立后，曾担任北京大学校务委员会主席、副校长，并任中国科学院历史考古专门委员、哲学社会科学学部委员，被选为第一、二、三届全国人民代表大会代表，第一届全国政治协商会议委员和第三届常务委员。在学术研究方面，他治学严谨，精于考订，一生主要从事中国佛教史、魏晋玄学和印度哲学史的研究，晚年又注意研究道教史。他早在20年代即在南京从欧阳竟无学习佛学，并发表佛学论文。他的佛教史名著《汉魏两晋南北朝佛教史》以其繁证博引、考证精细、论证周密、结论公允而享誉国内外学术界和佛教界，他的《隋唐佛教史稿》和他校注的《高僧传》也都是研究中国佛教史的重要参考书。

5. 梁漱溟(1893～1988年)，字寿铭，祖籍广西桂林。早年有志于事功，留心时事，参加革命活动。辛亥革命后，因困惑于人生问题而"倾心于出世，寻求佛法"，"一度想出家为僧"。1917年，被蔡元培聘为北京大学哲学系讲师，主讲印度哲学。20年代初，在他的《东西文化及其哲学》出版前后，他的思想受明儒王艮(1483～1541年)的启发而"从印度出世思想卒又转归到中国儒家思想"，"归宗儒家"，并对西洋柏格森为代表的生命派哲学逐渐发生兴趣。1924年，他辞去北大教职，先后到山东、河南等地办教育，从事"乡村建设"。抗战时期，以"村治派"领袖参加民主党团同盟，从事民主运动。新中国成立后，任全国政协委员。他的哲学思想以中国儒学为主,同时糅合了印度佛学和西洋柏格森生命派哲学。他的著作很多,论及佛学较多的有《印度哲学概论》《东西文化及其哲学》和《人心与人生》。他对佛教有许多自己的看法,例如他认为佛法是无我论、无神论,佛法并不是哲学等。他学佛研佛的目的,主要是吸取佛教的思想和方法来观察文化,研究知识,探求孔子学说的真价值,他反对对佛教的改造,反对把佛教拉来为现世所用,认为适合于人类和世界未来的文化是以儒学为主的中国文化,这既形成了他的思想特色,也使他成为当代新儒家的重要先驱人物。

第二节 佛教的革新运动与人间佛教

近代中国佛教的复兴与佛教的革新运动有密切的关系,近代中国佛教的发展及其特点与"人间佛教"也紧密相连,而佛教革新运动和人间佛教的提倡与推行,都是与近代佛教史上的著名高僧太虚法师的努力分不开的。

一、太虚与佛教革新运动

太虚(1890~1947年),俗姓吕,本名淦森,出家后法名唯心,以字行世。浙江崇德(今并入桐乡)人。早年贫困,体弱多病。1904年于苏州出家,同年依宁波天童寺敬安受具足戒。曾与圆瑛结为盟兄弟,后因见解不同而两人的关系日疏。1908年在南京从杨文会学佛,次年随敬安参加江苏省僧教育会。1911年赴广州宣扬佛法,任白云山双溪寺住持,并在广州组织僧教育会。1912年,在南京创设中国佛教协进会,协进会后并入以敬安为会长的中华佛教总会。1913年,敬安去世,太虚在追悼会上提出革新佛教的口号,并撰文倡导佛教复兴运动。1917年,应请赴台湾弘法,并游历日本各地,考察佛教。1918年,与陈元白、章太炎等在上海创设觉社,并主编《觉社丛书》(季刊),出至第五期后改名为《海潮音》(月刊),取"人海思潮中的觉音"之意。1922年在湖北创办武昌佛学院。1924年,在庐山发起召开世界佛教联合会。1925年冬,率中国佛教代表团出席了在日本东京召开的"东亚佛教大会",并应邀讲演中国佛教和考察日本佛教。1927年,应邀至厦门担任南普陀寺住持兼闽南佛学院院长。1928年,在南京创设中国佛学会,并赴欧美弘扬佛教,在巴黎时发起筹组世界佛学苑。这是近代以来中国僧人首次去欧美传播佛教,影响很大。1929年回国后积极从事世佛苑和世佛苑图书馆的筹建,并于1931年在四川创办汉藏教理院。1943年组织中国宗教徒联谊会。抗战胜利后,曾担任中国佛教整理委员会主任。1946年元旦,被国民党政府授予宗教领袖胜利勋章。次年,病逝于上海玉佛寺。

太虚一生致力于佛教文化的复兴,他主张改革僧制,培育僧才,提倡人间佛教,并精研佛理,写下了大量的佛学论著。他的佛学思想的重要特点之一是融会各宗学说,他曾专门写了《佛教各宗派源流》一书,会通空有、性相各宗各派,认为对大乘八宗应该平等看待。他特别对法相唯识学有独到的体会和见解,例如针对欧阳竟无"法相、唯识为两种学"的观点,他反复强调了"法相必宗唯识,唯识即摄法相",认为法相和唯识是一种学而非两种学,从而形成了近代法相唯识学研究中与欧阳竟无为代表的观点相并列的两大思潮之一。太虚虽然著作等身,但他自己说过:"本人读书,每观大略,不事记诵,不求甚解,而以资为自修化他之具为目的。所以,本人的志愿趋向上,从不冀成为学者,惟在能成就振兴佛教、觉人救世之方便耳。"①正因为太虚研佛的主要目的在于"自修化他"、有志于"振兴

---

① 《太虚大师全书》第2册,台湾善导寺佛经流通处1980年版,第445页。

佛教,觉人救世",所以他并没有一头扎进佛书中不出来,而是以更大的热情投入到了近代佛教的革新运动中去。

太虚倡导佛教革新运动,受到了时代革命思潮的影响。他在年轻时,曾一度热心于时政。他早年读过康有为、梁启超、章太炎和邹容(1885~1905年)等人的书,甚至读过马克思的著作,向往革命。他在广州任白云山双溪寺住持时,曾一边讲授佛学,一边与朱执信等革命党人联络,从事秘密活动。民国建立后,他经人介绍到南京谒见中华民国临时大总统孙中山,并参加了反对袁世凯窃国的斗争。据说还参加了"中华民国统一国民党"。后有感于人世间"亚、美、欧洲诸强国皆已卷入战祸,各出其全力以苦相抵抗",国内也是"南北争斗……惟一派团体为旗帜,惟个人权利为标准","铁弹纷射,火焰横飞,赤血成海,白骨参天,加之以水旱之灾,疫疠之祲,所余锋镝疾苦之残生,农泣于野,商困于廛,士无立达之图,工隳精勤之业",于是更加倾心于佛教,认为当此之世,"惟宏佛法,能顺佛心",希望以佛教来实现"觉人救世"的理想。① 鉴于当时西方新思想的不断传入和中国佛教的衰败,他积极发起了佛教的革新运动,致力于佛教自身的改革。

近代佛教的衰落,原因是多方面的,而佛教内部的腐败堕落是极重要的原因之一。欧阳竟无对此曾有深刻的揭露,他说:"中国内地僧尼,约略总在百万之数,其能知大法、办悲智、堪住持、称比丘不愧者,诚寡若晨星。其大多数皆游手好闲,晨夕坐食,诚国家一大蠹虫!但有无穷之害,而无一毫之利者。此如不整理,不严拣,诚为革命时之一大遗憾。"② 针对这种情况,当时许多深受近代以来革命思想影响的思想家、僧侣和居士都大声

---

① 《太虚大师全书》第 61 册,第 1036~1038 页。
② 欧阳竟无:《辨方便与僧制》,《欧阳大师遗集》第 2 册,第 1488 页。

疾呼革新佛教。欲以"佛化救国救天下"的太虚更是立志"根据佛教的真理,适应现代的国家和社会,使颓废的佛教复兴起来"。他于1913年在上海佛教界举行的敬安追悼会上,正式提出了教理、教制、教产"三大革命"的口号,号召重视人生,其后数年内,他又写了《整顿僧伽制度论》等许多重要的文章,补充和完善自己的佛教革新思想,并提出改革佛教的具体主张,倡导建立新的僧团制度,推进"佛教复兴运动",这在佛教界引起了极大的震动,并对近代佛教的发展产生了深刻的影响,太虚本人也因此而成为近代佛教革新和复兴运动的领袖人物。

所谓佛教的"三大革命"是指:(1)教理革命,即革除佛教中的鬼神祸福等落后思想,反对专作死后问题的探讨,主张多研究现世人生,提倡发扬大乘佛教自利、利他的精神,以"五戒十善"①为人生的基本道德,并以此来指导人生,改善国家社会的政治经济,建设人类互敬互爱的社会制度,如果要发愿成佛,须先立志做人,人成即佛成,把佛教从"神教""鬼教"和被帝王用作愚民的工具中解放出来。(2)教制革命,即改革僧众生活制度,建立适应时代发展的现今中国社会需要的新的现代僧伽制度以取代过去的丛林制度,打破佛教内部旧有的深受封建宗法制影响的宗派制和子孙制,改传承制为选贤制,提倡僧团之间的互助互爱,共弘佛法,提倡奉行"六和敬",即见和同解、利和同均、身和同住、口和无诤、戒和同修、意和同悦。(3)教产革命,即把为少数住持独占的佛教寺院财产变为十方僧众共同所有,打破深受封建宗法制影响的本山本宗法脉继承寺院遗产的私占私有制,把佛教财产用于供养有德长老、培育青年僧侣以及兴办僧伽教育。

---

① 五戒:不杀生,不偷盗,不邪淫,不妄语,不饮酒。十善:不杀生,不偷盗,不邪淫,不妄语,不两舌,不恶口,不绮语,不念欲,不瞋恚,不邪见。

太虚提出的佛教革新思想显然受到了近代资产阶级民主革命派思想的深刻影响,他自己曾把佛教三大革命的主张与孙中山的三民主义相比拟,认为教理革命就是民权主义,教制革命就是民族主义,而教产革命则是民生主义。后来他又模仿三民主义而提出了所谓的"三佛主义",即建立有主义、有纪律之僧团组织的"佛僧主义",大力发展佛教徒,在僧侣组织之外还要建立居士组织的"佛化主义",以及用佛教影响国家乃至全世界的"佛国主义"。

　　太虚提出的佛教革新主张,在当时得到了广大僧众的支持,但也遭到了一些守旧派的反对,例如1912年在镇江金山寺召开的"佛教协进会"成立大会上他最早提出佛教革新主张时,由于旧派的反对而引起了激烈的争论,乃至发生了"大闹金山"事件。虽然太虚革新佛教的主张有些并不十分适合当时社会的实际情况和实际需要,他自己后来也改变或放弃了某些主张,但不可否认,他提出并致力于推行的佛教革新运动在近代佛教发展史上影响是巨大的,对近代佛教的复兴也是起过十分重要的积极作用的。

　　太虚倡导的佛教革新运动,其重点在整顿僧制,建立新僧团,由于社会的发展变化以及受到佛教内部保守派,特别是占寺产为己有的既得利益者同时又是实力派的强烈反对,改革难以实行。因此,太虚便积极从事佛教教育。他创办刊物以宣传佛教思想,创办佛学院以培养佛教人才,他特别鼓励年轻的僧人学习佛教教义,并兼学各种文化知识,他在《学僧修学纲宗》中谈到学僧"为学的宗旨"时强调,"根本宗旨在于佛学",但学佛"不仅解行佛法独善其身,还要将佛法扩充到全社会里去,发展到全人类中去,既然如此,在此修学时期,必须要预备办这种事业的工具,即是要有世间的各种常识:科学、哲学的常识,各民族历史、地理等文化的常识,此外还有宣传佛教的文字语言"。太虚在推行佛教教育方面的努力,对近代佛学研究和佛教文化事业的发展都起了一定的促进作用。

二、人间佛教的提倡及其历史影响

太虚倡导的佛教革新运动虽然没有取得完全的成功,但佛教革新运动所提倡的"人间佛教"的基本精神却对近现代佛教发展的走向产生了深远的影响。

太虚在倡导佛教革新、推动佛教复兴的过程中,曾写下了许多文章并发表了大量的讲话,积极提倡建设"人间佛教"。所谓"人间佛教"就是在人间发扬大乘佛教救世度人的精神,多关注现生问题,多研究宇宙人生的真相,致力于推动人类的进步和世界的改善,建设人间净土。太虚在《怎样来建设人间佛教》一文中对什么是人间佛教作了这样的说明:"人间佛教,是表明并非教人离开人类去做神做鬼,或皆出家到寺院山林里去做和尚的佛教,乃是以佛教的道理来改良社会、使人类进步、把世界改善的佛教。""人间佛教,并非人离去世界,或做神奇鬼怪非人的事。即因世人的需要而建立人间佛教,为人人可走的坦路以成为现世界转变中的光明大道,领导世间的人类改善向上进步。"这就是说,人间佛教必须革除旧佛教专言死后或鬼神之事、远离社会现实的弊端,以佛教的真精神面向社会,服务于人生。在太虚看来,"佛、菩萨不是鬼神,普通人信佛、菩萨,认为是同鬼神一样的,这是大大错误的",他指出,"佛是使人觉悟而趋向光明的指导者"[①],佛教是有助于现实人生的。他甚至提出,"唯佛陀为真正现实主义者"[②],"释迦为解放印度四姓阶级而创立平等自由之社会者……佛陀可于近代人类自由运动之基础上,为人类完成自由本性之导师,然非后

---

① 《怎样来建设人间佛教》,《太虚大师全书》第 47 册,第 435 页。
② 《太虚大师全书》第 47 册,第 283 页。

代衰腐之佛徒也"①。据此他提出:"若要佛真精神表现出来,须将神圣等等的烟幕揭破,然后才可见到发达人生的佛教真相。"②这就是说,可以"发达人生"而不是远离人生或脱离人生的才是佛教的真精神。

在提倡人间佛教的时候,太虚特别强调了建设人间净土。他认为,当下的人世间确实是不完美的,从战祸频繁、穷滥无耻之徒苟生偷活等来看,甚至可以说"人道几希乎息矣"③。但这并不意味着必须离开这个恶浊之世而另求清净之世,相反,人们应该努力改造这个不完美的世界,致力于在人间创造净土。他强调,净土是要人创造的,把当下不完美的人间创造成净土是可能的。他在《建设人间净土论》中曾说:"遍观一切事物无不从众缘时时变化的,而推原事物之变化,其出发点都在人等各有情之心的力量。既人人皆有此心力,则人人皆已有创造净土本能,人人能发造成此土为净土之胜愿,努力去作,即由此人间可造成为净土,固无须离开此龌龊之社会而另求一清净之社会也。质言之,今此人间虽非良好庄严,然可凭各人一片清净之心,去修集许多净善的因缘,逐步进行,久之久之,此浊恶之人间便可一变而为庄严之净土,不必于人间之外另求净土,故名为人间净土。"④

从太虚的反复论证中我们可以看到,他所积极倡导的建设人间佛教、人间净土,就其实质而言,就是要把出世的佛教改造为入世的佛教,把佛教的出世法与世间法更加紧密地结合起来,而这其实也是在新的历史条件下对大乘佛教入世精神,特别是唐宋以后中国佛教入世化、人生化倾向的继承和进一步发展。大乘佛教的"不坏假名而说实相""不坏世法而入涅槃"以及"世间与涅槃不二"等思想为佛教的出世间法与世间法的沟通

---

① 《太虚大师全书》第47册,第282页。
② 《怎样来建设人间佛教》,《太虚大师全书》第47册,第433页。
③ 《太虚大师全书》第61册,第1037页。
④ 《太虚大师全书》第47册,第427页。

提供了契机,而中国化的佛教正是由此而进一步走向了现实的社会与人生。中国佛教的入世化、人生化倾向可谓由来已久,它构成了印度佛教中国化的重要内容之一。以儒家为代表的传统思想文化的一个重要特点在于具有一种关怀现实人生的入世精神和现实主义品格,本质上追求出世解脱的佛教传到中国来以后,在传统文化的氛围中日益获得了关注现实人生的品格,立足于"众生"(人及一切有情识的生物)的解脱而强调永超人生苦海的佛教在中国则更突出了"人"的问题。隋唐以来兴起的中国佛教宗派禅宗,在充分肯定每个人的真实生活所透露出的生命的底蕴与意义的基础上,融理想于当下的现实人生之中,化求佛(修道)于平常的穿衣吃饭之间,强调"全心即佛,全佛即人,人佛无异"①。它所说的"佛性"主要是指"自心"或"自性",是对人生实践之主体的一种肯定,它所说的"佛"实际上也就是指内外无著、来去自由的解脱"人"。宋明以后,中国佛教的入世化、人生化倾向表现得更加充分,"世间法则佛法,佛法则世间法"②成为佛教界的普遍共识,憨山德清甚至提出了"舍人道无以立佛法……是则佛法以人道为镃基"的说法,这里"所言人道者,乃君臣、父子、夫妇之间,民生日用之常也"③。主张"出世"的佛教在中国终于面向人生,依"人道"而立"佛法"了。当然,这并不影响佛教的解脱论从本质上说仍是一种"出世"哲学,因为它毕竟不是以入世为最终目的,而是视入世为方便法门,以出世为旨归的。对此,太虚作了充分的说明。

太虚一方面为使佛教适应新时代新潮流而依佛法契理契机原则大力倡导人间佛教,要求服务于社会,建设好国家,把中国佛教的入世精神推向了一个新的阶段,另一方面又提出要能在人生的道路上更进一步依佛

---

① 《五灯会元》卷三《盘山宝积禅师》。
② 《大慧普觉禅师语录》卷二十七。
③ 《憨山大师梦游全集》卷四十五。

的教法去信、解、行、证,以超越生死苦海的厄难。他曾说:"我们毕竟是人世间的人,我们不是披毛戴角的动物……我们从生身起以至老死,每天所需要的衣食住行之具,从何而来? 你如果肚皮饿了,有食物来充饥;冷了,有衣服来遮体;风雨袭来,有房屋给你住;你如果往何处去,有道路给你走。这些资生的赠与,都是仗人类互助的能力——大众的力量而得到的……换句话说,你的生命完全倚靠社会大众的能力来维持资养。所以,你要去服务社会,替社会谋利益,凡是社会各种辛苦事业,你要耐劳的去做。"他还号召大家要爱国,他说:"若无国家,不但外患无法抵御,国内人民的生命也没有保障,生活也没有安宁……所以……大家要以爱国心为前提……一致奋起建设光荣的国家。"[①]太虚认为,这是新时代对佛教的要求,佛教应该努力地去加以适应。他正是据此而提出了他的革新佛教的主张,强调应该"依佛法契理契机原则,以佛法适应这现代的思想潮流及将来的趋势",应该"根据佛法的常住真理,去适应时代性的思想文化,洗除不合时代性的色彩,随时代以发扬佛法之教化功用……把握佛教中心思想,去适应时机、融摄文化和适应新时代新潮流,去发扬宏通佛法"[②]。太虚认为,如果能面向人生,服务社会,又能"进德修道",依佛法修习,那么就达到"自他两利",既做人又成佛了。

太虚倡导的"人间佛教",在当时就引起强烈反响,虽然在他那个时代难以建设人间净土,但这对近现代中国佛教的发展却产生了极其深刻的影响。太虚以后的中国佛教可以说正是一步步逐渐走上了"人间佛教"的道路。特别是20世纪60年代以来在台港兴起的新型佛教团体和佛教文化事业,均以面向现代社会和人生为主要特征,以创办新式教育、融贯现

[①] 《太虚大师全书》第5册,第173~174页。
[②] 《太虚大师全书》第2册,第450~451页。

代科学文化精神、借助现代传播手段来弘法传教,努力契合现代人的心理和精神需要,关注人生,服务于社会,并在随应时代的不断除旧创新中赋予佛教以新的活力、开拓佛教在现代发展的新途径。中国大陆的佛教在当前建设社会主义现代化的历史新时期,也正在提倡人间佛教的思想以期自利利他,实现人间净土。对此,时任中国佛教协会会长的赵朴初居士在中国佛协第四届理事会第二次会议上所作的题为《中国佛教协会三十年》的报告中作了清楚的说明,他说:"中国佛教已有近2000年的悠久历史。在当今的时代,中国佛教向何处去?什么是需要我们发扬的中国佛教的优良传统?这是我们要认真思考和正确解决的两个重大问题。对于第一个问题,我以为在我们信奉的教义中应提倡人间佛教思想。它的基本内容包括五戒、十善、四摄、六度等自利利他的广大行愿。《增一阿含经》说:'诸佛世尊,皆出人间。'揭示了佛陀重视人间的精神。《六祖坛经》说:'佛法在世间,不离世间觉,离世觅菩提,恰如求兔角。'阐明了佛法与世间的关系。佛陀出生在人间,佛法是源出人间并要利益人间的。我们提倡人间佛教的思想,就是要奉行五戒、十善以净化自己,广修四摄、六度以利益人群,就会自觉地以实现人间净土为己任,为社会主义现代化建设这一庄严国土、利乐有情的崇高事业贡献自己的光和热。"他号召全国佛教徒说:"我们社会主义中国的佛教徒,对于自己信奉的佛教,应当提倡人间佛教思想,以利于我们担当新的历史时期的人间使命。"[①]由此,绵延2000年之久的中国佛教走上了新的发展道路,开始了新的历史进程。

[①] 《法音》1983年第6期。

第九章　佛教在少数民族地区的传播

中华民族是以华夏族(汉族)为主体,由50多个民族组合而成的多民族的大家庭,是一条"混血的龙"。各民族在漫长的历史发展过程中,形成了大杂居、小聚居的局面,共同创造了中华民族的光辉历史和灿烂文化。在中国汉族地区流传了两千多年之久的佛教,在各少数民族地区也拥有相当数量的信徒,对该地区的政治、经济和文化产生过不同程度的影响。藏、蒙古、土、满、裕固、纳西、傣、布朗、德昂、佤、拉祜、白、壮、布依、畲等族的全部或部分都信仰佛教。其中,流行最广的教派是藏传佛教和上座部佛教。

第一节　藏传佛教的形成

藏传佛教(亦称西藏佛教,俗称喇嘛教),是中国佛教的一个重要支派。它主要在我国西藏地区形成和发展,在藏、蒙古、满、土、裕固等少数民族中传播,在不丹、锡金、尼泊尔、蒙古人民共和国以及布里亚特等地也有流传。藏传佛教的宗教文化,是印度佛教文化与西藏本教文化①交融结合而孕育出的一个新的文化形态,是中国传统文化的一个组成部分,它对西藏等少数民族地区的发展,曾经起过重要的促进作用。

---

① 本教,藏文的音译,也译作苯教,是流传于西藏地区的古老宗教。

一、佛教文化的传入

在我国的西南边疆,被称为世界屋脊的青藏高原上,生活着一个古老的民族——藏族。大约在5000年前,藏族的祖先就开始在这里劳动、作息、繁衍,用自己的双手和智慧开发着这块神奇的土地,创造了具有鲜明民族特色的藏族文化。7世纪左右,佛教分别从我国内地和印度两路传入西藏,通过与本教文化的碰撞、融合,逐渐形成适应当地社会历史条件的,具有民族性、地域性特色的藏传佛教文化,并成为藏族的主体文化。

据西藏佛教史籍记载,吐蕃的第三十二代赞普松赞干布(617~650年)的第五代祖先拉托多聂赞(约是5世纪人)在王宫的屋顶上休息时,突然从天上降下《百拜忏悔经》(印度佛教密教经典)、舍利宝塔(密教供养之物)、"六字真言"(密宗"真宝言")、"法教轨则"(密宗修行的法则)这四件佛宝。人们不知是何物,正在诧异,只听见一神在空中对拉托多聂赞说:"五代之后,当有识知此物的赞普出世。"这个将要出世的赞普显然是指松赞干布,所以这一神话很可能是松赞干布时代的佛教徒为了帮助自己立足而编造出来的。在拉托多聂赞时期,藏族还没有文字,人们仍结绳凿木为约。《百拜忏悔经》等密宗"四宝",即使在当时传入西藏也因无人能识而不会产生什么影响。雄才大略的松赞干布用武力统一了青藏高原各部落,建立了实力雄厚的吐蕃王朝以后,曾派贵族弟子吞米·桑布札等去迦湿弥罗(克什米尔)学习各种文字和音韵学等,回藏后创制了藏文,并设置译场翻译书籍,促使藏族文化有了长足的发展,这时佛教的传入才成为可能。

松赞干布十分注意与周围地区的政治、经济和文化交流,努力吸收这些地区的先进文化。他从内地输入了不少生产技术和工艺,还派人去长安学习,聘请汉人掌管书疏等。相传他还派人从锡兰(今斯里兰卡)以及印度、尼泊尔交界处请来观音像,作为崇拜对象。他先后迎娶了尼泊尔王盎输伐摩的尺尊公主和唐李王朝的文成公主为妃。当时,尼泊尔和中国内地都盛行佛教。据藏文史料记载,尺尊公主与文成公主都是佛教徒。她们进藏时,分别将一尊不动佛像和一尊觉卧佛像带到吐蕃。从此,吐蕃开始兴建佛教寺庙。起初兴建的四如寺、四厌胜寺、四再厌胜寺等12座寺庙规模都很小,专作供佛之用,以"制服藏地鬼怪,镇伏四方"。寺中没有僧人。7世纪70年代,尺尊公主和文成公主分别请尼、汉匠人在拉萨修建的"四喜幻显殿"(今大昭寺之前身)、"逻娑幻显殿"(今小昭寺之前身)规模较大,还有了常住寺中专司供佛等事的僧人,但人数很少,还没有达到可以为人授戒的最低要求(5人),以至于文成公主乳母的两个儿子都要到尼泊尔去受戒出家。这两座佛殿的兴建,可以作为佛教正式传入吐蕃的标志。

据藏文资料记载,在松赞干布时期,来到拉萨的印度僧人古萨惹、尼泊尔僧人香达和汉族僧人大天寿曾与西藏的吞米·桑布札等合作翻译过大量以小乘佛教为主的佛教经典(其中也有一些大乘显宗、密宗的内容),但这些译经早已不存。那时只是译经事业的开端,很可能数量并不多,对当时社会也没有产生多大的影响。随着历史的发展,佛教在西藏社会生活中的作用便越来越大。

二、在冲突中的发展与中衰

意识形态的变革,往往都伴随着一场激烈的斗争。佛教传入西藏以后,也遇到了本教的顽强抵抗。

佛教最初传进吐蕃时,统治者把它看作是与本教差不多的东西,所建寺庙只是为了制服鬼怪,并无僧人,更谈不上译经讲学了。所以,佛、本之间相安无事。尺尊公主和文成公主进藏以后,佛教开始以其比较完整、优越的形态出现在西藏的历史舞台上,从而引发了本教徒的恐慌。据藏文史籍记载,修建大、小昭寺时,都遭到了鬼怪恶魔的破坏。大昭寺白天所建的根基,晚上即被恶魔拆毁。从这神话般的传说中,我们可以看到佛、本斗争的一些史影。佛教一直把非佛教派称为"外道邪魔",传说中破坏大昭寺建设的恶魔很可能就是本教势力。在法尊法师的《西藏民族政教史》中,也有松赞干布镇压反对佛教的本教徒的记载。

松赞干布去世以后,围绕着吐蕃王朝内部的权力之争,佛、本之间的斗争更加激烈了。由于本教势力根深蒂固,王朝的实权都掌握在信奉本教的贵族大臣手中,所以幼年继位的芒松芒赞(松赞干布之孙,650~676年在位)和都松芒布结(676~704年在位)都未能使佛教在吐蕃取得进展。在王朝的权力斗争中,几乎看不到佛教势力的影响。在本教势力的压迫下,文成公主带到吐蕃的释迦牟尼佛像,在松赞干布去世以后只得埋入地下,达两代人之久。

赤德祖赞(704~755年在位)即位后即着力修寺,请僧译经。710年(景龙四年),他迎娶了唐朝的金城公主,使佛教的发展出现了明显的转机。金城公主下令把收藏在小昭寺的觉卧佛像迁到大昭寺,"放置在护法殿中央,并建立行谒佛像之供养"(《王统世系明鉴》),安排汉僧管理香火。在此期间,西域于阗以及中亚和新疆等地的一些佛教徒由于战争动乱逃至吐蕃,受到了赤德祖赞的欢迎。赤德祖赞还在拉萨为他们建立了瓜曲寺等7座寺庙。贵族大臣对此极为不满。他们伪称吐蕃境内流行的天花瘟疫是这些逃来的僧人造成的,把这些僧侣赶到了犍陀罗国(今巴基斯坦一带)。佛教的发展再次受挫。

赤德祖赞去世以后,年幼的赤松德赞(755~797年在位)即位。信奉本教的贵族大臣为了彻底铲除佛教势力,以赤松德赞的名义发布了"禁佛"命令,禁止吐蕃境内的佛教信仰;驱逐汉、尼僧人;拆毁寺庙。这是藏族历史上第一次"禁佛运动"。贵族大臣还从象雄地区引进了比较成系统的本教，用藏文翻译本经，用以与佛教理论对抗。赤德祖赞晚年派往唐朝取佛经的桑希等人，在长安翻译了一些佛经和医书返回吐蕃后，只得把带回的佛经埋藏在钦浦的岩洞中，把请来的汉僧送回汉地。

赤松德赞长大后，开始逐步对反佛教势力实行反击。他首先同一批崇佛的大臣设下计策，分别活埋、流放了禁佛的主谋马尚仲巴结、达札路恭，然后派巴·塞囊等人到长安取经，迎请汉僧入藏，把收藏于芒域的觉卧佛像重新迎回拉萨供奉。巴·塞囊回到拉萨后，受到反佛大臣的排挤，被贬至芒域当地方官。巴·塞囊趁此机会经尼泊尔去印度朝拜佛教圣地，归途中延请印度著名大乘佛教显宗大师寂护来藏传教。寂护来到拉萨，讲授了"十善""十二因缘"及许多佛法，亦遭排挤，被迫离开吐蕃去尼泊尔。行前，他向赤松德赞推荐了印度佛教密宗大师莲花生，想借其擅长的咒术征服本教徒，弘扬佛教。莲花生在受邀赴藏的路上"逢妖捉妖"，"遇怪降怪"，在本教徒面前展现了佛教的优势。进藏后，他又把"十二丹玛"神等众多的本教神祇收归为佛教的护法神，使佛教密宗一步步西藏化。

大约在779年，西藏佛教史上著名的桑耶寺在赞普冬宫所在地扎玛建成了。该寺由重新请回吐蕃的寂护设计，莲花生勘查定址，赤松德赞奠基，集中体现了印度佛教文化、内地佛教文化与西藏本教文化的融合。其主殿是一座三层楼房，代表"须弥山"。下层采取藏人建筑形式，按藏人形貌塑像；中层为汉式建筑，塑像的面貌皆为汉人模样；上层是印度风格，塑像皆为印度人形象。桑耶寺也是西藏佛教史上第一座能为信徒剃度出家的寺院。被称为"七觉士"的西藏首批藏族僧人，就是在这里接受剃度的。桑耶寺的建成，是佛教初步战胜本教的结果，也是佛教融合本教的开始。

桑耶寺建成后，赤松德赞一边派遍照护、南喀宁布等藏僧到印度留学，一边从印度请来佛教密宗大师无垢友等来藏译经。遍照护等在印度学了佛教密宗"金刚乘"回到桑耶寺，正值本教势力抬头之际。由于信奉本教的贵族大臣以及王后蔡邦萨的反对，赤松德赞被迫将遍照护、南喀宁布等流放到边远地区。赤松德赞故意执行佛本共存的方针。他把本波师香日乌金从象雄地区请到桑耶寺任教，又把遍照护从流放地召回，让他参加翻译本教经典。这样，佛教势力得以巩固，佛教译经事业有了较大发展。经过一段时间的力量积蓄，佛教徒借机向本教徒发起了挑战。一次，本教徒在桑耶寺公开宰杀牲畜，进行血祭。佛教徒们马上提出抗议，要求废除本教。于是，两教在赤松德赞面前进行了一场孰优孰劣的大论战。最后，赤松德赞宣布佛教徒获胜，自己只信奉佛教，下令拆毁本教神坛，禁止本教流传，令本教徒或者改信佛教，或者弃教为民，否则一律驱逐出境。在此之前，有些本教巫师为了在占据了理论优势的佛教面前加强本教的地位，暗中将佛经改头换面为本教经典。赤松德赞宣布凡是篡改佛经为本经的，一律处死。他还下令全体臣民一律信仰佛教，并两次率王妃、王子、文臣、武将举行"桑耶大誓"，表示永不背弃佛教。在经济上，吐蕃王朝为佛教僧人提供衣、食、酥油、纸墨等一切生活用品，拨给桑耶寺属民200户，以为佛寺服务。从此，佛教取代了本教的"国教"地位，本教便一蹶不振了。那些不愿弃本皈佛的本教徒，只得逃到边远地区进行活动。

综观佛、本斗争的全过程，我们可以清楚地看到，佛教和本教是吐蕃王室与旧贵族大臣之间进行政治斗争的工具，所谓佛本之争，不过是西藏上层社会权力斗争的一个方面。而作为文化现象的本教和佛教，却在斗争过程中加快了融合的进程。

自从松赞干布时期汉族僧人大天寿和尚来到吐蕃参与译经以后，就不断有汉僧进藏活动。赤德祖赞曾派人到唐朝请过高僧，唐朝也应邀派出过一些汉族僧人,轮流进藏,"二岁一更之"①。此外,吐蕃在与唐朝的战争中也俘虏过一些汉僧。汉地佛教在吐蕃影响较大的主要是禅宗南派。在赤松德赞晚年时期,以大乘和尚为代表的汉地佛教势力被藏文佛教史称为顿门巴,以寂护为代表的印度佛教一支则被称为渐门巴。这两派之间经常发生冲突和争斗。大约在 792 年至 794 年,两派僧人在桑耶寺举行了一次长达 3 年之久的大辩论。赤松德赞亲临主持。以大乘和尚为代表的汉地佛教主张惠能的"顿悟成佛"说,以莲花生为代表的印度僧人则主张渐悟成佛。辩论结束时,赤松德赞宣布莲花生一派获胜,大乘和尚一派按印度习惯给对方献上花环,被迫离开吐蕃,返回内地。赤松德赞下令禁止汉地佛教经典流通,不许学习禅宗教法,他还以印度小乘佛教中"说一切有部"的戒律和龙树"中观论"的佛法为准则,实现了印度佛教内部的统一,从而使印度佛教在吐蕃取得了优势地位。

赤松德赞之后,其子牟尼赞普(797~798 年在位)、赤德松赞(俗称赛那累,798~815 年在位)以及赤祖德赞(俗称热巴巾,815~838 年在位)都热衷于佛教的发展,企图以佛教教义支持自己对唐和盟的政策,反对贵族的战争主张,同时用以对付日益增多的奴隶反抗斗争。

牟尼赞普曾在桑耶寺内创办供养三宝的法会,其中供养经藏的法会,已经成为佛教界的传统,一直延续到近现代。他决定由王朝负责佛教僧人的生活费用,并在一年之内 3 次下令平均属民的财富,结果遭到贵族大臣的激烈反对。上台才一年,牟尼赞普就被反佛的母后蔡邦萨毒死了,其原因可能是佛本之争,亦可能是 3 个王子之间的权力之争。

牟尼赞普死后,其弟赤德松赞在一批僧人的支持下继位。他不仅组织修建寺院、翻译佛经,还让僧人参与国家高级事务。他所设的僧官"钵

---

① 《册府元龟》卷九百八十《外臣部通好建中二年》。

阐布"乃"房浮屠豫国事者也"，或称为"国政蕃僧"(《新唐书》)。"钵阐布"的地位甚至超过了吐蕃"大论"(宰相)。

热巴巾时期，佛教更是盛况空前。他积极支持文字规范化运动，组织了一批著名佛教学者进行文字改革，使藏文规范化；同时制定标准译名，编成译经书目。这样，佛经的翻译更加准确、方便了。他规定了"七户养僧"制度，每7户居民供养一个僧人的生活。凡侮辱佛、法、僧三宝者则处以断指、剜目等重刑。他还把军政大权交给"钵阐布"掌握，甚至让"钵阐布"凌驾于其他大臣之上。佛教势力一时达到高峰。

赤祖德赞的崇佛行为引起了贵族和民众的反对。崇拜本教的贵族大臣韦·甲多热等先设计除去支持热巴巾兴佛的主要人物，最后发动政变勒死了热巴巾，拥立"嗜酒喜内，凶悖少恩"的朗达玛(即达磨,838~842年在位)上了台。韦·甲多热自立为大论，开始了西藏佛教史上的第二次禁佛运动。所有的佛寺全部停建、封闭，小昭寺变成了牛圈；寺庙壁画、佛像等各项设施遭到了严重破坏，文成公主带来的佛像再次被埋；大量佛经被烧毁，只有少数经籍被僧人收藏于岩洞而得以幸存。佛教僧人被迫还俗、逃走，或弃佛归本。不愿放弃信仰的则被强迫去打猎，参加本教的崇拜仪式。这次禁佛运动持续了4年，对佛教是一次极为沉重的打击，以至于西藏的佛教中断了100多年，史书上称这一段时期为"灭法期"。

842年，在拉垄"修定"的密宗僧人贝吉多吉听到"灭佛"事件以后，赶到拉萨，伺机用箭射死了朗达玛。吐蕃很快陷入了混乱和分裂。在奴隶平民大起义的浪潮冲击下，吐蕃王朝很快便土崩瓦解了。

从7世纪中叶松赞干布时期佛教传入吐蕃到9世纪上半叶"朗达玛灭佛"，是西藏佛教史上的"前弘期"。在这一时期内，佛教经过与本教的斗争，逐渐取而代之，在西藏的上层社会站住了脚，成了维护吐蕃王室统治的得力工具。但佛教在民间信徒很少，尚未建立牢固的基础。

三、藏传佛教的形成

吐蕃王朝瓦解后，卫藏地区出现了百年左右的分散混乱局面，一个个小部落各自为政。奴隶占有制度崩溃了，农业在生产中逐渐占了优势。传统的文化遭到空前的扫荡，佛教和系统本教都被残酷的政治斗争弄得疲惫不堪，失去了精神支柱的功能，只有原始本教较为活跃。10世纪，西藏社会开始向封建农奴制度过渡。新的生产方式的出现为西藏佛教的发展提供了新的历史条件。融合了佛本二教，具有自身特点的藏传佛教，就是在10世纪后半期初步形成的。佛教史把10世纪后半期至现代称为藏传佛教的"后弘期"。

朗达玛灭法时，藏饶赛、约格琼、玛释迦牟尼等3名佛僧正在曲卧日①山上"坐静"。他们闻讯后立即满载律藏经典，经西部的阿里地区，绕道新疆南部，东行至多康玛垄住下来，弘扬佛法。大约在911年，有个出生于青海宗喀德康②的青年藏民穆苏赛拔（892~975年）随藏饶赛等出了家。穆苏赛拔原来信仰本教，改信佛教后，在西宁东南的丹底授徒传教，成了藏传佛教"后弘期"的著名人物，人称喇钦·贡巴饶赛③。丹底也就成了安多地区的一个佛教中心。

这时，朗达玛的第七世孙意希坚赞成了山南的封建领主兼桑耶寺主。他很想发展佛教，便派卢梅等10人于970年左右到丹底从喇钦受戒学佛（主要是律学）。975年前后，卢梅等学成返回，在意希坚赞的继承人额达赤巴④的支持下，于卫藏和康区分别建了一批寺院，收徒弘法，声势越来越大。不久，该地区佛教势力就超过了朗达玛以前的规模。这是佛教从多

---

① 在今西藏自治区曲水县雅鲁藏布江南岸。
② 在今青海省循化县黄河北岸。
③ 意为"明白佛教教理和教义的大师"。
④ "额达"意为领主，"赤巴"意为寺主。

康进入卫藏地区并得以复兴的情况,被称为"下路弘法"①。卢梅等人从丹底返回卫藏的975年前后,是藏传佛教形成的开端。这时佛教"在新兴起的藏族地方封建势力的积极利用和扶植下,重新获得了恢复和发展。但是,这一时期获得恢复和发展的佛教,已经是在和吐蕃社会中传统的本教经过长期的斗争,彼此相互接近、吸收以至融合以后的一种新型佛教。这一变化主要反映在它吸收了不少本教的色彩,最终形成了佛教在西藏的地方形式。因此,10世纪后半期获得恢复和发展的佛教,才是西藏佛教,也就是俗称的喇嘛教"②。

朗达玛的另一支后裔(第五代孙)柯日在阿里地区建立了封建割据的古格王朝,也大力发展佛教。柯日将王位让给了弟弟松艾,自己出家为僧,取法名意希沃。实际上,柯日并未超脱世俗,他与山南桑耶寺的意希坚赞一样,成了集封建王权与佛教教权于一身的特权人物。这正是"后弘期佛教"发展的特点之一,也是藏传佛教形成的一个重要标志。仁钦桑波受柯日派遣,到迦湿弥罗学习密宗教法,7年后返回古格。他一生翻译了17种佛经、33种论、108种密宗经咒,以及医药、文法、工艺等方面的书籍,成为藏传佛教的开创者之一。在西藏佛教史上,仁钦桑波被作为密宗发展的一个里程碑。从他开始,以后翻译的密宗经咒被称为新密咒,以前所译则被称为旧密咒。藏传佛教中密宗力量最强,久盛不衰,与仁钦桑波翻译了大量密宗经典不无联系。古格王朝所处的阿里地区是本教的圣地,据佛教史籍记载,仁钦桑波在芒域传教时,降伏过代表本教势力的鲁噶甲。在这一过程中,也吸收了本教的一些内容。

---

① 藏族习惯以东为下,西为上。多康位于卫藏以东,故称"下路";阿里位于卫藏以西,故称"上路"。
② 王辅仁:《喇嘛教是怎样形成和发展起来的》,《民族团结》1983年第10期。

意希沃还请来东印度的达摩波罗等来古格传授佛教戒律,使古格成了律学中心。

在藏传佛教的形成过程中贡献最大的还是被后人称为"佛尊"的阿底峡(982~1054年)。阿底峡法名燃灯吉祥智,萨护罗(今孟加拉国达卡地区)人,曾任印度那烂陀寺和超岩寺等18个寺庙的住持,名声很大。他受意希沃邀请,在61岁时(1042年)到达古格,受到了隆重欢迎。他精通"五明",尤对密宗造诣高深,听者无不钦佩。85岁的仁钦桑波也深深为之折服,自愿拜他为师,学习无上密乘。

阿底峡对发展藏传佛教的最大贡献是使之实现了教理系统化和修持规范化。在此之前,西藏佛教已经恢复了"朗达玛灭佛"之前的声势,但对佛教的理论歧义甚多,无论是显宗还是密宗,都没有一定的准则。阿底峡完成了把戒律和密宗加以系统化的工程。他还针对西藏佛教界修持方面的弊病,撰写了《菩提道灯论》这部名著,提出了依法修习、循序渐进的规范,指引了从"下士道""中士道"到"上士道"的具体途径,对克服西藏佛教界的混乱状况,促使藏传佛教体系的形成起到了举足轻重的影响。阿底峡在古格讲法3年,于1045年应邀进入卫藏地区传教。这在西藏佛教史上被称为"上路弘法"。以阿底峡为代表的佛教复兴势力从阿里地区传入卫藏地区,可以视为藏传佛教形成完整体系的标志[①]。

第二节 藏传佛教的主要教派

11世纪以后,西藏地区的佛教有了很大的发展,相当数量的寺院建

[①] 一说藏传佛教形成于8世纪后半叶的赤松德赞时期,参见李冀诚:《对西藏佛教形成及其称谓问题上的一些浅见》,《世界宗教研究》1986年第1期。

立起来，而且有了独立的寺院经济，僧侣人数已达数千。从印度等地传到西藏的显密教典，均已译成藏文，显宗的教义和密宗的修习都已体系化，藏文大藏经也编纂成功。这就为藏传佛教各教派的形成奠定了基础。由于封建势力各据一方，各自为政，与其紧密结合的佛教也就相应地形成了不同的势力范围。虽然各教派都与密教、本教有联系，带有浓厚的西藏色彩，但其传承及修持的密法不同，在教义解释、宗教礼仪方面亦各有特色，从而形成了各个不同的教派。从11世纪中叶到15世纪初叶的300多年间，是藏传佛教各教派的形成时期。在这些众多的教派中，流行较广、影响较大有宁玛派、噶当派、萨迦派、噶举派和格鲁派。

一、具有浓厚本教色彩的宁玛派

宁玛派是藏传佛教各派中历史最久远的一派。"宁玛"一词在藏语中有两种含义："古"和"旧"。所谓古，是说这个教派认为自己的教法是由8世纪的莲花生传下来的，这比创立于11世纪中叶以后的其他教派要早出300多年。所谓旧，是指他们自称以弘扬吐蕃时期所译的旧密咒为主。实际上，宁玛派是11世纪左右才形成的。

宁玛派与本教有着特别密切的联系。8～9世纪，密宗从印度传入西藏以后，都是秘密地单独传授，所以虽经朗达玛禁佛的打击，依然以父子兄弟相传的形式一直延续下来。由于本教在民间影响很大，密宗的神秘性与本教十分类似，所以藏传密教便染上了浓重的本教色彩。它没有寺院，组织涣散，没有系统的教义，也没有完整的僧伽制度。到了11世纪，被称为"三素尔"的3名藏僧（素尔波且·释迦迥乃、素尔琼·喜饶扎巴、素尔琼·卓浦巴）奉莲花生为祖师，以莲花生所传密宗经典为依据，建立寺院，开展一定规模的集体活动，始成教派。开始时亦无名称，在其他教派陆续产生后，才因其传承旧密咒而被称为宁玛派。其僧人都戴红帽,所以俗称"红教"。

宁玛派形成后,依然保持其组织涣散、教徒分散的特点。他们各有传承,教法相异,重密轻显,以念咒、祈禳、驱魔等活动为主。僧人没有学经制度,可以娶妻生子,参加生产。

宁玛派的僧徒大致可以分为两类。一类叫阿巴,不学佛经,没有教理,只会念经念咒,实质上是打着佛教徒旗号的本教徒。但在藏人眼里,他们是真正宁玛派的圣人。另一类有传承的经典,亦有师徒或父子传授。根据传承佛典的不同,他们又分成两种:根据8~9世纪以来翻译的密宗经典沿袭传承下来的叫"噶玛"(口传之意);根据几百年后挖出的、由8世纪莲花生所埋之密宗经典进行传播的叫"代玛"①。起初,藏传佛教的其他教派都看不起宁玛派,认为他们的经典是伪造的。后来在一古寺中发现了宁玛派经典中确有莲花生所传《金刚橛》等经书的梵文原本,才把它们看成一个教派。后来,宁玛派由于受到"新密咒"的影响,也对显宗理论的学习有所重视了。

宁玛派的修习独具特点:首先选择一个奇异、僻静的不毛之地,使人触景生情,在与魔鬼搏斗的幻想中抛弃人间烦恼,领悟"一切皆空"的教理。宁玛派的宗教仪式含有不少野蛮的成分,如血祭、用人体器官密祭等,这些都是受本教影响的结果。

宁玛派的经典主要是18部"呾特罗"(密教经咒),但通常所奉行的只有8部,即:文殊身、莲花语、真实意、甘露功德、金刚橛事业(以上称5部出世法)、差遣非人、猛咒诅詈、供赞世神(以上3部属世间法)。宁玛派经典中,"伏藏"比重较大,其中《五部遗教》《莲花生遗教》《十万宝

---

① 意为"伏藏",即从地下或山洞中挖出的古代经典。其中不少是伪书,但也有《五部遗教》《莲花生遗教》《医明四续》等具有一定价值的历史、医学典籍。

宁玛派寺院里供奉的佛像千奇百怪，名目繁多。其中文殊（代表身）、莲花（代表语）、真实（代表意）、甘露（代表功德）、金刚橛（代表事业）、差遣非人、猛咒诅詈、供赞世神等8种神像在各寺院比较常见。其中的后3种来自本教。宁玛派在国外也广为流传。19世纪末叶，出生在康区的甘珠尔活佛（？～1975年）在印度创建了一座名叫多金贡桑确林的宁玛派寺院。前来学法的有中国西藏、印度、尼泊尔以及西方一些国家的宁玛派信徒。其中有的弟子后来在比利时首都布鲁塞尔、希腊首都雅典附近以及法国南部的卡斯特朗市等地建立了宁玛派的寺院，寺名也都叫作多金贡桑确林。

二、阿底峡传下的噶当派

除了宁玛派以外，11世纪以后新出现的藏传佛教诸派中，噶当派（又叫迦当派）出现最早。在佛经中，"噶"意为佛语，"当"意为教授、教诫。"噶当"即是一切佛语都是对僧人修行全过程的指导之意。首先提出这种看法的阿底峡是噶当派的奠基人，其弟子仲敦巴（1005～1064年）是该教派的创始者。

阿底峡进藏时，针对显密二教势同水火、教法修行次序混乱的状况，撰写了《菩提道灯论》，阐明了显、密教义不相违背的道理和修行应遵循的次第，为噶当派的理论和实践打下了基础。仲敦巴是阿底峡的高足弟子，一直追随阿底峡，学得各种显密教法。阿底峡去世后，门徒多跟随仲敦巴学法。1056年初，仲敦巴在热振建寺，后来便以热振寺作为根本道场，逐渐形成了噶当派。

仲敦巴有三个最著名的弟子：博多哇·仁钦塞、京俄哇·楚臣拔、普穷哇·宣奴坚赞，后来形成了噶当派的三个支派。

博多哇所传一派叫教典派，比较重视佛教经典学习。博多哇有两个以讲经而闻名的弟子,一个叫朗日塘巴(1054~1123年),有门徒2000多人,一个叫夏尔哇巴(1070~1141年),有门徒3000多人。夏尔哇巴的两大弟子甲·怯喀巴(1101~1175年)和董敦(1106~1166年)后来分别创立了教典派中的两大系统——怯喀寺、基布寺系统和纳塘寺系统。纳塘寺僧人迥丹惹迟,于13世纪晚期,编纂了最早的藏文大藏经。

京俄哇所传的教授派,偏重于师长的指点、教授,注重实修,后来形成两个系统——京俄巴系统和内邬素巴系统。

普穷哇所传的教诫派注重戒律的修行。他们以"恒住五念"教授为主旨,以"十六明点"的修法为心要法门,崇拜"四尊"(释迦佛、观音、绿度母、不动明王),以"三藏"(经、律、论)为教法。"四尊""三藏"合称"噶当派七宝"。

位于拉萨以南、聂当以东的桑浦寺,曾因提倡因明、论辩而在西藏佛教史上享有盛誉。许多藏文书籍把它归于噶当派。

桑浦寺于1073年由阿底峡的弟子俄·雷必喜饶建成。他翻译、修订过许多因明学著作,被称为"大俄译师"。他的侄子俄·罗丹喜饶(1059~1109年)在讲经、译经方面成就更大,有弟子2300多人,人称"小俄译师",后来还出现了他的转世系统。

到第六任堪布恰巴却吉僧格时,桑浦寺已十分盛行讲因明。据说藏传佛教各派采取辩论方法学习经典,就是受了桑浦寺的影响,直到15世纪,桑浦寺都是西藏因明学的重要据点。

在教理教义方面,噶当派推崇显宗,但也不排斥密宗,在修习次第问题上强调先显后密,主张显密二宗互相补充,共同发展。该派遵循以显教教义为基础的《真实摄经》修密法,理论比较正统,在藏传佛教中享有显密教法"纯净"的声誉。

15世纪初,宗喀巴在噶当派的基础上创立了格鲁派,连同桑浦寺在内的噶当派寺院统统变成了格鲁派寺院,噶当派遂并入格鲁派。

三、八思巴与萨迦派

萨迦派的始祖是卓弥·释迦意希(994～1078年),实际创始人是款·贡却杰布(1034～1102年)。卓弥·释迦意希曾到尼泊尔学习梵文,后又到印度留学多年,先后学了戒律、般若和密法,掌握了"道果"教授。"道果"是藏传佛教的一个重要密法,萨迦派的教义核心。卓弥·释迦意希回到西藏,建立牛古垅寺,传授密法。贡却杰布是他的著名弟子,是一个出生于萨迦贵族的在家居士。贡却杰布原先信奉宁玛派,后从卓弥学得了"道果法"。

1073年,贡却杰布在后藏仲曲河谷的萨迦修建了"萨迦寺"。"萨迦"藏语意为"白色"。当地土地为灰白色,故人称该地为萨迦,称该寺为萨迦寺。贡却杰布以萨迦寺为主寺形成的教派就叫作萨迦派了。由于该派寺庙的围墙涂有象征文殊、观音和金刚手菩萨的红、白、黑三色条纹,故人们又称这一派为"花教"。贡却杰布之子贡噶宁布(1092～1158年)不仅继承了父亲传授的"道果法",而且从其他名僧那里学得许多显、密教法,成为使萨迦教派体系完整、影响大增的第一人。佛学界尊称他为"萨钦",即萨迦派的大师,本派徒众把他奉为萨迦五祖之首。贡噶宁布的二子索南孜摩、三子札巴坚赞成了萨迦二祖、三祖。其四子贝钦沃布的长子萨班·贡噶坚赞(1182～1251年)随札巴坚赞出家,精通梵文、祝夏语及多种教派的教法,在文学上也很有成就,被尊称为"班智达"。萨班著有佛教著作10余种,其中对后世影响较大的有《三律仪论》《正理藏论》《萨迦格言》等。《正理藏论》是萨班用自己的认识论和逻辑理论体系写成的因明著作,黄教(格鲁派)兴盛以前,在西藏一直享有很高地位。萨班担任萨迦四祖时,萨迦派已成为西藏地区的一支重要割据力量。1244年,成吉思汗的孙子阔端驻兵甘肃凉州,请萨班到凉州会谈。萨班与卫藏地区各种势力广泛接触之后,赴凉州与阔端达成协议,这是西藏宗教领袖与元朝王室建立联系的开端。

萨班的侄子八思巴(1235~1280年,八思巴,藏语意为圣人)是萨迦第五祖。他"幼而颖悟,长博闻思,学富五明,淹贯三藏"①,是一个精通各种宗教知识的全才。1251年萨班病死于凉州之后,八思巴成了萨迦派教主,也成了西藏地方势力联系元朝政府的代表人物。1253年,八思巴应召前往凉州会见忽必烈,深受忽必烈宠爱,便一直追随忽必烈左右。1260年忽必烈当了蒙古大汗,立即封八思巴为国师,赐玉印。1264年忽必烈迁都大都(北京),设置总制院,掌管全国佛教和藏族地区事务,又让八思巴兼管总制院事。1265年,八思巴回到萨迦寺,1268年奉忽必烈之命创制了一种"蒙古新字",即八思巴蒙文,由忽必烈下令在全国推广,用以译写一切文字。八思巴被加封为帝师,并获得元、明两代对西藏佛教领袖人物的最高封号——"大宝法王"。元朝衰落后,萨迦派的政治地位被噶举派所取代,仅在萨迦还保持着政教权力。八思巴的一生,不仅在发展藏传佛教方面功绩卓著,而且为巩固西藏与中央政权的联系,为推动藏蒙、藏汉民族之间的文化交流作出了重要贡献。内地的印刷术、造船、建筑技术等先后传入西藏,藏族形式的塑像、造塔、用具、工艺等也由西藏传入内地。

萨迦派在政治上失势之后,作为一个教派仍有一定影响。在显宗方面,形成了雅处、绒敦和绕绛巴、仁达哇(1349~1412年)两个系统。仁达哇在振兴应成中观学派方面有过卓越贡献,成为藏传佛教史上从布顿·仁钦朱(1290~1364年)到宗喀巴之间的重要人物。

在密宗方面,萨迦派有俄尔、贡噶、擦尔三派。俄尔派于1429年所建

---

① 参见五世达赖喇嘛:《西藏王臣记》,刘立千译,西藏人民出版社1992年版,第63~65页。

的俄尔寺和贡噶派1464年所建的多吉丹寺,是萨迦密教在后藏、前藏的重要传播场所。

萨迦派兴盛时,在蒙古、汉地、康区、安多及卫藏各地都有寺院。其主寺萨迦寺由南北二寺组成。萨迦北寺由贡却杰布所建,后逐渐发展成一个巨大的宫殿式建筑群,可惜后来被破坏了。萨迦南寺由八思巴所建,亦具相当规模。寺中收藏着八思巴时期精工抄写的10000多部佛教经典,以及玉钟、玉版、壁画、画卷等许多文物珍品,享有"第二敦煌"的美称。

萨迦派衰落以后,它在外地的寺院相继破坏,只有四川的德格贡钦寺保存下来。该寺以印经闻名于西藏佛教界。西藏民主改革时,该寺的"德格印经院"还保存着藏传佛教各派经书1000多种,经版180000多块。

萨迦派的教义以独特的"道果"法为核心。认为修法者断除一切"烦恼",即可获得"一切智"而达到涅槃境界之"果"。其修法程序是"最初舍非福,中断于我执,后除一切见"。也就是先抛弃一切"非福"的恶业,致力于行善积德,从思想上断绝对于一切事物的欲念,最后还要认识万法皆空(都是因缘凑合而成)的道理,克服一切"常见"(认为万物实有)和"断见"(认为万物非有),这样才能真正领悟"佛法",得到彻底的"解脱"。萨迦派不禁娶妻,唯规定生子后不再接近女人。所以,出家与在家区别不严。

四、口授传承的噶举派

噶举派是以口传密法进行修习的一个教派。在藏语中,"噶"意为佛语,"举"意为传承,合起来就是"口授传承"的意思。因为该派僧人都穿白色僧裙,所以俗称"白教"。

噶举派主要分为两大系统——香巴噶举和塔布噶举。香巴噶举的创始人是琼波南交(1086或976~?年)。据说他从印度学得密法回藏后,在香地(今西藏南木林县)建立了108座寺院,颇具实力。在14~15世纪时,格鲁派宗喀巴及弟子克主杰都曾先后向香巴噶举僧人学过法。但此后不久,香巴噶举派便渐趋式微。后来所说的噶举派,通常指塔布噶举。

塔布噶举的创始人是塔布拉杰,其渊源却要追溯到玛尔巴和米拉日巴。

玛尔巴(1012~1097年),本名却吉罗追,西藏山南洛扎县人,家境富裕。15岁到牛古垅寺从卓弥学习梵文,后又3次到印度,4次到尼泊尔留学,学得密教的"喜金刚法""密集""大印"等密法,带回不少经典,定居在卓窝垅,一边翻译,一边授徒,还兼事经商、务农,是一位在家的佛学大师。后来被塔布噶举派奉为初祖。

米拉日巴(1040~1123年)是玛尔巴的高足。他生于后藏贡塘(今西藏吉隆县境内)。7岁丧父后,全部家产被伯父侵占,生活困苦不堪。长大后,米拉日巴学会了本教的巫术。相传他用咒术咒杀了伯父一家亲友30多人,后产生悔恨之心,改信佛教,38岁时投入玛尔巴门下。玛尔巴见他勤劳刻苦,任劳任怨,便向他传授了自己的全部密法。米拉日巴用唱歌这一独特的方式教授门徒。他注意实修,刻苦自律,道德高尚,性行纯洁,成为藏民心目中的至尊圣者,塔布噶举派把他尊为二祖。

塔布拉杰(1079~1153年)本名索南仁钦,是米拉日巴的著名弟子。他幼年习医,医道高明,故人称塔布拉杰(意为塔布地方的医生)。塔布拉杰初习噶当派中教授派的经典,后从米拉日巴学习密法,又吸收了本教的一些教义和形式,把它们融合起来,以"大印法"①为主,形成了自己的体系,创立了塔布噶举派。塔布拉杰积极提倡讲经,对当时藏传佛教界普遍兴起讲经之风起了重要的推动作用。

---

① 大印法,即"大手印法",藏传佛教密宗的修身法,指在呼吸、脉、明点等生理方面下功夫。

塔布噶举派有四大支系：噶玛噶举、蔡巴噶举、拔戎噶举、帕竹噶举。

（一）噶玛噶举　噶玛噶举派由塔布拉杰的门徒都松钦巴（1110～1193年）创立，一直延续到现在。都松钦巴不仅从塔布拉杰学习过噶当派教法、噶举派密法，还掌握了萨迦派的"道果"法和宁玛派的"大圆满"法。但他修习和传授的主要还是噶举派的"拙火定"①和"大印法"。1147年，他在老家康区类乌齐的噶玛修建了噶玛丹萨寺，噶玛噶举派即由此而得名。

噶玛噶举派是最早采用活佛转世制度而且传承最久的一个派别，自元代以后一直保持与中央政权的联系，实力很强。噶玛噶举派有两大支派——黑帽系和红帽系。黑帽系以第二世转世活佛噶玛巴希（1204～1283年）曾受蒙古汗王蒙哥赐给金边黑帽而得名；红帽系则以该系第一世活佛扎巴僧格（1283～1349年）受元帝室赐给金边红帽而得名。黑帽系创始人噶玛巴希吸收了本教中的灵魂转世观念，创立了活佛②转世制度，用以解决宗教领袖的继承问题，与萨迦派的八思巴相抗争。1407年，明成祖邀请该系第五世活佛得银协巴来到南京，封他为"大宝法王"，并赐予"如来"称号。除黑帽系、红帽系以外，噶玛噶举还有几个活佛转世系统，建有不少寺院。其中司徒活佛转世系统的八蚌寺活佛却吉迥乃所著的《颂达大疏》，是关于藏文文法的权威著作。乃囊寺的巴俄活佛二世巴俄祖拉陈瓦（1503～1565年）的名著《贤者喜宴》，不仅是一部宗教史的巨著，也是一部藏族史巨著。全国解放初期，这一派在前后藏及康区的寺院共有200多座，还有一些分布在不丹、锡金、尼泊尔等地。

---

① 拙火定，一种通过调整呼吸使全身发热从而增强体质的"气功"的修炼方法。修习者"专一而往"，使"风息入、住、融于中脉，再依此力，脐密之处，拙火炽然，引起化乐"。
② 活佛是汉人对藏传佛教转世者的俗称，在藏语中叫"朱毕古"，意为"转世者"或"化身"。

（二）蔡巴噶举　向蔡巴(1123~1194年)于1175年在拉萨蔡谿建立了蔡巴寺,创立了蔡巴噶举派。向蔡巴在西藏佛教界颇有名气,他与帕竹·多吉杰波、宗喀巴被合称为西藏的"三宝"。元世祖忽必烈在西藏分封13万户时,蔡巴是当时的13个万户之一,蔡巴噶举教派就是蔡巴的附庸。该派僧人曾从内地带去刻板印刷技术,编撰藏文大藏经《甘珠尔》的目录,写成研究藏族历史的重要参考书《红史》,为发展藏族文化作出了积极贡献。

（三）拔戎噶举　此派由塔布拉杰的弟子达玛旺秋(12世纪人)在降(今西藏昂仁县)建立拔戎寺而创立。拔戎寺的堪布由达玛旺秋家族世代传承。

（四）帕竹噶举　此派由塔布拉杰最著名的弟子帕木竹巴·多吉杰波(1110~1170年)创立。帕木竹巴广拜名师,学习了显、密二宗各派的教法。1158年,他在帕木竹(今西藏桑日县境内)修建了丹萨替寺,建立了教派,主要传授帕木竹密宗经典。后来,当地贵族篡夺了教派的领导权,实现了典型的"政教合一",并继而击败了萨迦派地方政权,于1354年统一了卫藏地区,建立起帕竹家族统治的西藏地方政权。帕竹噶举在发展过程中形成了8个小支系:止贡巴、达垅巴、主巴、雅桑巴、绰浦巴、修赛巴、叶巴、玛仓巴。其中的止贡噶举等两三个小支系一直延续到全国解放以后。

上述噶举派的四大支系之间虽然存在着种种差异,但在教义教法方面又有具共性的一面。噶举派注重密宗,讲求修身,不重文字。其教义是传承应成中观论的,主要教法是"大印法"。一般是先修"拙火定"以得到"禅定",认识到心非实有,然后再修"那绕六法"等,最后达到"万有一味""净染无别"的境界。同其他三大支系相比,噶举派分布广(遍及西藏全区)、派系多(有四大支八小支)、实力强(其帕竹噶举一系曾掌握西藏地方政权达两个世纪之久),对西藏地区政治、经济、文化有过重大影响。

"1959年以后,噶举派在国外的活动也增多了,目前在印度、尼泊尔、不丹共有二十四座寺院,一千多僧尼;在加拿大、法国、英国、美国也有零星的噶举派寺院。"①

五、宗喀巴的宗教改革与格鲁派的崛起

格鲁派是藏传佛教各教派中最后兴起的一个大教派。它于15世纪初叶兴起以后,迅速取代了其他各教派的地位,成为后期藏传佛教的唯一主角,在西藏社会发展史上具有任何其他教派所不可比拟的重要地位。

格鲁派的形成,是宗喀巴进行宗教改革的结果。从13世纪初到14世纪末,是封建制度在西藏地区进一步巩固和发展的时期。萨迦、噶举等教派相继与封建政权相结合,登上了西藏社会的政治舞台。寺院享有种种特权,积聚起大量财富。许多僧侣为所欲为,淫乐无度。到了14世纪后期,各教派普遍出现了戒律松弛、僧人腐化的"颓废委靡之相",陷入了信誉低落、教民失望的深刻危机。针对这种状况,宗喀巴高举宗教改革的旗帜,开始了创建新教派的行程。

宗喀巴(1357~1419年),本名罗桑札巴,出生于今青海省湟中县塔尔寺。宗喀巴是人们对他的尊称。3岁受近事戒,7岁正式出家,17岁到卫藏地区学经。经过10多年的艰苦努力,宗喀巴系统地学习了藏传佛教显、密各派的教法,于28岁受比丘戒,讲经授徒,声望日高。在帕竹政权的支持下,宗喀巴开始进行宗教改革,采取大乘戒律说教,主张僧侣无论学显、学密,都要严守戒律,独身不娶。他身体力行,发愿修复寺庙,并严格寺院的组织管理制度,努力摆脱贵族对寺院的操纵。他撰写了《菩提道次第广论》《密宗道次第广论》等许多著作,强调显密兼修,规定了先显后密的修

---

① 王辅仁:《西藏佛教史略》,青海人民出版社1982年版,第175页。

行次第。1409年,宗喀巴在帕竹贵族的支持下创建了甘丹寺。这是格鲁派形成的一个标志。人们把他们的理论称为甘丹必鲁,简称甘鲁。甘鲁后来又演变成"格鲁",意为善规。因该派僧人戴黄色僧帽,故该教又俗称"黄教"。由于宗喀巴宣称是在噶当派教义的基础上建立新教的,所以人们又称之为新噶当派。原噶当派的僧侣由于缺少强有力人物的领导,纷纷投入格鲁派,从而加速了格鲁派的发展。15世纪初,明成祖两次派使邀请宗喀巴进京,使格鲁派声威大振。1419年宗喀巴逝世时,格鲁派的僧人已达几千人。不到40年时间(1409~1447年),格鲁派就兴建了许多规模很大的寺院,其中弘扬显教的有四大道场——甘丹寺、哲蚌寺、色拉寺、扎什伦布寺,僧人定员分别为3300人、7700人、5500人、4400人;弘扬密教的有两大道场——举堆札仓(上密院)和举麦札仓(下密院)。除了宗喀巴、贾曹杰(1364~1432年)、克主杰(1385~1438年)这"师徒三尊"外,格鲁派还涌现了不少杰出的宗教领袖,如主持修建哲蚌寺的绛央却杰(1379~1449年),主建色拉寺、被永乐大帝封为"西天佛子大国师"的绛钦却杰(1352~1435年),主建扎什伦布寺、后被追认为一世达赖喇嘛的根敦主(1391~1474年),等等。格鲁派的势力以拉萨为中心迅速发展,西至阿里,东抵康区,北及安多。至16世纪中叶,已形成一个具有全藏性的宗教势力,在政治、经济实力等方面远远超过其他教派。

明嘉靖二十一年(1542年),格鲁派开始采用活佛转世制度。被认为是根敦主的转世"灵童"、哲蚌寺主根敦嘉措(1475~1542年)逝世,哲蚌寺正式寻找他的转世灵童。4年后,4岁的索南嘉措(1543~1588年)被迎至哲蚌寺担任寺主。明万历六年(1578年),索南嘉措被蒙古土默特部汗王俺答汗尊称为"圣识一切瓦齐尔达喇达赖喇嘛"[①],第一次获得"达赖喇

[①] 意为超凡入圣、精通显密、学问渊博如同大海一般的大师。

嘛"称号，成为达赖三世。根敦主、根敦嘉措被追认为达赖一世、达赖二世。清顺治二年(1645年)，达赖五世阿旺罗桑嘉措(1617~1682年)在拉萨大力扩建布达拉宫，使其具有今日规模。从此，布达拉宫成为黄教的首脑机关，一切重大宗教、政治仪式都在这里举行。清顺治十年(1653年)，达赖五世被清廷册封为"西天大善自在佛所领天下释教普通瓦赤喇怛喇达赖喇嘛"，成为藏蒙佛教总首领。1751年，清政府下令由七世达赖喇嘛掌握西藏行政大权，噶厦政府归于达赖喇嘛领导之下，格鲁派政教合一的地方政权从此开始。达赖喇嘛既是宗教领袖，又是地方政府首脑，其"转世"必须经过清政府册封。

清顺治二年(1645年)，扎什伦布寺寺主罗桑却吉坚赞被蒙古和硕特部的固始汗赠予"班禅博克多"①称号，班禅活佛转世系统即由此开始。罗桑却吉坚赞为班禅四世，克主·格雷贝桑、恩萨·索南乔朗、恩萨·罗桑顿珠被追认为班禅一世、二世、三世。罗桑却吉坚赞是宗喀巴的四传弟子，在五世达赖年幼期间实际主持格鲁派教务。他以灵活的政治手腕，使格鲁派寺院集团在西藏取得绝对优势的地位。康熙五十二年(1713年)，清廷册封班禅五世罗桑益希为"班禅额尔德尼"②，确认了班禅在格鲁派中的地位，并规定以后历世班禅额尔德尼转世，都必须经过清朝政府册封。格鲁派在清政府的大力支持下成了西藏地区的执政教派，其势力逐渐扩展到西康、甘肃、青海和蒙古等地。乾隆二年(1737年)，达赖和班禅所属的黄教寺院达到3477座，有僧侣316230人，农奴128190户。

在宗教教义方面，格鲁派批驳了其他各宗的观点，提出了"缘起性空论"。宗喀巴专门著有《缘起赞》，认为"缘起性空"是佛教教义的"心要"。

---

① 意为学识渊博、智勇双全的大师。
② 额尔德尼，蒙古语意为珍宝。

所谓"缘起",即认为万事万物皆待缘而起,是因缘的聚合;所谓"性空",是说一切法皆由因缘而生,故皆无自性。宗喀巴认为,世上一切烦恼皆由无明而生。懂得了"缘起性空"的道理,即可由无明到明,根除一切烦恼。格鲁派还强调轮回果报,教人戒恶从善,和顺忍耐。他们以大乘三藏中的"菩提心""六度行"作为从闻思修、入境行果的中心纲要,主张经、律、论三藏不可偏废,戒、定、慧三学必须全修,先显后密,依次修习,多闻深思,严守戒律。"该派兼采西藏各派教义之长,具备五明学处(声明、因明、医方明、工巧明、内明)及文法、算术等世间艺术,是西藏佛教理论发展的高峰。"①

除上述宁玛派、噶当派、萨迦派、噶举派以及格鲁派等五大教派以外,藏传佛教还有希解派、觉域派、觉囊派、郭扎派、夏鲁派等较小的教派。因为它们存在时间不长,影响不大,就不一一介绍了。其中值得一提的是,夏鲁派祖师布顿·仁钦朱(1290~1364年)在勤奋治学、遍修显密的基础上,编纂了比较完备的藏文大藏经定本《丹珠尔》,为藏传佛教和藏族文化的发展作出了巨大的贡献。此外,他还撰写了西藏历史上第一部成型的教法史《布顿佛教史》(亦译为《善逝教法源流》)。该书不仅提供了佛教在印度、尼泊尔以及藏族地区发展情况的珍贵史料,而且收进了藏文大藏经的全部(《甘珠尔》和《丹珠尔》)目录,全面反映了元和元代以前西藏佛经翻译的全貌,是一部令国内外藏学界瞩目的名著。

第三节 藏传佛教的特色及其流传

藏传佛教是印度佛教、汉地佛教与西藏本教在斗争中相互融合的产

---

① 高振农:《中国佛教》,上海社会科学院出版社1986年版,第166页。

物,具有不同于印度佛教和汉地佛教的许多特点,并形成了绚丽多彩的藏传佛教文化,广泛流传于西藏、青海、蒙古等少数民族地区,形成了独立于印度佛教、汉地佛教以外的藏传佛教文化圈,对这些地区的社会、文化发展起过重要作用。

一、藏传佛教的特点

藏传佛教在其流传和发展的过程中,在教义教法、组织结构、领袖传承及寺院教育等方面形成了以下一些主要特点。

(一) 兼容并蓄的教义教法

显宗和密宗是佛教的两大流派。汉地佛教的显、密二宗互相对立,互不通融。显宗各派大都学习大乘显宗经典,不学密宗经典。密宗也不学显宗经典。藏传佛教则显密兼修,以密宗为主。在格鲁派以前,藏传佛教各派有的重显轻密,有的重密轻显,存在不少矛盾。宗喀巴在创教时阐明了先显后密的修习次第,主张只有具备相当的显学基础才能学习密宗,从而调和了两宗之间的关系。

藏传佛教的基本教义是:为了让灵魂摆脱轮回转生之苦,求得"解脱",必须抛弃一切人间的欢乐,严守教规,诵咒祈祷,苦苦修行。这里既包含了显宗的理论,也包括了密宗的主张。

在藏传佛教中,也包含着本教的不少内容。印度大乘密宗在其传入西藏时,为了尽快在西藏立足,利用其某些内容与本教的传统巫术咒法相似的有利条件,从本教中吸取了占卜、历算、祈福、禳灾等术以及"火祭"一类的宗教仪式,并把"十二丹玛""非人"等本教的神祇变成了佛教的护法神。藏传佛教宣称莲花生"收伏藏土诸恶毒天龙","调伏鬼魔",[1]显然是

---

[1] 《宗教流派晶镜史·本教之起源篇》。

受了本教的影响。藏传佛教发明的祈祷机（经轮），也是佛教神秘主义与本教巫术结合的产物。密教的传承，大多是父子相继。藏传佛教各派（除黄教以外），大都允许僧侣娶妻生子，从事寺外职业，与家庭保持联系。这一点颇与本教的巫师相似。藏传佛教密宗以"欢喜佛"为本尊神，提倡修"方便行"等等，而且藏传佛教的僧侣可以吃肉、蛋、葱、蒜，这些都与本教相近而与汉地佛教迥异。

（二）政教合一的寺院组织

政教合一是藏传佛教最显著的特点。无论在印度还是在中国汉地，宗教与政权都是截然分开的。佛教上层与统治者关系密切，甚至也插手政治事务，但本身并不具有世俗统治者的身份。藏传佛教则不同。早在10世纪后期藏传佛教形成时，就出现了集教权与封建王权于一身的代表人物意希沃和意希坚赞。到了格鲁派时期，形成了一套完整的寺院组织，政教合一的体制就更加完善了。

被称为"拉萨三大寺"的哲蚌寺、色拉寺、甘丹寺既是宗教中心，又是西藏的政治中心。其特点是：(1)规模大。每个寺院都像一座城镇，是一个由许多殿、堂、室、院组成的楼阁重叠的建筑群，里面还有街巷和私宅。即便是最小的甘丹寺，一天也不能全部走遍。(2)政治地位高。西藏噶厦政府中僧官系统的成员，连同最高领袖达赖喇嘛在内，无一不是三大寺的成员。(3)经济实力雄厚。三大寺主是西藏最重要的寺院领主，占有大量庄园、牧场和农牧奴。

达赖喇嘛既是宗教寺庙集团的首领，又是原西藏地方政府（噶厦）的总代表。达赖之下，由一僧三俗4名委员组成噶厦政府，管理各地基恰（相当于内地的地区）公署和各地宗（相当于今天内地的县）政府，同时设仔康（审计处）、译仓（秘书处）两个并列的机关，由僧俗官员共同主管基恰公署及各办事机关。噶厦政府中的僧官，则是披着袈裟的世俗贵族。

三大寺的组织机构分三级:喇吉、札仓和康村。

喇吉是全寺院的最高管理机构,负责管理全寺院的大经堂一级事务。其成员都是各札仓的堪布①,由年资最老者担任首席委员("法台")。下设吉索2~4人,总管全寺的庄园、房产、行政、财务等等,由主要札仓的堪布推荐,噶厦政府任命,一般10年一任。磋钦协敖2人,负责维持全寺纪律,审理案件。由喇吉委员会推荐,噶厦政府任命,一年一任。

札仓,意为僧舍,是一个完整的独立组织,有自己的经堂、僧众、庄园和农奴。一个札仓就是一座小寺院。大寺院则由几个札仓组成。有的札仓专学显宗,有的专学密宗,有的则专学藏医或历算等。札仓的堪布负责全札仓甚至整个寺院的学经、行政、财务,具有转世资格。三大寺的堪布还能参与噶厦政府的各项决策。堪布一般先由札仓公推数人,然后由达赖喇嘛圈定,任期6~7年。

康村是札仓下面按地域划分的僧人组织,其领导也实行委员制。首席委员称作吉根,由资历最老的僧人担任。

以上三级组织,构成了一张严密的权力网,按照达赖喇嘛和噶厦政府的意志(其背后还有中央政府和驻藏大臣)控制着整个寺院。

(三)灵魂转世的活佛系统

活佛转世制度是藏传佛教特有的宗教领袖传承制度。印度及汉地佛教都是师徒传法,继承衣钵。高僧死后成佛,没有"活佛"之说。活佛转世制度是由藏传佛教噶玛噶举派最先采用的,后为禁止娶妻生子的格鲁派广为推广,使藏传佛教流传地区出现了无数大、中、小活佛,甚至还有一些汉族、蒙古族、土族的活佛。他们依据灵魂不灭、生死轮回的理论,认为活

---

① 札仓的主持人,即住持或方丈。

佛是神佛化现的肉身,凡活佛死后,寺院上层通过占卜、降神等仪式,寻觅在活佛圆寂时出生的若干婴童,从中选定一个"灵童"作为他的转世者,迎入寺中继承其宗教地位。这些活佛分为两大系统:拉萨三大寺系统和日喀则扎什伦布寺系统。达赖和班禅分别是这两大系统中的最高活佛。

一般活佛分为两类:磋钦朱古和札仓朱古。前者是全寺性活佛,后者是札仓内的活佛。磋钦朱古由三大寺提出申请,噶厦政府批准。磋钦朱古中最高级的叫甲波朱古,他们可在达赖死后或新达赖未满18岁以前担任噶厦政府摄政的候选人。札仓朱古只在三大寺内部提出申请,由寺院喇吉批准。札仓朱古地位较磋钦朱古要低。每个活佛都有管理行政事务的机构,叫作喇让,后人亦称活佛的私人公馆为喇让。达赖、班禅的喇让叫作颇章(意为宫殿)。达赖的颇章是布达拉宫,班禅的颇章是德钦颇章。

外蒙古的哲布尊丹巴和内蒙古的章嘉是另外两大活佛转世系统,掌握该地区的藏传佛教事务,分别传承了八世和六世而终绝。

(四)学僧晋升的学位制度

在拉萨三大寺中,"贝恰哇"(意为念书的人)约占1/4。他们专心学经,一步步升级,以获得格西学位(相当于博士学位)为最高目标。僧人一般不收学费,除了活佛和群则①以外,都要负担一些差役。富者可以出钱免差。老师由学僧自己花钱去请。学经僧人进寺,一律先进预备班,经几个月乃至几年后由老师推荐转入正班,然后逐年升一级(不必考试)。到了最高一级(色拉寺和甘丹寺规定为13级,哲蚌寺规定为15级),学完了以显宗的五部大论(《量释论》《现观庄严论》《入中论》《戒律本论》《俱舍论》)为主课的全部功课以后,即可申请参加一次辩论,等候考"格西"②。

---

① 能贯彻教义,为人师表者。
② 意为"善知识"或"良师益友"。

"格西"学位只授予修显宗者,分拉然巴①、磋然巴②、林赛③、朵然巴④四等。考试在每年8月前后以札仓为单位在法园进行。考核方法是辩论。由札仓的堪布主持,5位高级僧侣任考官,每人问一部大论。获得格西学位后,可以进专修密宗的上密院或下密院学习,进行艰苦的修炼。然后依年龄资格,依次升为格廊、喇嘛翁则、堪布、堪苏,再经夏孜却杰(上密院)或降孜却杰(下密院),就成为甘丹赤巴(甘丹寺首席委员)的候选人。甘丹赤巴由上下密院轮流产生,7年一届,任满后授予"赤苏"称号。甘丹赤巴生前是格鲁教派教主,死后便是活佛,具有转世资格。其地位仅次于达赖和班禅。

二、绚丽多彩的藏传佛教文化

藏传佛教是随着西藏封建社会的形成而出现的一种新型意识形态,与作为原始宗教的本教相比,藏传佛教在教理教义的深刻性、宗教制度的完整性、文化内容的丰富性与先进性等方面,都表现出明显的优势,是一种适应当时社会发展需要的更高层次的文化形态。在佛教传入以前,西藏地区占主导地位的意识形态是原始的本教文化。本教是一种古老的原始宗教,文化层次较低。不仅缺少哲理,而且带有松散和部落局限性特点,常常成为部落贵族王室闹独立的借口。相比之下,佛教文化层次较高。佛教的"四谛说""十二因缘说""轮回果报说"等具有更多理论色彩的教义,较之原始的多神崇拜,更能吸引人、征服人,更加适合维护统一王朝的需要。松赞干布统一西藏以后,为了削弱与本教有着密切联系的旧

---

① 意为拉萨的博学高明之士。
② 意为全寺的卓越高明者。
③ 意为从寺院里选拔出来的有才学的人。
④ 意为在佛殿门前石阶上经过辩论问难考取的格西。

贵族的势力，把权力集中到吐蕃王室手中，便积极地引进外地文化，支持佛教传播，将其作为其统治的思想工具。

藏传佛教的译经事业，直接推动了藏文的发展、印刷术的引进及推广。吐蕃王室派出大批青年到印度、迦湿弥罗、泥婆罗和内地唐朝学习语言文字，返藏后，开始译经。在将大批佛经译成藏文的过程中，许多新的思想、理论被引进藏地，许多新的词汇给藏语文的发展增添了活力。从塞那累时期至热巴巾时期所进行的藏文规范化运动，就是集中了一批著名的佛教学者进行的。他们在"厘订译语"的过程中，于826～827年编制了梵藏佛教术语辞典《翻译名义大集》和两卷本《词语集》，规定了新的正字法，使藏文进一步科学化、规范化。这种改革后的藏文，一直沿用到现在。世界闻名的藏文大藏经——《甘珠尔》《丹珠尔》，共收佛教书籍4569种，其中包括文法、诗歌、美术、逻辑、天文、历算、医药、工艺等许多方面的内容，是研究佛学及各门古代学科的重要文献。

在编纂、出版各种版本大藏经的过程中，形成了拉萨布达拉宫、日喀则那塘寺、德格更庆寺、青海塔尔寺、甘肃拉卜楞寺、甘南卓尼禅定寺等一批印刷中心和文化典籍保藏中心。德格印经院规模较大，藏有各种藏文典籍书版20多万块。有的佛经用金、银汁书写，内包绸帕，外护木板，装潢十分精美。八思巴兴建萨迦大殿，集中了西藏所有能够抄写经书的人员，收集、抄写了10多万册佛教经典，其中包括许多用梵文书写的贝叶经，其数量之多，实为世所罕见。藏传佛教的传入，对当时比较落后的西藏文化起了积极的启蒙和推动作用。

藏传佛教的弘传不仅大量引进了外来文化，而且大大促进了藏族文化的创造与流传。布顿·仁钦朱于1322年完成的《布顿佛教史》、蔡巴·贡嘎多吉于1346年写成的《红史》、索南坚赞于1388年写成的《西藏王统记》、管译师童祥于1478年完成的《青史》、五世达赖阿旺罗桑嘉措于1643

年所著的《西藏王臣记》等,都是研究藏史和藏传佛教史的名著。巴俄活佛二世的《贤者喜宴》,尤其"以史料翔实和内容丰富而闻名遐迩"。该书时间跨度大(从远古时期的西藏一直写到元明时期),涉及地域广(除西藏外,还谈到汉地、突厥、苏毗、吐谷浑、于阗、南诏、西夏、蒙古乃至古印度、泥婆罗、克什米尔、勃律、大食等地的历史情况),包涵内容多(涉及西藏的政治、历史、经济、宗教、文化、法律、天文、地理、自然、医学、建筑、音乐、歌舞、绘画等方面),具有重要的参考价值。

许多藏传佛教的僧人在文学方面也很有成就。噶举派高僧米拉日巴是一个开创写宗教诗、风景诗的诗人。他有一部揭露社会不良现象、抨击僧俗上层贪鄙欺诈的道歌集,在藏族民众中流传很广,在西藏文学史上占有重要地位。萨迦四祖萨班·贡噶坚赞也是藏族史上的著名诗人。他的传世名著《萨迦格言》收集了457首格言诗,内容丰富,思想深刻,语言精练,脍炙人口,曾被译成蒙古文和汉文。

在《萨迦格言》的影响下,15世纪末的黄教喇嘛索南扎巴(1478~1554年)著有《格丹格言》,18世纪的拉卜楞寺高僧贡唐·丹白仲美完成了《水树格言》。这些格言诗因生活气息浓厚、艺术手法独特、意蕴深刻、深入浅出而久享盛名。

近代藏族著名高僧米庞嘉措(1846~1912年)所著的格言集《王道论》21章,要求国王守法、举贤,反映了人民的一些痛苦,具有一定的进步意义。

六世达赖喇嘛仓央嘉措(1683~1706年)的不朽诗篇《仓央嘉措情歌》热情歌颂了对美好爱情的向往和追求,深为藏族人民喜爱,传唱不息。

藏区的教育权利几乎全部为佛教所垄断。寺院是知识分子集中的地方,也是传播文化知识、培养知识分子的场所。寺院教育,主要是佛教的经法教育。布达拉宫办过一所俗官(贵族子弟)学校,也以宗教为主要内容。许多喇嘛为藏族文化的创造和发展作出了积极的贡献。

噶举派僧人汤东结布(1385~1464年)是明代著名的藏族建筑师,他通过演戏募捐集资,在雅鲁藏布江中游架起了十几座铁索桥。相传他又是藏戏的创始人。他经常用书、画、说、唱等方式传教,以"奇妙之歌音"及舞蹈"教化俗民",后来逐渐演化为藏族人民所喜闻乐见的藏戏。

融印、汉、藏文化于一体的藏传佛教寺院建筑,集中了藏传佛教文化的许多精品。寺庙经殿、佛堂、庭院、佛塔建筑的高超技艺,反映了各族劳动人民的聪明、智慧和艺术才华。

巍然屹立于拉萨平原一座突兀孤山上的布达拉宫,代表了藏传佛教建筑艺术的最高成就。全寺有近万间房屋,由山麓到山巅,13层(实际为9层)宫殿叠叠而上,高达119.17米。主体建筑为红宫和白宫。刷红土的红宫居于正中,是历代达赖的灵塔殿和各类佛堂,刷白粉的白宫包括达赖寝宫、客厅以及各种政治活动场所。全寺绕以厚达3米的石围墙,墙上开门为入口。5座宫顶覆盖镏金铜瓦,巍峨耸峙,雄伟壮丽。其体积之大、气势之伟、构思之妙,堪称世界之最。宫内珍藏着大量雕塑、壁画和明清两代的敕书、印鉴、礼品、匾额及佛教典籍等文物。

位于日喀则的萨迦寺和营建于14世纪中叶的夏鲁万户府具有藏传佛教寺院的典型风格。萨迦寺以大经堂为中心,附属各种僧房,四周有厚厚的围墙,犹如城堡一般,显得神秘莫测。万户府由门廊、经堂和佛殿组成,大殿前有围廊环绕的庭院。这种形制一直沿用到明清,格鲁派的经学院即由此发展而来。每座寺院有2~6个经学院,供僧众念经,每个经学院供奉不同的佛像。经学院构成寺院的主体,处于全寺中心。经堂空旷高大,可同时容纳数千喇嘛念经。佛殿高而进深小,内供铜佛。旁殿置活佛尸塔,塔体瘦而高耸,突出于寺院。殿中挂满彩色幡帷,柱上用彩色毡毯缠绕。

15世纪初，藏传佛教各教派形成后，分别建寺而居，各地寺院呈现多种风格。位于拉萨城郊的哲蚌寺、色拉寺、甘丹寺以及日喀则的扎什伦布寺合称黄教四大寺。四寺依山而建，层层相重，最后高耸的巨宇为正殿，具有明显的汉地楼阁风格。

藏传佛教的雕塑很有特色。7世纪尺尊公主与文成公主进藏时带去一些佛像，是为藏地有佛雕之始。印度波罗王朝时密教造像传入西藏，与本教结合，产生了藏传佛教的雕塑作品。这些作品多以青铜为材料，用失蜡法铸造，而后镀金（后改为面部贴金），石雕像极少。塑像以黄泥或草泥为料，也有的以纸浆脱胎法制作。甘丹寺的明代雕塑大量表现密宗内容，各种神像或面目狰狞，或迎击魔障，或得胜狂欢，情态各异，造型生动。有男女双身像谐调一致，具有强烈的动态节奏和韵律感。布达拉宫中藏有金、银、铜等各种大小佛像20余万尊。有的小如核桃，有的高大宏伟，个个形象生动，栩栩如生。其题材以观音、文殊、度母等保护神居多，亦有宗喀巴坐像等写实作品。扎什伦布寺的大铜佛通高26.7米，耗紫铜23万斤，黄金558斤，珍珠300多粒，以及珊瑚、琥珀、松耳石等无数珍贵金石。这是世界上最大的铜质佛像之一。

藏传佛教的绘画别具一格。藏传佛教的绘画成就十分突出。寺院建筑与佛像雕塑、彩饰壁画形成三位一体的佛教美术。

西藏佛画主要有两种形式。一种叫曼荼罗（梵语音译，意为轮集），中央画一佛或菩萨为本尊，似莲台；四方及四隅各画一菩萨，似八支莲瓣。最外边画一二层菩萨或护法诸天像。一种叫唐喀（藏语音译，意指卷轴佛像），又称唐卡，画于布帛或丝织品上。其制作过程是先浸湿画布，撑于木框，刷以淡石灰水，再铺上白布，打磨后涂上水胶。然后以粉本起稿，涂上底色，再分色晕染，最后贴金。一般长2~3尺，悬挂于室内。最大者达10多丈，存于布达拉宫，每年展出一次，自宫顶垂下，十分壮观。

壁画在藏传佛教绘画中占有十分重要的地位。绘制于13世纪的业玛寺壁画，以佛教和本生故事为题材，每幅画具有独立情节。人体偏长，带有印度风格。14世纪夏鲁寺壁画则带有汉地特色。宁玛派重要寺院桑耶寺主殿大回廊的明代壁画以人物、花鸟、山水等为题材，描绘精细，风格古朴，充满生活情趣。布达拉宫壁画以反映佛教故事、西藏风貌、历史事件为主，绚丽多彩，气象万千。有的壁画高5~6米，长几十米，几百幅画连续不断，气势磅礴，感染力极强。其中的《修建布达拉宫图》《达赖五世朝觐图》等，具有较高的历史价值。

藏传佛教常常以寺院为中心，与汉地佛教及各族人民进行内容广泛的文化交流。拉萨黄教三大寺之一色拉寺的创立者、宗喀巴的著名弟子之一绛钦却杰（即释迦也失），曾作为宗喀巴的代表两次到北京与明朝政府联系，被明成祖封为"西天佛子大国师"。色拉寺中保存着他从北京带回的金写藏文大藏经一部和旃檀木雕十六尊者一套。正殿四壁有其两次到内地传播黄教而受到明朝皇帝封赠的壁画。

三、藏传佛教在其他少数民族地区的传播

藏传佛教在西藏的传播情况，前面已作专门阐述。这里主要介绍它在蒙古族、裕固族、门巴族、纳西族地区的传播情况。

（一）蒙古族

藏传佛教在蒙古族地区影响极大，以至于成了当地居民的主要宗教信仰，故亦有学者把在蒙古地区流传的佛教称为蒙传佛教。

蒙古族原先信奉萨满教。13世纪初，成吉思汗统一了蒙古各部，推行"各教之人待遇平等"的政策，开始逐渐吸收其他民族的宗教文化。1240年，元太宗窝阔台的皇子阔端在征服控制了西藏外围地区以后，派大将军多达率军入藏，进入吐蕃中部，选择威望较高的藏传佛教萨迦派四祖萨班

（1182～1251年）协助统治处于分裂状态的西藏。1246年，萨班应邀来到甘肃凉州阔端的藩邸。蒙古贵族为他建造了幼化寺，供其传教，这是蒙古贵族信仰藏传佛教之始。1253年，忽必烈召见了萨班之侄、萨迦派五祖八思巴，从其受密教灌顶，皈依了藏传佛教。1260年，忽必烈即位后，封八思巴为国师（后升为帝师、大宝法王），授以玉印，统释教，并命其制作蒙古文字，颁行于天下。从此，藏传佛教在蒙古上层社会传播开来，民间则依然普遍信仰萨满教。佛教喇嘛在大都、上都、应昌等地建立了一些寺院（仅大都一地即达10余所），并于大德（1297～1307年）年间将藏文大藏经译为蒙文，在西藏地区刻造刷印。

　　元朝灭亡后，蒙古地区封建割据，战争不断。藏传佛教在蒙古一度消失。但一些大封建主为了借助藏传佛教的教义实现对全蒙古的统治，又纷纷接受藏传佛教。陷于战火苦痛中的广大民众也纷纷从佛教教义中寻找精神寄托。1576年，占据青海广大地区的蒙古封建主、土默特部的俺答汗召请藏传佛教格鲁派（俗称黄教）大喇嘛锁南嘉措至青海湖畔举行法会。俺答汗自称是忽必烈转世，说锁南嘉措是八思巴化身，尊其为"达赖喇嘛"（意为"德智广深如海无所不纳之上师"，当时是三世）。从此，便有了"达赖喇嘛"的称号。锁南嘉措也赠给俺答汗"咱克喇瓦尔第彻辰汗"（意为"聪睿的梵天法王"）称号。锁南嘉措率众数万人在蒙古族地区传教，亲自主持传戒法会，给1000多蒙古人授戒传法。从此，藏传佛教格鲁派就在蒙古民间流传开来，逐渐取代了萨满教。俺答汗从青海返内地后，在库库和屯城（又称归化城，即今呼和浩特）建起了内蒙古第一座黄教大寺——"大乘法轮洲"（明朝廷赐名为"弘慈寺"）。随后，库库和屯又先后兴建了库力图召（延寿寺）、美岱召（寿灵寺）、庆缘寺等，成为明末清初蒙古地区传播黄教的中心。锁南嘉措命人在宗喀巴的诞生地青海湟中县鲁沙尔镇兴建藏经扎仓，以后又陆续增建了讲经堂、密宗院和医学院等，发展成今日之塔尔寺。锁南嘉措在蒙古病逝后,俺答汗的玄孙云丹嘉措被黄教认定为锁南嘉措的转世灵童,奉为四世达赖喇嘛。这就进一步加强了蒙古贵族对黄教的支持,促进了黄教在蒙古的发展,使之成为蒙古族的普遍信仰。

黄教在蒙古地区广为流传,在当地产生了较大的社会影响。藏传佛教文化中的天文、历史、医学、艺术、宗教哲学、逻辑学等,给当地人民开拓了新的知识领域。俺答汗及林丹汗先后组织大批人员将108卷藏文大藏经《甘珠尔》全部译成蒙文。为了配合翻译,蒙古族语言学者贡嘎敖斯尔编撰了一部蒙古语法著作《心鉴》。这一空前规模的翻译工程,使蒙古文字和语法进一步规范化、严密化。许多印度、西藏的新鲜语汇,大大充实、丰富了蒙古语。明末清初的蒙古族高僧咱雅班智达还创制了拼写卫拉特方言的蒙古文——托忒文,在新疆蒙古族中流行使用,并翻译了藏族文献《玛尼全集》(即《十万宝颂》),对蒙古族社会、政治、经济、法制、宗教、文化等产生了积极的影响。蒙古大寺庙医学部培养的喇嘛医生译著了《蒙藏合璧医学》《医学大全》《脉诀》《医学四部基本理论》《药五经》等医学著作,带动了蒙古世俗医生的出现,促进了西藏医术与蒙古医术的结合。

青海塔尔寺是格鲁派在青海的主要寺院。全寺占地14万多平方米,是一个由许多宫殿、经堂、佛塔寺组成的藏汉艺术风格相结合的古建筑群。其主殿宗喀巴纪念塔殿(俗称大金瓦殿)以及护法神殿(俗称小金瓦寺),屋顶全部用汉式镏金铜瓦盖成,金碧辉煌,光彩夺目。平顶上装饰着各式铜制镏金的金幢、金顶、宝塔、宝瓶、宝伞和金鹿法轮等的大经堂则是一座藏式平顶建筑,寺内的绘画、堆绣、酥油花被誉为该寺的"三绝"。其色调鲜艳,笔法工细,神态逼真,令人叹为观止。

藏传佛教禁除以人、马殉葬的残留陋习,禁止部落贵族之间的武装械斗，约束乃至取缔萨满教巫师的活动，这些都对社会习俗的进步有一定的促进作用。

明末清初，蒙古族高僧咱雅班智达(1599~1662年)在西藏学习显宗，获拉然巴格西学位后，受达赖五世之命返回新疆，在卫拉特四部、土谢图汗和车臣汉部传教，使黄教在蒙古族地区的影响得到了加强。到了清代，清朝政府看到藏传佛教已在蒙古各部深入人心，便大力提倡，加以利用。康熙皇帝接见了五世达赖弟子章嘉呼图克图，为其在北京修建嵩祖寺，在多伦诺尔修建善因寺，让他主持漠南蒙古的佛教，给他们制定了严格、完善的制度。此后，历代章嘉呼图克图都是内蒙古黄教的教主。教主下是"六大禅师"——6位高级宗教领袖；往下依次是札萨克达喇嘛、副札萨克达喇嘛、札萨克喇嘛、达喇嘛、副达喇嘛、苏拉达喇嘛等。在清政府政治、经济等方面的大力支持下，蒙古草原上建起了大批寺庙，漠南蒙古地区每旗至少有十几座。各寺院定额的喇嘛达13万多人，均载入理藩院的册籍，支领国家钱粮。此外还有不少自食其力的"黑喇嘛"。喇嘛由呼图克图辖下的各地活佛管理，可以不受行政当局管辖，不缴纳赋税。清末，内蒙古的藏传佛教寺庙已达千所之多。最大的"百灵庙"，在额喇嘛有5000人。雍正元年(1723年)，数千喇嘛随青海蒙古贵族罗卜藏丹津举兵反清，遭到镇压后，清政府便严格限制喇嘛庙的权力，规定一座寺庙房屋不得超过200间，喇嘛不得超过300人。尽管如此，黄教势力仍然发展得很快，在乾隆和嘉庆时期达到鼎盛。道光以后，清廷对黄教态度冷淡下来，黄教便逐渐衰落了。但在民间，仍是家家户户供有佛像，朝夕膜拜。

在漠北喀尔喀蒙古，除了元代即有萨迦派传播外，格鲁派也在三世达赖于归化传教时传入外蒙古。1586年，阿巴岱汗建立了第一个寺庙额尔德尼召。清顺治六年(1649年)，五世达赖授予乍那巴乍尔以哲布尊丹巴呼图克图名号，使之成为全喀尔喀的宗教首领、格鲁派四大活佛转世系之一。因哲布尊丹巴率七族喀尔喀归顺清廷有功,清帝为他在多伦诺尔建汇宗寺,在外蒙修建庆宁寺,封他为大喇嘛,赐诰命金印,永掌漠北宗教大权。从此,黄教在外蒙古迅速传播,并进而扩展到唐努乌梁海和布里亚特等地区。

(二) 裕固族

生活在甘肃河西走廊一带有裕固族,本来信仰萨满教,8世纪中叶建立回纥政权后改信摩尼教,11世纪初又改信佛教。到了元代,又因统治者的提倡而改信藏传佛教。明代中叶,撒里畏兀儿人东迁,青海的黄教势力北移,促使黄教在裕固族迅速传播开来。清顺治(1644~1661年)年间兴建了第一个黄教寺院景耀寺之后,裕固族各部落又先后建立了康隆寺等9个寺院,这些寺院成了部落的宗教及政法活动的中心。寺院里有严密的组织,分喇嘛(有的称堪布或活佛)、法台、僧官、提经、僧人和班弟等各个等级。班弟大多数是贫苦牧民的子弟,长期无偿地为喇嘛和寺院服务。喇嘛、法台、僧官有随意打罚僧人和班弟的权力。寺院上层占有大量牲畜和牧场,利用宗教特权强迫牧民修寺、放牧,还通过放会、念经、算卦向牧民收取布施。寺院规定,人死后的前三个7天("头七""二七""三七")必须请3个以上的喇嘛去念经,超度亡灵。死者的家庭不但要负担喇嘛的饮食,还必须把死者遗留的衣物送给僧人。

由于喇嘛享有许多特权,所以裕固族青年男子当喇嘛的很多。一家有弟兄两个以上的,都要送一个进寺庙当"班弟"。后因劳动力日少,生产受到影响,经清政府特许,康隆寺等3个寺院的喇嘛可以娶妻生子,平日在家劳动,过会及宗教日时才去寺院念经。

(三) 门巴族

西藏南部门隅地区的门巴族以藏传佛教作为主要信仰。13世纪,藏传佛教噶举派(白教)的一个支系主巴噶举的创始人凌热自马多吉,到今不丹一带传教建寺，主巴噶举就成了当地门巴族的主要宗教。以后，红教、黄教诸派也相继在门巴地区立足，与白教相安共处。其中红教势力最大，寺庙最多。寺中的喇嘛按地位分为5种："活佛"（寺中的主持者）、"怕久"（为人治丧者）、"涅巴"（寺庙管家）、"果聂"（负责看管、打扫）、"扎巴"（地位最低的劳动者）。除"活佛"外，门巴族的喇嘛大多住在自己家中。除了每月的定期念经外，还有名目繁多的不定期念经，活动频繁，劳民伤财。

藏传佛教传入门巴族地区以后，并没有取代当地的原始宗教——本教，而是两者并存。播种时喇嘛念经择日，然后巫师"驱鬼"。许多人家是丧葬请喇嘛，治病请巫师，两者分工配合，共同为门巴族人祈求幸福、摆脱灾祸的愿望服务。在这些宗教活动中，巫师们吸收了藏传佛教的一些东西，如在"送鬼"过程中手摇转经筒、数珠，小孩死后用锅灰涂手臂，以便来世投生后识别。人们生了病，常用"活佛"的头发、衣服、旧布甚至粪便放在火里焚烧，用以驱邪治病。

（四）纳西族

17世纪的明代后期，藏传佛教宁玛派（红教）传入云南的纳西族地区，在丽江一带尤为盛行。在丽江城郊，建有福国寺、玉峰寺、指云寺、善济寺、文峰寺等五大喇嘛庙，与其他地方的达摩寺、圣经寺、太平苑、寿国寺、普化寺、灵照寺、吉星寺、兴化寺合称为滇西北的红教十三寺。寺内喇嘛分为活佛（寺庙首领，因纳西族喇嘛地位不高，常常空缺）、掌教（亦称直母，负责宗教事务）、管事（负责经济事务）、格隆（入藏朝圣一次以上的正式喇嘛）、都巴（在文峰寺静坐堂打坐参禅3年3月3日3时，成为正式喇嘛者）、奔扎（干杂活的小喇嘛或终身未入藏者）。

藏传佛教格鲁派（黄教）传入纳西族永宁地区也有了几百年的历史，被当地群众称为黄教。

藏传佛教在纳西族地区流行很广，不久就成了当地占统治地位的意识形态，对该地区的社会、婚姻和精神生活产生了广泛的影响。每家有三个以上男子的，必须有一人当喇嘛。当地的"阿注"婚姻，也给禁止结婚的喇嘛带来了良缘。喇嘛不但可以与女阿注偶居，而且按规定必须在每年农历五月初八进藏学习前，到开坪的日月潭边搭起帐篷，与女阿注同居。据说这样才能顺利到达拉萨，并获得较高学位。

除了蒙古族、裕固族、门巴族、纳西族外，藏传佛教在青海土族、四川羌族、云南普米族、怒族中也有相当影响，成为这些民族生活中的一项重要内容。土族地区几乎每个村落都有一座喇嘛庙。被列为青海湟水之北诸寺之冠的佑宁寺（藏名郭隆寺），创建于明万历三十二年（1604年），是藏传佛教格鲁派在土族地区最大的寺院，也是土族人民宗教活动的中心。该寺自法台（堪布）以下均为土族，寺中通行土族语。曾三任佑宁寺堪布的著名高僧松巴堪钦·盖西班觉尔（1704～1788年）是一位知识渊博的学者，在佛教经典、汉藏历算、天文、语言学、文学、历史、传奇、书法、绘画、医学、生物等许多方面都学有成就。他所著的《如意宝树佛教史》记叙了古代印度以及汉、藏、蒙古等地的佛教史，还被译成了英文。该寺第三世土观活佛——洛桑却吉尼玛（1737～1801年）所著的《宗派源流》（又叫《宗教流派晶镜史》）、《章嘉国师若必多吉传》、《佑宁寺志》等，先后被译成汉文，是研究藏传佛教的宝贵资料。到清同治十三年（1874年）时，已拥有喇嘛3000多名。在普米族，不仅有了大事、发生灾难要请喇嘛念经、禳解，甚至两个人吵架也要请喇嘛来"端口嘴"（调解）。

第四节　少数民族地区的上座部佛教

13世纪，曾被称为小乘佛教的南传上座部佛教从缅甸、泰国等地传入我国云南的西双版纳、德宏等地,在傣族、布朗族、阿昌族、德昂族、佤族等少数民族中流传,逐步取代当地的原始宗教,成为这些民族的主要宗教信仰。

上座部佛教在傣族的发展最为完备。有多种版本的傣文大藏经在该地区流传,并先后形成不同教派。各地普遍建有佛教寺塔,所有傣族男子都要入寺当一段时间和尚。寺中僧侣依照封建社会的等级制度分成不同级别,按规定升迁。僧侣还俗也较为方便。在布朗族,上座部佛教的发展也比较典型。

下面,我们就主要通过上座部佛教在傣族、布朗族流传情况的介绍,窥视一下上座部佛教对我国南方少数民族社会文化生活的影响。

一、发展完备的傣族上座部佛教

上座部佛教在我国的傣族地区流传很早,影响很深。早在1000多年前,上座部佛教的经典就以口传心授的方式由缅甸传入西双版纳。相传1204年兴建的云南景洪曼飞龙塔,就是傣族上座部佛教的建筑精品。13世纪后期,随着西双版纳傣文的诞生,出现了刻写在贝叶上的佛经。由于宣扬脱离现实、自我解脱的上座部佛教比较能够满足处于封建村社制度统治下的自然农业经济的需要,所以它很快成为傣族地区占统治地位的意识形态,成为傣族人民的普遍信仰。15世纪中叶,西双版纳形成了政教合一的制度。到明中叶时,已是"寺塔遍村落"①。1569年,缅甸洞吾朝国王派遣僧团随同嫁给西双版纳宣慰使的金莲公主前来传教,在景洪地区修建了大批塔寺。不久,上座部佛教又从缅甸传到德宏、耿马等地。

上座部佛教在傣族地区发展得比较完备。仅傣文大藏经就有西双版

---

① 《洪武实录》卷二百五十五。

纳傣文、德宏傣文和傣绷文3种版本,其内容与其他文字的巴利语系大藏经基本一致,也分经、律、论及藏外典籍四大部卷。其中西双版纳傣文与德宏傣文的大藏经流传较广,傣绷文经卷只在耿马的勐定和勐连一带流传。

流行于德宏地区的上座部佛教主要分为摆庄、耿润、左低、多列4个教派。耿润派于767年由泰国沿澜沧江传入,摆庄、左低、多列三派则于17~19世纪相继由缅甸传入。这四派的宗教信仰基本相同,只是教规教条宽严不一。左低派教规最严,一般在7~8岁受戒,不仅要遵守"十戒",而且严禁饲养家禽和家畜(耕牛除外),不买卖杀生害命工具,违者重罚。多列派次之,一般在25岁左右受戒,违犯教条者处罚稍轻。左低派和多列派的僧侣均由大佛爷率领,过集体生活,只吃早、中餐。这两派信徒较少。摆庄、耿润两派戒律较宽,僧侣可以一日多餐,吃肉喝酒,抽烟赌博,还有出入民家和还俗的自由。一般信徒群众则更为随便。其中又以耿润派的教规最松。除了上述4个主要教派以外,德宏地区还有"多勒""歹勒"两个次要教派。多勒派规定老人见杀不吃,中青年不限;歹勒派则既信佛又信鬼,很少拜佛。

流行于西双版纳地区的上座部佛教主要是"摆巴"(山林)和"摆逊"(田园)两派。这两派在修行方面有所区别。"摆巴"派最初没有佛寺,生活在山林之中,后来才在村寨中建寺。僧侣们持律严谨,每日只进食一顿,不食荤,不娶妻,不杀生,终身独处,以苦修为荣。"摆逊"派一开始就在村寨中建寺,寺院有寺奴、寺田,僧侣生活优裕,戒律较松,与世人交往频繁。出家还俗,较为随便,常主持宗教仪式,为群众驱魔治病,超度亡灵。这一派在西双版纳和德宏两地区流传很广。在西双版纳等地,几乎每个村寨都有一座佛教寺院,傣语称之为"瓦"。设在景代(宣慰街)的"洼龙"是统治景洪及全西双版纳的"总佛寺"。"洼专董"和"洼扎棒"是"副派出佛教僧侣进入山区传教。经过四进三出的反复斗争,坝区的上座部佛教终于战胜了原始宗教信仰者的反抗,在布朗族聚居的山区扎下了根,并逐渐发展成为占统治地位的全民性的宗教信仰,几乎每个村寨都有佛寺。佛寺形式、佛经、法器以及规章制度、宗教活动仪式等均与傣族相同。寺内僧侣亦按社会等级制度分成小和尚、大和尚、二佛爷、大佛爷等各个不同的等级,不同等级的僧侣披不同套数的袈裟。袈裟上的条纹与方格亦有差别。其升迁制度与傣族一样。

布朗族男子一生也必须进佛寺当一次和尚,一般在寺中干杂活,由各自家中送给饭食。只有当过和尚的人才能得到社会的尊重,姑娘也才愿意嫁给他。

布朗族管理宗教事务的头人是波占和召曼。波占由精通佛经的"康朗"选任,负责管理佛寺,主持祭礼,念经驱鬼。召曼由"神意"选定,负责主祭地方鬼"丢那"。

布朗族佛寺的宗教活动十分频繁。除了开门节、关门节、浴佛节等宗教节日外,还有"奥卡瓦沙"、"赕星"、"赕统"、"赕什那"、"赕帕"等各种赕佛活动。赕佛一般持续两天,全寨停止生产,由大赕佛的人家杀猪宰羊请客吃饭。人们普遍认为,赕了佛,就是积了德,修了福,死后灵魂即可升入"天堂",来世即可获得幸福。

除了傣族、布朗族以外,主要聚居于云南德宏傣族景颇族自治州户撒等地的阿昌族、德昂族也普遍信仰上座部佛教。阿昌族在教派、教规、宗教仪式等方面与傣族一致,德昂族则因居住地不同而有所区别。一般德昂族村寨里佛寺很少,只有一个专门管占卦、择日、诵经、主持祭献的祭司,由笃信宗教、知识丰富的老人担任。

第五节　大乘佛教在少数民族地区

云南的白族、拉祜族，广西的壮族、毛南族、仫佬族，以及湘鄂川黔交界的土家族等，是大乘佛教的流传地区。大乘佛教在我国南方少数民族地区的传播，可以追溯到东汉末年的牟子，但成为民众的普遍信仰，在唐代以后。7世纪前后，大乘佛教由我国西藏、四川等地传入白族聚居的云南大理地区，后成为南诏国和大理国的主要宗教信仰广泛流行，一时寺院遍布，家家拜佛，大理地区成了"佛国"。此外，大乘佛教在云南澜沧、双江的拉祜族以及广西壮族地区也很流行。唐宋时期，南诏、大理等地主要流行密宗。元代以后，北方中原势力扩展到滇疆，禅宗等内地显宗的影响大大增强。具有较高发展水平的佛教文化渗透到当地社会生活的各个方面，对该地区社会、文化的发展起了积极的推动作用。

一、云南"佛国"——大理

流行于我国云南白族地区的佛教，主要属于大乘佛教的密宗，白语叫"阿叱力教"。"阿叱力"是印度语的音译，意为"轨范"、"导师"，所以又叫"师僧"，白语叫"师主簿"。师僧可以娶妻生子，其宗教职业可由子孙继承。

早在初唐时期，佛教就传入白族聚居的云南大理地区。贞观六年（632年），唐王朝曾派大将尉迟敬德于南诏监建"大理崇圣寺"，无言和尚被南诏蒙氏封为"灌顶国师"，常于崇圣寺讲经。当时，中印度密教僧侣阿捺哩（一作阿吒力）、师赞陀崛多（一作室利达多）来到南诏，在南诏王细奴逻的大力支持下，开建五密坛场，弘传瑜伽法。他们的弟子张子辰、罗逻倚等也先后从西印度来到南诏，传播密教，时称"南诏七师"。其教法一直传承到近世。8世纪末9世纪初，又有一批印度阿叱力僧由西藏到达云南大理地区传播密教。唐文宗开成五年（840年），印度摩迦陀国阿叱力僧亦经西藏来到南诏，得到南诏王劝丰佑的高度信任，被封为国师。在上层势力的支持下，他大力建造佛寺，塑立佛像，广召白族门徒，使佛教密宗战胜了当地的巫教和道教，在白族地区蓬勃兴起。盛行于四川的密宗在白族地区亦流传很广。我们今天所能见到的南诏、大理阿叱力僧所用的佛经，都是汉字抄本或木刻本。

南诏自中期以后到大理国建立近500年间，佛教一直是占优势的宗教。南诏王室成员俱皈依佛法，并"劝民每家供奉佛像一堂，诵念经典，手拈素珠，口念佛号"，"劝民每岁正、五、九月持斋，禁宰牲口"。南诏王"世隆以四方八表夷民臣服，皆感佛维持，于是建大寺八百，谓之兰若，小寺三千，谓之迦蓝，遍于云南境中。家知户到，皆以敬佛为首务"。"大理一邑，僧寺之多，几冠南省。"今四川西昌的白塔寺（原为景净寺），即为蒙世隆及其母段氏所建。"隆舜以黄金八百两，铸文殊普贤二像，奉于崇圣寺，又用金铸观音一〇八像，敬诸里巷，俾各敬之。"①

南诏而后，曾杀绝南诏王室800人的大长和国王郑买嗣铸佛万尊，以示忏悔②。大理国王段思平为感佛恩，岁岁建寺，铸佛逾万。大理国的官员，多为"读儒书，行孝弟"的"儒释"。境内"家无贫富，皆有佛堂；人不以老壮，手不释数珠⋯⋯沿山寺宇极多，不可殚记"（《大理行记》）。

元代以后，中原势力统治了大理，阿叱力教在白族上层的势力日渐衰弱，但在农村依然盛行，一直持续了400多年。其间还发生了几次密教组织的反明起义，明太祖曾下令禁止密教流行，但仍"视为土教"，在府、州、县公署设立了阿叱力僧纲司，管理密教事务。明成祖因大理阿叱力僧董

---

① 《云南史料丛刊》第一集，第154、177、178页。
② 《云南史料丛刊》第一集，第181页。

贤"有逐邪功",赐给"国师府"三字匾额,以示嘉奖。清康熙年间,阿叱力僧纲司被撤销,阿叱力的势力便进一步衰微了。

随着密宗势力的减弱,内地显宗,尤其是禅宗僧侣从元明以后大量进入白族地区,使当地佛教势力更为强盛。寺院遍布各地,拥有土地等大量资产。许多与佛教相关的组织如拜佛会、妈妈会、洞经会等也纷纷面世。大理地区遂有"佛国"之称。

咸丰六年(1856年),杜文秀以大理为根据地,领导滇西各族人民大起义,坚持斗争18年,佛教势力严重受挫,但寺庙不多、以农村为主要活动场所的阿叱力教损失较轻,直到新中国成立,该教在白族农村和小城镇仍有很大影响,"阿叱力僧"一边务农,一边兼做"法事"。

佛教密宗的神秘色彩较浓,给白族地区的发展造成了一些消极影响。但用历史的眼光来看,白族地区原来流行的以信鬼为主要内容的原始宗教和迷信对社会生产和生活造成的危害更烈。相比之下,包括哲学、文学、艺术等丰富内容的佛教文化要先进得多,它为白族地区经济、文化的发展作出了许多有益的贡献,其积极作用是主要的。这也就是佛教能在该地区长时间广泛流行的一个重要原因。

二、拉祜族与壮族地区

到了17世纪的下半期,大乘佛教由大理僧侣杨德渊传入拉祜族地区,后逐渐成为当地民众的普遍信仰。汉、白等族的教徒在传播佛教的过程中,汉族的佛教经典、历法、草医学、水稻种植、牛耕等先进文化也随之传入,促进了拉祜族社会的发展。在几次反清农民起义过程中,佛教起了重要的号召和组织作用。1799年,李文明等借助于佛教,组织了5万多拉祜族农民参加起义。在清政府的残酷镇压下,农民起义失败了,具有政教合一性质的佛教组织也全部瓦解,但大乘佛教的思想意识仍在民间流行。

直到全国解放前,澜沧、双江等地的许多村寨都设有佛堂,拥有众多的虔诚信徒。佛堂里的僧侣依次分为"介梦"(掌管佛堂的"方丈")、"波库"(主持宗教活动的大佛爷)、"召人"(每寨一个,管理财务者)和"香坦人"(刚入佛门的教徒)。佛堂严格规定教徒不准吸大烟、不喝酒、不吃牛肉、不杀人放火、不偷不骗、不吵架、不赌博、不调戏妇女,这对当地良好社会风气的形成起了积极作用。

佛教在广西的流传,可以追溯到遥远的东汉末年。现存中国最早的一部佛学著作《理惑论》,相传即为广西苍梧人牟融所著。但佛教大规模地传入广西壮族地区,还是唐宋间的事。在统治阶级的积极提倡下,佛教很快成为当地民众的普遍信仰,被称为"花僧"的壮族佛教徒到处可见。据《百奥风土记》记载,这些花僧"多留发,娶妻生子,谓之在家僧"。花僧一般也不吃素,只要每月有几天不食牛马肉就行了。他们也做法事,挂佛像,念佛经,穿袈裟,执法器,为人授戒,超度亡灵;所诵佛经有《弥陀经》《地藏经》《金刚经》等,都用汉字写成;使用的法器包括念珠、海螺、木鱼、铜板等。与内地和尚不一样的是,他们还给人卜卦算命、择土安墓、做斋赶鬼,有的把太上老君也奉为神祇,变得不僧不道、亦僧亦道了。

此外,在广西北部的毛南人、广西罗城的仫佬人以及湘鄂的土家人中也有一些佛教信徒,但当地佛寺不多,许多"佛门弟子"也不必出家,只有举行宗教活动时才按佛教的有关规定进行。

第六节　少数民族地区佛教的特点

佛教在少数民族地区传播的历史,差不多与汉地佛教一样久远。千百年来,大、小乘佛教在我国西藏、青海、蒙古、云南等地广泛流传,既具有各个民族的特色，又具有一些共性。概括起来，其共同特点主要有以下几点。

（一）在斗争中取代、融合原始宗教

佛教传入少数民族地区以后，一般都遇到当地固有原始宗教的顽强抵抗。佛教初传西藏时，刚建的寺院遭到破坏，佛经、佛像不得不埋入地下，佛教僧人被流放。经过一个多世纪的反复斗争，佛教才在西藏站住脚跟。又过了200多年，融合佛、本二教的藏传佛教才初步形成。本教的一些宗教仪式、修习方法仍在藏传佛教中得到保留，这在藏传佛教宁玛派中表现得尤为明显。

佛教传入云南傣族时，情况也是如此。当地盛传这样的神话，说是释迦牟尼亲自来到西双版纳，降伏了那里的妖魔，使人民都皈依佛教。从中我们可以看到佛教与当地原始宗教斗争的一些史影。白族佛教密宗的流行，既是借助政权力量战胜巫教的结果，又保留了巫教文化的一些内容。

（二）与封建政权紧密结合

流传于我国少数民族地区的佛教，特别是藏传佛教，从一开始便得到政府在政治、经济上的有力支持。在不少地区，宗教势力直接与政治势力结合在一块。西藏的寺院是三大领主之一，占有西藏1/3左右的土地，还直接占有几十万人口的农奴。蒙古族的"札萨克"喇嘛拥有领地和属民，有独立的行政、司法和税收权利，从宗教领袖发展成了政治领袖。裕固族的藏传佛教寺院，既是全部落的宗教活动中心，也是部落的政治活动中心。宗教势力甚至能决定部落首领的任免。部落的重大事务，要与寺院上层商量。有的喇嘛直接担任了部落首领。在傣族，封建主召片领集政权与教权于一身，被称为"至尊佛祖"，既管百姓，又管神鬼。这种政教合一制度，将当地社会生活的所有领域都严格地置于王权和神权的双重控制下，把社会的政治、经济、军事、教育、文学、艺术等都染上了浓重的神秘色彩。

(三) 宗教信仰的全民性

由于政教合一制度的长期作用,少数民族地区的佛教和佛教领袖处于绝对神圣的地位。民众不仅普遍信仰佛教,而且极其虔诚。1779年夏,班禅喇嘛应诏赴京,他的亲信在途中出售了一份他用藏红粉末涂写的"手迹",竟获得300匹马、70头骡子、100峰骆驼及40000块银币的报酬。无数信徒对达赖和班禅崇拜得五体投地。不少信徒甚至从家门口开始,花几个月时间,一路磕长头①来到布达拉宫或塔尔寺等寺院,祈求佛的保佑。在云南的西双版纳、大理等傣族、白族聚居的地区,几乎村村有寺院,人人持佛珠。青年男子只有当了和尚,才能获得受教育的机会,受到别人的尊敬。

(四) 强烈的神秘色彩

藏传佛教和白族佛教都重视密教。藏密义理秘密单传,修习活动神秘莫测。修法者常通过念诵密咒,用繁琐的方法与神灵相通。如果修到无上瑜伽,虽食肉、饮酒都不影响"即身成佛"。一切政务活动都不公开,活佛转世更是充满了神秘气氛。喇嘛不但诵经研习,还常常给群众"捉鬼"治病,念咒作法。在蒙古族地区的百灵庙,每年6月要举行一次喇嘛"禅木"(意为跳鬼)活动。由头戴面具的喇嘛扮演以阎王为首的7位凶神和白头翁神(又称滑稽神)、"好和麦"(白骨髅鬼)等。有的不戴面具,装扮成21位菩萨和"哈喇沁汗"(多子女神)等,手持宝剑或法具,跳"捉妖驱鬼"的舞蹈。最后是鹿神和凤凰神出场。整个活动为期3天,规模盛大,主旨在于驱除不祥,人畜兴旺。在门巴族、傣族、白族等地区,佛教与当地的原始宗教相互融合,具有更多的神秘色彩。

---

① 藏传佛教的一种礼拜方式,以全身俯伏于地,双手顺地向前平伸,然后走到手掌所触之地,再磕第二个头。

第十章　中国佛教文化的对外交流

佛教作为一种世界性的宗教文化现象，它的发展是没有国界的。一部中国佛教文化的发展史，也是中国佛教文化的对外交流史。从两汉之际的佛教东渐，到法显、玄奘等西行求法；从隋唐时期佛教中国化的完成，四方学僧来华求法，到鉴真东渡、弘法扶桑，中国佛教各宗派在海外广泛传播，中国佛教文化经历了一个吸取消化—再创造—反输出，在相互交流、相互融摄中不断发展的过程，一方面在广泛交流中使中国佛教文化日益丰富、璀璨，另一方面对世界佛教文化的发展作出了巨大的贡献。

中国佛教文化的对外交流，大致可以分为两个阶段。第一阶段从两汉之际佛教传入中国到唐初玄奘、义净取经归来，是佛教东渐与西行求法阶段，以接受、学习、消化印度佛教文化为主。第二阶段从唐初至近代，是中国成为世界佛教中心并大力向外传播的阶段。这一阶段，中国佛教虽然继续吸收国外的有益营养，但已从输入为主变为输出为主。

第一节　佛教东渐与西行求法

中华民族的多元组成与中华文化的多元发生，造就了中华民族包容世界的宽广胸怀和融摄异质文化的非凡能力，为中华文化的持久发展提供了活水之源。1世纪前后，处于较高发展水平的印度佛教文化从南北两线，分别由西域、尼泊尔、锡兰等地多路传往中国。汉魏之际的中原，儒术式微,经学颓败,"儒墨之迹见鄙,道家之言遂盛"①,以探讨事物"本体"为中心,以辨析"有""无"为特色的玄学逐渐流行开来。玄学与佛学在世界观、人生观等方面有诸多相通之处,这就为佛教传入创造了十分有利的条件。善于学习的中国人不但热情欢迎来华弘法的印度僧人,帮助他们译经传教、建寺造像、发展徒众,而且一个又一个、一批又一批地踏上了西行求法的道路。他们怀着一颗颗虔诚的心,穿沙漠,攀峻岭,爬雪山,渡大洋,不畏艰险,舍生忘死,到印度朝拜佛教圣地,遍访各地高僧,求取佛教真经,学习佛教文化,把古代印度的哲学、文学、艺术、天文、医学、建筑等多方面的知识带回中国,有力地推动了中华文化的发展与繁荣。

一、东土敬怀迎西僧

印度佛教的东渐,源远流长。从两汉到隋唐,一个个印度弘法僧携带印度佛教文化的丰硕成果,或翻山越岭,或远涉重洋,经西域、南海等地络绎不绝地踏上东土,受到中华朝野僧俗的友好接待和大力支持。尽管人们对佛教的认识有一个过程,但总的来说是欢迎的、重视的,许多人的态度是非常虔诚的。

早在公元前1世纪左右,以大乘为主的印度北传佛教即传到我国西北部的龟兹(今新疆库车一带)和于阗(今新疆和田)等地区,使天竺(印度)风格的石窟和犍陀罗式造像等佛教建筑和艺术在当地发展起来。2世纪时,安息国②的安世高、大月氏国③的支娄迦谶等由西域经天山南路来到洛阳等地,在汉族民间地主阶级及知识分子的支持下,翻译了许多佛典,

---

① 《晋书》卷五十《郭象传》。
② 亚洲西部的古国,在伊朗高原一带。
③ 西亚古国,在阿姆河、锡尔河流域。

重点介绍了大乘般若学和小乘佛教禅(禅定)数(数法)之学两方面的学说。

魏晋以后,汉族官方统治阶级逐渐认识到佛教在加强封建统治方面的功用,开始支持佛教的传播。147~167年在位的汉桓帝刘志在"宫中立黄老、浮屠之祠"①,以求得神佛的福祚。222年,大月氏后裔、精通六国语言的佛教居士支谦从洛阳来到吴地,被孙权拜为博士,翻译了大小乘佛典36部(亦说27部、49部),对佛教在吴地乃至全国的传播起了重要的促进作用。其译笔简洁流畅,典雅瑰丽,"文而不越,约而义显",深为历代文人学士喜爱。孙权还为由南方北上来到建业的印度僧侣康僧会建立了江东的第一座佛寺——建初寺,支持他译经注疏,弘传佛法,"由是江左大法遂兴"②。康僧会带到东吴的佛像,引起了绘画界的注意。吴国著名宫廷画家曹不兴"仪范写之",被称为中国的"佛画之祖"。他吸取了印度佛画的技巧,在画法上由简朴古拙而趋向细密柔巧,使中国绘画有了新的发展。在南京赵士岗、江宁上坊等地,分别发现凤凰二年(273年)和天册元年(275年)的陶瓷佛像。这些佛像具有中南印度流行的"秣菟罗系统"的造像艺术特点,是南传佛教的产物。印度佛教艺术之火花从吴地燃起,然后向四川、山东等地蔓延③。

4世纪末,崇信佛教的前秦苻坚和后秦姚兴两次用兵,最后于弘始三年(401年)将"道震西域,声被东国"的天竺高僧鸠摩罗什迎入长安,以"国师"礼遇待之,请入逍遥园西明阁,组织僧肇、僧叡等800余人开设译场,使中国佛教译经和佛学研究进入一个新时期。

---

① 《后汉书·襄楷传》。
② 《出三藏记集》卷十三《康僧会传》。
③ 参见阮荣春:《早期佛教造像的南传系统》,《东南文化》1990年第3期。

南方,东晋尚书令王珣在建康建立精舍,延请学通三藏的北印度罽宾①高僧僧伽提婆讲经译经,在江南名盛一时。扬州司空谢石在建康建道场寺,延请来自北印度迦毗罗卫国(今尼泊尔境内)精通禅法与律藏的佛陀跋陀罗偕法显、宝云等100多名僧人译经,为大乘瑜伽学说的东传开了先河,对佛教义学的发展起了很大的促进作用,同时也给中国文学界吹进了清新的空气。佛陀跋陀罗翻译的《大方广佛华严经》,用词审慎、准确,文笔优美、弘丽,不仅成为华严宗的至典,而且是中国文学史上的鸿篇巨制。

二、万里求法第一人

中国僧人西行求法,最主要的原因是佛教经典的匮乏以及佛经翻译的误差。为追求真正的佛法,三国曹魏的朱士行第一个踏上了西行求法的艰难行程。其后,西晋时期的敦煌沙门竺法护也是著名的西域求法僧。

朱士行,三国曹魏时代颍川(治所在今河南禹州)人,"志业清粹,气韵明烈,坚正方直,劝(或作欢)沮不能移"②。他少年时代便领悟佛法,脱落尘俗,出家为僧,并依律受戒成为比丘。这与以往离俗为僧者有别,所以后人将他视作中土第一个真正的僧人。

当时,佛教刚传入中原不久。由于中印文化背景的不同以及语言上的障碍,在佛经的翻译中不时发生一些差错,中国人对佛经的理解也有很大的差异。有不少人把佛教当作一种方术。汉明帝时的楚王刘英(?~71年)以及汉桓帝刘志(147~167年在位)都把佛当作神祇进行祭祀,以求福佑。在民间,有的把佛作为一种"谥号","犹名三皇神、五帝圣也"(《理惑论》);有的把佛视为道家的"至人""神人","乃道德之元祖,神明之宗

---

① 古西域国名,在今克什米尔、阿富汗东北一带。
② 《出三藏记集》卷十三《朱士行传》。

绪",把佛法道学化、儒学化(同上)。魏晋时期,人们又将佛学玄学化,或援玄入佛,用《老》《庄》学说比附《般若》教义;或以佛附玄,以佛经的名相法数来"拟配外书"。这种比附"格义"的结果,是使许多"义学"名僧成了玄学名士。佛教的真经到底是什么?好学深思的朱士行陷入了深深的思考。他"以大法为己任",潜心钻研经典,不久便在洛阳公开讲解《道行般若经》(即《小品》之旧本)。因此经系译人口传,初译者遇到不能领会之处即自行略去,许多地方又采取音译,致使义理不明,脉络不清,前后不连贯,叫人难以理解。如此一部大乘之要典,竟翻译成这样,朱士行深感遗憾。他听说西域有更完备的《大品经》,便"誓志捐身",西行寻求。

甘露五年(260年),朱士行从雍州(治所在今陕西西安)出发,西渡流沙,辗转来到天山南路南道的中西交通中心、大乘佛典比较集中的于阗,终于得到了《放光般若经》的正品梵本90章60余万言。但这时小乘佛教在于阗仍然占据正统地位。大乘佛典被斥为"婆罗门书"而视为异端。由于当地政权的阻挠,朱士行未能及时将所得梵本送回。22年后的晋武帝太康三年(282年),他派弗如檀(法饶)等10名弟子将梵本送至洛阳,再经许昌,最后到达陈留仓垣(今河南开封市西北)水南寺。晋惠帝元康元年(291年),于阗沙门无罗叉和居士竺叔兰在水南寺译出《放光般若经》20卷,共20余万字。12年后,竺法寂和竺叔兰共同考订,成为定本。此经译出后,曾"大行华京",风靡一时,对般若义学的流行产生很大影响。中山的支和尚派人到仓垣断绢抄写,持还中山。中山王及众僧具备幢幡,出城南40里相迎。帛法祚、支孝龙等许多佛教学者纷纷注疏、讲说,使《放光般若》一时成为显学。

朱士行最后以80高龄圆寂于于阗。他经过20多年的努力,乃至为法捐身,终于使正本《放光般若经》传至内地,实现了自己的弘法大愿。汤用彤先生对此给予高度评价:"士行行万余里,在外二十余年,终送其所求之经达本国。其后竟死于阗……真可谓弘法不惜生命者矣……四百余年后,玄奘忘身西行,求《十七地论》。二人之造诣事功,实不相侔,而其志愿风骨,确足相埒也。"①作为西行求法第一人,朱士行为印度佛教文化的引进作出了重要贡献。

西晋时期,继朱士行之后西行求法还有竺法护。竺法护是世居敦煌的月支侨民,本姓支,8岁从天竺沙门竺高座出家,改姓竺,梵名昙摩罗刹。他深感当时的佛教徒存在重视寺庙图像而忽略西域大乘经典传译的倾向,"乃慨然发愤,志弘大道,遂随师至西域,游历诸国",博闻强记,刻苦学习,掌握了西域三十六国语言、文字,"贯综古训,音义字体,无不备晓"。同时还搜集到大量佛经原本,于晋武帝泰始二年(266年)"还归中夏",由敦煌至长安,"沿途传译,写以晋文"。后又到洛阳、江左传道译经。他"孜孜所务,惟以弘道为业,终身译写,劳不告惓"。经过47年的努力,共译佛经175部、354卷,成为中国佛教史上第一位译经数量最多的佛教翻译家。"经法所以广流中华者,护之力也。"②鉴于竺法护对于促进中印佛教文化交流方面的卓越贡献,人们尊称他为敦煌菩萨。其弟子竺法乘在敦煌立寺讲学,对当地佛教的传播起了很大的促进作用。

三、舍生忘死求真经

在朱士行壮举的引导下,中国东晋僧人纷纷效法,发起了西行求法运动。据《历代求法翻经录》记载,东晋时可考的西行求法僧就有37人,其中以法显以及智严、宝云、智猛等最为著名。他们有的探求梵本,搜集经典;有的寻访名僧,师从受教;有的瞻仰圣迹,扩充视野,充分吸收异邦邻

---

① 汤用彤:《汉魏两晋南北朝佛教史》,第106~107页。
② 以上均引自《出三藏记集》卷十三《竺法护传》。

国的佛法大意，领会佛教经典的深刻意蕴，学习佛学领域的广博知识，回国后积极推动译经事业的发展和佛教文化的传播。

法显(？~约422年)，本姓龚，平阳郡(今山西临汾西南)人。因三位兄长均幼年夭亡，便于3岁度为沙弥，以避祸灾。20岁时受比丘戒。他常慨叹经律舛阙，立志到印度去寻求戒律，以便使当时日益壮大的僧众团体健康发展。晋安帝隆安三年(399年)，法显约同学慧景、道整、慧应、慧嵬等4人，由长安出发，启程西行。当时的河西走廊一带，人烟稀少，道路艰难，加之民族割据，各自为政，一路上遇到无数困难。法显一行越陇山，至西秦(即"乾归国"，治金城，在今甘肃兰州)，经南凉(即"傉檀国"，治西平，在今青海西宁之东)，由范川(今甘肃榆中东北)，度养楼山，于第二年夏天到达张掖，与另一批西行僧人宝云、智严、慧简、僧绍、僧景等5人相遇，欣然同志，结伴而行，于秋天到达敦煌。在敦煌太守李暠的支持下，法显等5人先行进发，进入流沙荒漠之中。这里"上无飞鸟，下无走兽，四顾茫茫，莫测所之，唯视日以准东西，人骨以标行路耳。屡有风热恶鬼，遇之必死"①。法显等坚定不移，一往无前，沿沙碛地带步行17天，到达鄯善国(治今新疆若羌)。后转向西北，至焉夷(今新疆焉耆)，再折向西南，重入沙漠，走了一个月零五天，经过龟兹，于隆安五年(401年)初到达于阗。四月，经子合国(悉居半，今新疆叶城)南行入葱岭，在于麾国(杈于麾，今新疆塔什库尔干)过夏。又行25日，到达与印度接境的竭叉(疏勒，今新疆喀什)参加了国王举行的五年大施会。再向西行，至葱岭。这里冬夏积雪，"山路艰危，壁立千仞"。法显过石壁栈道700级，攀过河索道10座，越过了新头河(印度河)，历尽艰险，九死一生，于402年4月进入北印度的乌苌国(曼格格尔，今印度河上游及斯瓦特地区)。再东下至犍陀卫国

---

① 《出三藏记集》卷十五《法显传》。

(约今巴基斯坦西北喀布尔河沿岸一带),南行至弗楼沙国(今巴基斯坦白沙瓦)。慧达、宝云、僧景在这里供养佛钵后回国,慧应死于佛钵寺。法显只身抵达那竭国(今阿富汗东北的贾拉勒阿巴德地方),与分手后先期到达的慧景、道整相会,一起南度小雪山。路遇寒风暴,慧景受冻而卒。法显继续前行,越岭后至罗夷国(今巴基斯坦的拉基)、至跋那国(今巴基斯坦中部的腊江腊尔)、毗荼国(今巴基斯坦乌奇)。

  法显赴印,主要为求戒律。但以上北天竺诸国,皆师师口传,无本可写。于是法显又与道整折向东南,进入中天竺。经摩头罗国、僧伽施国、罽饶夷城、沙祇大国,抵达释迦牟尼长期讲经说法的拘萨罗国舍卫城。二人参拜了著名的祇园精舍,再到释迦牟尼的诞生地迦毗罗卫城及其逝世地拘尸那加城,瞻仰圣迹。然后行经毗舍离国,至阿育王故都摩揭提(摩揭陀)国巴连弗城(华氏城,今印度之巴特那)。法显等在参观、拜谒了佛陀另一常住说法之地——耆阇崛山、佛陀当年的苦行处、成道处等佛教故迹后,又回到巴连弗城,在这里花了3年时间(405~407年)学习梵书、梵语,抄写了《摩诃僧祇众律》《萨婆多律抄》等戒律以及《杂阿毗昙心》《綖经》《方等泥洹经》《摩诃僧祇阿毗昙》等佛典。道整羡慕当地沙门法则威仪,慨叹秦土众僧戒律残缺,便留居印度。法显本心欲令戒律流通汉地,于是在408年单独返国。他沿恒河东下,经瞻波国(今印度东部巴加尔普尔),到达滨海的多摩梨帝国(今印度东部塔姆卢附近),住了2年(408~409年),书写佛经,绘画佛像。然后于东晋义熙五年(409年)冬乘海船到了师子国(今斯里兰卡)。在王城北无畏山寺青玉佛像前,法显见"商人以晋地一白绢扇供养",思乡之情油然而生,不觉凄然泪下。他在师子国住了2年(410~411年),求得《弥沙塞律》《长阿含经》《杂阿含经》《杂藏》等汉土未见经律。

  411年9月,法显乘海上商船归国,两天后遇台风,商船随波逐流13

天,漂至耶婆提国(今印尼的苏门答腊)一小岛修补船漏。次年4月,法显乘商船北航广州。一个月后在西沙群岛附近又遇狂风暴雨。经过3个多月的顽强搏斗,商船于东晋义熙八年(412年)七月抵达我国青州牢山(崂山)南岸。法显带着他舍命卫护方得保全的经律梵本以及佛像等回到祖国,受到长广郡太守李嶷的欢迎。后又经彭城(今徐州)、京口(今镇江),于义熙九年(413年)秋到达晋都建康(今南京)。

法显西行求法的壮举,在中外佛教文化交流史上具有重要地位。

首先,法显从陆路西行,海道东归,前后历时14年,访问29国,其行程之远,路途之险,实乃古今罕有。在此之前,朱士行等内地求法者大都至西域而还。即使有少数到达印度者,或含恨而没,或留而不返,唯法显一直以寻求经律、弘教东土为己任,经千难而志不变,历万险而意益坚,终于圆满实现了自己的誓愿。这种"忘形殉道、委命弘法"、勇猛精进、坚忍不拔的精神,为后来的求法者树立了一面光辉的旗帜。

其次,法显在印度、斯里兰卡等地抄录、搜集了许多经律佛典的梵本,大多是当时国内未见或有残缺讹错者。他回国以后,在建康道场寺集义学之僧250多人译出《大般泥洹经》等6部经、律,共63卷,译文朴素传真,别具一格,在中国佛教界产生了深远影响。尤其是《大般泥洹经》第一次把"泥洹不灭,佛有真我""一切众生,皆有佛性"的思想介绍到中国,令整个佛教界耳目一新。《摩诃僧祇律》则对律学的传播和发展起了重要的推动作用。

最后,法显根据自己西行求法的经历写成的《历游天竺记传》(亦称《佛国记》)是我国文学史上第一部根据实地考察写成的全面介绍印度和斯里兰卡等国情况的游记名著。它详细介绍了法显西行的旅途经历,反映了沿途各国的风俗、民情、佛教状况,保存了西域及南亚许多国家的珍贵史地资料,是研究这些地区历史、文化的重要文献,对以后赴印求法者也有很大的指导作用。到了近代,该书还被译成英、法文本,受到各国历史学者和考古学者的高度重视。

与法显同时西行求法、在张掖相遇的智严、宝云,也为中印佛教文化的交流作出了较大贡献。智严与法显在乌夷国分手后,独自周游西域,到达罽宾,从佛陀先比丘学了3年禅法,后邀中天竺名僧佛陀跋陀罗同至长安弘法。东晋义熙十三年(417年),智严被邀至建康,先后居始兴寺、枳园寺,于宋元嘉四年(427年)与宝云合作,译出从西域等地带回的《普曜经》《广博严净经》《无尽意菩萨经》《法华三昧经》等佛经,共10部31卷。晚年,智严与弟子智羽、智远等泛海重回天竺,访师问贤,后陆行东归,中途逝世于罽宾,年七十八。

宝云(376~449年)与法显一同行至北天竺的弗楼沙国,然后先行回国。他在外域遍学各种梵书、梵语,天竺诸国音字诂训,无不知晓。回到长安后,拜佛陀跋陀罗为师,学习禅法,后随之南下,进入被誉为"禅师窟"的建康道场寺,协助佛陀跋陀罗、法显、智猛、求那跋陀罗等译经,自己也有《新无量寿经》《佛本行经》等单独译作以及西游传记作品。

雍州僧智猛,京兆新丰(今陕西临潼东北)人,少年出家,求知欲强。每听到外国僧人谈起释迦遗迹及佛教经典,便驰心西域产生遐想。后秦弘始六年(404年),他结合同志沙门15人,西出长安,跨河谷,入凉州(今甘肃武威),经阳关,越流沙,到达鄯善、龟兹、于阗等地后,开始攀登葱岭。在9人退还、2人身死后,智猛等5人又翻越雪山,渡过辛头河,到达罽宾国。再行经奇沙、迦毗罗卫、拘尸那加、伽耶、华氏城等地观礼佛迹,并获《大般泥洹经》《僧祇律》等梵本,于南朝宋景平二年(424年)东归。路上又有3人去世,只剩下智猛和昙纂回到凉州,译出《大般泥洹经》20卷。元嘉十四年(437年)入蜀,将西行经历写成《游行外国传》。

四、中印交流谱新篇

南北朝时期，中国佛教迅速发展，中外佛教文化的交流也更加频繁。天竺各国纷纷派遣使者来华通好，中国政府也积极发展对外联系。梁武帝于天监元年（502年）派郝骞、谢文华等80人赴中天竺舍卫国迎取佛像，又于大同（535~545年）年间派直使（官名）张氾护送扶南国使者返国，并访求名师大德以及大乘诸论、《杂华》等经。中天竺优禅尼国王子月婆首那被任命为梁朝的"总知外国使命"，并于陈文帝天嘉六年（565年）在江州兴业寺翻译了《胜天王般若经》。一方面，大批天竺、西域沙门东来中国传教，另一方面，许多中土僧人则继续往西域、天竺等地求法。

在南朝，除了由陆路东行来华，然后南下的天竺僧佛陀什、畺良耶舍、昙摩蜜多、僧伽跋摩、月婆首那等以外，从天竺经师子国、阇婆国、广州等地北上弘法的也大大增加，如求那跋摩、求那跋陀罗、求那毗地、真谛三藏、昙摩伽陀耶舍等。他们译出了《五分律》《金光明》《摄大乘论》等经、律、论170多部，有力地促进了南方佛教的发展。

由于北魏大兴佛法，到北朝弘法的天竺、西域沙门达3000多人。天竺禅师佛陀（亦称"跋陀"）于5世纪后期来到恒安（今大同市附近），孝文帝对他十分礼敬，专门修建了嵩山少林寺，供他居住传法。南天竺禅师菩提达摩从广州、建康北上传法，促进了中国禅宗的形成与发展。永平初年（508年），北天竺僧菩提流支率梵僧700人，在洛阳永平大寺译经弘教达30年之久。尤为可贵的是，他还将洛阳融觉寺中国僧人昙无最的《大乘义章》译成梵文，寄传西域，[①]完成了将中国佛教著述译成梵文的创举。此外，译经较多的天竺僧人还有勒那摩提、佛陀扇多、般若流支、那连提黎耶

---

① 据《续高僧传》卷二十三《昙无最传》。

舍等等。

南北朝时期,分别由南方和北方出发西行求法者亦络绎不绝。

刘宋永初元年(420年),幽州高僧法勇(又名昙无竭)与僧猛、昙朗等一行25人西渡流沙,经高昌、龟兹、疏勒,至葱岭。他们花了3天时间越过葱岭,接着又过雪山。悬崖壁立,无处立足。石壁上留有前人所凿插桩之孔,处处相对。法勇等每人手执4根小木桩(杙),"先拔下杙,手攀上杙,展转相代"①。经过一番苦斗,他们翻过雪山时,队伍只剩下13人。法勇等继续前行,到达罽宾,学习梵语,得梵文本《观世音受记经》。再西渡印度河,经月支国,至犍驮罗国石留寺,由佛陀多罗授具足戒。然后北行至中天竺。旅途中,又有8人为求法捐躯。法勇等5人志向不改,又渡恒河,经舍卫国至南天竺,最后由南海泛舶归宋,回到广州。法勇翻译了《观世音受记经》,并有记述其西行历程的传记。

元嘉年中(424~453年),宋文帝派游历过西域、天竺,懂得梵语梵书的高昌沙门道普率书吏10人(亦说300人)西行求经。此后,酒泉僧慧览,南齐定林上寺僧法献等亦往天竺求法。法献在于阗获北天竺乌苌国赠来的佛牙、佛舍利等,带回建康,建阁供养。

北魏神龟元年(518年),胡太后派使者宋云和崇立寺沙门惠生西行求经礼佛,并进行外交活动。惠生等从洛阳出发,经青海日月山,入吐谷浑境,取道鄯善、左末、于阗、朱驹波(叶城)、汉盘陀(塔什库尔干)等地,到达北天竺哒(昆都士)、乌苌、犍陀罗诸国,获梵本大乘经论170部,于正光二年(521年)返国,次年还洛阳。二人分别撰有《行记》《家记》,可惜均佚失。

武平六年(575年),北齐沙门宝暹、道邃等10人西行取经,经7年艰

---

① 《出三藏记集》卷十五《法勇传》。

辛,得梵本佛典260部,并将天竺僧阇那崛多请至长安译经。

南北朝时期,冀州(治所在今河北高邑西南)高僧慧叡(355~439年)以及西天竺义学大师、著名翻译家真谛(499~569年)等为中印语言文字的交流作出了重要贡献。慧叡少年出家,游方学经,从四川西南出发,翻山越岭,直至南天竺,另行开辟了一条西行求法的道路。他细心考察、刻苦钻研梵语梵文,对当时天竺各地的"音译诂训,殊方异义,无不毕晓"①。后还庐山,转至长安,从鸠摩罗什受学。罗什在译经时常与他商讨梵汉语文体裁同异等问题。南朝刘宋时,他来到建康,在乌衣寺讲经。为应谢灵运之谘问,著《十四音训叙》,条列经中梵汉音义,昭然明了。真谛不仅翻译了大量佛教经论,而且同时纂集梵文词语,撰成《翻外国语》一书。这些都对中印佛教文化的交流大有裨益。

五、踏平坎坷成大道

隋至唐代前期,中国佛教义学日臻成熟,中外佛教文化交流的通道进一步拓宽。隋代,天竺高僧如毗尼多流支、达摩笈多等相继应请入长安、洛阳译经,精通梵语的洛阳上林园翻经馆僧彦琮奉旨将《仁寿舍利瑞图经》和隋朝的《祥瑞录》由汉文译为梵文,以遂来访天竺王舍城梵僧之所求。唐初,中印交通的渠道更加通畅。据《释迦方志》所述,北方主要有三条通道:一是东道,长安—清海(今青海)—吐蕃(今西藏)—尼波罗(今尼泊尔)—中印度;二是中道,由敦煌—瞿萨咀那(今和田)沿天山南路出葱岭—昆都士南—西北印度;三是北道,由敦煌—屈支(今库车)沿天山北路—吐火罗—北印度。《新唐书·地理志》则记载了南行的两条路线:一是陆路,由云南—骠国(缅甸)—东印度;一是海路,由广州—南海诸国—

---

① 《高僧传》卷七《慧叡传》。

新加坡海峡—印度。唐代,从印度各地来华的高僧近20人,其中有中印度的波罗颇迦罗蜜多罗、法长、阿难律木叉、迦叶、那提、地婆诃罗、善无畏,北印度的佛陀波利、阿你真那、般若、牟尼室利,南印度的菩提流志、金刚智、不空,西印度的伽梵达摩、金俱吒,东印度的达摩战涅罗,等等。他们或赍经东来,译经弘化;或礼拜佛迹,沟通中西;或介绍医方草药,交流工艺技术;或充当友好使者,增进中印友谊。他们与以往来华的印度僧人一起为中国佛教各宗派的形成与发展,丰富中国佛教文化做了大量工作,作出了不可磨灭的贡献。

与印僧东来相比,唐代中国僧人赴印求法者更为踊跃,达52人之多。其中最杰出的代表是唐代高僧玄奘和义净。

玄奘(600~664年),姓陈名祎,河南缑氏(今偃师)人,13岁出家,出国前在长安、成都等地遍访名师,通晓大、小乘佛教教义,穷尽各宗各派学说,誉满京师,有佛门"千里驹"之称。在各地访师听经的过程中,他感到各种经典不尽相同,不少教理各家说法不一,特别是当时流行很广的《摄论》《地论》两家关于佛性的观点相去甚远。唐高祖武德九年(626年),印度那烂陀寺权威学者戒贤法师的弟子波顿法师携梵经多部,从海路辗转来到长安。玄奘得知深通佛教各派学说、对大乘瑜伽宗尤有研究的戒贤法师还在那烂陀寺讲学,便立志去印度访师求法,寻找总赅三乘学说的《瑜伽师地论》,进一步探究瑜伽系统的学说,会通一切,"以释众疑"。他约请了一些志同道合者,上表朝廷,申请赴印留学取经。当时,唐王朝的中央政权刚刚建立,国内形势尚未稳定,东西突厥不时入侵河西走廊一带,朝廷对西行控制得很紧,没有批准玄奘的申请。唐太宗贞观三年(629年),长安一带连遭灾荒,庄稼歉收,朝廷准许道俗四出随丰就食,玄奘乘机跟随逃荒人群离开长安,只身踏上西行求法之路。他经秦州(今甘肃天水)、兰州、到达凉州(今甘肃武威)。因没有"过所"(相当于今天的出国护照），便应凉州僧人之请，宣讲了一个多月的《涅槃》《摄论》和《般若经》，在当地及西域商旅中造成了一定影响。凉州慧威法师派弟子惠琳、道整带引玄奘溜出城去，昼伏夜行，到达瓜州（今甘肃安西）。瓜州是河西通往中亚的门户之一。玄奘刚到，不让他出关的追捕公文也随之送到。幸好两位州吏信奉佛教，将他放行。玄奘在新收西域弟子石槃陀护送下，夜渡瓠芦河，然后孤身进入被称为"八百里沙河"的莫贺延碛（古曰沙河，在今新疆哈密以南）。在沙漠中，他闯过了五座烽火台，有一次四夜五天滴水未沾，幸老马识途，方死里逃生。出了沙漠，来到西域伊吾城（今新疆哈密），入高昌国（今新疆吐鲁番），受高昌王盛情接待，讲《般若经》一个月。玄奘绝食数日，坚拒高昌王的挽留，再经阿耆尼国（今新疆焉耆），越银山，到达龟兹国（今新疆库车）。再经跋禄迦国（今新疆拜城、阿克苏一带），来到葱岭北部的凌山（今新疆乌什别迭里山口）。玄奘一行白天攀悬崖，爬冰雪，晚上宿夜冰上，高昌王派来护送的随行人员有1/3在这里被夺去了生命。出凌山再行500多里，到达素叶城（即碎叶城，今吉尔吉斯斯坦托克马克）。再行1500多里，渡妫水（也叫乌浒水，即今中亚的阿姆河），出铁门关（在今乌兹别克斯坦杰尔宾特），到达缚喝国（在今阿富汗境内）的小王舍城。玄奘在此游访一个多月，礼拜了几处佛塔以及佛堂中的佛澡罐、佛齿、佛扫帚等释迦牟尼的遗迹。接着，玄奘一行花了10天时间翻越了平均海拔5000米的大雪山——位于阿富汗和巴基斯坦之间的兴都库什山，来到迦毕试城（今阿富汗喀布尔）。又经过中亚许多小国，终于进入北印度的犍陀罗国（今巴基斯坦白沙瓦一带）。这里有许多佛寺、佛塔、雕塑佛像以及佛钵、宝台等佛教圣迹。古代印度人运用自己的聪明才智，把古希腊艺术与古印度艺术融合在一起，创造了誉满天下的犍陀罗艺术。在这里，玄奘接受了印度佛教艺术的深刻熏陶。

在北印度，玄奘游历了小乘佛教发源地之一的迦湿弥罗国（在今克什米尔境内)、磔迦国(在今印度旁遮普邦境内)等好几个国家,然后进入当时印度佛教的中心中印度,在羯若鞠阇国(今印度北方邦坎若吉)首都曲女城(勒克瑙)内的跋达罗毗河罗寺学了3个月佛经后,一一巡访了印度佛教的六大圣地:室罗伐悉底国(又名舍卫国,在今印度北方邦)当年释迦常住讲法地祇园精舍;迦毗罗卫国释迦父亲净饭王故宫以及释迦诞生地古迹;拘尸那加国(位于印度、尼泊尔交界处的卡西亚)的释迦涅槃处;波罗奈斯国(在今印度北方邦)释迦成道后初次说法的鹿野苑、伽耶城(今印度比哈尔邦加雅城)释迦成道时的菩提树;王舍城(今比哈尔邦西南拉杰吉尔)东北释迦说教50年的赛拉山。

唐贞观七年(633年),玄奘来到西行求法的主要目的地、印度佛教的最高学府、印度的文化中心那烂陀寺。这里常住僧众四千余人,连同客居者超过万人,藏有印度佛教的各种经典、婆罗门教的古老经典以及各种天文、地理、医药、技艺等方面的书籍。该寺住持戒贤法师年逾百岁,是五印度①公认的佛学权威,被称为"正法藏"②。相传3年前文殊菩萨曾托梦给他,要他3年后向来此求学的一个支那人传授佛法。他便顽强地与病魔搏斗,等待玄奘的到来。玄奘拜戒贤为师,在戒贤的悉心传授下专心致志地研习了5年。他着重学习《瑜伽师地论》,同时遍览寺内珍藏的各种佛典,研究了印度佛教各家各派的学说,还兼通了婆罗门教经典和五印度各国语言,成为地位仅次于戒贤的"三藏法师"③。接着,玄奘依次遍游了中印度、东印度、南印度、西印度的数十个国家。每

---

① 印度当时分为东、南、西、北、中五个部分,称为五天竺。玄奘在《大唐西域记》中按古印度语改称"天竺"为"印度",沿用至今。
② 意为通晓佛教全部经、律、论的人。
③ 当时那烂陀寺精通20部经论的有1000多人,精通30部的约有500人,精通50部的"三藏法师"连同玄奘共有10人。

到一地,他都要瞻仰佛教圣址,虚心向有名学者请教,阅读那里收藏的佛典及各种书籍。他还注意观察和记录各地的物理、历史、宗教、语言以及风土人情、物产、气候等,使自己成为一个学术精湛、知识渊博的佛学大师。

641年,40岁的玄奘经过前后4年的游学回到那烂陀寺,应戒贤之请主持该寺讲座,开讲大乘主要经典,并用梵文写成《会宗论》3000颂,阐明了大乘中观派与瑜伽行派两家学说可以相互融通的观点,受到戒贤等印度大德的高度评价。次年,羯若鞠阇国的戒日王在曲女城召开全印无遮大会①,与会的有五印度18国的国王,各国高僧、学者及大小乘佛教徒4000多人,其他教徒2000多人。玄奘作为"论主",发表了自己的著名论文《制恶见论》并作了演讲,从各方面驳斥了小乘佛教及其他宗派对大乘佛教的攻击。18天之内,没有一个人能够反驳。玄奘成了全印度学识最渊博的僧人,受到大小乘僧人的共同推崇,为自己也为国人赢得了极大的荣誉。

唐贞观十九年(645年),玄奘满载印度人民的友谊,带着大批经书、佛像、舍利等,从南路经葱岭、于阗,回到长安,受到朝臣、僧俗数十万人的热烈欢迎。

玄奘西行取经,获得圆满成功,取得了丰硕成果,具有重大意义。

1. 玄奘取经,前后历时17年,往返5万余里,"亲践者一百一十国,传闻者二十八国",一路上经历了无数艰难险阻,吃尽了千辛万苦。他在全面吸收国外优秀文化的同时,还向西域及印度各国宣传了中国的悠久历史和经济、政治、文化等方面的状况,介绍了唐王朝统一中国的业绩,大大增进了中国人民与西域、印度各国人民之间的了解和友谊,这是中外文化

---

① 意为没有任何限制,人人皆可参加的盛大法会。

交流史上的一次空前伟大的壮举。

2. 玄奘从印度带回佛教经典657部,利用其既精通汉语、梵语又对佛教极有研究的优势,回国后主持翻译了佛经75部1335卷,约3000多万字。翻译时分证义、证文、书字、笔受、缀文、参译、刊定、润文、梵呗等10个部门,分别把关,使译文既忠于原著,又明确流畅。那烂陀寺最盛时期的佛学精华,大都经玄奘译传中土。玄奘还将中国的《老子》和印度已失传的《大乘起信论》译成梵文,传入印度。在大量译经的基础上,玄奘及其弟子创立了中国佛教法相唯识宗。玄奘的取经和译经有力地促进了我国佛教及翻译事业的发展,丰富了中国文化的宝库,同时也为印度保存了珍贵的文化遗产。

3. 玄奘在印度深入学习和研究了印度佛教的因明学,回国后又带回一批因明学方面的著作,并进行了翻译和传述,有力地促进了中国古代哲学和逻辑学的发展。

4. 玄奘根据他在中亚、印度的见闻所写的《大唐西域记》是一部伟大的旅行记。全书以生动的语言和流畅的笔调,全面而准确地记述了他在10多年旅游生活中所经历的138个城邦、地区和国家的地形、城邑、交通、风土习俗、物产气候、文化政治等方面的情况,内容丰富,资料翔实,是研究中亚细亚、阿富汗、巴基斯坦和印度古代历史、地理的重要资料,已被译成英、法、德、俄、日等多种文字,介绍到全世界。近代考古学家曾依据该书的描写,探明、发掘了古印度的王舍城旧址、鹿野苑古刹、阿旃陀石窟、那烂陀寺遗迹等佛教文化古迹。

玄奘以自己坚忍不拔、持之以恒的刻苦努力,为古代中国与西域、印度的文化交流作出了不可磨灭的历史性贡献。

义净(635~713年),姓张,名文明,唐齐州(今山东济南)人,一说范阳(今北京城西南)人。14岁出家,15岁时便"仰法显之雅操,慕玄奘之高风"，立志西行求法。从慧智禅师受具足戒后，专攻律宗5年，后又往洛阳、长安学习《对法》《摄论》《俱舍》《唯识》等。唐高宗咸亨元年（670年），他与弘祎相约取南行海路西游。弘祎至江宁而止，义净经丹阳至扬州。次年，义净随赴龚州（今广西平南）上任的州官冯孝诠一同到达广州。同年十一月，与弟子善行在冯氏资助下，从广州乘波斯商船南行。20天后到达室利佛逝（今苏门答腊的巨港），停留半年，研习"声明"。这时善行生病回国，义净在室利佛逝国王的支持下，经古卑（末罗瑜，后改隶室利佛逝）、羯荼（吉打）等国，于673年2月在东印度的胡格里河口耽摩梨底国登陆，与来此多年的中国僧人大乘灯相会，即随之学习梵语、声闻。一年后，他俩随同商旅西进至中印度，巡礼鹫峰、鸡足山、鹿野苑、祇园精舍等佛教圣迹，又至各地访师参学，礼拜佛像，遍历30余国。在著名的那烂陀寺，他们从名师大德宝师子等留学11年，研究瑜伽、中观、因明和俱舍，兼习印度医术、声明。经多次努力，求得梵本经、律、论近400部（50余万颂）以及金刚座佛像1座，舍利300粒，于武周垂拱三年（687年）启程回国。回经室利佛逝时，义净在此停留了两年多，从事译经。为加快译经速度，他于永昌元年（689年）随商船回广州，求得助手和纸墨后即于当年返回室利佛逝。一边译经，一边抄补梵经。天授二年（691年），他派大津东行，把已译经论以及自己撰写的《南海寄归内法传》等送回祖国。又过了4年，义净与贞固、道宏等离开室利佛逝，回到洛阳，武则天亲自出迎，一时盛况空前。后在洛阳大福先寺、佛授记寺、长安西明寺、大荐福寺从事译经授徒，名噪京洛。

　　义净是玄奘之后功绩仅次于玄奘的赴印求法高僧。他与法显、玄奘并称三大求法僧，在中印文化交流史上写下了光辉的一页。

　　1. 义净在西行途中经过那烂陀寺、耽摩梨底和室利佛逝等地时即着手译经。回国后，他先在洛阳佛授记寺与于阗僧实叉难陀等合译《华严经》,以后便独自主持译事,由吐火罗的达摩末摩、中印度的拔弩、大福先寺主复礼等中外高僧担任证梵、笔受、证义、证译,成均太学助教许观等任监护,修文馆大学士李峤、兵部尚书韦嗣立等当代名流参加润文,保证了译籍的高质量。义净本人精通梵语,著有国内第一部梵文字书《梵语千字文》。他在翻译中对于梵语音义的处理特别认真,常在译文下注解说明,考核名物制度,并区分俗语、典语,校补略音,给难字注音。义净一生共译佛典 56 部、230 卷,是中国佛教四大译经家之一。

2. 义净学遍三藏,但以律学为主,译经亦主攻律部,将《根本说一切有部毗奈耶十七事》等主要律籍全部译出,并撰有《别说罪要行法》《受用三水要法》《护命放生轨仪法》等律仪论著,意图根据十七事重要节目,纠正中土僧人实践上失当之处,努力把日常重要律仪教授学生,树立新范,在京洛一带颇有影响。

3. 义净所撰《南海寄归内法传》《大唐西域求法高僧传》,不仅记载了自己的西行见闻,反映了印度及南海诸国的佛教状况,尤其是所行律仪,而且介绍了唐初至义净时的 60 余名佛僧(其中包括不少新罗人)通过南海、西藏、尼泊尔等不同道路赴印求法的事迹,为研究唐代中外交通和南亚诸国的历史提供了宝贵资料。

义净之后,其弟子慧日(680~748 年,山东东莱人)于武则天长安二年(702 年)乘船西行,经昆仑(今康道尔群岛)、佛逝(今苏门答腊)、师子(今斯里兰卡)等国到印度各地礼佛取经,接受净土法门,周游 70 余国,历时 13 年,于开元七年(719 年)携带大批经像,经北印度东归长安。唐玄宗赐予"慈愍三藏"称号。

此外,还有京兆沙门悟空、太州沙门玄照等多名唐僧,或由北路陆行,或由南海泛舶,到印度各地观佛迹,取佛经,学梵语,习技艺,促进了中印佛教文化的交流与发展。

六、佛法东渐的文化效应与启示

从1世纪前后印度佛教传入中国，到7世纪玄奘、义净西行求法归来，这是中外佛教文化交流的第一个阶段。一方面，一批批印度佛教徒为了宣传自己的信仰，传播佛教文化而越高山，渡重洋，不远万里，辗转来华，送来佛经，精心翻译，传戒授徒，广弘佛法；另一方面，一批批中国僧人渡流沙，过雪山，舍生忘死，刻意西行，去印度巡礼佛迹，参拜名师，求取经律，刻苦钻研，构成了一幅中印文化交流的壮丽图景。这是中印佛教文化交流的一个重要时期，也是中国文化第一次大规模吸收外来文化的时期。这次中外文化交流的主要特点是印僧东来，与唐僧西去交替进行，穿梭往来，文化输出方与文化受容方紧密配合，共同努力，完成了佛法东移这一具有历史意义的事业，对于世界佛教文化的发展以及中国文化的发展都产生了极其重要的影响。

第一，通过一次次中印佛教僧人的友好往来，大批梵文佛典输入中国汉藏地区，并逐步译成汉文、藏文等多种文字，有力地促进了佛教在中国的传播。一批批心热志诚的印度僧侣在中国各地译出大量佛典，同时还培养了许多精通梵文的中国译师，如鸠摩罗什门下的僧肇、僧叡、道生、道融、昙影，佛陀跋陀罗门下的智严、宝云；真谛门下的宝琼、愿禅师等。虚心求学的中国僧人以坚强的信念、顽强的意志克服了重重困难，遍访五印度各地高僧，求得大批佛典，掌握了梵文梵语，东归后组织译场，译经弘法。这样，就为中国化佛教的创立提供了理论依据和人才准备。佛教文化的传入，为中国传统文化增添了新的内容，使中国学术界出现了儒、释、道三教鼎立、三教合一的新格局。

第二，佛教哲学的输入，有力地推动了中国哲学的发展，促成了宋明理学的发育与完善。儒学等中国传统哲学比较重视社会、人生问题的研究,抽象思维水平不是很高。佛教哲学以其精深的思辨融会了老庄玄学和儒家心性论,形成了以天台、华严和禅宗为主要代表的中国化的佛教哲学,在本体论、认识论、发展观等方面对中国哲学思维的发展起了推动作用,成为中国哲学逻辑发展中的重要环节。宋明儒学中的程朱理学和陆王心学分别着重吸收了天台、华严和禅宗的有益营养,把中国哲学的思辨水平提到了一个新的高度。

佛教因明学(逻辑学)的传入,也在一定程度上弥补了中国古代逻辑学不够发达的欠缺。

第三,佛教的寺塔建造、雕塑、绘画等多种艺术也相继传入中国,与中国传统艺术相结合,开放出了更加灿烂的宗教艺术之花。

作为佛教活动中心的寺院殿堂,可以称得上是集中了建筑、雕塑、绘画、碑刻、书法等多种成果的综合艺术馆。从建于东汉的洛阳白马寺、彭城(徐州)浮屠寺到东晋长安的五重寺、庐山东林寺,从盛极一时的"南朝四百八十寺"①,到名闻天下的佛教"四大名山"②、禅宗"四大丛林"③,这一座座遍布全国的寺院,外表极为壮观,其中也珍藏着无数珍贵文物。它们大多采取汉地宫殿形式而又吸取国外建筑的精华,规模宏大,气势宏伟,雕梁画栋,富丽堂皇。从印度传入中国的佛塔,随着佛教寺院遍布黄河上下,大江南北。从世界上第一座密檐楼阁式的河南登封嵩岳寺塔,到山西五台山佛光寺后山的唐代墓塔,从江南栖霞寺石塔、山西应县木塔到北京妙应寺白塔、被誉为中世纪世界七大建筑奇迹之一的南京报恩寺琉

---

① 见唐代诗人杜牧诗。据《续高僧传》卷一五记载,梁代京师建康"钟山帝里,宝刹相临;都邑名寺,七百余所"。
② 指山西五台山、浙江普陀山、四川峨眉山、安徽九华山,分别建有显通寺、普济寺、报国寺、化城寺等数百座寺院。
③ 指镇江金山寺、扬州高旻寺、浙江天童寺、常州天宁寺。亦说为金山寺、高旻寺及四川的文殊院、金光寺。

璃塔等等，这一座座凝聚着中、印、尼各国人民智慧的精美建筑，在结构、造型、雕刻等方面达到非同凡响、炉火纯青的境地，既为我们创造、保存了精湛的技艺，又为我们提供了借鉴、消化外来文化，使它变为国中瑰宝的典范。

佛教雕塑是佛教艺术的集中体现。正因为印度佛教的传入，才有了中国敦煌千佛洞、大同云冈石窟、洛阳龙门石窟等驰名中外的艺术杰作。魏晋时期的佛教造像，大多以外来的犍陀罗稿本为依据，表现了十足的印度风味。东晋时著名雕塑家、画家戴逵对粗糙古朴的印度佛像进行了改造，并结合中国传统的髹漆工艺，把脱胎技术运用于佛教造像，创造了后世广为流传的夹纻像。敦煌莫高窟许多精美壮丽的彩塑，被日本定为特级国宝的鉴真夹纻像，都是采取了这一技术制成的。戴逵父子的艺术风格直接影响到中国美术史上著名的"四家样"——曹仲达、张僧繇、吴道子、周昉。龙门石窟的佛像大都是依照"四家样"的"模范"创造的，躯干硕长，形貌典丽，垂眸微笑，沉雅敦厚，堪称佛教雕塑艺术中国化的典型。

第四，佛经的翻译还大大推进了中国文学的发展。翻译佛经的许多体裁，如长篇故事、小说、戏剧等，都是唐代以前的中国所没有的。东晋以后，佛学渗入诗歌，表现了命意构思、意境深远的特色。晋宋之际谢灵运的"明月照积雪，朔风劲且哀"，唐代王维的"空山不见人，但闻人语响"，都是借用意境的创造表达自己心境的典型。佛教的"转读"①、"梵呗"、"唱导"②，导致了中国古代说唱文学的产生。佛教著作中有许多优美典故和精辟词语。据统计，由于佛典翻译而输入汉语的外来语和专用名词，多达35000多条；源于佛教的成语，几乎占汉语史上外来成语的90%以上。

---

① "转读"，亦叫唱经，指抑扬顿挫地咏诵佛经。
② "唱导"，在讲经说法前以宣唱开导。

第五，印度佛教的音乐、舞蹈、医药、气功等，也为中国文化增添了新的内容。三国时曹操之子、诗人曹植按照梵僧歌咏的声调，用中文创作了佛经题材的梵呗，为中国佛教音乐文学的发展迈出了第一步。许多敦煌壁画和云冈石刻中有箜篌、笛子等演奏图像，表明随着佛教东渐，印度古老的乐器箜篌、琵琶、笛子等相继传入，使中国传统音乐更为丰富、完美。印度佛教音乐与中国宫廷音乐、民间音乐熔于一炉，形成了以"悠""和""淡""静"为特色的中国梵乐，以悠远、柔和的形式表现恬淡、寂静的主题，温和、典雅，成为中国民族音乐的一部分。

东汉以后，印度舞蹈亦随佛教传入中国，在中国古舞中占有一定地位。流行于北朝的大面（"代面"）、拨头（亦称"钵头""拔头"），流行于唐代河北民间的"踏摇娘"（也称"苏中郎""苏郎中"）等舞蹈，均来源于印度舞蹈。在隋九部乐和唐十部乐中，印度舞乐占据重要地位。

在印度，僧人必须兼通医学。大批西僧来到东土，也把印度医学带进中国。据隋唐史书记载，由印度翻译过来的医书和药方有10多种。其中包括《龙树菩萨药方》4卷、《婆罗门诸仙药方》20卷、《婆罗门药方》5卷等。印度传入的胡椒、婆固脂、青黛、郁金香、天竺桂等药物，进一步丰富了中国的医药宝库。在藏语系佛教大藏经中，也存有大量医学著作，被称为医方明之学。

印度佛教徒刻苦修炼的瑜伽功，用调息静坐、禅定安神的方法控制思想活动以求强身健体，与中国的气功有相似之处。从白居易诗"中宵入定跏趺坐，女唤妻呼多不应"中，我们可以看到印度瑜伽在中国传播的痕迹。

中印佛教文化交流的动人事迹和丰硕成果告诉我们，佛教既是一种发自人们内心的宗教信仰，又是一种具有较高思维水平的文化现象。它是社会发展到一定阶段的产物，又对一定时期内的社会生活具有指导作用。封建王朝需要它辅助统治，向往光明者希望从中撷取真谛，得到慰藉。所以，佛教能吸引古今中外的无数僧俗，为之折服，为之弘传，为之奋斗，为之牺牲。

中华民族向以刻苦耐劳、勇于上进著称于世。从不惜用战争手段迎取西域高僧的苻坚，到热情邀请西方名师翻译佛经的梁武帝；从重视佛教、大力支持玄奘译经的唐太宗，到同娶唐、尼公主，沟通汉、藏、尼、印交通的松赞干布，表现了中华民族渴求先进文化的宽阔胸襟。从首开西行之路、"誓志捐身"的朱士行，到勇求经律、"委命弘法"的法显；从踏遍千山万水，攀登佛学高峰的玄奘，到悉心引进梵文，努力译经著述的义净，表现了中国人勇于克服困难的坚强意志和勇为真理献身的崇高品质。这种渴望真理、善于学习、不懈追求、一往无前的精神，正是中华民族迅速发展自己，自立于世界民族之林的重要因素之一。

第二节　佛教中心与向外传播

隋唐时期，是中国佛教的黄金时代。国家的统一，经济的繁荣，外交的发达，使南北朝时期发展起来的中国佛教趋于成熟，形成了天台宗、三论宗、法相唯识宗、华严宗、禅宗、律宗、净土宗等各个宗派而达到鼎盛。而作为佛教发源地的印度，其佛教则在8～9世纪以后逐渐衰落，至12世纪末濒于消亡。中国实际上成了世界佛教的中心。这一时期世界上最著名的佛教学者，如天台宗的智𫖮，法相唯识宗的玄奘、窥基，律宗的道宣，华严宗法藏，净土宗善导，禅宗惠能等，都是中国人。朝鲜、日本、越南等国纷纷派遣留学僧到中国学佛，许多中国僧人也应邀到国外弘传佛法。中国佛教文化在这些国家广为传播，对当地的哲学、政治、文学、艺术等各个方面产生了巨大的影响。

一、八方学僧汇聚长安

任何一个民族的文化发展,都与这个民族的政治、经济紧密联系。社会动乱,经济落后,统治者地位不稳,常常导致文化上的萎缩、封闭;政治稳定,经济发达,国力强盛,则是文化繁荣与对外交流的重要条件。

隋朝结束了魏晋南北朝以来长达360多年的分裂、战乱局面,实现了全国大统一。动乱时世中多元走向的中国文化出现了综合发展的新趋向。佛教也综合南北体系,形成了天台宗、三论宗等具有集大成特色的宗派,把中国佛教的发展推进到一个新的历史阶段。

到了唐代,中国封建帝国空前强盛,其势力扩展到东至朝鲜半岛,西北至葱岭以西的中亚,北至蒙古,南至印度支那的广大地区,成为当时世界上的第一强国。唐天子被"诸蕃君长"尊为"天可汗",成为中华民族大家庭的共主,周边各国纷纷派遣使者来唐"朝献"通好。"安史之乱"之前的唐朝,具有极大的自信心,在政治上奉行"中国既安,四夷自服"的方针,在文化上采取开明、宽容、兼收并蓄的政策,使唐代文化发展到昌盛、成熟的阶段,充满了蓬勃发展的生机,呈现出气度恢宏、史诗般壮丽的动人景象。儒、释、道并行不悖,相互吸收,加快了"三教合一"的进程。各种域外文化涌入中国,给唐文化注入了新的养料,增添了万般风采。高度发达、丰富多彩的中国文化(包括中国佛教文化)则远播东西方各国,为世界文化的发展作出了积极的贡献。

唐代的文化交流活动,遍于长安、洛阳、广州、扬州等各大都会,而以京城长安最为集中,最为繁盛。长安不仅是全国的政治中心、文化中心,而且是东西方交通的枢纽、中外文化交流的中心。专门接待外国贵宾的长安鸿胪寺接待过来自亚洲、非洲乃至欧洲等地70多个国家的使节。一个个颇具规模的使团接踵而来,造成了"万国衣冠拜冕旒"的盛大景象。

大批外国留学生、学问僧和求法僧共3万多人汇聚长安,学习包括佛教文化在内的中国文化,其中日本留学生多时可达万余名。

唐代,中国佛教已经发展到高度成熟的阶段。一些具有中国特色的佛教宗派,如华严宗、律宗、禅宗、净土宗等相继形成,与产生于隋代的天台宗、三论宗等都得到长足发展,寺院经济高度发展,宗教活动空前活跃。名冠五印、声誉卓著的唐朝高僧玄奘从印度取经归国后,在西安弘福寺、大慈恩寺广译佛经,创建了法相唯识宗,进一步提高了长安作为全国佛教中心的地位,增强了长安对于外国僧侣的吸引力。

早在隋朝,由于隋文帝大力提倡佛教,各地名僧大集京都,长安便成了地位超过洛阳的佛教首要中心。都城里共有寺院120座。隋文帝敕建的大兴善寺,殿宇崇宏,为京城之最,内住许多中外名僧。其他如禅定寺、真寂寺、净影寺等,亦聚集大批高僧。隋文帝很注意发挥外国佛教徒的作用,他委托曾在北周任职的中天竺僧人达摩般若继续主管译经,礼聘隐居于北周的北天竺僧那连提黎耶舍至大兴善寺再执译笔。隋初,新罗僧人智明、圆光、昙育、惠文等曾来华学法,新罗、高句丽、百济三国还分别派使者到中国迎取舍利,回本国建塔安放。炀帝初年,四邻各国到长安学佛之僧纷至沓来。大业三年(607年),日本摄政圣德太子派国使小野妹子等来与中国通好,并带了几十名僧人前来学佛。翌年(608年),又特选僧旻、清安、惠隐、广齐等四名学问僧入隋学习。炀帝把这些学问僧安置在鸿胪寺的四方馆,并先后召终南山悟真寺净业、玉泉寺静藏、长安大庄严寺神迥、弘福寺灵润等负责教授。新罗人玄光、安弘,高句丽人慧灌、波若等也在这里学习过。

到了唐代,全国寺院数量进一步增加。长安城里,60%的坊里都建有寺庙。其中一些大寺,如玄奘住过的慈恩寺、西明寺、弘福寺等,"穷极壮丽,土木之役愈万亿"(《旧唐书·鱼朝恩传》)。日本僧人圆仁曾这样记述:"长安城里,一个佛堂院,可敌外州大寺。"(《入唐求法巡礼行记》)寺中经殿雄伟,宝塔巍峨,环境幽雅,文物荟萃。大批高僧聚集于此,译经著述。许多僧侣"街东街西讲佛经,撞钟吹螺闹宫廷"(韩愈《华山女》),可谓盛况空前。一位来华礼偈的印度僧人衷心倾慕"万国归朝拜圣君"的盛唐气象,赞叹"汉家法度礼将深,四方取则慕华钦",表示"愿身长在中华国,生生得见五台山"。①

达到极盛境界的中国佛教,吸引了大批外国僧侣,其中又以印度、日本和朝鲜僧人为多。他们都受到唐王朝的重视与欢迎。

唐代来华梵僧,大都以译经弘法为主。唐初,由朝廷安排敕住长安大寺院从事译经的中天竺僧人有:那烂陀寺的波罗颇迦罗密多罗,于大兴善寺译出《般若灯论释》等3部38卷;阿地瞿多于大慈恩寺译出《陀罗尼集经》12卷等;地婆诃罗于弘福寺译出《大乘显识经》等18部34卷。南天竺僧达摩流支于武周长寿二年(693年)在洛阳佛授记寺译出《宝雨经》等经论53部111卷,博得武后欢喜,替他改名为菩提流志。唐中宗委任他担任主译,译出《大宝积经》120卷,完成了玄奘未竟的伟业。

被称为"开元三大士"的印僧善无畏(637~735年)、金刚智(669~741年)、不空(705~774年)都受到唐朝皇帝的礼遇。不空曾与弟子含光等37人赴师子国和印度广求密藏,返唐后奉诏入宫为玄宗灌顶,帝赐号智藏。唐代宗为不空所译的《仁王护国般若波罗蜜多经》等作序,并赐号"大广智三藏",封"肃国公"。三人卒后,分别敕谥"鸿胪卿"、"国师"(唐代宗追赐"大弘教三藏")、"大辩正广智不空三藏和尚"号。

开元二十年(732年),东印度僧达摩战涅罗到达长安,进献《医方本草》等医方药草经书,受到玄宗接见。北印度僧般若于贞元六年

---

① 巴黎藏敦煌遗书P.3644号写卷《礼五台山偈一百一十二字》。

(790年)奉诏出使北印度取经,被赐紫衣及三藏号。此外,还有不少印度僧人来华,为中国佛教文化的完善、为中印文化的沟通作出了重要贡献。

在长安的外国僧人中,日本僧侣最多。据记载,日本前后任命"遣唐使"共19次,其中6次为迎送使臣,其余13次(630~894年)主旨都是观摩摄取唐文化。"遣唐使"官一般选择通达经史、娴习文艺者担任,使团成员中有医师、阴阳师、画师、船师、玉生、史生、音乐长等,还有众多的求法僧、学问僧随行。每次总共有几百人,其中717年、733年、838年的三次人数均在550人以上。由于进入京都需经唐朝政府批准,所以求法僧和学问僧并非人人都能进入长安。据日本现存史籍记载,随遣唐史进入长安的知名日僧在40人以上。此外,还有50多人在洛阳、江浙等地游历、求学。这些日僧在中国常常一住就是一二十年,最多的达40年。其中影响较大的有:唐高宗永徽四年(653年),道昭与道严等随国使入唐,受教于慈恩寺玄奘,攻法相论,兼及《俱舍》。同年,道光入唐学律,23年后回国,为日本律宗第一传。显庆三年(658年),智通、智达入唐,从玄奘、窥基学习。道慈,于大足元年(701年)入唐,从吉藏的再传弟子元康等研习三论,游学18年。玄昉,于开元四年(716年)入唐,从法相唯识宗三祖智周学习唯识宗义,达19年。开元二十一年(733年),荣叡、普照随遣唐使来华,奉敕于洛阳大福先寺学习戒律。因日本无传戒之人,他们劝请该寺道璿律师于736年赴日,为正式传戒作准备,道璿遂成为日本律宗第二传。天宝元年(742年),留学中国已经10年的荣叡、普照邀西京僧道航、澄观,东都僧德清,高丽僧如海,日僧玄朗、玄法等同下扬州,拜谒独步江淮、名闻遐迩的律学大师鉴真,请得鉴真东渡日本传戒,为使中国律宗远播扶桑作出了重要贡献。贞元二十年(804年),最澄和空海作为"入唐请益天台法华宗还学生"①,随日本第 17 次遣唐使来到中国。最澄先在天台山随天台九祖湛然门人、修禅寺道邃及佛陇寺行满学天台教义,从天台山禅林寺翛然受牛头禅法,还从道邃受大乘菩萨戒。次年三月,又到越州(今浙江绍兴)龙兴寺,从泰岳灵岩寺的顺晓等人学习密宗。空海在日本研究密宗主要经典《大日经》时,遇到不少在本国无法解决的难题,便下决心到唐朝留学。来华后,他遍访各地高僧,后入长安青龙寺,拜不空高足、中国密宗大师惠果为师。惠果 3 次为空海举行学法、传法等仪式,向空海传授了密教的基本教义"三密加特"和胎藏界、金刚界两部密法,解决了空海思想上的难题。空海潜心研究密教经典,接受了惠果所授、由金刚智及不空传下的佛舍利、白檀诸尊佛龛以及惠果所用袈裟等,继承了惠果的衣钵,成为真言宗密教第八代阿阇梨②。空海还在中国学会了印度梵文,成为日本历史上第一个掌握梵文的学者。他广交各地饱学之士,钻研哲理、传记、碑铭,学习诗文、书法,涉猎雕塑、音乐、卜医等中国文化的各个方面。空海启程回国时,唐宪宗特赐空海菩提宝念珠一串。此珠至今仍存于日本京都,成为中日友好的历史见证。

唐代来华求学的日本留学僧,对中国佛教的发展也有所贡献。大中十二年(858 年),曾两次来华求学的日僧惠萼再次来到中国,在五台山得到观音圣像一尊。回国途中,船至普陀山触礁受阻。惠萼便奉像在山上结庐供养,后逐步兴建起普陀山寺(后改名普济寺),遂开中国佛教的四大道场之一——普陀山观音道场。

唐代,从朝鲜半岛来华游学的僧人也很多。在楚州(今江苏淮安)以北(今苏北及山东沿海一带)建有许多新罗坊、新罗院。许多僧人随玄奘

---

① 还学生:短期考察学习的学生,一般在遣唐使回国时一起回国。
② 阿阇梨意为传法师或轨范师,指教授弟子,自己又堪为其轨范,故又称导师。在密教,指通达曼荼罗及诸尊真言印契并传法授灌顶者。

等西行求法。在义净的《大唐西域求法高僧传》中，就列有 8 位新罗、高丽①僧，他们在弘传唐代佛教各宗派的过程中也作出了显著贡献。贞观二年（628 年），高句丽僧道登来到长安，从吉藏学习三论，后赴日本，于飞鸟元兴寺弘法。作为玄奘四大高足之一的神昉也是新罗人。他随玄奘受学译经，先后担任笔受、缀文，为中国的译经事业出力甚巨。玄奘另一新罗弟子圆测通达《瑜伽》《唯识》诸论，被任命为长安西明寺大德。圆测门下亦有不少新罗高僧，其中胜庄曾任长安大荐福寺大德及义净译场的证义。

中唐以后，不少新罗、高句丽僧人来华学禅。兴元元年（784 年），新罗鸡林道义禅师入唐，以西堂智藏、百丈怀海等为师，历时 37 年。814 年，新罗慧（哲）禅师入唐，投入智藏门下，学禅 25 年。821 年，新罗无染禅师入唐，于蒲州麻谷山宝彻处学禅，历时 24 年。858 年，新罗顺支（一作之）禅师来唐，承袁州仰山慧寂之法嗣。

唐代来华学习密宗的新罗僧人有明朗、惠通、明晓、慧超等。

我国佛教四大道场之一的九华山地藏菩萨道场的形成与新罗入唐求法僧亦有一段因缘。唐玄宗（712～755 年在位）时，新罗王族出身的高僧地藏来华，入池阳九子山（今安徽青阳九华山），居数十年圆寂，肉身不坏，被视为地藏菩萨显现，于是，九华山便逐步发展为中国佛教的基本道场了。

此外，在唐代来华学习的著名外国僧人中，还有越南僧人运期（会宁门下）、窥冲（明远门下）、大乘灯（玄奘门下）等。

"山川异域，风月同天。寄诸佛子，共结来缘。"一批又一批远道而来的各国佛僧来到长安，学习、掌握了大量中国佛教的教理教义、文物制度、工艺技术，充当了中国佛教的播火者，为中国佛教走向世界发挥了重要的

---

① 6 世纪后，我国史书对高句丽的另一称呼。

桥梁作用；同时，又带来各国佛教界勇于追求、精勤广学的刻苦精神，带来各具特色的本国佛教文化，帮助和促进了中国佛教的发展。

二、中国佛教远播海外

唐代繁盛、深厚的中国佛教文化，以其丰富的内容、众多的流派、强劲的力度，通过中外僧侣的友好交往而远播到日本、朝鲜、越南等地，对印度、柬埔寨、印尼、缅甸、泰国等地的佛教也有影响。

日本佛教是由中国传入的，其时间可以追溯到南北朝时期。梁武帝普通三年（522年），以制鞍为业的江南人司马达等（亦作司马达止）一族，作为掌握先进文化技术的移民经百济来到日本大和（今奈良），在高市郡坂田原修建草堂，立像拜佛。其女司马岛（号"善信尼"）、子多须奈（号"德齐"）先后出家，成为日本最早的僧尼。司马达等献给日本大臣苏我氏锤敲不坏又能随意沉浮于水的佛舍利。多须奈为用明天皇（586~588年在位）造丈六佛像。多须奈之子鞍部鸟（又叫"鸟佛师"）为推古天皇造丈六铜佛像，并成功地将高大的佛像由户外移入金堂而不损门窗，被授予日本十二阶冠位的第三阶——大仁。司马氏后裔鞍部德积还被任命为日本最早的僧官。

圣德太子（574~622年）执掌摄政大权时，于隋大业（605~617年）年间两次派小野妹子为国使，携高向玄理等4名留学生及僧旻、清安、惠隐、广齐等4名留学僧到中国学习（此8人皆为旅日汉人或其后裔），以图移植中国的封建制度和文化。后来，日僧灵云、惠云等亦相继入隋学佛。这些留学僧（生）在中国一直学习到唐初，长达二三十年。从此，日本不断派遣留学僧（生）来华。这些留学僧回国后，把中国文化（主要是佛教文化）带到日本，广为流传，对中国佛教在日本的传播乃至整个日本社会的发展产生了深刻影响。

圣德太子一生信佛隆佛。他将中国儒家礼义制度和佛教思想结合起来，制定了治理国家的"十七条宪法"，作为建立和巩固中央集权制国家的思想武器。

在645年的日本"大化革新"中，从中国留学归来的学问僧发挥了重要作用。他们仿照中国唐朝的政治、经济、文化制度，支持皇室和部分贵族进行一场全面的改革运动，不仅使日本经济迅速发展，形成了以天皇为首的中央集权国家，而且把日本佛教推进到一个新的历史阶段。高向玄理、僧旻被任命为供天皇咨询的国博士。大化元年（645年），日本颁布了兴隆佛教的诏书，任命"十师"，设置"法头"管理全国僧尼，并施地、拨款资助寺院。天武天皇（673~686年在位）诏令全国家家设置佛堂，供奉"内佛"，顶礼膜拜。从此，佛教在日本各地逐渐兴盛起来。至7世纪末，全日本已有寺院540余所。

随着一批批来中国的隋唐两代留学僧返日，以及中国僧人东渡弘化，逐渐形成了日本佛教的三论宗、法相宗、华严宗、律宗、成实宗、俱舍宗等"奈良六宗"（亦称"南都六宗"）。

三论宗 625年，在中国学过"三论"的隋嘉祥寺吉藏的弟子、高句丽僧慧灌赴日，在飞鸟元兴寺弘传"三论"，成为日本三论宗的始祖。旅日华人福亮在日本从慧灌出家，后又入唐，随吉藏学习"三论"，返日住元兴寺弘化，盛况空前。福亮的儿子智藏在日出家后，入唐进修，归住法隆寺，成为日本三论宗的第二代传人。智藏高足道慈于开元六年（718年）由唐游学返日，成为三论宗的第三代传人。他在奈良模仿长安西明寺建造的大安寺，是日本古代最壮观的寺宇。道慈的弟子善议也曾到中国求师学法，回日后居大安寺弘传三论，亦很有影响。

法相宗 660年，入唐师从玄奘的道昭、道严等携新译经论回到日本，住元兴寺，大弘唯识论，成为日本法相宗的始祖。其师弟智通、智达自唐归国后，成为日本法相宗的第二传。武周长安三年（703年），新罗僧人智凤、智鸾和智雄等入唐，从中国法相唯识宗的第三代传人智周学习，后赴日弘法，成为日本法相宗第三传。智凤的再传弟子玄昉于开元二十三年（735年）携经论章疏5000余卷以及佛像等告别恩师智周，由唐返日，在奈良兴福寺大弘所学，是为第四传。

华严宗 开元二十四年（736年），洛阳大福先寺道璿应来唐的日本学僧荣叡、普照之请，携《华严》章疏赴日，弘传华严，兼传戒律，这是华严宗在日本传播之始。后来，曾在中国随华严三祖法藏学习的新罗僧人审祥来到日本，住大安寺。740年，他应请在金钟道场开讲《华严经》，成为日本华严宗的初祖。自此，华严宗在日本得以广泛传播。

律宗 扬州大明寺高僧、律学大师鉴真（688~763年）应日僧普照、荣叡之邀，毅然决定赴日传授戒律。从天宝元年（742年）至天宝九年（750年），鉴真一行5次东渡，皆因人事纠纷、风浪险恶等种种逆缘而失败。第一次东渡因被人诬告而被没收船只和粮食。第二次航船触礁，180多人被困荒岛五天五夜，忍饥挨饿，携带物品全被大海吞没。第三次因官府阻挠而未能成行。第四次，鉴真等人于天宝七年（748年）六月从扬州出发，在常州界狼山、越州界三塔山和暑风山多次为风浪所阻。十月间再次起航，在狂风恶浪中迷失方向，随海流漂泊14日，历经无数艰险，漂至海南岛的振州（今崖县）。后取道万安洲（今广东万宁）、澄迈，渡海至雷州，再经广西藤州（今藤县）、桂林、梧州、广东端州（今肇庆）、广州、韶州（今韶关）、江西虔州（今赣县）、吉州（今吉安）、江州（今九江）以及江宁（今南京），返回扬州，历时2年多，往返10000多里。颠沛途中，日僧荣叡病故于广州；鉴真高足祥彦死于船上，为法捐躯；鉴真突发眼疾，双目失明。然而，这一切并未能动摇鉴真东渡传戒的宏愿。天宝十二年（753年）十一月，66岁高龄的鉴真应日本遣唐使的再次邀请，开始了第六次东渡。同行的有扬州白塔寺僧法进、泉州超功寺僧昙静、台州开元寺的思托等14人、藤州通善寺尼智首等3人、扬州优婆塞潘仙童、胡国人安如宝等24人。他们携带如来肉舍利3000粒，弥陀、药师、弥勒等造像，金字《华严经》《四分律》《止观法门》《西域记》等48部经律论疏，菩提子3斗，王羲之、王献之等人的书法精品50帖，阿育王塔样金铜塔1座，以及香精、药材、佛具等，从扬州出发，乘坐日本使船，取道苏州黄泗浦（今江苏张家港市）东航，一个月后到达日本九州，次年到达难波（今大阪）、奈良，受到日本朝野僧俗的盛大欢迎。日皇派特使宣读了慰劳鉴真的诏书，并请他在奈良东大寺设坛传戒。日皇、皇后、皇太子、公卿等400余人皆从受菩萨戒；80多名日本大僧在与鉴真、普照一方辩论后深深为之折服，舍弃旧戒而重受。是为日本正规授戒之始。天平宝字三年（759年），鉴真指导弟子在奈良建成唐招提寺，开设戒坛，前后为4万多人授戒。鉴真成为日本律宗的始祖，唐招提寺则成为日本律宗的本山。天皇号召全国，凡出家者，必须先入唐招提寺从鉴真大和尚学习戒律。自此，四面八方的僧尼纷纷来此学戒，络绎不绝。两年后，鉴真又在下野的药师寺、筑紫的观音寺各建戒坛一所，与东大寺戒坛合称日本三戒坛。

鉴真对于中日佛教文化交流的贡献是多方面的。首先，鉴真将大批律宗经典带到日本，首开日本正式授戒之始，是日本律宗的实际创立者。他所传的戒律，经弟子们继续传播，确立了律宗在日本佛教中的地位。"从此以来，日本律义渐渐严整，师资相传，遍于环宇。"（《唐大和上东征传》）博通三藏的鉴真及弟子还带去了完备的天台章疏，又是日本天台宗的初传者。鉴真在双目失明之后，以惊人的记忆力校正日本东大寺所藏经论，并率众开写大藏经5048卷，对日本佛教的发展起了极大的推动作用。

其次，鉴真在国内就进行过大量佛教文化艺术的创造，曾主持营造

380多所寺院，造佛像无数，积累了丰富的经验，团结、培养了一批专门技术人才。其弟子思托、如宝、法力等都是塑造佛像、建造寺塔方面的专家。鉴真师徒根据我国唐代寺院的建筑结构精心设计建造的唐招提寺，成为日本佛教艺术的样板。其中的金堂、讲堂等，经受了1200多年风雨以及近畿大地震的考验，是日本现存最古的木结构佛教建筑之一，为我们研究唐代建筑提供了极为难得的实例。

唐招提寺金堂内的卢舍那大佛坐像、药师如来像和千手观音像，尤其是思托所造的鉴真夹纻坐像，都是具有高度艺术价值的雕塑珍品。金堂的梵天像、帝释天像及四天王像等，面型、风格都与唐代塑像相似，充分反映了盛唐雕塑艺术对日本天平时代雕塑的深刻影响。这些艺术珍品，不仅为日本建筑和造像艺术的发展作出了宝贵的贡献，也是中日两国劳动人民共同合作的艺术结晶。

鉴真东渡所带的画师、佛画，把盛唐的画风传入日本。据记载，唐招提寺中原有3间壁画，有些塑像的背光上绘有唐画中常有的唐草及火焰抱珠图案。这些"唐绘"佛画中的谨严风格和写实技巧，奠定了日本人物画的技法基础。

再次，鉴真将50多帖王羲之、王献之等名家的书法真迹以及大量手抄佛经带到日本，对日本书法艺术的发展起了推动作用。据传，唐招提寺门额上的"唐招提寺"四字，就是日本孝谦女皇用其所练的二王字体写成的。

鉴真及其许多弟子都在汉学诗文方面有很深的造诣。富有文学才华的思托著有《鉴真和尚传》和《延历僧录》(已佚)等。现存淡海真人元开所著《唐大和上东征传》就是思托《鉴真和尚传》的缩写本，其中保存了鉴真东渡及当时中国南方社会的许多珍贵史料。

最后，鉴真还具有丰富的医药学知识和相当高的医疗技能。他擅长药物的识别和炮制，还搜集了许多民间验方。他把这些知识传授给日本僧人,教他们用嗅觉和味觉辨别药品,还为光明皇太后治病,取得良好疗效。鉴真的《鉴上人秘方》已收入藤原佐世所著《日本国见在书目录》,成为日本医药学的一份宝贵遗产。鉴真从中国带去的一些药方,如"诃梨勒丸方""脚气入腹方"以及"奇效丸""万病药""丰心丹"等,至今仍为日本部分地区沿用。14世纪以前,日本医道曾把鉴真奉为医术始祖,许多药袋上都贴有鉴真的像。

鉴真逝世后,许多日本友人痛哭流涕,赋诗悼念。日本图书寮兼但马守藤原刷雄在其《五言伤大和上》一诗中写道:

万里传灯照,风雪远国香。
禅光耀百亿,戒月皎千乡。
哀哉归净土,悲矣赴泉场。
寄语腾兰迹,洪慈万代光。

1963年,我国著名文化学者郭沫若为纪念鉴真逝世1200周年而亲笔赋诗:

鉴真盲目航东海,一片精诚照太清。
舍己为人传道艺,唐风洋溢奈良城。

鉴真以其不畏艰险、舍身弘道的伟大气魄,谱写了中日佛教文化交流史上的动人篇章。

除了上述三论宗、法相宗、华严宗、律宗而外,唐代传入日本的"奈良六宗"还包括成实宗和俱舍宗。《成实论》在隋代由吉藏弟子、高句丽僧慧灌传入日本,后逐渐形成宗派,作为三论宗的附宗流传着。《俱舍论》由玄奘门下的日僧道昭、智通、智达等传入日本。俱舍宗没有独立寺院,只是作为法相宗的附宗流行。

794年,日本将国都由奈良迁入仿照唐京长安而建设的平安新城,开始了日本历史上的平安时期(794~1192年)。这一时期,日本为促进宗教文化的新兴运动,继续派遣使节及留学僧人入唐求法,回国后创立了日本的天台、真言二宗。其中最澄和空海在引进中国佛教文化方面的贡献最大。

最澄(767~822年),亦称"叡山大师""根本大师""山家大师"。俗姓三津首,近江(今滋贺)人。幼年出家,游学奈良东大寺。804年入唐学法,翌年五月携所得经论疏记230余部回国,于高雄寺设灌顶台传密教,并获准设天台宗"年分度者"(按年限定出家人数),正式开创日本天台宗,后在比叡山设大乘圆顿戒坛。最澄主张"圆密一致""四宗合一",把天台、密、律、禅四宗加以融合。清和天皇(858~876年在位)追赐他"传教大师"谥号。

空海(774~835年),俗姓佐伯,是中日文化交流史上一位引人瞩目的人物。他生于赞岐县(今四国岛香川县),幼年学儒,18岁进入首都最高学府京师大学明经科,系统学习了儒家经典,打下了深厚的中国文化功底。24岁剃度出家,30岁随不空高徒惠果学习密宗2年,遵照惠果"早归本朝,流布密教,普利众生"的遗训,携带大批佛教经卷和密教法具,满载中国的丰富文化和友好情谊,回到日本。在嵯峨天皇的支持下,空海建成了高野山金刚峰寺和京都东大寺两大根本道场,创立了日本真言宗。后世称空海所传密宗为"东密"。空海著作宏富,共撰写佛教著作200多部、近500卷,其中大多用汉文写成,其代表作有《秘密曼陀罗十住心论》(简称《十住心论》)和《秘藏宝钥》,系统记述了密教真言宗的要义。《十住心论》将当时印度、中国等地流传的佛教内外各种修行解脱的精神境界分为10个阶段,认为密教处于最高地位。这是日本最早的一部哲学思想史,为中日两国的佛学交流作出了重要贡献。

在语言文字方面,空海仿照唐朝《开元文字音义》,编成日本历史上第一部汉文字典《篆隶万象名义》,将篆书、隶书对照编排并注上简明音义。他还撰有《梵字悉昙字并释文》一书,将自己在中国学会的梵文传入日本。相传日本文字中的平假名也是他以汉字为依据发明的。

在文学方面,空海不仅著有汉文诗集《性灵集》10卷,而且撰写了专门论述汉诗文的文学批评名著《文镜秘府论》6卷以及《文笔眼心钞》1卷。《文镜秘府论》不仅吸取了中国六朝至唐代的许多诗歌理论,撷取了沈约《四声谱》、崔融《新唐诗格》、王昌龄《诗格》、刘勰《文心雕龙》、皎然《诗议》等书的精华,"阅诸家格式,勘彼同异",削其重复,自成一体,是一部诗法体系极为详尽的文学批评名著,而且辑录了中国唐朝以前许多文人的诗文(包括许多逸诗、逸文),具有重要的史料价值。

空海的汉字书法更是造诣非凡。他曾随韩方明学习书法,将颜真卿、王羲之两家之长糅为一体而有所创造,形成了自己的独特风格,笔势雄浑,神韵跃动。空海是平安朝时期日本书法界的坛主,与嵯峨天皇(其书法曾受空海影响)、桔逸势(与空海同在中国留过学)并称书界"三圣"。他的墨迹《风信帖》被日本视为国宝。他的书法理论专著《执笔法》《使笔法》,对日本汉字书法有重要影响。

此外,空海还把中国的佛寺建筑、佛教雕塑、绘画、音乐等方面的成果带到日本,广为传播。在高野山金刚峰寺、京都东大寺等著名寺院中,到处都可以看到空海带回的中国佛教文化的影子。鉴于空海对传播中国文化、发展日本文化的杰出贡献,日本醍醐天皇于921年追谥他为"弘法大师"。

最澄创立的天台宗和空海创立的真言宗在平安时代十分兴旺,他们一直与唐朝保持密切联系。从开成三年(838年)至咸通七年(866年),最澄的法裔圆仁、圆珍,空海的法裔常晓、圆行、慧运、宗叡先后入唐访师求法,得到大量经书文物回国。他们与最澄、空海合称"入唐八家",对推动中日佛教文化交流、促进日本佛教的发展作出了重要贡献。圆仁根据自己的在华见闻写成的《入唐求法巡礼行记》4卷,是关于唐代中国佛教以及中日佛教关系的珍贵史料。

早在4世纪,中国佛教即传至朝鲜半岛。前秦僧顺道与阿道分别于372年、374年携佛像、经论至高句丽。高句丽兴建肖门寺、伊弗兰寺供二僧居住,这是朝鲜佛教之始。5世纪末,高句丽僧道朗在中国诸方游化,学习、弘传三论之学,名震江南。384年,胡僧摩罗难陀由东晋至百济。次年,在国都汉山建寺度僧,使百济佛法渐兴。南朝梁武帝、陈文帝分别于549年、565年派遣使节和僧人送佛经、佛舍利等至新罗,受到欢迎。

隋唐时期,大批朝鲜僧人来华留学求法。在中国出家的新罗人圆光深悟佛法,曾在苏州、长安宣讲《成实》《般若》《摄论》等,声誉卓著。回国后朝野归敬,从者甚众。高句丽人慧灌随吉藏学成后回国,再赴日本,成为日本三论宗的创立者。

玄奘的再传弟子、新罗高僧道证在唐学习,功德圆满后,携佛典及天文图等返国,著有《成唯识论纲要》等多种著作。道证弟子、新罗人太贤(一作大贤)精通唯识学,著有《成唯识论决释》等经论作品42部,在弘传法相唯识学方面作出了卓越贡献。

华严宗智俨弟子、法藏的新罗同学义湘于咸亨二年(671年)回国,奉旨在太白山(今庆尚北道)建立浮石寺,从者如云,成为东海华严始祖。唐中宗嗣圣九年(692年),法藏托其新罗弟子胜诠将自己所著《华严探玄记》《一乘教分记》等的副本带到新罗,赠给义湘。义湘闭门研读,经旬方出,"乃令十刹传教"。新罗精通《华严》的元晓所著的《起信论疏记》,也很快传到法藏手中,成为弘法教材。两国高僧在分别20多年后,相隔数千里之外仍在切磋《华严》,相互交流,实为中朝文化交流史上的一段佳话。

贞观十七年(643年),新罗僧慈藏携唐太宗所赐衣衲、彩缎,所请佛像及大藏经一部①回国,敕封大国统,位王芬寺,广为授戒,大弘律法。中国佛教律宗三派之一南山宗创始人道宣的一批新罗弟子回国后,著戒律章疏多种,亦有力地推动了律宗在朝鲜的传播。

821年,入唐学禅的新罗鸡林道义禅师回国,成为海东迦智山第一祖。839年,智藏弟子、新罗慧(哲)禅师回国,在桐里山太安寺大弘禅法。智藏另一新罗弟子洪直禅师后来成为海东实相山第一祖。845年,新罗无染禅师由唐回国,大开禅化,创圣住山派。新罗顺支禅师回国后,成了新罗沩仰宗的开山祖。

入唐学习密宗的新罗僧人明朗于贞观九年(635年)回国,创建金光寺,成为海东神印宗始祖。另一新罗人慧超幼年入唐,曾从金刚智、不空学密,又由南海出唐,经师子等国,游历五天竺,后由北路越葱岭返唐,从事译经、著述凡54年,对密宗的传播出力甚巨。中国僧人赴新罗弘传密教的有善无畏的弟子义林等人。

中国隋唐佛教对东南亚各国也有很大影响。

早在2世纪末,东汉著名学者牟子从苍梧(今广西梧州)奉母至交趾(今越南河内地区)避乱,著《理惑论》以宣扬佛教。吴五凤二年(255年),西域高僧支彊梁接与中国僧人竺道馨在交州(今越南北部)译出《法华三昧经》。6世纪末,中国禅宗三祖僧璨的弟子、乌苌(今巴基斯坦)高僧毗尼多流支由中国至越南弘佛。

唐代,中国僧人开辟了由南方至印度的西行求法之路,越南成了来往经过之地,中越佛教文化的交流更为频繁。7世纪中,唐益州僧人明远至

---

① 是为朝鲜有大藏经之始。

越南，与越南僧人结伴西行。洛阳僧人昙润、智弘，荆州僧人慧命、无行等都在西行途中于越南停留过。更有一批越南僧人，如中国益州会宁弟子运期、明远弟子窥冲、玄奘弟子大乘灯等，都深受中国佛教文化熏陶。

越南佛教的许多流派，都与中国佛教有渊源关系。据说曾得禅宗三祖、隋代高僧僧璨"心印"的毗尼多流支从中国来到越南河东省法云寺，创毗尼多流支禅派（也叫灭喜禅派）。他以后有法贤和清辨，分别以《楞伽经》《金刚经》为重，其发展轨迹与中国禅宗南宗相似。这是越南佛教的禅宗前派。婺州（今浙江金华）双林寺僧、怀海弟子无言通（？~826年），于唐元和十五年（820年）至越南北宁富东村建初寺，正式创建无言通禅派。该派承受中国禅宗惠能、怀让、道一和怀海的法统，宣传佛性无所不在以及"心、佛、众生，三无差别"等思想，保持中国禅宗的面壁禅观、现成公案和体验方法。这是越南佛教的禅宗后派，一直流传到现代，成为越南禅学的主流。越南佛教自古以来一直通行汉文佛典，这充分说明其受中国佛教的影响是多么深刻。

柬埔寨古称扶南，隋唐以后称为真腊。古扶南国盛行大乘佛教。5世纪，当佛教在中国南朝兴盛起来以后，两国之间佛教文化的交流便十分频繁了。扶南王多次派遣使者和僧人携梵本佛典、珊瑚佛像、天竺旃檀瑞像、牙塔等赠予中国南朝政府。由扶南来华的僧伽婆罗跟随在中国弘法的天竺僧人求那跋陀罗精研《方等》，后来成为梁代有名的译经大师。从天监五年（506年）至天监十七年（518年），他应梁武帝征召，在寿光殿、华林园、扶南馆等处译经，共译出《大乘十法经》《阿育王经》等10部经论，共33卷。大同五年（539年），梁武帝派直使张氾、沙门宝云往扶南迎请佛发，并请在扶南弘法的天竺僧真谛三藏携经论梵本来华。真谛在华23年，于颠沛流离之中随方译经，成果卓著，对大乘佛教在中国的传布作出了重要贡献。

唐代，中国一些取南方海行路线赴印求法的僧人，如益州成都义朗、智岸等，曾航经真腊，对中柬佛教文化交流起过促进作用。

此外，中国和印度尼西亚、缅甸、泰国的佛教关系也很密切。

南北朝时期，印尼群岛上的阇婆（即爪哇）国、诃罗单国曾派使臣携方物、国书与刘宋通好，书中充满对佛法的热忱。在阇婆国大弘佛法的印度高僧求那跋摩从广州来到建业，译出《优婆塞五戒威仪经》等。唐代，许多中国僧人，如净土高僧慧日、密宗高僧金刚智以及并州常愍、益州青城明远、益州成都会宁、交州运期、洛阳昙润、荆州道琳、襄州法朗等都到过印尼爪哇岛上的诃陵国和苏门答腊岛上的室利佛逝国。会宁于麟德中（664~665年）至诃陵国停住3年，与该国僧人若那跋陀罗共同译出《大般涅槃经》，派小僧运期送往长安。唐开元六年（718年），印僧金刚智来华传教途经阇婆国，收不空为弟子，经广州、洛阳到长安，开创了中国密宗。开元十九年（731年），不空与弟子含光、慧訔等在赴师子国途中曾在诃陵国停留。建中二年（781年），诃陵国僧辨弘携铜钹、铜瓶等礼品来到长安，求授胎藏毗卢遮那大法。这样，密教便由中国传入印度尼西亚。唐代著名译经家义净赴印求法时，往返皆在室利佛逝国停留，从事学习、整理、写作、翻译达10多年。他的许多译经以及著名旅行记《南海寄归传》都是在室利佛逝完成的。

唐代，许多中国西行求法僧还到过缅甸和泰国。据《大唐西域求法高僧传》记载，荆州的昙光律师与另一中国僧人曾经到过诃利鸡罗国（今缅甸西部阿拉干），后者携有许多经像，还在当地住持一座寺院，直至病故。792年，骠国（即今缅甸）国王遣使与唐通好，送来有关佛教的乐歌10曲（《新唐书》说有佛印、赞娑罗花等12首）。

5~7世纪间，今泰国境内建立了盘盘国、赤土国、狼牙修国、堕和罗国等国家，这些国家都流行佛教，并与中国长期保持友好关系。唐初，中国僧人义朗、义辉、道琳等在西行求法途中曾在郎迦戍（即狼牙修）停留,义辉病故于该国。唐代大乘灯禅师幼年随父母漂泊到堕和罗国,在当地出家,后随唐使郯绪回到长安,从玄奘学佛。自从5世纪以来,泰国各地常有僧人赴中国讲经弘法,中国僧人也常到泰国进行友好交往。

中国与尼泊尔的佛教关系源远流长。东晋时期,法显西行至尼,带去了中国僧众对释迦牟尼的崇敬;尼僧佛陀跋陀罗东来,成就了释迦族人在中国弘法的不灭业绩。唐代,玄奘在《大唐西域记》中介绍了加德满都繁华的寺院和丰富的佛教文化。尺尊公主与文成公主相继进藏,同嫁松赞干布,沟通了一条从长安经拉萨、加德满都到印度的"麝香—丝绸之路"①。从此一批批中国僧人如唐代的玄照、道希、玄太、玄烙、道方、玄会以及唐使李义表、王玄策等,沿此路线往返于中印之间,缔结了一条巩固中、印、尼友谊的纽带。尺尊公主进藏不仅从尼泊尔带来佛像、弥勒像等,而且带来一批善于造寺塑像的能工巧匠,把印、尼的佛教艺术引入藏区;一批尼泊尔译师进藏,翻译了许多佛经,对我国藏传佛教的发展起了促进作用。

中国与斯里兰卡的佛教交往,可以追溯到4世纪的东晋。394年,师子国（斯里兰卡的古称）王派僧人昙摩从海路送来高4尺2寸的玉佛像一尊,10年后到达晋京建康。此佛像与戴逵所造铜佛像、顾恺之所作"维摩诘"壁画并称为瓦官寺的"三绝"。此后,中国南朝的宋、齐、梁及隋唐诸朝均与师子国往来频繁。师子国经常遣使来华,赠送梵本佛典、贝叶经、牙台像等方物。东晋义熙八年（412年）,师子国律师僧伽跋弥在庐山译出《弥沙塞律抄》。刘宋元嘉（424~453年）年间,师子国比丘尼铁萨罗等

---

① 参见常霞青:《麝香之路上的西藏宗教文化》,浙江人民出版社1988年版,第202~214页。

19人先后来华,为中国尼众300余人重受尼戒。法显、义朗、明远、僧哲等许多中国僧人陆续至师子国瞻礼佛迹,弘传佛法。

综上所述,中国隋唐佛教的对外传播主要是在日本、朝鲜、越南。这三个国家比较有影响的佛教宗派差不多都与中国佛教有着密切的传承关系,受中国佛教文化的影响最大。日本佛教善于从中国佛教吸取丰富营养,同时又具有比较强烈的主体意识和创造精神。朝鲜佛教与中国佛教关系紧密,在流派、思想、组织等方面都与中国佛教十分相似。越南佛教,受到印度佛教和中国佛教的双重影响,但以中国影响为主。斯里兰卡、缅甸、泰国、柬埔寨等国的佛教属于南传佛教系统,受印度佛教影响较大,宗教信仰以佛教上座部为主,在与中国的友好交往中,也受到中国佛教文化的一些影响,但力度不大。

三、持久交往与共存互补

755~763年的"安史之乱",标志着唐王朝由极盛而走向衰退。会昌五年(845年)的"武宗灭佛",则是中国佛教走下坡路的开始。但由于历代封建统治阶级的支持以及佛教文化的固有价值等原因,10世纪以后的中国佛教,尤其是禅宗和净土宗,仍有进一步的流传和发展,中国佛教文化在与儒道调和、融合的过程中得到长期保存。中外佛教文化的交流仍在不断地进行。一方面,中国僧人继续前往印度、日本、朝鲜、师子国、尼泊尔等国,或访师求法,搜集佛典;或游历佛地,传教弘法。另一方面,这些国家的僧人也继续到中国来朝礼名山,参学研习。中外佛教在持久的相互交往中互通有无,取长补短,共同谋求处于衰颓之势中的佛教在世界范围内的振兴和繁荣。

宋代,中国佛教在遭受重创之后仍能保持一定盛况。从唐武宗灭佛(845年)到五代周世宗灭佛(955年)的100多年间,除南方损失较轻外,中国汉藏两地的佛教都遭到不同程度的破坏,中外佛教关系受到一定影响,甚至一度中断,到了宋代以后才有所恢复。

宋代各朝皇帝大都对佛教采取保护和发展的方针,积极支持中外佛教文化的交流。中国政府继续派僧人向印度求法,组织翻译梵文佛典,同时继续向日本、朝鲜、越南等地输出中国佛教文化,并在交往的过程中吸收对方的长处来补充自己。

乾德二年(964年),宋太祖派僧人继业等300人赴印求法。两年后,又派僧人行勤等157人经西域向印度求法。泉州僧智宣、沧州僧道圆等140余人先后从印度参学归来,带回许多梵本佛经、佛像和佛骨舍利等。

北宋(960~1127年)年间,约有100名印度僧人来华弘法游化,受到北宋王朝的欢迎,宋太宗先后召见印僧法天、天息灾、施护等,赐予紫衣,并于太平兴国七年(982年)建立译经院,由印僧参加,翻译存而未译的梵本佛典。天息灾(后改名法贤)译出《大乘庄严宝王经》《最上根本大乐金刚不空三昧大教王经》等经,法天译有《无量寿》《最胜佛顶陀罗尼》等,施护译有《一切如来真实摄大乘现证三昧大教王经》《一切如来金刚三业最上秘密大教王经》等。11世纪,印僧法护携许多梵本来华,于宋京传法院译出《如来不思议秘密大乘经》《大悲空智金刚大教王仪轨经》等11部、231卷。印僧日称又在这里译出《父子合集经》《大乘集菩萨学论》等8部、70卷,印僧金总持译有《大乘智印经》《文殊所说最胜名义经》等4部、17卷。这一时期传入中国的佛教经典以金刚乘密部为多。因其内容与宋代理学的伦理思想颇相抵触,故而在翻译过程中多被修改,流行期间也受到许多限制。所以,尽管来宋梵僧颇多,金刚乘密教还是未能被汉地佛教徒所接受。

此外,印僧慈贤于11世纪前后来到中国北方的契丹(辽)地区行化,被奉为国师。85岁高龄的印度那烂陀寺僧苏陀室利与弟子佛陀室利等航海来华,进入金地,瞻仰了五台山灵迹。

宋代,是中国藏传佛教形成与发展的时期。其间,印度僧侣发挥了重要作用。7世纪,佛教从印度、尼泊尔与中国内地传入西藏地区的吐蕃王朝,10世纪后半期初步形成融合佛、本二教而又具有自身特点的藏传佛教。藏传佛教的形成,与印度佛教的关系十分密切。在意希沃统治阿里地区古格王朝期间,仁钦桑布(958~1055年)等藏僧到迦湿弥罗(今克什米尔)一带学佛。此后,仁钦桑布又多次出国,先后向印度75位大师求学,掌握了梵文和显密教法,并邀请了作信铠、作莲密、佛祥静、佛护莲花密等许多印度、克什米尔佛僧进藏译经。后来,又请法护、慧护等佛教学者弘传戒法。1042年,遍学四部①三藏教典,通达各派持戒行法的印度高僧阿底峡(982~1054年)应邀进入阿里等地,梳理显密教义、戒律,规范修行次序,大力弘法传教,翻译经论,使藏传佛教的发展走上了正轨。阿底峡在西藏桑耶寺发现不少印度已经失传的佛典孤本,如《明显中观论》《华严经》等,抄寄回国。仁钦桑布、卓弥·释迦意希(994~1078年)、玛尔巴(1012~1097年)和廓·枯巴拉合称藏传佛教四大译师。他们都数次前往印度、尼泊尔等地,留学多年,师从过许多外籍佛学大师,回国后热衷于译经、弘法,使藏传佛教日趋完备。

8~9世纪以后,印度佛教的衰落趋势日见明显,至12世纪末消亡,中印佛教关系基本断绝,有少数梵僧避入藏地。

由于唐末、五代的两次灭佛及战争动乱,中国佛教遭受沉重打击而经像不全。为了弥补这一损失,中国僧人便把眼光投向保存中国佛典甚多的日本和高丽。宋建隆元年(960年),吴越王钱俶接受天台宗高僧义寂(919~987年)的建议,派遣特使携50种宝致书高丽王,求取散失之天台

---

① 指大众、上座、正量、一切有等四个部派。

教籍。高丽王于次年派僧谛观奉诸大部著述来到浙江。日本佛教界也提供了许多天台宗的重要章疏,从而使中国天台宗典据大备,呈现中兴景象。

宋代,来华参学、朝礼佛迹并敬献方物的日本及高丽僧人络绎不绝。

宋初,高丽僧谛观受高丽王派遣送天台佛典来华,亲闻天台高僧义寂授法,心悦诚服,便投入义寂门下,写成台宗名著《四教仪》。高丽高僧义通(927~988年)来华后先后师从德韶、义寂,精通天台圆顿之学。因应吴越王钱俶之子、郡守钱惟治之请,留在浙东弘教近20年,培养了知礼、遵式等天台名僧。

太平兴国八年(983年),日本名僧奝然与成算、嘉因等6人乘商船至台州,进京向太宗献礼后,又游历五台山及洛阳龙门等胜迹。宋太宗存抚甚厚,赐紫衣及"法济大师"号,并赠新印摺本藏经5000余卷。成算在洛阳太平兴国寺从中印度高僧学习悉昙梵书,嘉因受了5部秘密灌顶。两年后,奝然回国,将游宋经历写成《入宋日记》4卷(今佚)。景德元年(1004年),日本高僧寂昭等入宋,进佛像及金字《法华经》等。宋真宗赐紫衣及"圆通大师"号,并委任他为苏州僧录司。日本天台宗的寂照、绍良分别于1003年、1028年奉师命来到中国四明(今浙江宁波),拜见天台宗义学高僧知礼及其嗣席广智,请求解释关于天台宗的疑问,得到圆满答复。绍良还在广智处留学3年,回国后弘传台教。熙宁五年(1072年),日本天台名僧成寻等7人入宋游访,宋神宗赐成寻紫衣及"善慧大师"号。成寻在中国住了9年,著有《参天台五台山记》《善财童子知识》等,后卒于宋京开封开宝寺。

宋元丰八年(1085年),被封为高丽祐世僧统的名僧义天(1055~1101年)率弟子寿介等入宋求法。他们一方面从高丽带来中国已经逸失的贤首章疏,促使了贤首(华严)宗的复兴;另一方面又上表请传华严宗教义,从净源、从谏、元照、了元等名师学习天台、律、禅诸法，携佛典经书1000余卷回国，全部刊印，大弘华严、天台教法。他们还寄赠钱塘慧因寺金书三译《华严经》180卷。慧因寺专建大阁藏之，因而又叫"高丽寺"。

宋、辽大藏经刻板印行后，高丽国多次遣使相求。989年、990年，宋太宗两次应高丽成宗王所求，分别赠新印成都版大藏经一部。1022年、1083年，宋真宗、宋神宗又分别赠高丽佛典一藏。我国北方的辽国也于1063年、1099年、1107年，分别赠予高丽国《契丹藏》各一部。日本佛教界也从宋朝多次求得蜀藏、福州藏等宋版大藏经，对日本佛教的发展产生很大影响。

宋代，不少中国高僧应日僧邀请赴日弘化。淳祐六年（1246年），阳山兰溪道隆与弟子绍仁、龙江等应入宋禅僧之请赴日游化，按宋地清规创建长禅寺，弘传禅教，32年后在日圆寂，谥号"大觉禅师"。其日籍嗣法弟子有南浦绍明等24人，其中11人又入宋参学。景定元年（1260年），南禅福圣寺兀庵普宁应在日之道隆所请，东渡弘法，继道隆住建长寺，5年后返宋。1278年道隆在日圆寂后，径山无准师范门下高僧祖元与禅友觉圆、弟子一镜等应日本幕府所请，赴日主持建长寺，大振禅风，受到日本朝野僧俗一致欢迎，并为圆觉寺初祖。

宋代，中国佛教流播海外的主要是禅宗、律宗和净土宗。

宋初，高丽光宗王抄读了杭州永明寺法眼宗高僧永明延寿的《宗镜录》后，深深叹服，遣使送来金缕袈裟等礼品，并派高丽禅师智宗等36人前往吴越学法，亲承延寿印记，归国后各化一方，使中国禅宗五家之一的法眼宗在高丽盛传开来。

南宋时期，中国禅宗在日本正式得到弘传。仁安三年（1168年），日僧荣西（1141～1215年）入宋到天台山求法，带回一些佛教新章疏。文治三年（1187年）再次入宋，从天台山万年寺虚庵怀敞受传临济宗黄龙派的禅法，4年后回国，大兴禅法。在镰仓幕府的支持下，于京都建建仁寺。他撰写了《兴禅护国论》等7部、9卷，融合天台、密、禅三宗，创立了日本临济宗。荣西的再传弟子道元于南宋嘉定十六年(1223年)入宋，历访天童、径山、天台等地著名禅师，4年后回国，在永平寺开山，创立了日本曹洞宗。后来，荣西的法孙、日本临济宗的圆尔辨圆及其弟子无关普门以及无象静照、南浦绍明等也分别入宋参学，回国后分别开创东福寺、南禅寺、佛心寺、嘉元寺。道元的弟子、曹洞宗的寒山义尹以及彻通义介也都入宋访师参学，回国后分别成为大慈寺初祖、永平寺三祖。

南宋以后，中日禅僧的交往十分频繁，一批批日本禅僧来华参访，中国江南的五山十刹①成为日本众多禅僧的挂锡祖庭。日本各禅刹也仿照中国设五山十刹，各禅寺的构造、禅堂设备乃至禅僧生活亦以宋地禅寺为样板。中国禅门诗偈也在日本禅林中广为流行。在中国禅宗的有力影响下，日本禅风大盛。

宋代，中国禅宗云门宗对越南影响较大。明州(今宁波)雪窦山资圣寺著名禅师重显(980~1052年，卒谥"明觉大师"号)门下的草堂禅师从中国来到越南昇龙(今河内)开国寺，发扬师风，传《雪窦百则》，倡禅净一致，创立"雪窦明觉派"(亦称"草堂禅派")。草堂被李朝国王尊为国师，君臣多向他参学。13世纪间，越南陈太宗(1225~1258年在位，尊号"大王僧")从中国赴越传教的天封禅师及德诚禅师受学，引入临济禅法。陈朝第三代皇帝陈仁宗(1258~1308年，法号"竹林大士")笃志禅学，曾至安子山东究寺出家。登基后不久，他把朝政交给儿子陈英宗，自己周游全国讲授禅法，后于安子山建花烟寺，正式创建竹林禅派(亦称"竹林安子禅

---

① 五山十刹，指中国江南的径山、灵隐、天童、净慈、阿育王等五山以及中天竺、道场、蒋山、万寿、雪窦、江心、雪峰、双林、虎丘、国清等十刹。

派"),以弘传临济禅为主,主张佛法不离世间法,佛、僧、道相结合,是越南禅宗后派一个支流。

宋代律宗对日本影响较大。南宋律学的东传直接导致了日本律宗的复兴。庆元五年(1199年),日本律僧俊芿认为"大小律范,未尽其要,须入中华抉择所疑",于是率两位弟子入宋咨询,从四明景福寺了宏律师学习6年,又从温州广德律师学"七灭诤",并广交各地禅、教、律名僧。12年后,携所得2000多卷经律章疏返日,开创泉涌寺,被日皇及幕府奉为戒师。日本另一律僧净业两次入宋,遍访宋地律学高僧,求得宋版一切经及佛像等,回国后创建戒光寺,与泉涌寺并称日本两大律刹,为日本律宗的勃兴起了有力的推动作用。

唐宋时期传入日本的净土宗,逐渐形成了圆通念佛宗、净土宗、净土真宗、日莲宗等新的流派,在民间大众中广为流传,成为日本镰仓时代(1192~1333年)佛教流行的主色调。

赵宋一代,中国佛教仍与印度尼西亚、斯里兰卡等国保持联系。983年,中国僧人法遇去印度求法,回国时经三佛齐(即室利佛逝)国,遇印度僧人弥摩罗失黎,对方表示愿来中国译经。宋朝政府随即同意,并让再度赴印的法遇带信给三佛齐国王,以示通好。11世纪初,三佛齐国王在本国为中国皇帝兴建佛寺,还遣使来华赠送梵文佛典。宋真宗以"承天万寿"为该寺寺额,并铸钟相赠。宋时,师子国僧佛护、觉喜、觅得啰、妙德等分批携梵经、佛舍利、菩提树、画像等来华,受到宋王朝的隆重礼遇。

元代,中国藏传佛教发展很快,汉地佛教则表现出明显的衰落趋势。这一时期,由于印度佛教已经消亡,所以中外佛教文化的交流主要表现为中日、中朝等国之间的交流。

中日两国禅僧的交往在元代仍很频繁。大德三年(1299年),担任江浙释教总统的普陀山临济宗高僧一宁偕弟子仁恭等受元成宗派遣,出使日本，历任日本建长、圆觉、净智、南禅等著名禅寺长老，极受后宇多天皇及各界崇敬。一宁在镰仓、京都等地弘传禅教达18年，后在日圆寂，谥"国师"称号。其法系是日本禅宗24流派之一，出了不少高僧。其中德见、友梅、良缘、居中、友丘等都曾入元游访，参拜祖庭。此后，元代应请"东渡宗师十有余人，皆是法中狮也"①。其中明州白云寺惠日在日弘化30年，历任建长、万寿、东胜、寿福等寺住持；松江真净寺正澄历主建长、南禅等著名禅寺，推行中国禅林制度，并为开善寺初祖，卒后谥"大鉴禅师"号。此外还有楚俊、道隐、永玙等都在日本主持过许多著名禅寺，为发扬禅风出力很大，圆寂后分别被赠予"佛日焰慧禅师""佛慧禅师""慧海慈济禅师"等号。

中国禅学风范也吸引了一批批日本禅师来元参学。有时同门徒众数十人一起西渡来华。其中前往天目山师事中峰明本的人数较多，且卓有成就。如远溪祖雄，从中峰学法7年，回国后开高清寺。复庵宗已从中峰9年，回国后开创诸多禅寺，门下禅众数以千计。无隐元晦、古先印元归国后历主圣福、建长等名刹大寺。寂室元光回国后开永源寺。此外，中峰的日本弟子还有宗然、居中、玄素、觉明、圆旨、齐哲、慈均、妙谦、本净等，在日本禅林中都颇有名气。日本许多著名禅寺，都由入元游学的高僧担任住持。许多新开禅寺的创建者，都是入元归来的留学僧，如长福寺的道皎、吉祥寺的圆月、方广寺的元选、佛通寺的周及、楞严寺的祖能等等。不少日本留学僧为中日友好以及中日文化交流作出了重要贡献。元文宗曾分别赐予友梅、道皎以"宝境真空禅师"和"佛惠智鉴大师"称号。也有一些留学日僧终生留在中国，如住应天府（南京）天界寺的椿庭海寿、杭州中天竺寺藏主权中巽、南京牛头山的省吾等，为中国佛教的发展贡献心力。

---

① 师蛮：《本朝高僧传》卷二十五。

由于高丽僧人善于书写金字佛典,元世祖忽必烈于1290年,元成宗于1297年、1302年、1305年分别遣使至高丽国征写经僧,每次100人,至元都用泥金书写大藏经。高丽的佛画像也很受中国欢迎,高丽曾两次遣使赠佛画给元朝。

高丽僧人来元求法者亦络绎不绝。元延祐六年(1319年),已经成为元朝驸马的高丽王子沈王王璋入天目山向中峰明本参学,并具书杭州慧因寺,请盘谷大师讲《华严》。高丽禅僧普愚、慧勤、自超、千熙分别于1346年、1348年、1353年、1364年入元,游南北丛林,访各地名师,学业大进,回国后弘传中国禅法,备受尊崇。1392年,朝鲜李氏王朝取代王氏高丽王朝,自超因精通禅学而受到李朝太祖敬重,被奉为王师。

元代以后,中国历代政府与泰国各王朝一直保持友好交往,相互馈赠。泰国的龙涎香、沉香、檀香等不断输入中国,中国则赠铜给泰国,助其造寺。

元元贞二年(1296年),中国派使团与真腊(今柬埔寨)通好,随员周达观著《真腊风土记》一书,把上座部佛教在柬流传的情况介绍给中国。

1260年,元世祖邀请了阿尼哥等80名尼泊尔艺匠进藏,为帝师八思巴建造黄金塔。阿尼哥还进京主持梵像提举司,专管佛教铸像、绘画、雕塑等工艺,设计建造了北京妙应寺白塔以及许多寺观佛像。

14世纪,藏传佛教宁玛派的代表人物之一隆钦绕绛巴(1308~1364年)曾到不丹建立一座塔尔巴林寺,宁玛派教法从这里传授出去,形成不丹境内的宁玛派,并进而传到尼泊尔。

明清时期,中国汉地佛教虽在统治阶级的支持下继续得以流行,但总的趋势是越来越不景气。思辨性较强、理论比较严密的天台宗、华严宗日见式微,只是不立文字、主张顿悟成佛的禅宗和宣扬念佛超生的净土宗流行较广。许多禅僧倾心净土,掀起了禅净兼修的热潮。这一时期中外佛教文化的交流仍在进行,但因受明清部分统治者"闭关锁国"政策影响等,已经是高潮过后的尾声了。

明初,中国政府实行对外开放政策,积极发展对外贸易。日本足利幕府经常委派禅僧作为使节,开展中日贸易,这为中日佛教界的交往提供了方便条件。赴日明僧龙室道渊、日僧雪舟等扬、了庵桂悟、策彦周良等均曾作为日本遣明史来华,进行佛教文化的交流。1368年入明的绝海中津在中国参学8年,回国后开创了宝冠寺。雪舟等扬的绘画曾受到明宪宗的欣赏,明世宗曾以诗与策彦周良唱和。

中国僧人应请赴日的也有不少。明僧真圆、觉海、超然先后受邀来到长崎,创立了东明山兴福寺、紫山福济寺和圣寿山崇福寺,人称三唐寺。应崇福寺超然邀请,福州黄檗山高僧隐元隆琦偕弟子于1654年来到日本,1661年至京都宇治,开创黄檗山万福寺,以此为基地广传禅法,并设坛授禅门大戒,被奉为日本黄檗宗的祖师。继承该宗法席的历代禅师,从木庵至杲堂10余人,全是中国高僧。黄檗山的宗教生活,从诵经到饮食,均为中国式样。传到第十四世以后,才由日僧继任法席。中国佛教对日本佛教的深刻影响,由此可见一斑。

明清时期,由于受中国佛教的影响,朝鲜佛教也表现出儒释会通、禅净双修、教禅一致等特点。越南竹林禅派则在中国白莲宗的影响下,形成了禅、教、净相融合的越南佛教新宗派——莲宗。18世纪时,缅甸国王孟云先后向中国赠送了金塔、佛像、石长寿佛、贝叶缅字经等,清朝政府亦回赠了佛牙舍利等许多珍品。明代,中国的智光法师两次作为中国特使到尼泊尔通好。尼泊尔国王也遣使来华,以金塔、佛经、方物等答谢。

进入近代以后,中国佛教出现了一股复兴的势头。中国佛教的对外联系也在衰颓中出现一些转机。光绪十二年(1886年),金陵刻经处的创办者杨文会居士在英国伦敦认识了日本留学僧人南条文雄,后来便托他在日本搜集了中国大藏经中没有收录的中国佛教文献(特别是法相宗的章疏逸籍)280多种,择要刊印。与此同时,杨文会也在中国帮助日本编辑《续藏经》,提供注疏与典籍。这件事成为中日近代佛教交流史上的一段佳话。

与汉地佛教情况有所不同的是,藏传佛教在明清时期依然稳定发展,并不断向外传播。早在元代,藏传佛教萨迦派即传入漠北喀尔喀蒙古。16世纪后半期,格鲁派(黄教)的势力进入外蒙古,于清初迅速发展,一直达到俄国的布里亚特地区。明末清初,宁玛派建立了一些影响较大的寺院,如多吉札寺、敏珠林寺、佐钦寺等,不丹、尼泊尔的一些宁玛派僧人也慕名来到佐钦寺求学。19世纪末,藏僧甘珠尔活佛在印度创建了一座宁玛派寺院,吸引了西藏、印度、尼泊尔以及西方的一些宁玛派信徒,使宁玛派的影响延伸到比利时、希腊及法国等地。噶举派在不丹、锡金、尼泊尔等地都建有寺院,并把它的影响扩大到北美和欧洲。

四、中国佛教文化的世界性贡献

隋唐以后直到近代的中外佛教文化交流,具有两个显著特点:一是中国取代印度成为世界佛教的中心,中国佛教文化从输入为主变为输出为主,逐渐向周边的日本、朝鲜、越南等国扩散,同时也吸收这些国家的佛教文化成果,取长补短,共同发展;二是佛教与儒教、道教紧密结合,整体输出,有力地促进了中华文化圈的形成。中国佛教文化通过持久的对外交流,为世界佛教文化的发展作出了巨大的历史性贡献。

(一)中国佛教是日本、朝鲜、越南佛教各宗派的主要渊源

隋唐时期形成的、具有中国特点的中国佛教各宗派,通过各国留学僧的来华参学与中国僧人的出国弘法,在日本、朝鲜、越南等国广为传播。作为佛教大国之一的日本,从中国吸取的佛教文化最多、最完备。日本佛

教完全是由中国传入的，一直以中国为母国。唐朝有什么佛教宗派，日本便有相应宗派。奈良时期流行于日本的三论、成实、法相、俱舍、华严、律等六宗，都是原原本本从中国引进的。平安时期的"入唐八家"，其师承均在中国。日本佛教各宗的创始人及其重要传人，差不多都到中国留过学，有的就是直接东渡日本的中国高僧。律宗大师鉴真就被称为"日本律宗太祖""日本文化的恩人"。朝鲜、越南佛教的情况也大抵如此。如高句丽的三论宗名僧慧灌、道登，都曾到长安从嘉祥寺吉藏受学；被称为东海华严初祖的新罗高僧义湘，曾从长安至相寺智俨学法。其他如新罗的慈恩宗、律宗、禅宗、密宗，越南佛教的禅宗前派、禅宗后派、雪窦明觉派、竹林临济禅等，也都是由赴华留学僧或中国出国弘法僧及其弟子开创的。这些佛教宗派大多模仿中国佛教的模式，建立自己的礼仪清规、组织制度。日本佛教经典的翻译、解释以及寺院戒律等，都带有浓厚的中国色彩，这样，就使周边各国佛教宗派从其建立之始就处在一个较高的发展水平上。

（二）中国佛教文化的全面输出，直接促进了周边国家佛教文化的繁荣

中国汉文大藏经，包括唐、宋、辽等各个朝代的不同版本，曾多次传到日本、朝鲜等地。各佛教宗派的完备章疏，有力地促进了输入地佛教理论的发展。

中国佛教的寺塔建筑、雕塑、绘画等方面的高超技艺，有力地促进了输入国佛教艺术水平的提高。鉴真师徒在日本所建的唐招提寺金堂，是现存日本天平时代最大最美的建筑。鉴真带往日本的工匠中有雕塑师、玉作人，这些掌握了盛唐雕塑艺术的民间艺术家及其创造的艺术品，有力地推动了日本造像艺术的发展。鉴真弟子义静塑造的卢舍那大佛坐像，面部庄严肃穆，整体精细和谐，线条柔和洗练，样式新颖，风格别致，是盛唐雕塑艺术东传的代表作，至今仍列于日本国宝的中央。鉴真另一弟子

思托运用中国佛教干漆脱胎技术塑造的鉴真干漆夹纻造像，温和可亲，神态坚强，形神俱备，质感强烈，被日本视作超级国宝而珍藏至今。著名的奈良东大寺及寺内铜佛也是中国佛教艺术东传的象征。日本画史上先后出现的"大和法""绘物卷"，就是在鉴真所传奈良朝"唐绘"的基础上发展起来的。

鉴真所传的中国二王等人的书法精品，成为日本书家的楷模。空海等书坛"三圣"在中国书法上的卓越成就，对日本书法产生了深远影响。

汉语在日僧中广泛流行，为日本人民吸收中国文化提供了很大方便，对日本汉文字的发展也是一个推动。此外，中国佛教在天文、医药、音乐等方面的技艺，也对输入国产生过积极影响。

（三）中国佛教的传入对当地的民风习俗产生重要影响

随着中外佛教文化的广泛交流，中国的许多生活习俗也影响到周边的国家。718年，日本政府令百姓皆仿照唐服，向右开襟。这种式样后来演变为日本的和服。

源于古印度的火葬，随佛教传入中国。名僧鸠摩罗什圆寂后，即"依外国法，以火焚尸"①。日本遣唐学问僧、玄奘弟子道昭于611年回国，他圆寂后，弟子们遵其遗嘱，将他火葬于粟原。从此，日本人逐渐接受了火葬法，并得到普及。

中国茶叶在日本的流传也与佛教有关。大约在7世纪末或8世纪初，茶叶由中国传入日本，流行于佛寺和宫廷之中。815年，曾经留学唐朝的日僧都永忠向日本天皇献茶。崇爱唐文化的嵯峨天皇敕令畿内近江、丹波、播磨等地植茶，作为贡物。1108年，日僧荣西来到浙江明州（今宁波）。当时，江南各地均有茶园，饮茶成风。荣西读经之余，也对茶叶进行一些

---

① 《高僧传》卷二《鸠摩罗什传》。

研究。回国时,带去大量茶叶和茶种。相传他为镰仓幕府的将军源实朝介绍了茶叶的养生之道,并以茶叶治好了源实朝的糖尿病。源实朝建了建仁寺,聘请荣西主持。荣西在精修禅学的同时,著《吃茶养生记》2卷,介绍饮茶的益处。从此,茶叶便在日本广为流传,《吃茶养生记》便成了日本"茶道"之根本。16世纪,千利修居士从大德寺古溪和尚门下武野绍鸥处接受了珠光茶法,完成了日本茶道的创造。

日本独特的插花艺术——"花道"(亦称"华道"),也是中日佛教文化交流的成果。它最早起源于供佛插花,后来随中国佛教的东传进入日本。到了镰仓时代(1192~1333年),佛像插花演变为供人欣赏的艺术插花,并逐渐形成插花的理论——"花道",在日本普及开来。

此外,中国的烹调技术也随着佛教的传播而进入日本等国,为当地民众广泛接受。

历史跨入近代,中国佛教在急剧衰落中谋求改革与复兴,并仍以振兴世界佛教为己任,积极开展对外文化交流。金陵刻经处的杨文会居士为日本编印《续藏经》提供了几百种佛教典籍。1894年,他和英国人李提摩太将《大乘起信论》译为英文,使之流通国外。他积极支持斯里兰卡学者发起的复兴印度佛教运动,在刻经处设"祇洹精舍",教习佛典和英文、梵文,培养赴印弘法人才。杨文会的弟子、后任中国佛学会会长的太虚法师积极倡导"佛教复兴运动",率团赴日参加"东亚佛教大会",考察日本佛教,又去英、法、德、荷、比、美等国宣讲佛学,在巴黎筹组世界佛学苑,成为第一个到欧美传播佛教的中国僧人。

今天,古老的佛教早已跨洲越洋,在包括北美和欧洲的广大范围内流传。迅速发展的科学技术使世界各地的联系更加紧密,"地球村"公民们的文化交往更为便捷。经历过"文革"浩劫的中国佛教界又恢复了与国外的广泛联系。金陵刻经处的新版佛典流通海外,各国佛教团体友好往来。

1990年9月,中国航天部为香港佛教界铸造的世界最大露天铜佛——天坛大佛,巍然端坐在大屿山木鱼峰顶,与大洋彼岸的自由女神并峙耸立。这一震惊世界、光耀古今的艺术杰作,是现代科学技术与中国传统文化的圆满结合,表达了中国佛教界和中国人民盼望祖国繁荣、世界和平的美好愿望。

中国佛教界正在努力！中国佛教文化应该对世界佛教文化的复兴作出更大的贡献！

第十一章　中印佛教思想的理论基础

中国佛教文化之源在印度,中国佛教文化之根却深植于中国这块土地。中国佛教文化有许多不同于印度佛教的新特点,但其理论基础又并不离佛陀创教的基本精神。中国佛教文化是在中国这块土地上对印度佛教的继承与发展。当年,释迦牟尼悟道成佛后,就开始向大众宣说自己所证悟的宇宙人生的真理。以"四谛""五蕴""八正道""十二因缘"等为主要内容的原始佛教的根本教义,既吸引了大批人前来学佛,为印度佛教的持续发展提供了理论支持,也成为中国佛教绵延发展的重要理论基础。中国佛教各家各派的理论学说虽各有不同,但对佛教的一些最基本的原理则都是坚持的。这些原理构成了中国佛教思想最基本的理论基础,同时也成为中国佛教文化的深刻内蕴。因此,为了对中国佛教文化的形成、发展及其内涵有一个更加全面而系统的把握,我们特在这里对中印佛教思想的理论基础作一专门的介绍。

第一节　缘起与无我

佛教理论精致繁复,最基本的就是缘起论。佛教的其他各种理论学说,可谓都是在缘起论的基础上建立起来的。由缘起必然推出无我,由无我就能从根本上破除一切计较执著的意义,从而为佛教的解脱论提供最基本的理论依据。由于缘起和无我给出了佛教对宇宙人生之本质的独特理解及其对解脱的独到阐释,因此,它们是佛教区别于当时印度其他思想流派的根本性观点。

一、缘起论

缘起,亦称缘生,是梵文 Pratityasamutpada 的意译,意谓一切事物和现象都处在普遍的因果联系之中,都依一定的条件而生起。缘,指一切事物和现象所依赖的原因和条件;起,就是依条件而生起。《阿毗达磨俱舍论》卷九云:"种种缘和合已,令诸行法聚集生起,是缘起义。"①佛教的缘起论强调的是一切事物和现象的生灭变化,都毫无例外地是因缘和合的结果,即都是各种因素在一定条件下的聚合,以此来说明因果关系的普遍性和绝对性,说明一切事物和现象都没有不变的自性,没有独立自存的实体或主宰。一般认为,佛教缘起论的经典性提法是:"此有故彼有,此生故彼生;此无故彼无,此灭故彼灭。"②

缘起论是佛教全部理论的基石,也是佛教各家各派展开其理论与实践的根本依持。佛教把缘起视为世界的终极原理,认为佛陀之所以成为佛陀,就在于他证悟了缘起法的根本道理。《杂阿含经》卷十二中说:"佛告比丘,缘起法者,非我所作,亦非余人作。然彼如来出世及未出世,法界常住。彼如来自觉此法,成等正觉。为诸众生,分别演说,开发显示。"③佛教的四谛、十二因缘等,其实都是缘起论的具体展开或对缘起论的具体运用。

佛教缘起论的提出,既是释迦牟尼对当时社会上不同的宗教文化思

---

① 《大正藏》第 29 册,第 50 页下。
② 巴利语佛典《中尼迦耶》Ⅲ,63。转引自郭良鋆:《佛陀和原始佛教思想》,中国社会科学出版社 1997 年版,第 186 页。汉译佛典《杂阿含经》卷十二中表述为"此有故彼有,此起故彼起"(《大正藏》第 2 册,第 85 页上);同经卷十则也译为"此有故彼有,此生故彼生"(《大正藏》第 2 卷,第 67 页上)。
③ 《大正藏》第 2 册,第 85 页中。

潮思考的结果,也体现了佛教创教的根本宗旨——通过消除人生痛苦的原因以摆脱人生的痛苦,最终实现解脱。在释迦牟尼生活的时代,印度社会中最有影响的是正统的婆罗门思潮,同时还有各种新兴的反对婆罗门教的"沙门思潮"。它们对佛教缘起论的提出从不同的角度产生着一定的影响。而反对婆罗门教宣扬的神创说和神意决定论则是佛教以缘起为理论出发点的重要原因。

从历史上看,佛教最初是沙门思潮之一,因而它的许多基本理论和思想主张都是与婆罗门教针锋相对的。婆罗门教认为,万能的造物主"大梵天"为宇宙万物乃至人的创造者和主宰者,万物的差异及人生来的高低贵贱之不同,都是神意的安排,因而"四种姓"的差别是神圣不可改变的。婆罗门教还认为,人有不死的灵魂,可以根据现世的行为,即根据是否信奉婆罗门教并严格执行教法规定而于来世转变为不同形态,或变为神,或转生为不同种姓的人,或转生为畜生乃至下地狱。人的灵魂本质上即是"梵",通过祭祀神灵和宗教修行,可以亲证"梵我一如",从而获得解脱。由于婆罗门教认为只有部分种姓才有资格信奉宗教、礼拜神灵,因而这实际上剥夺了一部分人求得解脱的权利。佛教以缘起论来反对婆罗门教的神创论,破除四种姓说的神学基础,认为并不存在永恒绝对的神,种姓的区分也不体现神的意志,应该以人的德行而不应以人的出身来划分种姓。佛教由此而打出了种姓平等的旗号,特别是强调各个种姓在信奉佛教追求宗教解脱中的平等,为自身的兴盛发展创造了条件。

佛教的缘起论也是释迦牟尼基于对人生问题的思考而提出的基本看法。当年释迦牟尼创立佛教,就是有感于现实人生的痛苦而要致力于追求永超苦海的极乐。他最关注的就是人生问题。人生的本质是什么?人从哪里来,又向何处去?释迦牟尼在菩提树下证悟的宇宙人生真谛,就是通过分析生、老、病、死等人生现象,得出了万法缘起的结论,并通过四谛、五蕴、八正道、十二因缘等,具体说明了人生无常,一切皆苦,揭示了人生痛苦的原因以及摆脱痛苦的途径、方法和境界,从而建构了佛教特殊的人生观和世界观,既表现了原始佛教的基本特点,也体现了佛陀创教的根本精神。

随着历史的发展,佛教内部也出现了不同的学派,各派基于缘起论来展开自己的理论学说,同时又对缘起论作出了不同的发展,从而使佛教缘起论的内容日益变得丰富多彩。

佛教最早的缘起论是"业感缘起论",也就是十二因缘说。关于十二因缘,我们将在下面予以专述,这里先对"业感"作些说明。所谓"业感缘起"就是将世间的一切现象和有情众生的生死流转,都视为由众生的业因相感而缘生。业,是梵文 Karma 的意译,音译为"羯磨",泛指一切身心活动。佛教一般将业分为身、语、意三类:身业,指身体的行动;语业,也称口业,指言语;意业,指思想活动。《大毗婆沙论》中说:"三业者,谓身业、语业和意业。问此三业云何建立?为自性故,为所依故,为等起故。若自性者,应唯一业,所谓语业,语即业故;若所依者,应一切业皆名身业,以三种业皆依身故;若等起者,应一切业皆名意业,以三皆是意等起故。"①佛教认为,身、语、意三业的善恶,必然会引起相应的果报。所谓善有善报,恶有恶报,这是铁的因果律。对于业的善恶性质及其果报,《成实论》卷七中说:"业报三种,善、不善、无记;从善、不善生报,无记不生。"②意为善业必招致善报,恶业必招致恶报,无记乃非善非恶,不产生什么结果,故曰"不生"。此外,在佛教中还有将业分为表业、无表业、引业、满业等不同的说法。

---

① 《阿毗达摩大毗婆沙论》卷一百一十三,《大正藏》第 27 册,第 587 页中。
② 《大正藏》第 32 册,第 296 页下。

例如说一切有部就将三业中的意业称为"思业",认为它是人的内心世界的活动,其体性为"思",是他人看不见、听不到的,属于"无表业"[1];而将三业中的身业和语业称为"思已业",认为其体性为"色法",是他人看得见、听得见的,故属于"表业"。后来的法相唯识宗对此又有不同的看法,认为意业虽然没有外在的表现,却能于内心自我表示,故也是表业。佛教认为,"业"不但是"受身因缘",而且万物也"从业因生"。决定个人生死祸福的业称"满业"或"别报业",所得的果报称为"别报";决定人的共性和共同物质生活条件的业,称"引业"或"总报业",所得的果报称为"总报"。

由此,佛教又引出了有漏果和无漏果、正报和依报等不同的说法。漏,意为由烦恼业因而流转生死。有漏,即导致生死流转的一切法;无漏,即断除三界烦恼、超越生死轮回的一切法。佛教认为,有漏业因招致有漏果,使众生流转于六道之中;无漏业因招致无漏果,使众生得以成菩萨作佛。有漏果和无漏果又有正报和依报之分。正报是指有情众生的自体,依报是指众生所依止的国土世界。佛教以"中有、生有、本有、死有"的"四有"轮转说,来说明每一个生命自体的轮回转生;又以"极微"[2]的聚合离散,来说明众生依住的国土世界的生灭变化皆由众生共同业力所感而起。强调众生的自体及其所依住的世界,皆由业力所感而生起,从而宣扬断除惑业、超脱轮回的宗教解脱论,这就是业感缘起的基本出发点。

由于早期佛教主要关注人生和人的解脱问题,因而业感缘起也主要是通过观察和分析人的生命流程来展开,偏重于从人的心理活动和道德

---

[1] 《阿毗达摩俱舍论》卷一:"无表虽以色业为性,如有表业,而非表示令他了知,故名无表。"见《大正藏》第29册,第3页上。

[2] 极微,佛教用以指色的最小单位,是色的不可再分的元素。《俱舍论》卷十二中说:"分析诸色至一极微,故一极微为色极少。"见《大正藏》第29册,第62页上。

行为来寻找世间一切现象及有情的生死流转的根本因缘,突出业力的作用,并以一种真实可感的形式强调了为善去恶的重要性,这既非常适合于宗教对劝善的强调,也对驳斥婆罗门教的神创说并确立佛教信仰的特色,有着十分重要的意义。

部派佛教时期,缘起论有进一步的发展。其理论关注点由侧重人生哲学而扩大到了整个宇宙观,认为不仅人生现象,而且宇宙的一切现象,都是缘起的。"南方的《法聚论》,讲二十四缘,北方的《舍利弗毗昙》,讲十缘,都讲得头绪纷繁,相当芜杂"①,这些不同的观点在客观上扩大了缘起论的视域,也使缘起论的内涵有了一定的变化。一般来说,上座部佛教各派比较偏重于说"有",肯定心法与色法(精神现象和物质现象)都是实在的,例如一切有部主张"三世实有",即认为因缘而生的一切法,不仅现在实有,而且过去、未来也是实有。而大众部的各派一般都比较偏重于说"空",对现实世界持否定的态度,例如一说部主张"诸法俱名论",认为世间法、出世间法全是假名,一切法都无有实体,都是不真实的。从哲学理论上看,大众部的理论对大乘空宗的影响较大,而上座部的理论则更多地为大乘有宗所继承。

大乘空宗的缘起论主要强调万法的性空假有。它认为,万法皆因缘和合而生,本无自性,更无实体,其本性是"空",因而都是虚幻不实的假相。但虚幻不实并非"虚无"不存在,若否定因缘和合的假有,那就是"恶取空"了。因此,对于缘起法,既要看到它无自性(空),又要看到它作为假名有(假有、假施设)还是存在的,如此观缘起法之空,才符合中道义。《中论》中说:"众因缘生法,我说即是空,亦为是假名,亦是中道义。"②这种从

---

① 吕澂:《印度佛学源流略讲》,第56页。
② 《中论·观四谛品》,《大正藏》第30册,第33页中。

空、假、中三个方面来观缘起法,被认为是"中道观"。故大乘空宗也称中观学派。讲中道观,比单纯讲缘起空更进了一步,但正如吕澂先生所说:"中观思想是直接由缘起空思想发展来的。"①它克服了把缘起法视为实有或绝对空无的两种极端看法。

中观学派在缘起论方面提出的重要观点是"八不缘起"。《中论》中说:"不生亦不灭,不常亦不断,不一亦不异,不来亦不出(去)。能说是因缘,善灭诸戏论。我稽首礼佛,诸说中第一。"②中观学派认为,生灭、常断、一异、来去这四对范畴是概括一切存在的基本范畴,也是人们认识之所以成立的根据。真正的缘起论就应该是对生灭、常断、一异、来去等八个方面都无所执著,即克服八种偏见,离开八个极端,由此才能显示出缘起论的本意,从而达到对宇宙实相的认识。这就是八不缘起,亦称八不中道。中观学派的缘起理论曾对中国佛学产生过极为深刻的影响。

继中观学派而起的瑜伽行派则从"三界唯心""万法唯识"出发,提出"阿赖耶识缘起",更从思辨哲理方面进一步抽象地发展了缘起论。该派认为,既然有缘起,就不可能是绝对的空无,实际上世间万法都离不开"识",都是"识"的变现。由于其主张"境无识有",故又被称为大乘有宗。他们认为,能够变现万法的识,主要有八种,即眼识、耳识、鼻识、舌识、身识、意识、末那识、阿赖耶识,其中阿赖耶识是最根本的,它含藏着产生世界万法的各种种子。种子是产生万法的潜能,种子发生作用,显现万法,叫作"现行"。这就是说,所谓的世界万法只不过是阿赖耶识中的种子的外现,皆依阿赖耶识而缘起。种子遇缘则生起现行(显现万法),现行又会熏染种子,其后种子遇缘再生起现行,如此辗转依存,互为因果而无穷尽,

---

① 吕澂:《印度佛学源流略讲》,第105页。
② 《中论·观因缘品》,《大正藏》第30册,第1页中。

即是阿赖耶识缘起。瑜伽行派还通过种子与现行和互熏来说明众生由"识"的转变而实现解脱的途径,即把佛教修习的全部目的归结为阿赖耶识种子的转依,从而形成了阿赖耶识缘起的一大特色。后来玄奘创立的法相唯识宗主要就弘传这一系的思想。

对中国佛学影响比较大的还有如来藏缘起和真如缘起等。如来藏的"藏"是胎藏的意思,如来藏,意谓如来在胎藏中,它是佛性的别名,但更突出了"如来即在众生身内"①,是一切众生的成佛之因。它虽然在众生之中,与烦恼杂处,但它的体性却是清净的,因而也称"如来藏自性清净心"。佛性—如来藏系的思想视如来藏为世界的本源和众生解脱的根本依持。《大乘起信论》又进一步发展这种思想而提出了真如缘起论。真如,意为真实不虚,常如其性。《成唯识论》卷九曰:"真谓真实,显非虚妄;如谓如常,表无变易。谓此真实,于一切位,常如其性,故曰真如。"②真如作为如来藏、佛性的异名,更强调的是它的绝对、永恒和不变。真如不变,不变随缘。佛性—如来藏系思想通过确立一个绝对永恒的"清净心"或"佛性"来说明世界万法皆依此而缘起。这种缘起论后成为中国佛学的中心理论之一。

佛教传到中国以后,缘起论作为佛学的根本思想,在中国传统思想文化的氛围中得到了进一步的丰富和发展,并出现了许多富有中国特色的缘起理论。其中以《大乘起信论》为代表的真如缘起论以及由此而展开的法界缘起论等,成为最令人瞩目的内容。

《大乘起信论》究竟是译自梵本,还是中国佛教学者的撰述,亦即所谓《大乘起信论》的真伪问题,至今在中日学术界仍有不同看法③,但此书在南朝梁代以后就开始流传,并因其结构严谨,条理清楚,特别是与中国

---

① 《佛说无上依经》卷上,《大正藏》第 16 册,第 470 页上。
② 《大正藏》第 31 册,第 48 页上。
③ 参见高振农校释:《大乘起信论校释·序言》,中华书局 1992 年版。

哲学重心性的特色相契合而在隋唐时期广泛流行,给了中国佛教各宗各派以深刻的影响,这却是事实。从《起信论》被认为是中国人的撰述这一点,也可说明《起信论》与中国佛学的关系之密切。《大乘起信论》认为,阿赖耶识虽为宇宙万象之总根源,然究其原因,则在于其为真如与无明妄念的和合。真如是永恒绝对、自体清净、无所不在而又灵明不昧的,它既是宇宙万法之本,也是众生自心本性,因此也叫"众生心"。本来清净的真如由于忽起的无明妄念而随缘生起森罗万象。由此,真如一心而开出了二门:"心真如门"和"心生灭门"。"心真如门"是从宇宙的本体方面着眼,"心生灭门"则形象地表示了真如受无明缘动而生起宇宙万象。真如虽因无明而缘起生灭变化,但其自性却始终不变。犹如海水本自湛然,因风之缘而波涛起伏,然海水之湿性是始终不会变的。《大乘起信论》正是在对真如的"不变"和"随缘"的论述中建构了所谓的"真如缘起论"。

高振农先生在《大乘起信论校释》的序言中曾指出:"'真如缘起'说,是中国佛教特有的缘起理论。它是在印度佛教原有的'业感缘起'和'阿赖耶识缘起'等理论的基础上,吸收中国佛教思想的特点而形成的。有人甚至认为,'真如缘起'的理论,吸收了许多中国道家和儒家的思想,其中'众生心',似乎是《老子》中所谓的'道'或《易经》中所讲的'太极'。而'一心二门','有如太极生二仪的含义'(罗时宪《佛教缘起论的概述》,台湾《现代佛教学术丛刊》第五十三册)。这些说法,有它一定的道理。"①我们认为,"真如缘起论"究竟是不是"中国佛教特有的缘起理论",这个问题还可以再研究,但这里提到的此种理论与中国传统思想的相契合,则是值得重视的。正因为此,"真如缘起论"成为隋唐佛教的主要理论之一,特别是在华严宗中得到了进一步的发展。

---

① 高振农校释:《大乘起信论校释·序言》,第10页。

华严宗的基本理论是法界缘起论。它以"一真法界"为万法的本原，认为世界上一切现象都是"一真法界"随缘而生起。"一真法界"也叫"一心法界"，实即"真如佛性"，因此又叫"性起缘起"。缘起的各种现象之间，你中有我，我中有你，相即相入，圆融无碍，处于重重无尽的联系之中，因此又称"无尽缘起"。华严宗专门立四法界、六相圆融、十玄门等来说明这无尽缘起的理论。这种理论被认为是中国佛学发展的成熟形态，它包含了对现象与本体、一与多等许多问题的哲学思考。

天台宗和禅宗的理论也都受到了真如缘起论的影响，但又分别形成了各自的特色。它们的共同点是都同时融合了中观般若的思想，并将真如法性与人的心性联系起来，意在从人的心性中寻找万法缘起之本。天台宗提出"一念三千"，认为三千世间就在一念心，"若无心而已，介尔有心，即具三千"①，强调万法不是由"法性"随缘而作，而是人心中本来具足的："若从心生一切法者，此则是纵；若心一时含一切法者，此即是横。纵亦不可，横亦不可，只心是一切法，一切法是心故。"②禅宗也强调"万法尽在自心"③，"于自性中，万法皆见（现）"④。"心是一切法"和"万法尽在自心"等说法，虽然与真如缘起论的思想有一定的差别，但其与《大乘起信论》等的思路仍然有着共同之处。对此，我们将在下一章中予以细说。

当然，我们说真如缘起论在中国佛学中占有重要地位，并不排斥其他缘起论在中国也有很大影响。包括业感缘起在内的佛教各种缘起学说，都在中国得到了译介和传播。缘起论成为中国佛学各家各派名副其实的理论基础。

---

① 《摩诃止观》卷五上，《大正藏》第46册，第54页上。
② 《摩诃止观》卷五上，《大正藏》第46册，第54页上。
③ 宗宝本《坛经·般若品》。
④ 敦煌本《坛经》第20节。

二、无我说

无我说是与缘起论密切相关的佛学基本理论。它也是在同当时印度各家有关"我"的学说,特别是同婆罗门教的梵我理论进行斗争中提出来的。为了反对婆罗门教关于有万能的造物主(梵我)和不死的灵魂(神我)的说教,原始佛教从缘起论出发,特别强调了"无我说"。

"无我",是梵文 Anatman 或 Niratman 的意译,早期汉译佛典也译为"非身"或"非我"。在印度古代文化中,"我"具有多种含义,但具有宗教意味的则是用"我"来代指固有的本性,有主宰和实体的意思,也指个体的灵魂,其强调的是独立、永恒和不变等:"若法是实,是真,是常,是主,是依,性不变易,是名为我。"①佛教所说的"我"一般也分为"人我"与"法我"两种。"人我"有时又以"补特伽罗"来表示。《大毗婆沙论》卷九中说:"我有二种,一者法我,二者补特伽罗我。"②与人我、法我相对应地,无我也有"人无我"和"法无我"两类。人无我又称"人空",法无我则称"法空"。对"我"的执著,叫作"我执",也叫作"我见"。我执也可分为"人我执"(人执)和"法我执"(法执)两种。佛教将"我执"斥之为"恶见",将"无我"称之为"正见":"外道说有实我,便是恶见……我实非有,若见非我,便为正见。"③

---

① 《大般涅槃经》卷二,《大正藏》第 12 册,第 618 页下。
② 《大正藏》第 27 册,第 41 页上。
③ 《大正藏》第 27 册,第 41 页上。现代学者曾有人对佛陀的"无我说"提出过异议。郭良鋆的《佛陀和原始佛教思想》根据巴利语佛典的有关记载对此作了辨析,认为在巴利语三藏中,"我"大体上有三类使用法,其一是作为人称反身代词,其二是作为个人(包括肉体和精神)的实体存在,其三是作为超越或主宰个人的绝对实体存在或形而上学存在。"前两类使用法可以译作自己或自我(self),只有第三类使用法,既可以译作自我,也可以译作灵魂(soul)。"(第 183 页)通过对巴利语三藏中"我"的三类用法的考察,作者认为,"可以明白无误地说,佛陀的'无我说'是成立的"(第 191 页)。

佛教认为,婆罗门教的神创说(梵我)和不灭的灵魂说(神我)都是没有根据的。佛教以缘起论为理论基础,强调万法皆因缘和合而起,既处于普遍联系之中,又时刻处于生灭变化之中,故万法并无常恒坚实的主体,不存在可以称之为"我"的固定不变的实体,因而是"法无我"。不仅法无我,而且就人来说,也是由"五蕴"和合而成,别无真实之生命主体可言,故人也是"无我"。《瑜伽师地论》卷九十三云:"一切无我,无有差别,总名为空。谓补特伽罗无我,及法无我。补特伽罗无我者,谓离一切缘生行外别有实我不可得故。法无我者,谓即一切缘生诸行性,非实我,是无常故。"①

一般认为,小乘佛教比较偏重强调"人无我",认为人们比较容易将自身执著为实有,从而形成种种烦恼,并导致种种痛苦的产生。因此,提出"无我说"是为了对治"我执"。在南传佛教巴利语经典《杂尼迦耶》第23卷《罗陀集》中,罗陀问佛陀:"人们说'无我,无我',请问世尊,什么是'无我'?"佛陀回答说:"色无我,受无我。同样,想、行和识也无我。"②强调人是由色、受、想、行、识五种因素(即五蕴,详见下面"五蕴"条)和合而成,并没有不变的本性或独立的实体,五蕴之外没有一个"我"存在。但世俗的人由于不明此理而将因缘和合的人执著为实有,并因此而产生种种贪欲,造下种种惑业,从而依业受报,沦于生死轮回之中,受种种苦。《俱舍论》卷二十九说:"由我执力,诸烦恼生,三有轮回,无容解脱。"③既然我执是人生痛苦之源,是一切烦恼之因,因而以"无我"来破除对"我"的执著,就是非常必要的了。

到了部派佛教时期,不同的部派对"无我"有不同的说法,并在理论上有一定发展,出现了既讲"人无我"也讲"法无我"的思想。例如大众部的

---

① 《大正藏》第30册,第833页中。
② 《杂尼迦耶》Ⅲ,195。转引自郭良鋆:《佛陀和原始佛教思想》,第185页。
③ 《大正藏》第29册,第152页中。

一说部主张"诸法俱名论",认为一切法"皆无实体,但有假名;名即是说,意谓诸法,唯一假名,无体可得"①。被认为是由小乘空宗向大乘空宗过渡的重要佛典《成实论》,在主要讲"我空"的同时,也兼讲了"法空",认为"无我无我所,无众生无人,但是空五阴,生灭坏败相。有业有果报,作者不可得,众缘和合故,有诸法相续。以是等缘故,佛种种经中皆遮计我,是故无我"②。人和万法皆是众缘和合,相续而有,"相续故有,即是幻化",并无实在的自我,故人无我,法亦无我。

大乘佛教在此基础上,进一步强调了法无我。他们认为,万法与人一样,都是众缘在一定条件下的聚合,而人生的痛苦就在于人们把虚妄当真实,把无常当永恒,把世界万法执著为实有,从而沦于贪执之中。因而与小乘佛教的破"人我执"相比,大乘佛教更强调破"法我执",把"一切皆空"视为确立佛教世界观的基石,而"人、法无我"实际上也就成为"一切皆空"的同义语。特别是大乘空宗,从缘起性空、性空假有的角度,对"人、法皆空"作了系统的论证和发挥。

从小乘佛教的偏重"人无我"到大乘佛教的强调"人、法无我","无我说"始终是佛教坚持的区别于外道的基本理论之一,是"法印"的重要内容(请参见下面的"三法印"条)。但是,佛教一方面从缘起、无常等推出"无我",另一方面,又从业感缘起出发,主张业报轮回说,从而导致了其理论内部的悖论:"若无实我,谁能造业?谁受果耶?"③对此,原始佛教的业感缘起论的解释是,因果轮回主要是靠"业"的力量的延续,所谓"业力",其本身并非任何实体,但其影响却是不会消除的,它是众生在生死中轮回的根本动力。众生造下的一切善恶之业,都必然地引起相应的果报。到了

---

① 窥基:《异部宗轮论述记》。
② 《成实论》卷三,《大正藏》第 32 册,第 259 页上。
③ 《成唯识论》卷一,《大正藏》第 31 册,第 2 页中。

部派佛教时期，围绕着"无我"与"轮回"的问题更是展开了激烈的争论。当时，除少数派别还坚持业感缘起的理论之外，大多数派别都通过种种途径提出了变相的我或灵魂来作为轮回和解脱的主体，以解决原始佛教解脱理论上的悖论。

例如上座部的犊子部曾提出"中有"的说法，"中有"也称"中阴"，是指众生死后、转生以前的中间状态，其本质上就成为不死之灵魂的代名词。犊子部还立"补特伽罗"（"我"的别称）为轮回与解脱的主体，认为"补特伽罗非即蕴、离蕴，依蕴处界假施设名。诸行有暂住，亦有刹那灭。诸法若离补特伽罗，无从前世转至后世，依补特伽罗可说有移转"①。由于补特伽罗与五蕴和合的人身是"不即不离""不一不异"的关系，因而又被称为"不可说的补特伽罗"。这个"不可说的"补特伽罗实质上就是"我"的异名，是一种实体性的灵魂。犊子部的这种理论显然已经超出了原始佛教的"无我说"。此外，经量部的"胜义补特伽罗"、正量部的"果报识"、化地部的"穷生死蕴"等，名称虽然各异，本质上也都是一回事，都是变相的"我"。

在大乘佛教中，更发展出了肯定"常乐我净"之佛性的佛性—如来藏学说。《大般涅槃经》认为，佛性是"常恒无有变异"②的，它具有"常乐我净"四德："是故佛性常乐我净。以诸众生不能见故，无常无乐无我无净，佛性实非无常无乐无我无净。"③大乘佛教还进一步认为，常乐我净的佛性，不仅是佛的体性，是众生成佛的内在可能性，而且实际也是宇宙万法的体性，因而它又可称之为"法性"。吉藏的《大乘玄论》卷三中说："平等大道，为诸众生觉悟之性，名为佛性。义隐生死，名如来藏……为诸法体

---

① 《异部宗轮论》，《大正藏》第49册，第16页下。
② 《大正藏》第12册，第523页中。
③ 《大正藏》第12册，第523页下。

性,名为法性。妙实不二,故名为真如。"①这就是说,佛性、如来藏、真如、法性等都是一个意思,都是大乘佛学为了满足其解脱理论的需要而虚构的永恒不灭的绝对精神实体。

然而,虽然从理论上说,为了业报与解脱,必须假设或虚构出一个主体,但由于"无我说"是佛陀创教所提出的最根本的教义之一,也是标示出佛教根本特征的基本理论之一,因此,不但在整个部派佛教时期并未有哪一个派别敢于明确地提出"我"来与"无我"相对抗,而且,即使是到了大乘佛性—如来藏思想发展起来以后,"常乐我净"的如来藏、佛性实际上已经从理论表达上离开了"无我说"而趋向与外道之"神我"相似,但佛典上仍一再强调"我说如来藏,不同外道所说之我",因为佛陀是"于法无我,离一切妄想相,以种种智慧、善巧方便,或说如来藏,或说无我,以是因缘故,说如来藏不同外道所说之我","如来藏"还是被归入了佛的善巧方便说!因此,"为离外道见故,当依无我如来之藏"②,最终还是谋求与"无我说"的调和,而未敢直接公开地与"无我说"唱对台戏。

而大乘佛教的两大基本派别中观学派和瑜伽行派也都视佛性、如来藏系的思想为不了义。中观学派以"一切皆空"相标榜,以诸法性空来解释一切法,认为包括真谛、佛性等在内的一切法皆是幻化不实,他们是通过否定的方式来达到肯定,但并不从正面来肯定任何实体性的东西。瑜伽行派虽然被称为有宗,但他们根据万法唯识的道理,用"三自性"来解释一切认识现象的有无和真假,认为只有在"依他起性"上远离"遍计所执性"的谬误,体认到一切现象既无"人我",也无"法无",唯有识性,才能获得对一切现象最完备最真实的认识。这种观点用了一套十分深奥晦涩的

---

① 《大正藏》第45册,第41页下~第42页上。
② 以上引文均见《楞伽阿跋多罗宝经》卷二,《大正藏》第16册,第489页中。

概念术语来暗倡有我说,由此也可见"无我说"对印度佛教的影响之大。

但在中国,情况却很不一样。中国并没有像印度佛教的产生和发展那样的文化传统和背景,中国自古以来就盛行着人死灵魂不灭的观念,因而佛教传入中国后,它的"无我说"并不为人们重视,甚至被加以改造,而"有我论"却一直有很大的市场。东汉以来把"无我"理解为"非身",即只是对血肉之我的否定而并不否定精神之我,这便是一个很好的例证。据史籍记载,"人死精神不灭,随复受形,生时所行善恶,皆有报应"①,以及"精灵起灭,因果相寻"②等,曾成为东汉三国时期佛教的重要信条。肯定"识神"的长存不灭,堪称佛教在中国传统文化背景下形成的一大特点。从早期《理惑论》所宣扬的"佛道言人死当复更生""魂神固不灭矣,但身自朽烂耳",到东晋名僧慧远对法身的强调和对"神不灭论"的系统论证,无不反映出中国佛教思想的这一特点。

到南北朝时,涅槃佛性论更是成为当时佛学的主要思潮之一。当时佛性论的主流就是从涅槃解脱的角度把常住的佛性与"冥传不朽"的"心神""我"等直接联系在一起,以"佛性我""神识""真神""阿梨耶识自性清净心"等来表示业报轮回的主体与超凡入圣的解脱之因③,把印度佛教中的心性论与非"无我"的倾向统一到了主体自性心识上来,从而使印度佛教中的无我说与轮回解脱说这个始终未得圆满解决的悖论,在中土得到了自然的解决。当然,这种解决也经历了一个过程。

不过需要说明的是,有我论在中国佛学中占有重要地位,这是就中国佛教的心性佛性学说而言的,这并不意味着中国佛学对"无我说"作出了简单的否定。事实上,强调人人有佛性的中国佛教的心性佛性理论,与其

---

① 《后汉纪》卷十。
② 《后汉书·西域传》。
③ 参见吉藏:《大乘玄论》卷三,述诸家佛性义。

说是对佛教无我说的否定，不如说是印度佛教无我说在中国文化背景下的创造性发展。这种创造性发展坚持了佛陀"无我说"对众生平等的强调和对业报自作自受的强调，坚持了佛陀主张"无我说"破除神意而强调众生自度的根本精神。正因为中国佛学是对印度佛学基本精神的继承与发展，因而中国佛学在其理论基点上，仍然是坚持传统佛教的无我说的。也正因如此，了解"无我说"，对于把握中国佛学的主要内容和基本精神依然是至关重要的。

第二节 缘起论的展开

佛教的基本理论中又有四谛、五蕴和十二因缘等，这些实际上都是缘起论的进一步展开，或者说是佛教缘起论的具体运用，即用缘起理论来观察说明人生现象，以强调佛教倡导的人生解脱的必要性与可能性。

一、四谛

"四谛"是佛教的基本教义之一，也被认为是全部佛教教义的总纲。《中阿含经》卷七中说："若有无量善法，彼一切法皆四圣谛所摄，来入四圣谛中。谓四圣谛于一切法最为第一。"[1]据说佛陀当年悟道成佛后，在鹿野苑首次说法，说的主要就是四谛。谛，梵文为 Satya，是真理的意思。四谛，梵文为 Catursatya，即佛教所讲的四个真理，它包括苦谛、集谛、灭谛、道谛。这四谛被认为是神圣的真理，故也称"四圣谛"。佛教认为，不明此四谛，就会"长处生死轮回"中，而明白了这四谛，就能"断生死根本"，"从此岸至彼岸"。"尔时世尊便说此偈：今有四谛法，如实而不知，轮转生死

---

[1] 《大正藏》第 1 册，第 464 页中。

中,终不有解脱。如今有四谛,以觉以晓了,以断生死根,更亦不受有。"①四谛是佛教对人生和世界的现状、原因、本质以及超越世俗痛苦的方法与境界的总的论述。

1. 苦谛,梵文作 Duhkhasatya,意为世俗世间的一切,本性都是苦。广义上,苦是对社会人生及其所依住的自然世间的根本价值判断,《杂集论》卷六云:"苦谛云何？谓有情生及生所依处,即有情世间、器世间,如其次第若生,若生处,俱说名苦谛。"②而其重点则在强调人生一切皆苦,这是佛教解脱理论的根本出发点。因为人生皆苦,所以才有求取解脱的必要性。

佛教认为,人来到这个世上,从出生到老死,时时刻刻都处在各种痛苦的煎熬之中。因而佛教所说的苦,种类繁多,有二苦(起自身心的"内苦"和来自外界灾祸的"外苦")、三苦(感受苦事的"苦苦"、感受喜乐之事毁坏的"坏苦"、感受诸行无常的"行苦")、四苦(生苦、老苦、病苦、死苦)、八苦、十八苦乃至一百多种苦等不同的说法,其中最通常的说法为八苦。

所谓"八苦"是指生、老、病、死、爱别离、怨憎会、求不得和五蕴盛等八种苦。《中阿含经》卷七中说:"云何苦圣谛？谓生苦、老苦、病苦、死苦、怨憎会苦、爱别离苦、所求不得苦、略五盛阴苦。"③其中前四苦,即生、老、病、死之苦,主要从自然人生方面来分析,指出人的生理上必然经历的痛苦,生老病死是自然规律,每一个人都不可避免。具体地说：

生苦:人的出生就是苦。首先,胎儿蜷缩在母体中,不得舒展,犹如关在黑暗的地狱中,且"具受种种极不净物所逼迫"。出生时,受母体挤压,"受肢体逼切大苦",又有冷风触身,犹如刀刮,故人一来到世间,就哇哇大

---

① 《增一阿含经》卷十七,《大正藏》第 2 册,第 631 页上~中。
② 《大正藏》第 31 册,第 719 页上。
③ 《大正藏》第 1 册,第 467 页中~下。

哭，这就是肉体受苦的自然反映。随着人的意识的产生，对周围环境的不熟悉、不了解又会因恐惧而产生痛苦。懂事后因经常受到父母师长的训斥，在心理上又会产生压抑之苦。成年以后，整天又得为生存而劳累奔波，等到逐渐适应了生活，老之将至也，疾病也来了，死期也不远了，身心更是痛苦不堪。人的一生就在这样的痛苦中度过。人生的种种痛苦，都是由"生"而来，所以生苦被称为是"余苦所依者，谓有生，故老病死等众苦随逐"①。佛教的理想就是通过修行，达到"无生"，无生也就无死无灭，从而超出轮回，不再受苦。

老苦：人老时的苦。人生在世，总会衰老。人一旦衰老，就失去了生命的活力，老眼昏花，体弱貌丑，反应迟缓，行走不便，"头白齿落，盛壮日衰，身曲脚戾，体重气上，拄杖而行，肌缩皮缓，皱如麻子，诸根毁熟，颜色丑恶"②。这样，不仅生活不便，而且带来身心上的巨大痛苦。

病苦：人患病的痛苦。人的一生，总难免有疾病相随。病有两种："一者身病，二者心病。"③身病有"头痛、眼痛、耳痛、鼻痛、面痛、唇痛、齿痛、舌痛、腭痛、咽痛、风喘咳嗽、噫吐喉痹、癫痫痈瘘，经溢赤痰，壮热枯槁，痔瘘下痢"④等等。心病有"一者踊跃，二者恐怖，三者忧愁，四者愚痴"⑤等等。人不但有肉体的病痛，还有精神的创伤、心理的疾患。身、心的疾病除了带给人无穷的痛苦之外，还能带给人什么呢？

死苦：死亡的痛苦。人生无常，有生必有死，不管你生前如何，哪怕有再多的钱财，再大的权势，都难以避免一死，生命总是要走向终点，更何况

---

① 以上引文均见《杂集论》卷六，《大正藏》第31册，第719页下。
② 《大正藏》第1册，第467页下。
③ 《大般涅槃经》卷十二，《大正藏》第12册，第435页上。
④ 《大正藏》第1册，第467页下。
⑤ 《大般涅槃经》卷十二，《大正藏》第12册，第435页上。

还可能会遭遇意外的事故或灾难而中途夭折。事实上，人一来到世上，就开始面临并走向死亡。死亡的恐惧始终与人相伴，而寿尽命终之时，生离死别，更令人痛苦万分。

除了生、老、病、死之外，在日常生活中，人生之苦还表现在爱别离苦、怨憎会苦和求不得苦。这主要是从人的爱憎和欲求等方面来对人生之苦进行分析。具体地说：

爱别离苦：指人不得不与所爱的人或事相别离的苦。这里的爱别离，首先当然是指与所爱的人相别离，天下没有不散的筵席，亲朋好友，总难常相聚，相爱的人不得不生离死别，这是多么痛苦！而且不止于此，爱别离还包含着更广泛的内容，它可以指一个人同自己喜欢看、喜欢听、喜欢做的任何事情相别离。"何等名为爱别离苦？所爱之物破坏离散。"①与所爱的东西相别离，当然很痛苦。《中阿含经》卷七中说："爱别离苦者，谓众生实有内六处，爱眼处、耳鼻舌身意处，彼异分散，不得相应，别离不会，不摄不习，不和合为苦。如是外处，更乐觉想思爱，亦复如是。诸贤！众生实有六界，爱地界、水火风空识界，彼异分散，不得相应，别离不会，不摄不习，不和合为苦。"②人在主观和客观两方面都有所爱，但又不得不分离。人离开自己所喜爱的生活环境，失去青春年华、时间机遇等等，都会在心理上产生痛苦，爱别离之苦，身苦，心更苦！

怨憎会苦：与心爱的人或事物别离是苦，与怨恨憎恶的人或事物相会也是苦。《大般涅槃经》卷十二说："何等名为怨憎会苦？所不爱者而共聚集。"③《中阿含经》卷七中也说："怨憎会者，谓众生实有内六处，不爱眼处、耳鼻舌身意处，彼同会一，有摄和习，共合为苦。如是外处，更乐觉想

---

① 《大般涅槃经》卷十二，《大正藏》第12册，第435页中。
② 《大正藏》第1册，第468页上。
③ 《大正藏》第12册，第435页中。

思爱,亦复如是。诸贤! 众生实有六界,不爱地界、水火风空识界,彼同会一,有摄和习,共合为苦。"①人在主观和客观两方面都有所不爱,但又不得不相聚。人世间的事往往就是这样,你喜爱的人与事,常与你相分离,而你怨恨憎恶的人与事,却又常与你相聚。你不想做的事,不得不做,不想看的人,不得不看,不想听的事,不得不听。这是多么痛苦! 所谓"不是冤家不聚头",聚头之后苦又苦!

求不得苦:欲求得不到满足的苦。人的欲望是无止境的,而人的欲望之不能被充分满足,这又是经常性的。人生求之不得的东西十有八九,贫穷者求富贵不得,富贵者求永远富贵不得,人求青春永驻者不得,求长生不死者不得。人的心理永不满足,人的追求永不停顿,求而不得即为苦。《大般涅槃经》卷十二说:"求不得苦,复有二种。一者所希望处,求不能得;二者多役功力,不得果报。"②佛教认为,人之所以在生死中轮回而不得解脱,就在于人们的无明与贪欲,因而佛教提倡修持佛法,无贪无求,以消除惑业,出离人生苦海。

最后,五蕴盛苦。五蕴盛,也称五盛蕴、五取蕴。蕴,也作阴,积聚、类别之意。佛教认为,人是由色、受、想、行、识"五蕴"和合而成,这个五蕴的和合体,生灭变化无常,盛满各种身心痛苦,故称五蕴盛苦,意谓人生自身就是诸苦的集合体,所以《大般涅槃经》卷十二中说:"何等名为五盛阴苦? 五盛阴苦者,生苦、老苦、病苦、死苦、爱别离苦、怨憎会苦、求不得苦。"③佛教又认为,"五蕴"和合的人一旦生成,就会有一种"追求执取"的贪欲,这是人生痛苦的总根源,"五蕴"与"追求执取"相连而有诸苦,故又称"五取蕴苦"。在佛教看来,人之所以有种种痛苦,就是因为有人本身以及对人

---

① 《大正藏》第 1 册,第 468 页上。
② 《大正藏》第 12 册,第 435 页中。
③ 《大正藏》第 12 册,第 435 页中。

身的执著!

在苦、集、灭、道四谛中,苦谛是核心。正是基于对人生是苦的价值判断,佛教才进一步分析苦的原因("集"),探讨消除苦源、摆脱痛苦的途径与方法("道"),并为人们描绘了一幅永超苦海、永恒极乐的解脱境界("灭"),从而引导人们去信奉佛教,追求解脱。佛教对苦的分析,从表面看是一种消极的人生观,其中却透露出了佛教对超越相对短暂之快乐而追求绝对之永乐的向往。

2. 集谛,梵文为 Samudyasatya,旧译亦作"习谛",主要是说明人生痛苦的生起及其根源。根据佛教的理论,一切都是因缘和合,痛苦当然也有其原因,也是由各种条件聚合而成的。集,就是招聚、集合的意思,意为招聚、集合痛苦的原因。这是接着苦谛而讲的,回答痛苦是如何得以聚集的问题。《俱舍论》卷二十二中说:"最初观苦,苦即苦谛。次复观苦以谁为因,便观苦因,因即是集谛。"①那么何为人生痛苦之因呢?佛教认为,贪嗔痴等烦恼及众生造下的各种业,是招集人生之苦的根本原因。烦恼与业能集起生死轮回之苦果,故名集谛。《杂集论》卷六中说:"云何集谛?谓诸烦恼及烦恼增上所生诸业,俱说名集谛,由此集起生死苦故。"②

在佛教看来,人生之苦的根源在于"无明",即对佛法真理的愚昧无知,由于无明而执著于各种贪欲,便会生起种种烦恼,造下种种惑业,依业受报,即有轮回之苦。佛教所说的烦恼,是指扰乱身心并使之迷惑和苦恼的种种精神作用。佛经上说:"言烦恼者,恼乱身心,名为烦恼。"③烦恼有根本烦恼和随烦恼之分。根本烦恼包括贪、嗔、痴、慢、疑、恶见;随烦恼是指随从根本烦恼而起的烦恼,包括忿、恨、放逸、懈怠等,具体名数,佛教有

---

① 《大正藏》第29册,第114页上。
② 《杂集论》卷六,《大正藏》第31册,第722页中。
③ 《大乘百法明门论疏》卷上,《大正藏》第44册,第56页上。

不同的说法。各种烦恼也总称为"惑",惑与无明义相近,因为佛教认为各种烦恼都是由不明佛理而引起的,故名为惑。《百法明门论忠疏》中说:"惑谓根本及随烦恼。"①在诸烦恼中,贪、嗔、痴三种被认为是最根本的,佛教称之为"三毒"。《大乘义章》卷五本曰:"此三毒通摄三界一切烦恼。一切烦恼,能害众生,其犹毒蛇,亦如毒龙,是故就譬说名为毒。"②断除不了烦恼,当然就得不了解脱,所以说:"能生贪欲、嗔恚、愚痴,常为如斯三毒所缠,不能远离获得解脱。"③

佛教认为,众生因惑而造业,依业而在生死中轮回。佛教讲轮回,一般讲六道轮回。六道,亦称六趣,是佛教所说的根据善恶之业的不同而有的六种轮回转生的趋向,即天、人、阿修罗、畜生、饿鬼、地狱。其中的天、人、阿修罗,被称为"三善道",这是与行善业相应的三种转生趋向;而畜生、饿鬼、地狱,则被称为"三恶道",是与行恶相应的三种转生趋向。《大智度论》卷三十中说:"分别善恶,故有六道。善有上中下故,有三善道:天、人、阿修罗;恶有上中下故,地狱、畜生、饿鬼道。"④佛教中也有"五道"的说法,即在六道中减去"阿修罗",这是由于不同的派别所传经典有所不同。《大智度论》曾专门回答了这个问题:"经说有五道,云何言六道?答曰:佛去久,经流远,法传五百年后,多有别异,部部不同,或言五道,或言六道。若说五者,于佛经回文说五;若说六者,于佛经回文说六。又摩诃衍中《法华经》说有六趣众生,观诸义旨,应有六道。"⑤不论是五道还是六道,佛教所要强调的是,一切众生在获得解脱之前,都要在生死中轮回,而

---

① 转引自任继愈主编:《宗教辞典》,上海辞书出版社1981年版,第991页。
② 《大正藏》第44册,第565页上。
③ 《别译杂阿含经》卷十一,《大正藏》第2册,第449页上。
④ 《大正藏》第25册,第280页上。
⑤ 《大智度论》卷三十,《大正藏》第25册,第280页上。

轮回就是苦。

由于众生之所以受苦的根本原因就在于其因惑而造业，依业而受报，因而在佛教中，"惑"与"业"往往并称，"惑业"也就被视为是轮回果报、生死之苦的总根源。找到了原因，也就有了消除痛苦的努力的方向。佛教的全部修习，就是为了断除烦恼，超脱生死，从而灭尽痛苦，获得解脱。这就由集谛过渡到了灭谛。

3. 灭谛，梵文为 Nirodhasatya，意谓灭除烦恼与痛苦，即断灭一切惑业，消除世俗诸苦得以产生的一切原因，从而超脱生死轮回，证入无苦的解脱境界。《大乘义章》卷十八云："灭烦恼故，灭生死故，名之为灭；离众相故，大寂静故，亦名为灭。"①这是佛教的最高理想和最终目标。佛教常用涅槃解脱来表示这种最高的理想境界。

涅槃，梵文 Nirvana 的音译，意译作灭、灭度、寂灭，也有译为圆寂或无为的，意思就是对生死诸苦及其根源——诸烦恼的最彻底的断灭。《大乘起信论》中说："以无明灭故，心无有起；以无起故，境界随灭；以因缘俱灭故，心相皆尽，名得涅槃。"②涅槃是佛教所描绘的一种排除了一切主观感受和外在事物的干扰而达到的超时空、超经验、超苦乐、超越世俗世界的永恒寂静的安乐境界。《中阿含经》卷七中说："若有不爱妻子、奴婢、给使、眷属、田地、屋宅、店肆、出息财物，不为所作业，彼若解脱，不染不著，断舍吐尽无欲灭止没者，是名苦灭。"③就是说，如果根除一切贪欲，六根清净，不染不著，不爱妻子和财产，达到无欲无念，就不会产生苦恼，就能断灭生死因果，超脱轮回，不再受苦。因此，灭谛不仅告诉人们应当怎样去认识人生的真谛，而且告诉人们应当怎样修行才能达到不染、不著的涅槃

---

① 《大正藏》第 44 册，第 814 页中。
② 高振农校释：《大乘起信论校释》，第 83 页。
③ 《大正藏》第 1 册，第 468 页下。

境界。

涅槃是佛教修行所要达到的最高解脱境界。但这种解脱境界究竟如何？佛教中却有不同的描绘和解说。在佛教中，涅槃通常分"有余涅槃"和"无余涅槃"两种。

有余涅槃也称"有余依涅槃"，是指断除贪欲，灭尽烦恼，已消除了生死之因，但作为前世惑业果报的肉身还存在，思想意识活动也还存在，实际上是说现实的人还留住在世间。由于这种涅槃生死之因已尽，但还生死之果待尽，因而这种涅槃是不彻底的，故名有余涅槃。无余涅槃则与有余涅槃相对，是说不仅灭除了生死之因，而且也灭尽了生死之果，即作为前世惑业果报的肉身不存在了，思想意识也没有了，达到了一种灰身灭智，永不受生，再无生死流转的境界。由于这种涅槃生死之因果都尽，因而是彻底的，故名无余涅槃。《大智度论》卷三十一说："有涅槃，是第一宝、无上法。是有二种：一者有余涅槃，二者无余涅槃。爱等诸烦恼断，是名有余涅槃；圣人今世所受'五众'（即五蕴）尽，更不复受，是名无余涅槃。"[1]

在佛教的发展过程中，大小乘佛教对涅槃也有不同的具体解释。据《肇论·涅槃无名论》，小乘佛教将人生视为苦海，以"灰身灭智，捐形绝虑"为"涅槃"，"其犹灯尽火灭，膏明俱竭"，因而涅槃实际上就成为彻底死亡的代名词。被认为是小乘向大乘过渡之作的《阿毗达磨俱舍论》则突出了涅槃的超脱生死，认为"涅槃是出离一切生死法，故名解脱"[2]。后来的大乘佛教更是把涅槃视为成佛的标志，一旦证得涅槃，就解脱成佛了。

但大乘佛教对涅槃的具体解释也各不相同。中观般若学以非有非无

---

[1] 《大正藏》第25册，第288页下。
[2] 《阿毗达磨俱舍论》卷十三，《大正藏》第29册，第252页中。

的宇宙实相为涅槃,认为"诸法实相即是涅槃"①。由于实相即是因缘所生法的"空性",因而通过实相,涅槃与"生死"世间也就统一了起来。《中论》曾反复强调涅槃与世间的无有分别:"涅槃与世间,无有少分别;世间与涅槃,亦无少分别。五阴相续往来因缘故,说名世间;五阴性毕竟空、无受、寂灭……以一切法不生不灭故,世间与涅槃无有分别,涅槃与世间亦无分别。"②据此,中观学派反对脱离世间去追求超世间的涅槃,而是强调涅槃在世间就可以实现。这种"不坏假名而说实相""不坏世法而入涅槃",以及"世间与涅槃不二"等思想为后来佛教沟通世间法和出世间法提供了契机,中国化的佛学也正是沿此思路而一步步走向了现实社会和人生。另外,以《大般涅槃经》等为代表的佛性—如来藏系的思想,则把涅槃说成是具有"常""乐""我""净"四德,将证得涅槃视为获得永生之常乐的境界,这种思想也迎合了中国人的心理需要而在中土盛行一时。

同时,在自觉觉他的大乘佛教精神指导下,大乘佛教还强调"无住涅槃"。无住涅槃亦称"无住处涅槃",它是为度脱一切众生,既不住生死、也不住于涅槃的一种涅槃。据《成唯识论》卷十说:"无住处涅槃,谓即真如出所知障,大悲般若常所辅翼,由斯不住生死、涅槃,利乐有情,穷未来际,用而常寂,故名涅槃。"③即认为这种涅槃是大乘的最高佛果。因为小乘只能达到无余涅槃,从"烦恼障(我执)"中得到自我解脱;而大乘则不仅要从"烦恼障"中得到自我解脱,更重要的是还要从"所知障(法执)"中得到解脱,并以大悲大慈的精神,利乐有情。因而其虽然已不再流转生死轮回,但也不脱离世间。其自身已觉悟而达到了佛的境地,已能进入无余涅槃,

---

① 《中论·观法品》,《大正藏》第30册,第25页上。
② 《中论·观涅槃品》,《大正藏》第30册,第36页上。
③ 《大正藏》第31册,第55页中。

但为了普度众生,并不进入无余涅槃,而是留住世间。这就是佛教常说的以大智故,不住生死;以大悲故,不住涅槃。这种思想对我国密宗的即身成佛和藏传佛教的活佛转世等都有一定的影响。

4. 道谛,梵文为 Margasatya,"道"即道路,即灭苦之道,意为达到寂灭、实现解脱的途径与方法。"由此道故,知苦、断集、证灭、修道,是略说道谛相。"①佛教重人的解脱,突出智慧的作用,强调一种无上菩提的获得,追求一种大彻大悟的理想境界。据说释迦牟尼本人就是在菩提树下证得了无上智慧,彻悟了宇宙人生的一切真谛,从而获得了根本的解脱的。这种无上菩提的获得,不能仅凭信仰,也不能靠苦修,更不能靠纵欲,而必须遵循一种不偏不倚的正道。

佛教认为的正道最主要的有八种,即"八正道"。"云何苦灭道圣谛?谓正见、正志、正语、正业、正命、正方便、正念、正定。"②八正道从人的思想、行为和语言三个方面提出了修持佛法、求得解脱的途径和方法。后来,随着佛教的进一步发展,道谛的内容也逐渐丰富,除了八正道之外,又增加了四念处、四正断、四神足、五根、五力、七觉支等,与八正道合称"七科三十七道品"。道品,梵文为 Bodhipaksiyadharma,意思就是获取无上菩提、证得佛教觉悟、达到涅槃解脱的途径,也译作"菩提分"或"觉支"。《大乘义章》卷十六云:"言道品者,经中亦名为菩提分,亦名觉支。"③由于这七大类三十七项道品都是为了求得无上菩提,觉悟成佛,因而三十七道品又称"三十七菩提分"。《俱舍论》卷二十五说:"三十七法顺趣菩提,是故皆名菩提分法。"④

---

① 《大乘阿毗达磨杂集论》卷八,《大正藏》第 31 册,第 734 页中。
② 《中阿含经》卷七,《大正藏》第 1 册,第 469 页上。
③ 《大正藏》第 44 册,第 774 页中。
④ 《大正藏》第 29 册,第 132 页中。

总之，佛教的四谛要人明了人生是苦，苦的原因是人的惑业，从而修持佛道，断灭苦因，证得涅槃解脱。这就是佛教常说的苦应知，集应断，灭应证，道应修。知苦、断集、证灭、修道，构成了佛教的基本要求和佛法的主要内容。虽然在后来的佛教发展中和中国佛教的展开中，不同的佛典或学派对四谛有许多不同的解说，但其基本精神都是一脉相承的，都是强调依四谛才能得解脱。"今有四谛法，如实而不知，轮转生死中，终不有解脱。如今有四谛，以觉以晓了，以断生死根，更亦不受有。"①四谛成为中国佛教理论的最基本内容之一。

二、五蕴

五蕴，梵文作 Pancaskandha，意为五种类别，或五种积聚。这是佛教对一切有为法（指处于相互联系、生灭变化中的一切现象）所作的分类。蕴，积聚、类别的意思；也作"阴"，荫覆之义；又作"众"，众多和聚之义。《俱舍论》云："诸有为法和合聚义，是蕴义。"②五蕴，就是将宇宙万有分为色、受、想、行、识五类。佛教认为："色等五蕴，谓初色蕴乃至识蕴，如是五法，具摄有为法。"③五蕴的具体内容是：

（1）色蕴：大致相当于物质现象，但并不完全如此。《俱舍论》卷一说："诸所有色，若过去若未来若现在，若内若外，若粗若细，若劣若胜，若远若近，如是一切，略为一聚，说明色蕴。"④它包括地、水、火、风"四大"和由四大所组成的"五根"（眼、耳、鼻、舌、身五种感觉器官）、"五境"（与五根相对应的五种感觉对象：色、声、香、味、触）以及所谓的"无表色"（指依

---

① 《大正藏》第2册，第631页中。
② 《阿毗达磨俱舍论》卷一，《大正藏》第29册，第4页下。
③ 《阿毗达磨俱舍论》卷一，《大正藏》第29册，第2页上。
④ 《阿毗达磨俱舍论》卷一，《大正藏》第29册，第4页下。

身口意发动的善恶之业,生于身内的一种无形的色法①)。《俱舍论》卷一又说:"色蕴者何?颂曰:色者唯五根、五境及无表。论曰:言五根者,所谓眼、耳、鼻、舌、身根。言五境者,即是眼等五根境界,所谓色、声、香、味所触。及无表者,谓无表色。唯依此量,立色蕴名。"②

(2) 受蕴:即感受,指在外界作用下产生的各种感受。一般分为"苦"、"乐"、"舍"(不苦不乐)三种不同的感受。《俱舍论》卷一说:"受蕴,谓三领纳随触,即乐及苦、不苦不乐。"③

(3) 想蕴:相当于知觉或表象,也属于精神方面的作用。人们通过对外境的接触而取颜色、形状等种种相,并形成种种名言概念,即为想蕴。《俱舍论》卷一说:"想蕴,谓能取像为体,即能执取青黄、长短、男女、怨亲、苦乐等相。"④

(4) 行蕴:相当于意志和行动,泛指一切身心活动。《俱舍论》卷一说:"除前及后色受想识,余一切行,名为行蕴。……行,名造作。……若能造作有漏有为,名行取蕴。"⑤

(5) 识蕴:识有"了别"的意思,识蕴即指意识或认识作用。《俱舍论》卷一说:"各各了别,彼彼境界,总取境相,故名识蕴。"⑥小乘佛教一般讲眼、耳、鼻、舌、身、意"六识",大乘佛教则在六识之外再加上"末那识"和"阿赖耶识",共称"八识"。

---

① 由于这种色法虽符合佛教关于"色"的定义,但又不能表现于外,故称无表色。《俱舍论》卷一中说:"无表虽以色业为性,如有表业,而非表示令他了知,故名无表。"见《大正藏》第29册,第3页上。无表色其实是一种精神现象。
② 《大正藏》第29册,第2页中。
③ 《大正藏》第29册,第4页上。
④ 《大正藏》第29册,第4页上。
⑤ 《大正藏》第29册,第4页上。
⑥ 《大正藏》第29册,第4页上。

在佛教中,五蕴有广狭二义。狭义的五蕴为现实之人的代称,广义的五蕴则是指一切物质世界(色)与精神世界(受、想、行、识)的总和,是佛教全部教义分析研究的基本对象。一般而言,小乘佛教偏重前者,大乘佛教则偏重后者。

在佛教看来,世界上没有绝对的创造者和主宰者,宇宙万物与芸芸众生都是由色、受、想、行、识等五种因素在一定条件下聚合而成的,因而由五蕴组成的事物和生命都是处于变动不居之中,没有恒常的自我,其本性都是空。《五蕴皆空经》中说:"色不是我,受想行识,亦复如是。……色是无常,……应知受想行识,常与无常,亦复如是。凡所有色,若过去未来现在,内外粗细,若胜若劣若远若近,悉皆无我。汝等当知,应以正智而善观察,如是所有受、想、行、识,过去现在未来,悉应如前正智观察。若我声闻圣弟子众,观此五取蕴,知无有我及以我所。"[1]

那么,五蕴是如何组成纷繁复杂、千姿百态的大千世界,又是如何构成每一个生命体的独特性呢?佛教认为,五蕴以色为始,以识为终。色为物质,识为意识,主观与客观、物质和精神成为世界和人身的两大构成。人生之所以是苦,就是因为色、受、想、行、识"五蕴"和合而有"人"的结果。人是物质与精神,身与心的统一体。当识与色相合,就会与"取"联系在一起,产生固执的贪爱和欲望,生起苦、乐或不苦不乐等感受,并由此感受而产生相应的知觉,形成喜欢或厌恶的心理,并以此指导自己的思想和行为,从而造下种种善恶之业,依业受报而有轮回之苦。

佛教特别强调,"知诸我名,惟召蕴相续","由我执力,诸烦恼生",[2]即五蕴和合而有人身,人执著于自身,就会产生诸烦恼,就会有生、

---

[1] 《大正藏》第2册,第499页下。
[2] 《阿毗达磨俱舍论》卷二十九,《大正藏》第29册,第152页中。

三、十二因缘

十二因缘,梵文为 Dvadasangapratityasamutpada,也称"十二缘起"或"十二缘生",是佛教关于三世轮回的基本理论。缘起,如前所述,是佛教最基本的理论,也是全部佛法的理论基础,它的意思是"诸法皆由因缘而起"。因缘,即关系与条件。佛教认为,一切事物或现象的生起,都是一种相互依存、互为因果、互为条件的关系。原始佛教主要关注人生问题,因而其缘起论也主要用于分析生老病死等人生现象。"十二因缘"即是佛教为解释现实人生痛苦的原因以及消除人生痛苦的方法而构建的一种理论。它把人生分为彼此互为条件或因果联系的十二个环节,用"三世两重因果"来说明生死轮回的道理,这就是"十二因缘"。它包括无明、行、识、名色、六处、触、受、爱、取、有、生、老死等十二个部分,称为"十二支"或"十二有支"。这十二因缘的具体内容与关系是:

(1)无明:又名"痴"或"痴愚",特指对佛理的愚昧无知。佛教认为,无明是无始以来就有的,是一切生死痛苦的总根源,生死轮回之所以会发生,都在于无明的作用。《俱舍论》卷九云:"于宿生中诸烦恼位,至今果熟,总谓无明。彼与无明俱时行故,由无明力,彼现行故。"①

(2)行:指由于无明而引起的各种世俗的思想和行为,包括身、口、意三个方面,有好坏、善恶之分。佛教认为"无明缘行",就是说,人们的各种行为都是由于"无明"而导致的。

(3)识:指托胎时的心识,《俱舍论》卷九云:"于母胎等正结生时一刹那位五蕴名识。"②它是先于形体而存在的精神统一体,是由"行"的影响

---

① 《大正藏》第29册,第48页中。
② 《大正藏》第29册,第48页中。

力(业力)而引起的,佛教常说的"行缘识",意思就是有了人们的行,才使"识"投生于与"行"的相应处。

(4)名色:名指心,即精神;色指形体、肉体。名色就是指胎中已具身心的生命体。佛教认为"识缘名色",就是说,有了识投胎,才有胎儿的身心发育。

(5)六处:又名"六根"或"六入",指眼、耳、鼻、舌、身、意,即五种感觉器官再加思维器官(心)。《俱舍论》卷三中说:"眼等五根于能了别各别境识有增上用,第六意根于能了别一切境识有增上用。"[1]意谓眼、耳、鼻、舌、身五根分别以色、声、香、味、触为对象,意根则具有对五根所受进行综合的作用。在"十二因缘"中,"六处"主要是指具备了身心的胎儿进一步发育出各种认识器官,处于即将诞生的阶段。佛教认为"名色缘六处",意思就是胎儿正常发育成长,必然产生各种感觉器官。

(6)触:即接触,指胎儿出生后六种认识器官与外界事物相接触,相当于幼儿阶段。佛教认为"六处缘触",即认为有感觉器官的胎儿出生后,必然要与外界接触;之所以能接触外界,缘于人们有感觉器官。

(7)受:即感受,指六种认识器官与外界接触后获得的苦、乐、不苦不乐三种感受,相当于童年阶段。佛教说"触缘受",意为人们有了感觉和认识器官,就会与外境接触,与外境接触,就必然会引发不同的感受。

(8)爱:即贪爱,主要指由感受而引起的物质贪欲与男女情爱等,相当于青年阶段。佛教认为"受缘爱",意为人们有了苦乐等不同的感受以后,自然会产生各种各样的欲望、渴望和贪爱。

(9)取:指追求执取,即由贪爱而引起的对可供享受之物的追求执取。相当于成年阶段。佛教说"爱缘取",意思是说,人成年后,由于各种贪爱,

---

[1] 《大正藏》第29册,第13页下。

必然会引发种种追求执取的行为。

（10）有：指思想和行为的实有。佛教认为，贪爱与执取，即身、口、意所造之业，必然会招致相应的果报，就其能招致果报而言，名之为"有"。佛教强调"取缘有"，就是为了说明，只要有思想或行为，它作为招致果报的业，就是永远不会消失的，以此来确立业报轮回的铁的必然性。

（11）生：即诞生。这里指由于爱、取、有而产生的果报，即导致了来世的再生。佛教说的"有缘生"，主要是强调人的生死轮回都是自我过去之业的结果。

（12）老死：有生就有死，来世之生仍将趋于老死。佛教说"生缘老死"，就是认为生是死之因，有生必有死，要不死，就只有不生。所以佛教的目标就是要达到无生无灭的涅槃解脱。

佛教认为，现实的人生就是上述十二个互为因果的环节所构成的流转过程。这十二环节可由顺逆两种次序来观察。从无明到老死，是由原因到结果的顺观。若从结果推其原因，则可由老死逆观至无明，即把无明视为人生一切痛苦的最终总根源。众生由于无明而沦于生死轮回的苦海之中不得解脱。《长阿含经》卷一中有一段长文专门对此作了解释：

> 生死何从何缘而有，即以智慧观察所由。从生有老死，生是老死缘。生从有起，有是生缘。有从取起，取是有缘。取从爱起，爱是取缘。爱从受起，受是爱缘。受从触起，触是受缘。触从六入起，六入是触缘。六入从名色起，名色是六入缘。名色从识起，识是名色缘。识从行起，行是识缘。行从痴起，痴是行缘。
>
> 是为缘痴有行，缘行有识，缘识有名色，缘名色有六入，缘六入有触，缘触有受，缘受有爱，缘爱有取，缘取有有，缘有有生，缘生有老病死忧悲苦恼。

既然找到了人生痛苦的总根源,那么,消除其总根源,人生的痛苦也就能从根本上得到解除了。从十二因缘来看,每一个环节的出现都有它的原因,寻找到它的原因并消除之,作为原因的结果当然也就不会出现了。这样层层顺观反推,逐次消除因果,最后就能从生死轮回的苦海之中解脱出来。因而《长阿含经》中继续说:

> 此苦盛阴缘生而有,是为苦集。菩萨思惟苦集阴时,生智生眼生觉生明生通生慧生证。于时菩萨复自思惟,何等无故老死无,何等灭故老死灭。即以智慧观察所由,生无故老死无,生灭故老死灭。有无故生无,有灭故生灭。取无故有无,取灭故有灭。爱无故取无,爱灭故取灭。受无故爱无,受灭故爱灭。触无故受无,触灭故受灭。六入无故触无,六入灭故触灭。名色无故六入无,名色灭故六入灭。识无故名色无,识灭故名色灭。行无故识无,行灭故识灭。痴无故行无,痴灭故行灭。
>
> 是为痴灭故行灭,行灭故识灭,识灭故名色灭,名色灭故六入灭,六入灭故触灭,触灭故受灭,受灭故爱灭,爱灭故取灭,取灭故有灭,有灭故生灭,生灭故老死忧悲苦恼灭。菩萨思惟苦阴灭时,生智生眼生觉生明生通生慧生证。尔时菩萨逆顺观十二因缘。如实知如实见已。①

这就是说,通过消灭无明(痴)而最终就消灭了苦。所以,十二因缘通过分析人生现象,最终的目的就是为了帮助人明白生死轮回的道理,以便确立对佛教的信仰,信奉并修持佛法。

---

① 《大正藏》第1册,第7页中~下。

"十二因缘"与过去、现在、未来三世的轮回说联系在一起,即成"三世两重因果":无明与行二支作为"过去因",识、名色、六处、触、受五支则成为"现在果";受、取、有三支作为"现在因",生、老死二支则成为"未来果"。《俱舍论》卷九中说:

> 如是诸缘起,十二支三际,前后际各二,中八据圆满。论曰:十二支者,一无明、二行、三识、四名色、五六处、六触、七受、八爱、九取、十有、十一生、十二老死。言三际者,一前际、二后际、三中际,即是过、未及现三生。云何十二支于三际建立?谓前、后际各立二支,中际八支,故成十二。无明在前际,生、老死在后际,所余八在中际。①

关于十二缘起与前后世的关系,《俱舍论》又说:"有时但说二分缘起,一前际摄,二后际摄。前七支前际摄,谓无明乃至受。后五支后际摄,谓从爱至老死。前后因果二分摄故。"②不管是哪一种说法,其精神都是一致的,这就是把无明视为生死轮回的最终根源,并认为只要皈依佛法,消除无明,就能逐次消灭行、识、名色……乃至生和老死,从而达到超脱生死轮回的涅槃境界。

十二因缘将人生痛苦的原因最终归之于人的无明之痴,因而《成实论》中说:"无明是十二因缘根本。若无无明,则诸业不集不成。"③无明就是痴,"云何为痴?于诸理事迷暗为性,能障无痴,一切杂染所依为业"④。凡是不接受佛教教义的,不走佛教解脱之路的,都属于"无明(痴)"的范

---

① 《大正藏》第29册,第48页上~中。
② 《大正藏》第29册,第48页中。
③ 《成实论》卷九,《大正藏》第32册,第313页下。
④ 《成唯识论》卷六,《大正藏》第31册,第31页中。

围。与此相应,佛教的解脱之途也就确立在明佛理上。故《成实论》又说:"一切众生所有衰恼败坏等事,皆由无明;一切利益成就增长,皆由于明。"①只要修佛法,求智慧,明佛理,就能断贪欲,除烦恼,"断贪欲,则心解脱"②,心解脱则人解脱,这构成了佛教十二因缘的根本精神。

佛教提出"十二因缘"的主要目的在于:一方面强调一切众生由于无明而造业,从而沦于生死轮回的苦海之中,根据因果报应而在"六道"中不断地流转,以解释人生痛苦的原因;另一方面又为现实人生指出一条解脱生死轮回痛苦的途径与方法,引导人们信奉佛法,努力去体悟佛教的四谛、五蕴、八正道等教义,不断地为善去恶,以消除无明,断灭生死轮回。十二因缘是原始佛教缘起论的主要内容,从中可见,原始佛教的缘起论主要是针对人生问题来谈的,是以生死为基点观察并分析人生而推演出十二因缘的。

"十二因缘"不仅在理论上对人生现象进行了生动的概括,而且还为佛教信仰的确立奠定了理论基础,因而佛教传入中国以后,"十二因缘"也为佛教各家所继承,并有所发挥。例如,天台宗立思议生灭、思议不生不灭、不思议生灭、不思议不生不灭四种十二因缘,并将其与藏、通、别、圆"化法四教"相配合,说三因佛性。法相唯识宗在《成唯识论》卷八中则设立了二世一重因果说,以无明到有的十支为因,以生和老死二支为果,此十因二果,必不同世。如从过去和现在二世来看,十因为过去世,二果为现在世;如从现在和未来二世来看,十因为现在世,二果即为未来世。③ 这都在一定程度上促进了十二因缘说在中国的流传。

---

① 《成实论》卷九,《大正藏》第 32 册,第 313 页中。
② 《杂阿含经》卷九,《大正藏》第 2 册,第 60 页中。
③ 参见《中国佛教》(四),知识出版社 1989 年版,第 282 页。

第三节　法印说与修行论

佛教的理论学说既吸取了前人的许多思想成果,也在与各种不同思想学说的斗争中形成了自己的独特性,三法印即是对佛教独特教义学说的一个概括。佛教作为一个讲求出世解脱的宗教,其根本宗旨并不在于建构一种理论学说,而在于通过宗教实践以实现人生的解脱,因此,佛教理论的根本任务只是为佛教信仰作论证,佛教讲"信""解""行""证",信是第一位的,而信、解又需落实在行、证的宗教实践上,八正道和三学六度就是对佛教宗教实践的具体要求和说明。

一、三法印

"三法印"是对佛教基本教义学说的一个概括。印,有印信、印证之义。三法印,即三种印证是否为真正佛法的标准或标记。凡符合这三条者,为真正的佛法,反之,则为"外道"。三法印一般作"诸行无常""诸法无我"和"涅槃寂静"。《大智度论》卷三十二中说:"佛说三法为法印,所谓一切有为法无常印、一切法无我印、涅槃寂灭印。"[1]其具体内容为:

(1)诸行无常:行,有迁流变动的意思,诸行,指一切因缘和合而生的物质现象和精神现象的生起和变化。常,恒常;无常,刹那生灭,变化无常。诸行无常,即世界万有无不时刻处在生灭变化之中,犹如水流与火焰,总是处于瞬息万变之中,没有常住性。纵向看宇宙人生,无常的世界是"成、住、坏、空"的过程,无常的事物是"生、住、异、灭"的过程,无常的人生是"生、老、病、死"的过程。横向看宇宙人生,无常的事物虽然此生彼

---

[1] 《大正藏》第25册,第297页下。

灭,彼生此灭,无常的人生虽然此生彼死,彼死此生,但绝非孤立而单一的存在,而是彼此依存,互为因果。诸行无常是佛教由缘起论而推出的一个重要结论。由"无常"必然进一步推出"无我"。

(2)诸法无我:法,泛指一切事物和现象。我,指固有不变的本性,有主宰或实体的意思。诸法无我,意思是一切现象皆因缘和合而成,时刻处于变化无常之中,没有固有的不变的本性,没有独立的实体或主宰者。如前所述,佛教的"无我论"主要是针对当时婆罗门教的神创说(梵我)与不灭的灵魂说(神我)提出来的。它是佛教区别于当时印度其他思想流派的一个根本观点,有人称其为"印中之印",是有一定道理的。

(3)涅槃寂静:涅槃,旧译"泥洹"等,原意指火的熄灭,佛教用它来表示灭尽一切烦恼的最高理想或最终目标,因此,意译也称"灭度""圆寂"等。涅槃寂静,意即通过修持,灭尽一切烦恼,超脱生死轮回,进入涅槃解脱的境界。佛教强调涅槃"寂静",主要是突出其对世俗生死、苦乐的超越,表明其解脱境界的殊胜,并非一般人所能想像,更非外道所追求的那种解脱。佛教在否定了此岸世界的一切后,高举"涅槃寂静"的旗帜,为众生指出了绝对幸福的彼岸世界的理想目标。这是佛教中最具神秘色彩,同时也是最具魅力的部分。可以说,佛教的各种理论学说都是围绕着涅槃寂静这一最高理想而展开的。

三法印作为佛法的总纲,环环相扣,层层深入地揭示了佛教对世界和人生的总看法。三法印之间也有着一定的因果联系。正是因为世间的诸行无常、诸法无我,所以才要去追求出世间的涅槃寂静。然而,这因果之间似乎又存在着一些矛盾。既然诸行无常,又如何说涅槃永乐?既然诸法无我,又是谁证涅槃?佛教宣扬的三法印中存在着的这些问题,随着佛教的展开,各家各派有不同的解说,佛教的理论也就在这过程中不断地得到发展。

佛教的"三法印"说本身也经历了一个不断演变发展的过程。据有关研究,"法印的概念是晚出的。实际上,放在印度古代宗教哲学背景中,最能显示原始佛教特征的三种教义是苦谛说、无常说和无我说。涅槃说是佛教和耆那教共有的"①。佛教最初将"诸行无常""诸法无我"和"一切皆苦"作为"三法印",此后又在此之外加上"涅槃寂静"。但后来认为,"无常"与"无我"中实际上已经蕴含了"一切皆苦"的思想,故又以"涅槃寂静"来取代"一切皆苦"而成"三法印"。《杂阿含经》卷十中就有这样的说法:"一切行无常,一切法无我,涅槃寂灭。"②生活在3世纪的龙树所造的《大智度论》卷二十二中则明确提出:"通达无碍者,得佛法印,故通达无碍。如得王印,则无所留离。问曰:何等是佛法印?答曰:佛法印有三种,一者一切有为法念念生灭皆无常,二者一切法无我,三者寂灭涅槃。"③约成书于4世纪的《成实论》也继承了这样的说法,提出:"佛法中有三法印,一切无我,有为诸法念念无常,寂灭涅槃,是三法印,一切论者所不能坏,以真实故。"④"三法印"遂成为佛教各家的通说。

在佛教中,也有将三法印加"一切皆苦",称"四法印"。如《增一阿含经》卷十八云:"今有四法本末⑤,如来之所说。云何为四?一切诸行无常……一切诸行苦……一切诸行无我……涅槃为永寂。"⑥若再加上"一切法空",则成"五法印"。如《维摩经》中说:"昔者佛为诸比丘略说法要……谓无常义、苦义、空义、无我义、寂灭义。"⑦但其基本内容和主要

---

① 郭良鋆:《佛陀和原始佛教思想》,第182页。
② 《大正藏》第2册,第66页中。
③ 《大正藏》第25册,第222页上~中。
④ 《成实论》卷一,《大正藏》第32册,第243页下。
⑤ 四法本末,即"四法印"的异译。
⑥ 《大正藏》第2册,第640页中。
⑦ 《维摩诘所说经》卷上,《大正藏》第14册,第541页上。

精神，则仍不出三法印。例如无常是苦，无我是空，苦和空的思想已包括在三法印之中，故一般仍说三法印，三法印成为真正佛法的重要标帜。

二、八正道

八正道，梵文为 Aryastangikamarga，亦译"八圣道""八支正道""八圣道分"等，指正见、正思、正语、正业、正命、正精进、正念、正定等八种合乎正理的正确的解脱道路。据《中阿含经》《俱舍论》和《大乘义章》等记载，释迦牟尼当年在鹿野苑初转法轮时，就向五大弟子述说了此八种通向涅槃解脱的正确方法或道路，为后来的佛教修行奠定了基础，并成为三十七道品中最重要的内容。

在释迦牟尼生活的年代，追求享乐或勤修苦行以求得解脱的做法都十分流行。释迦牟尼有感于社会现实和人生的无常，也希望能够找到一条摆脱痛苦、求得永超苦海之极乐的道路。他本是王子，曾在宫中享受过各种豪华舒适的生活。后抛弃享乐，离开妻儿，出家修道，在山林中独修了 6 年的苦行，但并没有找到解脱之道。于是，他知道苦行无益，便放弃了苦行，到尼连禅河中洗净了多年的积垢，来到菩提树下静修，最后终于大彻大悟，洞察了宇宙人生的真正本质，证得了无上菩提。据此，释迦牟尼对正确的修道方法深有感触，并特别加以强调。

据说释迦在初转法轮时，并不是一开始就讲四谛，而是先讲了一番"中道"的学说。因为当时跟随释迦牟尼的 5 个人看他抛弃了苦行感到很失望，有的甚至想离他而去。而释迦牟尼认为，在家庭过世俗的生活，追求人生享乐，是一种偏颇的行为；出家修苦行，折磨自己的肉体，希望以此获得解脱，这也是一种偏颇的行为，两者皆不可取。为此，他在初次宣说佛法时就特别强调苦行和享乐都是过分的偏执行为，若依此二法修行，根本不可能达到解脱的目标。只有"离此二边取中道"，即采取不苦不乐、不偏不倚的合乎"中道"的修行方法,才能达到解脱的圣境。这种中道的修行方法共有八种,即八正道。《中阿含经》卷五十六记载了佛陀当时的说法:"五比丘当知,有二边行,诸为道者所不当学。一曰著欲乐下贱业凡人所行,二曰自烦自苦非贤圣求法无义相应。五比丘,舍此二边,有取中道,成明成智成就于定而得自在,趣智趣觉趣于涅槃,谓八正道。"①这八正道的具体内容是:

(1)正见,即正确的见解,指对四谛等佛教教义的正确认识,远离世俗的邪见,这体现了佛教的解脱重"智慧"的特色。

(2)正思,即正确的思维,也作"正志""正思维",指对四谛等佛教教义的正确思维,远离主观偏执、虚妄分别。

(3)正语,即正确的语言,指合乎佛法的言论,不妄语,不绮语,不恶语,不谤语,总之,远离一切不符合佛法真理的错误无益的言论:"离嗔痴所起口业,名为正语;……离三毒所起口业,名为正语。"②

(4)正业,即正确的行为,指不杀生、不偷盗、不邪淫等,远离一切恶行:"远离嗔痴所起身业,名为正业;……远离三毒所起身业,名为正业。"③

(5)正命,即正确的生活,指符合佛教戒律规定的正当合法的生活,远离各种通过不正当的手段或职业以求活命的做法:"离贪所起身口二业,名为正命。"佛典中还特别强调了"离四邪命名为正命"和"离五邪命名为正命"。离"四邪命"是指:"一离下口食,谓不种殖合和诸药治生贩卖以求活命;二离仰口食,谓不占相日月星宿吉凶等事而求活命;三离方口食,谓不谄媚豪势贵胜通致使命,巧言多求而自活命;四离四维口食,谓不习学种种咒术卜算吉凶画师泥作诸技艺等而自养活。离此四种,名为正命。"

---

① 《大正藏》第1册,第777页下~778页上。
② 《大乘义章》卷十六末,《大正藏》第44册,第787页上。
③ 《大乘义章》卷十六末,《大正藏》第44册,第787页上。

离"五邪命"是指:"一为利养,诈现奇特异人之相,此一身邪;二自说功德,以求他利;三占相吉凶,为人宣说;四者高声其威严,令人敬畏,以取其利;五自说已所得利养以动人心,此即是其因利求利。"①

(6)正精进,即正确的努力,也作"正方便",指按照佛教的修道方法,止恶修善,精进不懈。

(7)正念,即正确的信念,指信奉并铭记四谛等佛教教义。

(8)正定,即正确的禅定,指修习佛教的禅定,心专注一境,消除杂念,洞察四谛之理。因为禅定本来是一种十分古老的修行法,它渊源于古印度的瑜伽术,早在佛教产生之前,瑜伽禅定就已为古印度许多宗教所采用。佛教创立后,也吸收了禅定这种实践方法,但在许多方面对传统的禅定作出了发展与变革,例如不以神通为目的,将其置于"无我"的理论基础之上,并与一定的教义学说相连等。这里强调"正定",就包含着把佛教的禅定与佛教之外相似的修行法相区别的意思,即要在佛教思想的指导下来修习禅定。

佛教认为,只要按照上述这些正确的方法修行,即可由凡入圣,由迷到悟,最终由生死之此岸到达涅槃解脱之彼岸。因此,八正道也被喻为"八船"或"八筏"。

为什么要以此正见等八为正道?此八之间有何联系?佛教认为,"行道入法,惧入邪中,故须论正","此之八种,通故名道,离邪曰正"。② 关于这八正道之间的关系,佛教有个譬喻性的解释:

何故偏说正见等八以为正道,余皆不立?……圣说八正以之为

---

① 《大乘义章》卷十六末,《大正藏》第44册,第787页上。
② 《大乘义章》卷十六末,《大正藏》第44册,第786页下。

轮,轮必有毂,毂者是戒,谓正语正业正命,故说此三以为正道。以戒行本众行所依,故说为毂,依毂有辐,辐者是慧,慧是正见,故复宣说正见为道。良以智慧向外取缘与辐相似,故说为辐。辐须辋摄,辋者是定,故须宣说正定为道。定能摄慧,与辋相似,故说为辋。思助慧强,念助定强,故复宣说思、念为道。既有轮体,复有转者,精进能转,故复宣说精进为道。又复此等入圣之初翻对八邪,故说此八以为正道。余无此义,故废不立。①

这就是说,八正道是针对邪见、邪思维而提出来的。它们之间是一个有机的整体,是互为促进、相互为用的。八正道实际上包含了戒、定、慧三个方面的修习,这里形象地以车轮来譬喻,精勤修习此八正道,就能由凡入圣,趋向涅槃。关于戒定慧"三学",我们下面将作专门介绍。

另外,此八正道也可视为包括了两大类的修行法。一类是以正见为主,正思、正念、正定为辅的精神生活方面的修行;另一类是以正命为主、正业为辅的物质生活方面的修行。正语、正精进则兼属两个方面。在这八正道中,正见与正命是最基本的,以此为基点而使自己在思想、行为和语言等各方面都符合佛教的要求,便能最终获得身心的解脱。

由于佛教是讲求解脱的宗教,而解脱从根本上说并不是一个理论问题,而是一个实践问题,因而八正道在佛法中具有很重要的地位。释迦牟尼正是在八正道的基础上,才进一步宣说了四谛等教义。知苦、断集、证灭、修道,最后都要落实在宗教实践上,由此可见八正道对于佛教的重要性。

---

① 《大乘义章》卷十六末,《大正藏》第44册,第777页上。

三、三学

"八正道"所包含的正见、正思、正语、正业、正命、正精进、正念、正定等,一般又可归结为"三学"。三学,梵文 Trisiksa 的意译,即戒学、定学和慧学。"八中正语、正业、正命是其戒学,正念、正定是其定学,正见、正思是其慧学。……就定学中,正定为主,正念助之;就慧学中,正见为主,正思助之。精进通策。"①精进就其强调正当的努力而言,可以归入戒,就其表现出智慧而言,也可归入慧。而修习禅定,当然也应该精进不懈。因而就修学佛法的基本态度和要求而言,精进"通策"戒、定、慧。"戒""定""慧"三学通常被认为是对早期佛教修持的全部内容的概括。

修习三学与修习八正道相通,只是次第有所不同:"出家求道先须受戒,是故先明正语正业及与正命。由戒心住故,次明其正念正定。由定发慧,慧有粗细。粗者闻慧,说为正思;细者修慧,说为正见。又复粗者在于世间,未能见理,说为正思;细者出世,能见于理,说为正见。精进遍通。此行次第不依八正说之次第。"②当然这种解说也只是一种方便说法,也可以有其他不同的解说。但其基本精神都在于强调,通过这些修行,就能获得涅槃解脱。故"八正道"乃解脱之道,"三学"乃解脱之学。

佛教的戒定慧三学是一个相互联系的有机整体。"世尊立教法有三焉:一者戒律也,二者禅定也,三者智慧也。斯三者,至道之由户,泥洹之关要也。戒者,断三恶之干将也;禅者,绝分散之利器也;慧者,齐药病之妙医也。"③其中尤以定慧关系更为密切,因为"定能生止,慧能起观,故立

---

① 《大乘义章》卷十六末,《大正藏》第 44 册,第 786 页下~787 页上。
② 《大乘义章》卷十六末,《大正藏》第 44 册,第 787 页上~中。
③ 道安:《出三藏记集》卷十一《比丘大戒序》,《大正藏》第 55 册,第 80 页上。

定慧二法为根"①。中国名僧东晋慧远也认为:"三业之兴,以禅智为宗。……禅非智无以穷其寂,智非禅无以深其照,则禅智之要,照寂之谓,其相济也。"②当然,禅智皆以严持戒律为前提,"在家出家莫不始戒以为基址也"③。戒定慧三学从不同的方面概括了佛教的全部内容。

戒是佛法之总门,定慧二学之基础。"佛说戒、定、慧。戒、定、慧有三,而戒行其先也。戒之一字,诚未易言。戒生定,定生慧。慧复生戒,非慧离戒;慧出于戒,非慧灭戒。然则定、慧者成佛之因,戒者又定、慧之因。"④相传,释迦牟尼在即将圆寂时,就反复强调"戒是正顺解脱之本",谆谆教导弟子们要"持净戒""修善法",认为"依因此戒,得生诸禅定及灭苦智慧"⑤。在佛教中,戒又经常与律连用。佛教之所以能流传数千年而至今不绝,并在现代社会中传播不息,与戒律的作用是分不开的。

戒律可谓是佛教徒防非止恶以确保正行的法律。在佛教中,对戒律有不同的解释。据隋净影慧远的《大乘义章》云:"言毗尼者,名别有四:一曰毗尼,二名木叉,三曰尸罗,四名为律。"⑥其内容分别为:

毗尼,为梵文 Vinaya 的音译,也译作毗奈耶、鼻奈耶等。意译为"灭",以其能灭诸恶法故。"言毗尼者,是外国语。此翻名灭……有为行德,能有所灭,故名为灭。又能证得寂灭之果,故说为灭。何故戒行名曰毗尼?有其两义:一者戒行能灭业非,故称为灭;二能得彼究竟灭果,故说名

---

① 《大乘义章》卷十六,《大正藏》第44册,第776页下。
② 慧远:《出三藏记集》卷九《庐山出修行方便禅经统序》,《大正藏》第55册,第65页中。
③ 道安:《出三藏记集》卷十一《比丘大戒序》,《大正藏》第55册,第80页上。
④ 李贽:《戒众僧》,载《中国佛教思想资料选编》第三卷第三册,中华书局1989年版,第265页。
⑤ 《佛垂般涅槃略说教诫经》,《大正藏》第12册,第1111页上。
⑥ 《大乘义章》卷一,《大正藏》第44册,第467页下。

灭。"①后也意译作"律",法律之义,即佛教为比丘、比丘尼所制定的禁戒,谓能制伏诸恶。"毗尼,唐称为律,古译毗尼,皆称为灭。今以何义,翻之为律?律者法也,从教为名,断割重轻、开遮、持犯,非法不定,故正翻之。"②在佛教经典中大多用毗奈耶称律,故律藏又称毗奈耶藏。

木叉,梵文 Prattimoksa 的音译"波罗提木叉"之略。意译为"随顺解脱"或"正顺解脱",以戒律随顺有为无为二种解脱之果故名。简称"解脱"。"言木叉者,此名解脱。解脱有二:一者无为,二者有为。无为解脱直名木叉,有为解脱名毗木叉。……何故戒行名为解脱?有其两义:一者戒行能免业非,故名解脱;二能得彼解脱之果,故说名解脱。是以经言:戒是正顺解脱之本。故名波罗提木叉也。何故律教名为解脱?释有两义:一能诠于解脱行德,故名解脱。二能生于解脱行德,故名解脱。"③

尸罗,梵文 Sila 的音译,意译为"戒",为佛弟子所受持,以为防非止恶之用。又译"清凉","言尸罗者,此名清凉,亦名为戒。三业炎非,焚烧行人,事等如热,戒能防息,故名清凉。清凉之名,正翻彼也,以能防禁,故名为戒。何故律教名之为戒?亦有两义,一诠戒行,故说为戒。二能生戒,故说为戒"④。戒能防非止恶,使人心纯净如水,身心安适,故又译清凉。

律,梵文 Upalaksa 的意译,音译作"优婆罗叉"。"所言律者,是外国名优婆罗叉,此翻名律。解释有二:一就教论,二就行辨。若当就教,诠量名律。若当就行,调伏名律。毗尼之教,诠此律行,故称为律。又生律行,故复名律。"⑤

---

① 《大乘义章》卷一,《大正藏》第 44 册,第 467 页下~468 页上。
② 《四分戒疏》,转引自丁福保编:《佛学大辞典》,文物出版社 1984 年版,第 556 页。
③ 《大乘义章》卷一,《大正藏》第 44 册,第 468 页上。
④ 《大乘义章》卷一,《大正藏》第 44 册,第 468 页上。
⑤ 《大乘义章》卷一,《大正藏》第 44 册,第 468 页上。

由于 Vinaya 和 Upalaksa 在汉译中皆意译为"律",唐代律宗的创始人道宣以后,又多以 Vinaya(毗奈耶)为律,以 Sila(尸罗)为戒,故现在一般讲戒律,就主要讲毗尼(律)、木叉(解脱)和尸罗(戒)三名了。并认为,戒律是"合梵文 Sila(尸罗)和 Vinaya(毗奈耶)二字意译而成"[1]。但由于"合成语在巴利三藏中并未发现,汉译之小乘律及大乘经论中均无此语,故戒律一语实难下定义"[2]。可见,汉语中的戒或律,其梵文原语,非常复杂,还有待进一步研究。

在佛教中,戒律经常连用,泛指佛教为出家、在家信徒制定的一切戒规。当然,严格地讲,戒与律在佛教中是有一定区别的。戒,原为佛陀在世时,举外道的非行来教诫信徒,故其适用于出家和不出家的所有信众。作为为出家和在家信徒制定的戒规,随着佛教的发展,其条款也逐渐增多,从五戒、八戒、十戒,直到二百五十戒、三百四十八戒等,它涉及信徒日常生活的方方面面。在众多的戒条中,五戒——不杀生、不偷盗、不邪淫、不妄语、不饮酒是最基本的戒条,它是佛门四众(比丘、比丘尼、优婆塞、优婆夷)必须遵守的基本戒条。佛教的戒条一般又分为"止持戒"和"作持戒"两大类。止持戒为防非止恶的各种戒,例如"五戒""十戒"等;作持戒为奉行众善的戒,如"二十犍度"等。

律与戒不同,据佛典中说,律是专为出家的比丘、比丘尼所制定的禁戒,一般在家信徒不得闻知。在佛典经律论三藏中,在家信徒"得闻二藏,谓论及经,毗奈耶教是出家轨式,俗不合闻"[3]。据说佛陀在世时,"于修道生活中,针对实际、具体上之需要而定之规范,此谓随犯随制(随缘制戒)。佛弟子之出家众如犯恶行,佛陀则必教诫:今后同样之行为不可

---

[1] 任继愈主编:《宗教辞典》,上海辞书出版社1981年版,第499页。
[2] 《佛光大辞典》第3册,书目文献出版社影印本,第2910页。
[3] 《根本说一切有部毗奈耶》卷九,《大正藏》第23册,第672页下。

再犯,如再犯,则处罚。后乃成为僧伽之规定,故律必附有处罚之规定。律乃为应出家众而制定者,是被动者,故与戒应有所区别,然后世常将其混同使用"①。

佛教的戒律是建立在因果报应理论基础之上的,它具体地要求信徒在修行生活中,为了保证信仰的纯洁性和最终获得解脱,在某时、某地应该说什么,应该做什么,或不能说什么,不能做什么,这种不断地为善去恶、改邪归正的持戒过程,就是逐渐超脱生死轮回获得解脱的过程。戒律在梵文虽有多义,但从根本上说,其精神是相通的,即都是要修习佛法者清净自心,为善去恶。戒律作为佛教经律论"三藏"之一、戒定慧"三学"之首,后来又成为大乘"六度"之一,在佛教中占有重要的地位。

定,即禅定,是梵文 Samadhi 的意译,音译作"三昧"或"三摩地"等,《俱舍论》卷四将它定义为"心一境性",即心专注一境而不散乱。因此"定"的含义比较宽泛,一切息虑凝心之法都可称之为定。佛教认为,由定可以发慧,即通过修定可以获得正确观悟宇宙人生本质的智慧。在这个意义上,"定"也被译为"止","慧"则可译为"观"。僧肇在《注维摩经》中说:"系心于缘谓之止,分别深达谓之观。止观,助涅槃之要法。"②由于依"止"而有"观",真观必寂然,故佛教中常常"止观"并举,意与"定慧"相近,谓依"智慧"而"摄心入定",又依"定"而观悟佛教真理。

在佛教中,定又往往与"禅"连用而表达更广泛的意义。禅,为梵文 Dhyana 音译"禅那"之略称,意译为"静虑",即静心思虑。《瑜伽师地论》卷三十三云:"言静虑者,于一所缘,系念寂静,正审思虑,故名静虑。"③可见,在佛教中,禅的本义大致有二:一是心注一境,使纷乱的心绪意念宁静

---

① 《佛光大辞典》第 4 册,第 3789 页。
② 《注维摩诘经》卷五,《大正藏》第 38 册,第 381 页上。
③ 《大正藏》第 30 册,第 467 页下。

下来,此与止或定相近;二是正确地审视思虑,如实地了知宇宙人生的真谛,此与观或慧相近。由于"定"的主要特征是"静心""息虑",而"禅"则还包括了在静心息虑基础上的"正审思虑",具有一定的观想内容,具有"如实了知"的"慧观作用",因此,佛教所说的"禅"在一定意义上包含了定与慧这两方面的内容。故《俱舍论》卷二十八中说:"诸等持内,唯此摄支,止观均行,最能审虑。"①这里的"等持",是"定"的意译之一,唯此的"此",指的就是"静虑",即禅。意思就是说,唯有"禅"这一种"定"才同时包括了止与观两方面的修行。

因此,就宽泛之义的"定"而言,一般认为"禅"属于"定"法之一种,可以包括在"定"之中。但严格说来,两者又不完全是一回事。"禅"的正审思虑以定为前提,禅自有定止寂静之义,故禅得以名定:"一切禅定,亦名定,亦名三昧。"②而定却并无思维审虑之义,故定并不就能名为禅,只有静虑之定方名为禅:"四禅亦名禅,亦名定,亦名三昧。除四禅,诸余定亦名定,亦名三昧,不名为禅。"③

虽然"禅"与"定"的内涵并非完全一致,但在佛教的实际使用中,两者却并不总是非常严格地限定在它们的本义,而是经常地泛指静心观想一类的宗教修习活动。在更多的场合,特别是在中国佛教中,禅与定往往合称为"禅定",用以表示通过精神集中、观想特定对象而获得悟解或功德的思维修习活动,含义更为广泛,其作用也被抬到极其重要的地位。例如宗密在《禅源诸诠集都序》中曾说:

禅定一行,最为神妙,能发起性上无漏智慧。一切妙用,万德万

---

① 《大正藏》第 29 册,第 145 页中。
② 《大智度论》卷二十八,《大正藏》第 25 册,第 268 页中。
③ 《大智度论》卷二十八,《大正藏》第 25 册,第 268 页中。

行,乃至神通光明,皆从定发。故三乘学人,欲求圣道,必须修禅,离此无门,离此无路。①

这是把禅定强调为求圣道的唯一法门了。在中国影响深远的禅宗,也主张以"禅定"来概括佛教的全部修习,并因此而得名"禅宗"。禅定作为小乘"三学"和大乘"六度"之一,在佛教中的地位也是非常重要的。

关于慧,即佛教的智慧,这是佛教全部修行的目标。所谓"由定发慧",说明修行禅定的目的也就在获取智慧。因为在佛教中,获得了智慧,也就实现了解脱。但若细加分别,智与慧在佛教中是既有区别又有联系的。

智,梵文为 Jnana,音译作阇那、若那,意为于事理能决断,指由修习佛理所获得的辨别现象、判断是非、评判善恶的认识能力。这种认识能力因人修习佛理的水平不同而有高下之分。在佛教中,智分为有漏智和无漏智,根本智和后得智,以及一切智、道种智、一切种智乃至佛智等等,故有"如来四智""菩萨五智"和"十智""二十智"等不同的说法。例如法相唯识学认为,凡夫有八识,至"如来"地则分别转为四智:第八识转为"大圆镜智",第七识转为"平等性智",第六识转为"妙观察智",前五识则转为"成所作智"。佛智也称"圣智",它并不是凡夫俗子通过感官对外部世界的认识,那种认识佛教称之为"俗智",也称为"识"。在佛教中,智与识是对立的,因而只有佛智才称得上是真正的"智"。智,在佛智的意义上,就与"慧"相通。

"慧",梵文为 Mati,音译作末底、摩提,指通达事理、决断疑念、取得决断性认识而把握真谛的那种精神作用。《俱舍论》卷四中说:"慧,谓于法

---

① 《大正藏》第 48 册,第 399 页中。

能有简择。"①《大乘义章》卷十云："观达称慧。"②《成唯识论》卷五则说："云何为慧？于所观境，简择为性，断疑为业，谓观得失，俱非境中，由慧推求，得决定故。"③在佛教中，慧并非一般所谓的知识或智慧，而是特指圣者所具有的一种观照能力，例如"般若"，就是能观照万法性空的一种智慧。《大智度论》卷四十三云："般若者，秦言智慧，一切诸智慧中，最为第一，无上无比无等，更无胜者。"④只有般若这种无上智慧，才是佛教所说的"智慧"，所以《成唯识论述记》中说："所谓末底，是慧异名，与般若无别体。"⑤《慧苑音义》中则说："西域慧有二名，一名般若，二名末底。"⑥相对于世俗的认识而言，慧是无知无想，《阿差末菩萨经》卷五中说："若住起分，名谓为识；不起不灭，识无所住，乃谓为慧。"⑦正因如此，僧肇等中国僧人也曾将般若智慧译为"圣智"，并称："般若无知"，"无知故无所不知，不知之知，乃曰一切知"。⑧

佛教智慧与世俗知识的不同，在于世俗一般的知识是以感性知识为基础的，并根据已有的知识而遵循一定的逻辑程序推导出新的知识，而佛教的智慧则可以摒弃感官及世俗的思考规则，超越一般的逻辑顺序，通过调控心理意识，直契人心本源和宇宙实相。《阿差末菩萨经》卷五在谈到世俗的知识与佛教的智慧之差别时说：

---

① 《大正藏》第29册，第19页上。
② 《大正藏》第44册，第657页下。
③ 《大正藏》第31册，第28页下。
④ 《大正藏》第25册，第370页中。
⑤ 《成唯识论述记》卷六末，《大正藏》第43册，第445页上。
⑥ 《慧苑音义》卷上，转引自丁福保编：《佛学大辞典》，第920页。
⑦ 《大正藏》第13册，第604页中。
⑧ 《肇论·般若无知论》。

>   所云识者,眼色、耳声、鼻香、舌味、身触、心法,所识之著,是谓为识;设使消除,外不游逸,慧之所导,于一切法无所希望,是谓为慧。有所倚著则生识矣。亦从想念,希望多求而生识矣,是谓为识。若无所受,亦无希望,心不怀念,无所慕乐,志不望报,是谓为慧。①

可见,在佛教中,决断曰智,简择曰慧,或知俗谛曰智,照真谛曰慧,两者有所不同而又紧密相连。而在实际的使用中,智与慧又往往连用,通而为一,与世俗之"识"区别开来。故《大乘义章》卷九中说:"慧心安法,名之为忍。于境决断,说之为智。"又说:"照见名智,解了称慧,此二各别。知世谛者,名之为智,照第一义者,说以为慧,通则义齐。"②因此,在中国佛教中,智、慧、智慧经常是互用的,泛指佛教的智慧,例如"禅智双运""定慧双修"等等。

从根本上说,佛教的一切修行,都是为了超脱生死轮回而求得解脱,而佛教解脱论的一个重要特点,就是强调智慧的获得。佛陀之所以被称为佛陀,就在于他证得了智慧,成为觉悟者。随着佛教各种理论的发展,佛教对智慧也作了各种各样的分类,有的分类甚至多达数百种。例如从获得智慧的途径上,佛教通常把智慧分为三种:(1) 闻所成慧,即听闻佛法、学习各种学问而得到的智慧;(2) 思所成慧,即依"闻所成慧"而进一步思虑所得的智慧;(3) 修所成慧,即依思、闻所得之智慧进一步修习禅定,由定发慧,从而证得悟解宇宙人生真谛的智慧。对于大乘佛教而言,证得了佛教智慧,就是成佛。小乘佛教并不认为众生皆可成佛,因而其理想的境界并不是证得佛智,但它所追求的解脱境界之实现,仍有待于证得

---

① 《大正藏》第13册,第604页上。
② 《大乘义章》卷一,《大正藏》第44册,第468页上。

智慧,以断业灭惑。"依定发慧,依慧证理断惑",是大小乘佛教共修的重要内容。

由于佛教认为"智慧"能洗众生烦恼之垢,故将智慧譬之为水而称"智慧水",如《文殊师利问经》中说:"诸过为垢,以智慧水,洗除心垢,以除心垢,故成清净。"①又由于"智慧"能断烦恼、绝生死之绊犹如利剑,佛教又将其喻之为剑而称"智慧剑",如《维摩经·菩萨品》中说:"以智慧剑,破烦恼贼。"②若以"智慧"能破愚痴之暗,则又有"智慧灯"之称;以其能烧烦恼之薪,则又有"智慧火"之称。此外,在佛门中还有"智慧箭""智慧海""智慧云""智慧风"等等不同的说法。总之,佛教始终重视智慧,佛教的一切修行都在于证得智慧,断除烦恼,获得解脱,"慧解脱"成为佛教不同于其他宗教的一个显著的标志。

戒定慧实际上概括了学佛者修持的全部内容。随着佛教的传播与发展,大乘佛教又把重在追求自我解脱的"三学"扩大为具有广泛社会内容的以自利利他为特点的"六度"。

四、六度

六度,梵文 Satparamita 意译,亦译为"六度无极""六到彼岸",梵汉并译则为"六波罗蜜多",指布施、持戒、忍辱、精进、禅定、般若智慧等六种由生死之此岸到达涅槃之彼岸的方法或途径。《大乘义章》卷十二云:"此六何故名波罗蜜?波罗蜜者是外国语,此翻名度,亦名到彼岸。……能舍生死此岸到于究竟涅槃彼岸,……能舍生死涅槃有相此岸到于平等无相彼岸。"③

---

① 《文殊师利问经》卷下,《大正藏》第14册,第503页上。
② 《大正藏》第14册,第554页中。
③ 《大正藏》第44册,第705页中。

大乘佛教与小乘佛教的一个重要不同之处在于,大乘佛教将释迦牟尼神化为神通广大、全智全能、大慈大悲、法力无边的最高的神,并认为三世十方有无数的佛,人人皆可以成佛。同时,大乘佛教认为,小乘佛教只讲求个人的解脱,是自利,而大乘佛教则致力于普度众生,就像一辆大车或一艘大船,可以运载更多的众生从生死轮回的此岸到达解脱的彼岸,不仅自利,更是利他,不仅自度,更重度他。因此,大乘佛教的最高境界是作菩萨留住世间,拔除众生一切苦难,度尽世间一切众生,最后自己才成佛。六度就是自利利他的重要的修行手段。其主要内容为:

布施度,梵文为 Danaparamita,音译作"檀(那)波罗蜜多"。布施就是施与他人财物、智慧等,《大乘义章》卷十二云:"初言檀者,是外国语,此名布施。以己财事分布与他,名之为布;辍己惠人目之为施。"①《成唯识论》卷九则说:"施有三种,谓财施,无畏施,法施。"②"布施度"指以自己的智力、体力和财力去济度贫困者和满足求索者的要求,而为他人造福积智并使自己不断积累功德以至解脱的一种修行方法。与大慈大悲精神相连的大乘布施超越了小乘佛教的布施观。小乘佛教所说的布施主要是从自利出发,通过布施来对治自己的贪欲心和吝啬心,以免除来世的痛苦。而大乘佛教则从自利利他的精神出发,强调要普度众生,因此,其布施的内容十分丰富,其布施的对象更是十分广泛,不仅"慈育人物",而且"护济众生",不仅"饥者食之,渴者饮之,寒衣热凉,疾济以药",而且"车马舟舆,众宝名珍,妻子国土,索即惠之"③,不惜牺牲自己的一切来救度众生,表现出大乘佛教所特别提倡的慈悲情怀。

持戒度,梵文为 Silaparamita,音译作"尸罗波罗蜜",指持守戒律,对治

---

① 《大正藏》第 44 册,第 705 页中。
② 《大正藏》第 31 册,第 51 页中。
③ 《六度集经》卷一,《大正藏》第 3 册,第 1 页上。

恶业,确保信仰,最终通过修持佛法而获得解脱的修行方法。大乘佛教的戒律在小乘佛教戒律的基础上也有进一步发展。大乘戒又称菩萨戒,意谓大乘菩萨所受持的戒律。其主要内容为三聚净戒,即摄律仪戒、摄善法戒和饶益有情戒等三项。聚,是种类的意思。三聚净戒,即三种清净的戒规。其中的摄律仪戒,意为遵守佛教的各种戒律,包括上面提到的五戒、八戒、十戒和具足戒①等。摄善法戒,意为修持种种善法以积累功德。饶益有情戒,也称摄众生戒,意为教化济度众生。可见,大乘戒实际上是聚集了持律仪、修善法、度众生等三大门的一切佛法,大乘佛教以此作为禁戒而要求持守之,显然扩大了戒律的范围。说大乘戒的佛教典籍很多,比较盛行的是《梵网经》(又称《菩萨戒经》),其中提到的比较重要的戒条有"十重戒"和"四十八轻戒"。十重戒包括杀戒、盗戒、淫戒、妄语戒、酤酒戒、说四众过戒、自赞毁他戒、悭惜加毁戒、嗔心不受悔戒和谤三宝戒。四十八轻戒则包括不敬师友戒、饮酒戒、食肉戒等。从中可以看出,大乘戒一方面扩大了要求范围,另一方面"将饮酒食肉作为轻戒,表明对佛教信徒的物质生活的约束放宽了"②,这与大乘佛教更多的面向世俗生活的精神是相一致的。

忍辱度,梵文为 Ksantiparamita,音译作"羼提波罗蜜多",《大乘义章》卷十二说:"言羼提者,此名忍辱。他人加毁,名之为辱;于辱能安,目之为忍。"③忍辱,特别是指信仰佛法真理而安于苦难和耻辱。《成唯识论》卷九则说:"忍有三种,谓耐怨害忍,安受苦忍,谛察法忍。"④大乘佛教要求信

---

① 具足戒,即佛教比丘、比丘尼受持的戒律,因与沙弥、沙弥尼所受的十戒相比,戒品具足,故名。其戒条数目说法不一。中国佛教在隋唐以后大都依《四分律》说比丘戒250条,比丘尼戒348条。出家人受了具足戒,即获得了正式僧尼的资格。
② 方立天:《佛教哲学》,中国人民大学出版社1986年版,第92页。
③ 《大正藏》第44册,第705页中。
④ 《大正藏》第31册,第51页中。

徒甘愿自己忍受种种耻辱和痛苦,也不做任何有害于众生的事。《六度集经》卷五中说:"众生所以有亡国破家危身灭族,生有斯患,死有三道之辜,皆由不能怀忍行慈使其然矣。菩萨觉之,即自誓曰:吾宁就汤火之酷,菹醢之患,终不恚毒加于众生也。"并强调,"忍不可忍者,万福之源矣"①。

精进度,梵文为 Viryaparamita,精进,音译作"毗梨耶""毗离耶"等,《大乘义章》卷十二说:"毗离耶者,此名精进。练心于法,故说为精;精心务达,故称为进。"②精进度,梵汉并译为"精进波罗蜜多",指在为善去恶、去染转净、利益众生的修行过程中,克服种种困难而努力不懈,最终实现解脱。《成唯识论》卷九曰:"精进有三种,谓被甲精进,摄善精进,利乐精进。"③只有在修持佛法的过程中精进不懈,才有可能到达理想的彼岸。

禅定度,梵文 Dhyanaparamita,音译即"禅波罗蜜多"。禅本来是古印度十分流行的一种宗教修行方法,往往与"定"合称,指通过心注一境而使心处于宁静思虑的状态,以观悟特定的对象或义理的思维修习活动。禅或禅那,旧译也作"弃恶""思惟修""功德丛林"等。《大乘义章》卷十二说:"言禅那者,此名思惟修,亦名功德丛林。上界静法审观方成名思惟修,能生诸德故复说为功德丛林。"④佛教认为,修习禅定可以比较有效地控制自己的情绪和心理活动,排除外界的各种引诱和干扰,使精神趋于集中,以对治烦恼,使人由痴而智,由染而净,转恶为善。因此,佛教一向重视禅定的修习。大乘佛教更是在小乘禅的基础上对禅作了进一步的发展。与小乘禅相比,大乘禅的范围更扩大了,有无量无数三昧的名称。同时,大乘禅不再拘泥于静坐等某些固定的形式,而是依附于大乘佛教理

---

① 《大正藏》第3册,第24页上~中。
② 《大正藏》第44册,第705页中。
③ 《大正藏》第31册,第51页中。
④ 《大正藏》第44册,第705页中。

论,它作为观悟佛理的重要方法,与教理教义密不可分。例如观悟诸法性空实相的"实相禅"、与大乘般若思想相结合的"般若禅"等。作为六度之一的禅定,在佛教中占有很重要的地位。

智慧度,梵文 Prajnaparamita,这里的智慧,特指般若,故音译作"般若波罗蜜多"。《大乘义章》卷十二说:"言般若者,此方名慧。于法观达,故称为慧。"[1]般若智慧是佛教所说的观悟万法性空的一种智慧,获得了般若智慧,就实现了解脱,故"般若波罗蜜多"又意译为"智慧到彼岸"。大乘佛教强调,只有通过对世俗认识的彻底否定,才能获得般若,体悟佛教的真理,把握世界万法的性空实相,从而达到解脱。由于色即是空,空即是色,性空不离万法,而般若智慧如果离开了世俗认识所能接受的方式,也无法教化众生,故大乘佛教同时也十分强调面向世俗社会、运用世俗认识手段以在日常生活中化度众生的必要性,这就是"方便善巧"(音译"沤和")的运用。因而般若往往是与方便结合在一起的。《大智度论》中说:"般若波罗蜜甚深微妙,不以方便说则无解者。""般若与方便,本体是一。"[2]《肇论·宗本义》中也说:"沤和般若者,大慧之称也。诸法实相,谓之般若;能不形证,沤和功也。适化众生,谓之沤和,不染尘累,般若力也。然则般若之门观空,沤和之门涉有。涉有未始迷虚,故常处有而不染;不厌有而观空,故观空而不证。"[3]般若智慧在佛教中有特别重要的地位。大乘佛教甚至认为:"有般若在世,则为佛在。所以者何?般若波罗蜜是诸佛母,诸佛以法为师,法者即是般若波罗蜜。"[4]在六度中,以般若为最尊,"布施……

---

[1] 《大正藏》第 44 册,第 705 页中。
[2] 《大智度论》卷一百,《大正藏》第 25 册,第 751 页中、第 754 页下。
[3] 《大正藏》第 45 册,第 150 页下~151 页上。
[4] 《大智度论》卷一百,《大正藏》第 25 册,第 755 页下。

持戒、忍辱、精进、一心分布诸经教人,不及菩萨摩诃萨行般若波罗蜜也"①。

从六度的内容可知,在"三学"基础上发展起来的大乘"六度",主要是在戒定慧之外又加上了"布施""忍辱"和"精进",与小乘的偏重自利相比,更突出了大乘菩萨自觉觉他、自度度人的决心与慈悲精神。布施与忍辱反映了一种克制自我来济度众生的人伦情怀,精进则体现了一种为达到觉行圆满的最终目的而百折不挠的精神。大乘"六度"的修持方法体现了个人解脱与众生得救的结合,特别反映了佛教为适应不同地区和民族的需要而日益伦理化、世俗化的倾向。

---

① 《道行般若经》卷二,《大正藏》第 8 册,第 436 页中。

第十二章　中国佛教主要宗派的理论

隋唐时期中国化佛教宗派的相继创立,既标志着中国佛教文化的鼎盛,也标志着中国化佛教理论的成熟。中国佛教主要宗派的理论是中国佛教文化中最值得重视的宝贵财富,它构成了中国佛教文化的基础与核心。隋唐时期形成的诸多佛教宗派的理论中,以天台宗的性具实相说、法相唯识宗的法相唯识学、华严宗的法界缘起论和禅宗的修心见性论为最有代表性,下面就对此逐一作些论述。

第一节　性具实相说

性具实相说是天台宗最具特色的理论,在展开这一理论之前,我们先来概述一下天台学的大纲,它大致可以被归结为教与观两个方面,即五时八教的判教理论与止观并重的实践法门。

一、五时八教与止观并重

判教的方法非中土所创,它在印度佛籍中已有运用,如《楞伽经》分顿、渐二教,《解深密经》分有、空、中三时,《涅槃经》分五味(五时)等,但中国佛教的判教在宗派的形成过程中以及在各宗的理论上都占有十分重要的地位,它是佛教各宗派对外防止攻击、对内融会利用的重要措施,这在天台宗这里也得到了充分的体现。天台宗在创立过程中,就通过批评南北朝时的所谓"南三北七"的十种判教学说而提出了自己的"五时八教"①的判教理论。

所谓"五时",是把佛的说法分为五个阶段:(1) 华严时,谓释迦牟尼成道之初,首先为慧根者说《华严》圆顿之教,令速悟入。由于深奥难懂,悟解者甚少。(2) 鹿苑时,谓佛为根机较浅不堪领受《华严》大法的初学者,于鹿野苑等地,讲说《阿含经》等小乘经典,宣说苦集灭道"四谛"之理。(3) 方等时,谓佛对已有小乘基础者,开始说《维摩经》《楞伽经》等大乘经典,令其耻小慕大。(4) 般若时,谓佛为破除各种执著,明我法皆空,显中道实相之理而广说《般若》类经典,此有通别之分,通即共般若,为三乘共学,别即不共般若,为菩萨独进。以上三时,从说法形式看,俱为渐教。(5) 法华涅槃时,此时宣说佛陀出世之本意,为佛陀最后的说教,直明一佛乘真实之教,从说法形式看,这属于非顿非渐教。其中的《法华》和《涅槃》虽然并列,但在具体论述上,智顗对两经的看法其实是有区别的。在他看来,《法华》原始终要,唯论如来设教之大纲,是最圆满、最究竟的法门,《涅槃》则对未能于《法华》得悟者而说,相当于对《法华》的补充,在照顾到当时受教界普遍重视的《涅槃经》之地位的同时,智顗事实上更为强调《法华经》的权威,《法华》畅如来出世之本怀,开示真实一乘,故能遍摄一切众生,而其他佛典都是化导不同众生的方便权说,具有不同的教相。在全面安排与系统调整各类佛经的基础上来突出《法华经》的崇高地位,乃是智顗判教的根本意图。天台宗奉《法华经》为根本经典,因而借"五时"之说

---

① 关于"五时八教",高丽僧人谛观在其《天台四教仪》中开门见山地提出:"天台智者大师以五时八教判释东流一代圣教"(《大正藏》第 46 册,第 774 页下),明确肯定"五时八教"是智顗的判教理论。但"五时八教"这一术语的明确提出,现在一般认为最早是在湛然的著作中,例如其著《止观辅行传弘决》卷五之二中说:"乃至五时八教,一期终始,今皆开显束入一乘。"(《大正藏》第 46 册,第 292 页上)而谛观则在《天台四教仪》中对此作了进一步的发挥。

来抬高本宗。

所谓"八教",指"化法四教"和"化仪四教"。"化法四教"是根据佛教化众生的教法内容划分的,它包括:(1)藏,即经律论三藏,指小乘《阿含经》;(2)通,即义通大小,指诸部《般若经》;(3)别,即区别于小乘,指专为菩萨讲的大乘经;(4)圆,即圆满、圆妙,指《法华经》义。"化仪四教"是根据佛传教的不同形式划分的,它包括:(1)顿,指不分阶次,顿至佛位;(2)渐,指由小入大,渐次修行;(3)秘密,指"同听异闻,互不相知";(4)不定,指"同听异闻,彼彼相知"。灌顶对"八教"有一个形象的比喻,把"化仪四教"比作治病的"药方",把藏、通、别、圆的"化法四教"比作"药味":"顿、渐、秘密、不定,化之仪式,譬如药方;藏、通、别、圆,所化四法,譬如药味。"[①]由此也可大致了解"化仪"与"化法"两者的关系。

完整的"八教"之说,乃出自智顗弟子灌顶的总结,而智顗原来的说法是三种教相和四教义,三种教相为顿、渐、不定,四教义为藏、通、别、圆。

在《法华玄义》卷十上中,智顗明确指出其判教的"大纲"为顿、渐、不定三种教相,并认为此三教各可约"教门"与"观门"而分别作二解。可见,智顗以三种教相为判教大纲是以他的教观一致论为基础的,这一点事实上直到明末智旭撰作《教观纲宗》时才被重新引起注意。智顗三种教相的判教,就"教门"而言,第一是顿教,值得注意的是,智顗并不仅仅把《华严》归属该门,在他看来,如《维摩》《大品》《涅槃》等大乘经中显示该教相的内容也都归属该门,换言之,他是纯粹以"教相"来作分判的,而不是仅机械地作"教部"的归类,即简单地把某经置于某一部类,如南方诸家所做的那样。第二是渐教,指《涅槃经》所说的"五味"次

[①] 《天台八教大意》,《大正藏》第46册,第769页上。

第①。智𫖮比较强调《涅槃经》的五味之喻主要是从众生根机的不同来说的，不同的根机适应不同的教说，这与当时一般从教法的深浅上去理解五味是有所不同的。同时，这里突出的也是"教相"而不是"教部"，智𫖮主要是想从众生根机上去说明渐教的方便设立。第三是不定教，即不为顿、渐二门所摄的教门，佛以一音演说法，众生约根性的不同，于五味之中，能处处得见佛性，并不一定要按照五味的先后次第，这譬如《涅槃经》所言，置毒乳中，乃至醍醐，遍五味中，悉有杀义。智𫖮有时也把不定分为"显露不定"与"秘密不定"两种，但他主要是以显教来作判释的，秘密不定可直言为密教，"秘密既隐，非世流布，此置而不论"②，故一般不在他考察和论述的范围之内。而智𫖮之所以要特别强调三种教相，是因为它正好可与他所传的三种止观相配合而构成他的教观一致论，与之相配的三种止观分别是圆顿止观、渐次止观与不定止观，而这三种止观同时也就是约"观门"而言对上述三种教相的解释。

智𫖮弟子灌顶开始有"化仪四教"的说法，并与"化法四教"相结合而构成所谓的"八教"。对此，他是这样说的："前佛后佛，自行化他，究其旨归，咸宗一妙佛之知见。但机缘差品，应物现形，为实施权，故分乎八。"③这就是说，"八教的划分，完全是为了让各种不同'根机'的'众生'，都能'悟'得'诸法实性'的一种'随机说法'的'权'便作法。至于佛教的根本'旨归'，则'咸宗一妙佛之知见'，'唯有一乘实，无二亦无三'，更不会有什么'八教'的差别。这正是天台宗人意在消除、融解佛教内部思想

---

① 《大般涅槃经》卷十四云："譬如从牛出乳，从乳出酪，从酪出生酥，从生酥出熟酥，从熟酥出醍醐；醍醐最上，若有服者，众病皆除。……《大涅槃》犹如醍醐。"(《大正藏》第12册，第449页上)智𫖮的《法华玄义》卷十下把"五时"教判喻以五味：华严时如乳味，阿含时如酪味，方等时如生酥味，般若时如熟酥味，法华时如醍醐味。
② 《法华玄义》卷六下，《大正藏》第33册，第754页中。
③ 《天台八教大意》，《大正藏》第46册，第769页上。

矛盾的一种具体反映"①。

化仪四教实际上是对智𫖮三种教相的发展,即将显露不定与秘密不定开而为二,合顿、渐两教而为四教。显露不定又称"不定教",秘密不定又称"秘密教",两者的区别在于,佛以一音说法,"同听异闻,互不相知,名秘密教;同听异闻,彼彼相知,名不定教"②,这里顿、渐两教也不再是纯从教相上分判的,而是主要就"五时"立言的,即以《华严》为顿,《阿含》《方等》《般若》为渐,《法华》《涅槃》为非顿非渐。之所以称为"化仪",如上所说,是因为它系"化之仪式,譬如药方",即就佛陀化导众生的方式而作的分判。应该承认,同"化法四教"相结合,"五时八教"的判教体系单就"教"而言显得更为系统,但它似乎忽略了智𫖮以三观配三教的教观统一论的基本思想,明末智旭撰《教观纲宗》,对历代相承的"五时八教"说提出质疑,就是企图恢复智𫖮判教原则的一种努力。

现代学者中也有人提出"化仪四教"与智𫖮的三种教相并不相合,并据此而质疑"四时八教"为智𫖮思想的说法。此说最早由日本学者关口真大提出,例如他说:"在《法华玄义》之教相玄义大纲有顿、渐、不定之三种教相,从来皆说五时八教是天台大师的教判,但自《法华玄义》以及天台大师之撰述中,却看不出有五时八教之说,五时八教的教判论,乃后代中国天台的产物。"③中国学者潘桂明赞同此说,认为这"是从对智𫖮著作的直接考察中得出的。既然智𫖮本人明确指出'一顿、二渐、三不定'是他教相判释的'大纲三种',我们就没有必要将天台后学的'化仪四教'说成是智

---

① 郭朋:《中国佛教思想史》(中卷),福建人民出版社1994年版,第113页。
② 《天台八教大意》,《大正藏》第46册,第769页中。
③ 关口真大:《天台止观的构成和特色》,载张曼涛主编:《现代佛教学术丛刊》第58册《天台典籍研究》,台湾大乘文化出版社1979年版,第56页。

颉的原意"①。但也有学者认为,智颉"言不定即已共举秘密与不定,因其互为显密,举此即已举彼,因此之故,秘密之列入'化仪四教',既不与智颉之原意相左,亦不与其所说之'大纲三种'相背,因此亦不与'三种止观'相背"②。我们认为,"化仪四教"与智颉的"三种教相"确定不完全相同,但亦可视为是对智颉"三种教相"的进一步展开和发展。

所谓化法四教,实际上也是对智颉"四教义"的进一步系统化。其中"藏教"以小乘为对象,傍化菩萨,它以生灭四谛为教理,认为有苦可舍、有集可断、有道可修、有灭可证,在观法上则是通过析空观断见、思二惑,证得偏空之理而入于无余涅槃。"通教"以菩萨为对象,傍通二乘,它以缘起性空的无生四谛为教理,认为诸法如幻如化,当体即空,故四谛生即无生,在观法上则是通过体空观由假入空,是大乘的初门。"别教"以因缘假名的无量四谛为教理,在观法上则由空入假,进一步认识四谛的无量行相,上根之人还能因此由假入中,不过,由于三谛隔别而观,即它是"次第三观"而非圆顿的"一心三观",因此所见证的乃是与空、假不融的"但中之理"。"圆教"以不可思议的无作四谛为教理,所谓"阴入皆如,无苦可舍;无明尘劳即是菩提,无集可断;边邪皆中正,无道可修;生死即涅槃,无灭可证"③,它以圆顿的"一心三观"为观法,所见证的乃是即空即假即中的性具实相。在天台宗人看来,所谓"圆教"就是《法华》经义和天台教说,因而诸经中《法华经》最高,诸说中天台教说最高。

天台宗的"五时八教"说本身就体现了某种圆融精神,同时,它使佛教的不同教义既有高下区别,又能并行不悖,在抬高本宗崇奉的法华教义的

---

① 潘桂明:《智颉评传》,南京大学出版社1996年版,第398页。
② 董平:《天台宗研究》,上海古籍出版社2002年版,第51页。
③ 《摩诃止观》卷一上,《大正藏》第46册,第1页下。

同时也把佛教的各种异说融通起来了。

天台宗正式提出止观并重,定慧双修,并将其作为最高的修行原则,这同样也体现出了它调和与圆融的特点。止,即禅定,乃是使精神专注;观,即智慧,乃是在止的基础上观想特定的对象而获得佛教的智慧或功德。止观本是佛教的基本修证方法,但南北朝时期,由于南北分裂,北方重禅法,南方重义理,止观被析为两途,佛教传统中定慧双开、止观并重的实践原则在一定程度上遭到了破坏。北朝末叶,菩提达摩在嵩洛一带传"南天竺一乘宗",以四卷本《楞伽经》印心,强调"理入"与"行入"并重,表明了当时两者重新回归统一的新趋势。与此同时,天台宗前驱慧文禅师以《大智度论》指导禅修,创造性地引入了"一心三观"的观心法门;弟子慧思,南游衡岳,更深得南北佛法之长,他"昼谈义理,夜便思择",把教与禅、定与慧有机地结合起来,依《法华经》而自悟"法华三昧"。智顗承慧文、慧思之后,在南北走向统一的社会政治背景下,进一步把止观并重确立为佛教实践的根本性原则,他在《修习止观坐禅法要》中明确提出:"泥洹之法,入乃多途,论其急要,不出止观二法。"他把止与观、定与慧比作"车之双轮""鸟之双翼",认为"若偏修习,即堕邪倒"①。宋代释元照在为智顗的《修习止观坐禅法要》一书所作的序中曾写道:"台教宗部虽繁,要归不出止观,舍止观不足以明天台道,不足以议天台教。"②表明天台宗的整个学说体系,都是围绕着止观而展开的。

值得注意的是,止观并重并不是两种修行方法外在的平行共举,而是"非禅不慧,非慧不禅,禅慧不二,不二而二"③的,它们的统一乃出自其内

---

① 《大正藏》第46册,第462页中。
② 《大正藏》第46册,第462页上。
③ 《观音玄义》卷上,《大正藏》第34册,第882页上。

在的圆融互具，"言定即有慧，言慧即有定"①，如果硬要将其分为两截，就既不能修成止，也不能修成观。对此，东晋庐山慧远也早就说过："禅非智无以穷其寂，智非禅无以深其照，则禅智之要，照寂之谓，其相济也。"②但由于止观并重的原则在很长时期并没有得到很好贯彻，因而天台宗重新强调和倡导并把它作为最高的修行原则，是有重要意义的。同时，由于智𫖮等人致力于将止观并重的原理及其实践予以体系化，这既使天台宗在佛学方面达到了很高的水平，也使其在实践方面保持了平实稳妥的状态③，从而奠定了天台宗在教理和实践上的基本特色。

智𫖮所传的止观有三种，即渐次、不定与圆顿。渐次乃初浅后深，比如登梯，智𫖮有《释禅波罗蜜次第法门》（又名《次第禅门》）十卷来开演此门；不定则没有固定的阶次，可以前后互更，一般认为《六妙法门》一卷是智𫖮开演此门的代表作；圆顿与前两者均不同，它"初缘实相，造境即中，无不真实"④，是对"纯一实相"当下、直接、圆满的体证，天台三大部之一的《摩诃止观》，集中论述的就是这一圆顿法门。此外，智𫖮另有《修习止观坐禅法要》一卷，又名《童蒙止观》或《小止观》，一般认为它是《摩诃止观》的概要。

天台宗止观并重、定慧双修的宗风之确立，标志着南北朝时期北方佛教重禅修而南方佛教重义理的不同学风得到了融合与统一，也标志着隋唐时期中国佛教的发展进入了一个新的发展时期。在天台宗以后建立起来的隋唐佛教各宗派，例如法相唯识宗、华严宗和禅宗等，也都是强调理论与修行并重的。

---

① 《观音义疏》卷下，《大正藏》第34册，第931页上。
② 《出三藏记集》卷九《庐山出修行方便禅经统序》。
③ 请参阅潘桂明、吴忠伟：《中国天台宗通史》导言、第四章，江苏古籍出版社2001年版。
④ 《摩诃止观》卷一上，《大正藏》第46册，第1页下。

二、三谛圆融与一念三千

天台宗的中心理论是性具实相说。性,指法性,亦即真如,是佛教所谓的精神本体。天台宗认为,世界万法都是本来具足的,千差万别的事物和现象当体就是实相(真实的相状),都显示了法性真如的本相,这就是性具实相说的基本观点。其义理主要又有相互联系的两个方面,即"三谛圆融"和"一念三千"。

"三谛圆融"是从"一心三观"发展而来的。"一心三观"据说是北齐慧文禅师的独创,意谓通过修习般若,可以于"一念心"中同时观悟佛教的空、假、中三谛。据说慧文因读《大品般若》有关"三智"的经文,参以《大智度论》的解释,认为"三智"可于一心中得,继而又联系《中论》的"三是偈",以"三智"与"三谛"相配,从而创立了"一心三观"说。所谓"三智",指道种智、一切智、一切种智。一切智体证缘生假法的缘起空性(对现象之共性认识),为声闻、辟支佛所得;道种智认识缘生假法的各别行相,为菩萨所得;一切种智双照空、有,契证空有不二的中道实相,此唯佛的境界。《般若经》中说,修习般若,就能依次得到这三种智:

> 菩萨摩诃萨,欲具足道慧,当习行般若波罗蜜;菩萨摩诃萨欲以道慧具足道种慧,当习行般若波罗蜜;欲以道种慧具足一切智,当习行般若波罗蜜;欲以一切智具足一切种智,当习行般若波罗蜜;欲以一切种智断烦恼习,当习行般若波罗蜜。[①]

《大智度论》在解释此三智时,提出了三智可"一时"于"一心中得"的说

[①] 《摩诃般若波罗蜜经》卷一,《大正藏》第8册,第223页上。

法，但仍保留了三智的次第差别，认为"虽一心中得，亦有初、中、后次第"，这是"为令人信般若波罗蜜故，次第差别说"①。到了慧文这里，他却强调，可于"一念心"中顿获"三智"，并不存在先后的次第，这就是天台宗人津津乐道的所谓"一心三智"。据说慧文依经论而修心观时，就证得了"一心三智"。而此三智所观照的境界，又正好就是《中论》"三是偈"所说的空、假、中三谛，这就成了慧文所悟得的"一心三观"。《佛祖统纪》卷六记载说：

> 师依此文，以修心观。《论》中三智，实在一心中得。且"果"既一心而得，"因"岂前后而获？故此观成时，证一心三智，双亡双照，即入初住无生忍位。师又因读《中论》，至"四谛品"偈云：因缘所生法，我说即是空，亦名为假名，亦名中道义。恍然大悟，顿了诸法无非因缘所生。而此因缘，有不定有，空不定空，空有不二，名为中道。②

这就是说，慧文证得了"一心三智"，后又恍然大悟，顿了空、假、中三谛。这样，"一心三智"就成了"一心三观"。可见，"一心三智"是从智慧方面讲，"一心三观"是从观法上讲，两者在本质上其实并无差异。由于"一心三观"既与龙树的《大智度论》有关，又与龙树的《中论》相连，而天台宗又将"一心三观"作为自己教说的重要内容，因而天台宗也就自然与龙树拉上了法统关系。③

---

① 《大智度论》卷二十七，《大正藏》第25册，第260页中。
② 《大正藏》第49册，第178页下。
③ 对于慧文创"一心三观"，潘桂明的如下分析可供参考："慧文是否确如《佛祖统纪》所说，由《大智度论》《中论》的启发而证得'一心三智'，并进而建立'一心三观'，现已无法考查。《佛祖统纪》为南宋时天台宗沙门志磐所著，有关慧文立'一心三观'之说不知依据何在，其疑点已为众多学者指出。但是，'一心三观'后来事实上已成了天台宗的重要教学内容，为智𫖮所继承和发挥。这也就意味着，这很可能是后人根据智𫖮的学说加以推测所得。（转下页）

天台宗的实际创始人智𫖮对"一心三观"作了更为系统的论述①,他进一步把"一心三观"与"诸法实相"联系起来,认为空、假、中就是诸法实相的基本内涵,是真理的三个方面,故称"三谛",即三条真理,这三谛相即相通,圆融无碍,故称"三谛圆融"。所谓一空一切空,无假中而不空;一假一切假,无空中而不假;一中一切中,无空假而不中。因此,观空、假、中三谛并没有时间上的先后问题,"三谛具足,只在一心"②,"一念心起,即空、即假、即中"③。对此,让我们来看智𫖮的论证。

首先,智𫖮依据止观并重的基本原则,"映望三观"而"随义"立"三止"之名④,形成了他所谓的"三止三观"的学说。"三观"一名,源自《菩萨璎珞本业经》中的"贤圣学观品":

> 三观者,从假名入空二谛观,从空入假名平等观,是二观方便道,因是二空观,得入中道第一义谛观。⑤

智𫖮的解释发挥是:(1) 二谛观。二谛观从假入空,即认识诸法缘起如幻、空无自性、虚妄不实,从而上不见有佛果可求,下不见有众生可度,这里"俗是所破,真是所用,若从所破应言俗谛观,若从所用应言真谛观,破

(接上页)为了证明本宗学说的源远流长,天台宗学者有必要将它追溯到慧文,乃至追溯到印度中观学派创始人龙树。"潘桂明:《智𫖮评传》,第 165~166 页。

① 有的学者还提到了天台宗三祖慧思在这个问题上对智𫖮的影响,认为慧思在慧文"一心三观"的基础上,联系《法华经》"十如是"之说而发展出的诸法"十如实相"说,为智𫖮的"一心三观"说和"圆融三谛"说奠定了理论基础。参见潘桂明、吴忠伟:《中国天台宗通史》,第 118~119 页。
② 《摩诃止观》卷六下,《大正藏》第 46 册,第 84 页下。
③ 《摩诃止观》卷一下,《大正藏》第 46 册,第 8 页下。
④ 《摩诃止观》卷三上,《大正藏》第 46 册,第 24 页上。
⑤ 《大正藏》第 24 册,第 1014 页中。

用合论故言二谛观"①。(2)平等观。平等观从空入假,缘起性空不碍假相宛然,唯有达到空假同用的平等观,才能不沉空沦寂而方便利益六道众生,这里的假不同前者,前者假在空前,是对名相的虚妄执著,后来知礼把它称为"生死假";这里假在空后,乃是名相的方便施设,后来知礼称之为"建立假"。(3)中道第一义谛观。以前二观为方便,可以得入中道第一义谛,一方面,初观是空生死,后观是空涅槃,"双遮二边,……得会中道"②;另一方面,"初观用空,后观用假……入中道时能双照二谛"③,如此双遮双照,自然得会中道第一义谛。

按照三观的名义,智𫖮又提出三止分别与之相配:一是"体真止"。知诸法乃因缘假合、当体即空,一切攀缘妄想则自然息灭,它对应于三观中的二谛观。二是"方便随缘止"。菩萨以无所得为方便,随顺众生的不同机缘,应病与药教化众生,心安于此,故名为止,它对应于三观中的平等观。三是"息二边分别止"。知俗谛有非真有,唯是假名,则俗边体性空寂,知真谛空非真空,不碍假相宛然,则真边亦体性空寂,如此止息对空、有二边的分别执著,便能使心安于中道谛理,它对应于三观中的中道第一义谛观。

三止的名义于经文无征,是智𫖮自己的创构。不过,与三止相比,智𫖮似乎更为重视三观的意义,三观以空、假、中三谛为所观境,因此也可分别称为空观、假观与中道观,而以三观观三谛,所得的便是三智:

今用从假入空观为因,得成于果名一切智;用从空入假观为因,

---

① 《摩诃止观》卷三上,《大正藏》第46册,第24页中。
② 《摩诃止观》卷三上,《大正藏》第46册,第24页下。
③ 《摩诃止观》卷三上,《大正藏》第46册,第24页下。

得成道种智果；用中观为因，得成一切种智果也。①

如此"所照为三谛，所发为三观，观成为三智"②，一个止观学说的基本理论框架便被建构起来了。

其次，在三止三观说的基础上，智𫖮通过与次第三观的比照，确立了一心三观作为圆顿止观的特殊地位。在他看来，上述对三止三观的疏理尚是一种可思议的方便渐次，虽然其实质与一心三观并无不同，但它主要是接引钝根人的，由于三智并非一心顿得，因此所证悟的三谛也隔别不融，一心三观则是不历阶次于一心中同时观照空、假、中三谛，对此，智𫖮的解释是：

> 一空一切空，无假中而不空，总空观也；一假一切假，无空中而不假，总假观也；一中一切中，无空假而不中，总中观也。即《中论》所说不可思议一心三观。③

空同时即具假、中，而从空的角度来观照，假、中亦即是空，此为总空观，假、中亦同样如此，可见，这里随举一观即具三观，与上述次第隔历的三观有根本性的"圆""别"之殊。智𫖮认为，"一心三观者，正是圆教利根菩萨之所修习"④。

最后，更为重要的是，一心三观的落脚点是观心法门，只有从"一念无明法性心"出发，所谓一心三观、三谛圆融、一念三千等天台宗要义才有得

---

① 《法华玄义》卷三下，《大正藏》第33册，第714页中。
② 《摩诃止观》卷五上，《大正藏》第46册，第55页下。
③ 《摩诃止观》卷五上，《大正藏》第46册，第55页中。
④ 《摩诃止观》卷二，《大正藏》第38册，第528页下。

以澄清的可能。在《摩诃止观》"正修止观"章中,智𫖮对观心法门作了集中论述,在他看来,虽然五阴、十二入、十八界是正修止观的通境,但其中又以观心为本:

> 论云:一切世间中,但有名和色,若欲如实观,但当观名色。心是惑本,其义如是,若欲观察,须伐其根,如灸病得穴。今当去丈就尺,去尺就寸,置色等四阴,但观识阴。识阴者,心是也。①

此心首先乃是根尘相对而起的一念无明虑知心,对此,智𫖮还有一个简别:

> "质多"者,天竺音,此方言"心",即虑知之心也。天竺又称"污栗驮",此方称是草木之心也,又称"矣栗驮",此方是积聚精要者为心也。今简非者,简积聚、草木等心,专在虑知心也。②

这里的虑知之心乃是与色相对而专就主体特有的活动而言,智𫖮所谓"对境觉知异乎木石名为心"③,亦即此意。在智𫖮看来,这一"心"是不可思议的,它能生一切世间、出世间诸法名字,这是因为,十二因缘十法界的缘起总体皆依一念无明而起,并随之而回转,换言之,缘起的总体性正是随着一念无明而敞开,它既不越出于一念无明之外,也不为一念无明所包含,相反,一念无明与世间具有共同的论域,一念无明即世间。

所谓观心法门,就是以这一念心起的十二因缘十法界为所观境,如此

---

① 《摩诃止观》卷五上,《大正藏》第46册,第52页上~中。
② 《摩诃止观》卷一上,《大正藏》第46册,第4页上。
③ 《摩诃止观》卷二上,《大正藏》第46册,第14页下。

虽历一切法，而从根本上说，亦只是观一念无明心，这就是智𫖮所谓"色心不二，不二而二，为化众生，假名说二"①的意义。不过，在智𫖮看来，"一念无明法性心"作为总纲，若广说，应为"四句成一偈，即因缘所生心，即空即假即中"②，上面所达到的还只是"因缘所生心"的层次，更为重要的是，一念无明之所以具十二因缘十法界，乃因为一念心起，是即于空、假、中的，无明心同时也就是法性心。

于一念心起的十二因缘十法界中观照到空、假、中三谛的圆融互具，乃是观心中能观的意义，也是观心所要达成的结果，其理论根据，就是《中论》的"三是偈"，智𫖮解释道：

一念心起，即空即假即中者，若根若尘，并是法界，并是毕竟空，并是如来藏，并是中道。云何即空？并从缘生，缘生即无主，无主即空；云何即假？无主而生即是假；云何即中？不出法性，并皆即中。当知一念即空即假即中，并毕竟空，并如来藏，并实相，非三而三，三而不三。……此一念心不纵不横，不可思议。③

这里的毕竟空、如来藏与实相，智𫖮称之为"三轨"，毕竟空即观照轨，指观照实相的般若智慧；如来藏即资成轨，指助成观照的无量诸行；实相即真性轨，指真如实相本身，它们分别对应于止观中的空、假、中三观。如此以空观观心，则十法界虚幻无主、唯有名字；以假观观心，则一心具十法界，假相宛然；以中观观心，则一心即十法界，皆入实相，不可思议。而从根本上说，空、假、中又只是对同一实相在不同层面的观照，用智𫖮的说法，点

---

① 《四念处》卷四，《大正藏》第46册，第578页上。
② 《四念处》卷四，《大正藏》第46册，第578页下。
③ 《摩诃止观》卷一下，《大正藏》第46册，第8页下~第9页上。

实相而为第一义空,点实相而为如来藏,实相有非真有,空非真空,所以可作三谛的分别,但虽有三谛,其实只是一实谛,实相非纵非横,所以三谛亦非纵非横,圆融互具:

> 虽三而一,虽一而三,不相妨碍。三种皆空者,言思道断故;三种皆假者,但有名字故;三种皆中者,即是实相故。但以空为名,即具假、中,悟空即悟假、中,余亦如是。①

通过以上的梳理,我们大致能得到"一念无明法性心"的全幅展开。一方面,十二因缘十法界的缘起总体随一念无明心而回转,故一念心即具世间、出世间一切诸法;另一方面,更为重要的是,这一念心起,是即于空、假、中的,无明心同时也就是法性心,如此心具诸法、一心三观、三谛圆融才得以可能。智𫖮总结道:

> 唯信此心但是法性,起是法性起,灭是法性灭,体其实不起灭,妄谓起灭。只指妄想,悉是法性。以法性系法性,以法性念法性,常是法性,无不法性时。体达既成,不得妄想,亦不得法性。……观者观察无明之心,上等于法性,本来皆空,下等一切妄想善恶,皆如虚空,无二无别。②

可见,虽然在观心实践中我们不妨有能、所的方便施设,但在事实上,此一念心与世间、出世间一切诸法却圆融互具,它们在即空即假即中的实相层

---

① 《摩诃止观》卷一下,《大正藏》第46册,第7页中。
② 《摩诃止观》卷五上,《大正藏》第46册,第56页中。

面上达到了统一。

总之,智𫖮的"三谛圆融"是在"一心三观"的基础上成立的,而三谛之所以圆融,原因就在于它们本来就是实相的三种表现,以实相为理论基础的"三谛圆融"强调的是一心所观三谛的无次第性和无前后性,智𫖮说:

> 即中即假即空,不一不异,无三无一。二乘但一即,别教但二即,圆具三即。三即真实相也。……一心即三,是真实相体也。①

一旦契入实相,其实也就无所谓空假中之异,这时就可以直言"一实谛",一实谛乃是三谛的圆融。同时,由于"心是一切法,一切法是心"②,从根本上说,一念无明法性心与实相无二无别,因而一心三观、三谛圆融实际上说的也就是以心观心,也就是说,在"一心三观"基础上发展起来的"三谛圆融"强调的是空、假、中三谛在"一念心"中的圆融统一。在智𫖮这里,"三谛、三观、三智虽有名义上的差别,但都为一心所摄;一念心既圆融三观、三智,又圆融三谛。……作为认识主体的'心'与认识对象的'三谛'是统一的,一心同时具足三观、三智之时,也就具足了三谛,……三谛、三观、三智只是从不同的侧面体现'心'的作用"③。天台宗的这种理论,在"一念三千"中有更进一步的发挥。

"一念三千"是智𫖮晚年成熟的思想,它表明,智𫖮并不是泛泛地谈论空、假、中三谛圆融,而是从"观心"法门的角度来谈的。空、假、中首先即于一念心起的缘起总体性,唯有基于对缘起总体性的观照,才能证悟到空、假、中三谛的圆融,而对缘起总体性的敞开,智𫖮是通过"十如是""十

---

① 《法华玄义》卷八上,《大正藏》第33册,第781页上。
② 《摩诃止观》卷五上,《大正藏》第46册,第54页上。
③ 潘桂明:《智𫖮评传》,第218~219页。

法界""三种世间"互具而成的"三千"来表征的,由此便形成了天台宗的另一个极为重要的思想"一念三千"说。

"一念三千"的"一念",也称一心;"三千",指三千世间,这里的三千,实际上并不拘于名数,它是对宇宙万有的总概括。概括言之,"一念三千"是说,六凡、四圣所见宇宙各不相同,由此构成"十法界"。这十法界之间是相互蕴含、相互转化的,每一界与另外九界是相通的。十法界各各互具,就成"百界"。百界中的每一界又各具"十如是",即成"千如"。百界千如各有众生、国土、五蕴这三种世间,便成"三千世间"。智顗认为,"此三千在一念心,若无心而已,介尔有心,即具三千"①,是谓"一念三千"。下面我们来看智顗的论证。

"一念三千"是智顗根据《法华经》的"十如是"思想加以发挥而提出来的。"十如是"出自罗什所译七卷本《法华经》的"方便品":

> 唯佛与佛乃能究尽诸法实相,所谓诸法如是相,如是性,如是体,如是力,如是作,如是因,如是缘,如是果,如是报,如是本末究竟等。②

这是说,可以从相、性、体、力、作、因、缘、果、报、本末究竟等十个方面来把握诸法实相,它们是一切诸法共通的相状,而唯佛才能究竟。对这"十如是"的意义,竺道生就曾有过解释,慧思则作出了新的阐发。在慧思看来,经文在相、性等前均置以"如是",是有其深义的,如者如实之谓,是说此十项就其本性而言都体性空寂。智顗继承慧思的思想,对"十如是"作出了进一步的创造性发挥。

---

① 《摩诃止观》卷五上,《大正藏》第46册,第54页上。
② 《大正藏》第9册,第5页下。

在智𫖮看来,"十如是"首先是从不同角度对缘起总体的说明:

> 相以据外,览而可别,名为相;性以据内,自分不改,名为性;主质名为体;功能为力;构造为作;习因为因;助因为缘;习果为果;报果为报;初相为本,后报为末,所归趣处为究竟等(云云)。①

细究"十如是"中的前九项,我们大致可以将其分成三组:一是相、性,相是事物显露于外的行相,性是事物内在的性分;二是体、力、作,体是事物的当体,力是事物具有的力用、功能,作是事物依其功能而有的作为;三是因、缘、果、报,近因为因,助缘为缘,由因得果,由善恶业得报,可见,这九项事实上无非就是对因缘所生法这一缘起总体的概念描述方式,亦即在缘起的假名施设中必然会体现出现象与本质、体性与功用、因缘与果报的范畴关系。而在慧思看来,九项前面之所以要加上"如是",是因为这些假名施设的范畴关系从根本上说是即于空性的。智𫖮则进一步提出,对此应有"三转读法":

> 依义读文,凡有三转。一云是相如、是性如乃至是报如;二云如是相、如是性乃至如是报;三云相如是、性如是乃至报如是。若皆称如者,如名不异,即空义也;若作如是相、如是性者,点空相性,名字施设,迤逦不同,即假义也;若作相如是者,如于中道实相之是,即中义也。分别令易解,故明空假中;得意为言,空即假中。约如明空,一空一切空;点如明相,一假一切假;就是论中,一中一切中。非一二三而

---

① 《法华玄义》卷二上,《大正藏》第33册,第694页上。

一二三,不纵不横名为实相。唯佛与佛究竟此法,是十法摄一切法。①

从根本上说,这十项乃是即于非纵非横的中道实相,具体说来,于十项所构成的缘起网络中见证其虚幻无主,所谓"约如明空",则一空一切空;缘起性空不碍假相宛然,所谓"点如明相",则一假一切假;双遮双照,即于中道,所谓"就是论中",则一中一切中。可见,于十项中,我们通过"三转读法",所能见证的就是空假中三谛平等互具、圆融无碍的中道实相。

以上述十法来分疏缘起总体,智𫖮称之为"通解",而约十界来论十如,认为十界的每一界都各具十如,就是所谓的"别解"。

十界即十法界,是就众生迷悟的不同而区分的十个层次,亦即所谓的"六凡四圣"。六凡指地狱、饿鬼、畜生、阿修罗、人、天,它们是处于轮回之中的迷妄法界;四圣指声闻、缘觉、菩萨、佛,这是圣者的觉悟法界。在智𫖮看来,这十界虽然因果各异、凡圣不同,因而都名之为界,但从根本上说,十界是互具的,任举一界,即具九界:

一法界具九法界,名体广;九法界即佛法界,名位高;十法界即空即假即中,名用长。即一而论三,即三而论一,非各异、亦非横、亦非一,故称妙也。②

之所以十界互具,是因为它们都由一念心起,而此一念心作为"一念无明法性心",当体即理,是即于空假中的,因此十界也就必然会形成一种"趣

---

① 《法华玄义》卷二上,《大正藏》第33册,第693页中。
② 《法华玄义》卷二上,《大正藏》第33册,第692页下。

一趣一切"的不可思议的缘起关系,所谓"此十皆即法界,摄一切法。一切法趣地狱,是趣不过,当体即理,更无所依,故名法界,乃至佛法界亦复如是"①。趣即趋向义,意为在十界中任举一界,必其余九界,而又不碍九界其各别的假相宛然。实相绝对平等,十界自必圆融互具,此乃法性自尔,绝非造作使然,所以智𫖮一再强调,"一念心起,十界中必属一界。若属一界,即具百界千法"②。十界各各互具,就成百界;百界中的每一界又各具十如是,即成千如。天台宗认为,百界千如,宛然具足于一心。

以百界千如与三种世间相配,谓百界千如各有三种世间,便构成了所谓的"三千世间"。三种世间是指:一"众生世间",又名有情世间,即由五蕴和合而成的一切有情,为能居之正报;二"国土世间",又名器世间,即有情所依居的环境,为所居之依报;三"五阴世间",即构成一切有情、无情的色、受、想、行、识五种基本要素。智𫖮认为,"一心具十法界,一法界又具十法界,百法界;一界具三十种世间,百法界即具三千种世间。此三千在一念心,若无心而已,介而有心,即具三千"③,由此便成"一念三千"。

在说明"一念三千"时,智𫖮特别强调了一念与三千的不可思议及相即关系,并对当时影响很大的地论师、摄论师的"生法论"主张进行了辩斥,认为他们都各有所偏。他说:

> 亦不言一心在前,一切法在后;亦不言一切法在前,一心在后。……若从心生一切法者,此则是纵;若心一时合一切法,此即是横。纵亦不可,横亦不可,只心是一切法,一切法是心故。非纵非横,非一非异,玄妙深绝,非识所识,非言所言,所以称为不可思议境,意

---

① 《法华玄义》卷二上,《大正藏》第33册,第693页下。
② 《法华玄义》卷二上,《大正藏》第33册,第696页上。
③ 《摩诃止观》卷五上,《大正藏》第46册,第54页上。

在于此(云云)。

问:心起必托缘,为心具三千法,为缘具,为共具,为离具?若心具者,心起不用缘;若缘具者,缘具不关心;若共具者,未共各无,共时安有;若离具者,既离心离缘,那忽心具?四句尚不得,云何具三千法耶?

答:《地论》云,一切解惑、真妄依持法性,法性持真妄,真妄依法性也。《摄大乘》云,法性不为惑所染、不为真所净,故法性非依持,言依持者,阿黎耶是也,无没无明盛,持一切种子。若从地师,则心具一切法;若从摄师,则缘具一切法,此两师各据一边。若法性生一切法者,法性非心非缘,非心故而心生一切法者,非缘故亦应缘生一切法,何得独言法性是真妄依持耶?若言法性非依持,黎耶是依持,离法性外别有黎耶依持则不关法性,何得独言黎耶是依持?又违经,经言非内非外,亦非中间,亦不常自有。又违龙树,龙树云,诸法不自生,亦不从他生,不共不无因。①

所谓心生一切法,乃是纵向的生成;所谓心合一切法,乃是横向的包含,这是智𫖮所要辩斥的第一种思路。他要否弃的第二种思路则是有所指的,主要是指地论师(此处可能指以慧光为代表的地论南道)以真心(法性)为依持,此为不待他缘自体即可生现一切法;摄论师以妄心为依持,是为不关法性唯待他缘即可生现一切法。虽有种种不同的说法,但他们的共同错误在于"定执性实"②,即认为有实在的生灭可得,从而陷于了如古印度数论所谓由"冥谛"(现在一般译为"自性")生诸谛这样的外道邪见之中,

---

① 《摩诃止观》卷五上,《大正藏》第 46 册,第 54 页上~中。
② 《法华玄义》卷二下,《大正藏》第 33 册,第 699 页下。

在智𫖮看来,这"尚不成界内思议因缘,岂得成界外不思议因缘?"①

一如《中论》以自生、他生、共生、离生四句觅生了不可得,一念与三千也仅是不可思议的"具"的关系。在《四念处》卷四中,智𫖮曾谈到别教、圆教"具不具"义的差别,他说:

> 若只作一法,不作一切法者,此是别意;若一法一切法趣一切,是趣不过,趣尚不可得,况有趣非趣?起一即法性,法性即法界,无一法出法界外。若有一法过涅槃者,我亦说如幻如化,故知一法具一切法,即圆义也。②

由于一念心起的缘起总体即于空假中的中道实相,因此三千中任举一法,必然同时具备三千的全部,在这个圆融互具的全息性的缘起总体中,任何所谓"生法"的考虑、任何对依持的知性执著都将显得多余。应该承认,借助于对般若精神的深刻悟解与灵活运用,智𫖮一念三千的性具实相说达到了自佛教汉传以来佛学思维水平的较高层次,以后无论是唯识的赖耶缘起说还是华严的法界缘起说,都似乎在不同程度上重复了智𫖮所曾批评过的"生法"错误。

从总体上看,智𫖮的"一念三千"从"只心是一切法,一切法是心"出发强调"心"与"万法"的相即本具、圆融统一,反对言心与法的先后,反对"从心生一切法者"或"心一时合一切法",强调心与一切法无论在时间还是在空间上都是平等统一,其理论基础还是性具实相理论,或者毋宁说,"一念三千"本身就是性具实相理论的重要展开,因为"一念与三千之所以

---

① 《法华玄义》卷二下,《大正藏》第33册,第699页下。
② 《大正藏》第46册,第574页上。

相即,除了三千诸法归于实相,还有一念之心也属实相,此一念心名之为'法性''性'。主体与客体的平等统一,也就是法性与实相的相即,因此,'一念三千'学说又名'性具实相'学说。由名义可知,该学说以实相论为最高原理,以探究世界的本质以及人与世界关系的本质为究竟"①。

从根本上说,天台宗的"一念三千"与"三谛圆融"是相通的,虽然"三谛圆融"似乎更多的论证了法与法之间空假中三谛的圆融,"一念三千"则更多论证了心法之间的圆融无碍,但两者都是"性具实相"论的理论展开②,都统一于"心即实相……心是诸法之本"③的基本立场,体现了天台宗理论的圆融特色。从"观心"的角度看,天台宗的"一念三千"集中反映了天台宗的宗教世界观。

根据这种宗教世界观,天台宗提出了它富有特色的解脱修行理论。既然六凡四圣"十界"各各互具,那么众生本性也就"性具善恶",即既具有地狱、饿鬼等界的恶法,也具有佛界的善法,众生与佛在根本上也就没有什么差别,迷即众生悟即佛,这就为一切众生皆有佛性、皆得修行成佛作了理论上的论证。"性具善恶"理论也是天台宗"性具"学说的重要组成部分,并且是富有特色的一部分,下面我们对此略作分析。

三、性具善恶与无情有性

从理论上说,性具善恶是三谛圆融、一念三千的题中应有之义,既然十界互具,则众生界必具佛法界性德之善,而佛法界亦必具众生界性德之

---

① 潘桂明:《智𫖮评传》,第 258 页。
② 吕澂曾分析说:"这两层实相论,一念三千和圆融三谛,极端主张一切法平等,都是天台止观的中心思想,也被称为止观所正观的不思议境。不思议并非神秘,不过表示这是无待的、绝对的而已。"见《中国佛学源流略讲》,第 33 页。
③ 《法华玄义》卷一上,《大正藏》第 33 册,第 685 页下。

恶。自竺道生倡"一切众生悉有佛性"以来,"具善"一说还能为佛教界普遍接受,虽然"善"之一义与通常所谓的"心净"说已经有了一定的距离。但说众生界,特别是佛法界,具性德之恶,这确为天台宗一家所独创,是天台性具圆义的不共法门。天台宗人自己也说:"只一具字,弥显今宗。以性具善,他师亦知,具恶缘了,他皆莫测。是知今家性具之功,功在性恶。"①意谓天台的性具理论,其独特之处及对佛教有贡献之处就在于它提出了"性恶"说。

相传慧思曾撰有《大乘止观法门》四卷,其中在谈到"不空如来藏"一义时,认为不空如来藏本具染、净二性,故名不空,一般都以此为天台"性具善恶"说的源头,但该论是否确为慧思所作,目前尚有疑问。比较确定的看法是,智𫖮在他晚年所作的《观音玄义》中明确提出了"性具善恶"的说法,而其用来论证的视角,乃是三因佛性的互具说。

在智𫖮的著述中,我们可以发现一系列的"三法",如所谓依一心三观观"三谛"(空、假、中)、破"三惑"(见思惑、尘沙惑、无明惑)、证"三智"(一切智、道种智、一切种智)、成"三德"(般若德、解脱德、法身德),此类"三法"都分别对应于空、假、中而三法之间圆融互具。三因佛性就是这样一种就成佛之因性而言的"三法"。所谓三因,智𫖮解释说,"法性实相即是正因佛性,般若观照即是了因佛性,五度功德资发般若即是缘因佛性"②。如就"三轨"而言,则正因即是真性轨,了因即是观照轨,缘因即是资成轨。如此以三因佛性为因,究竟便能分别成就法身、般若、解脱之涅槃三德。这里正因作为中道实相,自然既非染净,也非善恶,缘、了两因则不然:

---

① 《天台传佛心印记》,《大正藏》第46册,第934页上。
② 《法华玄义》卷十上,《大正藏》第33册,第802页上。

问:缘、了既具性德善,亦有性德恶否?答:具。问:阐提与佛断何等善恶?答:阐提断修善尽,但性善在;佛断修恶尽,但性恶在。问:性德善恶,何可不断?答:性之善恶,但是善恶之法门,性不可改,历三世无谁能毁,复不可断坏。……问:阐提不断性善,还能令修善起;佛不断性恶,还令修恶起耶?答:阐提既不达性善,以不达故,还为善所染,修善得起,广治诸恶。佛虽不断性恶,而能达于恶,以达恶故,于恶自在,故不为恶所染,修恶不得起,故佛永无复恶,以自在故,广用诸恶法门,化度众生,终日用之,终日不染,不染故不起,哪得以阐提为例耶?①

所谓善恶有性、修两个层面,就性德而言,则佛与众生平等无别,同具善、恶二性,这是永远也不会改变的;他们的差别乃在于"修得"的不同,阐提虽具性善,然未能通达于性善,故能为善所染而起于修善;佛虽具性恶,然能通达于性恶,故不能为恶所染而起于修恶。所谓通达性恶,也就是了达诸恶非恶,诸善非善,恶之实际即是善之实际,在中道实相的基础上,善、恶一体均等,如此便能广用诸恶法门,甚至入阿鼻地狱,处恶而不为恶所染,与一切众生同事共处而任运化度众生。

可见,智𫖮借助于三因佛性的视角来论证"性具善恶"说的关键在于三因的互具,也就是说,具善恶的缘、了两因即于非善非恶的正因,如此方能善恶相即。② 而所有"三法"的互具根本上乃是基于空、假、中三谛的互

---

① 《观音玄义》卷上,《大正藏》第34册,第882页下。
② 任继愈主编《中国哲学发展史》(隋唐卷)在分析天台宗的"性具善恶"理论时,曾以"性恶论"为标题,并作了如下概括:"我们可以简单回顾一下智𫖮的思想进程及其论证程序:首先,智𫖮把佛性分而为三,曰正、缘、了;其次指出此三因佛性是本来就有的,不是后来才产生的;再次,阐明正因佛性非染净、离善恶,而缘、了二因则是具染净、有善恶,最后指出 (转下页)

具,换言之,如果我们一定要确认"性具善恶"说的理论根据,那么三因互具只是一个论证的视角,而其中最为关键之处乃是无明即法性的天台宗要义。元代天台传人虎溪怀则在其《天台传佛心印记》中对此有一个比较清晰的说明,他说:

《法华》云,诸法实相,不出权实。诸法是同体权中善恶缘、了,实相是同体实中善恶正因。……三因既妙,言缘必具了、正,言了必具正、缘,言正必具了、缘,一必具三,三即是一,毋得守语害圆,诬罔圣意。若尔,九界三因,性染了因,性恶缘因,染恶不二是恶正因,岂唯局修,佛界三因,性善缘因,性净了因,善净不二即善正因。①

这是说,具善恶染净的缘、了两因相当于同体之权的"诸法",而善恶、染净不二的正因则相当于同体之实的"实相",因此三因互具事实上也就是基于"实相"的无明即法性义的引申。

所谓无明即法性,是说无明当体性空,故同于法性,在《法华玄义》卷五下中,智𫖮曾这样说:

今但明凡心一念即皆具十法界,一一界悉有烦恼性相、恶业性相、苦道性相。若有无明烦恼性相,即是智慧观照性相,何者?以迷明故起无明,若解无明,即是于明。……当知不离无明而有于明,如冰是水,如水是冰。又凡夫心一念即具十界,悉有恶业性相,只恶性相即善性相。由恶有善,离恶无善,翻于诸恶,即善资成。如竹中有

(接上页)三因互具,圆融无碍。通过这一系列的推衍论证,佛性具恶的思想就成为言之有据,顺理成章的了。"(人民出版社1994年版,第138页)

① 《大正藏》第46册,第934页中。

火性,未即是火事,故有而不烧,遇缘事成,即能烧物。恶即善性,未即是事,遇缘成事,即能翻恶。如竹有火,火出还烧竹;恶中有善,善成还破恶。故即恶性相是善性相也。①

无明与明互为对待,善恶亦复如此,而从平等一味的中道实相来说,则所有这些对待都因其性本自空而融通无碍,这就像冰和水一样,虽两者有不同的名字,其实只是一味。因此恶中本来即具善性,只是尚未发而为善事而已。"若达诸恶非恶皆是实相,即行于非道通达佛道",反之,"若于佛道生著,不消甘露"②,则道反成非道。

由此可见,性具善恶最终还必须被回溯到基于"实相"的"一念无明法性心"上,通过观心法门来体证"烦恼即菩提,生死即涅槃"的诸法实相。智𫖮说:

若大乘观心者,观恶心非恶心,亦即恶而善,亦即非恶非善;观善心非善心,亦即善而恶,亦非善非恶。观一心即三心,以此三心,历一切心,历一切法,何心何法而不一三,一切法趣此心,一切心趣此法。③

善、恶、非善非恶均为一念心所本具,而所谓善恶,"但以世间文字假名分别",从根本上说,"虚名无性,虽强分别,如指虚空"④,因此于一念心中,通过观心实践,最终能达到的就是三者圆融相即的不思议境界。

智𫖮主张阐提断修善而不断性善,佛断修恶而不断性恶,主要目的就

---

① 《大正藏》第33册,第743页下~744页上。
② 《摩诃止观》卷二下,《大正藏》第46册,第17页中~下。
③ 《法华玄义》卷八上,《大正藏》第33册,第778页下~779页上。
④ 《摩诃止观》卷八下,《大正藏》第46册,第114页中。

在于说明阐提与佛的区别并不在性具方面,而在修习方面,表达了众生与佛本无差别,众生与佛在佛性上的平等不二,从而基于对"贪欲即是道"理论的发挥而强调了众生修习止观、证悟"烦恼即菩提,生死即涅槃"的重要性。

天台宗的性具善恶说,在荆溪湛然那里得到了进一步的发挥。湛然以"中兴天台"自任,而他之所以特别强调性具善恶义,主要是为了对抗当时颇为兴盛的以华严为代表的性起说。所谓性起,是说由纯一真如随缘而起差别事相,天台宗称之为"但理随缘"或"别理随缘"。在湛然看来,由于作为纯一真如的佛界本身不具九界的差别法,因而佛界便与九界隔历,必须断尽九界修恶,灭尽无明差别法方入涅槃,是为"缘理断九",只指真心成佛,非指妄心;而天台宗的性具善恶说则主张佛界与九界互具,佛界本身即具九界的差别法,因此便能即妄而真,就妄心而成佛。湛然以为,性具善恶乃是解决诸多疑难的关节点,他说:"如来不断性恶,阐提不断性善,点此一意,众滞自消。"①

不仅如此,湛然对天台宗理论的贡献,更为重要的是他在"性具善恶"说的基础上进一步提出了"无情有性"说,把佛性推广到草木瓦石等一切无情之物。本来,按照佛教的一般观点,佛性是唯"有情"才具有的,无情因为没有情识,无法证得菩提之智而获得觉悟,自然也就无佛性可言。但湛然认为,既然真如佛性是万法的本体,一切事物和现象都是佛性的具体体现,那么,佛性当然就应该遍在于一切事物,即使是草木瓦石等无情之物,也应该具有佛性。在《金刚錍》一文中,湛然"假梦寄客,立以宾主"②,借梦中呓语提出了"无情有性"说,然后以宾主问答的形式集中阐发了自

---

① 《摩诃止观辅行传弘决》卷五之三,《大正藏》第46册,第296页上。
② 《金刚錍》,《大正藏》第46册,第781页上。

己的这一观点。

在湛然看来,所谓有情有佛性、无情无佛性,只是经文的方便说法。如依理而言,则终无异辙,佛性犹如虚空,无所不收,无所不该,一切诸法悉有佛性。湛然承袭了天台宗藏、通、别、圆四教的分判来具体说明这一点。他说,《法华》前的三教均属权教,故此"可云无情不云有性";而圆教则"始末知理不二"①,其"所立不思议境于一念中理具三千":

> 念中具有因果凡圣大小依正自他,故所变处无非三千,而此三千性是中理,不当有无有无自尔,何以故?俱实相故,实相法尔具足诸法,诸法法尔性本无生,故虽三千有而不有,共而不杂,离亦不分,虽一一遍亦无所在。②

既然三千诸法宛然具足于一心,"心外无境,谁情无情?"所谓有情、无情的分别不免显得多余;又三千互具,即是实相,因此"举足修途皆趣宝渚,弹指合掌咸成佛因"③,无情之物自然具足佛性。

值得注意的是,湛然除了用一念三千的天台圆义来论证无情有性说之外,还引入了《大乘起信论》的真如不变随缘义以为根据,他说:

> 故子应知,万法是真如,由不变故,真如是万法,由随缘故。子信无情无佛性者,岂非万法无真如耶?故万法之称,宁隔于纤尘,真如之体,何专于彼我?是者无有无波之水,未有不湿之波。在湿讵间于混澄,为波自分于清浊。虽有清有浊,而一性无殊,纵造正造

---

① 《金刚錍》,《大正藏》第 46 册,第 785 页中。
② 《金刚錍》,《大正藏》第 46 册,第 785 页中~下。
③ 《金刚錍》,《大正藏》第 46 册,第 785 页中。

依,依理终无异辙。若许随缘不变,复云无情有无,岂非自语相违耶?①

既然一切诸法都是真如的显现,那么虽然在现象上有正报、依报的不同,有有情、无情的差别,而从根本上说,它们都以真如为所依,其实一性无殊。真如遍一切处,无所不在,如说无情无性,岂不就是说无情不为真如随缘、不以真如为所依?

可见,湛然对无情有性的论证包含着这样一个前提,即以真如为佛性,并赋之以"觉"义。一般认为,真如在无情中但名法性,在有情内方名佛性,换言之,觉义只限于有情的范围。湛然则以为不然,在他看来,一理平等无殊,所觉不离能觉,没有觉性的无情物作为所觉,与能觉的有情"自会一如",因此真如、法性、佛性体一而名异,觉性遍于一切,他说:"觉无不觉不名佛性,不觉无觉法性不成,觉无不觉佛性宁立? 是则无佛性之法性,容在小宗;即法性之佛性,方曰大教。"②湛然的无情有性说,达到了中土性觉理路的极致。

自竺道生倡导"一切众生悉有佛性"以来,佛性在中土就已开始被从觉性的方面来加以理解,《大乘起信论》出,以一心开二门,真如被认为兼摄有"大智慧光明义","性觉说"得到了系统的整理与发挥,其影响几乎及于整个中国佛学,但即便是以《大乘起信论》作为基本论典的华严宗,也只是将觉性赋予有情识的众生,而《大乘起信论》中真如作为遍一切处的理体,事实上也的确蕴含着将觉性进一步泛化的可能,湛然借助于《大乘起信论》中真如的不变随缘义,创造性地提出了无情有性说,可谓已将"性觉

---

① 《金刚錍》,《大正藏》第46册,第782页下。
② 《金刚錍》,《大正藏》第46册,第783页上。

说"发挥到了淋漓尽致。不过,另一方面我们也应该看到,《大乘起信论》的引入,事实上也使天台宗某些别具特色的教义变得模糊不清,从而为日后山家、山外的论争埋下了伏笔。

按照天台宗的"无情有性"说,既然佛性遍一切处,那么人人有佛性、人人能成佛就更是题中应有之义了。这种理论对整个中国佛教的发展所产生的影响是值得重视的。

四、别理随缘与理具事造

宋初山家、山外之争是天台教史上的重大事件。据《释门正统》《十义书序》等的记载,论争发端于晤恩的《金光明玄义发挥记》,于中他对当时所传智𫖮《金光明经玄义》广本的真伪提出疑问,认为广本的"观心释"(相当于现存《玄义》的下卷)义理乖违,当为后人擅添,唯略本(相当于现存《玄义》的上卷)详述法性圆妙,实为智𫖮所传。知礼因之起而反驳,著《释难扶宗记》,肯定广本确为智𫖮所作,并重点阐发了其中的观心教义。对此次论战,知礼还曾撰有《十义书》以为总结。其后,以晤恩的弟子源清、洪敏以及源清弟子庆昭、智圆等为一方,以知礼及其弟子梵臻、尚贤、本如等为另一方,双方有过多次往复辩难,其中最为重要的一次是源清作《十不二门示珠指》、宗昱作《注十不二门》,提倡真心说,知礼则以《十不二门指要钞》《别理随缘二十问》以为反驳,强调"性具三千"乃天台圆义之所在,而真心缘起只不过是别教隔历之说。论争的结果,知礼一派获胜,遂以山家自命,意为此乃天台正统之所在,持相反意见者,则全被贬为山外。此外,原属知礼一派的仁岳、从义等人,后亦因与知礼发生分歧而被贬称为"后山外"。由此可见,所谓山家山外之争,乃是一场以《玄义》广略本的真伪问题为起因、以观心论为焦点、以性具与性起之辨为理论基础的宗派论战。一方面,它有助于对某些教义教理的深入探讨与精审辨析；另一方面，我们也无须讳言其中不免存在有党同伐异的因素。

智𫖮所撰《金光明经玄义》现存本为二卷，其中上卷即是当时所传的略本。于中智𫖮以为，"金光明"三字能遍譬一切横竖法门，以示法性无量甚深之旨，若分而言之，则"金"即真如、"光"即观照、"明"即资具，此三法分别对应于中、空、假而彼此之间圆融互具。于无量法门中，智𫖮还特别标举了十种三法，即三德（法身、般若、解脱）、三宝（法宝、佛宝、僧宝）、三涅槃（性净涅槃、圆净涅槃、方便净涅槃）、三身（法身、报身、应身）、三大乘（理乘、随乘、得乘）、三菩提（真性菩提、实智菩提、方便菩提）、三般若（实相般若、观照般若、方便般若）、三佛性（正因佛性、了因佛性、缘因佛性）、三识（佛识、菩萨识、二乘识）、三道（苦道、烦恼道、业道），之所以要标举此十种，是因为它们能"该括始终"，表明由佛到众生、由众生到佛的生起次第。智𫖮说："若见此十法门，若同若异亦是一法门，作一切法门相，若同若异相相明了，即百法千法万法，恒沙尘数亦如是。"①在中道实相的基础上，一种三法即摄十种三法，亦摄无量百千诸法，因此十种三法均得称为常乐我净。

《金光明经玄义》上卷为山家、山外所共奉，有争议的乃在下卷智𫖮所提出的"观心释"。在下卷一开始，智𫖮便说："上来所说专是圣人圣宝，非己智分，如鹦鹉学语，似客作数钱，不能开发自身宝藏。今欲论道前凡夫地之珍宝，即闻而修，故明观心释也。"②在他看来，上卷所说的三法圆融互具之法性唯有"圣人圣智"才能证得，而对凡夫来说，必须"即闻而修"，由观一念心开始，法性只能通过观心才能被觉证，而不能直接以法性为观照

---

① 《大正藏》第39册，第4页中。
② 《大正藏》第39册，第6页下。

的对象,这显然与智𫗳一再强调的教观并重、止观双修的思想相一致。

按照山外的看法,《玄义》上卷详述"十种三法",最后都以法性贯之,而此法性即是一心,因而由此即能直显心性,并不需要再观一念妄心,山外派的庆昭在《答疑书》中就说:

> 以由《玄》文十种三法,直显心性,义同理观。若直而明十种三法,不以法性融之,则更立观心一科,观前十法。……今之《玄义》虽带十种法相,其如并以法性贯之,法性无外,即我一心,若识一心,则了诸法。何独于一念中,识十种三法,乃至无量诸法,若横若竖,罔不照之,全我一念,岂此之外,而有法相不融,更须附法作观乎? 应知,此《玄》所谈,非但法相圆融,亦乃理观明白,约此而观,何谓教观不分、解行双失?①

为了符合智𫗳的教观一致论,避免有教无观的指责,庆昭提出他们并不是不需要观心,只不过这不是在观妄心意义上的事观,而是直显心性的理观。换言之,并非以妄心为所观之境,而是直接以真心为所观之境。这就是所谓的"真心观"与"妄心观"之别。庆昭的这一说法遭到了知礼的猛烈抨击。

知礼在《十义书》中提出,他对庆昭的诘难"如破狂寇",而所谓"纯谈理观""直显心性"作为其"立义宗源"乃是"寇中主将",他要加以评破的首先就是这两点。在知礼看来,十种三法圆融互具要到佛果位才能证得,它是"专以道后法性,该于道中道前"②,因此虽然在《玄义》上卷中说三道

---

① 《十义书》卷下所引,《大正藏》第46册,第854页下。
② 《十义书》卷下,《大正藏》第46册,第855页中。

（苦道、烦恼道、业道）即是法性，但这只是通过观心而最后所显之理，尚未论及修观本身，众生三惑（见思惑、尘沙惑、无明惑）深重，如果废除《玄义》下卷的"观心释"，从而不是通过观照当下的一念妄心来逐步修习，怎么可能证得十种三法圆融互具的法性呢？针对山外的"纯谈法性"，知礼强调了"即闻而修"，他说：

> 今欲显于妙理，须破染中因果，将总无明心一念阴识为境，以十乘观破之，使染中妙理显现，成于佛界常住之阴。①

十乘观法出自智顗的《摩诃止观》，是指在观想每一境时所次第经历的十个层次。这里值得注意的是山外的真心观与山家的妄心观在理路上的差异。在山家看来，真心或法性不可能成为止观实践中所要观照的对象，相反，只能通过对一念妄心的观照来逆向地显明中道实相，借用牟宗三先生的术语，此为"逆觉"；而山外则以为，所谓观心，即是观真心，真心非染非净，而随缘造作染净，与"逆觉"相反，这是一种由真心生万法的"顺推"思路。

由此可见，山外的思想明显受到了当时华严宗"性起"说的影响，知礼将其称为"别理随缘"，摄属于别教。认为别教亦有随缘义，这被后世天台学人视为知礼"中兴一家圆顿之教"的根本要义。山外一派曾依据法藏的《起信论疏》，认为唯识宗以业相为诸法生起之本，其所谈真如之理，唯论不变，不说随缘，是为凝然真如，故判以为别教；而说真如具不变随缘二义，则于法藏所判之五教中，属于终教，亦兼顿教，因此真如具不具随缘义，乃是判释别教的标准。知礼则以为不然，在他看来，既然法藏约无觉

---

① 《十义书》卷上，《大正藏》第46册，第836页中。

知而说凝然真如,那么别教中的真如也称为佛性,说明它是有觉知的,既然是有觉知的,那就不是凝然,既然不是凝然,怎么可能不随缘呢？因此随缘一义通于别、圆两教,而别、圆之间的分判乃是以性具为标准的。

所谓"别理随缘",知礼是这样解释的,他说：

> 他宗明一理随缘,作差别法,差别是无明之相,淳一是真如之相,随缘时则有差别,不随时则无差别,故知一性与无明合方有差别,正是合义,非体不二,以除无明无差别故。①

既然真如纯净无染,本身不具九界的差别法,"乃是但理随缘作九",九界的差别法只是因由无明而真如随缘的结果,因此"若断无明,九界须坏"②,"须破九界差别,归佛界一性故"③,是为"缘理断九",这显然不符合圆教的"无作"四谛之旨。

为对破山外的"别理随缘"义,知礼提出了理具与事造两重三千,认为唯有这样的性具随缘方能有圆断圆悟之义。当然,这首先也是从观一念妄心出发的,他说：

> 总在一念者,若论诸法互摄,随举一法皆得为总,即三无差别也。今为易成观故,故指一念心法为总,然此总别不可分对理事,应知,理具三千,事用三千,各有总别,此二相即,方称妙境。④

---

① 《十不二门指要钞》卷下,《大正藏》第46册,第715页中。
② 《四明尊者教行录》卷三《别理随缘二十问》,《大正藏》第46册,第876页上。
③ 《十不二门指要钞》卷下,《大正藏》第46册,第715页中。
④ 《十不二门指要钞》卷下,《大正藏》第46册,第708页中。

以事法中的一念为总相,即能摄得理事两重三千的别相,这里不是如山外所说的"约事论别,以理为总"①,即把一念心当作真如来理解,相反,事法中的任何一法都可为总相,只是为了"易成观故",所以径直选取当下的一念识心。知礼进一步指出,以此一念识心为总相的事法三千,乃是理具三千随缘地展现:

> 此之二造,各论三千。理则本具三千,性善性恶也;事则变造三千,修善修恶也。论事造,乃取无明识阴为能造,十界依正为所造。若论理造,造即是具。既能造所造一一即理,乃一一当体皆具性德三千,故十二入各具千如也。②

可见,虽然别、圆两教都讲随缘,然圆教乃是"约具名变",即所有变造的差别法都为理体所本具,因而是"全理成事""作而无作",这自然与别教由一无差别的但中之理来随缘造作诸法不同。知礼总结说:

> 今家明三千之体随缘起三千之用,不随缘时三千宛尔。故差别法与体不二,以除无明有差别故。③

在《别理随缘二十问》中,他还说:

> 若禀今圆者,既知性德本具诸法,虽随无明变造,乃作而无作,以

---

① 《十不二门指要钞》卷上,《大正藏》第46册,第708页下。
② 《十义书》卷上,《大正藏》第46册,第841页上。
③ 《十不二门指要钞》卷下,《大正藏》第46册,第715页中。

本具故,事既即理故,法法圆常,遍收诸法,无非法界。①

"除无明有差别"是性具三千的一个诠解,也就是《维摩经》所说的"除病不除法"的意思。如果作进一步的思考,我们就会发现,所谓除去无明的差别也就是空、假、中三谛中的假,知礼就说:"具即是假……若非此假,则空、中亦浅,全非圆观也。"②正因为此假已除去无明的执著而与空、中一体互具,因此虽有差别而又圆融无碍,虽圆融无碍而又差别宛然,这就是知礼所谓"即"的含义。

知礼对"即"之一义是颇为重视的,他简别说:"应知今家明即,永异诸师,以非二物相合,及非背面相翻,直须当体全是,方名为即。"③所谓"二物相合",如通教以烦恼为相,以菩提为性,性相相合而曰烦恼即菩提;所谓"背面相翻",如别教之缘理断九,须翻九界差别以成佛界一性,这些在知礼看来都不是圆教的"即"义,圆教的"即"义乃是十界互具、当体全是。他说:"今既约即论断,故无可灭;约即论悟,故无可翻。烦恼生死,乃九界法,既十界互具,方名圆佛,岂坏九转九耶?"④在他看来,唯有了达"即"义,才有圆断圆悟之可言。

既然"即"就是差别法的圆融不二,因此,知礼十分注重"角立"这个概念,即唯有从差别中才能看到同一,而不是同语反复似的就同一说同一,以此为基点,我们就能理解知礼的两个十分重要的命题,一是"理毒性恶",一是"色具三千"。

如上所述,知礼与山外的最大分歧,是他认为在理体中本来即具彼此

---

① 《教行录》卷三,《大正藏》第46册,第875页下。
② 《十义书》卷上,《大正藏》第46册,第836页上。
③ 《十不二门指要钞》卷上,《大正藏》第46册,第707页上。
④ 《十不二门指要钞》卷上,《大正藏》第46册,第707页中。

性。如是自性,都无所有。"①

（2）依他起性:这里的"他",指"众缘",即因缘、等无间缘、所缘缘和增上缘这"四缘",特别是指作为因缘的阿赖耶识种子及其能够引起心识变现万法的活动;依他起,就是"依他众缘而得起",意谓世界万法虽非真实,但也不是绝对的空无,作为"假有"还是存在的,如绳依麻等因缘而生。《成唯识论》卷八中说:"众缘所生心、心所体,及相、见分,有漏、无漏,皆依他起,依他众缘而得起故。"②

（3）圆成实性:意谓于"依他起性"上远离"遍计所执性"的谬误,破除妄执,便能体悟到万法既无"人我"又无"法我"的真实本性,如绳亦空,由此显示的真如实性即为"圆成实性"。《成唯识论》卷八中说:"二空所显圆满成就诸法实性,名圆成实。……二空所显,真如为性。"③

法相唯识宗不仅继承了瑜伽行派的三性说,而且还结合唯识理论,发挥了"唯识无境",认为"三性亦不离识"④。"依他起"指的主要就是依识而起。诸识生起时,现似"见分"与"相分"（详下）,此即依他起;意识于是周遍计度,执著为"能"与"所",此即遍计所执;远离有、无二执,我法俱空,便显万法唯识,此即圆成实。

相对于三性,法相唯识宗又有"三无性"的说法,这是为了破除世俗对"三性"的不正确执著而提出来的。"即依此三性,立彼三无性,故佛密意说,一切法无性。"⑤依三性而立的三无性为:（1）相无性:此依"遍计所执性"而立,意谓世俗认识把因缘所生法妄执为"实我""实法",其实,"此体

---

① 《大正藏》第31册,第45页下。
② 《大正藏》第31册,第46页中。
③ 《大正藏》第31册,第46页中。
④ 《成唯识论》卷八,《大正藏》第31册,第45页下。
⑤ 《成唯识论》卷九,《大正藏》第31册,第47页下。

相毕竟非有,如空华故"①;(2)生无性,此依"依他起性"而立,意谓依他起的万法乃"托众缘生",如幻如化,只有假相,而无妄执自然之性;(3)胜义无性,此依"圆成实性"而立,意谓"圆成实"这一胜义性已经"远离前遍计所执我、法性故"②。此即远离世俗认识所达到的"诸法真如",亦即"唯识实性"。

关于"唯识实性",《成唯识论》引《唯识三十颂》说:"此诸法胜义,亦即是真如;常如其性故,即唯识实性。"说明远离遍计所执的实我实法而显的诸法实相,即是真如,于一切位常如其性,即唯识实性。《成唯识论》又解释说:"真谓真实,显非虚妄;如谓如常,表无变异。谓此真实,于一切位常如其性,故曰真如,即是湛然不虚妄义;亦言显此复有多名,谓名法界及实际等,如余论中随义广释。此性即是唯识实性。"③

上述"三无性"被认为是佛的"密意说",而非"了义说"。之所以如此,是因为"三性"中的后二性乃"假说无性,非性全无"。也就是说,在法相唯识宗看来,真正"无"的只有"遍计所执性",至于依他起性,虽无实性,但有假相,故非"全无",而圆成实性,乃是真有、实有,就更非"性全无"了。现假说为无,只是为了否定世俗所执持的那种实性而已。三无性其实是从另一个角度对三性思想的表述。

二、唯识转依说

唯识,亦称"唯识无境",意谓宇宙万法都是心识的变现,心识之外无独立自存之境。这本是印度瑜伽行派的一个基本观点,世亲的代表作《唯

---

① 《成唯识论》卷九,《大正藏》第31册,第48页上。
② 《成唯识论》卷九,《大正藏》第31册,第48页上。
③ 《成唯识论》卷九,《大正藏》第31册,第48页上。

识三十颂》就是专门论述三界唯识理论的重要著作。此论的三十颂,初二十四颂明唯识相,次一颂明唯识性,后五颂明唯识行位,全论以识的转变为中心,系统论述了"唯识无境"的学说,提出了"是诸识转变,分别所分别,由此彼皆无,故一切唯识"①的重要观点,并对有关唯识修行实践的问题作了论证说明。无著、世亲以后,主张"唯识无境"的瑜伽行派分成两派:一是以难陀和安慧等为代表的唯识古学,因其否认"相分"的真实性,故又称"唯识无相派";二是以陈那、护法为代表的唯识今学,因其主张"相分"真实有体,"见分"取"相分"为境时,见分上会生起相分之"行相",故又称"唯识有相派"。这两派的思想都先后传到了中国。南北朝时菩提流支的地论学派和真谛的摄论学派所传的基本上是唯识古学,唐代玄奘传译并据以立宗的主要是唯识今学。

从词义上看,唯识,是梵文 Vijnaptimatrata 的意译。唯,简别义,遮境有,简别识外无境谓之唯:"唯言为遮离识实物。"②识,了别义;泛而言之,与"心""意"的含义相似:"集起名心,思量名意,了别名识。"区别论之,第八识名"心",第七识名"意",前六识名"识":"藏识说名心,思量性名意,能了诸境相,是说名为识。"③唯识,就是万法不离识,离识无境。法相唯识宗继承了这一观点,并作了重点发挥。

他们强调,众生的"识"是变现万法的根源,"内识生时,似外境现"④,因而"实无外境,唯有内识"⑤。由于我、法皆唯识,故我、法皆不真。《成唯识论》卷一说:"诸识生时,变似我、法,此我、法相,虽在内识,而由分别,

---

① 《成唯识论》卷七,《大正藏》第 31 册,第 38 页下。
② 《成唯识论》卷七,《大正藏》第 31 册,第 38 页下。
③ 《成唯识论》卷五,《大正藏》第 31 册,第 24 页下。
④ 《唯识二十论》,《大正藏》第 31 册,第 74 页中。
⑤ 《成唯识论》卷一,《大正藏》第 31 册,第 1 页中。

似外境现。……愚夫所计实我、实法,都无所有,但随妄情而施设故,说之为假。"①为了说明万法唯识的理论,法相唯识宗在坚持唯有内识、而无外境的同时,又将识分为三类八识,并提出了"种子说"和"四分说"等来详加解说。

(1)三类八识说。法相唯识宗认为,能够变现万法的"识"可以分为八种,即眼识、耳识、鼻识、舌识、身识、意识、末那识、阿赖耶识。它们分别有能缘与所缘两个方面,即能见的"见分"和所见的"相分",认识活动就是识体自身的"见分"缘虑自身的"相分",或"相分"引起"见分",由此证明了"实无外法,唯有内识"。这八识根据它们能变的性质又可分为三类:

第一类是前六识,即眼识、耳识、鼻识、舌识、身识、意识,它们的主要职能是起"了别"和认识的作用。其中前五识相当于感觉,以色、声、香、味、触为对象;第六意识相当于综合感觉所形成的知觉、思维等,以"法"(整个世界)为对象。

第二类是第七识,即末那识,它的主要职能是"恒审思量",即不停顿地起思虑作用。其主要特点略说有三:第一,它的存在以阿赖耶识的存在为前提,"由有本识,故有末那";它的活动以阿赖耶识为依据,"阿赖耶为依,故有末那转";它又与阿赖耶识一起成为前六识发生的依据,"依止心及意②,余转识得生"③。第二,它以阿赖耶识为"所缘",即把阿赖耶识及其所变现的各种现象"恒审思量"为实我、实法;它同时是联系前六识和第八阿赖耶识的桥梁,"执有相故,是先我执所生引故,令六识相缚不断"。第三,在未成佛果之前,它的"恒审思量"表现在"所执我相",当通过修行而至转依位时,它便"审思量无我相"。因此,末那识在法相唯识宗的转依

---

① 《成唯识论》卷一,《大正藏》第31册,第1页中。
② 心指第八识阿赖耶识,意指第七识末那识。
③ 《成唯识论》卷四,《大正藏》第31册,第20页下。

理论中处于很重要的地位。

第三类就是第八识,即阿赖耶识,它是八识中最重要也是最根本的识,前七识皆依此识而存在并活动。

阿赖耶识,亦译为"阿梨耶识""阿剌耶识"等,意译为"无没识""藏识"等,又别称"种子识""异熟识"等。这是八识中最根本的识,也是法相唯识宗着重阐发的识,在法相唯识宗的唯识理论中占有特别重要的地位。阿赖耶识有多种含义,《成唯识论》将其归结为"三相",谓阿赖耶识"体相虽多,略说唯有如是三相"①,即因相、果相和自相。

因相:阿赖耶识的因相是说此识能永恒执持产生世界一切事物的种子,是万法的根本原因,故阿赖耶识又称"一切种识":"此能执持诸法种子令不失故,名一切种。"②万法皆由此识所变现:"由一切种识,如是如是变,以展转力故,彼彼分别生。"③

果相:这是说阿赖耶识能按前世善恶之业引生后世相应的果报,保证精神主体的永恒相续;由于果报乃依过去善恶之因而有,果异于因而成熟,故果报新译作"异熟",阿赖耶识又称"异熟识":"此是能引诸界趣生善不善业异熟果故,说名异熟。"④异熟详说又有三义:"言异熟者,或异时而熟,或变异而熟,或异类而熟。"⑤异时而熟,是说因与果隔世于异时而熟,即前世之因,后世成熟,招感果报;变异而熟,是说"因"发生变化而成熟为果,"或所造业,至得果时,变而能熟,故名异熟";异类而熟,是说果与因性质有异,因有善有恶,果乃无记性(无善无恶)。

---

① 《成唯识论》卷二,《大正藏》第31册,第8页上。
② 《成唯识论》卷二,《大正藏》第31册,第7页下~第8页上。
③ 《成唯识论》卷七,《大正藏》第31册,第40页上。
④ 《成唯识论》卷二,《大正藏》第31册,第7页下。
⑤ 《成唯识论述记》卷二末,《大正藏》第43册,第300页上。

自相：阿赖耶识的自相是上述因果二相的统一。在法相唯识宗看来，第八阿赖耶识的种子和前七识的现行是互为因果的。阿赖耶识由前七识的杂染熏习而构成种子，这里熏习为因，种子为果；阿赖耶识的种子又能生起前七识的杂染现行，这里种子便成为因，现行即为果；这种连续不断、互为因果的识体，被有情执为"内我"，即是阿赖耶识的自相："谓与杂染互为缘故，有情执为自内我故。"①阿赖耶识的自相细说又有三义：其一为"能藏"，意谓阿赖耶识能摄藏诸法一切种子；其二为"所藏"，意谓阿赖耶识为诸法一切种子的所藏之处；其三为"执藏"，意谓阿赖耶识原非自我而是识的流转，但被第七识恒常地执为自我。由于阿赖耶识具有上述能藏、所藏、执藏三义，故又称"藏识"。法相唯识宗认为，阿赖耶识是世界万法的本源，也是轮回果报的精神主体和由世间证得涅槃的依据。《成唯识论》引《唯识三十颂》说："无始时来界，一切法等依，由此有诸趣，及涅槃证得。"②

法相唯识宗进一步认为，识为"能变"，万法为"所变"。以上三类八识，又可归结为"三能变"：第八阿赖耶识为"异熟"能变，第七末那识为"思量"能变，前六识为"了境"能变。法相唯识宗认为，世界万法即由这"能变"的八识的作用而存在和变化，"由假说我法，有种种相转，彼依识所变；此能变唯三，谓异熟、思量，及了别境识"③。为了更好地说明"万法唯识"的道理，法相唯识宗又提出了"种子说"。

（2）种子说。种子是一种譬喻，法相唯识宗以植物的种子能生相应的结果来譬喻阿赖耶识中蕴藏有变现世界诸法的潜在功能，并以此说明世界万法的差别性。他们认为，阿赖耶识是一切现象的总根源，世界万法都是由阿赖耶识所变现，现象之所以千差万别，就在于阿赖耶识中藏有种种

---

① 《成唯识论》卷二，《大正藏》第31册，第7页下。
② 《成唯识论》卷三，《大正藏》第31册，第14页上。
③ 《成唯识论》卷一，《大正藏》第31册，第1页上。

性质不同的种子,相应地变现不同的万法。《成唯识论》卷二云:"何法名为种子?谓本识中亲生自果功能差别。"①阿赖耶识中各种不同的能够亲生与自己相应的果报的功能,即谓种子。种子是产生万法的潜能,种子发生作用,显现万法,叫作现行。这就是说,所谓的万法只不过是阿赖耶识中的种子的外现,因此,万法的存在离不开阿赖耶识。

关于种子之义,据《成唯识论》卷二,略说有六种:一是刹那灭,意谓体才生,无间即灭;二是果俱有,意谓与所生现行果法,俱现和合,同时而有;三是恒随转,意谓要长时一类相续,至究竟位,无有转易间断;四是性决定,意谓随因力生善恶等功能决定,即善因生善果,不生恶果,恶因生恶果,不生善果;五是待众缘,意谓此要待自众缘合,功能殊胜,若无众缘,种子不能"自然"顿生万法;六是引自果,意谓于别别色心等果,各各引生,即色法种子引生色法之果,心法种子引生心法之果,色心等法皆只能由各自的因引生各自的果。法相唯识宗认为,只有兼具上述六义,方成种子。能兼具者,唯阿赖耶识中能变现万法的潜能,至于外在的谷麦等种,并非真实的种子:"唯本识中功能差别,具斯六义,成种非余。外谷麦等,识所变故,假立种名,非实种子。"②

种子就其善恶性质而言,可分为有漏(染污)种子和无漏(清净)种子两大类,分别为世间诸法和出世间诸法之因。有漏种子起作用时,令众生流转生死,轮回不息;当阿赖耶识转染成净,有漏种子被净化,无漏种子起作用时,就能令众生还灭而证得涅槃。种子就其生境作用而言,又可分为共相种子和自相种子两类。共相种子指那些产生山河大地等人们共同依存的客观环境的种子,自相种子则指那些决定个体自性差异的种子。若就种子的来源而言,则种子又分为本有和始起两大类。本有种子指"无始

---

① 《成唯识论》卷二,《大正藏》第31册,第8页上。
② 《成唯识论》卷二,《大正藏》第31册,第9页中~下。

来"先天本来就有的种子;始起种子指后天由于前七识的现行熏习而有的种子,故又名"习所成种"。法相唯识宗认为,这两类种子都需要熏习,即使是本有种子,也要经过熏习才能不断地有所增长。

什么叫熏习?"熏者,发也,或由致也。习者,生也,近也,数也。即发致果于本识内,令种子生,近令生长故。"[①]熏习就是前七识的现行对第八阿赖耶识连续熏染的影响作用。因此,熏习又分能熏(前七识现行)和所熏(第八阿赖耶识)两个方面,"所熏能熏各具四义,令种生长"[②]。所熏四义为:一坚住性,谓始终一类相续,能持习气;二无记性,谓无善无恶,无所违逆,能容习气;三可熏性,谓独立自在,性非坚密,能受习气;四与能熏共和合性,即与能熏同时同处,不即不离。唯有阿赖耶识具有上述四义,故唯有阿赖耶识是所熏。能熏四义为:一有生灭,谓非恒常,能有作用,生长习气;二有胜用,谓有强盛的生灭功能,能引习气;三有增减,谓可增可减,摄植习气;四与所熏和合而转,谓与所熏同时同处,不即不离。上述四义,唯前七识具有,故前七识为能熏。"如是,能熏与所熏识,俱生俱灭,熏习义成,令所熏中种子生长,……故名熏习。"[③]

阿赖耶识中的种子只是生起万法起决定作用的"因",另外还得有"缘",法相唯识宗在种子说的基础上提出的"缘生论"共有四缘,即因缘、等无间缘、所缘缘和增上缘。"因缘"是指直接产生自果的内在原因,包括种子和现行(现行能生种子,种子则既能生种子,又能生现行),此缘适用于物质的和精神的一切现象;"等无间缘"是说前念不断地让位于后念,在前念灭与后念生之间无任何间隔,此缘适用于精神现象;"所缘缘",谓以所缘境为依托,实际上是指认识的一切对象,法相唯识宗特别强调,这种

---

① 《成唯识论述记》卷三本,《大正藏》第43册,第312页下。
② 《成唯识论》卷二,《大正藏》第31册,第9页下。
③ 《成唯识论》卷二,《大正藏》第31册,第10页上。

认识对象是心识所"挟带"的,所缘境只是能缘心"似所缘之相",并非真有离识之外境①;"增上缘",这是指起辅助作用的缘,"顺"的助缘帮助成功,"违"的助缘阻碍成功。以上四缘中,最基本、最重要的是因缘,它强调的是法相唯识宗所坚持的阿赖耶识中的种子变现万法的唯识观点。

(3)四分说。四分说是法相唯识宗从认识的发生和过程等方面对"八识"的认识功能和作用所作的分析说明,并以此进一步论证了"唯识无境"的基本思想。法相唯识宗认为,认识发生的时候,要有认识的主体和认识的对象两个方面,认识的主体为"能缘",认识的对象为"所缘",认识活动就是"能缘"缘虑"所缘";作为认识对象的所缘之境并非离识而存在,而是"唯识所变",因此,认识活动的过程其实是八识自己认识自己所变现的形相的过程,而对这认识活动进行证知的能力或作用也同样并不超出"识"的活动范围;这就是四分说所表达的主要思想。

四分说的"分",指的是"作用的分限",四分,即四种作用的分限,其具体内容是:

第一为"相分",指八识所缘的境,即认识的对象。法相唯识宗认为,八识的所缘之境均是相应的八识变现出来的。八识的每一识体,都既有"能缘"的一面,又有"所缘"的一面,"所缘"即为"相分"。八识的相分各不相同,眼、耳、鼻、舌、身等前五识的相分分别是色、声、香、味、触等五尘,它们是"如外现"的"内色",是"似所缘相"。第六意识的相分为"法尘",它包括了五尘在内的一切认识对象。第七末那识的相分,乃是第七识执著第八识而变现的似我的"相分"。第八阿赖耶识的相分有三个部分:其一为种子,种子本为第八识所藏而非第八识所变,但第八识的见分以种子

---

① 窥基《成唯识论述记》卷十四云:"若挟带彼所缘之己,以为境相者,是所缘故。"见《大正藏》第43册,第500页下。《成唯识论》卷二也明确说:"诸识所缘,唯识所现。"见《大正藏》第31册,第7页上。

为认识对象，故把种子也列为相分；其二为根身，指主体世界；其三为器界，指客观世界。

第二为"见分"，指八识的缘境能力或作用。法相唯识宗认为，八识的自体生起时，一方面变现"似外境"的相分，另一方面又具有"缘虑""了别"这些相分的功能，这就是"见分"。所谓的认识活动，就是"能缘"缘虑"所缘"，亦即识体自身的"见分"去缘虑自身的"相分"，或者说，是识体自身的"相分"引起自身的"见分"。

第三为"自证分"，这说的是相、见二分能够证知自己有认识活动的"识体"，它是见分和相分的共同所依，也是"见分"的见证者，见分的结果，要由"自证分"来证知。《成唯识论》卷二："然心心所，一一生时，以理推征，各有三分，所量、能量、量果别故，相、见必有所依体故。"①如度量事物，既要有能量（见分）作为尺度，又要有所量（相分）作为对象，更应该有量果以得知大小长短，量果即是"自证分"。

第四为"证自证分"，这是指对"自证分"的再证知，亦作为证知"自证分"的量果。按照法相唯识宗的观点，为证知见分，立自证分；为证知自证分，立证自证分。倘若无"证自证分"，自证分缘境时就没有"量果"了。那么又由谁来证知"证自证分"呢？由"自证分"。这就是说，第三、第四两分可以互证，因而不须再立第五分了。

在上述四分中，前二分被认为是"外二分"，后二分被认为是"内二分"。其实，内二分是由外二分"以理推征"而来，外二分是四分说的基础。四分说的根本目的还是在于论证并确立境依识起、唯识无境的基本观点。

法相唯识宗的四分说继承的是护法的观点，在古印度瑜伽行派中还有其他不同的说法，所谓"安难陈护，一二三四"，即是说：安慧主张"自证

---

① 《大正藏》第31册，第10页中。

一分说",认为相、见二分"遍计无体",是虚幻的存在,唯有自证分"依他实体",才是相对的实在;难陀主张见、相二分说;陈那认为见、相二分应有其所依的"自体",故立见、相、自证"三分说";护法则在三分说的基础上提出了"证自证分",主张四分说。不管是一二,还是三四,其所说明的都是"唯识无境"。

与上述"唯识说"密切相关的是法相唯识宗的"转依说"。

转依是法相唯识宗依据唯识的理论和三性三无性的学说而提出的全部修习的最高目标,意为彻底转变我执、法执之二障,以证得涅槃、菩提之二果。转,即转变、转化;依,谓依持,所依,指染净法共同依持的阿赖耶识;转依即是通过宗教修习,使阿赖耶识中染污的有漏种子不断减弱消失,清净的无漏种子不断增强滋长,最终转"染"成"净",转"识"成"智",杂染的阿赖耶识转变成清净的智慧,世间即转化为出世间,众生也即成佛了。因此,转依在法相唯识宗这里实际上是"解脱"的别名。《成唯识论》卷九说:"依谓所依,即依他起,与染净法为所依故。染谓虚妄,遍计所执;净谓真实,圆成实性。转谓二分:转舍,转得。由数修习无分别智,断本识中二障粗重,故能转舍依他起上遍计所执,及能转得依他起中圆成实性。由转烦恼(障)得大涅槃,转所知障证无上觉。成立唯识,意为有情证得如斯二转依果。"①法相唯识宗认为,阿赖耶识中有染、净两类种子,分别为世间诸法和出世间诸法之因。众生之所以沦于生死,不得解脱,就在于把缘起的现象执为实我、实法而有种种烦恼,以"我执"为首的诸烦恼能障涅槃,称"烦恼障";以"法执"为首的诸烦恼能障菩提(觉悟),称"所知障"。若通过修习而断灭二障及其种子,就能于依他起(缘起的现象)上"转舍"对实我、实法的执著(遍计所执),"转得"圆成实性,从而得到解脱,这就是

---

① 《大正藏》第31册,第51页上。

"转依"。实现转依,获得解脱,这是法相唯识宗成立唯识说的根本目标。

法相唯识宗有时也直接从对"唯识真如"的迷与悟来说明由生死到涅槃的转依。《成唯识论》中说:"依即是唯识真如,生死涅槃之所依故,愚夫颠倒,迷此真如,故无始来,受生死苦;圣者离倒,悟此真如,便得涅槃,毕竟安乐。由数修习无分别智,断本识中二障粗重,故能转灭依如生死,及能转证依如涅槃,此即真如离杂染性。如虽性净,而相杂染,故离染时,假说新净,即此新净,说为转依。"①

如何实现转依?法相唯识宗认为是通过阿赖耶识中的种子的消长生灭来实现的:转舍烦恼障种子即转得涅槃果;转舍所知障种子,即转得菩提果。为了说明这种转依,法相唯识宗提出了种子和现行互为因果的熏习理论。他们认为,阿赖耶识中染污的有漏种子和清净的无漏种子能生起前七识的种种现行,而前七识的现行又会反过来对阿赖耶识产生持续的熏染作用,使阿赖耶识中的种子不断生长。通过种子和现行互为因果的熏习,就有可能实现转染成净、转识成智的解脱。

种子与现行的因果关系具体说来又有三种情况:一是种子生现行,种子是因,现行为果;二是现行生种子,现行为因,种子为果;三是种子生种子,种子"自类相生",前种为因,后种为果。法相唯识宗的转依说特别强调种子和现行的这种相互作用,认为种种修行的目的,就是促使阿赖耶识中的无漏种子逐渐增长,有漏种子逐渐减弱乃至断灭。当有漏种子完全断灭而不再发生作用,无漏种子充分增长而得以显现之后,八识就会转成四智:转前五识成"成所作智",转第六识成"妙观察智",转第七识成"平等性智",转第八识成"大圆镜智"。这样,转生死为涅槃、转烦恼为菩提的"转依"也就得到了实现。

---

① 《大正藏》第31册,第51页上。

法相唯识宗认为,只有把对真如("是法真理")的"迷"(识)转为对真如的"悟"(智),才能转阿赖耶识中的染分为净分,反之,也只有转阿赖耶识中的染分为净分,才能实现由迷到悟的转变。这样,法相唯识宗的转依实际上就有由染到净和由迷到悟这互为条件的两种转依。染净依归于心识,迷悟依归于真如(理),心和理就不完全是一回事,这与当时天台、华严和禅宗普遍把心和真如视为不二的观点有很大的差异,对当时及以后的佛学乃至宋明理学都产生了一定的影响。

三、五重唯识观与五种姓说

五重唯识观,就是法相唯识宗为确立世界万法"唯识所变"而提出的对万法唯识之理的五个层次的观想方法,谓通过这五重观法即能认识"唯识性",达到"转依"的目标。"五重唯识观"又作"五重唯识",以诸法皆由观识转变而来,持此观法,可将唯识体之浅深粗细次第分为五重故。窥基在《大乘法苑义林章》卷一中对从宽至狭、从浅至深、从粗至细的五重唯识观作了具体的说明:第一"遣虚存实识",谓遣除"遍计所执性"的虚妄幻象,只存留观取"依他起性"和"圆成实性"的真实事理;第二"舍滥留纯识",谓事理皆不离内识,内识有境(相分)有心(见分、自证分、证自证分),进一步舍离与外境(妄境)相滥涉的内境(相分),只存留观取后三分之纯识,"一切唯有识,无余"①;第三"摄末归本识",谓内识的相分和见分皆依"识体"而起,识体为"本",相、见二分为"末",摄相、见二分之末归于识体之本,唯观识体;第四"隐劣显胜识",谓识体"心王"起时必有"心所"随起,心王与心所虽皆有变现事物的能力,但有"胜""劣"之殊,心王胜于心

---

① 《大正藏》第45册,第258页下。

所,心所劣于心王,故"隐劣不彰,唯显胜法"①;第五"遣相证性识",这是说,心王虽胜,然有事相(依他起性)和性体(圆成实性),应舍遣"依他起"的事相而体证"圆成实"的真如;此为唯识观之究竟,如此观才能真正认识唯识的意义,亦即"唯识性"。

上述五重观法,第一重为虚实相对之观法,第二重为心境相对之观法,第三重为体用相对之观法,第四重为心王心所相对之观法,第五重为事理相对之观法。五重之中,前四重为舍遣遍计所执性而存归于依他起性的观法,故称"相唯识";第五重为舍遣依他起性而证得圆成实性的观法,故称"性唯识"。不管是"相唯识"还是"性唯识",都是围绕"唯识无境"而展开的,都是为了达到对"唯识"之理的体证。

吕澂先生曾分析说:"此说的根据完全在《唯识三十颂》里,特别是解释圆成实性那一颂(第二十五颂)。颂文说:'此诸法胜义,亦即是真如,常如其性故,即唯识实性。'这将唯识性点明出来,旧解即以为就现观境界而言(见安慧:《唯识三十颂释》)。不过此处说遣相证性,并不同于旧译家(真谛、菩提流支等)所言遣除一切依他起的现象,而只是伏断依他起(染分)法的知解、分别。从前陈那的《掌中论》里,曾依据《摄大乘论》所说作了一个很精彩的颂:'于绳作蛇解,见绳知境无,若了彼(绳)分(麻)时,知(绳知)如绳解谬。'这就是观中伏断依他起法知解的扼要说明。依他知解既断,所缘染相自然不会当情而现。不过这还是观中境界,应该再联系到践行,用对治法门,逐渐引生、巩固了种种净法(也就是依他起法的净分),代替了染法的地位,这才得着转依的实效,而圆满唯识的观行。"②此说可以参考。

---

① 《大正藏》第45册,第259页上。
② 吕澂:《中国佛学源流略讲》,第348~349页。

五种姓说则是瑜伽行派和法相唯识宗根据唯识的理论而提出的一个独特的观点。五种姓，亦作"五种性"，或称"五乘种姓"，意谓一切众生先天具有的本性有五种，由阿赖耶识中清净的无漏种子和染污的有漏种子所决定，不可改变。此说是瑜伽行派的一个重要观点，为法相唯识宗所继承并坚持。根据《楞伽经》和《解深密经》等，五种姓的内容为：第一，"声闻种姓"，谓此种姓听闻佛陀声教而得悟道，修行的最高果位为"阿罗汉"。第二，"缘觉种姓"，谓此种姓能"自觉不从他闻"，即能自己通过观察思维"十二因缘"等佛说教理而悟道，修行的最高果位为"缘觉"（音译作"辟支佛"）。以上两种合称小乘"二乘"。第三，"菩萨种姓"，谓此种姓修持大乘六度，求无上菩提，利益众生，将于未来成就佛果。以上三种，统称"三乘"，由于这三乘一定会相应达到阿罗汉、辟支佛、菩萨（或佛）的果位，故又分别称为"声闻定姓"（定性声闻）、"缘觉定姓"（定性缘觉）和"菩萨定姓"（定性菩萨）。第四，"不定种姓"，谓此种姓具有"三乘"本有种子，遇缘熏习，修行究竟会达到什么果位，还不一定，故又称"三乘不定姓"。第五"无种姓"，谓此种姓无善根种子，将永远沉沦生死苦海，虽然可以修生为人或转生天界，但永远不能达到佛教解脱。

五种姓的思想来源很早，在《般若经》里就已经提到三乘性和不定性，但此说后来成为瑜伽行派所特有的主张。这种说法把一部分众生（无种姓）排斥在成佛的可能性之外，认为这部分众生的阿赖耶识中不存在无漏种子，因而永远不能解脱成佛，这与在中国占主导地位的"一切众生悉有佛性，皆得成佛"的说法不合，因而不受欢迎。据说法相唯识宗的创始人玄奘印度求法，曾想回国以后对此说加以修正，但遭到其师戒贤的反对。因此，玄奘回国以后仍然坚持印度旧说，把五种姓说作为法相唯识宗的根本教义之一。一般认为，这也是法相唯识宗在中土盛极一时很快就趋于衰落的重要原因之一。

四、五位百法与因明学说

法相唯识宗之所以得名的重要原因之一是它对"法相"的细致分析,而这在其"五位百法"的理论中得到了最充分的体现。

关于"五位百法",《大乘百法明门论》中说:"一者心法,二者心所有法,三者色法,四者心不相应行法,五者无为法。"①五位百法是法相唯识宗对宇宙万有的分类,目的是为了通过分析这"五位百法"而论证"万法唯识",从而为宗教解脱铺平道路。"五位百法"包括心法八种、心所有法五十一种、色法十一种、不相应行法二十四种和无为法六种等五大类。下面逐一作些简单介绍。

(1)心识八种:眼识、耳识、鼻识、舌识、身识、意识、末那识、阿赖耶识等"八识"。法相唯识宗认为"八识"各有识体,故列"心法"为八,意为精神作用的主体。相对于"心所有法"而言,"八识"之识体自身又名"心王",谓为心所有法之所依。由于"一切法中,心法最胜","由此心故,或著生死,或证涅槃"②,故列于首位。

(2)心所有法五十一种:心所有法又名"心所""心数""心所法"等,指相应于"心王"而起的心理活动和精神现象,为"心"所有,故名。其义有三:一恒依心起,二与心相应,三系属于心。由于此法与心相应而生起,"心起则起,心无则无,如王左右,不离于王"③,故列于心法之后。法相唯识宗把五十一种心所有法分为六类:第一,遍行五种——触、受、思、想、作意,此为任何认识发生时都会生起的心理活动,带有普遍性,故名"遍行"。第二,别境五种——欲、胜解、念、定、慧,此与遍行相对,为由特殊的境界

---

① 《大正藏》第31册,第855页中。
② 《大正藏》第44册,第53页中。
③ 《大正藏》第44册,第53页中。

所引起的心理活动,故名"别境"。第三,善十一种——信、惭、愧、无贪、无嗔、无痴、精进、轻安、不放逸、行舍、不害,此皆属"善"的心理活动。第四,烦恼六种:贪、嗔、痴、慢、疑、恶见,此六种烦恼为一切烦恼的根本,故又称"根本烦恼"或"本惑"。第五,随烦恼二十种——忿、恨、覆、恼、嫉、悭、诳、谄、害、侨、无惭、无愧、掉举、昏沉、不信、懈怠、放逸、失念、散乱、不正知,此二十种烦恼为随从根本烦恼而起,由根本烦恼所派生,故名"随烦恼",又称"随惑"。第六,不定四种——悔、睡眠、寻、伺,此类法的共同特点是善恶不定,故称"不定"。

(3) 色法十一种:色法,意谓有质碍或变碍之物,略相当于物质现象。法相唯识宗认为"色法"不能独立生起,是"心法"和"心所有法"的变现,故排在"心法"和"心所有法"之后。《大乘百法明门论疏》卷上说:"此色法不能别起,依心及所数之所变生,是彼二法所现影故,是故第三名其色法。"[1]于此可见,法相唯识宗将色法排在心法之后,同样体现了其"万法唯识(心)"的基本主张。十一种"色法"分为三类:第一类是"五根",即眼根、耳根、鼻根、舌根和身根;第二类是"五尘",即色、声、香、味、触;第三类是"法处所摄色",这是第六意识所缘的"色法",详说又可分为五种,一极略色,二极迥色,三受所引色,四遍计所起色,五定所生自在色。

(4) 不相应行法二十四种:不相应行法,也称"心不相应行法",或略称"不相应法"。不相应,即不相似,意指既不属于"色"也不属于"心"的有生灭变化的现象;此法为五蕴(色、受、想、行、识)中"行蕴"所摄,故名"行"。《俱舍论》卷四中说:"如是诸法,心不相应,非色等性,行蕴所摄,是故名心不相应行。"[2]由于此法"无别有体",借助于心法、心所有法、色法

---

[1] 《大正藏》第44册,第53页中。
[2] 《大正藏》第29册,第22页上。

"假施设有"①，故位列第四。二十四种不相应行法的内容为：得、异生性、众同分、命根、无想定、灭尽定、无想果、名身、句身、文身、生、老、住、无常、流转、定异、相应、势速、次第、方、时、数、和合、不和合。

（5）无为法六种：无为法，意谓非因缘和合而成、无生灭变化、无因果联系的绝对存在。由于此法"是前四位真实之性"，又借前四位法"断染成净"才能显示，故位列于第五。《大乘百法明门论疏》中说："无为之法相难了知。若不约法以明，何能显示？故能依色、心、心所有法、不相应行四法之上，显示无为，是故第五明无为法。"②法相唯识宗提出的六种无为法是：虚空无为、择灭无为、非择灭无为、不动无为、想受灭无为、真如无为。

法相唯识宗的"五位百法"是在改造小乘佛教说一切有部《俱舍论》"五位七十五法"的基础上建立起来的，它进一步完成了佛教的名相分析系统，并突出了对"万法唯识"的强调，从而为"唯识转依"的宗教解脱论奠定了理论基础。

前面提到，重视因明是法相唯识宗的重要特点之一。下面我们再简单介绍一下法相唯识宗的"因明学说"。

因明是古印度所谓的"五明"之一，五明即声明、工巧明、医方明、因明、内明，指五种知识或学问，是古印度佛教对知识、学问所作的分类，用以教授学徒。《大唐西域记》卷二云："七岁之后渐授五明大论。一曰声明，释诂训字，诠目流别；二工巧明，技术机关，阴阳历数；三医方明，禁咒闲邪，药石针艾；四谓因明，考定正邪，研核真伪；五曰内明，究畅五乘，因果妙理。"③

---

① 《大正藏》第44册，第53页中~下。
② 《大正藏》第44册，第53页下。
③ 季羡林等:《大唐西域记校注》(上)，中华书局2000年版，第185~186页。

因明是通过宗、因、喻所组成的三支作法进行推理证明的学问,而三支作法中"因"最为重要,故称"因明"。因,指原因、根据、理由;明,含有知识、学问、智慧等意义。因明起源于古印度正统婆罗门哲学派别关于祭祀的辩论,其中正理派曾以此作为他们学说的中心。大乘佛教中观学派的龙树全盘否定正理派的逻辑学说,瑜伽行派出于辩论的需要而逐渐吸取并发展了古因明,使之成为驳斥外道、宣传教义的重要工具。重视因明成为法相唯识宗所直接继承的后期瑜伽行派思想学说的重要特点之一。法相唯识宗的创始人玄奘在印度求法期间和回国以后都对因明的发展作出了重要的贡献。他的弟子窥基对因明学也多有发挥。[1] 据说玄奘曾把因明单独"秘密传授"给窥基,反映了对因明的重视程度。[2]

关于玄奘所传因明的内容与特色,有学者认为,玄奘所传主要是陈那所创并经其弟子商羯罗主所补充的新因明体系,以立破为纲。"由于玄奘的倡导,陈那早期的逻辑体系不仅在当时为僧俗所盛传,也影响整个汉传因明的风格;注重立破的研究而不注重知识论的探讨,这与藏传因明侧重于量理(知识论)研究的风格相去甚远。"[3]"他开创了独具特色的汉传因明传统。他所译的因明经卷都是世界上最珍贵的甚至是唯一的版本,有着极其重要的价值。汉传因明传统既不同于印度本土的梵文传统,也有别于后来形成的藏传因明传统。汉传因明传统不是从古因明到新因明,

---

[1] 虞愚先生曾从"区别论题为'宗体'与'宗依'""为照顾立论发挥自由思想,打破顾虑,提出'寄言简别'的办法就不成为过失""立论者的'生因'与论敌的'了因',各分出言、智、义而成六因,正意唯取'言生''智了'""每一'过类'都分为全分的、一分的,又将全分的一分的分为自、他、俱""有体无体"等五个方面论述了窥基在《因明大疏》及《成唯识论述记》中对于因明作法的发展。参见《中国佛教》(一),知识出版社1980年版,第299~302页。

[2] 请参阅《宋高僧传·窥基传》,《大正藏》第50册,第725页下。此说即使如汤用彤先生所说,为附会之说,但亦反映了人们对因明与玄奘、窥基之法相唯识宗关系密切的看法。

[3] 沈剑英:《唐玄奘与因明》,载黄心川等主编:《玄奘研究文集》,中州古籍出版社1995年版,第90页。

不是着重发展《集量论》和《正理滴论》的'认识论逻辑',也不是把因明作为脱俗超凡的内明的组成部分,而是以陈那的《正理门论》为主要经典,突出因明的论辩功能,着重研究和发展因明的立论破式及其规则,即研究和发展因明的逻辑内容,因此汉传因明是比较典型的有逻辑的传统。……玄奘有意选择翻译《入正理论》和《正理门论》,而没有翻译陈那晚期代表作《集量论》,可能不是因为他的兴趣如此,而可能是他不仅仅为了区别逻辑论和知识论,更考虑到时代和国人的需要。为了改变国人不重推理的倾向,他翻译了因明二论,而没有翻译《集量论》。"①

玄奘译介因明,主要是将它作为论证唯识学的工具。据记载,他临回国前在印度戒日王所主持的曲女城"无遮大会"②上曾立了一个著名的"真唯识量",以论证万法唯识:

真故极成色,不离于眼识——宗;
自许初三摄,眼所不摄故——因;
犹如眼识——喻。③

这是一个完整的因明论证式。"宗",是命题;"因",是论据;"喻",是类比。"初三"是指"十八界"六个组合中的第一组,即眼根界、色尘界和眼识界。这个三段论式的意思是:色尘并不能离开眼识而存在;理由是,佛教各派都承认色尘是"初三"之一,包括在"初三"之中,但不包括在眼根中,它是眼识以眼根为所依而变现的"相分";就好比眼识不离眼识自身一样。

---

① 黄夏年:《百年玄奘研究综述》,载黄心川主编:《玄奘精神与西部文化》,三秦出版社2002年版,第111~112页。
② 即没有任何限制,人人都能参加的大法会。
③ 窥基:《因明入正理论疏》卷中,《大正藏》第44册,第115页中。

由于这个论证式很好地运用了因明的格式和规则,逻辑地论证了境色不离识、能缘与所缘乃是同一识体上的"相分"与"见分"的关系,在唯识学者看来,它是成立唯识理论颠扑不破的"比量",因而被称为"真唯识量"。"真唯识量"集中体现了法相唯识宗运用因明学来论证"万法唯识"的特点,据说玄奘当年立此论,"时人无敢对扬者"①,因而被作为因明的典范例子而流传了下来。②

玄奘回国以后,译出了陈那的《因明正理门论》和商羯罗主的《因明入正理论》(由于后者比前者的分量小些,故世称前者为"大论",而称后者为"小论"),这两部重要的因明学著作成为汉传因明的基本典籍。但玄奘所译经典中有关因明的并不仅限于此。据有学者研究,在玄奘从印度携回的经卷中,"因明论有36部(当不计局部含有因明内容的经论)",在其所译的经论中,"部分或专门论述因明的约有7种,另有2种可视作运用因明的范例"。其中,又可按内容分为三类:第一是"古因明类",包括《瑜伽师地论》(卷十五)、《显扬圣教论》(卷十一)、《阿毗达磨集论》(卷七)和《阿毗达磨杂集论》(卷十六)。第二是"新因明类",包括《因明正理门论》《因明入正理论》和《观所缘缘论》。第三是"运用新因明的范本",包括《大乘掌珍论》和《大乘广百论释论》。③"在对因明论著的翻译中,玄奘又有改造和创新。"④玄奘除了翻译因明的主要著作外,还对因明辩论、立规原则、论证性质等作了精细的分析和发挥,深化了因明立量的方法。玄奘所传入的因明,经他和他弟子窥基等人的阐扬而形成了许多区别于印度旧说

---

① 窥基:《因明入正理论疏》卷中,《大正藏》第44册,第115页中。
② 也曾有学者认为"这一比量思想内容唯心且不必说,在推论方法上也有不少破绽"。见沈剑英:《因明学研究》,中国大百科全书出版社1985年版,第18页。
③ 参见沈剑英:《唐玄奘与因明》,载黄心川等主编:《玄奘研究文集》,第81~86页。
④ 姚南强:《因明学说史纲要》,上海三联书店2000年版,第279页。姚著并对玄奘这方面的贡献作了概括,请参阅其著第279~280页。

的新特点①。法相唯识宗应用因明而使他们本宗的学说得到了更好的宣扬,但因明的方法对当时一般思想界来说影响并不是很大。

不过需要指出的是,法相唯识宗的理论虽然十分繁琐,但它在当时以及对唐宋以后的中国学术思想发展,仍产生了一定的影响。例如唐代道宣所创的律宗把释迦一代的教法分为"化教"与"制教",化教又可分为性空教、相空教和唯识圆教三类,制教也可分为实法宗、假名宗和圆教宗。道宣的南山律宗在这三教三宗中自称是唯识圆教,其主要学说为"心法戒体论",即以心法(阿赖耶识)所藏的种子为戒体,并与主张"非色非心戒体论"的法砺相部律宗和主张"色法戒体论"的怀素东塔律宗展开了争论。律宗的判教说和戒体论显然都受到了法相唯识宗思想的影响。

法相唯识宗的理论对宋明理学也有一定的影响,特别是它的"唯识转依说"对染净所依的心识与迷悟所依的真如作了区分,又引进"理"和"事"来加以说明,这对宋明理学讨论心与性、性与理、理与事等问题,有着直接的影响。

明末清初至近代,曾一度复兴的中国佛学主要的也是法相唯识学。唯识学在近代的兴起,原因是多方面的,它与唯识典籍从海外寻回,以及与晚清以来封建社会急剧没落、历史面临重要转折之际,许多有识之士向往美好的生活并期望从佛教中寻找理论武器以挽救社会危机等都有很大的关系。除此之外,从唯识理论本身来看,与其自身"转依"理论的特点也有密切的关系。唐宋以来,佛教所盛行的是禅宗心性论,它强调的是去妄(或息妄)而显真,因而比较偏重个人的修心养性、自心觉悟,对此,明太祖

---

① 参见虞愚:《玄奘对因明的贡献》,载《因明新探》,甘肃人民出版社1989年版。

朱元璋就说过,"禅与全真,务以修身养性,独为自己而已"①;而法相唯识学强调的则是转染成净,其转依有一个心识与环境互为因果、相互影响的关系。根据唯识学"实无外境,唯有内识""内识生时,似外境现"和种子与现行互熏的"转依"理论,外境固然是内识所变现,但不同性质的种子生起的现行却是不一样的,而种子又会受到现行的熏习。《成唯识论》卷二中说:"如是能熏与所熏识俱生俱灭,熏习义成,令所熏中种子生长……能熏识等从种生时,即能为因,复熏成种……能熏生种,种起现行……种子前后自类相生。"②这就是说,唯识学的理论实际上隐含着改变自我心识以改造外部世界、清净外部世界有利于实现转识成智这样的思想,这显然可以加以改造利用来为变革社会服务。因此,近代以来一些有识之士提倡唯识学,在一定意义上也曲折地反映了他们对所处的污浊世俗世界的不满和要求变革社会的愿望。这是唯识学能在近代流行的深刻的历史原因。

第三节　法界缘起论

法界缘起论是华严宗的主要思想。在中国佛教宗派中,除禅宗之外,华严宗可称得上是一个中国化色彩最为鲜明的宗派。由于法藏实际创立该宗已迟至武周时期,因此他有可能兼摄诸宗之长而融通之,使其学说颇多糅合色彩。尤其是宗密以禅教相会通,基本结束了自佛法东流以来诸说纷呈的局面,中国佛学由此呈现出一种与印度佛学截然不同的、以真心本觉为特征的统一、稳固的理论形态。当然,说华严宗颇多糅合色彩并不意味着它没有独具特色的理论,恰恰相反,它对天台、唯识等各家学说的

---

① 《御制玄教斋醮仪文序》,三家本《道藏》第 9 册,第 1 页上。
② 《大正藏》第 31 册,第 10 页上。

融摄乃是以自宗的法界缘起论为基石的。

一、法界缘起与四法界说

法界是华严宗的基本概念，它是梵文 Dharmadhatu 的意译，意义近似于"存在"，包括物质的存在与精神的存在。在《华严经探玄记》卷十八中，法藏曾对此有一个解释，他说：

> 法有三义，一是持自性义，二是轨则义，三对意义。界亦有三义。一是因义，依生圣道故。《摄论》云，法界者，谓是一切净法因故；又《中边论》云，圣法因为义故。是故说法界，圣法依此境生，此中因义是界义。二是性义，谓是诸法所依性故。此经上文云法界法性并亦然故也。三是分齐义，谓诸缘起相不杂故。初一唯依主，后一唯持业，中间通二释。①

法，泛指一切事物，在佛典中通常以二义释之，一为任持自性，意即每一法都有与他物相区别的不变的本性；二为轨生物解，意即它能令人产生与之相符合的认识，至于法藏所谓的"对意义"，是特指法作为第六意识的对境，其含义相对较窄。界有种族、族类的意思，按法藏的解释，一为因义，二为性义，其实指的都是真如理体，众生因证悟真如而成佛，故它是产生圣道之因；真如又是一切诸法的共同本性，所以又具性义；至于所谓的"分齐义"，则是指事法而言的，即事物因有不同的自体、不同的相状而有不同的分界。概而言之，法界大略有二层含义，一是就事法而言的各类分界，二是就理体而言的真如佛性。

---

① 《大正藏》第35册，第440页中。

缘起论本是所有佛学理论的基石,而被华严宗人视为最为究竟圆满的法界缘起,其特色何在呢? 即在于"以诸界为体,缘起为用,体用全收,圆通一际"①。即诸法的缘起以法界为体,法界随缘而起诸法之用,因此体非于用外别有其体,体因用而显;而亦非于体外别有其用,用依体而起,如此体用互融,相即相入,虽事相宛然而又不碍其体恒一味,这便是超乎诸家缘起说之上的法界缘起。

在华严学中,另一个基本概念是"性起",这实际上是把法界缘起收摄到心性的角度来加以考虑。性起之名,出自晋译《华严经》中"宝王如来性起品"的品名,唐译则改为"如来出现品",按经文所述,是说如来以各种形象出现于世教化众生。法藏承智俨的思路,对此却作出了两种与经文原义不同的发挥:

> 从自性住来至得果,故名如来,不改名性,显用称起,即如来之性起;又真理名如、名性,显用名起、名来,即如来为性起。②

这显然是以体用来诠解性起,性起即为依体起用。那么这一性起与通常所谓的缘起有何区别呢? 法藏解释说:

> 性起者,即自是言,本具性不从缘;言缘起者,此中人之近方便,谓法从缘而起无自性故,即其法不起中令人解之。其性起者,即其法性,即无起以为性故,即其以不起为起。③

---

① 《华严策林》,《大正藏》第 45 册,第 597 页上。
② 《探玄记》卷十六,《大正藏》第 35 册,第 405 页上。
③ 《华严经问答》卷下,《大正藏》第 45 册,第 610 页中。

一般所谓的缘起,是说"法从缘而起",因此是"缘集有,缘散即无"①,在法藏看来,这只是方便之谈;而性起则是由平等一味的真如理体随缘而起万法,真如本无起灭可言,因此虽起实无有起,虽灭实无有灭,"缘合不有,缘散不无"②,是为"以不起为起"。

为具体阐明"法界缘起",华严宗人便提出了著名的"四法界"说。"四法界"是由最初的"法界三观"发展而来的。相传华严初祖法顺曾撰有《华严法界观门》一文,最先确立了三观之义,此文原为法藏《华严发菩提心章》的一部分,从其行文与思想来看,不太像是法顺的独立作品,故学界一般认为法界三观乃是法藏的创构。

所谓"法界三观",是指真空观、理事无碍观、周遍含容观。法界,为所观之境,三观即能观之观。"法界三观"中每一观又开为十门,总合三十门观法。

第一"真空观",是观理法界,即观一切诸法当体即空、色空无碍。于中别为四句:一会色归空观,二明空即色观,三色空无碍观,四泯绝无寄观。前二句又各摄四门,总合十种观法。具体地说,一"会色归空观",是观万法因缘和合,当体性空,此空非指事物因断灭而成空,亦非色相全无而为空,空作为色法等的会归处也并不含摄能会归于它的色法,因此确切的含义只能是指诸法因无自性而体性空;二"明空即色观",此句为上一句的倒转,即从空的视角来观照空色相即,其所摄四门亦为上句四门之倒行,兹不赘述;三"色空无碍观",色非实色,空非断空,因此色举体不异空,空举体不异色,观色即可见空,观空即可见色,色空无碍,融通一味;四"泯绝无寄观",如此所观之真空,必然超越一切色空的对待,非言所及,动念即乖。

---

① 《华严经问答》卷下,《大正藏》第45册,第608页下。
② 《华严经问答》卷下,《大正藏》第45册,第608页下。

第二"理事无碍观",即观理事无碍法界。如果说"真空观"主要涉及理体本身,那么"理事无碍观"便介入了事法的层面。此观亦有十门:一理遍于事门,二事遍于理门,三依理成事门,四事能显理门,五以理夺事门,六事能隐理门,七真理即事门,八事法即理门,九真理非事门,十事法非理门。此十门大致可分为三组,前二门为一组,为理事之互遍,其后四门为一组,为理事之相成相违,末四门为一组,为理事之相即相非。

十门中最重要的是理事互遍的关系。事是分位差别的,理是无分限的,但事含理是含全体之理,因为理是不可分的,法藏于此虽然开为二门来谈,其实说的是同一件事:

> 一理遍于事门。谓能遍之理,性无分限,所遍之事,分位差别。一一事中,理皆全遍,非是分遍。……二事遍于理门。谓能遍之事,是有分限,所遍之理,要无分限,此有分限之事,于无分限之理,全同非分同。①

一方面,理体周遍于一切事相,另一方面,每一事法即使小至纤尘,也含摄理之全体。就前一方面说,理显然是无分限的,而就后一方面来看,我们也可以相对地说理有分限。但这绝不意味着全遍于不同事法的理因此就可以被分割,相反,理的完整性与同一性在每一事法上都能得到同样的体现,即使这些事法就其表面形态来看会有如许的差异。法藏具体还用理望事、事望理各有一异四句来对此加以论证:一是理事非异,故理全体在一事,一微尘亦能周遍于真理;二是理事非一,故理恒无边际,而事能住于自位而不坏;三是由于非一就是非异,故理事虽殊而不妨其互遍;四是由

---

① 《华严发菩提心章》,《大正藏》第45册,第652页下~653页上。

于非异就是非一，故两者的互遍亦不妨其差别。虽有能同时成立的四句，其实可简并为两句，一是理事互遍，二是事有分限理无分限。后两句无非是强调两者能同时成立。这一理事互遍的关系是其他各门所有理事关系的基础。

"理事无碍观"十门中的第二组四门是用来表明理事之间相成相违之关系的。一方面，事法本无自性，唯依理体而起，如此生起的事相却又能反过来显明理体；另一方面，理体显明则事相便成虚幻，事相显露则理体自然隐没，两者既相依互成，又彼此相夺互违，这是理事关系的又一层面。

"理事无碍观"十门中的第三组四门则是从相即相非的角度来考虑理事关系。一方面，理体不在事法之外，理全体即是事，事法依缘而起，本无自性，故当体亦即是理；另一方面，事法是依于理体而起的幻相，而理体是作为所依的真实，两者又全然不同。

总之，通过以理事互遍为核心的理事无碍观，法藏无非是要说明，形态各异的事法正是由于它们所普遍摄入的同一理体而获得了它们的统一性，不可分的理就是它们能彼此叠合、相即相入的中介，因此，接下来便自然过渡到周遍含容观。

第三"周遍含容观"，即观事事无碍法界。此观的十门是：一理如事门、二事如理门、三事含理事门、四通局无碍门、五广狭无碍门、六遍容无碍门、七摄入无碍门、八交涉无碍门、九相在无碍门、十普融无碍门。这里前二门重申了理事的互遍，指出事无别事，全理为事，以此理为中介，故一微尘亦能周遍一切法。第三门是上两门的综合，意为一切事法都有理事两个方面，故必然因其所含理体的同一性而由理事无碍及于事事无碍。第四、五两门是从各住自位的角度讲的，即事法能不离其所处的空间位置、不改变其形态大小而全遍于十方一切处。第六、七两门则分别从一相待于一切、一切相待于一的角度来谈一与一切之间的相摄相入，摄即广容,入即周遍,当一微尘周遍于一切法时,它也就同时含容一切法在自身之内,当一微尘含容一切法时,它同时也就周遍于它所含容的一切法,一切法相待于一,亦复如是。第八、九两门则分别对应于上两门的视角而有不断回互而递增的无尽缘起的效应,第八门通有四句,谓一摄一切,一入一切;一切摄一,一切入一;一摄一法,一入一法;一切摄一切,一切入一切。能摄所摄,能入所入,互相成立,交参无碍。第九门虽从一切法望一而有视角的不同,其实质并无二致。第十门也是一个综合,谓一与一切,更互相望,普融无碍。

基于对"十"这个数字的偏好,法藏对三观作出了极为繁琐却又不乏美感的解释。其后澄观、宗密等华严后学都非常重视这一三观学说,他们两人都分别撰有对《华严法界观门》的注疏,并在三观的基础上进一步发展出四法界说。

最早提出四法界说的是澄观。澄观之学,并非得自法藏亲传(澄观生于738年,法藏卒于712年),他年轻时游学多方,曾遍参禅教律各宗,其后认为"旧疏中唯贤首得旨,遂宗承之"。在《华严经随疏演义钞》卷二中,他自称其为学之方乃是"使造解成观,即事即行,口谈其言,心诣其理。用以心传心之旨,开示诸佛所证之门,会南北二宗之禅门,摄台衡三观之玄趣,使教合亡言之旨,心同诸佛之心,无违教理之规,暗蹈忘心之域"[①]。以华严教义为基础来融会禅教各宗,是澄观之学的基本特点,尤其是他对禅宗心学的吸收,开启了华严学全面禅化的过程。

澄观对禅宗心学的吸收,突出表现在他对"心"义的重视,并试图用"心"来界定主要是从理事关系立论的"一真法界",以统摄各种法界说。以此"一真法界"为总纲,澄观对法界说进行了初步的整理。在他那里,法

[①] 《大正藏》第36册,第17页上。

界的分类大约有三种：一者约三法界，指事法界、理法界、无障碍法界；二者约四法界，指事法界、理法界、理事无碍法界、事事无碍法界；三者约五法界，指有为法界、无为法界、亦有为亦无为法界、非有为非无为法界、无障碍法界。① 对此三种法界，澄观其实是交替使用的，比如在《华严经疏》及《演义钞》中，他对"五法界"说就比较重视，而在晚期较为成熟的《华严法界玄镜》中，他关于四种法界的说法才基本定型。

《华严法界玄镜》是澄观对《华严法界观门》的注疏，其中提出："法界之相，要唯有三，然总具四种。一事法界，二理法界，三理事无碍法界，四事事无碍法界。"那么法藏为什么没有谈到事法界？澄观的解释是："其事法界历别难陈，一一事相皆可成观，故略不明。"他还把法藏原来所说的三种观法发挥为三种法界，"真空则理法界，二如本名（即'理事无碍'法界），三则事事无碍法界"，并认为，三法界乃是"三观所依体"②。澄观的四法界说在他的弟子宗密那里得到了进一步的系统整理，成为从总体上论述法界缘起的完备学说。

关于宗密的学说，如赞宁所说，是"本一心而贯诸法，显真体而融事理"③。明确地以"一心"来收摄四种法界，宗密可谓集其大成，他在解释"法界"时说：

> 清凉新经疏云，统唯一真法界，谓总该万有，即是一心。然心融万有，便成四种法界。④

---

① 参见《华严经随疏演义钞》卷一，《大正藏》第36册，第2页下。
② 以上引文均见《华严法界玄镜》卷上，《大正藏》第45册，第672页下。
③ 《宋高僧传·宗密传》，《大正藏》第50册，第742页上。
④ 《注华严法界观门》，《大正藏》第45册，第684页中。

如宗密这里所言,澄观确实曾有过"总唯一真无碍法界"①的说法,但澄观大多还是从理事的角度立论的,是否将其收摄为"一心"并不总是很清楚。宗密则不然,他的四法界说乃是明确地以"一心"而贯之的。

关于"心",宗密在《禅源诸诠集都序》中曾将之界定为"空寂之知",并认为"知之一字,众妙之门"。所谓"空寂之知",从一个方面来说,它是"空寂之心",即妄念本寂,诸相皆空,一切分别执著都与此心体了不相应;但另一方面,它又"灵知不昧",即无始时来,觉性常存,无论迷悟,心皆了了常知。② 虽然自智俨以来,法界在不同程度上都带有本觉真心的含义,但只有到了宗密,两者才得以完全会通,而它的理论依据显然就是《大乘起信论》的"一心二门"说。依据《大乘起信论》的不变随缘、随缘不变义,理事无碍被完全收摄到心体上来予以说明。因为染净无体,皆一心之随缘,故"所说诸法,是全一心之诸法;一心,是全诸法之一心",如此自然"性相圆融,一多自在,……法法皆彼此互收,尘尘悉包含世界,相入相即,无碍熔融,具十玄门,重重无尽"③,而终得"无障碍法界"之称。

既然理事无碍根本在于心体的不变随缘义,因此在宗密看来,四法界说都可以从一心的角度来予以阐明。他在分别解释四法界时说:

> 一事法界,界是分义,一一差别,有分齐故。二理法界,界是性义,无尽事法,同一性故。三理事无碍法界,具性、分义,性、分无碍故。四事事无碍法界,一切分齐事法,一一如性融通,重重无尽故。④

---

① 见《华严经疏》卷五十四,《大正藏》第35册,第908页上。
② 引文见《禅源诸诠集都序》卷上之二,《大正藏》第48册,第402页下~403页上。
③ 《禅源诸诠集都序》卷下之一,《大正藏》第48册,第407页下。
④ 《注华严法界观门》,《大正藏》第45册,第684页中~下。

第一事法界,指的是宇宙万有事法,互相区分,具有差别性,故曰"界是分义"。不过宗密以为,事法界不能成为独立的观境,"事不独立故,法界宗中无孤单法故,若独观之,即是情计之境,非观智之境故"①,也就是说,事法界乃一心(即理法界)之随缘,因此不能离开作为理法界的一心来对此加以孤立的认识,否则难免于情计之执,宗密以此来解释三观中不谈事法界的原因,可谓是对澄观之解释的一个再发挥。概言之,事法界乃是约义门而言的,即它是基于义理铺陈的需要而开演的,若就观门而言,则唯有以下三种法界。

第二理法界,"界是性义",即它是无尽事法的共同本性。理遍在于一切事相,而"原其实体,但是本心。今以简非虚妄念虑,故云真;简非形碍色相,故云空也"②。也就是说,它既是有别于世俗情计的佛智,同时又是作为一切事相之共同本性的空如之理。

第三理事无碍法界,即理是事的性体,事是理的显现,差别的事法与同一的性体相互依存,交融无碍。理遍在事中,一一事相皆摄理之全体,所谓"以理熔事,事与理而融和也"③,故曰"具性、分义,性、分无碍故"。

第四事事无碍法界,这是说,既然一切事物和现象都是同一理性的体现,一切即一,一即一切,因此,千差万别的事物之间也就是相即相融、彼此无碍的了。这是华严法界观所要达到的最高境界。

宗密的四法界说虽然并没有超出自智俨以来的整个学说范围,但他在"一心"的基础上对此加以系统的整理,确立了以"心""理""事"三个范畴为核心的理论范式,这无论是对中国佛学还是对整个中国哲学而言都产生了重大的影响。

---

① 《注华严法界观门》,《大正藏》第45册,第684页下。
② 《注华严法界观门》,《大正藏》第45册,第684页下。
③ 《注华严法界观门》,《大正藏》第45册,第687页中。

华严宗曾以大海中水与波的关系来喻理、事关系。它以波涛起伏、千变万化的大海来喻"事法界",说明宇宙万有的差别性;以大海波涛万顷,归宗于水来喻"理法界",说明差别性的事物有共同的本体;以大海水波交融、无碍一体来喻"理事无碍法界",说明有差别的事物(事)与同一的本体(理)相互依存、交融无碍;以大海波波相即、包融涵摄来喻"事事无碍法界",说明一切即一、一即一切的道理。把法界(各种存在)归之于一心,论证事物之间的圆融无碍,这是"四法界"的重点,它为现存一切的合理性提供了理论上的"根据",因而这种理论在当时受到了统治者的欢迎。

在四法界中,华严的根本要义在于由理事无碍而至事事无碍,换言之,即由理体的融通性而达到事法缘起的重重无尽,这就是所谓的"无尽缘起"。在《法界缘起章》中,法藏开头就说:"夫法界缘起,无碍容持,如帝网该罗,若天珠交涉,圆融自在,无尽难明。"[1]从某种意义上说,法界缘起如不达至无尽缘起的层面,不免尚有未尽之处,而为具体阐明无尽缘起,华严宗人则提出了著名的"六相圆融"与"十玄门"的学说。

二、六相圆融与十玄门

在《华严一乘教义分齐章》中,法藏曾明确指出法界缘起具体可开为四门,即三性同异、因门六义、十玄无碍与六相圆融,其中前两门说的是法界缘起的原理,后两门说的是法界缘起的内容。在具体阐述六相圆融与十玄门之前,我们先来看看作为其理论依据的三性同异与因门六义。

三性同异与因门六义源自摄论师。三性指的是遍计所执性、依他起性和圆成实性,《摄大乘论·所知相分》曾以三性来总摄一切诸法,而其关键则在于依他起性,于依他起的一切现象上妄执其为实有,是为杂染的遍

---

[1] 石峻等编:《中国佛教思想资料选编》第二卷第二册,中华书局1983年版,第222页。

计所执性;而于依他起的一切现象上见证其虚幻不实,从而体证其空如之理,即转为清净的圆成实性,因此,依他起兼有染、净两分,而染、净两分因依他起而得到了沟通。法藏进一步发展了这种思想,认为三性其实同一,三性一际无异。

首先,法藏认为,三性具体说来各具二义,"真中二义者,一不变义,二随缘义;依他二义者,一似有义,二无性义;所执中二义者,一情有义,二理无义"①。虽然每一性均可开为二义,其实并无有异,比如就圆成实性而言,虽随缘成于染净,而恒不失其自性清净,也正是由于其自性清净,方能随缘成于染净,"是故二义,全体相收,一性无二";再就依他起性而言,依他中因缘和合,"似有"之相显现,然其"似有",必无自性,"是故由无自性,得成似有,由成似有,是故无性"。遍计所执性亦尔,此中虽情计为有,然于道理毕竟是无,"今既横计,明知理无,由理无故,得成横计,成横计故,方知理无,是故无二,唯一性也"。②

其次,三性六义中的"不变""无性""理无"也是统一的,它们是本,而与之相对的"随缘""似有""情有"则构成了另一组的统一,但它们是末。本真之理贯通于妄染之末,是为"真该妄末""不坏末而常本";妄染之法无不当体称真,是为"妄彻真源""不动本而常末"。③ 以依他起性为中介,真妄、染净、体用、本末都一体贯通,交彻无碍。

可见,法藏的三性同异说虽然借用了《摄论》的说法,但与《摄论》的性相隔别义不同,他强调的是性相的融通无碍。在法藏看来,真如必随缘变现为万法,亦唯有从随缘的万法中,方能显现出不变之真,而《摄论》的三性义则是在依他起性上除遣遍计所执性而显圆成实性的二空真如之理,

---

① 《华严一乘教义分齐章》卷四,《大正藏》第 45 册,第 499 页上。
② 引文均见《华严一乘教义分齐章》卷四,《大正藏》第 45 册,第 499 页中~下。
③ 引文均见《华严一乘教义分齐章》卷四,《大正藏》第 45 册,第 499 页上。

并不能反过来由圆成实性随缘变现依他起性,在法藏看来,这只是情计的凝然真如。

因门六义源自《摄大乘论》和《成唯识论》等的种子六义。在《摄大乘论·所知依分》中,以阿赖耶识所含藏的能亲生自果的功能为种子,认为它有刹那灭、果俱有、恒随转、性决定、待众缘、引自果等六个特征,是为种子六义。法藏借用了《摄论》的说法,认为在无尽的缘起现象中能亲生自果的直接原因也有类似的六种情况。

这六种情况是通过三对要素三三组合而形成的。第一对要素是"因"之体的空有,第二对要素是"因"之用的有力与无力,第三对要素是"因"生果时的待缘与不待缘。具体地说:(1)因体空、有力、不待缘,这相当于种子六义中的刹那灭。因体刹那灭,故无自性而体性空;以其刹那灭,有果法得生,故为有力用;此生果不需借助外缘,是为不待缘。(2)因体空、有力、待缘,这相当于种子六义中的果俱有。因体性空,有生果之能力,然以其与果法俱时而有,故为待缘。(3)因体空、无力、待缘,这相当于种子六义中的待众缘。因体性空,须待外缘才能产生果法,是为无力而有待。(4)因体有、有力、不待缘,这相当于种子六义中的性决定。因体自类不改而生果法,故为有体、有力;此自类不改不假外缘,是为不待缘。(5)因体有、有力、待缘,这相当于种子六义中的引自果。因体须假外缘方能引生自果,故为有力、有待。(6)因体有、无力、待缘,这相当于种子六义中的恒随转。因体随它而转,故体是有;随顺外缘,不能违逆,故为无力、有待。以上这六种情况又可归为四类:一是合恒随转与待众缘,说明万法须假外缘而生,故为不自生;二是合刹那灭与性决定,说明万法的生起主要还是由亲因所决定,故为不他生;三是合果俱有与引自果,说明虽因果可同时俱存,然亦是由因生果,而非因果同时并生,是为不共生;四是合以上六义,说明万法因果历然,绝非无因而生。

上述因门六义虽然可以有不同的开合,但简言之,即为"一体二义三用":"或约体唯一,以因无二体故;或约义分二,谓空有,以无自性故,缘起现前故;或约用分三,一有力不待缘,二有力待缘,三无力待缘,初即全有力,后即全无力,中即亦有力亦无力。"①在法藏看来,由因之体的空有义,故有事物的相即;由因之用的有力无力义,故有事物的相入;由因之待缘不待缘,故有事物的同体异体之关系。概言之,一毛孔容纳刹海的不可思议的圆融图景事实上正是基于如上因体的二义三用。

法藏所谓的待缘,显然是指除亲因之外的其他疏缘,包括增上缘、等无间缘和所缘缘三种。那么,所待之缘是否像亲因一样也具有六义呢?这有两种情况,即或具或不具:"增上缘望自增上果,得有六义,以还是亲因摄故;望他果成疏缘,故不具六,亲因望他亦尔。"至于由因缘和合产生的果法,则唯有空有二义,"谓从他生无体性,故是空义;酬因有,故是有义"。法藏对因门六义的繁琐分析,实际上是要梳理在无尽缘起的现象中因、缘、果三者的不同情况,用他自己的话说,"由斯六义,因缘全夺,显缘起胜德"②,正是以此为基础,华严宗展开了对六相圆融与十玄门的理论说明。

我们先来看六相圆融。"六相圆融",亦称"六相缘起",即从总相、别相、同相、异相、成相、坏相等六个方面来进一步说明"法界缘起"的道理,说明缘起的各种现象之间的圆融关系。华严宗认为,整体与部分、同一与差别、生成与坏灭这六相是相辅相成地同时表现在一切事物之中,也同时表现在一个事物中。它表明,一切事物和现象虽然各有自性,却又都可以融合无间,毫无差别。依持"一真法界"而起的一切现象,它们之间的关系

---

① 《华严一乘教义分齐章》卷四,《大正藏》第45册,第502页下。
② 引文均见《华严一乘教义分齐章》卷四,《大正藏》第45册,第502页中。

都是由六相而形成的错综复杂的缘起关系。对此,法藏在《华严一乘教义分齐章》卷四中曾有较为详细的解释。他首先提出:

> 总相者,一含多德故;别相者,多德非一故。别依止总,满彼总故。同相者,多义不相违,同成一总故;异相者,多义相望,各各异故。成相者,由此诸缘起成故,坏相者,诸义各住自法不移动故。①

六相之说本源自地论师,华严宗则自智俨始说六相圆融,法藏承智俨的思路,对此又作了多方引申,认为六相之间的圆融无碍乃是缘起诸法的本来形态。法藏曾举屋舍为例来对此予以说明。

何谓总相?屋舍即是。屋舍必有屋舍之诸缘集合而成,没有椽、板、瓦等诸缘,就没有屋舍,有此诸缘,故成立屋舍之总相。更进一步看,屋舍由椽等材料构成,若没有椽,屋舍即不成,在此意义上说,椽也就是屋舍。那么,没有其他梁、瓦等材料,光有椽即能建成屋舍吗?法藏认为,椽之所以被称为椽,就因为它是和板、瓦等材料一起建造成的屋舍的椽,否则,它只是一块木料,而不能被称为椽,也就是说,椽作为屋舍的因缘乃是与屋舍、板瓦等一体俱在的,当它仅是一块木料而非椽时,它并不是屋舍的因缘。既然有了一椽即有屋舍的全体,也就有其他的板、瓦,而没有椽也就没有屋舍,板瓦也就不成其为板瓦,"是故,板、瓦等即是椽也"②。法藏在这里主要想说明的是,一切缘起法,不成则已,一成则一切成,诸法相即无碍,融通为一,此即为总相。

第二是别相。屋舍为总相,椽等即是别相,正因为有椽等的别相,方

---

① 《华严一乘教义分齐章》卷四,《大正藏》第45册,第507页下。
② 《华严一乘教义分齐章》卷四,《大正藏》第45册,第508页上。

能成屋舍的总相:"若不别者,总义不成,由无别时,即无总故。"①一方面,总、别是相即的,椽若不与舍相即,就不名为椽,舍若不与椽相即,也不名为舍;另一方面,两者在相即中又是有别的,且正因为其相即,是故才成别,"若不相即者,总在别外,故非总也,别在总外,故非别也"②,若两者了不相关,即无总别。

第三是同相。椽等诸缘共同作舍,不相违背而同为屋舍的因缘,故名同相。它与总相的区别是,总相说的是缘起事物的总体,即屋舍是,而同相则指构成屋舍的椽等因缘,虽然其体各别,然合力共同作舍,因而名之为同相。

第四是异相。这是指椽等诸缘各有自身的类别、形状,彼此之间互不相同。异相与别相不同,别相是椽等诸因缘有别于作为总相的屋舍,而异相则是指诸因缘之间的彼彼相异。在法藏看来,正因为诸因缘有不同的功能作用,方能合力造成一舍而有上述的同相之可言,若瓦同椽一样有丈二之长,即不可能有屋舍的缘起。

第五是成相。由椽等诸缘,屋舍得以成,由有屋舍,椽也才得以成为椽,因此,总相与别相,相互以成。由椽等作舍,并不是说椽等合起来变成了舍,椽等依然各住自位,同时又有屋舍现前,因此是众缘成果,因果互成。

最后是坏相。如上所述,椽等诸缘互相结合,就能成舍,但椽等诸缘本身并没有变成屋舍,它们依然各有其不同的特征,"椽等诸缘,各住自法,本不作故"③,是为坏相。若椽等变成了屋舍,即没有椽,既没有椽,也

---

① 《华严一乘教义分齐章》卷四,《大正藏》第45册,第508页上。
② 《华严一乘教义分齐章》卷四,《大正藏》第45册,第508页中。
③ 《华严一乘教义分齐章》卷四,《大正藏》第45册,第508页下。

就没有屋舍可言了。

法藏在分析了六相义后又概括说:"总即一舍,别即诸缘,同即互不相违,异即诸缘各别,成即诸缘办果,坏即各住自法。"①为了形象地说明六相义,法藏在为武则天开演华严教义时,还曾以殿前的金狮子为喻:

狮子是总相,五根差别是别相;共从一缘起是同相,眼耳等不相滥是异相;诸根合会有狮子是成相,诸根各住自位是坏相。②

总之,"六相圆融"说的目的,是"为显一乘圆教,法界缘起,无尽圆融自在,相即无碍熔融"③,也就是说,虽然在无尽的缘起现象中必然会呈现出整体与部分、同一与差异、生成与坏灭的矛盾关系,但在法藏看来,对立的双方从根本上说乃是彼此相即、共依互成的。他最后以一首偈颂来结束对六相圆融的解说:"一即具多名总相,多即非一是别相;多类自同成于总,各体别异现于同;一多缘起理妙成,坏住自法常不作。唯智境界非事识,以此方便会一乘。"④

华严宗还立"十玄门"来说明重重无尽的法界缘起之奥义。"十玄门"也称"十玄缘起",此说首创于智俨,称"古十玄";基本完成于法藏,称"新十玄"。两者内容差异不大,次第有所不同。智俨的"古十玄"是:同时具足相应门、因陀罗网境界门、秘密隐显俱成门、微细相容安立门、十世隔法异成门、诸藏纯杂具德门、一多相容不同门、诸法相即自在门、唯心回转善成门、托事显法生解门。

---

① 《华严一乘教义分齐章》卷四,《大正藏》第 45 册,第 508 页下。
② 《金狮子章云间类解》,《大正藏》第 45 册,第 666 页中。
③ 《华严一乘教义分齐章》卷四,《大正藏》第 45 册,第 507 页下。
④ 《华严一乘教义分齐章》卷四,《大正藏》第 45 册,第 508 页下。

法藏的"十玄"虽被称为"新十玄",但从总体上看,内容并没有突破智俨的范围,只是有某些名目与次第的调整以及某些概念的修订。在《五教章》《金狮子章》及《探玄记》中,法藏曾分别提出了三种"十玄",这说明直至法藏,"十玄"之说仍未最后定型。现且综合法藏的这三种说法,对十玄简述如下:

第一,同时具足相应门。这是说缘起的一切事法能超越时空等的限制,同时圆满具足、彼此相应而成一大缘起法聚的总体。法藏借用智俨的"十会"之说,认为一切佛法乃至一切事相,均可以十对范畴概括之,是为教义、理事、境智、行位、因果、依正、体用、人法、逆顺、应感(此十对名目前后亦有所不同,这里是按照《探玄记》的说法),这十个方面"同时相应成一缘起,无有前后始终等别,具足一切自在逆顺,参而不杂,成缘起际"①。这就好比金与狮子,两者同时相应成一缘起,故有金狮子之相显现。此门当为对事事无碍法界的总体描述,而其后九门则都是对这一门的分述。

第二,广狭自在无碍门。在《五教章》及《金狮子章》中,此门为诸藏纯杂具德门,而于《探玄记》中,则改为此名。"诸藏纯杂具德门"是说,在诸法相摄相入的无尽缘起中,随举一法为摄入的主导者,其余一切诸法则必然会归于它,是为一切即一,故名纯,而此一中又含有一切的差别法,是为一即一切,故名杂,如此自然纯杂无碍、圆满具足,这运用到修行上,便是各法门相互融摄,随修一门,即修一切。可能是考虑到这种说法主要还是基于修行的角度,因此法藏后来把它改为"广狭自在无碍门"以进一步扩大其论述的范围。广狭虽殊,然不碍其相容,比如花叶虽小,亦能普周法界,虽其普周法界,却仍不失其本位,是为广狭自在。

① 《华严一乘教义分齐章》卷四,《大正藏》第45册,第505页上。

第三,一多相容不同门。这是说,一遍布于多,而同时它又容纳多在自身之内,两者能相互容受,自在无碍,却依然一为一,多为多,各住自位,历然有别。

第四,诸法相即自在门。当一遍布于多时,自体入于他体,故举体即为彼一切法,而同时它又收摄一切法在自身之内,他体入于自体,故彼一切法又即是己体,如此"一即一切,一切即一,圆融自在,无碍成耳"①。值得注意的是,一摄一切乃是一个重重无尽的过程,法藏所谓"此自一切复自相入"②,也就是说,随举一法,在它摄入一切之后,它还会一切即一,一即一切地无限进行下去,从而形成以初始法体为主导的无尽缘起,而同样重要的是,这一初始法体的选定乃是基于不同的视角而可随意转换的。

第五,隐密显了俱成门。一摄一切,则一显多隐;一切摄一,则一隐多显。一多不可能同时为显,也不可能同时为隐,唯有隐显才可能同时成立。

第六,微细相容安立门。这是强调无尽缘起的诸法"于一念中具足","始终、同时别时、前后、顺逆等一切法门,于一念中,炳然同时齐头显现,无不明了"③。

第七,因陀罗网境界门。因陀罗即印度神话传说中的帝释天,相传他的宫殿中悬挂有一结满宝珠的网,网上之珠,珠珠相映交彻,各显一切珠影,这里以此来譬喻诸法之间的互相映现、重重无尽。

第八,托事显法生解门。此门的大意,是我们可以托以不同的事法来彰显不同的义理,从而生起相应的解行。换言之,事事无碍之理随处皆在,理并非存于事外。

---

① 《华严一乘教义分齐章》卷四,《大正藏》第45册,第505页上。
② 《华严一乘教义分齐章》卷四,《大正藏》第45册,第505页上。
③ 《华严一乘教义分齐章》卷四,《大正藏》第45册,第506页中。

第九，十世隔法异成门。这是从时间性的角度来讨论无尽缘起，所谓"十世"，是指过去、现在、未来三世，而此三世又各有过去、现在与未来，如此合为九世，此九世不出当下之一念，总别合论故云十世。在法藏看来，虽然十世中的事物都隔别不同，但它们都能摄于当下的一念，而时与法是不相离的，故此十世本身也能为一念所包摄。

第十，主伴圆明具德门。此门在《五教章》及《金狮子章》中均为"唯心回转善成门"，《探玄记》中方改为此名，法藏的这一修改，颇能反映出他思想中的某些困惑之处。主伴圆明具德是说，在无尽缘起的现象中，随举一法为主，其余一切法即为伴，主唱伴随，伴随主而回转。这里的关键是，何者为主是可以基于视角的不同而转换的，事实上，除第一门作为总括，尚只是笼统地谈及诸法同时具足的关系而未有主伴之分，其余八门都或显或隐地蕴涵着主伴关系的可转换性维度。"唯心回转善成"则不然，它的基本语义是"以上诸义，唯是一如来藏为自性清净心转也"①，换言之，本觉真心作为主伴之主是一切诸法得以收摄的根基，它作为主的地位是不容被置换的。如果说前者主要是基于理事关系的考虑，即由理事无碍及于事事无碍，那么后者主要是从心性学的角度出发而更带有强烈的唯心色彩。

法藏的"十玄"说直到澄观那里才完全定型。澄观在《华严经疏》中所说的"十玄门"，名目、次第全同于《探玄记》，并且将其归于四法界中的"事事无碍法界"之下，这样，十玄就被明确限定于关于事事关系的探讨，这在一定意义上廓清了唯心论说对华严教义的过多渗透。

按照华严宗的说法，以上十门是一切万有都具备的法门，它要求人们用佛教的观点去观察一切现象，看到彼此差别的事物之间相即相入、圆融

---

① 《华严一乘教义分齐章》卷四，《大正藏》第45册，第507页上。

无碍的关系。法藏还特别指出,这十玄门相互之间也是"一即是多,多即是一"的关系,表现了"法界缘起"的道理。他说:"此上十门……皆悉同时会融,成一法界缘起具德门。……然此十门,随一门中即摄余门无不皆尽。"①"十玄门"与"六相圆融"会通,构成了华严宗"法界缘起"的中心内容。

华严宗无尽缘起的理论,在佛学中被认为是最为"玄妙"的,常人很难理解。为了使繁琐、晦涩的教义易于为人们所掌握,扩大华严宗的影响,华严宗的创始人法藏曾在通俗化方面做了许多工作。例如他曾为武则天讲"六相""十玄门"等,武则天"茫然未决",难以理解和掌握,法藏乃随手举殿前的金狮子为譬喻说:"一一毛头各有金狮子,一一毛头狮子同时顿入一毛中,一一毛中皆有无边狮子,如是重重无尽。"②据说武则天这才豁然开悟。又有一次,法藏为了帮助一些不了解重重无尽之义者懂得这种微妙的道理,特取十面镜子,"八方安排,上下各一,相去一丈余,面面相对,中安一佛像,燃一炬以照之,互影交光",使学者因此而"晓刹海涉入无尽之义"③。这些形象的教学,不仅使学者对华严宗无尽缘起、圆融无碍的抽象教理有了感性的认识,而且吸引了大批的听众和信徒,华严宗的影响也因此而日益扩大。

三、五教十宗与禅教一致

五教十宗与禅教一致的判教理论也是华严宗思想的重要组成部分。法藏为了创立宗派,很早就关注着其他宗派的判教理论。他不仅注意国内"古今诸贤所立教门",而且还关心印度佛教界的情况。地婆诃罗到长

---

① 《华严一乘教义分齐章》卷四,《大正藏》第45册,第507页上~中。
② 续法:《法界宗五祖略记·三祖贤首国师传》。
③ 《宋高僧传》卷五《法藏传》。

安，法藏与他共译《华严经》时就特地问他：西域古德有没有关于一代教法的判释？当他听说近代印度有二大论师，一名戒贤，二称智光，两人判教各不相同之后，心中有了底。既然在印度有智光反对玄奘之师戒贤，那么他在中国也就完全可以反对玄奘法相唯识宗的判教理论了。于是，法藏在批评以前各家判教学说，特别是批判玄奘的判教理论，而又综合了前人的各种判教理论的基础上，提出了自己"五教十宗"的判教说，即所谓"以义分教，教类有五"，"以理开宗，宗乃有十"。

"以义分教"的五教，主要是从"教法"上来分的，它们是：

（1）小乘教，又名愚法二乘教，其经典为《阿含》等经，《僧祇》《四分》《十诵》等律，《发智》《婆娑》《俱舍》等论，因其已证人空，未知法空，故名"愚法"。从心性上讲，则小乘唯有六识，虽义分心、意、识，其实所指则一，而于阿赖耶识，则但得其名；从种性上讲，小乘认为唯佛一人方有佛种性，而此佛性又不同于大菩提性，因为到成佛的究竟位，灰身灭智，佛的功德已尽，不能尽未来际起大用。

（2）大乘始教，即空、有两宗，前者以《般若经》、"三论"为基本典籍，称空始教；后者奉《解深密》等经，《瑜伽》《唯识》等论，称相始教。从心性上讲，此教于缘起生灭事中建立阿赖耶识，认为由业等种子成办阿赖耶识为异熟报识而为诸法之依持，然因阿赖耶识与真如未能融通，即缘起生灭依持阿赖耶识，而真如凝然不作诸法，故唯得一分生灭之义；从种性上讲，此教亦于无常法中建立种性，从而有五种性之说，其中一分众生法尔无性。

（3）大乘终教，此教的经典有《胜鬘》《密严》等经，《起信》《宝性》《法界无差别》等论，它的基本理论是如来藏缘起。即从心性上看，此教不仅讲阿赖耶识，也讲如来藏，不仅讲生灭之事，也讲不生不灭之理，认为不生不灭与生灭和合，非一非异故名阿赖耶识，因而得理事融通二分义，此教还认为如来藏是一切诸法缘起的依持,这与始教以阿赖耶识为依持也明显不同;从种性上看,因为它是就真如性立种性义,故认为定性二乘、无性众生亦悉有佛性。

(4) 大乘顿教,指不依言说文字,不设修行阶位而顿悟佛理的教义,其典籍有《维摩》《思益》等经。在法藏看来,以上的始、终二教,都还有修行阶位的高低先后,故为渐教,而顿教则是真如之体的朗然顿现。

(5) 一乘圆教,"若依圆教,即约性海圆明,法界缘起,无碍自在,一即一切,一切即一,主伴圆融"①。它是指华严自宗的教义。

法藏的五教说是糅合诸家之说加以总结而成的,就自宗而言,他一方面改造了法顺的"五重止观",使之一变而为判教的理论,另一方面也吸取了智俨在《孔目章》中所说的"依教五位差别"的名目;就他宗来说,则显然是受到了天台"八教"说的影响,尤其是他把本来是就教法形式而言的"顿教",与就教法内容而言的小、始、终、圆糅合为一,不免显得有点突兀,正是这一点曾引起了他弟子慧苑的批评。

"以理开宗"的十宗,主要是从"教理"上分的,实际上也就是将"五教"按义理的不同加以细分,它们是:(1) 我法俱有宗,为人天乘与小乘犊子部等所立。犊子部立三聚法,谓有为聚、无为聚、非有为非无为聚,前二即为法,后一即为我;或开为五法藏,谓过去、未来、现在、无为、不可说,后者亦即是我,在犊子部看来,此不可说我就是果报的承受者。(2) 法有我无宗,为小乘说一切有、雪山,多闻等部所立,有部开一切法为心、心所、色、不相应、无为五位,认为其法体三世实有,而人我因缘和合,故假有不实。(3) 法无去来宗,为小乘大众、鸡胤、制多山、西山住、北山住、法藏、饮光等部派的教义,认为唯有现在及无为法,而过去、未来法体用俱无。

---

① 《华严一乘教义分齐章》卷二,《大正藏》第45册,第485页中。

（4）现通假实宗，为小乘说假部、经部别师及《成实论》等所立，认为无过去、未来诸法，于现在法中，亦唯蕴为实，而处、界均假。（5）俗妄真实宗，为小乘说出世等部派所立，认为一切世俗现象均虚妄不实，而唯有出世法才是真实的。（6）诸法但名宗，为小乘一说部等部派的教义，认为一切人法，唯有假名，都无实体。以上六宗，相当于"五教"中的小乘教。（7）一切皆空宗，相当于大乘始教中的空宗，主张一切诸法，缘起性空。（8）真德不空宗，相当于大乘终教，认为一切诸法皆为真如的显现，而真如自体不空。（9）相想俱绝宗，相当于大乘顿教，主张泯除主客的分别，一时顿现真如之理。（10）圆明具德宗，即华严自宗的教义，相当于一乘圆教，所谓"别教一乘，主伴具足，无尽自在，所显法门是也"①。

　　法藏的"十宗"说显然是为弥补"五教"义的某些疏漏而提出来的，比如在这里他加强了对小乘的判释，不过从总体上看，这基本上是对唯识宗窥基所立"八宗"义的承袭与改造，创新之处并不多。

　　值得注意的是，法藏的判教虽然也有牵强矛盾之处，但其与以往按佛在不同时间的说法来排列的"三时""五时"的判教有很大的不同之处在于，它试图用逻辑的方法来贯通佛教的各家异说，把佛教理论的发展看作一个由小到大、由始到终、由渐到顿、由偏到圆的逻辑发展过程，这显然是有其合理之处的。为了用华严教义去融会空、有两种不同的思想，法藏还提出了"立破无碍"的判教理论。他认为，破无不立，立无不破，破中有立，立中有破，破与立"一而恒二""二而恒一"，是一个过程的两个方面。例如，空宗破幻有，立真空，这正证明了有宗的"依他起为幻有"；有宗"破空存有"，也正好证明了空宗的"空不离有"。因此，空、有两宗，义旨并无二致。法藏这种"立破无碍"的理论也是有其合理因素的。当然，法藏的判

---

① 《华严一乘教义分齐章》卷二，《大正藏》第45册，第482页上。

教,主要还是为了抬高华严宗,他以"五教十宗"为依据,把以往的佛教各宗都斥为偏教,而把他所创立的华严宗奉为最完满的"别教一乘"的"圆教"。这种用判教来抬高本宗的做法显示了他的宗派意识。

华严五祖宗密继承并发展了法藏的判教理论,进一步把融会的范围扩大到佛教之外。他在《华严原人论》中,一方面破斥了华严教义之外的种种异说,另一方面又以华严教义来"会通本末",把包括传统儒、道等思想在内的各种异说调和会通起来。

《华严原人论》共有四个部分。第一部分为"斥迷执",破斥"习儒道者"的迷执。第二部分为"斥偏浅",破斥"习佛不了义教者"的偏浅,其中将佛教"自浅之深"分为五等,并略述前四教的教义而一一加以批判:(1)人天教,只讲业报轮回,善恶报应,却"未审谁人造业,谁人受报"①。(2)小乘教,讲色心二法,"专此教者,亦未原身"②。(3)大乘法相教,主张万法虚妄,唯识所变,但"所变之境既妄,能变之识岂真"③?(4)大乘破相教,此教虽然破除了各种情执,却"未明显真灵之性"④,例如主张"心境皆无",却无法解释"知无者谁?"⑤第三个部分为"直显真源",提出了第五教"一乘显性教",以华严教义"说一切有情,皆有本觉真心,无始以来,常住清净,昭昭不昧,了了常知,亦名佛性,亦名如来藏"为"佛了义实教"⑥。

最后,宗密又在《原人论》第四部分"会通本末"中提出,前面所破斥的诸教,"同归一源,皆为正义"⑦,即站在华严宗的立场上看,其他各家学说

---

① 《华严原人论》,《大正藏》第45册,第708页下。
② 《华严原人论》,《大正藏》第45册,第709页中。
③ 《华严原人论》,《大正藏》第45册,第709页下。
④ 《华严原人论》,《大正藏》第45册,第710页上。
⑤ 《华严原人论》,《大正藏》第45册,第709页下。
⑥ 《华严原人论》,《大正藏》第45册,第710页上。
⑦ 《华严原人论》,《大正藏》第45册,第710页上。

都是真理认识的一部分，都可以归入华严教义中。具体地说，就是前说诸教皆不达真性方为身本，故皆不究竟，然都可以真性来贯通之。即最初唯一真性，以其不觉，故有生灭心相，此生灭心相虚幻可破，故能会第四破相教；由此不觉，转而成能见之识与所见之境，故能会第三法相教；因此又见自他之殊，遂成我执，而有贪嗔痴三毒炽盛，以此可会第二小乘教；由有三毒，故有善恶业报，如此即通于第一人天教。不仅如此，宗密认为，接下去还可以会通儒道诸教，儒道所谓的自然、天命，亦皆是业报使然，而彼不知，方名之为自然与天命。这样，宗密的"会通本末"既会通了华严教之外的各家学说，同时又抬高了华严宗本家之学，将其视为对以往各种认识的最高概括和总结。宗密这种调和融合佛教内外之学的判教理论是佛教理论中国化趋于成熟的一个标志，它不仅对以后中国佛教的发展，而且对整个中国学术思潮的演进，都产生了巨大的影响。

由于宗密不仅是华严学者，而且他也自称是惠能门下菏泽宗的传人，因此他不仅以真心来会通教门，而且还进一步以真心来会通禅教，对此，我们在这里也略为述及。

在《禅源诸诠集都序》中，宗密首先把禅教各分为三，并将禅门三宗与教门三家一一对应，"然后总会为一味"，认为都可以在本觉真心的基础上统一起来。他的具体说法是：

第一为禅门的"息妄修心宗"，此宗以为众生"本有佛性，而无始无明覆之不见"，因此"须勤勤拂拭，尘尽明现，即无所不照"，[1]这主要是指以神秀为代表的禅宗北宗。与之相对应的教门，宗密认为是"密意依性说相教"中的"将识破境教"。所谓密意依性说相教，是说佛陀虽见众生迷性而起、无别自体，然闻者难以开悟，故唯依性说相，性体未彰，是为密意，此教

---

[1] 《禅源诸诠集都序》卷上之二，《大正藏》第48册，第402页中。

分为三类:一是人天因果教,说善恶业报之义;二是说断惑灭苦乐教,此即为小乘教,开示厌苦断集修道证灭四谛之理;三是将识破境教,此即为大乘法相教,此教以生灭诸法,但是八种识体之所变现,故本无我法。宗密认为,只有这第三类"将识破境教"与禅门的息妄修心宗相对应,因为所谓息妄修心,正是息我法之妄,修唯识之心,故它不关外境事相,而唯于心中渐次着力。

第二为禅门的泯绝无寄宗,此宗认为"凡圣等法,皆如梦幻,都无所有,本来空寂,非今始无,即此达无之智,亦不可得,平等法界,无佛无众生,法界亦是假名。……设有一法胜过涅槃,我说亦如梦幻。……如此了达本来无事,心无所寄,方免颠倒,始名解脱"①。这大略是指牛头、石头的禅法。与之相对应的教门,是密意破相显性教,以其"意在显性,语乃破相",故得此名,这主要是指大乘空宗的学说。

第三为禅门的直显心性宗,此宗"说一切诸法,若有若空,皆唯真性,真性无相无为,体非一切……然即体之用,而能造作种种"。于中又可分为两类,一是说"即今能语言动作,贪嗔慈忍,造善恶受苦乐等,即汝佛性,即此本来是佛,除此无别佛也"。这大约是指洪州禅"作用即性"的教义。二是说"诸法如梦,诸圣同说,故妄念本寂,尘境本空,空寂之心,灵知不昧"②。这就是宗密自称所传承的菏泽宗义。与直显心性宗相对应的教门,是显示真心即性教,也就是宗密所理解的直契心体的华严教义。

三宗与三教的配对,在细节上也许有不甚确当之处,但值得注意的是,按照宗密的思路,无论是三宗还是三教,事实上都可以《大乘起信论》的"一心二门"来贯通之。换言之,相乃性之相,性为相之性,而三宗或三

---

① 《禅源诸诠集都序》卷上之二,《大正藏》第 48 册,第 402 页下。
② 引文均见《禅源诸诠集都序》卷上之二,《大正藏》第 48 册,第 402 页下。

教的排列次第即是由相及性,于禅门之直显心性宗、于教门之显示真心即性教,方直契心体,故为了义真实,而它反过来又能包容前两者,故此三教一致,三宗一致,而禅教亦可会通为一,"三教三宗,是一味法"①。

宗密的禅教一致论对后世产生了很大的影响,这主要表现在两个方面。其一,它调和了自南北朝以来禅教之间的对立与纷争,虽然天台宗也曾提出"止观并重"的主张,但直到宗密,禅教之间的对立才得到根本性的改观,尤其是在禅宗极度兴盛之后,宗密所谓"经是佛语,禅是佛意,诸佛心口,必不相违"②的说法更具有强烈的现实意义。其二,宗密的禅教一致论是建立在真心一元论之基础上的,这种有别于印度佛学的以真心本觉为特征的理论经过宗密的系统发挥,从此获得了相对统一而稳固的形态,并成为中国佛学中占主导地位的理论形态之一,这也是中国化佛学完全成熟的一个重要标志。

第四节　修心见性论

中国禅宗有神秀北宗和惠能南宗两大基本派别,在思想上,神秀北宗比较偏重"息妄修心",惠能南宗则更强调"顿悟心性"。虽然惠能南宗传播的范围广,流传的时间长,在佛教史和思想史上的影响也大,因而人们谈到禅宗思想,一向都以惠能南宗的思想为主,但20世纪初敦煌经卷的发现,使人们借助于有关禅宗资料对神秀北宗的思想有大概的了解也成为可能,因而我们还是对南北禅宗的禅法思想分别作一论述,以便对中国禅宗之学有个比较全面的了解。

---

① 《禅源诸诠集都序》卷下之一,《大正藏》第48册,第407页中。
② 《禅源诸诠集都序》卷上之一,《大正藏》第48册,第400页中。

一、神秀北宗的息妄修心论

关于神秀北宗的禅法,史传上虽略有记载,但各种记载都未曾言及神秀有何专门的禅学著作存世。《楞伽师资记》则明确地说神秀"禅灯默照,言语道断,心行处灭,不出文记",否定了神秀有著作流传于世。但随着近代敦煌石窟藏经洞的现世,人们发现在敦煌经卷中有几个本子,可能是神秀所述,而由其弟子记录整理,可以代表神秀北宗的禅法。其中主要有《大乘无生方便门》、《大乘五方便(北宗)》(亦名《北宗五方便门》)、《大乘北宗论》和《观心论》等。① 根据这些资料,并结合宗密等人的其他一些记载,就有可能对神秀北宗的禅法有大致的了解。

从禅法的思想倾向上看,神秀北宗继承了东山法门重《楞伽》的传统,"持奉《楞伽》,递为心要"②。据说普寂诣神秀,神秀"令看《思益》,次《楞伽》,因而告曰:此两部经,禅学所宗要者"③。净觉的《楞伽师资记》也记载弘忍语曰:"我与神秀,论《楞伽经》,玄理通快,必多利益。"这些都表明神秀系的禅法与《楞伽经》仍有密切的关系。但从总体上看,神秀的禅法主要是按照《大乘起信论》的思想组织起来的④,它依《起信论》的"一心二

---

① 《观心论》一向在日本有流传,但在中国却失传已久。现在敦煌经卷中发现了好几个《观心论》的本子,例如《大正藏》第85册就收录了其中的一种,《大正藏》第48册收录的《少室六门》之二《破相论》,实际上也是《观心论》的一个异抄本。日本学者铃木大拙曾对五个不同的本子作了对校,但他认为此论为达摩口述,而由其弟子记录的(请参考杨曾文的《日本学者对中国禅宗文献的研究和整理》一文,载《世界宗教研究》1987年第1期)。本书所引《观心论》主要为上述《大正藏》收录的两个本子,而《大乘无生方便门》等则主要依据日本学者宇井伯寿著《禅学史研究》(岩波书店1939年版)第八部分"北宗残卷"所附的校刊本。
② 张说:《全唐文》卷二三一《荆州玉泉寺大通禅师碑铭并序》。
③ 李邕:《全唐文》卷二六二《大照禅师塔铭》。
④ 《大乘起信论》与《楞伽经》有很密切的关系。吕澂先生曾认为《起信论》是依魏译《楞伽经》而作,请参阅其《起信与楞伽》《大乘起信论考证》等文,载《吕澂佛学论著选集》(一),山东齐鲁书社1991年版。

门"而立论,并在方便法门中融入了一定的般若思想。我们可以从两个方面来理解其主要内容:一是禅法的理论基础,主要以《观心论》为代表;二是禅法的方便法门,主要体现在《大乘无生方便门》等本子中。前者主要发挥了弘忍的"守本真心"论,后者则对道信的修心五方便作了发展。①

神秀《观心论》的宗旨可说是与五祖弘忍的"守本真心"论基本一致,论证方法却有所不同。弘忍的"守本真心"论依据的也是《大乘起信论》的真妄二心说,以妄心不起、真心不失为解脱。但弘忍主要是就清净的心本体立论的,他强调的是自心本来清净,不生不灭,为万法之本,诸佛之师,只要守住这一自性圆满的清净心,便能证涅槃,得佛果,到达解脱之彼岸②。而神秀却是遵循"学道之法,必须……先知心之根源及诸体用"③的思路,依据《大乘起信论》的思想,从体用相即出发,论证了真妄二心的一体同源、互不相生,并进而强调了息妄修心这一"观心"修行法的可能性与必要性。《观心论》可说是立足于"行"而发挥了弘忍的"守本真心"论。其中提出:

> 心者,万法之根本也。一切诸法,唯心所生,若能了心,万行具备。

此"心"不但是"众善之源",也是"万恶之主",因此,修行解脱或沉沦三界,无不依此一心。对此,神秀作了论证:

---

① 对于神秀北宗的禅法与道信、弘忍等的禅法之关系,学界有不同的看法,有的认为"北宗的禅法,忠实地继承了道信和弘忍的衣钵"(温玉成《禅宗北宗初探》,载《世界宗教研究》1983年第2期);有的则认为"神秀的禅法比起早期禅宗的慧可、道信来,有明显的突破"(任继愈《神秀北宗禅法》,载《中国社会科学》1990年第2期)。

② 关于弘忍的"守本真心"论,请参见拙著《禅宗思想的形成与发展》第二章,江苏人民出版社2011年版。

③ 道信《入道安心要方便法门》中引智敏禅师语,见敦煌本《楞伽师资记》引。

> 菩萨摩诃萨行深般若蜜多时,了四大五蕴本空、无我,了见自心起用有两种差别。云何为二?一者净心,二者染心。其净心者,即是无漏真如之心;其染心者,即是有漏无明之心。此二种心,自然本来俱有,虽假缘和合,互不相生。净心恒乐善因,染心常思恶业。若真如自觉,觉不受所染,则称之为圣,遂能远离诸苦,证涅槃乐。若随染造恶,受其缠覆,则名之为凡,于是沉沦三界,受种种苦。①

染净二心皆本一心,人自有之,通过观心的修行,息妄显真,除染还净,了悟本觉真心,即得解脱。由此可见,观心是多么重要。所以神秀强调,唯观心一法,总摄诸行,是求佛道最为省要的修行之法。

所谓观心,就是要明了自心起用而有染净二心的道理。由于"一切善恶,皆由于心",依净心而得解脱,依染心则受苦种种,因此,观心之法最终就要求能摄心而离诸邪恶,从而断灭诸苦,自然解脱。神秀的《观心论》在强调"心为出世之门户,心是解脱之关津"的同时,更着重说明了"三界轮回,亦从心起",突出了对真如之体受无明妄心障覆故众生轮回受苦的论述,显示了他的禅法重心在于"息妄"渐修的特色。他要人时刻注意排除自己的感情欲望,时刻提防物欲对人心的侵袭,正如他著名的偈颂所说:"身是菩提树,心如明镜台;时时勤拂拭,莫使有尘埃。"②将灭除情欲、物欲,恢复并保持清净的本然之心作为人生的第一要义,要求通过否定尘世生活的价值与意义来保持心地的自然清净,表现出了宗教禁欲主义的倾向。

在强调观心、摄心、去除染恶的重要性和必要性之后,神秀又把观心

---

① 神秀《观心论》,以下凡不注出处者,均与此同。
② 敦煌本《坛经》第6节。

与念佛联系在一起,以"观心"来统摄念佛法门。他区别了口诵与心念的不同,把念佛解释为"觉察心源,勿令起恶","坚持戒行,不忘精进"。他认为,了知自心清净是正念,执著音声之相是邪念。他主张的是正念,即念自性清净心,亦即本觉的真如之体。当神秀将此清净心等同于佛时,他所说的念佛,实际上也就是观心看净。他在《观心论》中说:

夫念佛者,当须正念。了义为正,不了义即为邪。正念必得往生净国,邪念云何达彼?佛者觉也,所谓觉察心源,勿令起恶。念者,忆也,谓坚持戒行,不忘精进。了如此义,名为正念。故知念在于心,不在于言。因筌求鱼,得鱼忘筌。因言求意,得意忘言。既称念佛之名,须行念佛之体。若心无实,口诵空言,徒念虚功,有何成益?且如诵之与念,名义悬殊。在口曰诵,在心曰念。故知念从心起,名为觉行之门;诵在口中,即是音声之相。执相求福,终无是处。

神秀把"念佛"与观心联系在一起,把向外求佛转为反观自心,从形式上看是对四祖道信"念佛即是念心"的继承,而从内容上看则更多的是对五祖弘忍"守本真心"论的发挥。因为道信的念佛法门有明显的般若倾向,所念之佛或所念之心都有"非名非相"的般若实相之义,所以道信又说"无所念者,是名念佛","即念佛心名无所念"。① 而神秀的念佛或观心却依据《大乘起信论》而突出了"真心"的内容。

由于神秀依一心而立净染善恶凡圣等的不同,以"观心"这一反身向内的精神活动来"总摄诸行",统摄佛教的一切修行活动,因而他十分反对

---

① 关于道信"念佛即是念心"的思想,请参见拙著《禅宗思想的形成与发展》第二章。引文均见《楞伽师资记》引《入道安心要方便法门》。

"修伽蓝、铸形像、烧香、散花、燃长明灯"等外在的形式主义的求佛道之行,认为"广费财宝,多积水陆,妄营像塔"等都是"背正归邪"的行为,"于真性一无利益"。他强调,"若不内行,唯只外求,希望获福,无有是处"。他还把佛经中所说的"修伽蓝、铸佛像"等都作了重新解释,认为这些都是佛要求众生"观心""修心"的方便说法。例如"修伽蓝",神秀说:"言伽蓝者,西国梵音,此地翻为清净处地。若永除三毒,常净六根,身心湛然,内外清凉,是名为修伽蓝也。"神秀这种不劳外求,只需于自己身心上修炼的思维途径与惠能南宗强调的"造寺布施供养,只是修福,不可将福以为功德。……自修身是功,自修心是德,功德自心作,福与功德别"[①]是一致的,两者对确立宗教世界观的强调也是一致的。这表明,南北禅宗虽然在有些方面表现出了思想差异,但他们都从不同的角度共同发展着"东山法门"以来注重修心的传统。

值得一提的是,神秀的观心法门也是主张"顿悟"的。既然"一切善业由自心生,但能摄心,离诸邪恶,三界六趣,轮回之业,自然消灭,能灭诸苦,即为解脱",那么,要获得解脱,当然就无须累世修行,而只需当下"观心"了。对此,神秀还专门从理论上作了说明。他把佛所言的"三大阿僧祇劫"解释为"三毒心",认为"佛所说言三大阿僧祇劫者,即三毒心也,胡言阿僧祇,汉言不可数,此三毒心于一念中皆为一切恒河沙者不可数也",只要通过观心而去除一念之中的贪嗔痴"三毒心",就是度得三大阿僧祇劫了。"末世众生愚痴钝根,不解如来三种阿僧祇秘密之说,遂言成历劫。"这样,神秀的观心法门便以去除一念中三毒心取代了累世修行说,把解脱从遥远的未来移到了当世。因此,他的观心法门在强调"时时勤拂

---

① 敦煌本《坛经》第34节。

拭"的"渐修"的同时,也就一再提到了"一念净心,顿超佛地"的"顿悟"①,认为"悟则朝凡暮圣,不悟永劫常迷",只要能摄心内照,绝三毒心,那么,"自然恒沙功德,种种庄严,无数法门,悉皆成就,超凡证圣,目击非遥,悟在须臾,何烦皓首?"②

当然,由于神秀在讲顿悟的同时更强调"息妄"的渐修,他把顿悟安置在渐修种种"观心"的方便法门基础之上,而不像惠能南宗禅那样始终着眼于不假修习、直了见性的"顿悟",因而他所说的顿悟与惠能的顿悟还是有所不同的。张说的《大通禅师碑》在述神秀的禅法宗旨时说:"尔其开法大略,则专念以息想,极力以摄心。其入也,品均凡圣;其到也,行无前后。趣定之前,万缘尽闭;发慧之后,一切皆如。"这里,就证得的悟境而言,与惠能南宗禅并无多大差别,但把这种悟境置于"息想""摄心"的禅定之后,则显出了与南宗的差异。神秀的渐修顿悟说更多的是对《楞伽经》思想的继承和发挥。③

宗密在论述神秀北宗的禅法时曾说:"北宗意者,众生本有觉性,如镜有明性。烦恼覆之不见,如镜有尘暗。……息灭妄念,念尽则心性觉悟,无所不知,如磨拂昏尘,尘尽则镜体明净,无所不照。"④在《禅源诸诠集都序》中,宗密则把神秀北宗的禅法归入"息妄修心宗",他说:

息妄修心宗者,说众生虽本有佛性,而无始无明覆之不见,故轮

---

① 敦煌本《大乘无生方便门》。
② 敦煌本《观心论》。
③ 《楞伽阿跋多罗宝经》卷一中曾专门谈到"如来净除一切众生自心现流"的息妄修行,犹如磨镜,是"渐净非顿"的,而净除之时,"顿现无相无有所有清净境界",则犹如明镜现像,是"顿"而非"渐"的。请参见《大正藏》第16册,第485~486页。
④ 《中华传心地禅门师资承袭图》。

回生死。诸佛已断妄想,故见性了了,出离生死,神通自在。当知凡圣功用不同,外境内心各有分限,故须依师言教,背境观心,息灭妄念。念尽即觉悟,无所不知。如镜昏尘,须勤勤拂拭,尘尽明现,即无所不照。又须明解趣入禅境方便,远离愦闹,住闲静处,调身调息,跏趺宴默,舌拄上腭,心注一境。南诜、北秀、保唐、宣什等门下,皆此类也。

可见,神秀北宗的禅法重的是背境观心、息灭妄念的坐禅渐修法,与惠能南宗强调的"直显心性"确实是有区别的。不过需要指出的是,在神秀与惠能之时,顿渐仅是不同的禅法所强调的重心不同而已,并没有表现为派系的对立之争。后来由于惠能的弟子神会北上入洛,攻击神秀北宗"法门是渐",人们才开始以"南顿北渐"来区别南北禅宗禅法上的不同特点。对此,近代以来已有学者根据南宗不废渐修、北宗也主张顿悟来反对"南顿北渐"的区分,认为"这是不确切的"[1]。而且事实上,神秀、惠能在日,也并不是以顿渐为对立的。例如惠能就曾把顿渐归之于人的根机之不同,认为禅法本身并没有什么不同,所谓"法无顿渐,人有利钝"[2],并曾把顿渐皆摄入自己的禅学法门之中,明确提出"我此法门,从上已来,顿渐皆立无念为宗"[3]。不过,若就南北禅宗的立足点看,以"南顿北渐"来标明南北禅宗禅法上的差异,"南顿"是说南宗重顿悟,"北渐"则是说北宗重渐修,这也是合适的。

宗密在《圆觉经大疏钞》中还曾以"拂尘看净,方便通经"来概括神秀

---

[1] 请参见侯外庐主编:《中国思想通史》第4卷上册,人民出版社1959年版,第270页。
[2] 敦煌本《坛经》第16节,《坛经校释》第30页上"钝"误作"顿",现据敦煌卷子底本校正。
[3] 敦煌本《坛经》第17节。

北宗的禅法特色。"拂尘看净"就是"时时勤拂拭"的观心守心,那么"方便通经"是什么意思呢?这里的方便,主要是指神秀对道信以来五种方便禅法的继承;通经,则是指神秀进一步把方便与经教会通起来。五方便的内容为:"第一总彰佛体,亦名离念门。第二开智慧门,亦名不动门。第三显不思议门,第四明诸法正性门,第五了无异门。"①它们依次分别会通《大乘起信论》《法华经》《维摩经》《思益梵天经》《华严经》等佛教经论。神秀对经教的会通,采取的是"六经注我"的态度,表现出了禅者与经师的不同。从思想内容上看,五方便门也是按照心之体用组织起来的。下面我们分别略作介绍。

第一总彰佛体,这是依《大乘起信论》的心体本觉立论的,认为众生皆有本觉真心,为无明妄念障覆而不觉,心体离念,即恢复本觉,觉者即佛,故总彰佛体又名"离念门"。总彰佛体的"离念门"主要是依本觉的净心体而说的,其余四门则进一步就心之用而说修禅的方便。

"第二开智慧门,依《法华经》开示悟入佛知见也。"②这说的是由定发慧的方便,即本觉的心体不动、无念而得佛知见之用,故此门亦名"不动门"。这里的身心"不动"并不是证入绝对的空寂之定,而是恢复本觉,得佛知见,因而它包括由定发慧、开佛知见。《大乘无生方便门》曾明确以"不动"来统摄定与慧,并把"定中有慧"、定慧双等的"定"称为菩萨的"正定",以区别于二乘人的"有定无慧"、贪著禅味的"邪定"。定慧双等、定中有慧之说,实际上是由身心不动、离念即觉得出的必然结论。

第三显不思议门,这是依《维摩经》说由"观心""守心"而至不可思议的解脱境界。《维摩经》又名《不可思议解脱经》,以其明不可思议解脱之

---

① 敦煌本《大乘五方便(北宗)》。
② 宗密:《圆觉经大疏钞》卷三之下。

法门故。神秀以"心体离念"的思想对不思议解脱法门作了自由的解释发挥,提出了"不起心"即为解脱的观点,认为不思不议、诸法如如即为解脱,即"显不思议解脱门",这显然是上述总彰佛体离念门和不动开智慧门的进一步深入,是从不同的角度发挥观心守心的义旨的。

第四明诸法正性门,依《思益梵天所问经》,强调一切法如如平等而显现诸法正性,由明诸法正性而心识不起,心识不起而得智慧之用,从而成就佛道。

第五了无异自然无碍解脱门,依《华严经》的圆融无碍思想,将种种禅修方便与所证之境统统融摄于"自心"中,认为"心无分别"便一切法无异,从而就能自然无碍得解脱。这里,心无分别、诸法无异云云,体现的仍然是观心离念的要求,只是更突出了禅修的境界而已。

从神秀的五方便,我们可以看到,其内容不外是"观心"禅法的展开,其理论依据则始终不离《大乘起信论》的一心二门体用说。如果说,神秀的观心论是通过对心之体用的理解而强调观心守心的必要性,那么,五方便则是体用不二说在修禅实践中的具体贯彻。《楞伽师资记》曾引神秀语曰:"我之道法,总会归体用两字。"根据以上分析,"体用"二字确实可以作为理解神秀全部禅法的纲领。

神秀北宗虽然和惠能南宗一样都继承了东山法门"修心"的传统,但由于对心的理解不同,因而导致了在"修心"方法上的差异。神秀禅所谓的心,是指人们本觉的真心,即肯定有一个清净心体的存在,并认为有妄念情欲时刻会污染它。而惠能禅所谓的心则主要是指人们当下现实的每一念心。惠能认为,心时刻处于流动变化之中,无妄念即是真,无妄情即是自然,因此,不存在一个可以观、可以修、可以拂拭的清净心。有心可修与无心可修构成了神秀北宗禅与惠能南宗禅的根本差异。由此出发,在如何修心上,神秀主张离念去情,有证有修,通过观心看净、时时勤拂拭的渐修而顿悟清净心。惠能则主张无念息情，无证无修，强调真心与妄心都不离人们当下的一念之心，起心修证就是妄心有为，反而失却了清净本然之心。因而惠能曾批评神秀北宗起心看净的修行法，认为"若言看净，人性本净，为妄念故，盖覆真如，离妄念，本性净。不见自性本净，起心看净，却生净妄，妄无处所，故知看者却是妄也。净无形相，却立净相，言是功夫，作此见者，障自本性，却被净缚"①。显然，神秀北宗禅更多的保有传统禅法的特点，而惠能南宗禅则更易于与日常生活相结合，惠能南宗日后得到更广泛的流传，与其禅法特点也是有一定关系的。

二、惠能南宗的顿悟心性论

惠能（638~713年）得五祖弘忍的衣法，世称"六祖"。惠能所创的禅宗南宗的禅学思想大致由三个部分组成：一是融摄空有的禅学理论，二是即心即佛、自在解脱的解脱论，三是识心见性、顿悟成佛的修行观。这三方面的内容主要都保存在南宗的代表作《坛经》之中。

从总体上看，惠能南宗的禅学理论的核心是解脱论，主要说明人的解脱问题，它一般并不涉及宇宙的生成或构成等问题，本体论和认识论问题也只是在解脱论中有所体现，并没有专门展开论述。惠能的解脱论又是和修行实践紧密结合在一起的，它反对任何理智的探讨与追求，认为人的解脱从根本上说来并不是一个理论问题，而是一个实践问题。惠能南宗一向以"教外别传，不立文字"相标榜，除去其自立门户的宗教见识之外，也确实反映了它重宗教实践的特色。惠能南宗的解脱论又是围绕着自心的迷悟展开的，它的修行实践是建立在识心见性、顿悟成佛的解脱修行观之基础上的。就惠能南宗对宗教实践的重视和对心的解脱的强调而言，

---

① 敦煌本《坛经》第18节。

它确实要比佛教的其他一些宗派更接近于释迦时代佛教的精神,佛陀本人就曾经把本体论等虚玄的哲学问题悬置起来,着重强调通过宗教实践获得人生解脱的重要性与迫切性,而把人的解脱归结为心的解脱也正是早期佛教的基本特色之一。但是,惠能南宗又是植根于中国传统文化的土壤之中,是在佛教中国化的过程中形成发展起来的典型的中国化的佛教宗派,因此,它虽然在许多方面与佛陀精神相通,却并不是简单地向原始佛教的复归。它的禅学理论与禅行实践深受传统思想文化的熏陶,形成了许多与传统禅学相异的中国化的特色。从禅学理论上看,继魏晋般若学与南北朝佛性论之后发展成熟的惠能南宗,融大乘佛教空有两大系的思想为一体是它最显著的中国化特色之一。

空宗与有宗本来是印度大乘佛教的两大基本派别。空宗,即龙树和提婆所创立的中观学派。有宗在印度佛教中主要是指瑜伽行派,但在我国,一般还包括了涅槃佛性论这一系的思想。瑜伽行派的理论在中土盛极一时,很快就衰微了,而涅槃佛性论的思想经过竺道生等人的改造发展,并与般若思想相会通,却成了中国佛学的主流。惠能南宗的思想也是竺道生以来中国佛性(心性)论的进一步发展。从历史上看,禅宗初祖菩提达摩东来,就顺应着竺道生以来融会空有的中国佛教发展的趋势,将实相无相与心性本净结合起来,作为"安心"禅法的所借之教,奠定了中国禅宗心性论的基本理路。[①] 惠能"一生以来,不识文字",没有受过佛学的系统训练,这对于他自由地解释发挥经义,倡不立文字、直了见性的简便法门,更有直接的影响,融摄空有在他所创的南宗禅学理论中也表现得更为充分。对此,我们可以通过其理论体系中的"心"这一重要概念来了解。

[①] 关于达摩及其禅法特点,请参见拙著《中国禅学思想史》(修订本)第三章第一节,中国人民大学出版社2007年版。

"心"不仅是惠能南宗整个解脱论的理论基石,而且集中体现了惠能以空融有、空有相摄的禅法特色。

在佛教中,"心"一向有多种涵义。宗密的《禅源诸诠集都序》在述及心的"名同义别"时,曾将佛教中的心的不同涵义概括为最基本的四种:一为肉团心;二为缘虑心;三为集起心,指第八识;四为真心。宗密虽主禅教一致说,但毕竟是一个华严学者,他是依"真心"立论的,因而在他看来,达摩东来,六代相传,皆真心也。那作为惠能禅学理论基础的心是否就是"真心"呢?

从现存《坛经》的有关记载来看,惠能所言之心的涵义也是十分复杂的,其中比较多的是指"妄心""迷心""邪心"或"善心""正心"等,这些"心"大体上与宗密所说的缘虑心相当,指的主要是一种心念活动或心理状态,它们的基础则是可正可邪、可净可不净之心。所谓"心正转《法华》,心邪《法华》转"①就说明了这一点。这个可正可邪、可净可不净的心,实际上指的是人们当下的一念之心,于此心上除却各种邪心、妄心,就叫作"净心"②。净心以后,心不起任何执著,自然任运,便能"心地常自开佛知见",获得解脱,所以惠能又说"世人心正,起智惠观照,自开佛知见","悟者自净其心……随其心净,则佛土净"③。可见,当下的一念之心,同时也就是众生的解脱之心。《坛经》中常说的自心迷、自心悟,实际上都是就众生当下的一念之心而言的,因此才有"惠能一闻(金刚),心明便悟""惠顺得闻(惠能传法),言下心开"④等说法。既然迷悟、缚解皆依当下一念之

---

① 敦煌本《坛经》第42节。
② 这里的"净"用为动词。请参见敦煌本《坛经》第2节与第12节等。
③ 敦煌本《坛经》第42节,第35节。
④ 敦煌本《坛经》第2节,第11节。

心,那么惠能主当下顿悟说就是很自然的了:"前念迷即凡,后念悟即佛。"①迷悟凡圣,皆在一念之中。此处之念,既为心念,也表示顿义。

上述种种心,显然并非指"真心"。那么它们是否以"真心"为体性呢?答案也是否定的。在惠能那儿,具有真心意义的心,一般称作"本性"或"自性"。由于惠能融摄了般若实相无相说而将真心引向了人们的当下之心,因此,他对"本性""自性"的解释又有异于传统的如来藏佛性论。他所说的本净的自性,主要是指众生之心念念不起妄心执著的本性,一般并不具有什么实体的意义。他以般若的无相来贯通本净的心性,以般若学的遮诠方法来显自心佛性的真实性,使自心佛性不再是一个可以观、可以修的"真心",而是就体现在念念不断的无执著心之中,是众生心不起妄念的一种自然状态。正是在这一点上,惠能批评了神秀北宗的起心看净,认为若言看净,就是执著"净相"了,而净是无形相的。神秀北宗以心体"离念"为觉,是依有一本觉之心体为前提的,故主张观心看净,而惠能是以觉性释心体,以般若为心之性,并直指人们的当下之心念,这种对心的不同理解是南北禅宗禅学理论的根本区别之所在,其他包括修行实践在内的各种差别都可以在这里得到解释。

概括起来看,在惠能的禅学思想体系中,真心与妄心本质上其实是一回事,它们都统一于人们的当下之自心。这看起来与《大乘起信论》的一心二门说十分相似,细究起来却又是有很大差别的。《大乘起信论》的一心开二门,重点在于阐述心真如与心生灭的关系,以说明不变的真如随缘而生万法,真妄和合的阿赖耶识通过熏习而复归清净本心的所谓大乘法门,它立论的基础是真如、真心,众生心实际上成为真心的代名词。而惠能则把真心与妄心又拉回到现实的众生当下的心念上来,他注重的是当

---

① 敦煌本《坛经》第 26 节。

下活泼泼的众生之人格而不是去追求一个抽象的精神实体,他关心的是众生当下的解脱而不是真如与万法的关系。两者最大的不同在于,惠能所言之心并不以"真心"为体性,而是以众生现实之心为基础。惠能的思想之所以表现出与《大乘起信论》的不同,关键就在于惠能用般若实相说对"真心"加以会通。

我们还可以联系惠能的得法偈与神秀偈的不同来看惠能南宗与神秀北宗对心性看法的差异。① 关于神秀的偈颂,我们前面已经引用过,它是:"身是菩提树,心如明镜台;时时勤拂拭,莫使有尘埃。"这里,神秀将色身、人心比作有形的"菩提树""明镜台",其所表现出来的"真心"论的倾向是显而易见的。"时时勤拂拭"要求的是依持自性清净心而不断地进行修行。而惠能则针锋相对提出了不同的看法。关于惠能偈,现存有不同的记载。敦煌本《坛经》记为两首,其一为:

菩提本无树,明镜亦无台;
佛性常清净,何处有尘埃。

其二为:

心是菩提树,身为明镜台;
明镜本清净,何处染尘埃。

但敦煌本以后的各种版本《坛经》都将惠能的得法偈记为一首,这首流传

---

① 尽管惠能与神秀的偈究竟是他们本人所作还是惠能后学所造,人们还有不同的看法,但现存的偈文集中体现了南能北秀禅法的差异,这却是大家比较公认的事实。

极为广泛的偈文如下：

> 菩提本无树，明镜亦非台；
> 本来无一物，何处惹尘埃。

这里改动最大、最引起后人争议的是将"佛性常清净"句改为"本来无一物"。我们认为这种改动并不失惠能的原义。因为在惠能的整个禅学思想体系中，"佛性常清净"所表达的并不是传统意义上的佛性论思想，而是经般若实相说改造过了的佛性论思想。在般若学的思想体系中，"清净""本净"与"性空""毕竟空"是异名而同义的，"以人畏空，故言清净"①。因此，"佛性常清净"也就具有"佛性空"的意思，它与"本来无一物"一样，发挥的是般若无所得、无可执著的思想。正因为心性空寂，佛性即体现在人们当下念念不断的自心之中，并没有一个绝对的清净物存在，所以惠能反对神秀北宗的"时时勤拂拭"。由于"佛性常清净"的说法仍容易被理解为有一清净物的存在，惠能后学遂将它改为"本来无一物"，更突出了无可执著、无可得之义，这显然并没有窜改惠能的原义。从敦煌本的第一首偈文来看，前两句"菩提本无树，明镜亦无台"，否定的正是把菩提、明镜执为实有的观点，蕴涵着"本来无一物"的思想；第二首偈中"明镜本清净"所表达的显然也就是第一首偈中"明镜亦无台"的思想。因此可以说，用"本来无一物"替换"佛性常清净"，义旨并无二致，对于文化程度不高的南宗普通信众来说，反而更能按惠能的本义去加以理解。

惠能反对执著佛性或清净心，他把心与性都理解为不离人们的当下之心念，因此，他所提倡的修行及所要追求的解脱也就不是排除任何思虑

---

① 《大智度论》卷六十三中，《大正藏》第 25 册，第 508 页下。

的心注一境或观心看净,也不是断绝心念的与道冥符或返本真,而是念念不住、念念相续的无著无缚、任心自运,他把这种心理状态称为"行直心"①,并曾以"无相、无念、无住"来加以概括。

一般认为,"无相、无念、无住"是惠能的认识论或修行法,其实,这"三无"也是对惠能整个禅学理论的一种概括。惠能自己说:"我此法门,从上已来,顿渐皆立无念为宗,无相为体,无住为本。"②这里的宗、体、本,皆是心要之义,都是立足于人们当下之心的解脱而展开的。因此,从这"三无"中,我们也可以更加清楚地看到惠能提出的当下现实之心是性空实相论与涅槃真心论相结合的产物。

何名无相?"无相者于相而离相。"这里包含着两层意思:第一,"凡所有相,皆是虚妄",这是对万法真实性的否定。万法既不真,故不可执著。第二,实相无相,性体清净。这是以破邪来显正,以无相之实相来表无相之自心。在破除了万相之虚幻之后,惠能将心性突出出来,作为人们解脱的依据。所以说:"但离一切相,是无相;但能离相,性体清净。此是以无相为体。"③

何为无念?"无念者,于念而不念。"意思是说,任心自念而不起妄念,亦即有正念而无妄念。由于惠能是以般若实相来解说自心之体性的,因此,他所说的正念不断、念念相续,既是真如自性起念,又是"念念般若观照,常离法相"④。这种"无念"要求任心自运,不能起心有任何追求,因为起心即是妄;也不能百物不思,念尽除却,那样无异于草木瓦石,还谈什么

---

① 敦煌本《坛经》第14节在解释"一行三昧"时说:"一行三昧者,于一切时中,行住坐卧,常行直心是。……但行直心,于一切法,无有执著,名一行三昧。"
② 敦煌本《坛经》第17节。
③ 敦煌本《坛经》第17节。
④ 敦煌本《坛经》第41节。

人的解脱呢？"无念为宗"实际上是以自己当下之心念为宗。

最后，何为无住？"无住者，为人本性。"这说明无住也是就人的心性而言的。但从它的具体内容来看，主要也包含了两层意思：第一，万法无常，迁流不止。般若学从性空、无相的角度强调万法的无住，"无住则如幻，如幻则不实，不实则为空，空则常净"①。但惠能由此"无住"又进一步提出了无所住心。因此，第二，"无住者，为人本性"，这是惠能思想的重心所在。在惠能看来，人的本性就体现在人们当下的心念之中，它是念念相续不断绝而又于一切法上无住的。这里的"无住"，既有心念迁流不息之义，又有心念不滞留在虚假的万法上，不执著妄相之义。惠能说的"心不住法即通流，住即被缚"②，就是这个意思。"无住为本"也就是以"内外不住，来去自由"的自然任运之心为本。所以说："无住者，为人本性。念念不住，前念今念后念，念念相续，无有断绝。……念念时中，于一切法上无住，一念若住，念念即住，名系缚。于一切（法）上，念念不住，即无缚也，此是以无住为本。"③

总起来看，惠能的"三无"强调的都是在当下念念无著之中直显自心清净的般若之性。其中的"无念"和"无住"说的都是任心自运的意思，不同之处在于，"无念"重在说明妄念不起，"无住"则是强调正念不断。而这两者又都立足于实相无相的基础上。因此，"三无"实际上概括了惠能禅学的理论基础及其特色，它突出地表明了如下两点：

其一，作为惠能禅法之基础的"心"，既非真心，又非妄心，而是念念不断、念念无住的当下现实之心；同时，它又可说既是真心（无念无住即真），又是妄心（起念有著即妄），兼真妄而有之。作为真心，它是解脱的主体；

---

① 僧肇：《维摩经·弟子品》注。
② 敦煌本《坛经》第14节。
③ 敦煌本《坛经》第17节。

作为妄心，它是系缚的根源。迷悟凡圣，就在自己的一念之中。这个集真妄于一体的自心，有别于《大乘起信论》所说的那种真妄和合的阿赖耶识，因为它无需以"真如"为体性，它的本性就是活泼泼的它自己。此中之要，即在于惠能对空、有的融摄。

其二，惠能禅所关注的是每个人的自我解脱，它一般并不探究万法的来源或构成，也不寻求万法的本体或存在的依据。但是，在惠能对人之解脱的论述中，也透露出了惠能特有的本体论思想，这就是超越了传统的本末、体用之二分对立，把一切对立泯灭于当下的一念之中，突出了活泼泼的人之为人的本性，把活生生的人的生命抬到了唯一的至高无上的地位，从而形成了他所特有的唯当下现实之心的本体论思想。这种唯当下现实之心的唯心论，显然并不能以通常意义上的主观唯心主义或客观唯心主义来简单概括它。

从传统佛教的心性论来看，惠能所言的当下之心是真心佛性与般若实相相结合的产物。作为真心，它具足一切功德，作为实相，它又不可修，不可守，无可执著。这也就决定了惠能虽然主张人人皆有佛性，却是从识心见性、自成佛道的解脱论的角度提出来的，而不是从缘起论的角度来展开对世界的来源或构成的论述。惠能在解脱论上是一个佛性论者，而在哲学世界观上却并不是一个真如缘起论者，这正体现了惠能禅学理论中国化的一大特点，也表现出了惠能关心人的自我拯救的禅师的本色。正是依于这一基本立足点，惠能展开了他的解脱论与修行观。

在解脱论上，惠能是一个坚定的佛性论者，主张人人有佛性，人人能解脱成佛。但由于惠能的佛性论思想融摄了般若实相说，以非有非无的不二之性来释佛性，以众生当下之心的念念无著为解脱成佛道，把自心佛性、众生与佛都归于人们的当下之心，因而它突出的是即心即佛、生佛不二，把自心的迷悟作为凡圣的唯一区别，强调直了见性，自在解脱，从而形成了种种与传统的涅槃佛性义迥异的思想特点,并进而在解脱理想、解脱境界、解脱目标的实现等方面提出了许多与传统不同的看法。

佛教的解脱,是指断绝生死之因,不再拘于业报轮回,与所谓的"涅槃""圆寂"义相通,它是佛教全部理论与实践的最高理想和终极境界。虽然随着佛教的发展,对解脱的阐释也出现了许多不同的说法,有以"涅槃"为体的无为解脱,以"胜解"为体的有为解脱,以及慧解脱、心解脱等等,但其根本精神始终是相通的。惠能的解脱论也是对佛教根本宗旨的继承与发展,它将人心、佛性与佛教的般若智慧结合在一起,并将终极的解脱理想与人们当下的实际努力相结合,要人在平常的生活中依自性般若之智而从各种困扰中摆脱出来,以实现佛教的解脱。

惠能南宗在强调解脱时,突出的也是心的解脱。他们所说的修心和心的解脱,概括了其全部的理论、方法和目标,因而禅宗也称"心宗",传禅也称"传心",解脱的境界就是心的开悟。由于惠能用非有非无的中道般若来释人心佛性,并破除人们的一切执著,包括对"观心看净"的执著,把解脱拉向了人们的当下之心,强调解脱是任心自运,是"内外不住,来去自由"的一种境界,因此,这种解脱境界虽不可用语言文字描绘,却内在于每个人的心中,只要自心当下无相、无念、无住,"于一切法不取不舍,即见性成佛道"[①]。

惠能把佛性拉向人心的同时,实际上也把佛拉回到了人自身,因此,他所说的解脱成佛之"佛"就不再像小乘佛教认为的那样,只是释迦牟尼一个人的"专利",也不再是大乘佛教所描绘的那种具有"三十二相""八十种好"的神通广大、佛法无边的"神",而是人心的自在任运,是每个人本来面目的自然显现:"见一切法,不著一切法,遍一切处,不著一切处,常净

[①] 敦煌本《坛经》第 27 节。

自性,使六贼从六门走出,于六尘中,不离不染,来去自由,即是般若三昧,自在解脱,名无念行。……悟无念法者,见诸佛境界,悟无念顿法者,至佛位地。"①可见,惠能所说的解脱成佛,实际上是自我在精神上的完全超脱,是人性在自我体悟中的充分实现,是自心摆脱内外一切束缚的自然显现,说到底也就是心灵的自我解脱。

如果说惠能对解脱理想与境界的说明为每个人的解脱确立了目标,那么他对即心即佛、自在解脱的说明,则通过对人人皆有佛性、众生即是佛的强调,进一步把理想的目标落实到了人们当下的现实生活之中。

据《坛经》记载,法海初参惠能,就问怎么理解"即心即佛"。惠能回答说:"前念不生即心,后念不灭即佛;成一切相即心,离一切相即佛。"见法海还似懂非懂,就又作偈一首:"即心名慧,即佛乃定,定慧等持,意中清净。悟此法门,由汝习性,用本无生,双修是正。"惠能这里强调了众生与佛的差别只在自心的一念之中,自心邪念不起,正念不断,不执著任何幻相,便自然与佛不二。他将即心即佛比作定慧等持,说明"即心即佛"不仅是一个理论问题,更是一个实践问题,只有在宗教实践中才能对它有真正的体悟。据说法海"言下大悟",也作了一首偈曰:"即心元是佛,不悟而自屈,我知定慧因,双修离诸物。"②表明他已明白,要用中道正观来超越二元对立以达到对即心即佛的体认,不再向心外去作任何求觅,以真正实现自成佛道,自我解脱。

惠能还曾通过佛性的常与无常来说明即心即佛的道理,强调直了见性、自在解脱。弟子志彻对《涅槃经》中所说的常与无常义感到难以把握,便向惠能请教。惠能回答说:"无常者,即佛性也;有常者,即一切善恶诸

---

① 敦煌本《坛经》第31节。
② 契嵩本《坛经》,参见郭朋:《〈坛经〉对勘》,齐鲁书社1981年版,第109页。

法分别心也。"这使得弟子志彻更为大感不解,"经说佛性是常,和尚却言无常,善恶诸法乃至菩提心,皆是无常,和尚却言是常",此不是与经相违么?对此疑惑,惠能说了一番道理:

> 佛性若常,更说什么善恶诸法,乃至穷劫,无有一人发菩提心者,故吾说无常,正是佛说真常之道也。又,一切诸法若无常者,即物物皆有自性,容受生死,而真常性有不遍之处,故吾说常者,是佛说真无常义。佛比为凡夫外道执于邪常,诸二乘人于常计无常,共成八倒,故于涅槃了义教中,破彼偏见,而显说真常、真乐、真我、真净。

据说,志彻闻说后"忽然大悟"了"因守无常心,佛说有常性"的道理①。惠能这里的意思是说,佛性之常就体现在诸法无常之中,离无常法即无"真常性";诸法无常也就是佛性之常的表现,物物并无"无常"之自性。在破除常与无常的"偏见"中便显示了佛性真正的"常乐我净"义。惠能的话,使我们很容易联想到般若学者僧肇对常与无常的一段见解:"如来去常,故说无常,非谓是无常;去乐故言苦,非谓是苦;去实故言空,非谓是空;去我故言无我,非谓是无我;去相故言寂灭,非谓是寂灭。此五者,可谓无言之教,无相之说。"②惠能正是以这种般若性空的"无言之教,无相之说"来理解佛性义的,表现出了他的佛性论思想的般若倾向。但惠能在这里又特别强调了佛性的常乐我净就体现在"一切善恶诸法分别心"之中,也就是恒常的佛性就在念念无常的人心中,是众生当下现实之心的本性,这样就为在念念无著之中当下直了见性、自在解脱提供了心性论上的

---

① 宗宝本《坛经·顿渐品》。
② 《维摩经·弟子品》注。

依据,使惠能的"即心即佛"表现出了与般若学不同的重践行的禅的特色。这样的"即心即佛",也为"行住坐卧皆是禅"的出现提供了可能,因为从禅定(常)到行住坐卧(无常)的过渡有了桥梁,禅与生活的结合也就有了可能。惠能南宗门下正是从"即心即佛"而进一步提倡"佛法无用功处,只是平常无事,屙屎送尿,着衣吃饭,困来即卧"[1]的随缘任运。

惠能"即心即佛"、生佛不二的主要特点还突出地表现在对心、佛与众生的解说上。惠能认为,众生与佛的差别仅在于自心(性)迷悟的不同:"自性迷,佛即众生;自性悟,众生即是佛。"[2]这就是说,众生与佛的不二,是以心(性)为中介的。把众生与佛都归于一心,这本是佛教经论与天台、华严等宗派共同具有的思想。但惠能的不同之处在于,他并不是就"理"而言,而是就"人"立论的,他的着眼点始终是人的当下解脱,因而他所说的"心"既不是性体清净的真心,也不是具含一切善恶的真妄和合之心,而是直指人们的当下之心。这个作为生、佛统一之基础的当下之心圆满具足一切,众生只要在行住坐卧之中念念无执著,自识本心,自见本性,便能自然解脱成佛道。

在惠能看来,无论是真心还是妄心,都不离自己当下的一念心而存在。起心即妄,任心即真。真心不可求,不可得,本自具有,求之则失。在无念无忆无著之中,清净本心便自然显现。就惠能的当下一念之心即具善恶而言,似与天台宗的性具说相近;就惠能的妄心不起、真心即显而言,则又接近了华严宗的性起说。实际上惠能与性具、性起说都是不同的,他主张的是众生自心本性的自然显现,众生依持自心,不假思虑,不假修持,当下即成佛道。在惠能看来,任何对心的思虑或执著都会失却本心,本心

---

[1] 《古尊宿语录》卷四《镇州临济慧照禅师语录》,参见石峻等编:《中国佛教思想资料选编》第二卷第四册,第265页。

[2] 敦煌本《坛经》第35节。

者,心之本然也,有本来面目、本来状态之义,任何语言文字的描绘都无法把握此心此境,只有靠每个人自己在行住坐卧之中去体悟。这种要求远离文字而注重体悟心证的即心即佛、直了见性,成为惠能南宗禅区别于佛教其他宗派的鲜明特征之一。

既然人们现实的当下之心就是涅槃妙心,解脱真心,就是生佛统一的基础,那当然就是人人有佛性,人人能成佛了。佛者,觉也,佛性者,觉性也。因此,惠能在主张人人都有佛性的同时,又以般若智慧性来说心性(佛性),强调人心本觉,人人"自有本觉性"①,一念若悟,便顿见本觉自性,便至佛地。而这必须是在"行"中得以实现的,要修"般若行"。这里的"行"并不是一般意义上的实践活动,而是立足于自心之基础上不假思虑、不假修持的体悟心证。由于般若无形相,智慧性即是,而智慧性即是人心之本性,因而任心自行,念念无著,便是常行智慧,即名般若行,便能于自心中起般若观照,内外明彻,开佛智见。若起心而修,口念而行,那就是著相的迷人之行了。

惠能把众生与佛都拉向人们当下的一念之心,认为"前念迷即凡,后念悟即佛"②。众生与佛本无二,众生本来是佛,离众生别无佛,众生之所以未成佛道,"只缘心迷,不能自悟"③,而自心的觉悟就是自心般若智慧性的自然显现,因此,惠能特别反对"百物不思"的绝念和种种有所执著的观心看净,强调人心念念相续、念念无著的自然任运,自在解脱。正是由于惠能的"即心即佛"把佛性拉向了人心,把佛拉回到了人自身,因而他所说的自在解脱也就是人心的自然任运,是人于当下生存中的自性觉悟,而不是传统佛教所谓的"出世解脱"。惠能的解脱论是以当下的"自在解脱"

---

① 敦煌本《坛经》第21节。
② 敦煌本《坛经》第26节。
③ 宗宝本《坛经·般若品》。

为其重要特征的。

从即心即佛的自在解脱论出发,惠能南宗在如何解脱成佛、解脱的途径与方法、解脱的步骤与阶次等许多问题上,都提出了一系列与传统佛教相异的思想与主张,形成了它富有特色的识心见性、顿悟成佛的修行观。

识心见性是惠能南宗修行观的总原则。既然自心有佛,自性是佛,那么,"识心见性",便能"自成佛道"①。这里的"识心",主要有两层意思:一是自识本心有佛,本心即佛;二是由了知自心本来清净、万法尽在自心而自净其心,念念无著,还得本心。后世禅宗一般用"明心"来表示上述二义,似更为贴切。这里的"见性"亦有两层意思:一是了悟、彻见之义,即自见自心真如本性,自见本性般若之知;二是显现义,即通过净心、明心而使自心本性显现出来。识心即能见性,见性即成佛道。因此,从根本上说,识心和见性是一回事。需要指出的是,这里的"识"与"见"都不是一般意义上的知见,而是一种证悟,是佛教所特有的"现观""亲证",它是不以任何语言概念或思维形式为中介的直观。在这种"识"与"见"中,没有识与被识、见与被见之区分,它是一种整体的圆融,是自心自性的自我观照、自我显现。

从历史上看,见性即得解脱,见性即能成佛,这本是佛教中早已有之的思想,甚至在印度数论哲学的原始经典中,就已有"如是我者,见自性时,即得解脱"②的说法。《大般涅槃经》中也把见性作为解脱的标志,认为"得解脱故,明见佛性","若有知见觉佛性者,不名世间,名为菩萨",③而只有如来才能明见所有佛性:"无量菩萨虽具足行诸波罗蜜,乃

---

① 敦煌本《坛经》第30节。
② 真谛译《金七十论》卷上,《大正藏》第54册,第1250页中。
③ 《大正藏》第12册,第466页上~下。

至十住,犹未能见所有佛性,如来既说,即便少见。"①《楞伽阿跋多罗宝经》卷一中则提出了自心显现自性为佛之境界的说法:"佛子眷属,彼心意意识,自心所现自性境界,虚妄之想,生死有海,业爱无知,如是等因,悉已超度。"这些经论的译出,对中国佛学界影响很大。在梁代涅槃佛性论盛行之际,有些涅槃学者就提出了"见性成佛"的观点。据说菩提达摩来华传禅,亦以"直指人心,见性成佛"为标帜,这种说法虽无确证,但禅宗五祖弘忍却是实实在在地留下了"了见佛性""若能自识本心念念磨炼莫住者,即自见佛性。……若了此心源者,一切心义自现"以及"识心故悟""皆识本心,一时成佛"②等法语。敦煌本《坛经》中也多次提到弘忍的禅法以"见性"为旨归:"(弘忍)大师劝道俗,但持《金刚经》一卷,即得见性,直了成佛。"③就此而言,惠能的思想显然并没有离开佛学发展的轨道,与东山法门也是一脉相承的。

但是,惠能的"识心见性"是有其新内容、新特点的。《大般涅槃经》中所说的见性是见"常乐我净"之佛性,众生在未见性之前,是并不具足佛性之功德的。因此,当狮子吼菩萨对佛所说的"一切众生悉有佛性""佛者即是佛性"表示不理解,而发出"若佛与佛性无差别者,一切众生何用修道"的疑问时,佛陀回答说:"如汝所问是义不然。佛与佛性虽无差别,然诸众生悉未具足。……一切众生定得阿耨多罗三藐三菩提故,是故我说一切众生悉有佛性。一切众生真实未有三十二相,八十种好。"④这就是说,《涅槃经》主要是从"当果"说"见性"的,佛性与众生心、佛与众生只是"理"无二致,而非本来不二。这与惠能所说的万法在自心、自心有佛、自性是佛、

---

① 《大正藏》第12册,第652页下。
② 请参阅《楞伽师资记》和《最上乘论》等。
③ 敦煌本《坛经》第2节。
④ 《大正藏》第12册,第524页中。

迷即众生悟即佛等等，显然是不一样的。

《楞伽经》中所说的自心现自性，对惠能的影响更大些，但两者也是不同的。《楞伽经》是以如来藏自性清净心来解说心与性的，心以性为体，性以心为用，净除妄心污染，即现清净本性："如来净除一切众生自心现流……顿现无相无有所有清净境界。"①可以看出，《楞伽经》是围绕着"心净尘染"展开论述的，神秀北宗的观心守心、"息妄修心"的禅法，就是由此而来的。而惠能则是以"见取自性，直成佛道"②相标榜的，自心念念相续，念念无著，即自是真如性，即见性成佛道。

从表面上看，弘忍也提出了识心见性的要求，但弘忍的"识心见性"是以"真心"为核心、以"守本真心"为归趣的，它只是要人了知自心本来清净，自心为本师，从而"守本真心，妄念不生"。也就是说，弘忍的"识心见性"是为"守本真心"服务的，是"守本真心"的理论准备，"守本真心"才是弘忍禅法的根本要求与目的。因此，弘忍提出"守心第一"，认为"此守心者，乃是涅槃之根本，入道之要门，十二部经之宗，三世诸佛之祖"③。而惠能的识心见性却是以识心见性为修习的全部内容，以识心见性为解脱成佛道的。

由于惠能所言的心与性都以人们的当下之心为依持，识心见性只是自心的自我观照，是人们自心的自在任运，既没有一个"心"可以识，也没有一个"性"可以见，只有在内外无著之中才能显现本自具足一切的无相无念无住的心之本然，因此，惠能反对执著心性的观心看净，反对"时时勤拂拭"的修行，强调众生与佛的本来不二，凡圣的区别只在迷悟之不同，而迷悟又只是有念与无念之别。识心见性是于"念念无著"之中实现的。

---

① 《楞伽阿跋多罗宝经》卷一，《大正藏》第16册，第486页上。
② 宗宝本《坛经·疑问品》。
③ 《最上乘论》，《大正藏》第48册，第377页下。

因此,在惠能的禅法体系中,识心、见性与开悟、解脱具有相同的意义。"识心见性"既是修行法,又是解脱境,同时,它又不离现实的生活。惠能把心与性的统一落实在人们当下的宗教体悟之中,识心见性并不是一个理论问题,而是一个实践问题。作为修行法,"识心见性"要求任心自运,内外无著,行"无念"行。这里所说的"无念",并非要人百物不思,一念断绝,等同木石,因为那样也就无所谓人的解脱了。"无念",无的是妄念,即"不于法上生念",至于正念,是"念念不断"的。正念是"真如自性起念",是超越真妄的"本念"——本心之念,本然之念,亦即人的自家生命的显现。"念念自见,不失本念"①,不起妄念,这样的"无念"也就是见性成佛道了。这样,修行法与解脱境在"无念"这里也就合而为一了。

既然识心见性,便是自成佛道,因此,在惠能的禅法体系中,"见性"与"悟"是同义语。惠能说:"若起正真般若观照,一刹那间,妄念俱灭,若识自性,一悟即至佛地。"②见性是"直了",悟为"顿"。"顿悟成佛"甚至成为惠能南宗特有的标帜。惠能的"识心见性"最终落实到了"顿悟成佛"上。

从历史上看,顿悟说也并非惠能始创。在传统佛教中,虽然不论"见道"还是"修道",一般都以"渐进"为主,但也并非没有"顿悟"思想。在早期佛典《阿含经》中就已有这样的说法:"如是精进住故,疾得阿耨多罗三藐三菩提等。……如是修习不久,当得速尽诸漏。"③《楞伽经》中也说:"如来净除一切众生自心现流",即可"顿现无相无有所有清净境界"。④ 在中国佛教史上,魏晋时期的般若学者道安等人也曾联系菩萨的"十地"而提出了"小顿悟"说,晋宋时的竺道生更是"孤明先发"而立"大

---

① 宗宝本《坛经·忏悔品》。
② 宗宝本《坛经·般若品》。
③ 《杂阿含经》卷三十五,《大正藏》第2册,第257页上。
④ 《大正藏》第16册,第486页上。

顿悟"。自竺道生以后,顿悟说就在中土佛教中一直占有很重要的地位。但惠能的顿悟说从立论之基础到顿悟之内涵都是有其独创之处的。

首先,惠能的"顿悟"并非如传统佛教所主张的那种"渐修顿悟"。其次,惠能的"顿悟"也非两晋时般若学者所主张的立顿悟于"七地"的小顿悟。再次,惠能的"顿悟"与竺道生所提倡的"大顿悟"也是不一样的,这主要表现在:第一,竺道生所言之顿悟为理悟,是从理论上说明悟理必为顿;而惠能的顿悟是立足于当下无念之心,强调的是对自心自性的体悟心证,这种证悟又是无所得的。第二,竺道生的顿悟说虽然认为在十地以后可以一下子豁然大悟,但并没有否定十地的渐次修习,只是认为在十地以内无悟可言而已,也就是说,竺道生的顿悟说实际上是并不废渐修的,他对"十地四果"是作为方便教法而加以肯定的,这与惠能顿悟顿修、融修于悟的顿悟说显然也是不一样的。

惠能顿悟说的立论之基础是人们当下的现实之心。所谓悟就是自心任运,就是自心般若智慧性在念念无著中的自然显现,这就决定了"悟"必为顿悟,它就在人们当下一念之中得以实现:"不悟即是佛是众生,一念若悟,即众生是佛。"①这种"顿悟"显然是不假渐修即能够达到的,因为起心有修本身就是"有念",修行求悟这更是一种执著,这显然与"悟"都是背道而驰的。顿悟不假渐修,融修于悟之中,顿悟顿修,顿修顿悟,这是惠能顿悟说的最大特点之一,也是与神秀北宗基于"清净心"提出的"时时勤拂拭"而后"悟在须臾"的修行观的主要区别之一。

惠能有时也提到"顿修",这主要是为了破"渐修"。由于顿修的内容是"修无念法","行般若行",因此,"顿修"实际上也就无"法"可修,无"行"可行。这样,惠能把迷悟归于当下的一念之心,融修于悟中,所谓顿

---

① 敦煌本《坛经》第30节。

悟顿修,顿修顿悟,其实也就是修而无修,以无修为修,这是惠能顿悟说的又一个特点。

惠能在强调顿悟的同时又多次提到法无顿渐,顿渐在机,即认为顿渐法只是因人之根机不同而立的假名施设,关键在于人自心有迷悟的不同。他说:"本来正教,无有顿渐,人性自有利钝,迷人渐修,悟人顿契。自识本心,自见本性,即无差别,所以立顿渐之假名。"①这样,惠能一方面主张顿渐皆不立,另一方面又以自心的迷悟统摄了顿渐:"我此法门,从上已来,顿渐皆立无念为宗,无相为体,无住为本。"②由此可见,惠能的顿悟说并不是理论研究的结果,而是宗教实践的需要。重体悟心证,将修与证统一于人们当下之心的"行",从"识心见性"的实践上,而不是从教义法理的探究中提出并强调"顿悟",这既体现了惠能南宗"直指人心,见性成佛"的禅法特色,也是惠能顿悟说的又一个基本特点。

惠能基于当下之心的顿悟说的特点还体现在悟与所悟的内涵上。在惠能以前,无论是小顿悟,还是大顿悟,说的都是悟理得意。例如主小顿悟者立顿悟于七地,所悟者或为无生之理(如支道林等人),或为不二之理(如僧肇)。立大顿悟的竺道生"称顿者,明理不可分,悟语极照;以不二之悟,符不分之理"③。而惠能的顿悟并不是对"理"的证悟,而是自心内照,自性自悟。悟者,自心自性也,所悟者,亦为自心自性。因此,这种悟是不分能悟所悟的,能、所皆统一于当下之心。这种顿悟与前面说到的"识心见性,自成佛道"其实完全是一回事。顿悟就是直了心性,就是自识本心,自见本性,也就是开佛知见,自成佛道。一切都是圆满具足的自心自性之显现。这种对自心自性的强调成为惠能顿悟说的又一大特点,这种特点

---

① 宗宝本《坛经·定慧品》。
② 敦煌本《坛经》第17节。
③ 慧达:《肇论疏》,《大藏新纂卍续藏经》第54册,第55页中。

与惠能以般若实相会通涅槃佛性、以智慧性解说心性的思想显然是密切联系在一起的。

惠能的顿悟成佛理论把众生与佛的不同归于自性的迷悟,而迷悟就在众生当下的一念心中,众生的每一心念皆可顿悟自性,位登佛地。因此,惠能反对一切形式化的修习。他以自性自悟来统摄各种修行活动,并以中道不二为指导而对读经、坐禅和出家等传统佛教的修持形式和修持内容都提出了自己与众不同看法,从而开创了简便易行的新禅风。

关于读经。惠能认为,"三世诸佛,十二部经,亦在人性中,本自具有"①,而自性起般若观照是"不假文字"②的,只要识心见性,去除执心,就能觉悟成佛。故而在惠能看来,读不读经是无所谓的,经典至多只是启发人们开悟的一种外缘,关键还在于每个人的自悟。据此,惠能并不要求信徒执著于一部或几部经典,而是强调要"心悟"。即使是读经,也应该是心转经文而不能被经文所转。所谓"心正转《法华》,心邪《法华》转"就是这个意思。可见,惠能并不是绝对地排斥经教,他只是破除对"读经"的执著,强调对经文应该领宗得意,不能滞于文字,更不能被文字相牵着鼻子走。③ 这实际上也就是老庄玄学的"得意忘言"和佛教的"依义不依语"在禅修中的具体贯彻与发挥。事实上,执著于诵经固然是"有念",拘泥于"不可诵经",也是一种执著,正确的态度应该是读与不读,皆任心自然。因此,当有人问"但得解义,不劳诵经耶"时,惠能反问道:"经有何过,岂障汝念?"④重要的是自性觉悟。自性不悟,执著文句,读经何益?自性若悟,

---

① 敦煌本《坛经》第31节。
② 敦煌本《坛经》第28节。
③ 惠能本人就曾有一闻《金刚经》心即开悟,并为无尽藏尼解说《涅槃经》的经历,说明他并不排斥经教的启迪作用。
④ 《五灯会元》卷二《洪州法达禅师》。

经典文句岂有碍哉！惠能南宗发展到"呵佛骂祖"以后,曾出现了一股完全排斥经教的思潮。例如,德山宣鉴禅师说:"这里无祖无佛,达摩是老臊胡,释迦老子是干屎橛,文殊普贤是担屎汉,等觉妙觉,是破执凡夫,菩提涅槃是系驴橛,十二分教是鬼神簿,拭疮疣纸。"①这种极端的态度,与惠能对经教的看法显然是有一定差异的。但即使如此,在南宗中读经的现象事实上仍然是存在的。曹山智炬禅师的一段话可以代表南宗对读经的普遍看法:"文字性异,法法体空。迷则句句疮疣,悟则文文般若。苟无取舍,何害圆伊?"②

对于是否要出家修行,惠能的基本看法也是不能执著于形式,重要的在于自净其心,自性觉悟。他认为:"若欲修行,在家亦得,不由在寺。"③这里,"在家亦得",并不是"非得在家";"不由在寺",也不是"不能在寺"。在惠能看来,在寺与在家,并无二致,关键是心不能有所执著。若说一定要"在家"而不能"在寺",这又是一种执著了。惠能反对的是对出家形式的执著,而不是对出家的绝对排斥。事实上,无论是在惠能之时还是之后,南宗弟子的修行都还是以"在寺"为主的,只是形式上有所不同而已,例如修禅不离俗务,禅院不设佛殿但立法堂,等等。至于有大批的在家信徒,那也并不是惠能南宗所特有的。早在佛陀时代,就有不少在家修行者。佛教传入中国以后,历代著名居士也是不乏其人的。当然,惠能破除对出家形式的执著,这对南宗的修行不拘于任何形式,以及南宗传播范围的扩大等所起的作用也是不可低估的。惠能对出家与在家的见解,一方面激励着出家的僧众不能放松修行,另一方面也更多地吸引了在家的信徒。

---

① 《五灯会元》卷七《德山宣鉴禅师》。
② 《五灯会元》卷十三《曹山智炬禅师》。
③ 敦煌本《坛经》第36节。

最值得重视的是惠能对禅定的看法。禅宗以禅命宗,却并不以坐禅入定为功夫。自菩提达摩来华传禅,此系的禅法一直比较注重"随缘而行",但也没有完全排斥坐禅调息等传统的习禅形式,东土五祖对"坐禅"都还是身体力行的,道信和弘忍在组织禅修方便法门时,都还给"坐禅"留了一席之地。但到惠能时,却明确提出了禅非坐卧,反对执著坐禅。惠能根据离相无念即为识心见性、顿悟成佛的思想,把修禅融于日常的行住坐卧之中,并对"禅定"作了新的解释。他说:

何名坐禅?此法门中,一切无碍,外于一切境界上念不起为坐,见本性不乱为禅。何名为禅定?外离相曰禅,内不乱曰定。外若著相,内心即乱;外若离相,内性不乱。本性自净自定,只缘境触,触即乱。离相不乱即定,外离相即禅,内不乱即定,外禅内定,故名禅定。

这就是说,只要于一切境界上不起念,自性自定,就是禅定了。根据这种思想,那就不应该执著形式上的"坐"与"不坐",重要的是"于念念中,自见本性清净"①。若执著"坐禅",追求入定,那必然是离禅定更远。据此,惠能多次批评了神秀北宗的"坐禅习定",认为"道由心悟,岂在坐也"②。悟在于自心不起妄念执著,而不在于坐卧的形式。如果于行住坐卧之中能念念无著,任心自运,那就等于时时入定了。而严格地说,这种"定"是无所谓入与不入的。这样,惠能就把禅定与日常生活完全结合到了一起,禅与生活融而为一了。

关于"禅定",宗宝本《坛经·机缘品》中有如下一段记载非常值得

---

① 宗宝本《坛经·坐禅品》。
② 此说最早见于《曹溪大师别传》,契嵩本《坛经》与《景德传灯录》卷五等也有大致相同的记载。

玩味：

> 禅者智隍……庵居长坐，积二十年。师弟子玄策……造庵问云：汝在此作什么？隍曰：入定。策云：汝云入定，为有心入耶？无心入耶？若无心入者，一切无情草木瓦石，应合得定。若有心入者，一切有情含识之流，亦应得定。隍曰：我正入定时，不见有有无之心。策云：不见有有无之心，即是常定，何有出入？若有出入，即非大定。隍无对，良久问曰：师嗣谁耶？策云：我师曹溪六祖。隍云：六祖以何为禅定？策云：我师所说，妙湛圆寂，体用如如，五阴本空，六尘非有，不出不入，不定不乱，禅性无住，离住禅寂，禅性无生，离生禅想，心如虚空，亦无虚空之量。隍闻是说，径来谒师。师问云：仁者何来？隍具述前缘。师云：诚如所言，汝但心如虚空，不著空见，应用无碍，动静无心，凡圣情忘，能所俱泯，性相如如，无不定时也。隍于是大悟。

这段记载可能经过了后人的加工整理，但确实反映了惠能对"禅定"的看法。真正的禅定是定而不定、不定而定、定于不定之中的，因此，它无出无入，无定无不定。也就是说，只要任心自运，能所皆泯于当下无念无住之心，便时时为定，无时不定。这种对禅定的看法显然是般若无所得的思想的禅修观上的体现。根据这种观点，坐禅与不坐禅实际上是无二无别的，对两者都不应起执著之心。禅不拘于坐，而坐并非不是禅，所谓行住坐卧皆是禅，并不排斥"坐"，此中之关键在于任心自运，无执无著。

将修禅融于行住坐卧之中，成为惠能禅的基本修行态度。道由心悟而不在坐卧，成为惠能禅不以坐禅为要的基本立足点。但也不能把惠能不以坐禅为要简单地说成是惠能反对坐禅，事实上，惠能反对的是"执著"

于坐禅,即认为修禅非得要坐。从《坛经》中神会问惠能"和尚坐禅,见亦不见"的记载来看,惠能本人似也并未绝对地排斥坐禅。而在惠能以后,南宗中修行者坐禅的仍是代不乏人的。当然,针对"唯习坐禅"的倾向而特别强调了"禅非坐卧",此为惠能南宗禅的基本特色之一,这也是不能忽视的事实。

惠能融禅定于行住坐卧之中,这与他以慧摄定、将定慧统一于无念之心有密切的关系。惠能对定慧的看法是"定慧无别""定慧不二"或"定慧等"。定慧等于什么?等于众生之自心自性。定慧的不二之体即是无念之心,只要本觉之心当下无念即是定慧等。所以惠能说:"心地无乱自性定,心地无痴自性惠。"[1]在这里,有定就有慧,有慧就有定,离定无慧,离慧无定。这种定慧是无可修、无可求的,识心见性,念念无著,自性般若自然显现,便是"定慧等"。从这种以人们当下念念无住的本觉之心为依持的"定慧等"出发,惠能禅将禅定融于行住坐卧之中,也就是很必然的了。

惠能南宗通过融摄般若学与佛性论将真心佛性引向人们的当下之心,把禅修、悟境与日常生活结合在了一起,特别是通过摒弃一切外在的程式化的修行,而把禅修融于日常的生活与生产,使得讲求出世的佛教实实在在地立脚于小农经济的中国这块现实的土地上,变成了"人间佛教",从东山法门开始的"农禅并作"之传统也在这里得到了理论上的说明。适合中国封建社会而产生的惠能南宗终于在惠能以后传遍了大江南北,成为流传时间最长、影响最广的中国佛教宗派。

---

[1] 敦煌本《坛经》第41节。

人名索引

阿底峡 433,438,439,523

阿地瞿多 504

阿难（阿难陀） 11,19

阿育王 11,38,39,41,47,484,511,526

安世高 46,50,54,55,61—63,65—68,78,80,81,99,478

安玄 50

八思巴 306,307,311,349,440—442,444,455,460,529

白居易 281,500

白云守端 319

百松真觉 360

百丈怀海 259,313,507

宝唱 146,164,205

宝云 138,480,482—484,486,497,518

本觉 317

辩机 233

不空 119,120,201,202,204,277—279,490,504,506,514,517,519

曹不兴 194,479

曹山本寂 261,262

曹植 72,195,500

曹仲达 194,290,499

长芦清了 322,329

长水子璿 324

常晓 516

陈那 33,226,638,646,649,654—656

陈抟 299,331

陈垣 148,410

成玄英 126,295

澄观 237,241,325,361,505,664—667,677

赤德祖赞 426—428

楚石梵琦 356

传灯 355,360

人名索引

崔浩　185,186
达摩笈多　203,489
达磨阇那　203
大慧宗杲　319,320,356
戴逵　88,181,194,499,520
道安　66—69,74,76,85,87,88,90—95,98—106,108,111,113,117,118,126—128,145,159,161,164,175,176,179,181,182,188,274,313,334,337,338,581,582,712
道绰　266—268
道光　505
道恒　97,120,152
道凭　120,164,167—169
道融　120,497
道信　247,249—252,262—264,687,689,693,717
道宣　47,168,171,198,203,205,206,212,214,248,274—276,296,325,326,501,517,584,657
道壹　96,150
道原　318
道岳　162
道臻　150

董其昌　291,346,370
洞山良价　261,262
法安　111
法宝　162
法聪　171
法度　75,169,170
法果　139,144,150
法海　705
法和　90,100,103
法护　74,87,93,127,161,480,482,522,523
法经　204
法净　106,240
法朗　63,164,170,220,221,249,519
法砺　276,657
法琳　47,86,140,141,203,295,296
法领　106,240
法融　250,286
法上　150,164,168,169,189
法顺　237,661,680
法泰　139,165
法天　315,522
法闻　326
法贤　315,518,522

法显　88,130,138,163,174,477,480,482—486,494,495,501,520,521
法献　151,488
法勇　488
法遇　102,104,527
法云　151,160,162,166,213,329
法藏　201,237—241,243—245,325,339,356,357,501,510,516,630,658—665,668—682
法照　266
范缜　134—137,146,181,335
费长房　61,204
汾阳善昭　287,319,320
佛果克勤　319
佛护　28,527
佛图澄　55,85,88—90,99,101,117,139,277,337,338
佛陀跋陀罗　88,107,108,138,143,163,240,480,486,497,520
佛陀扇多　141,165,487
弗洛多罗　107
芙蓉道楷　320
苻坚　90,91,100,103,118,190,338,479,501

傅奕　200,296
干宝　284
龚自珍　336,386,397,398
孤山智圆　330
顾欢　59,183,184
顾恺之　88,194,520
贯休　345
灌顶　206,212,213,216,598,599
郭象　95,113—115,124
郭祖深　137,180
憨山德清　363,370,420
韩林　67,78
韩清净　396,397,410
汉桓帝　57,60,65,68,479,480
汉灵帝　50,75
汉明帝　47—49,148,192,194,480
汉武帝　44,45,47,56,59
汉献帝　75
何尚之　133
菏泽神会　256
弘忍　247,250—256,262,263,357,686,687,689,695,710,711,717
弘一　404,407,408
胡适　411
护法　28,33,226—228,638,

645,646

怀素 276,344,345,657

桓玄 110,154

黄檗希运 259

黄龙慧南 319

黄龙祖心 319

黄庭坚 289,345,346

惠果 278,506,514

惠能 177,247,249,252—256,258—262,264,265,318,339,371,412,429,501,518,683,685,690—692,694—719

慧达 123,175,484,714

慧观 107,111,120,138,163,164,240

慧光 150,164,167—171,617

慧集 161

慧皎 142,144,146,147

慧恺 139,162,165

慧可 171,247—250,687

慧琳 134,180,206,338

慧叡 489

慧思 143,212,214,294,602,606,613,614,620

慧嵩 142,162,164,167

慧威 212,213,491

慧文 143,212,219,602,604—606

慧沼 227—229

吉藏 70,95—97,124,126,164,165,167,168,170,220—225,335,505,507,509,513,516,532,549,551

迦叶 18,490

迦叶摩腾 48

嘉尚 233

鉴真 477,499,505,510—513,532,533

焦竑 384,385

金城公主 426

金刚智 201,277—279,490,504,506,517,519

晋水净源 324

景庐 49

净饭王 9,10,492

净影慧远 169,582

敬安 391,393,394,404,405,413,416

鸠摩罗什 55,70,80,87,88,102,105,107,108,111,117,118,121,163,166,169,170,172,216,220,

269,479,489,497,533

觉岸　317

康僧会　55,67,68,71,75—78,80—82,181,479

康僧铠　72,73,269

康熙　350,354,356,361,448,462,473

康有为　336,342,344,399—401,415

空海　278,505,506,514—516,533

孔颖达　198

寇谦之　185—187

窥基　226—229,233,235,236,501,505,548,644,648,654—656,681

勒那摩提　141,143,167,487

雷次宗　106

李观　293

李士谦　199

李思训　291

李嗣　299

李贽　384,385,582

梁启超　336,389,395,396,398—401,411,415

梁漱溟　396,412

梁武帝　55,135—138,153,158,170,179,181,193—195,247,248,335,338,382,487,501,508,516,518

临济义玄　259,319

刘德仁　332

刘勰　141,180,515

刘英　48,49,57,74,480

刘一明　364

刘遗民　106,122,173

刘义庆　284

柳宗元　255,288,293

龙树　25,27,28,30,34,108,124,125,171,212,220,224,225,235,267,429,576,605,606,617,654,696

庐山慧远　169,240,603

陆九渊　333

吕澂　66,79,92,94,119,204,396,409,541,542,619,649,686

罗睺罗　10,11,28

马祖道一　258

茅子元　307

密云圆悟　356

明河　355,361

摩诃迦叶　11,182,247

摩耶夫人　9
牟宗三　630
牟子（牟融）　48,55,56,59,60,63,64,83,84,178,180,182,340,341,378,401,471,474,517
木陈道忞　350
那连提黎耶舍　203,503
南浦绍明　525,526
南岳怀让　256,258
欧阳竟无　388,389,392,395,396,401,408—412,414,415
蕅益智旭　361,363,374
毗尼多流支　203,489,517,518
破山海明　356
菩提达摩　143,171,247,248,250,252,487,602,696,710,717
菩提流支　33,141,167,267,269,487,638,649
普光　162,233
契嵩　65,318,320,323,329,330,341,705,717
乔答摩·悉达多　8
青原行思　256,259,260
清辨　28,228,518
求那跋陀罗　138,486,487,518

仁达哇　441
仁钦桑波　432,433
仁钦桑布　523
僧璨　247,249,250,286,517,518
僧稠　143
僧导　166
僧范　144,164
僧伽跋澄　103
僧伽提婆　103,106,108,110,161,172,480
僧济　111
僧朗　90,126,139,164,169,170,220,221
僧旻　160,162,166,503,508,509
僧叡　80,85,93,94,104,107,119,120,126—131,172,176,221,479,497
僧实　143,151,495
僧嵩　166,167
僧祐　47,68,92,102,119,142,144—147,159,170,192,194
僧肇　29,69,70,76,80,85,86,96,97,118—126,169,172,173,175,176,220,221,334,335,479,497,585,588,702,706,714

善导　266,268,280,501

善无畏　201,277—279,490,504,517

少康　266

邵雍　331

阇那崛多　203,489

神昉　507

神清　293,294

神泰　162

神秀　247,252—256,262—265,339,683,685—695,698—700,711,713,717

省常　266,321

圣德太子　503,508,509

石虎　50,89,90,98,99,338

石勒　89,90,98,338

石霜楚圆　319

实叉难陀　240,495

世亲　25,31—33,141,165,167,226,227,268,269,637,638

司马承祯　295

司徒崔浩　185

四明知礼　322,324

松赞干布　424—426,428,430,454,501,520

宋徽宗　302,303

宋濂　384

宋仁宗　303,320

宋太祖　302,522

宋文帝　133,134,138,172,173,338,488

宋真宗　303,323,524,525,527

苏曼殊　387,406,407

苏轼　333,345,346

苏辙　333

孙绰　85,87,116,180,341

孙中山　392,394,402,403,411,415,417

太虚法师　7,391,393,395,404,405,413,534

昙济　94,95,166,220,221

昙柯迦罗　55,72,73

昙鸾　171,266,267,270

昙摩流支　107,170

昙摩难提　103,106

昙无谶　141,142,163,164,174,277

昙曜　150,155,156,191

昙邕　107

谭嗣同　336,389,392,400,401

汤一介　148

人名索引

汤用彤　2,67,77,80,93,116,160,205,211,396,412,481,482,654

唐高祖　197,199,200,207,222,490

唐太宗　197—199,201,230,232,233,237,250,296,339,490,501,517

唐武宗　3,198,199,202,207,213,241,250,253,255,258,270,281,295—297,323,324,328,337,521

唐玄宗　199,201,207,208,273,277,278,296,496,507

陶弘景　135,179,266

提婆　25,27,28,30,220,696

天童正觉　320

天衣义怀　321,329

王安石　289

王重阳　332

王夫之　385,400

王浮　58,86

王日休　321

王通　293

王维　283,288,291,499

王羲之　115,116,344,511,512,515

王献之　511,512

王玄览　295

王琰　284

王阳明　363,385

卫协　194

卫元嵩　188

魏源　336,398

文偃　261,320,329

文益　260,261,328

无罗叉　74,87,481

无著　25,31—33,141,165,226,227,638

吴道子　194,290,499

武则天　198,199,201,208,237—240,243,244,253,255,273,281,296,339,495,496,674,678

希迁　260,261,327

郗超　100,116

习凿齿　100,101,103

向秀　113,114,116

萧子良　134—136,144,195

谢安　101,112,116

谢灵运　106,116,163,240,489,499

熊十力　411

玄高　143

玄朗　212,213,505

玄奘　33,68,119,151,162,166,

177,201,204,206,226—233,235,236,239,244,275,339,477,482,490—495,497,501,503—507,509,513,516,518,520,533,543,635,638,650,654—656,679

雪窦重显　319,320

雪浪洪恩　361,363

荀济　180

颜师古　198

颜之推　284

彦琮　159,203,204,296,489

杨度　392,402

杨广　215,221,222,281

杨坚　132

杨岐方会　319

杨文会　386—389,391,393,395,400,406—408,413,530,531,534

仰山慧寂　259,507

姚兴　91,107,108,110,118,121,122,127,149,337,479

一行　277,278

义寂　323,523,524

义净　36,119,204,477,490,494—497,501,507,519

印光　266,360

永明延寿　261,319,321,327,329,525

优婆离　19,274

于道邃　97

于法开　96

元康　95,123,222,505

元贤　355,357—359,364,365

元晓　165,516

元照　322,325,326,525,602

袁宏道　360,384,385

圆测　228,229,507

圆瑛　404—406,413

圆照　204,205

月称　28

月霞显珠　362

允堪　325,326

赞宁　150,317,665

笮融　51,52,74,193

湛然　212,213,220,241,294,323,359,506,597,624—626,634

张伯端　331,332

张三丰　364

张僧繇　194,499

张载　333

章太炎　336,341,389,392,403,

404,414,415

赵归真　297

赵朴初　7,422

真谛　33,119,138,139,162,165,166,204,221,228,487,489,497,518,638,649,709

支道林　93,96,98,124,714

支亮　69,75,78

支娄迦谶　46,65,68,478

支愍度　68,76,93,97

支谦　69—71,75—80,92,93,112,121,195,479

知礼　322—324,524,607,627,629—634

志磐　149,199,200,318,323,325,326,328,605

智恺　165

智昇　148,203,205

智威　212,213

智俨　237,238,243,325,516,532,660,666,667,672,674,675,680

智藏　160,166,504,507,509,517

智周　227—229,505,510

周敦颐　331,333

周世宗　299—301,337,521

周颙　184

朱棣　348,353

朱士行　71,73,74,85,480—482,485,501

朱熹　333

朱元璋　348,353,658

竺道生　31,67,100,163,172—178,247,335,613,620,626,696,712—714

竺法护　74,87,93,127,480,482

竺法旷　88

竺法兰　48,75

竺法深　95

竺法汰　90,95,100,172

竺法蕴　97

竺叔兰　74,87,93,481

竺朔佛　50

庄子　79,113—115

紫柏真可　363,368

宗炳　47,106,178

宗鉴　318

宗喀巴　439,441,443,445—450,458—461

宗密　237,241,242,245,246,258,　　　691—693,697
　　　263,294,324,327,328,367,371,　宗仰上人　392
　　　586,658,664—667,682—686,　最澄　505,506,514—516

主题索引

阿刺耶识 640

阿赖耶识说 32

阿赖耶识缘起 542—544

阿赖耶识种子 34,543,636

阿梨耶识 165,167,551,640

阿梨耶识法性 167

阿梨耶识依持说 167

阿罗汉 20,21,26,54,89,650

阿摩罗识 165,166

阿那含 54

阿毗达磨 33,66,161

阿毗昙 66,67,106,161,162

阿毗昙学 65,66

阿阇梨 37,279,506

阿陀那识 32

安般禅法 81

安般守意 62,67

案达罗王朝 25

八不说 28,29,225

八不缘起 29,542

八不中道 29,224,225,542

八十种好 23,26,83,704,710

八识 34,234,564,587,639—641,644,645,647,651

八正道 10,19,23,26,41,536,539,562,573,574,577—581

白教 442,463,464

白莲华会 322

白莲教 307,380

白莲社 266,321,322

白马寺 48,73,192,193,498

白云宗 307,317

班禅额尔德尼 448

班智达 437,440

宝林寺 254,371

北朝佛教 139,142,167

北宗禅 253,263,694,695

本教 423—428,430—432,434—

436,438,443,444,449—451,454,458,464,475

本来面目 704,708

本无论 95,108

本无异宗 95

本无宗 95,101,105

本心 251,264,376,436,667,698,707,709,710,712,714

本性 5,95,109,114,115,176,219,234,242,254,264,265,398,418,541,544,546,547,553,565,575,613,619,636,650,659,667,695,698,702,703,706—709,711,714,717

本有种子 642,643,650

比丘戒 276,446,483,592

变文 282,284—286,290,342,343

遍计所执性 34,234,550,635—637,648,649,668,669

遍行 651

表业 539,540,564

别报 540

别境 569,641,651,652

别理随缘 624,627,630,631

别相 242,243,632,671—674

般若空观 130,176

般若三论系 129

般若三论之学 111,120,121,170

般若实相 172,176,264,265,689,698—701,703,715

般若行 708,713

般若性空学说 70,131

般若学 50,65,68—70,73,74,78,79,85,91,92,94,95,99,101,105,107,108,113,116,121,123—125,128,131,172,177,265,334,335,479,560,696,698,700,702,707,719

般若学派 69,92,97,101,113,123,128

般若学者 85,92,94,117,177,706,712,713

般若智慧 69,80,129,588,590,594,610,704,708,713

补特伽罗 23,24,546,547,549,566

不定止观 599

不定种姓 234,650

不动无为 653

不二法门 79,283

不空如来藏 620

不立文字 246,247,286,288,321,345,352,368,529,695,696

不昧本心　376
不相应法　652
不相应行法　651—653
不真空　123
布施　26,32,135,153,154,200,206,273,281,300,305,341,381,463,468,590,591,594,595,690
布施度　591
部派佛教　16,17,19,23—25,27,36,47,171,274,541,547,549,550
曹洞宗　259—262,306,307,319,320,322,329,357,359,407,526
刹帝利　12,13,18
刹那灭　549,642,670
禅定　10,26,41,51,66,67,81,99,212,217,246,275,279,328,374,445,479,500,579,581,582,585—587,589,590,593,594,602,691,707,717—719
禅定度　593
禅观　66,99,113,143,212,214,227,518
禅教并重　328,371,372
禅教合一　320
禅教融合　328
禅教一致　327,328,330,356,373,678,685,697
禅净合流　301
禅净双修　270,322,328—330,370—373,376,405,406,530
禅净无二　358
禅净一致　270,307,359,526
禅宗　3,6,17,41,81,107,126,129,143,171,177,205,211,212,217,226,241,246—252,255,256,259,260,262,265,270,286—291,294,301,304,306,307,309,313,318—321,327,328,331,334,339,342,343,345,346,352,353,355,356,359,361,368,369,371,374,376,377,380,385,387,407,411,412,420,429,471,473,487,498,501,503,517,518,521,525,526,528,529,532,545,587,596,603,648,657,658,664,683,685,687,690,692,695,696,698,704,709,710,717
禅宗后派　518,527,532
禅宗南派　429
禅宗前派　518,532
阐教　349,351
忏法　136,158,280,391

常乐我净　549,550,628,706,710
唱导师　282
称名念佛　111,171,266,267
成、住、坏、空　574
成论师　164
成实论师　160,162,164,166,167
成实宗　509,513
成相　242,671—674
程朱理学　258,333,336,364,498
持戒　26,67,273,275,322,386,
　　408,523,585,590,591,595
出世　5,6,21,52,63,64,79,80,
　　82,83,111,182,184,218,245,
　　330,333,336—338,340,342,365,
　　367,373,377,388,398,399,412,
　　419,420,424,537,574,581,597,
　　681,688,708,719
出世法　377,388,419,435,681
出世间　6,25,28,30,79,234,283,
　　387,419,541,561,575,609,611,
　　642,646
传法世系　196,209,212,220,237,
　　252,256,266,320
传法院　258,315,522
纯一实相　603
祠部牒　308

慈恩宗　226,532
丛林清规　41,313
达赖喇嘛　340,349,441,447,448,
　　451,452,456,460,461
打念佛七　360
大乘八宗　211,414
大乘禅法　27,68,107
大乘顿教　244,245,680,681
大乘非佛说　26
大乘佛教　6,16,17,19,23,25—
　　27,30,32,34—37,42,68,81,175,
　　204,209,235,239,277,283,341,
　　384,405,416,418,419,427,471,
　　473,493,518,548—550,560,561,
　　564—566,589—594,654,696,704
大乘戒　592
大乘空宗　25,27,166,231,232,
　　234,236,541,542,548,684
大乘菩萨道　32
大乘始教　245,679,681
大乘天　231
大乘有宗　25,32,231,236,541,542
大乘圆顿戒坛　514
大乘终教　244,245,366,679,681
大慈恩寺　232,503,504
大日如来　36,277—279

大印法　443—445
大圆镜智　587,647
大圆满法　436
大昭寺　425,426
大众部　19,21—25,73,166,245,275,541,547
道谛　552,562
道家　17,44—46,51,53,57—64,67—70,81—84,294,336,385,478,480,544
道教　45—47,58,60,72,78,84,86,126,135,141,179,180,182—185,188,189,197—199,212,236,293—297,299,303,331—333,348,364,379,382,412,472,531
道统说　293
道种智　587,604,608,620
得意忘言　79,112,689,715
德格贡钦寺　442
德格印经院　442,455
地论师　141,164,168,616,617,672
地论学派　141,164,167—169,638
第一义谛　29,30,97,377,606,607
定慧双修　217,589,602,603
定学　581
定执性实　617

东方净土　27
东林寺　88,105,110,307,498
东塔宗　276
东土九祖　212
都纲　310,351
都僧录　310
都维那　149—151,156,207,310
都邑僧正　151
兜率净土　103
兜率天宫　33,102
犊子部　22—25,245,274,549,680
度牒　208,304,305,307—310,348,351—353
断集　562,563,580,684
敦煌莫高窟　88,190,499
顿悟　173—178,244,258,262,264,372,374,680,690—692,695,698,712—715
顿悟成佛　163,173—175,255,429,529,695,709,712,715,717
顿悟心性　345,685,695
顿修　244,713,714
多吉札寺　437,531
多列　467
阿弥陀佛　106,158,192,266—270,290,321,350,360

阿弥陀佛国　106,113
俄尔派　441
恶取空　28,541
二乘识　628
二藏三法轮　223
二谛观　606,607
二教五时　164
二入四行　247
二十犍度　274,584
二世一重因果　573
法藏部　22,24,73,171,274,275
法华三昧　213,214,602
法华宗　212,505
法界三观　661
法界缘起　237,240—243,543,
　545,596,618,658—661,665,668,
　671,674,678,680
法界宗　168,237,667
法轮　10,11,17,223,224,460,
　461,577
法社　157,281,282
法身　277,551,620,628
法体恒有　161,162
法我　34,546,636
法我执　546,548
法无去来宗　245,680

法相　118,161,163,169,226,243,
　246,368,369,375,387,409,414,
　505,629,635,638,651,653,664,
　672,674—676,701
法相唯识学　228,231,394,396,
　410,411,414,516,587,596,635,
　657,658
法相研究会　396,410
法相宗　163,226,228,236,369,
　509,513,514,531,635
法性　17,30,31,109,120,167,176,
　184,218,369,372,545,549,550,
　604,608,610,611,616—620,622,
　626—630,637,659,660
法性论　108,109,111,334
法性宗　220,369
法眼宗　259—261,318,321,
　329,525
法我我无　25
法有我无宗　245,680
法执　546,561,646
烦恼道　628,630
烦恼即菩提　623,624,633
梵呗　72,76,195,285,494,499,500
梵天　12—14,23,247,460,512,538
梵文　8,25,40,60,69,73,158,161,

192，204，231，232，240，267，283，284，315，382，387，406，407，412，435，440，443，455，487—489，493，494，496，497，501，506，515，522，523，527，534，537，539，546，552，553，557，559，562，563，568，577，581—585，587，590—594，638，654，659

梵我同一　13

梵音　76，690

方便般若　628

方便法门　223，262，263，420，687，691，717

方便净涅槃　628

方便菩提　628

方便善巧　594

方便随缘止　607

方便通经　263，264，692，693

方便行　451

非顿非渐教　597

非色非心戒体论　276，657

非有非无　14，30，31，96，97，113，120，123，126，130，176，177，560，703，704

吠舍　12，13，18

佛诞节　9，280，381

佛法东渐　190，497

佛国净土　26，113，159，269—271

佛果　370，561，606，629，639，650，687

佛教的"三大革命"　416

佛教的世俗化　4，132，378，380

佛教的中国化　64，78，79，86，87，94，120，125

佛教复兴运动　413，416，534

佛教改革运动　390

佛教革新运动　404，413，415，417，418

佛教会　392，405

佛教通俗文学　284，285，342

佛身　9，26，30，176，375，405

佛识　628

佛陀伽耶　10

佛心宗　246

佛性　17，30，31，70，100，119，130，131，142，160，163—165，167，172—178，205，206，219，220，225，226，229，235，241，242，244，246，248，251，254，263—266，279，286，335，336，401，420，485，490，518，543，545，549—551，561，573，599，619—622，624—628，631，650，

659,679,680,682—684,691,696,698—700,703—706,708—710,715,719
拂尘看净　263,264,692,693
噶当派　434,438—440,443,444,447,449
噶玛　435,444,452
甘丹寺　447,451,453,454,458
格鲁派　339,434,439,440,443,446—452,457,460—462,464,465,531
格义　3,60,63,64,70,92—94,99,105,128,481
格义佛教　63
各别行相　604
根本烦恼　557,652
根本分裂　19
根本智　587
根身　645
耿润　467
公案　248,262,287,288,319,321,352,372,375,518
功德使　200,208,309
功德使司　311
共相种子　642
古格　432,433

古格王朝　432,523
古十玄　243,674
古译　233,583
古因明　34,235,654,656
关中四子　120
观想念佛　111,266,267,328
观心　251,263,264,322,324,352,409,602,608—612,619,623,627—630,634,687—694,698,701,704,708,711
贵霜王朝　25,38,39
国清寺　213,216
汉明感梦　44,50,90
合本　76,80,92—94
菏泽宗　683,684
红教　435,464
洪州宗　259
鸿胪寺　149,207,309,502,503
花教　440
华严宗　41,86,167,169,198,201,211,213,217,220,237—246,258,260,294,304,306,307,322,324,325,328,361,362,366,367,480,501,503,509,510,513,516,524,529,544,545,596,603,626,630,634,658—661,668,671,672,674,

677,678,682,683,707
华夷之辨 183,185
化地部 22,24,274,275,549
化法四教 218,573,598—601
话头 248,320,356
欢喜佛 451
幻化宗 95—97
黄教 440,447,448,451,456,457—464,531
黄教四大寺 458
黄老道家 44,53,57
黄龙派 319,525
灰身灭智 560,679
会昌法难 297
会三归一 216,217,223
会正宗 326
慧解脱 16,590,704
活佛 437,438,444,447,448,452—454,456,457,462—465,476,531,562
惑业 67,399,540,547,556,557,559,560,563
吉根 452
极微 540
即色宗 95,96,113
迦毗罗卫国 9,11,138,480,492

假名 25,28,79,224—226,419,541,548,561,566,601,605—607,610,614,623,681,684,714
假名宗 168,275,657
假有性空 28,69
见分 33,234,236,636,638,639,644,645,648,656
建初寺 77,144,479,518
渐悟成佛 163,429
结集 18—20,38,39,145,223,274
解脱 5—7,9,10,13,15—18,23—26,34,37,41,52—54,62,67,69,70,80,109,113,115,129,130,158,160,161,175,176,219,226,231,234,235,249,251,259,261,262,265,267,268,272,293,335,337,342,391,399,420,442,450,466,514,536—538,540,543,547,549—553,556—563,566,567,570—575,577—585,587,589—595,619,620,628,635,646,647,650,651,653,684,687,688,690,693—697,699—709,711,712
戒本 102,169
戒牒 309
戒定慧 67,274,580—582,585,

590，595

戒法　73，523

戒光寺　527

戒律　3，11，18—21，23，32，36，41，71—73，88，102，107，111，136，170，171，174，185，200，270，274，276，298，313，351，366，375，391，396，402，407，429，433，439，440，446，449，467，483，484，505，510，511，517，523，532，578，581—585，591，592

戒体　275，276，657

戒学　275，276，431，581

金刚乘　36，37，277，428，522

金刚三昧　36

金陵刻经处　367，386—389，393，395，396，400，401，406，408，409，530，534

京都东大寺　514，515

经量部　22，24，549

景耀寺　463

净土宗　88，111，119，171，192，211，266—270，273，280，290，301，304，306，307，318，321，322，328，329，334，359，360，367，380，501，503，521，525，527，529

净行社　321

九十六种外道　13

旧译　119，162，233，557，567，575，593，649

拘尸那加　11，484，486，492

居士　7，49，73，74，80，87，106，283，347，350，360，363，367，370，384—389，392—397，408，409，415，417，422，440，479，481，530，534，716

居士佛教　384，392，396，409

居士林　393—395

具足戒　88，98，144，168，172，213，214，229，237，238，271，360，365，368，370，374，404—407，413，488，495，592

俱舍三大家　162

觉性　265，332，626，666，691，698，708

觉者　8，16，693

开权显实　130

开元三大士　201，278，504

看话禅　320

空观　27，28，33，130，176，601，606—608，610

空宗　25，27，166，220，231，232，234，236，245，249，541，542，548，

681,684,696
苦谛 552,553,557,576
苦行 10,13,17,143,271,272,484,577
拉萨黄教三大寺 459
喇嘛教 279,423,432
蓝毗尼 9
朗达玛灭佛 430,433
老庄道家 53,68,70
老子化胡说 47,58—60,182
理法界 242,661,665—668
理事无碍法界 242,662,665—668
莲华胜会 321
莲居派 363
临济宗 259,260,306,307,319,357,358,525—527
六道轮回 379,558
六度 7,26,31,32,41,69,81,180,217,274,283,422,449,574,585,587,590,591,594,595,650
六凡 219,613,615,619
六家七宗 69,70,85,91,92,94,95,97,105,113,123,124,334,335
六识 234,235,564,567,639,679
六相圆融 242,243,545,668,671,672,674,678

龙门石窟 144,191,192,290,344,499
龙树中观学 124,125,224
陆王心学 258,333,336,385,411,498
鹿野苑 10,11,233,236,492,494,495,552,577,597
律分五部 274
律宗 73,170,171,211,270,274—276,306,316,322,325,326,362,407,408,495,501,503,505,509—511,513,517,525,527,532,584,657
罗教 380
弥勒佛 158,192,290
弥勒净土 88,290
弥陀净土 88,171,267,269,290
密教 19,25,35—37,86,201,204,277—279,304,305,307,315,424,434—436,438,442,443,447,451,458,460,471,472,476,506,514,517,519,522,599
密宗"四宝" 424
名教即自然 124
明代四大高僧 363,365
默照禅 319—321

那烂陀寺　36,227,230,231,233,
　　433,490,492—495,504,522
南传佛教　9,20,22,40,41,383,
　　479,521,547
南山宗　274,276,325,517
涅槃寂静　30,574—576
涅槃节　11,280,314
涅槃师　160,163,164
涅槃学派　160,163
宁玛派　434—438,440,444,449,
　　459,464,475,529,531
判教　160,164,168,196,209,217,
　　218,223,224,234,236,240,241,
　　244—246,325,366,396,596—
　　598,600,657,678—683
毗昙师　160—162
毗昙学派　160—162
婆罗门教　13—15,17,18,23,27,
　　35,37,277,378,492,538,541,
　　546,547,575
破邪显正　29,224
菩萨　26,31,32,41,72,79—81,
　　129,136,158,159,167,175,182,
　　191,193,195,200,217—219,223,
　　234,239,269,271,281,290,303,
　　330,373,379—381,388,418,436,

440,458,476,482,492,507,540,
　　571,587,591—593,595,597,598,
　　601,604,607,608,615,628,650,
　　688,693,709,710,712
菩萨戒　135,200,202,215,239,
　　281,374,506,511,592
菩萨行　80,81
菩提　10,16,135,200,217,254,
　　260,341,377,422,449,562,577,
　　601,623,624,628,633,646,647,
　　650,679,699,700,706,710,
　　712,716
清规　41,255,313,351,525,532
全真道　331,332
人间佛教　4,6,7,394,400,402,
　　404,413,414,418—422,719
人间净土　6,7,418,419,421,422
仁学　400
日本天台宗　511,514,524
日本真言宗　278,514
日喀则扎什伦布寺系统　453
日莲宗　527
如来藏自性清净心　543,711
萨迦派　434,440—442,444,445,
　　449,459,460,462,531
萨迦五祖　440

主题索引

萨满教　459,460,462,463

三宝　10,50,149,189,272,348,384,429,430,445,592,628

三报论　109,111,334

三般若　628

三大乘　628

三德　620,628

三谛　29,218,219,601,604—608,610—612,615,619—621,633

三毒　558,578,683,690,691

三恶道　558

三法界　665

三法印　548,574—577

三皈依　384

三惑　620,630

三教同源说　136

三阶教　211,270—273,281,318

三类八识　639,641

三界唯识　227,638

三界唯心　27,167,261,373,400,542

三论师　170

三论宗　70,126,167,170,211,220—224,226,249,318,501—503,509,513,516,532

三昧　36,106,111,213,214,251,282,322,346,368,372,585,586,593,602,701,705

三密相应　277

三能变　641

三菩提　628,710,712

三千世间　219,545,613,616

三善道　558

三身　26,628

三十二相　23,26,83,704,710

三时教　234,236

三时判教　396

三时学会　393,395—397,410

三识　572,628

三世轮回　568

三世实有　25,161,162,541,680

三是偈　28,604,605,610

三无性　227,236,635—637,646

三相　13,635,640

三性三无性　227,635,646

三性同异　668,669

三学　26,41,172,274,275,375,449,574,580—582,585,587,590,595

三业　37,107,279,539,540,582,583

三藏　27,39,40,77,86,106,121,

130,141,151,161,218,228—230, 274,366,439,441,449,480,487, 496,504,505,511,518,523,546, 584,585,598

三藏法师　229,230,492

三止三观　606,608

三智　604,605,607,608,612,620

三种教相　598—601

三种世间　219,613,616

三自相　635

桑耶寺　427—429,431,432,437, 459,523

色法　25,95,275,276,279,540, 541,564,567,642,651,652, 657,661

色复异空　96,113

僧官　3,132,139,148—152,156, 206—208,305,307,309—311, 317,337,349,351,352,429,437, 451,463,508

沙门不敬王者　110,144

上座部　19,21—25,40,42,66, 171,383,423,465—470,521,529, 541,549

阇那　587

舍利　11,38,77,192,232,291,302, 303,339,404,424,488,493,495, 503,506,508,511,516,522, 527,530

摄论学派　139,165—167,169,638

神不灭论　111,177,181,334,335, 551

神明成佛论　136

神灭论　134,136,137,182

声闻　217,219,223,234,436,495, 604,615,650

圣智　69,587,588,628

湿婆　13

十八界　235,566,567,609,655

十地　167,169,175,712,713

十二因缘　19,23,24,41,60,67, 217,236,427,454,536,537,539, 552,568,569,571—573,609— 611,650

十法界　219,324,609—613,615, 616,622

十法句　32

十诵律学派　170

十玄缘起　243,674

什门四圣　120

识含宗　95,96

识心见性　255，264，385，695，703，709—712，714，715，717，719

实相　27，28，30，34，69，70，79，105，120，172，174—177，218，219，223—226，234，247，248，264，265，287，328，366，368，419，542，561，588，594，596，597，601，603，604，606，610—616，618—623，625，628，630，637，689，696，698—703，715

实相涅槃　28，30

世间法　25，387，388，419，420，435，527，541，561

事法界　242，665—668

事事无碍法界　242，663，665—668，675，677

守本真心　251，262，263，687，689，711

守一　51，58，263

蜀版藏经　316

水陆法会　158，379，382

说一切有部　22，24，25，33，66，103，161，166，170，172，245，274，429，540，653

四大名山　380，498

四大菩萨　380

四谛　10，19，23，41，61，67，161，166，236，454，536—538，552，553，557，563，573，577—580，597，601，605，631，684

四法界　242，545，659，661，664—668，677

四法印　576

四摄　7，26，32，422

四圣　219，613，615，619

四无量　31

宋明心性论　336

俗谛　28—30，97，225，226，589，606，607

胎藏　31，278，279，506，519，543

天台山　137，211，213—216，361，506，525

天台宗　41，86，119，137，143，200，211—220，240，241，249，280，294，304，321—324，328，330，360—362，376，397，501—503，514，515，523，524，529，545，573，596，597，599，601—606，608，612，613，616，619—622，624，625，627，685，707

外道　13—15，17，28，31，34，136，

235,426,546,548,550,574,575,584,617,654,706

万法唯识　32—34,226,227,234—236,261,373,394,400,542,550,635,636,639,641,648,651—653,655,656

沩仰宗　259,318,517

唯识古学　33,638

唯识今学　33,638

唯识宗　33,169,201,211,213,217,226—229,232—236,240,244,275,326,327,339,363,396,397,494,501,503,505,510,540,543,573,596,603,630,635—648,650—654,656,657,679,681

伪经　101,159,182

文字禅　319,321

我法俱有　25,245,680

无量寿佛　106,194,268

无漏　54,234,235,540,586,587,636,642,646,647,650,688

无明　5,226,263,399,449,544,556—559,568,570—573,601,610,611,617,620,622—624,630—633,683,688,691,693

无念　129,259,559,692,693,695,701,702,704,705,707,711—714,717—719

无情有性　213,218,220,619,624,625—627

无为　44,51,53,57—59,62—64,83,113,154,185,247,259,282,559,583,651,653,665,680,684,704

无我　5,14,15,23—27,31,55,62,176,177,182,341,342,345,346,378,394,400—402,413,536,546—552,565—567,574—577,579,639,684,688,706

无相　33,176,247,248,263,287,590,638,684,691,696,698,701,702,704,706,711,712,714

无住　129,259,561,701,702,704,711,714,718,719

五百结集　18

五常　64,83,159,181,294,341,370,374,377

五教十宗　244,245,678,679,682

五戒　7,64,75,133,181,274,295,341,348,374,377,384,416,422,

584,592

五明 433,437,441,449,653

五时八教 218,596,597,600,601

五位百法 34,651,653

五位七十五法 162,653

五蕴 19,23,24,41,67,219,236,536,539,547,549,552,553,556,560,563,565—568,573,613,616,652,688

五种姓说 177,234,235,648,650

武昌佛学院 395,396,414

西方净土 27,103,106,129,266,268,269,281,328,329

息妄 252,253,263,657,683—688,691,711

相部宗 276

相分 33,234,236,636,638,639,644,645,648,653,655,656

小乘 20,25—27,32,33,39,42,50,54,61,65—67,72,73,78,81,86,99,103—105,117,142,161,166,167,170,218,223,229,231,232,236,244—246,272,274—276,425,429,465,475,479,481,490,491,493,547,548,560,561,564—566,584,587,589,591,592,595,597,598,601,650,653,679—684,704

心法 25,247,248,275,276,279,541,589,619,631,642,651,652,657

心无宗 95,97

心性本净 24,248,264,696

新噶当派 447

新译 70,108,119,201,232,233,238,509

行法 36,37,280,343,523,537

形尽神不灭 108,109

性具实相 218,328,596,601,604,618,619

宣政院 311,312

玄佛合流 70,84,91,94,124—126,334,335

玄学 3,45,68—70,73,78,79,85,87,91—95,97,98,101,112—114,116,117,120—125,128,142,178,197,249,265,334—336,412,478,481,498,715

玄奘四大高足 507

杨岐派 319

业报轮回　5,13,15,23,246,335, 548,551,570,682,704
一阐提　30,31,163,164,173, 174,234
一乘圆教　245,674,680,681
一念三千　218,219,545,604,608, 612,613,616,618,619,625
一念识心　632
一念妄心　629—631,634
一念无明　609—611
一念无明法性心　608,610—612, 615,623
一念无明虑知心　609
一行三昧　251,701
一真法界　241,242,545,664, 665,671
一切智　442,587,604,607,620
一切种智　587,604,608,620
一心二门　262,544,666,684,686, 694,698
一心三观　212,218,219,601,602, 604—606,608,611,612,620
依他起性　34,234,550,636,637, 648,649,668—670
疑伪经　157,159,160

夷夏之辨　143,178
义邑　157,281
异类而熟　640
异时而熟　640
异熟　640,641,679
异熟识　640
异相　242,671—674
邑师　157
邑主　157
邑子　157
译经院　302,315,522
易行乘　37
易行道　267
意密　36,277
意识　33,234,235,542,564,565, 636,639,644,651,652,659,710
意业　539,540
因果报应　5,13,14,111,177,181, 334,335,342,380,573,585
因明　33,34,229,234—236,387, 437,439,440,449,495,651, 653—657
因明学　234—236,403,409,439, 494,498,651,653,654,656
因缘　14,25,28,29,161,168,182,

216,224,267,282,298,419,442,449,507,537,540—542,547,550,557,559,561,568,574,575,601,605,607,610,614,618,636,643,644,653,661,669,671—673,680

印度教 35—37,41,277

有漏 234,540,564,587,636,642,646,647,650,688

右道密教 36

盂兰盆节 381,382

瑜伽 32,36,227,232,277,278,352,396,407,471,476,490,495,500,579

瑜伽密 436

瑜伽派 32

瑜伽行派 25,32—34,138,165—167,177,226,227,234,235,409,493,542,543,550,635—638,645,650,654,696

瑜伽宗 226,490

原始佛教 11—20,23—25,36,40,41,536,539,546,548,549,568,573,576,696

圆成实性 34,234,636,637,646,648,649,668—670

圆顿止观 328,599,608

圆教 245,275,366,376,601,608,618,625,631—633,657,674,680—682

圆教宗 275,276,657

缘觉 217,219,234,436,615,650

缘会宗 95,97

缘起性空 69,448,449,548,601,607,615,681

缘生假法 604

缘生论 643

缘因佛性 620,628

约具名变 632

悦众 149,151

云冈石窟 144,191,192,499

云门三句 261

云门宗 259,261,287,319—321,329,526

杂密 36,277

再生族 18

赞教 351,366

赞普 424,427

增上缘 636,643,644,671

扎什伦布寺 447,448,453,458

札仓 447,452—454

札萨克　462,475

斋会　157,158,280—282

斋七　379

章嘉　453

昭玄十统　150

昭玄寺　150,151,156,207

昭玄统　150

哲蚌寺　447,451,453,458

哲布尊丹巴　453,462,463

真大道教　332

真德不空宗　245,681

真谛　28—30,97,214,225,538,550,586,587,589,606,607

真如　30,31,165,167,168,218,220,241,242,244,251,265,279,324,332,410,543—545,550,561,604,610,624—626,628,630—632,635—637,647—649,653,657,659,661,669,670,679—681,688,689,695,698,699,701,703,709,711,712

真唯识量　235,236,655,656

真言宗　35,278,506,514,515

正报　540,616,626

正定　26,562,577,579—581,693

正法藏　492

正见　26,272,546,562,577—581

正精进　26,577,579—581

正理派　34,235,654

正量部　22,24,231,549

正命　26,562,577,578,580,581

正念　26,562,577,579—581,689,701,702,705,712

正智　565

支那内学院　395—397,408,409,411

知见　217,258,398,599,645,693,697,709,714

知苦　562,563,580

知事　149,314

执藏　641

止持戒　274,584

止观并重　217,596,602,603,606,685

智度　69,80,283

智慧度　594

中道　17,27—31,34,79,164,223—226,236,330,397,489,541,542,577,578,597,604—607,610,614,615,618,620,621,623,628—

630,704,705,715

中道实相论　224,226

中观学派　25,27—29,32—34, 224,228,232,235,441,542,550, 561,606,654,696

中庸　330,364

中有　540,549

种姓制度　5,12

种子说　34,639,641,643

诸恶莫作　5,276,341

诸法俱名论　25,541,548

诸法无常　706

诸法实相　27,30,34,69,120,175, 219,224,225,234,561,594,606, 613,622,623,637

诸法实有　166,236

诸法相即自在门　243,674,676

诸法性空　68,79,220,224,226, 550,594

诸行无常　553,574—576

竹林禅派　526,530

竹林七贤　86,87,116

住持　230,238,303,309,313,314, 351,357,368,371,391,404,405,

407,413—415,416,433,452,492, 519,528

转轮王　9,10

转染成净　166,234,642,647,658

转舍　646,647

转识成智　234,647,658

自利利他　7,422,590,591

自然　5,64,68,69,83,95,114,124, 182,183,249,250,261,265,282, 286,294,336,637,642,683,688, 694,697,698,702,708,715

自性　28,29,31,32,34,41,96,114, 161,165,166,176,224,234,242, 251,258,259,264,265,420,449, 537,539,541,543—545,550,551, 567,606,617,635,636,642,659— 661,663,669—671,677,687,689, 695,698,699,701,704—717,719

自证分　645,646,648

自证一分说　645

总报　540

总报业　540

总相　242,243,632,671—674

左道密教　36,37

佐钦寺　437，531
坐禅　113，143，214，251，258，259，
　263，264，273，292，314，319，359，

365，382，692，715，717—719
作持戒　274，584

文献索引

《阿含经》 19,38,61,67,86,88,
　117,218,224,236,597,598,712
《阿含正行经》 55
《阿毗达磨俱舍释论》 162
《阿毗昙八犍度论》 161
《阿毗昙心论》 161
《阿育王经》 518
《安般守意经》 62,66,67
《安乐集》 267,268
《百拜忏悔经》 424
《百论》 28,70,87,117,119,169,
　220,231
《百论疏》 124,222,388
《百喻经》 283
《百丈清规》 313,314,383
《宝雨经》 504
《北史》 189
《北宋官版大藏经》 302
《北游集》 356

《北宗五方便门》 686
《辟妄救略说》 357
《碧岩录》 248,288,319
《辩正论》 86,141,203
《辩宗论》 164
《别译杂阿含经》 18,558
《般若三昧经》 27
《般若无知论》 29,122,173
《补灯录》 358
《补续高僧传》 355,356,361
《不增不减经》 31
《不真空论》 96,97,122
《册府元龟》 429
《察微王经》 55
《禅门师资承袭图》 241
《禅源诸诠集》 241
《禅宗正脉》 355
《镡津文集》 65,324,330,341
《晨朝十念法》 322

《成都佛教史》 72
《成唯识论》 23，34，227—229，
　　396，543，548，561，572，573，588，
　　591—593，635—647，658，670
《成唯识论纲要》 516
《成唯识论集解》 363
《成唯识论决释》 516
《成唯识论了义灯》 229
《成唯识论述记》 228，229，588，
　　640，643，644，654
《成唯识论俗诠》 363
《成唯识论演秘》 229
《成唯识论掌中枢要》 229
《崇宁清规》 313
《崇宁藏》 316
《出三藏记集》 55，60，65，66，68，
　　74—76，86，87，92—94，102，106—
　　108，114，118，119，127—130，142，
　　145，146，159，172，274，479，480，
　　482，483，488，581，582，603
《楚石梵琦禅师语录》 356
《传法宝纪》 250，251，318
《传法正宗定祖图》 320
《传法正宗记》 318，320
《传戒正范》 362

《春秋左氏心法》 374
《慈悲水忏法》 280
《次第禅门》 603
《从容录》 288，320
《达摩多罗禅经》 138
《答净土四十八问》 359
《答刘遗民书》 122
《答宋文帝赞扬佛教事》 133
《答王卫军书》 173
《大悲空智金刚大教王仪轨
　　经》 522
《大般泥洹经》 88，130，138，163，
　　485，486
《大般涅槃经》 30，31，142，163，
　　271，519，546，549，554—556，561，
　　599，709，710
《大般涅槃经集解》 164
《大乘阿毗达磨经》 32
《大乘百法明门论》 33，227，651
《大乘北宗论》 686
《大乘大义章》 108，120
《大乘广百论释论》 656
《大乘集菩萨学论》 522
《大乘起信论》 232，244，262，264，
　　387，401，494，534，543—545，559，

625—627,634,635,666,684,686,687,689,693,694,698,699,703

《大乘十法经》 518

《大乘无生方便门》 262,686,687,691,693

《大乘显识经》 504

《大乘玄论》 164,168,222,335,549,551

《大乘止观法门》 620

《大乘智印经》 522

《大乘庄严宝王经》 522

《大乘庄严经论》 227

《大法鼓经》 31

《大方等大集经》 271

《大金国制》 310

《大明度无极经》 78

《大明高僧传》 355

《大毗婆沙论》 539,546

《大品般若经》 28,108,121,171

《大日经》 36,277,278,506

《大日经疏》 278,279

《大史》 20

《大宋僧史略》 317

《大唐内典录》 138,141,203,205,212,214,275

《大唐西域记》 39,206,233,492,494,520,653

《大小品对比要钞序》 93,113,114

《大学纲目决疑》 374

《大学中庸直解指》 374

《大云经》 201

《大智度论》 28,87,108,119,171,212,213,215,558,560,574,576,586,588,594,602,604,605,700

《大中祥符法宝录》 315

《岛史》 20

《道贤论》 85,87,116

《道行般若经》 68,70,74,78,79,112,481,595

《东西文化及其哲学》 412,413

《阿弥陀经》 27,119,268,269,366

《阿弥陀经句解》 322

《阿弥陀要解》 377

《二谛义》 222,225

《二教论》 179,181,182,184,188

《法华会义》 361,377

《法华文句》 216

《法华三昧忏法》 280

《法华三昧经》 78,486,517

《法华私记》 358

《法华玄义》 216,598—600,608,612,614—620,622,623
《法华玄义略辑》 361
《法华游意》 223
《法华指掌疏》 362
《法镜经》 50
《法句经》 77
《法聚论》 541
《法性论》 108,109
《法苑珠林》 136,205,207
《梵网经》 119,592
《梵网经直解》 362
《梵网菩萨戒经义疏发隐》 367
《梵字悉昙字并释文》 515
《放光般若经》 74,87,101,172,481
《吠陀》 13,14,18
《凤山集》 356
《佛本行经》 283,486
《佛法金汤编》 355
《佛法金汤录》 355,385
《佛国记》 88,485
《佛教各宗派源流》 414
《佛说尸迦罗越六方礼经》 63
《佛说维摩诘经》 79

《佛说无上依经》 31,543
《佛说盂兰盆经疏》 294
《佛所行赞》 283
《佛医经》 77
《佛祖纲目》 355
《佛祖历代通载》 308,318
《佛祖统记》 149,158
《父母恩重经》 63
《父子合集经》 522
《高僧传》 48,50,55,67,72,75—77,85—87,90,99—103,108,110,111,115,116,118,120,129,130,140,142,146—151,153,162,164,170,172,173,181,194,282,338,412,489,533
《格丹格言》 456
《观念佛法门》 268
《观世音三昧经》 159
《观世音受记经》 488
《观所缘缘论》 656
《观无量寿佛经》 267—269
《观无量寿佛经疏》 268
《观心论》 262,263,686—689,691
《观音玄义》 602,620,621
《光赞般若经》 87

文献索引

《广博严净经》 486
《广钞》 162
《广弘明集》 47，106，108，135，
　136，141，153，157，179，181，182，
　184，187—189，200，205，206，
　275，295
《国清百录》 137，206，215
《海潮音》 393，414
《憨山老人梦游全集》 370—374
《汉魏两晋南北朝佛教史》 67，77，
　80，93，412，482
《合放光光赞随略解》 101
《合首楞严经记》 68，76，93
《合微密持经》 76
《弘明集》 55，108—110，133，136，
　141，145—147，153，155，179—
　181，183，184，205，335，378
《红史》 445，455
《洪武南藏》 353
《后汉纪》 51，551
《护法录》 384
《护命放生轨仪法》 496
《护生画集》 408
《华严别行经圆谈疏钞记》 361
《华严法界观门》 237，661，

　664，665
《华严法界玄镜》 665
《华严合论简要》 385
《华严金狮子章》 239，240
《华严经》 86，201，218，223，236—
　241，244，264，297，307，325，495，
　510，511，523，525，660，679，
　693，694
《华严经纲要》 371
《华严经疏》 241，361，665，
　666，677
《华严经随疏演义钞》 241，
　664，665
《华严经谈玄抉择》 325
《华严经探玄记》 240，659
《华严经义海百门》 240
《华严经旨归》 240
《华严孔目章》 238
《华严念佛三昧论》 386
《华严搜玄记》 237
《华严五教止观》 237
《华严五十要问答》 238
《华严玄谈》 370，371
《华严一乘教义分齐章》 240，243，
　668，669，671—678，680，681

《华严一乘十玄门》 237
《华严原人论》 241,245,294,682
《皇朝类苑》 303
《会正记》 325,326
《会宗论》 231,493
《慧印三昧经》 112
《慧苑音义》 588
《集古今佛道论衡》 198,205,206,275,296
《集量论》 655
《继灯录》 355,358
《迦延杂心论疏》 162
《嘉兴藏》 354,369
《拣魔辨异录》 357
《鉴真和尚传》 512
《教观纲宗》 361,598,600
《教外别传》 355
《解深密经》 32,33,160,227,229,236,596,650
《戒律本论》 453
《金版大藏经》 306
《金刚顶经》 36,37,278
《金刚经》 119,253,315,345,474,518,710,715
《金刚经集注》 348

《金刚经略疏》 358
《金光明经玄义》 627,628
《金光明玄义发挥记》 324,627
《晋书》 90,91,118,478
《经律异相》 205
《景德传灯录》 260,318,717
《景祐新修法宝录》 315
《径中径又径》 386
《净名经》 213
《净土集》 322,329
《净土诀》 385
《净土决疑论》 360
《净土三经新论》 386
《净土生无生论》 361
《净土诗》 356
《净土疑辩》 359
《旧唐书》 199,201,207,281,296—298
《居士分灯录》 355
《具戒便蒙》 366,367
《均善论》 134
《开宝藏》 302,316,317
《开元释教录》 66,138,141,148,203—205,273
《老子化胡经》 46,58,59,86,198

| 文献索引 | 759

《乐邦文类》 321,322
《楞伽阿跋多罗宝经》 138,550,
　691,710,711
《楞伽笔记》 372
《楞伽经合辙》 361
《楞伽师资记》 206,247,250,264,
　318,686,687,689,694,710
《楞严经略疏》 358
《楞严悬镜》 372
《楞严指掌疏》 362
《理惑论》 48,55,56,59,60,63,
　64,83,84,178,180,182,340,341,
　378,401,474,480,517,551
《历代法宝记》 193,249,252,318
《历代求法翻经录》 482
《历代三宝记》 61,65,69,145,
　189,204,206,271
《历游天竺记传》 485
《莲花生遗教》 435
《梁书》 136,137,153,179,181
《量释论》 453
《了本生死经》 75
《灵峰宗论》 341,375—377
《六度集经》 77,80—82,591,593
《六家七宗论》 95,221

《六妙法门》 603
《龙舒净土文》 321
《论顿悟渐悟义》 164
《洛阳伽蓝记》 143,193
《门律》 179
《弥陀疏钞》 359
《弥沙塞律》 484
《秘密曼陀罗十住心论》 514
《秘藏宝钥》 514
《密严经》 32
《密宗道次第广论》 446
《妙法莲华经》 216,283
《妙法莲华经疏》 173
《灭惑论》 141,180,183,184
《名公法喜志》 355
《明报应论》 108,109
《明佛论》 47,178
《明了论》 275
《明显中观论》 523
《冥祥记》 284
《摩德勒伽论》 275
《摩诃僧祇律》 275,485
《摩诃止观》 213,216,219,545,
　601,603,606—613,616,617,
　623,630

《南海寄归内法传》 204,495,496

《南柯太守传》 284

《南齐书》 134,137,179,183,184,195

《南史》 134,135,137,153,179,180

《南藏》 353,369

《泥洹经义疏》 173

《涅槃经论》 164

《涅槃无名论》 122

《涅槃义记》 164

《涅槃义疏》 164

《毗卢藏》 316

《毗尼母论》 275

《毗尼事义集要》 377

《毗昙大义疏》 162

《频伽藏》 393

《破大乘论》 231

《菩萨藏经》 31

《菩萨藏摩呾理迦》 32

《菩萨戒经》 592

《菩萨璎珞本业经》 606

《菩提道次第广论》 446

《菩提道灯论》 433,438

《普宁藏》 317

《普曜经》 72,87,486

《七宝藏论》 437

《起一心精进念佛七期规式》 360

《契丹藏》 316,525

《碛砂藏》 316,317,354

《清初僧诤记》 410

《清净法行经》 159,182

《清藏》 354

《劝修净土说》 321,329

《仁寿舍利瑞图经》 489

《人心与人生》 413

《日本国见在书目录》 513

《如来不思议秘密大乘经》 522

《如来藏经》 31

《入唐求法巡礼行记》 504,516

《入正理论》 655

《萨迦格言》 440,456

《萨婆多律抄》 484

《萨婆多论》 275

《三报论》 108,109

《三阶佛法》 271

《三律仪论》 440

《三论玄义》 222—224

《三摩竭经》 77

《三破论》 183

文献索引

《三藏法师八识规矩论赞》 385
《僧祇戒心》 73
《沙门不敬王者论》 108，110，180
《沙门袒服论》 108，110
《善见律毗婆沙》 9
《善见论》 275
《善女人传》 386
《舍利弗毗昙》 541
《摄大乘论》 33，139，165，166，227，231，487，649，670
《摄大乘论释》 165
《摄论疏》 165，166
《申明佛教榜册》 351，352
《神灭论》 134，146，335
《胜鬘经》 31
《胜天王般若经》 487
《诗经》 77
《十不二门示珠指》 627
《十不二门指要钞》 627，631—633
《十地经论》 141，142，167
《十地经论疏》 169
《十二门论》 28，70，87，118，119，169，220
《十二门论疏》 222
《十轮经》 271

《十四音训叙》 489
《十诵律》 107，119，144，170，274，275
《十诵义记》 170
《十诵义疏》 170
《十万宝训》 435
《十义书》 627，629，630，632—634
《世说新语》 115
《释驳论》 152
《释禅波罗蜜次第法门》 603
《释迦方志》 489
《释迦氏谱》 206
《释门正统》 318，627
《释难扶宗记》 627
《释氏稽古略》 207，317
《释氏稽古略续集》 348，351，352，355
《释氏通鉴》 317
《释氏疑年录》 410
《首楞严三昧经》 27，68
《受用三水要法》 496
《水陆法会仪轨》 366
《思益梵天所问经》 264，694
《四分比丘尼钞》 275
《四分律》 73，170，171，274—276，

511,592

《四分律比丘含注戒本疏》 275

《四分律删补随机羯磨疏》 275

《四分律删繁补阙行事钞》 275,276

《四分律拾毗尼义钞》 275

《四分律疏》 171

《四教仪》 524

《四十二章经》 48,53,54,58,61,401

《宋高僧传》 148,228,238,244,253,277,317,678

《宋史》 309

《宋书》 180

《颂达大疏》 444

《颂古百则》 319,320

《搜神记》 284

《隋书》 195,200,207

《隋唐佛教史稿》 205,211,412

《太极图说》 333

《太平广记》 281

《坛经》 254,255,264,265,412,545,688,690,692,695,697—699,701,702,704,705,707—710,713—717,719

《昙无德羯磨》 73

《唐大和上东征传》 511,512

《唐书》 207

《提谓波利经》 159

《天圣释教录》 315

《天台传佛心印记》 620,622

《天台山方外志》 355

《童蒙止观》 603

《陀罗尼集经》 504

《万善同归集》 329,330

《汪子遗书》 386

《王道论》 456

《王统世系明鉴》 426

《往生论》 268,269

《往生论注》 171,267

《往生赞》 268

《唯识二十论》 33,227,638

《唯识三十论约意》 363

《唯识三十颂》 33,227,637,641,649

《唯识心要》 377

《唯识音义》 363

《维摩诘经》 75

《维摩诘经变文》 285

《维摩经义疏》 173

《维摩经注》 121,123
《魏书》 47,49,73,135,139,140,157,185—187,194,195
《文笔眼心钞》 515
《文镜秘府论》 515
《文殊师利问经》 590
《文殊说般若经》 249
《文殊所说最胜名义经》 522
《文字禅》 385
《无极图》 331
《无量寿经》 73,76,268,269
《无异元来禅师广录》 358
《吴品》 77
《五部遗教》 435
《五灯会元》 7,247,248,259—261,318,420,715,716
《五灯全书》 355
《五灯严统》 355
《五分律》 274,275,487
《五家宗旨纂要》 259
《五教章》 675,677
《五经定本》 198,211
《五经正义》 198,211
《五蕴皆空经》 565
《五宗救》 357

《五宗原》 357
《物不迁论》 122
《悟真篇》 331
《西方发愿文注》 360
《西方合论》 360,384
《西藏民族政教史》 426
《西藏王臣记》 441,456
《西藏王统记》 455
《先天图》 331
《闲居编》 330,331
《贤首五教仪》 361,362
《贤者喜宴》 444,456
《咸淳清规》 313
《显扬圣教论》 227,656
《现观庄严论》 453
《香山宝卷》 342
《相宗八要》 363
《相宗络索》 385
《祥瑞录》 489
《像法决疑经》 281
《孝经》 61,179,330,332
《笑道论》 188
《笑岩集》 356
《心鉴》 461
《心铭》 286

《新集疑经伪撰杂录》 159
《新唐书》 430,519
《新无量寿经》 486
《新五代史》 300
《新译三藏圣教序》 302
《信心铭》 249,286
《兴禅护国论》 526
《行事钞》 325,326
《行事钞会正记》 325
《性灵集》 515
《性善恶论》 361
《修华严奥旨妄尽还源观》 240
《修习止观坐禅法要》 217,602,603
《须赖经》 73
《续传灯录》 355
《续大唐内典录》 203
《续灯正统》 355
《续高僧传》 135,138,139,141,143,147,148,151,160,164,168,169,199,200,206,207,214,221,222,247,250,267,271,275,291,487,498
《续往生传》 360
《续指月录》 355

《宣验记》 284
《学僧修学纲宗》 417
《雪窦百则》 526
《杨仁山居士遗著》 387—389
《圆觉藏》 316
《一乘教分记》 516
《一乘决疑论》 386
《一切经音义》 206
《一切如来金刚三业最上秘密大教王经》 522
《一切如来真实摄大乘现证三昧大教王经》 522
《夷夏论》 59,183,184
《异部宗轮论》 20,23,549
《因明入正理论》 656
《因明正理门论》 656
《阴持入经》 66,67
《印度佛学源流略讲》 409,541,542
《印度哲学概论》 413
《印光法师文钞》 360
《永嘉证道歌》 286,287
《永觉元贤禅师广录》 357,358,365
《永乐北藏》 354

《永乐南藏》 353,354
《游行外国传》 486
《盂兰盆经》 158
《瑜伽师地论》 32,33,226—230,
　　232,409,490,492,547,585,656
《瑜伽焰口》 366
《郁伽长者所问经》 73
《喻疑论》 93
《冤魂志》 284
《元史》 306,311,312,332,384
《圆觉经》 324,385
《圆觉经大疏钞》 263,692,693
《缘起赞》 448
《阅藏知津》 377
《云栖遗稿》 359,366,367
《杂阿毗昙心论》 161
《杂集论》 553,554,557
《杂尼迦耶》 547
《杂藏》 484
《赞菩萨连句梵呗》 76
《藏要》 396,408
《怎样来建设人间佛教》 418,419
《增集续传灯录》 355
《赵城藏》 306,317
《肇论疏》 95,123,175,714

《贞元新定释教目录》 204,205
《真实摄经》 439
《整理僧伽制度论》 353
《正理滴论》 655
《正理藏论》 440
《指月录》 355,385
《至大清规》 313
《制恶见论》 231,493
《中本起经》 76
《中观论疏》 95—97
《中国佛教史籍概论》 148,410
《中国佛教协会三十年》 7,422
《中国佛学源流略讲》 66,79,92,
　　94,119,409,619,649
《中华大藏经》 317
《中论》 28,70,87,117,119,169,
　　212,220,225,231,541,542,561,
　　604,605,608,610,618
《中论疏》 222,225,388
《中论疏记》 95—97
《中庸》 364
《众经目录》 159,204
《周书》 189
《周易》 189,411
《周易禅解》 376

《周知板册》 352
《竹窗随笔》 367,374
《注华严法界观门》 241,242,665—667
《注十不二门》 627
《转经行道愿往生净土法事赞》 280
《篆隶万象名义》 515
《长房录》 204
《庄子》 57,99,105,113,283
《资持记》 326
《资福藏》 316
《资治通鉴》 91,118,187,202,207,299,300,317
《紫柏尊者别集》 369,370
《紫柏尊者全集》 368—370
《宗本义》 122
《宗范》 386
《宗镜录》 261,327,525
《宗派源流》 465
《宗统编年》 350,355
《综理众经目录》 145
《最上乘论》 251,710,711
《最上根本大乐金刚不空三昧大教王经》 522
《最胜佛顶陀罗尼》 522
《尊闻居士集》 386
《坐禅三昧经》 119

后　记

在美国亚洲基督教高等教育联合董事会的资助下,我受南京大学的委派,来到美国做访问学者,不知不觉已经半年过去了。来美以后,每次收到从大洋彼岸传来的信息,我都感到十分高兴。而今天的消息更是令人欣喜:《中国佛教文化历程》一书的清样出来了!

我从1981年读研究生师从孙叔平教授和王友三教授(后又师从严北溟教授)以来,致力于中国佛教文化的学习与研究已十多年,在教学科研中也逐渐积累了一点自己的心得与体会,很希望能有机会把它们系统地整理并表达出来;同时,在本科生与研究生的教学过程中,也常常感到缺少一部比较系统全面而又简明扼要地论述中国佛教文化的教学参考书。1992年夏,江苏教育出版社约我写一部专门论中国佛教文化的书,我很高兴地答应了下来,并写出了全书的总体构思设计及详细的提纲目录。

全书定名为《中国佛教文化》,基本思路是在整个中国文化的大背景下综合研究中国的佛教文化,既研究中国佛教文化在传统文化影响下的演变发展,也研究佛教对中国文化的深刻影响以及最终作为中国文化一部分的中国佛教文化的特殊意义及作用。全书计划分上、中、下三编来写。上编写"中国佛教文化的历程",内容详见本书目录,主要力图揭示印度佛教中国化的历史进程及其与中国社会政治、经济、文化、民间习俗等的密切关系;中编写"中国佛教文化的底蕴",内容包括佛教的基本教义教理、信仰修持、经论典籍、中国佛教各学派和宗派的理论与实践特色,以及中国佛教文化的基本特点与精神等等;下编写"中国佛教文化与传统学术思想",此中内容,并不求对各种问题面面俱到,而是想突出个人研究的一点心得体会,主要将讨论玄佛合流、佛与儒、佛与道、佛学与理学、佛教与整个中华文化及民族精神等等。全书的篇幅定在七八十万字之间。

在江苏教育出版社的大力支持下,本书正式列入了出版计划,并希望于1993年底完稿。鉴于时下"主编"的书太多,出版社建议此书不要采取主编的形式,而要写成有特色的个人专著。我欣然从命,只是有点担心时间。

由于当时正在撰写《肇论注译》①,所以提纲搞好后并没有立即着手于本书的写作,而只是不断搜集资料并经常思考有关问题而已。真正全力以赴地投入《中国佛教文化》的撰写,时间已至1993年了。

原以为曾在《中国宗教史》②中写过中国佛教部分,现在可以驾轻就熟地很快写起来,但事实并非如此。为了尽可能地使本书的内容全面而精练,准确而不失个人的研究心得,虽然夜以继日,我的写作进度仍然十分缓慢,在1993年未能如愿交稿。感谢出版社的理解和支持,他们同意将本书延至1994年出版。

1994年初获知自己可能于下半年赴美,但我没有任何时间为此作准备,教学之余的大部分时间基本上都花在了本书的写作上。即使如此,直到1994年春我还没有完成本书的上编。为了能在出国之前至少完成本书的上编,不得已,我只好考虑邀请协助者。我想到了我读大学和硕士研究生时的同班同学徐君长安兄。长安兄多年来致力于中国宗教与无神论史的教学与研究,功底扎实。感谢他慨然应诺,愿意给我帮助。他不但按我

---

① 作为《中国佛教经典宝藏精选白话版》之一,1996年由佛光出版社出版。
② 王友三主编,齐鲁书社1991年出版。

的提纲和要求及时写出了本书第九和第十两章的初稿，而且还虚怀若谷，接受我的修改意见，从章节安排到标题行文，都作了许多修改，并让我对他写的部分按全书的统一要求作了最后的修改定稿工作。借此机会，我要向他表示衷心的感谢！当我把《中国佛教文化》上编的稿子全部完成并交到出版社时，已是1994年8月26日，距我启程赴美已剩下不到一个星期了。

衷心感谢江苏教育出版社，不但决定将我的稿子作为《中国佛教文化》的上册先行出版，定名为《中国佛教文化历程》，而且在很短时间里就排出了清样。当我获知此消息时，欣喜与感激之情是难以用语言来表达的。

最后，值本书出版之际，我要特别地对我的妻子孙亦平表示敬意和谢意。十多年来，她在忙于自己攻读学位乃至以后的教学与科研工作的同时，尽量持家教子，支持我的写作，并经常与我一起讨论学术问题，帮我查找资料，还帮我抄写稿子(本书的上半部分原是手写而成，有了电脑以后，又由她帮我输入电脑)。我的许多学术观点都是在与她的讨论中形成的，她也经常是我的文章和著作的第一位读者和评论者，我常常按照她的意见作进一步的修改。没有她的支持和帮助，本书以及我的其他著作都是很难顺利问世的。目前，由于我远在国外，本书的校对工作又落在了她的身上。我真是常常觉得难以回报她为我所做的一切！

本书的索引工作将在下册(原计划的中、下编)完成以后统一进行，敬请读者谅解。本书若有不足之处，欢迎海内外朋友赐正。

洪修平

1995年3月5日于美国

增订版后记

本书自 1995 年出版以来，感谢广大读者和海内外同行专家学者的关爱，《世界宗教研究》《佛学研究》《国际儒学研究》和台湾的《鹅湖》都曾先后发表专文，给予了较好的评价，本书还获得了江苏省哲学社会科学优秀成果二等奖。这些都给了我很大的鼓励。

按原来计划，本书完成以后，我还将继续撰写《中国佛教文化》的下半部分，即探讨中国佛教文化的底蕴以及中国佛教文化与传统思想的关系，特别是儒佛道三教关系，以此来加深对中国佛教文化的理解，并从总体上更好地把握整个中国佛教文化的发展与特点。但自本书出版以来，由于承担的教学与科研工作繁忙，又应邀撰写了《惠能评传》（南京大学出版社 1998 年版）和参加主编了《西方宗教学名著提要》（江西人民出版社 2002 年版）等其他一些著作，因而一直没能如愿完成原来制订的写作计划。虽然有关中国佛教文化的底蕴，包括中国佛教基础性的理论学说和各主要宗派的思想，我在拙著《国学举要·佛卷》（湖北教育出版社 2002 年版）中作了专门的论述，而关于佛教与中国传统思想文化的关系，在我的佛学论文集《中国佛教与儒道思想》（宗教文化出版社 2004 年版）以及我编著的《佛教与中国传统思想文化》（河北佛学院教材 2000 年版）一书和《中国儒学文化大观》（北京大学出版社 2001 年版）一书的第四编中也都作了初步的探讨——读者如有兴趣，可以参考；但我心中一直对江苏教育出版社和本书的读者感到有点歉意。如果可能，我将继续原来的写作计划。

由于我今年暑假以后就将作为富布赖特（Fulbright）的研究学者，到美国哈佛大学去访问研究一年，因而目前仍然无法实现自己原有的计划。希望在开阔眼界并收集更多资料的基础上，以后会做得更好。

在当下，我只能尽量把本书搞得更完善些，因而特利用本书再版的机会对全书作了一次认真的修订，结合自己近年来的研究，增加了一些有关中国佛教文化理论底蕴的内容，希望能更丰满地展示中国佛教文化的全貌，并尽可能地把自己尚未完成原有写作计划的缺憾减至最小。这次修订主要做了以下两项工作：

第一，增加了第十一章《中印佛教思想的理论基础》和第十二章《中国佛教主要宗派的理论》两章的篇幅。由于中国佛教文化虽有许多不同于印度佛教的新特点，但它毕竟是对印度佛教的继承和发展，印度佛教的许多基本原理既构成了中国佛教思想的理论基础，同时也成为中国佛教文化的深刻内蕴；而隋唐时期中国化佛教宗派的相继创立，则标志着中国化佛教理论的成熟，中国佛教主要宗派的理论成为中国佛教文化中最值得重视的宝贵财富，它构成了中国佛教文化的基础与核心。因此，为了对中国佛教文化的发展及其理论内涵有一个更加全面而系统的把握，特增加了以上两章的内容（其中第十二章第一节和第三节的初稿乃是由傅新毅教授执笔）。

第二，将全书通改了一遍，修正了原有的一些错误或不妥之处，对有些提法也借鉴吸取学界近年来的研究成果而作了进一步的完善。同时，还对部分引文及其出处作了重新校订，特别是补注了一些重要资料的详细出处，以方便读者查阅。

最后,要特别提到江苏教育出版社的张胜勇社长和章俊弟主任,正是有了他们的关心和帮助,本书才得以顺利地增订再版,在此特对他们表示衷心的感谢!

洪修平

2004年7月12日于南京大学

新版（第三版）后记

在校完清样提笔写此后记时，最大的感慨是：时间过得真快！从青少年开始，就曾接触到"光阴似箭""日月如梭"这些词语，也喜欢抄摘李白"夫天地者，万物之逆旅也；光阴者，百代之过客也"之类的诗句，但对于夫子"逝者如斯夫"的感叹，从来没有像今天这样有切身的感受。本书于1995年初版、2005年增订再版，现一晃又是十多年过去了。1992年开始计划撰写本书时，本人尚未届不惑之年，还意气风发，踌躇满志；而转眼之间，却已过耳顺之年，常常情不自禁地回望过去了。本书的撰写出版、增订以及又一次再版，正是自己多年来所走过的学术历程的一个侧面。

从今年6月21日拿到本书的清样，到今天全部校完，在一百多天的时间里，伴随着对清样的审校，往昔的情形不断地在头脑中浮现。校第一版清样时，我身在美国；十年后校第二版清样时，我又在哈佛；如今校第三版清样时，是我的儿子从哈佛打越洋电话回来与我交流。这也是"人生代代无穷已，江月年年只相似"的现实写照吧，对于自己来说，也是回视过去，规划并展望未来的一个机会。感谢商务印书馆给我提供了这样的机会！

本书能列入"中华当代学术著作辑要"丛书予以再版，我感到非常荣幸，也十分珍惜这次机会。因此，虽然杂事繁多，但我仍然利用整个暑假和国庆长假，对全部清样认真地作了通读和校改。边校清样，边查阅相关的文献和资料，通读和校改的过程既是一次自己再学习的过程，也是使本书不断完善的过程。

近几十年来,学术发展很快,中国佛教史和佛教文化方面的研究不断有新成果问世。我一方面为本书经受了时间的考验而感到欣慰,同时为了保持本书的历史原貌而不对本书作大的改动;另一方面,也本着科学严谨的精神而根据学术研究的新进展对全书作了比较细致的修订,完善了一些表达,替换了一些用语,同时还订正了一些错字、漏字,并校改或增补了一些重要的资料及出处。改革开放以来,社会的发展很快、变化很大,全国各地县改市的情况时有发生,地名变化较频繁,各地藏经的刻印流通也很活跃,对此,本书尽可能作了修订,但限于能力,未及之处,敬请读者见谅。

为了方便读者,本次修订,特别增加了人名索引、主题索引和文献索引。感谢我的博士研究生王宏伟和硕士研究生胡景南,是他们两位认真通读了全书并帮助完成了三个索引。

学无止境,知也无涯。本书若有不妥之处,欢迎读者批评指正。

洪修平

2018 年 10 月 7 日于南京大学港龙园

开印补记

完成了新版(第三版)清样的校对工作以后,原以为很快就能开印,孰料竟然又过去了整整四年多! 其间由于出版系列的调整,本书在出版方和圣凯教授的关心与支持下,改为收入"普隐文库·佛学通识"系列中,并按"普隐文库"丛书的版式体例进行了重新排版。感谢商务印书馆编辑的认真编校,并将重排的清样寄了一份给我。我对全文认真作了校订,对部分引文进行了核对,对一些文句作了修改完善。由于受新冠疫情的冲击,所以清样的校对工作断断续续,前后花了两个多月的时间,此中的不易与感慨,难以言表!此时此刻,头脑中浮现出了如下的诗句:"沉舟侧畔千帆过,病树前头万木春。"但愿在 2023 年及以后的日子里,一切都会更加美好!

洪修平

2023 年元月 9 日于南京

图书在版编目（CIP）数据

中国佛教文化历程 / 洪修平著. —北京：商务印书馆，2023
（普隐文库）
ISBN 978-7-100-21726-2

Ⅰ.①中… Ⅱ.①洪… Ⅲ.①佛教—宗教文化—中国 Ⅳ.① B948

中国版本图书馆 CIP 数据核字（2022）第 174533 号

权利保留，侵权必究。

普隐文库
中国佛教文化历程
洪修平 著

商 务 印 书 馆 出 版
（北京王府井大街36号 邮政编码100710）
商 务 印 书 馆 发 行
南京新世纪联盟印务有限公司印刷
ISBN 978-7-100-21726-2

2023年8月第1版	开本 889×1240 1/32
2023年8月第1次印刷	印张 25

定价：139.00 元